I0751242

ŒUVRES
de Rabelais

LES ŒVVRES

de Maiſtre François

Rabelais

Accompagnées d'une Notice ſur ſa vie & ſes ouvrages, d'une Étude bibliographique, de Variantes, d'un Commentaire, d'une Table des noms propres & d'un Gloſſaire,

Par

CH. MARTY-LAVEAUX

Tome cinquième

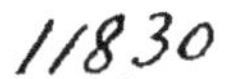

PARIS

ALPHONSE LEMERRE, ÉDITEUR

23-31, PASSAGE CHOISEUL, 23-31

M. DCCCC. II

AVERTISSEMENT

Le premier volume de cette édition de Rabelais a paru en 1868. Jamais depuis cette date M. Marty-Laveaux n'a cessé de travailler à l'achèvement de son œuvre. Au milieu des travaux que personne n'ignore, il continuait à rassembler des matériaux, à réunir tout ce qui pouvait contribuer à faire connaître et comprendre Rabelais. La mort l'a surpris avant qu'il fût arrivé au but, mais ceux qui ont publié son travail n'ont fait que suivre une voie toute tracée. Ces deux derniers volumes lui appartiennent aussi bien que les précédents.

M. Petit de Julleville, qui devait être lui-même si prématurément frappé, a eu le temps de rédiger la

Notice biographique, *extraite, sans additions ni changements, des notes rédigées par M. Marty-Laveaux. A son manuscrit est jointe l'observation suivante : « Cette notice est incomplète et sans proportions; il paraît impossible d'utiliser le reste des notes de l'auteur (innombrables mais éparses) sans risquer de substituer un tout autre travail à celui qu'il voulait faire. »*

Une étude sur la langue de Rabelais devait précéder le lexique. Je n'en ai trouvé que quelques fragments : les uns contiennent des appréciations de la langue de Rabelais ; les autres indiquent dans quel esprit M. Marty-Laveaux a composé son lexique, ce qu'il a voulu réaliser, les règles qu'il s'était imposées. Je n'ai pu que reproduire ces fragments, sans essayer même de les souder les uns aux autres.

Le Lexique *heureusement était beaucoup plus avancé. Les trois cents premières pages étaient tirées ; le manuscrit, tout prêt pour l'impression, nous conduisait presque à la fin de la lettre P. Pour tout le reste, les matériaux étaient réunis et placés à peu près dans l'ordre alphabétique, quelquefois accompagnés d'une explication. Pour les indications de sens, pour le classement des exemples dont devait se composer chaque article, je n'ai eu qu'à suivre la méthode si rigoureuse et si sûre de M. Marty-Laveaux. J'en trouvais les règles dans les notes sur la langue, et l'application dans la première partie du lexique.*

La Table des noms propres *a été composée par M. Eugène Vallée, d'après les notes de M. Marty-Laveaux, qu'il a classées et complétées.*

Enfin la Bibliographie *n'est pas l'œuvre que rêvait M. Marty-Laveaux. Ses notes, si abondantes qu'elles dépasseraient de beaucoup les limites d'un volume, sont en même temps incomplètes. J'ai dû me contenter de donner une liste des éditions publiées du vivant de Rabelais, en y ajoutant les premières éditions du cinquième livre et des lettres.*

Caen, le 12 mars 1902.

EDMOND HUGUET.

NOTICE BIOGRAPHIQUE

SUR RABELAIS

NOTICE BIOGRAPHIQUE
SUR RABELAIS

L'ÉTUDE de la vie de Rabelais, épineuse pour celui qui entreprend de l'écrire, l'est aussi, dans une certaine mesure, pour le lecteur, qui devient forcément, en beaucoup de circonstances, une sorte de collaborateur involontaire, et se trouve appelé à prendre parti sur des questions difficiles, sur des problèmes, sinon insolubles, du moins non encore résolus.

Quoique trop peu nombreux, les témoignages sur lesquels s'appuie un travail de ce genre, sont souvent si contradictoires qu'il faut, en mainte circonstance, substituer la discussion des faits au récit, et parfois le résultat, assez décourageant, d'un examen consciencieux est de remplacer ce qui a été longtemps regardé comme certain par une hypothèse probable, mais impossible à démontrer.

C'est précisément ce qui arrive quant à la date de naissance de Rabelais. On lit partout que Rabelais est né en 1483. Mais ses plus récents biographes (dont Rathery a résumé et appuyé les arguments) sont d'avis qu'il faut le rajeunir d'une douzaine d'années; et ils le font naître vers 1495. Aucun texte n'autorise cet expédient commode; mais il a pour lui une grande vraisemblance; il replace plus naturellement Rabelais au milieu du groupe de ses amis et de ses camarades de jeunesse; il lui fait obtenir à un âge moins avancé son grade de bachelier à la Faculté de médecine de Montpellier. Ajoutons que le jurisconsulte André Tiraqueau n'aurait guère pu louer Rabelais en 1524 de posséder une science « au-dessus de son âge[1] » si Rabelais à cette date avait eu déjà quarante et un ans. L'éloge est bien plus naturel s'il en avait seulement vingt-neuf ou trente.

Pour le lieu de sa naissance nulle difficulté. Rabelais se qualifie lui-même *Chinonensis* en s'inscrivant à la Fa-

[1] Voy. ci-dessous page XV.

culté de Montpellier; Salmon Macrin, son ami, emploie, en parlant de lui, la même épithète, et se plaît à rappeler que les beaux noyers de Loudun, sa ville natale, ne sont pas fort éloignés de Chinon. Enfin Brantôme, contemporain de notre auteur[1], dit que le proverbe « la ville de Chinon, petite ville et chasteau de grand renom », se trouverait justifié « quand ce ne seroit que nostre bon maistre Rabelais a esté natif de là[2] ».

On sait même dans quelle maison de Chinon Rabelais dut naître. Cette maison existe encore, et une tradition ininterrompue ne permet pas de la confondre avec aucune autre. Le président Jacques de Thou la désigne dans ses *Mémoires*. Il raconte qu'avant que le roi (Henri IV) vînt en Anjou, il s'était rendu lui-même à Chinon avec son ami Calignon. Il était logé « dans une grande maison qui autrefois avoit appartenu à François Rabelais... La memoire d'un homme si agreable, qui avoit employé toute sa vie et toutes ses études à inspirer la joye, donna lieu au président de Thou et à Calignon de plaisanter avec ses mânes, sur ce que sa maison étoit devenue une Hostellerie où l'on faisoit une debauche continuelle;

---

[1] Du moins Brantôme, né vers 1540, avait déjà treize ans à la mort de Rabelais.

[2] Ce lieu de naissance incontestable a été toutefois contesté, mais, quand les divergences tombent sur des points aussi certains, elles ne méritent pas qu'on s'y arrête.

son jardin le rendez-vous des habitans les jours de fêtes; et le cabinet de ses livres qui donne dessus, un celier pour mettre du vin. » Sur la prière de Calignon, de Thou fit à ce sujet d'assez jolis vers qui sont rapportés dans les *Mémoires*, et dans lesquels il insiste très nettement sur cette circonstance : que la maison laissée par le père de Rabelais, fut, après la mort de ce dernier, transformée en cabaret. Le père n'était donc pas, comme on l'a dit, aubergiste à l'enseigne de la Lamproie, puisque la maison ne devint une auberge qu'après la mort de son fils. D'autres ont avancé, sans preuves, que ce père de Rabelais était apothicaire. Nous n'en savons rien. Nous ne sommes même pas certains qu'il ait possédé, près de Chinon, le clos de la Devinière; on le lui attribue généralement, et même Le Duchat y fait naître Rabelais. Mais cette tradition peut bien ne reposer que sur les allusions que fait notre auteur au « bon vin blanc du cru de la Devinière », ailleurs, (souvenir moins agréable) aux *cheussons* ou cousins dont le lieu était infesté.

Il est à peu près constant que Rabelais étudia d'abord en l'abbaye de Sully (ce nom s'écrit aussi Seully, Suillé, Seuillé, ou Sévillé). De Sully, il passa au couvent de la Basmette, ou de la Baumette (à un quart de lieue d'Angers) ainsi nommé d'une grotte qui, bien que beaucoup plus petite, rappelait par sa forme la célèbre Sainte-Baume voisine de Marseille. Bruneau, sieur de Tartifume, avocat à Angers, mort en 1626, et qui avait pu, dans sa jeunesse, recueillir des renseignements assez voisins des faits qu'il raconte, dit formellement[1] : « Messire François Rabelais a été novice en ce couvent, du quel aussi il faict mention au Ier livre de son Gargantua[2]. » On croit que c'est à la Baumette que Rabelais connut les frères du Bellay, qui devinrent ses protecteurs sans jamais cesser d'être ses amis; et Geoffroy d'Estissac, plus tard évêque de Maillezais.

De la Baumette, Rabelais vint au couvent des Cordeliers de Fontenay-le-Comte. C'est là qu'il commence à rassembler ce trésor de connaissances infiniment variées, dont la richesse étonne ses lecteurs. M. Eugène Noël applique à Rabelais ce que Rabelais dit de Gargantua : « Le voyant estudier et proffiter, eussiez dict que tel estoit son esprit entre les livres, comme est le feu parmy les brandes, tant il l'avoit infatigable et strident. »

Rabelais dut rester à Fontenay environ quinze ans (de 1509 à 1524); il y acheva son noviciat, et y franchit successivement tous les degrés de la hiérarchie ecclésiastique, jusqu'à la prêtrise inclusivement, Benjamin Fillon[3] nous le montre signant le 5 avril 1519, en qualité de frère mineur, l'acte d'acquisition de la moitié d'une auberge de Fontenay-le-Comte, vendue aux Cordeliers de cette ville. Parmi les signataires de l'acte, au nombre

[1] Dans son ouvrage manuscrit sur Angers, *Philandinopolis* — conservé dans la Bibliothèque de cette ville, p. 82.

[2] Mention d'ailleurs bien vague, et qui atteste au plus que Rabelais visita la Basmette.

[3] *Poitou et Vendée,* article *Fontenay-le-Comte,* in 4°, 1861.

de douze environ, deux nous sont connus : Artus Coultant et Pierre Amy. Le nom du premier figure, légèrement parodié, dans le *Tiers Livre* où Panurge lui attribue un récit des plus gaillards. Le second, Pierre Amy, probablement un peu plus âgé que Rabelais, fut son initiateur et son guide dans l'étude et l'amour de l'antiquité. Pierre Amy, épris d'hellénisme, avait puisé sa passion pour les lettres grecques dans les leçons et les conseils de Budé, le véritable fondateur de ces études en France. Il entretenait avec Budé une correspondance régulière, malheureusement perdue. Nous avons seulement deux lettres de Budé à Pierre Amy, et deux lettres du même à Rabelais.

La première lettre est une réponse à Pierre Amy, écrite d'Autun, où Budé, en qualité de maître des requêtes, avait accompagné François Ier. Elle est seulement datée du 14 août; mais le séjour du roi à Autun en 1521, un an avant l'impression du recueil des lettres grecques de Budé, permet de suppléer la date qui nous fait défaut. Au reste cette lettre est toute en lieux communs assez fastidieux pour nous, qui aimerions mieux des faits; mais qui avaient pour les contemporains leur charme et même leur utilité. Dans ces lettres grecques, qui étaient surtout des exercices et des modèles de style, Budé sacrifiait naturellement le principal à l'accessoire, et le fond à la forme. Il ne s'appliquait guère qu'à mériter les éloges des érudits, à exciter leur admiration. Dans celle-ci, selon la coutume, il déplore le malheur d'être éloigné des études par les occupations de sa charge à la cour; il se garde bien toutefois de chercher à se dégager. « Je ressemble, dit-il, à celui qui, tenant le loup par les oreilles, ne peut se délivrer de cet esclavage. » Les dernières lignes seules nous intéressent ici : « Saluez pour moi Rabelais, votre frère en religion et votre compagnon d'études. »

Un peu plus tard, probablement vers le mois d'octobre ou de novembre, Rabelais, s'étant perfectionné dans l'étude du grec, se hasarda, sur le conseil, ou plutôt l'injonction d'Amy, à écrire une longue lettre à Budé, avec l'espoir d'obtenir une réponse. La réponse ne vint pas. Rabelais, poussé encore sans doute par son compagnon, écrivit une seconde lettre, érudite et badine à la fois, pour réclamer vivement cette réponse espérée. Il menaçait plaisamment d'intenter une action contre Pierre Amy, qui l'avait imprudemment engagé dans cette infructueuse démarche. Cette seconde lettre est datée du 4 mars (1522); nous l'avons publiée d'après un autographe qui offre tous les caractères matériels et extérieurs d'authenticité. A la vérité, le style, obscur, embarrassé, froidement plaisant, contraste fort avec les vives et brillantes dédicaces latines écrites par Rabelais quelques années plus tard. Mais il faut mettre en compte la gêne qu'éprouve un écrivain encore inexpérimenté, en s'adressant à un patron littéraire dont la réputation est dans tout son éclat. Une autre circonstance un peu suspecte, c'est que tous les faits allégués dans cette lettre de Rabelais à Budé se trouvent indiqués dans la réponse authentique de Budé à Rabelais; réponse de tout temps connue, et qui fournissait, il faut l'avouer, à un faussaire une matière des plus tentantes.

La réponse de Budé (datée du 12 avril), constate en effet le vif désir de Rabelais d'arracher une lettre au célèbre helléniste. Comme dans sa correspondance avec Pierre Amy, Budé s'excuse de ses lenteurs sur ses nombreuses occupations. En style redondant et travaillé, il se plaint de l'embarras des affaires, de la sujétion où le retient la vie de cour. Il examine, conformément au droit romain, avec beaucoup de subtilité et un enjouement assez pédantesque, dans quelle forme Rabelais eût été fondé à intenter à Pierre Amy l'action dont il le menaçait.

Deux autres lettres de Budé nous restent à examiner; ce sont les plus importantes; elles nous apprennent quelques faits curieux, qui, par malheur, n'y sont pas racontés avec autant de détails que nous le souhaiterions.

La première, adressée à Pierre Amy, et datée du 23 février (probablement de l'année 1522), commence *ex abrupto* et suit très exactement les préceptes de la rhétorique, mais n'en est pas moins animée d'une vive et réelle émotion :

« Dieu protecteur de la communauté et de votre amitié, s'écrie-t-il, qu'ai-je entendu? Vous, tête qui m'êtes si chère, et Rabelais, votre Thésée, tourmentés à cause de votre grand amour de la langue grecque, par vos frères acharnés contre le beau, vous subissez beaucoup d'indignes traitements. O sinistre démence de ces hommes !

O merveilleuse absurdité! Étrangers et insensibles à tout sentiment du beau, c'est vous, dont il convenait que toute votre communauté fût fière et glorieuse à cause de votre promptitude à vous élever au faîte du savoir, (c'est vous) qu'à force de dénigrement et de ligues, ils ont contraint de délaisser vos belles et sérieuses occupations; comme s'il était réglé que toutes les communautés doivent s'engourdir dans l'ignorance des belles études; et chérir cette sottise qu'ils appellent simplicité conventuelle. »

Il rappelle les attaques dirigées contre Erasme et contre lui-même; loue Amy d'avoir souffert pour l'amour du grec, et se réjouit de le voir enfin hors d'ennui :

« Nous nous sommes félicité, lui dit-il en terminant, d'apprendre que, grâce à Dieu, vous vous êtes éloigné, non point à tort, à ce qu'on trouve, ni même sans gloire, et que vous avez tiré ce profit de la folie des hommes, que vous travaillez maintenant, à ce que j'ai compris, avec plus de plaisir et de facilité qu'auparavant, et aussi en meilleure santé; car j'ai entendu dire que, d'abord indisposé à cause de l'inquiétude et du tourment que vous avez eu à subir, vous vous portez mieux maintenant. »

Budé, ignorant si Rabelais avait acompagné Amy, lui dit en terminant : « Saluez quatre fois le bien doué et savant Rabelais; de vive voix, s'il est près de vous; ou autrement par lettre. »

Ce n'était pas sans hésitation que Pierre Amy avait pris le parti de la fuite; et dans son doute il avait résolu de s'en remettre au hasard. Il avait consulté, sans trop y croire, les « sorts virgiliens » et leur avait obéi. Aussi Rabelais, énumérant les réponses justes et favorables qu'ils ont quelquefois fournies, a-t-il soin de remarquer que leur conseil s'est trouvé prudent « en M. Pierre Amy, quand il explora pour sçavoir s'il eschapperoit de l'embusche des Farfadetz, et rencontra ce vers. (*Aeneid.* 3.)

> Heu! fuge crudeles terras, fuge littus avarum.
> *Laisse soubdain ces nations barbares,*
> *Laisse soubdain ces rivages avares.*

Puis eschappa de leurs mains sain et saulve. »

Immédiatement après la lettre que nous venons d'analyser, on trouve dans le recueil de 1522 une lettre de Budé à Rabelais qui reproduit, plutôt qu'elle ne les complète, les faits que nous venons de rapporter.

Rabelais, n'ayant obtenu depuis longtemps aucune réponse à ses nombreux envois, avait pris le parti de faire remettre directement à Budé par Tiraqueau une lettre que Budé reçut à son arrivée à Paris, au retour d'un voyage fait à la suite de la cour. Budé, dans sa réponse à cette lettre, cherche à se disculper; il affirme qu'en douze mois il n'a reçu qu'une seule lettre, à laquelle, à la vérité, il n'a point répondu, mais qui, par son contenu, ne demandait pas impérieusement une réponse. Il ignorait d'ailleurs le lieu de résidence de Rabelais : « Je ne pus apprendre, ajoute-t-il, dans quelle communauté résidait l'excellent Amy, votre fidèle Pirithoüs et Pylade. J'ai compati aux souffrances de votre couple amical, quand vous vous plaigniez d'être troublés par les coryphées de la congrégation, et d'être empêchés de lire les ouvrages grecs; mais j'ai appris d'un de ceux de la communauté que je chéris le plus, et que je connais pour un amateur du beau, qu'on vous avait rendu à tous deux ce que vous adorez; je veux dire ces livres enlevés arbitrairement; et qu'ainsi vous êtes rétablis dans la sécurité et la paix d'autrefois. » Le reste de la lettre, d'ailleurs fort curieux, s'écarte un peu de notre sujet. Budé y revient à son thème de prédilection, l'éloge de la langue grecque, qu'il regarde à la fois comme la plus belle portion et l'instrument le plus efficace de cette science encyclopédique si chère à la Renaissance et à son correspondant Rabelais. Il défend les hellénistes de tous les crimes dont on les accuse, et surtout du crime de *luthériser*, ainsi qu'il ose dire, en introduisant dans son grec, si pur d'ordinaire, ce néologisme audacieux et nécessaire.

Une épître latine de Pierre Amy à André Tiraqueau[1] nous apprend qu'Aymery Bouchard, président à Saintes, avait retiré chez lui Amy, selon toute apparence au moment de sa fuite. Mais si heureux qu'il se trouve dans cette retraite, il regrette ceux qu'il a quittés : « J'éprouve une violente contrariété, dit-il, lorsque je prévois que, si j'ai dû, dans l'intérêt d'Aymery, rester longtemps éloi-

[1] Insérée en tête d'un livre d'Aymery Bouchard, Τῆς γυναικείας φύτλης *adversus Andream Tiraquellum.*

gné de ceux dont le regret me consume (c'est-à-dire vous-même et notre cher Rabelais, le plus érudit de nos frères franciscains), d'un autre côté, pour revenir près de vous, ce qui, à ma grande joie, ne tardera guère, il faudra m'arracher aux délices d'Aymery. Mais je trouve une puissante consolation dans la pensée qu'en jouissant de l'un de vous deux, je jouis de l'autre, tant vous vous ressemblez par le caractère et par la science; et que ce même Rabelais, si diligent à remplir les devoirs de l'amitié, nous tiendra compagnie par ses lettres, tant latines, dont la composition lui est familière, que grecques, dans lesquelles il s'essaye depuis quelque temps... Je me réserve de vous en dire plus long quand nous pourrons à loisir reprendre nos séances sous notre bosquet de lauriers, ou nos promenades dans les allées de notre petit jardin. »

L'ouvrage de Bouchard, où est insérée cette lettre de Pierre Amy, était une réponse à un traité de Tiraqueau (*des lois matrimoniales et du droit marital* selon la coutume du Poitou), publié en 1513 et 1515. Tiraqueau répliqua en 1524 par une nouvelle édition de ce traité, où ses bons et fréquents rapports avec Rabelais sont attestés plusieurs fois.

En tête du livre, on lit un sixain en grec, dans lequel Rabelais, définitivement familiarisé avec l'emploi de cette langue, n'hésite pas à placer son ami au-dessus de Platon. Pierry Amy ajoute un quatrain à la louange de Rabelais, qui probablement avait encore besoin de cette recommandation auprès du public érudit. Plus loin, au courant de l'ouvrage, Tiraqueau nous fait très ingénieusement connaître ce qu'il doit à la perspicacité et à l'érudition de « son cher Rabelais, frère franciscain très savant dans l'une et l'autre langue » (c'est-à-dire en grec et en latin; le français ne comptait pas encore aux yeux de ces savants hommes.) Rapportant ensuite un passage du premier livre d'Hérodote, Tiraqueau remarque qu'il est omis dans la traduction latine de Laurent Valla: « Mais, ajoute-t-il, François Rabelais, frère mineur, homme très habile dans les deux langues et en toute espèce de doctrine au-dessus de ce que comporte son âge et la coutume, pour ne pas dire le trop grand scrupule de son ordre, a traduit fort élégamment ce livre dans son intégrité[1]. »

Ainsi que Tiraqueau en témoigne, l'ordre des Franciscains favorisait peu l'étude, et surtout celle du grec. Rabelais, se flattant que son amour du savoir lui serait plus facilement pardonné chez les Bénédictins, sollicita et obtint du pape Clément VII (dont l'avènement se place en 1523), l'autorisation de passer dans le couvent de cet ordre, à Maillezais. L'abbaye avait été érigée en évêché en 1317, et avait rang d'église-cathédrale. Maillezais est à quatre ou cinq lieues seulement de Fontenay-le-Comte. Rabelais, en s'y transportant, restait au centre de ses relations et de ses amitiés. Ce fut probablement Geoffroy d'Estissac, évêque de Maillezais, qui négo-

1 Voir, à propos de ce texte, ci-dessus, p. IV.

cia cette affaire avec la cour de Rome. Au reçu de l'indult pontifical, Geoffroy d'Estissac installa Rabelais à Ligugé, dans sa propre maison, voulant l'avoir sans cesse auprès de lui. Bon théologien, très versé dans les matières ecclésiastiques, il ne négligeait pas les belles lettres et toutes les sortes de savoir le captivaient. Jean Bouchet nous l'apprend dans une « épistre responsive » à une invitation également rimée, que Rabelais lui avait adressée, en la datant ainsi :

A Ligugé, ce matin de septembre
Sixiesme jour, en ma petite chambre,
Que de mon lict ie me renouvellais
Ton serviteur et amy Rabellays.

Jean Bouchet, dans sa réponse, loue ainsi Geoffroy d'Estissac :

Il ayme gens lettrez
En grec, latin et françois, bien estrez
A diviser d'histoire ou theologie,[1]
Dont tu es l'un : car en toute clergie
Tu es expert. A ce moyen, te print
Pour le servir, dont très grant heur te vint.
Tu ne pouvois trouver meilleur service
Pour te pourvoir bien tost de bénéfice.

Et Jean Boucher ne tarit pas d'éloges sur le charmant séjour de Ligugé; il loue l'habitation, les promenades, le vin exquis, les fruits savoureux, l'humeur accueillante du maître; l'affabilité de tous les commensaux. Rabelais

[1] On prononçait thologie.

semble avoir partagé cet enthousiasme attendri; et toujours il se rappela le temps passé à Ligugé comme le plus calme et le plus heureux de sa vie.

Mais le désir de voir et l'humeur inquiète
L'emportèrent enfin,

et sans en avoir obtenu l'autorisation, un beau jour, il échangea son vêtement de religieux pour l'habit de prêtre séculier et se mit à courir le monde.

Que fit-il durant ces premières années d'indépendance? Aucun document certain ne l'indique. Ceux de ses biographes qui semblent le mieux inspirés, Antoine Leroy, Rathery, Quicherat pensent qu'il parcourut diverses universités, et croient retrouver dans *Pantagruel* quelques souvenirs de ce tour de France. Il est certain, du moins que Rabelais mit ce temps à profit pour son instruction. Car, inscrit le 17 septembre 1530 comme étudiant sur le registre de la Faculté de médecine à Montpellier, il y fut reçu bachelier moins de six semaines après, le 1er novembre; et, en 1531, il y expliqua publiquement les *Aphorismes* d'Hippocrate, et ensuite l'*Art médical* de Galien.

Ces travaux sérieux n'excluaient pas tout à fait les divertissements burlesques. Rabelais nous raconte la farce de la *Femme mute* jouée à Montpellier par lui et ses camarades « Antoine Saporta, Guy Bouguier, Balthasar Noyer, Tollet, Jean Quentin, François Robinet, Jean Perdrier » et le plaisir avec lequel il en parle permettrait de supposer qu'il en est l'auteur, ou que du moins il a eu grand'part à la composition[1] : « Ie ne riz oncques tant, que ie feis à ce Patelinage. »

Toutefois, Montpellier n'offrit pas à Rabelais un charme bien durable[2]. Il brûlait du désir de mettre ses idées au jour, de les exprimer par le livre et de les publier par l'imprimerie. Lyon l'attira ainsi par la renommée de ses presses infatigables, qui répandaient alors des écrits de tout genre à travers le monde entier.

Nous l'y trouvons officiellement installé comme médecin de l'Hôtel-Dieu (ou grand hôpital du pont du Rhône), en remplacement de Pierre Roland, aux gages de quarante livres par an, le 15 février 1532. A peine arrivé, il entreprend une série de publications fort diverses, plaisantes ou sérieuses, érudites ou populaires.

En tête d'un recueil qui forme le second volume des *Épîtres médicales* de Jean Manardi, médecin de Ferrare, il place une dédicace, datée du 3 juin 1532, et adressée à André Tiraqueau, lieutenant au tribunal de Fontenay-le-Comte. Il le charge de saluer l'illustre évêque de Maillezais, Geoffroy d'Estissac, son très bienveillant Mécène[3].

---

[1] M. Germain, le savant historien de Montpellier, a signalé plusieurs représentations de ce genre, organisées par les étudiants en médecine de cette ville, bien avant l'arrivée de Rabelais.

[2] Il était encore à Montpellier le 23 octobre 1531. Ce jour-là, il signe une reddition de compte présentée par un procureur de l'Université.

[3] Dans la même dédicace il charge Tiraqueau de saluer son cher Hilaire Coguet. Cet ami de Rabelais nous est totalement inconnu, mais les éditeurs devaient-ils pour cela supprimer son nom, comme ils ont fait ?

Cette dédicace (le plus ancien ouvrage de Rabelais) est écrite dans un latin facile et élégant, dont la précision et la fermeté incisive nous semblent très remarquables. Dans ce premier ouvrage, il se montre tel qu'il restera jusqu'à la fin, l'admirateur passionné de la Renaissance : « Tandis que votre connaissance du droit, dit-il à Tiraqueau, en est arrivée à un point qui ne laisse rien à désirer pour sa restauration, il est encore des gens à qui l'on ne peut tirer des mains leurs gloses barbares et surannées. Dans notre officine de médecine, qui cependant se nettoie de jour en jour, combien peu d'hommes cherchent à faire pour le mieux! Une bonne chose du moins, c'est que dans presque toutes les classes on sent qu'il y a des gens qui passent pour médecins, et qui, si on les examine à fond, se trouvent vides de science, de bonne foi et de prudence, et tout remplis d'arrogance, d'envie et d'ordure. Ils font des expériences qui coûtent la vie aux malades, comme Pline le leur a reproché jadis; et sont à redouter un peu plus que les maladies même. Maintenant les personnes de distinction tiennent en haute estime ceux que recommande leur attachement à la médecine ancienne et pure de toute erreur. Si ces opinions viennent à se fortifier et à se répandre, ces charlatans et ces affronteurs, qui de toute part ont appauvri les corps humains, seront bientôt réduits à la besace. »

Le parfait bon sens qui préserve Rabelais des préjugés de ses contemporains, les sarcasmes dont il poursuit les méthodes surannées et gothiques du passé, l'on fait considérer assez mal à propos comme un novateur, un homme de l'avenir. Novateur, il l'est en un certain sens; car c'est mériter ce titre que de vouloir appliquer, à la culture des sciences, des principes différents de ceux qui sont généralement suivis. Homme de l'avenir, il ne saurait être considéré comme tel. S'il approuve Manardi, ce n'est pas pour avoir défendu des idées nouvelles, c'est au contraire pour s'être appliqué à « rendre à la médecine ancienne et légitime son éclat d'autrefois ». A ses yeux la restauration de la science et de la philosophie antique est la conséquence naturelle de la Renaissance des lettres. Pour toutes choses, c'est au passé, mais à un passé fort reculé, c'est à l'antiquité grecque et latine qu'il demande les règles à suivre et les modèles à imiter.

Deux mois après avoir publié les lettres de Manardi, Rabelais faisait paraître une traduction latine de quelques livres d'Hippocrate et de Galien, ornée d'une dédicace à Geoffroy d'Estissac. Cette édition présente un certain nombre de corrections, qu'il juge importantes, tirées d'un ancien manuscrit grec qui lui appartenait, et dont il avait fait usage l'année précédente dans le cours professé à Montpellier. Le titre de ce volume porte un distique latin que personne n'a remarqué, et dont voici la traduction : « Ici est la source inépuisable de l'art médical. Buvez-y, à moins qu'une mare d'eau dormante ne convienne mieux à vos goûts. » Ici encore c'est dans le passé que Rabelais place la vraie source de toute science, et déjà, comme plus tard dans son roman, les « buveurs » représentent les hommes passionnés pour la recherche de la vérité.

Tandis que le jurisconsulte Tiraqueau ne négligeait pas la littérature médicale, et fournissait parfois à Rabelais d'utiles renseignements, celui-ci de son côté s'intéressait fort aux études de son ami. En 1532, il se mit en tête de publier un texte juridique. C'était un testament romain qui venait, disait-on, d'être découvert, et semblait offrir un monument remarquable et authentique. Aussitôt que Rabelais en eut reçu communication, il en prit copie et, un peu hâtivement, il y joignit un contrat de vente également supposé, et publia le tout à deux mille exemplaires. Il avait même enrichi le texte d'une dédicace où il appréciait la valeur de cette prétendue découverte. Malheureusement les deux pièces étaient fausses [1]; Rabelais, informé bientôt de la supercherie, mit autant d'ardeur à détruire l'édition qu'il en avait apporté à la publier. Un seul exemplaire (dont on ignore même le possesseur actuel, s'il existe encore) échappa à sa vigilance, et nous a conservé le témoignage de cette excursion inconsidérée de Rabelais en dehors du domaine de ses travaux accoutumés.

[1] Fabriquées l'une et l'autre, le testament dit de Cuspidius par Pomponius Lætus qui déclara la fraude dans son *Histoire;* et l'acte de vente par Jovien Pontan qui avoue sa faute dans le dialogue intitulé *Actius.*

Il s'en écartait moins dans des publications d'un genre tout populaire qu'il commença vers la même époque et poursuivit plus ou moins régulièrement pendant quinze ans. Une bonne partie des almanachs qui circulaient en France, était imprimée à Lyon. L'idée vint à Rabelais de publier un almanach ; et nous avons les titres et quelques fragments de plusieurs livrets de ce genre, mis au jour entre 1535 et 1550. *La Pantagrueline prognostication* nous est parvenue tout entière ; d'abord exclusivement relative à l'année 1533, elle prit ensuite un caractère plus général, et fut destinée à « l'an perpétuel ».

Si l'on écarte de ces écrits les plaisanteries amusantes, mais parfois d'un goût assez douteux, qui étaient destinées à les rendre populaires, on est frappé de la grandeur de la doctrine qui en fait le fond et de la véritable éloquence avec laquelle elle est exprimée.

Parlant ainsi, dans l'*Almanach* pour l'an 1533, des événements à venir il s'écrie :

« Ce ſont ſecrets du conſeil eſtroit du Roy eternel, qui tout ce qui eſt, & qui ſe fait, modere a ſon franc arbitre & bon plaiſir... Dont en tous cas il nous convient humilier, & le prier, ainſy que nous a enſeigné Ieſus Chriſt noſtre Seigneur, Que ſoit fait non ce que nous ſouhaitons & demandons, mais ce que luy plaiſt, & qu'il a eſtably, deuant que les cieux fuſſent formez. Seulement que en tout & par tout ſon glorieux nom ſoit ſanctifié. »

En tête de la *Pantagrueline prognostication*, il écrit cette magnifique page, qui, si l'on modifiait quelque archaïsme, et qu'on en retranchât la dernière ligne, pourrait passer pour un fragment de Bossuet :

« Quelque chofe que vous difent ces folz aftrologues de Louain, de Nurnberg, de Tubinge, & de Lyon, ne croyez que cefte année y aie autre gouuerneur de l'vniuerfel monde que Dieu le createur, lequel par fa diuine parole tout regift, & modere, par laquelle font toutes chofes en leur nature, & propriete, & condition : & fans la maintenance, & gouuernement duquel toutes chofes feroient en vn moment reduictes a neant, comme de neant elles ont efté par luy produictes en leur eftre. Car de luy vient, en luy eft, & par luy fe parfaict tout eftre, & tout bien : toute vie & mouuement, comme dict la trompette euangelicque mon feigneur fainct Paul Ro. xj. Doncques le gouuerneur de cefte année, & toutes autres felon noftre veridicque refolution fera Dieu tout puiffant. Et n'aura Saturne, ne Mars, ne Iupiter, ne autre planete, certes non les anges, ny les saincts, ny les hommes, ny les diables, vertuz, efficace, ne influence aucunes, fi Dieu de fon bon plaifir ne leur donne. Comme dict Auicenne que les caufes fecondes n'ont influence ne action aucune, fi la caufe premiere n'y influe. Dict-il pas vray, le petit bon hommet? »

On sent que cette page est l'expression d'une conviction sincère. Quel intérêt eût eu Rabelais à faire ici parade d'un sentiment qu'il n'eût pas éprouvé? Une profession de foi religieuse n'était pas exigible en tête d'un almanach et quelques bonnes prédictions l'eussent fait vendre à beaucoup plus d'exemplaires que ne pouvait faire une protestation véhémente contre l'astrologie, cette fausse science alors si accréditée[1].

Enfin, vers la même époque doit se placer la composition et, tout au moins, la publication des deux premiers livres du roman de Rabelais, qui, sans avoir occupé la plus grande partie de ses heures, resta son œuvre par excellence : *Gargantua, Pantagruel.* Mais, c'est ici la partie la plus difficile de nos recherches. Nous ne savons pas exactement la date où parurent ces deux livres; nous ne savons même pas dans quel ordre ils ont paru. Logiquement, dans le récit, *Gargantua* précède *Pantagruel.* Mais il est probable que *Pantagruel* a précédé chronologiquement *Gargantua;* et toutefois, sur ce point essentiel de la biographie de notre auteur, nous sommes réduits aux conjectures et aux hypothèses.

On devine plutôt qu'on ne sait que Rabelais refit pour l'éditeur lyonnais, François Juste (l'éditeur de ses almanachs), une facétie traditionnelle et dès longtemps populaire, qu'il intitula : *Les grandes et ineſtimables cronicques du grant et enorme geant Gargantua;* qu'ensuite, amusé par son sujet et par le succès de ce livret, il y ajouta, comme une suite, son *Pantagruel;* qu'enfin il substitua au premier et informe essai un nouveau et définitif

[1] Voir la lettre à Geoffroy d'Estissac où Rabelais, lui envoyant un livre de pronostics (intitulé *De eversione Europæ*) qui tournait alors la tête aux Romains, et inquiétait même le pape Paul III, ajoute ces mots : « De ma part je n'y adiouſte ſoy aucune. »

Gargantua, qui est devenu le premier livre du roman, comme *Pantagruel* en est le second, suivi du *Tiers livre* et du *Quart livre.* Quant au cinquième livre, publication posthume, s'il renferme probablement du Rabelais authentique on sait que dans l'ensemble, et quel qu'en soit l'auteur, il n'est pas de Rabelais; quoique, trois fois sur quatre, les citations sur lesquelles on juge Rabelais et on prétend le faire juger, soient tirées de ce cinquième livre.

On voudrait préciser un peu plus les faits; mais il ne faut le faire qu'avec toute sorte de réserves. *Les grandes et inestimables chronicques* durent paraître dès 1532. *Pantagruel* est probablement de la fin de la même année. *Gargantua* enfin paraît avoir été publié en 1534.

Selon Antoine Le Roy l'insuccès de l'édition des *Aphorismes* d'Hippocrate aurait donné lieu à la composition du *Gargantua* et du *Pantagruel.* Rabelais voulait indemniser son libraire de la perte subie; mais cette assertion paraît bien hasardée. La Bibliothèque nationale possède un exemplaire d'une seconde édition de cet ouvrage, réimprimée onze ans après la première; donc celle-ci s'était vendue. La suppression du *Testament de Cuspidius,* mince livret de quinze feuillets, n'avait pas non plus ruiné Sébastien Gryphe. Enfin que pouvait gagner celui-ci à la publication d'un livre dont les premières éditions connues ont paru, non pas chez lui, mais chez Claude Nourry et chez François Juste?

La plus ancienne édition datée d'un des livres du roman de Rabelais qu'on connaisse jusqu'à présent est le *Pantagruel* de 1533. Il se vendait *à Lyon en la maison de Françoys Juste, demourant deuant nostre-dame de Confort.* Il est annoncé sur le titre comme *augmenté et corrigé fraichement par maistre Iehan lunel, docteur en theologie;* sans prendre cette indication au sérieux, il faut regarder comme plus ancienne, et probablement originale une autre édition imprimée en caractères gothiques, qui malheureusement est sans date et se vendait dans une librairie toute voisine de celle de François Juste, *en la maison de Claude Nourry dict le Prince, pres nostre dame de Confort.*

Sur le titre de cette première édition, l'ouvrage est annoncé comme composé *nouvellement par maistre Alcofrybas Nasier.* Ce nom bizarre est l'anagramme exact et complet de *Francois Rabelays*, les éditions suivantes portent simplement : *par maistre Alcofribas,* comme si l'éditeur n'eût pas compris, ou qu'il eût voulu dissimuler la signification de cet anagramme et le véritable nom de l'auteur.

Rabelais ne tenait jamais longtemps en place. Après deux ans de séjour à Lyon (de la fin de 1531 à la fin de 1533), il quitta cette ville. Jean du Bellay, évêque de Paris, l'attachait à sa personne et l'emmenait à Rome en qualité de médecin. Rabelais passa à Rome les trois premiers mois de 1534. Puis il revint à Lyon et dut y séjourner un peu plus d'une année. Ensuite il repart pour Rome, où il reste auprès de Jean du Bellay depuis juillet 1535 jusqu'à mars 1536. Il quitte Rome alors après avoir régularisé sa situation ecclésiastique, rentre en France, traverse Paris, gagne Montpellier où il prend sa licence en médecine le 3 avril (1539) puis le doctorat le 22 mai suivant; et commente en septembre les *Pronostics* d'Hippocrate sur le texte grec. Il fait en public la dissection du cadavre d'un criminel, fort peu de temps après les premières tentatives, jugées si hardies, d'André Vesale. En 1540, par la protection de Jean du Bellay, et avec un nouvel indult du Saint-Siège, il entre dans la collégiale des chanoines Bénédictins de Saint-Maur-les-Fossés, qu'il appelle (dans l'épître à Odet de Chatillon en tête du quart livre) « paradis de salubrité, amenité, serenité, commodité, delices, et tous honestes plaisirs de agriculture et vie rusticque ». Un autre eût voulu vieillir dans ce « paradis ». Rabelais ne fit que le traverser. Mais après ce rapide aperçu, revenons avec plus de détails sur l'histoire de ces six années si accidentées (1534-1540).

La dédicace latine de la *Topographie de Rome antique* par Marliani nous offre force détails intéressants. Après avoir exprimé en termes émus sa reconnaissance envers Jean du Bellay qui l'avait attaché à lui durant ce voyage, Rabelais nous expose le plan d'études qu'il s'était tracé. Il se proposait de visiter les savants en réputation dans les diverses villes qu'il traverserait. Toujours zélé pour tout ce qui intéressait sa profession, il voulait connaître les plantes, les animaux, les remèdes qui manquaient encore à la France, et abondaient, disait-on, en Italie. Par la plume et par le pinceau il voulait décrire si bien l'aspect de Rome, qu'il en pût toujours avoir les sites et les monuments sous les yeux, son beau voyage terminé. Avant le départ il avait eu soin de recueillir dans les écrivains grecs et latins quantité de notes qu'il emportait avec lui. Sur plus d'un point, son attente se trouva trompée. L'Italie ne lui offrit aucune plante, aucun animal qui ne lui fût déjà connu. Il ne mentionne, comme digne d'attention, qu'un platane qui ombrageait la grotte de Diane Aricie dans le voisinage du Mont Albain. Mais les recherches archéologiques le passionnèrent si bien qu'il méditait d'écrire une *Topographie de Rome antique*. Du Bellay encourageait ses recherches, achetait même une *vigne* étendue, y faisait commencer des fouilles. Nicolas Le Roy et Claude Chappuis, attachés comme Rabelais à la maison de l'ambassadeur, s'associaient avec zèle à ces études. Marliani les prévint en publiant son livre. Rabelais se résigna très philosophiquement, remercia même plaisamment Marliani de lui avoir rendu le même service que Lucine apporte aux femmes en mal d'enfant, en lui épargnant l'accouchement toujours pénible. Il fit mieux, et quand il reçut à Lyon où il était retourné l'ouvrage de Marliani, pour montrer mieux sa bonne grâce, il écrivit pour ce livre l'intéressante préface où nous avons puisé ces détails.

Nous ne savons à quelle date il convient de rapporter un mystérieux épisode de la vie de Rabelais, attesté d'une façon irrécusable par huit petites pièces de vers latins de

Boissonné, professeur à l'Université de Toulouse. La première a pour titre : *Sur Théodule Rabelais, enfant de deux mois défunt*. S'agit-il vraiment d'un fils de François Rabelais? Tout semble l'attester. Le père y est déclaré docte, érudit, pourvu de toutes les connaissances qui conviennent à un homme bon, pieux, et honnête. Une autre pièce nous apprend que l'enfant était né à Lyon; une troisième qu'en sa courte vie « il a eu pour serviteurs des pontifes romains ». En voilà assez pour exciter vivement notre curiosité, trop peu pour la satisfaire. Nous sommes surpris de voir Boissonné saluer cette naissance qui nous paraît un scandale, et plus surpris encore que des princes de l'Église aient prodigué les caresses à cet enfant. N'oublions pas toutefois que plusieurs cardinaux inclinaient déjà vers des principes très peu orthodoxes, et que l'un d'eux, Odet de Coligny, devait plus tard embrasser la Réforme et se marier.

Rabelais reste à Rome de juillet 1535 à mars 1536. Pour cette période, les documents datés sont assez abondants. Rabelais entretenait alors avec l'évêque de Maillezais une correspondance fort suivie, lui écrivant au moins chaque semaine, mais ne lui adressant ses lettres que lorsqu'il en trouvait l'occasion. Nous avons trois séries de ces envois, appartenant à la fin de son séjour, et datées du 30 décembre 1535, et des 28 janvier et 15 février 1536. Il y est question de tout : de politique, de diplomatie, de bruits de ville, d'horticulture; mais principalement des démarches faites par Rabelais pour obtenir une absolution qui lui permît de reprendre l'habit de saint Benoît et d'exercer la médecine, à l'exception des opérations sanglantes, interdites aux ecclésiastiques par les canons.

L'indult qui lui accorda cette absolution et le privilège d'exercer la médecine est daté du 18 janvier 1536; il est rédigé dans les termes les plus flatteurs. Paul III déclare vouloir récompenser en lui le zèle de la religion, la science des lettres, l'honnêteté de la vie et des mœurs, la probité et la vertu. On pourrait croire que ce sont là formules purement officielles, toujours usitées dans ces sortes d'actes. Mais dans une de ses lettres, Rabelais insiste longuement sur l'extrême bonne grâce dont la chancellerie pontificale a fait preuve à son égard, et surtout sur le *gratis* qu'on lui a exceptionnellement accordé. Dans la supplique adressée au pape, Rabelais faisait amende honorable de son « apostasie ». Certain d'avance que l'évêque de Paris, le cardinal du Bellay, lui ferait ouvrir les portes de la collégiale de Saint-Maur-les-Fossés, il demande au pape l'autorisation d'entrer dans tout monastère de Bénédictins qui consentira à le recevoir. Non seulement sa demande fut accueillie, mais le cardinal de Genutiis, juge du Palais, et le cardinal Simoneta, auditeur de la Chambre, prirent avec la plus grande sollicitude les mesures nécessaires pour que l'absolution qui lui était accordée fût irréfragable en France, et firent même en sorte qu'il l'obtînt gratis, ou du moins n'eût plus à payer, comme il dit dans une de ses lettres, que « le référendaire, procureurs et autres tels barbouilleurs de parchemin ». Le cardinal du Bellay et l'évêque de Mâcon, dont il était le commensal ordinaire, s'offrirent à employer en sa faveur « non seulement leurs paroles, mais entierement le nom du Roy. » Ce puissant appui lui fut inutile, et Rabelais rentra en France muni d'un indult rédigé dans les termes les plus favorables, où l'on rendait témoignage « de son zèle pour la religion et de sa science dans les lettres ».

Au mois de mars 1537, nous trouvons Rabelais à Paris, où il prend part à un banquet donné en l'honneur de Dolet; celui-ci, poursuivi au sujet d'un meurtre commis à Lyon, le 31 décembre 1536, venait d'obtenir sa grâce. C'est Dolet lui-même qui prend soin de nous faire en vers latins le récit du repas; il ne manque point à citer parmi les convives « François Rabelais, l'honneur de la médecine, qui peut rappeler les morts des portes du tombeau, et les rendre à la lumière ». Sans s'attarder à Paris, Rabelais s'empresse d'aller reprendre à Montpellier ses occupations médicales. Les registres de la Faculté nous apprennent qu'il passa sa licence le 3 avril 1537, son doctorat le 22 mai de la même année, et qu'il interprétait, le 27 septembre, le texte grec des *Pronostics* d'Hippocrate. En 1540, le cardinal du Bellay fait entrer Rabelais au couvent de Saint-Maur-les-Fossés. Une difficulté se présentait : l'indult de Paul III avait autorisé Rabelais à entrer dans un couvent de Bénédictins; mais Saint-Maur, devenu collégiale, était destiné à recevoir non des moines, mais des chanoines. Rabelais adressa donc à Paul III une nouvelle supplique pour lui demander la confirmation et l'extension de son premier indult, et notamment le droit d'exercer partout la médecine et de posséder régulièrement ses bénéfices ecclésiastiques, présents ou à venir. Nous n'avons point la pièce en réponse à cette requête; mais il est certain que les grâces sollicitées par Rabelais lui furent accordées.

Dès l'année suivante, et peut-être la même année, il reprit sa vie errante. Nous apprenons par des vers de condoléance que Boissonné charge Rabelais de lire à Guillaume de Langey, à l'occasion de la mort de la dame de Langey, sa femme (juillet 1541), que Rabelais était à cette date à Turin, où Langey résidait, comme vice-roi de Piémont. Est-ce en même temps que Rabelais avait rédigé en latin un ouvrage militaire, qui fut traduit en français par Claude Massuau, sous le titre suivant, que nous a conservé Du Verdier : *Stratagemes, c'est à dire prouesses et ruses de guerre du pieux et très celebre chevalier de Langey, au commencement de la tierce guerre cesariane.* 1542. Malheureusement, ni l'original ni la traduction ne sont parvenus jusqu'à nous.

La protection de Langey s'exerça de plusieurs façons en faveur de Rabelais. M. Heulhard, à qui l'on doit la découverte de tant de précieux détails qui précisent et complètent sur plusieurs points la biographie de notre personnage, a signalé le premier, dans le *Discours de la Court présenté au Roy par M. Claude Chappuys,* publié en 1543, une liste de *maistres des requestes* où figure :

... Rabelais a nul qu'a soy semblable
Par son savoir partout recommandable.

Malheureusement le précieux appui de Langey devait manquer bientôt à Rabelais. Le vice-roi de Piémont mourut le 10 janvier 1543. Rabelais en ressentit une vive affliction qu'attestent plusieurs passages de son roman. Pantagruel, parlant du don que possèdent les mourants de prédire l'avenir, dit : « Seulement vous veulx ramenteuoir le docte & preux cheualier Guillaume du Bellay, feigneur iadis de Langey, lequel on mont de Tarare, mourut le 10 ianuier ... de noftre fupputation, l'an 1543. en compte romanicque. Les troys & quatre heures auant fon decès, il employa en paroles viguoureufes, en fens tranquil & ferain, nous predifant ce que depuis, part auons veu, part attendons aduenir. » Ailleurs, Eudemon rappelant les « prodiges tant diuers & horrificques » qui signalèrent cette mort, cite « Rabelays » parmi les « amis, domefticques & feruiteurs du deffunct ». Guillaume de Langey avait songé à Rabelais dans son testament, qui renfermait un article ainsi conçu : « Au fieur de Rabelais & a meffire Gabriel Taphenon medecins, veult & ordonne ledit fieur teftateur qu'il leur foit donné oultre leurs fallaires & vaccations, c'eft affauoir : audict Rabelais cinquante liures tournois par an, iufques a ce que fes heritiers l'ayent pouruu ou fait pourueoir en l'eglife iufques a trois cents liures tournois par an; au dit Taphenon, cinquante efcuz fol, vne fois payés. »

La faveur du roi restait acquise à Rabelais. Le 19 septembre 1545, François Iᵉʳ accordait au *tiers livre* et, en même temps, aux deux livres précédents, à *Gargantua* et à *Pantagruel,* un *privilège* où l'auteur du roman est traité de la façon la plus flatteuse.

Le jugement et le supplice d'Étienne Dolet (exécuté le 3 août 1546) paraissent avoir effrayé Rabelais, quoiqu'on ne trouve aucune preuve qu'il ait été jamais menacé, ni même inquiété sérieusement. Mais il faisait profession de soutenir ses doctrines, jusqu'au feu *exclusivement.* La France ne lui paraissant pas assez sûre, il se réfugia à Metz, d'où il écrit au cardinal Du Bellay : « Si vous ne aués de moy pitié, ie ne ſache que doibue faire, ſinon en dernier deſeſpoir, me aſſeruir a quelqun de par deça, auec dommage & perte euidente de mes eſtudes. » A Metz, il était médecin aux gages de la ville; et nous avons cité des extraits de comptes où il est fait mention de lui et de ses services.

Il ne séjourna pas longtemps à Metz. Il ne resta jamais longtemps nulle part; et cette passion d'errer semblait s'accroître chez lui avec les années. Au commencement de 1548, le cardinal Du Bellay, qui avait été renvoyé à Rome par Henri II, y fit venir Rabelais. Le 3 février 1549, naissait au château de Saint-Germain-en-Laye Louis, duc d'Orléans, second fils de Henri II et de Catherine de Médicis. (Cet enfant mourut en bas-âge) Dès que la nouvelle de sa naissance fut connue à Rome, Du Bellay célébra une grande fête dans son palais. Rien n'y manqua : tournoi, combat de taureaux, danses, souper. L'imprimeur Gryphe en publia la relation intitulée : *La ſciomachie & feſtins faits à Rome au Palais de Monſeigneur Reuerendiſſime Cardinal du Bellay, pour l'heureuſe naiſſance de mon ſeigneur d'Orléans*. Le tout extraict d'une copie des lettres eſcrites a mon ſeigneur le reuerendiſſime Cardinal de Guiſe, par M. François Rabelais, docteur en medecine. »

Le cardinal Du Bellay fut rappelé en France, et Rabelais l'y suivit. Le 18 janvier 1551 (nouveau style) Rabelais fut pourvu de la cure de Meudon. Son protecteur Du Bellay, « pour recouurement de ſanté après longue & faſcheuſe maladie, » s'était retiré à Saint-Maur. Un jour que le cardinal Odet de Châtillon était venu lui rendre visite, il y trouva Rabelais qu'il entretint longuement des dispositions favorables du roi Henri II à son égard. Encouragé par cette bonne nouvelle, Rabelais n'hésita plus à publier le *quart livre*. Néanmoins, soit de son propre mouvement, soit sur le conseil de ses protecteurs et amis, il crut devoir résigner d'abord par deux actes signés le même jour (9 janvier 1552, nouveau style) ses deux cures de Saint-Christophe du Jambet et de Saint-Martin de Meudon. Celui qu'on a si souvent appelé « le Curé de Meudon », fut curé de Meudon tout juste onze mois et vingt jours; et pendant ce court laps de temps il est probable qu'il exerça fort peu ses fonctions curiales. Les traditions recueillies au siècle suivant, à Meudon, par des biographes crédules, sont tout à fait sans valeur[1].

[1] Du médecin et du diplomate qu'il a été, nul souvenir. Du curé de Meudon qu'il n'a été qu'un moment et nominativement, mémoire éternelle et légendaire. (Note isolée de M. Marty-Laveaux.)

Tout ce qu'on sait d'authentique sur l'administration curiale de Rabelais se réduit à ceci : l'évêque de Paris, Eustache Du Bellay, au cours d'une visite pastorale, étant venu à Meudon, il ne trouva que le vicaire.

Moins de trois semaines après qu'il avait recouvré son indépendance, le 28 janvier 1552, Rabelais adresse la dédicace du *quart livre* à Odet de Châtillon, et se place sous la protection officielle de ce prélat : « Presentement hors de toute intimidation, lui dit-il, ie mectz la plume au vent; esperant que par vostre benigne faueur vous me ferez contre les calumniateurs comme vn second Hercules Gaulloys. » Et il termine ainsi en attribuant audacieusement à son nouveau défenseur toute la responsabilité de son œuvre : « Au surplus vous promettant que ceulx qui par moy seront rencontrez congratulans de ces ioyeulx escriptz, tous ie adiureray vous en sçauoir gré total... par vostre exhortation tant honorable m'auez donné & couraige & inuention : & sans vous m'estoit le cueur failly, & restoit tarie la fontaine de mes esprits animaulx. »

Des poursuites ordonnées par le parlement suspendirent momentanément la vente de l'ouvrage qui, néanmoins, reprit bientôt son cours. Mais les incertitudes et les obscurités qui avaient enveloppé le berceau de Rabelais, s'épaississent de nouveau autour de sa tombe. Sa mort paraît toutefois devoir être rapportée à l'année 1553. Quant au lieu de sa sépulture, le plus sage semble de s'en tenir à l'opinion de Colletet, qui termine ainsi la biographie de Rabelais :

« Il mourut, non point à Meudon comme l'a dit Scevole de Sainte-Marthe, et comme la plus part des escriuains le croyent, mais a Paris, en la rue des Iardins, sur la paroisse de Saint-Paul, au cymetierre duquel il fut enterré, et proche d'vn grand arbre que l'on voyoit encore il y a quelques années. »

NOTES SUR LE LEXIQUE

ET LA LANGUE DE RABELAIS

NOTES SUR LE LEXIQUE

ET LA LANGUE DE RABELAIS

J'ai tellement hâte de livrer au public ce glossaire, auquel je travaille depuis si longtemps, que je ne le ferai pas précéder d'une longue étude sur la langue de Rabelais, suffisamment satisfait si mon commentaire et le glossaire qui va suivre en fournissaient à d'autres de sûrs et abondants matériaux.

Le travail que j'ai placé à la suite du recueil de la Pléiade peut d'ailleurs en tenir lieu dans une certaine mesure.

Supériorité du glossaire sur les notes au bas des pages. Le glossaire fait le rapprochement des locutions qui se contrôlent et souvent s'expliquent l'une par l'autre. Les notes, résultats de recherches partielles, d'hypothèses successives pour la nécessité du moment, se combattent et souvent se détruisent l'une l'autre.

La nécessité d'un glossaire pour les œuvres de Rabelais s'est manifestée de bonne heure, car c'est à lui-même qu'elle a d'abord apparu *(Briefue declaration d'aucunes dictions plus obſcures contenues on quatriesme liure)*.

Il faut remarquer que ce premier lexique de Rabelais se compose en grande partie de mots savants, nouveaux alors, courants aujourd'hui. La difficulté a changé de nature. Ce sont les mots populaires et locaux qu'il s'agirait d'expliquer.

Avant qu'Henri Estienne ait publié ses *Dialogues du langage françois italianiſé & autrement déguiſé,* Rabelais plaisante déjà sur le langage courtisan lanternois. Panurge promet d'en faire « vn beau petit dictionnaire, lequel ne durera gueres plus qu'vne paire de souliers neufz. »

Ce ne sont pas non plus les latinisateurs qu'il préconise. Il n'y a pas à insister sur ce point. Sa charmante critique de la langue de l'écolier limousin est un des morceaux les plus connus de son livre.

Quel est donc le langage qu'il adopte, qu'il recommande, dont il donne avec une verve intarissable des modèles si nombreux et si variés?

C'est le *patrius sermo*. L'ensemble des parlers des ancêtres de toutes provinces, de toutes conditions, de tous métiers pratiqués jusqu'alors; et comme la langue érudite surgit à cette époque en même temps que renaissent les sciences antiques, rien ne manque au vocabulaire de Rabelais, qui peut être considéré comme le monument le plus important du langage français au milieu du XVIe siècle. Il est complet de tout point, depuis la plus haute éloquence jusqu'aux injures les plus vulgaires. Son livre n'est pas un tableau, mais un *miroir* de la société du temps.

La langue de Rabelais, c'est la langue du XVIe siècle dans toute sa vaste étendue. Calvin nous fait connaître la langue religieuse, Montaigne la langue philosophique, Brantôme le caquetage des courtisans; mais Rabelais, dans sa vaste synthèse, embrasse la langue religieuse la plus élevée, ainsi que la langue philosophique, les langages techniques, les dialectes, l'argot, et descend même plus bas.

Il connaît quelquefois le mot mieux que la chose. Jal le lui reproche, mais malgré quelques inexactitudes, certaines impropriétés, l'effet littéraire pittoresque n'en est pas moins produit sur tout lecteur qui n'est pas historiographe de la marine.

Il ne hait pas la période, mais il a horreur de la périphrase. En cela il est bien Français, bien populairement Français.

Rabelais, c'est la grande source, le grand courant de notre langue : *cum flueret lutulentus*...

La comparaison des mots de notre glossaire de Rabelais et de celui de la Pléiade est bien instructive à cet égard.

La Pléiade emploie souvent au figuré les mots techniques, dont Rabelais, lui, ne se sert qu'au propre.

Rabelais a fait gaiement et spontanément pour la langue ce que la Pléiade a tenté à grand bruit et à grand'peine.

Les innovations de la Pléiade indiquées dans la *Défense et Illustration* sont toutes dans Rabelais. Mais il les a uniquement employées à constituer la prose; sa poésie au contraire est plate, moyenâgeuse, nullement moderne. L'originalité de Du Bellay est d'appliquer les principes de Rabelais à constituer, à instaurer le langage poétique.

Remarquons du reste que, contrairement à l'opinion commune, Du Bellay parle de Rabelais comme d'un maître et d'un modèle.

Le langage de la Pléiade est le commencement de la langue moderne; celui de Rabelais est la transition de l'ancien français au nouveau.

Les anciens glossaires de nos vieux auteurs français ont pour objet principal et presque unique l'explication des mots difficiles.

Mieux préparés, en général, à la lecture de nos anciens textes, les lecteurs de notre temps sont moins exigeants à cet égard et ont une intelligence moins incomplète des auteurs dont ils abordent la lecture.

De là une nécessité moins absolue d'expliquer en gros et une fois pour toutes, dans un glossaire qui ne s'applique pas à chaque passage, des mots dont le sens général est à peu près connu, mais aussi un besoin absolu de faire saisir au lecteur l'emploi particulier du mot dans chaque passage, les nuances de son sens, sa valeur intime et variable. L'étude ne doit plus être uniquement philologique, elle doit être aussi littéraire et nous faire connaître ce protée qu'est un mot non seulement sous son aspect le plus général, mais encore dans ses incarnations successives, dans les avatars par lesquels il se transforme, passant d'une signification première à une autre fort différente et même quelquefois opposée.

Il faudrait non pas une explication approximative, mais une interprétation variable, adéquate à chaque passage.

Expliquer Rabelais, c'est une grande ambition, mais qui ne demande heureusement ni du génie ni même du talent. Une grande abnégation y suffit. Il faut faire un effort constant pour laisser parler l'auteur; quand on le connaît bien *dans les coins* suivant une expression vulgaire, mais qui rend bien notre idée, on s'aperçoit que la pensée, la tournure, le mot qui est obscur en un endroit est presque toujours répété dans un autre sous une forme plus claire. Un patient travail de rapprochement est beaucoup plus efficace que toutes les conjectures.

La définition bien faite n'est que la résultante des exemples recueillis, et un de plus rencontré court risque de la fausser. Il est dangereux de trop expliquer Rabelais. Par bonheur, si l'on y regarde de près, on s'aperçoit qu'il s'explique et se commente assez souvent lui-même, et il est à coup sûr le meilleur de tous ses commentateurs. De plus, dans ses longues énumérations d'équivalents et de synonymes, les termes s'éclaircissent les uns par les autres. Lorsque dans un même article du glossaire le mot reparaît quatre ou cinq fois avec des nuances et des acceptions différentes, on en a pour ainsi dire fait le tour, et on est mieux renseigné que par une définition. Ce genre d'études est conforme à la nature, qui ne nous définit nulle part les mots, mais qui nous en fait connaître le sens par la variété de leurs emplois.

Beaucoup d'exemples, peu de définitions.

1° Aucune de celles qu'on trouve dans tous les dictionnaires.

2° Aucune pour les mots que leur emploi dans la phrase, les synonymes dont ils sont accompagnés, définissent mieux qu'aucune définition.

3° Aucune pour les mots qui sont plus clairs que leur définition ou ceux dont la dérivation est évidente.

4° Aucune pour ceux que nous avons admis pour être complets, mais sur lesquels il est à propos de ne point insister, parce que, selon la judicieuse remarque de la comtesse d'Escarbagnas, ils s'expliquent assez d'eux-mêmes.

Ce recueil est un glossaire, non une encyclopédie. Il énumère les mots, il n'explique point les choses.

Je ne définis pas les mots qu'on trouve partout, noir par exemple, ni ceux qu'on ne trouve nulle part.

Je n'ai jamais cru devoir expliquer aux autres ce que je ne comprenais pas moi-même. Ces mots obscurs, je ne les ai d'ailleurs jamais dissimulés, et ils m'ont paru les plus utiles à recueillir. De plus heureux les expliqueront. Car, pour finir par un mot de notre auteur, maille à maille se fait le haubergeon.

GLOSSAIRE

A

A, lettre. Son sens comme abréviation IV, 285 (note sur la p. 365 du Tome II).

A, préposition latine. On la trouve dans certaines locutions appartenant soit au latin classique, soit au langage macaronique : « quelques pays *a* remotis. » I, 245 et IV, 174, « ... demouroit ainsi *à* reculorum. » I, 235.

A, préposition française, a des sens extrêmement variés : c'est souvent, par suite d'une inversion, le premier mot d'une maxime ou d'un proverbe : « A beau ieu bel argent. » I, 277. « A bon entendeur ne fault qu'vne parolle. » III, 33. « A chascun n'est oultroyé entrer & habiter Corinthe. » II, 10. « A cul de foyrad tousiours abonde merde ». I, 37. A infinité rien ne peut decheoir. II, 216. A l'enfourner on faict les pains cornuz. II, 279. A petit manger bien boire. II, 337.

A, figure en tête de diverses formules qui, par suite de leur fréquent emploi, se sont parfois soudées en un seul substantif :

A *dieu*. « *A dieu* paniers, vendanges sont faictes. » I, 104. « Or *à dieu* iusques à demain. *A dieu*, dist Pantagruel. » I, 309. « ... partit de Paris sans dire *à dieu* à nulluy. » 330. « Le Roy de Portugal... vint dire *à Dieu* à Monsr. le Reuerendissime Cardinal du Bellay. » III, 355-356. A *dieu seas*. *Adiousias*, dans le nouveau provençal. Adieu : « ... *a dieu seas* Rome. » I, 125.

A *l'arme*. « *A l'arme* sonnez. » I, 13. Voir *Alarme*.

A *l'berte*. « ... le pilot... commanda tous estre *à l'berte* tant nauchiers... que nous aultres voyagiers. » II, 335-336.

A *poge*. « Sus, sus, sus, enfans, diligentement. Bon. Inse, inse. *A poge*. » II, 349.

A, marque très fréquemment la façon, la manière :

A *baſtons rompus, A battons rompus.* « ... luy deſchicqueterois ſes habillemens *à baſtons rompuz...* » II, 51. « ... le premier iour nous ieuſnaſmes *à battons rompus,* le ſecond *à* eſpees rabatues, le tiers *à* fer eſmoulu, le quart *à* feu & *à* ſang. » III, 13.

A *bonds.* « La poultre toute effrayee ſe miſt au trot, *à* petz, *à bonds,* & au gualot, *à* ruades, freſſurades... » II, 317. « Tournoyoient autour de l'armee *à* ſaux de cheures, *à bons, à* pets, *à* ruades, & penades. » III, 150.

A *bonnes enſeignes.* « ... feirent reſponce... qu'ilz ne ſe renderoyent : ſinon *à bonnes enſeignes.* » I, 374. « ... laquelle i'auoys autresfoys congneue *à bonnes enſeignes.* » III, 224.

A *boutees.* « ... *à boutees* ces Clergaux icy nous viennent... » III, 20.

A *bride aualée.* « ... commencerent fuyr *à bride auallee...* » I, 159. « ... couroyent *à bride auallee.* » 337. « Les horrificques couilles de Lorraine, les quelles *à bride aualée* deſcendent au fond des chauſſes. » II, 47. « ... *à bride auallée* courir à tous les diables. » III, 192.

A *cachettes.* « ... feuſt à deſcouuert, feuſt *à cachettes.* » II, 135. « D'elle vſent aulcunesfoys les frians *à cachetes.* 230.

A *cul leué.* « ... ont ioué du ſerrecropiere *à cul leué.* » I, 303.

A *doz d'aſne.* «... fauldroit... en taluant *à doz d'aſne* arranger les moyens. » I, 290.

A *double rebras.* « ... il auoit l'entendement *à double rebras.* » I, 252. « ... f(ol) *à double rebras.* » II, 184. « Malicorne feut ... accollé *à double rebraz.* » 284.

A *eſcorchecul, à l'eſcorche cul.* « Vous le trainnoyt ainſi *à l'eſcorche cul...* » I, 360. « Ainſi eſtoit trainné *à eſcorchecul.* » II, 317.

A *genoillons.* « ... eſtoit comme *à genoillons...* » III, 100, et IV, 344.

A *grand erre.* « Iuſques à tant qu'il en ſorte *à grand erre* Soubdaines eaux... » I, 208. « ... commençoit à eſcamper du lieu *à granderre.* » III, 31.

A *iambes rebindaines, rebidaines.* « ... il le getta en arriere *à iambes rebindaines.* » I, 360. « ... il le iecta par terre *à iambes rebidaines.* » II, 507.

A *la cabre morte.* « ... luy promiſt vn habit en condition qu'il le paſſaſt oultre l'eau *à la cabre morte* ſus ſes eſpaules. » II, 114.

A *l'ancre.* Au figuré : immobile, stationnaire, dans l'inaction. « Toute la contree eſtoit *à l'ancre.* » I, 227.

A *longs interualles.* « ... la choſette faicte... *à longs interualles...* » II, 92.

A petarades. « Plus amiablement l'appelloient, plus rudement s'eſcarmouchoit-il : & à ſautx, *à petarades.* » III, 32.

A *plaines pippes.* « ... nous ſommes icy bien pippez *à plaines pippes...* » III, 36, et IV, 320.

A *recullons.* « ... ceulx qui... guaingnent leur vie *à recullons.* » II, 231, et IV, 264.

A *tyre larigot.* « ... luy donnerent à boyre *à tyre larigot.* » I, 29.

A ventre deboutonné. « ... ilz beurent *à ventre deboutonné.* » I, 320, et IV, 207.

A suit souvent le verbe *jouer* et précède le nom du jeu. « Là iouoyt... *A* la prime... *A* paſſe dix... » etc., etc. I, 80-83. *(Les Ieux de Gargantua.)*

A *la.* A la façon, à la manière, à la mode :

A *l'antique.* « ... accouſtrement fait *à l'antique.* » III, 400.

A *la Bergamaſque.* « ... ſi ie ne boucle ma femme *à la Bergamaſque.* » II, 174.

A *la Bougreſſe.* « ... ayant le derriere tondu *à la Bougreſſe.* » III, 284.

A *la Breteſque.* « ... beuuons icy *à la Breteſque.* » I, 353.

A *la Ceſarine.* « ... tondu *à la Ceſarine...* » I, 68. « ... belle petite pilulle agregatiue de dieu, compoſee de vingt-deux coups de pongnart *à la Ceſarine.* » III, 120.

A *la cardinale.* « ... emplis icy & couronne le vin, ie te pry. *A la cardinale.* » I, 24.

A *la cynique.* « ... la choſette... faicte en veue du Soleil, *à la Cynique...* » II, 92.

A *la Damaſquine.* « ... f(ol) *à la Damaſquine.* » II, 184. « ... or *à la Damaſquine.* » 270.

A *la ferraroiſe.* « Coches *à la ferraroiſe.* » III, 85.

A *la Iudaique.* « ... Panurge ſe feit perſer l'aureille dextre *à la Iudaique.* » II, 41.

A *la martingalle, à la martinguale.* « ... chauſſes... *à la martingualle,* qui eſt vn pont leuis de cul, pour plus aiſement fianter, ou *à la mariniere,...* ou *à la Souice...* » I, 74. « ... en fut donné pareil arreſt *à la martingalle.* » 277. « ... f(ol) *à la Martingualle.* » II, 184.

A *la mode de.* « *A la mode de* Bretaigne. » I, 24.

A *la Moreſque.* « ... bernes *à la Moreſque.* » I, 202.

A *la Romanicque.* « ... broderie *à la Romanicque.* » I, 321.

A *la Thuſque.* « L'accouſtrement de la teſte eſtoit... En hyuer à la mode Francoyſe... En eſté *à la Thuſque.* » I, 202, et IV, 153.

A *la Tigreſque.* « ... acouſtré *à la Tigreſque.* » II, 314.

A *la vieille eſcrime.* « ... donnez deſſus à voſtre maſt gualantement *à la vieille eſcrime.* » I, 356.

A où nous nous mettrions *au.* « Pantagruel dreſſa equippage de nauires, *à* nombre de celles que Aiax de Salamine auoit iadis. » II, 227.

A remplit tour à tour les fonctions d'un grand nombre de prépositions :

1° Avec, à l'aide, au moyen de. « ... bouteille eſt fermee *à* bouchon, & flacon *à* viz. » I, 22, et IV, 78. « eſtrillons le *à* profict de meſnaige. » I, 23. « ... elle eſtoit bonne robbe, en bon poinct & graſſe *à* profict de meſnaige. » II, 303. « I'ay... mon eſtomach ſabourré *à* profict de meſnaige. » 500. « ... tiroient laict des boucs, & dedans vn crible le receuoient, *à* grand profit de meſnage. » III, 80. « ... braguette... eſtachee ioyeuſement *à* deux belles boucles d'or. » I, 32. « ... commencerent eſgourgeter, & acheuer ceulx qu'il auoit deſia meurtriz. Scauez vous de quelz ferremens? *A* beaulx gouuetz. » 108. « L'exploict ſera faict *à* moindre effuſion de ſang que ſera poſſible. » 113. « ... heures... *à* troys pſeaulmes & troys leçons... » 153 et IV, 141. « ... nez ... pullulant, purpuré, *à* pompettes. I, 221. « ... f(ol) *à* pompettes. » II, 181. « ... le lierent *à* gros cables. » I, 234. « ... le pauure Lymoſin conchioit toutes ſes chauſſes... faictes *à* queheue de merluz, & non *à* plein fons. » 243; « ... de preſent *à* difficulté feroys ie receu en la premiere claſſe des petitz grimaulx... » 254. « ... ſe tireroys tu *à* belles dentz. » 288. « Themiſtocles *à* peu de gens les deſconfit. » 343. « ... donnez deſſus *à* voſtre maſt... » 356. « ... armé *à* hault appareil. » 361. « luy meſmes fiſt les nopces *à* belles teſtes de moutons. » 372. « ... on les ouuroit (les pommes de cuiure)... & fermoit *à* vn reſſort. » 380. « ... petit anneau d'or *à* ouuraige de tauchie... robbe longue *à* ſimple couſture. » II, 41. « ... le baſton *à* vn bout, qui me pend entre les iambes. » 92. « ... vne grande eſpée... *à* fourreau de velours... » 122. « ... f(ol) *à* ſonnettes. » 181. « ... eſt il fol, comme un chou, *à* pommes ? » 211. « Si vos chartiers... amenans... certain nombre de tonneaux... les auoient... beuz à demy, le reſte empliſſans d'eau... *à* belz eſclotz... » 240 et IV, 265. « ... comme ia pluſieurs foys s'eſtoit en vain efforcé & *à* peu de profict... » II, 394. « Il inuenta les moulins *à* eau, *à* vent, *à* bras, *à* mille autres engins. » 484. « ... Diableteau *à* poil follet, lequel... i'auoys... happé *à* belles mouſfles d'vn bas de chauſſes. » 509. « ... deux petits rochers carrez *à* huit eſgalles pointes. » III, 41. « ... ſacs, *à* grans lambeaux d'eſcritures. » 48. « ... l'Archer auré auec deux Nymphes... *à* toutes leurs puiſſances defendoient leur Roy. » 95. « ... emblemature, *à* petites pierres rapportees... parois, leſquels eſtoient tous incruſtez de marbre, & porphire, *à* ouurage moſayque. » 145. « ... liez *à* groſſes chaiſnes d'or... Bacchus marchoit... *à* la conduite de deux beufs. » 152. « ... le ſculpteur auoit... engrauee, *à* ouurage cataglyphe, vne... bataille de petis enfans nuds... » 155. « ... la venerable pontife Bacbuc... *à* face ioyeuſe & riante. » 156. « Les baſes des colomnes... eſtoient *à* ouurage Phrygien. » 160. « ... vn grand dogue *à* deux teſtes de chien. » 215. « ... vne peau de Leopard... attachee *à* gros boutons d'or... ſa trouſſe... pendoit... *à* gros cordons... » 401. « ... les enſeignes deſployees, *à* deſmarche graue & lente ſe preſenterent en veüe des tenans. » 407.

A tout s'emploie très souvent comme *à,* dans le sens d'*avec :* « *à tout* ſon baſton de croix guaingna la breche... Iamais Maugis hermite ne ſe porta ſi vaillamment *à tout* ſon bourdon contre les Sarraſins. » I, 108. « Il eſt né *à tout* le poil, il fera choſes merueilleuſes. » 229. « ... prendre *à tout* la langue quelque lippee. » 236. « ... ie luy baillys ſi vert dronos ſur les doigts *à tout* mon iauelot qu'il n'y retourna pas deux foys. » 286. « Là veiſmes des Procultous & Chiquanous gens *à tout* le poil. » II, 310. « Frerot *à tout* ſon accouſtrement de velours... » III, 408.

2° De. « Proteſtant deſieuner demain *à* bonne heure. » II, 70. « ... les deſtinees fatales ne ſont *à* perir en eau. » 356. *A* bonne heure auoit le Senoys ſes chauſſes deſtaches. » 508. « Faictez vous *à* bonne heure... deſtacher. » 509.

3° En, dans, pendant. « Pour la quarreleure d'iceulx (les ſouliers) furent employez vnze cens peaulx de vache brune, taillee *à* queues de merluz. » I, 33. « ... maintenir le pays, & defendre *à* ce befoing. » 111. « ... ia apperçoy aulcuns d'iceulx qui viennent contre nous *à* la foulle. » 161. « ... les bonnes dames toutes *à* la foulle accoururent... » II, 166. « ... pantoufles... defchiquettees *à* barbe d'efcreuiffe. » I, 201, et IV, 152. « ... faict *à* quehues de lampes. » 284. « ... me fys vng peu de mal *à* la cheute. » 285. « ... nez... faict *à* manche de rafouer. » 295. « ... fi *à* Plutarche foy auez. » II, 10. « Diane les porte (cornes) en tefte *à* forme de beau croiffant. » 74. « Ils auoient la braguette de leurs chauffes *à* forme de pantoufle. » III, 103. « ... quant nous vient *à* memoire. » 300.

4° Envers, à l'égard de. « Soys feruiable *à* tous tes prochains. » I, 257. « ... il fe courroucera *à* moy. » 324.

5° Pour. « *A* pareille raifon Iupiter feift durer xlviij. heures la nuyct qu'il coucha auecques Alcmene. » I, 17. « ... d'vne groffe traine fift vn cheual pour la chaffe, vn aultre d'vn fuft de preffouer *à* tous les iours. » 47. « Ie vous les rends *à* rouftir ou boillir : *a* fricaffer ou mettre en pafte. » 343. « animant... né *à* paix non *à* guerre, animant né *à* iouiffance mirificque de tous fruictz... animant né *à* domination pacificque fus toutes beftes. » II, 46. « ... prendre *à* femmes. » 239. « ... *à* faire la gueule d'vn four font trois pierres neceffaires. » 260. « Sy voftre plaifir eft me enuoyer quelque lettre de change i'efpere n'en vfer que à voftre feruice. III, 361.

6° Selon, suivant. « ... *à* voftre pouoir tenez moy toufiours ioyeux. » I, 7. « ... *à* l'arbitre de leurs gouuerneurs. » II, 238. « pour la fefte honorer *à* noftre pouoir... » 453. « ... *à* fon franc arbitre et bon plaifir. » III, 256.

7° Vers. « ... demanda Grandgoufier s'il vouloit demourer auecques luy, ou fi mieulx aymoit retourner *à* fon roy? » I, 171. « Retournons *à* nos moutons. » II, 167.

A forme un grand nombre d'expressions adverbiales, prépositives, conjonctives et exclamatives :

A *brum, à brum*. Espèce d'exclamation, employée dans le passage suivant pour indiquer qu'on revient sur ce qu'on a dit, qu'on se reprend, qu'on se corrige : « Ie y fuis maiftre paffé. *A brum, à brum*, ie fuis prebftre Macé. » I, 24.

A *ce que*. Pour que, afin que. «... fupplia vn fçauant medicin... *à ce qu*'il confideraft fi poffible eftoit remettre Gargantua en meilleure voye. » I, 85. « ... confeille moy *à ce qu*'eft de faire. » 110. « ... ennoya le duc Phrontifte pour admonnefter Gargantua à *ce qu*'il auanceaft... » 178. « ... me rendez mes patenoftres, *à ce que* mon mary ne me les demande. » 324. « ... i'ay... depefché Malicorne *à ce que* ie foys acertainé de ton partement. » II, 279. « ... feirent fignes aux paiges, *à ce qu*'ilz houftaffent leurs atours. » 306. « ... commenda... les munitions des naufz eftre en terre expofees, *à ce que* toutes les chormes feiffent chere lie. » 358.

A *contrepoil*. « ... fi ie rencontre bien... feray ie heureux? — Affez. — Tournons *à contrepoil*. Et fi ie rencontre mal? » II, 173. « ... que ie vous efpluche *à contrepoil*. » 348 « En Germanie lon demolist monasteres... icy on les erige a rebours & *à contrepoil.* » III, 108.

A *un coup, à ce coup.* « Nous sommes tous mors *à ce coup.* » II, 387. « ... *à vn coup* sortirent trente bouches de feu... » III, 409.

A *dextre.* « ... ferut l'archier... *à dextre...* » I, 162. « Ie voy ça Castor *à dextre...* » II, 350, et IV, 282. « ... bien *à dextre,* » bien adroit. I, 104.

A *dextre, à senestre.* A droite, à gauche. « ... montoit sus vn coursier... le faisoit... tourner... tant *à dextre* comme *à senestre.* » I, 89. « ... dauant darriere, *à dextre à senestre...* » II, 255. « ... l'eussent *à dextre...* qui au departement leurs estoit *à senestre.* » 272. « ... compter & nombrer tant *à dextre* comme *à senestre...* » 308.

A *double.* « ... celebrer sa feste *à double.* » II, 163.

A *bon droict.* « ... *à bon droict* est... de prudence grandement loué Charles roy de France sixieme de ce nom... » II, 398.

A *droict.* A droite. « ... le coup declina *à droict.* » I 359.

A *bon essiant, à son escient, à vostre escient.* « ... si ne voulez errer *à vostre escient.* » I, 217. « Mais quoy, *à bon essiant,* vous en trouuez vous bien ? » II, 174. « ... faignant le vouloir *à bon essyant* frapper. » 507. « ... mentir *à son escient.* » III, 231.

A *une fois, à l'une fois.* « ... *à l'vne foys* occist les Alexandrins : à l'autre desfist la compaignie de Artaban. » II, 398. « ... *à vne fois* les tenans repoulserent les forains... à l'autre les tenans furent repoulsez. » III, 407.

A *grand peine.* « L'on dict bien que *à grand peine* veit on iamais femme belle, qui aussi ne feust rebelle. » I. 322.

A *guogo, à plein guogo :* « ... chosette faicte... *à plein guogo.* » II, 92. « ... nous baudouynons *à guoguo...* » III, 33. « ... sabouреray *A guoguo...* » 173.

A *l'advantage.* « ... tous armez *à l'aduantaige.* » I, 154. « ... cheualiers montez *à l'aduantage.* » 337. « ... monté... *à l'aduentaige.* » II, 309. « ... couuers *à l'aduantage.* » III, 406.

A *l'aduenent, A l'auenant.* « Dieu t'a bien pourueu de quehue, tu l'as grande & grosse *à l'aduenent.* » I, 292. « Les oiseaux estoient grands, beaux & polis *à l'auenant.* » III, 15.

A *l'emblee.* « ... es conuentz des femmes ne entroint les hommes si non *à l'emblee* & clandestinement. » I, 190. « ... la chosette faicte *à l'emblée...* » II, 92. « ... subiectz à recepuoir quelque coup de baston *à l'emblée.* » III, 242.

A *l'entour, Alentour, A tour.* « *A l'entour* de la ville. » I, 100. « ... luy fist *alentour* quinze ou seize poincts de agueille... puis mist *à l'entour* vn peu d'vn vnguent, qu'il appelloit resuscitatif. » 363. « ... auoient en la manche droicte en broderie figuré vne iarbe de bled liée *alentour* de laquelle estoit escrit *vnitas.* » III, 367. « Les ballote & dragees... restoient en l'air flottantes & tournoyantes *à tour* de la pierre. » II, 488.

A *l'envers.* « Vous n'estez le premier... qui... voulent... paruenir, est *à l'enuers* tombé en paouureté. » II, 294.

A *plaisir.* « ... chanter... sus vn theme *à plaisir* de gorge. » I, 88. « ... affin que la premiere année, ilz iouissent de leurs amours *à plaifir.* » II, 38. « ... toute la region eftoit *à plaifir* arroufee. » 485.

A *plein.* « Tout *à plein.* » I, 323. « ... n'eftez *à plein* fatiffaict. » II, 177.

A poinct, Apoinct, Appoinct. « ... la femelle bien *à poinct* & fouuent gimbretiletolletee. » II, 262. « Tout vient *à poinct* qui peult attendre. » 438. « Nous eftans bien *apoinct* fabourez l'eftomach... » III, 38. « ... ne luy fauriez vous bien *appoinct*... le ventre relier. » 64. « ... ie ne fuis encores bien *apoinct* aduerty... » 355.

A *propos, à propous.* « ... ie me trouue *à propous*, comme lard en poys. » II, 197 et IV, 259. « *A propos :* vous verrez cefte faifon à moytié plus de fleurs, qu'en toutes les trois autres. » III, 248. « *A propos* truelle. » I, 146 et IV, 135. « C'eft bien à *propous* truelle, Dieu te guard de mal maffon. » II, 93.

A *rebours.* Voir A *contrepoil.*

A *fuffifance.* « ... ce m'eft tout vn, pourueu qu'ayons du piot *à fuffifance.* » III, 251.

A *tas.* « ... affin qu'en la prime vere ilz euffent beuf de faifon *à tas...* » I, 19. « ... vindrent *à tas* faiges femmes de tous couftez. » 26.

A *tors, & à trauers.* « Ce que fera dict... fera paffé au gros tamys *à tors, & à trauers.* » III, 232.

A *trauers,* et, en un seul mot, *atrauers.* « Ie (dift Eufthenes) entreray par *atrauers* leurs tranchees. » I, 335. « ... les gros taons malfaifans... paffent *à trauers.* » III, 50.

A*uau.* Pour *à vau.* « Noftre trinquet eft *auau* l'eau. » II, 337.

A entre le même mot répété sans article, indiquant que les choses se suivent, se succèdent : « ... vouloyt que maille *à* maille on feift les haubergeons. » I, 45. « ... maille *à* maille eft faict le aubergeon. » II, 201.

A est quelquefois supprimé dans des phrases où nous l'emploierions aujourd'hui : « ... coups de poing commencerent trotter. » II, 321. « Souldain la mer commença s'enfler. » 336. — Nous le trouvons au contraire dans des locutions où il n'est plus en usage. « Voiez vous ce bureau?... Ie ne l'ay prins qu'*à* ce matin. » II, 43. « Fauldra il peu ou beaucoup fouppe *à* ce foir? » 68.

AAGE, EAGE. « ... depuis l'arche de Noë iufques à cet *eage.* » I, 9. « En fon *eage* virile... » 16. « ... s'il vit il aura de l'*eage.* » I, 229 et IV, 167. « ... la lumiere & dignité a efté de mon *eage* rendue es lettres. » 254. « ... en l'*eage* ou ie fuis i'ay efté contrainct de apprendre les lettres Grecques, lefquelles... ie n'auoys eu loifir de comprendre en en mon ieune *eage.* » 255. « ... cefte *eage* courante l'an mil cinq cens cinquante. » III, 5. « ... fi ie vis encores l'*aage* d'vn chien, enfemble de trois corneilles. » 8. « ... fi viuez encore fix Olympiades & l'*aage* de deux chiens... » 45. « ... l'auois leu... qu'il n'en eftoit qu'vn (Phœnix)... pour vn *aage.* » 121. « ... il (le ciel) ne tombera de voftre *aage*... » 251.

ABANDONNER (se). « ... voftre femme... à aultruy *fe abandonnera...* » II, 73. « ... elle vous fera coqu *fe abandonnant* à aultruy. » 90.

ABASTARDIR. « ... leur fçauoir... *abaftardifant* les bons & nobles efperitz... » I, 59.

ABATEUR. « ... *abateur* & fendeur de boys. » II, 257.

Abattre, Abbattre, Abbastre. Renverser, abaisser. « ... à grans coups *abaſtit* & tours, & ſortereſſes. » I, 136. « ... il atrapa les derniers & les *abbaſtoit* comme ſeille. » 159. « Pantagruel... ſrappoit parmy ces Geans... & les *abbatoit* comme vn maſſon faict de couppeaulx... ſembloit vn fauſcheur, qui de ſa faulx... *abbatoit* l'herbe d'vn pré... » 361. « ... viſiere *abattue.* » III, 405. Proverbialement : « Petite pluye *abat* grand vend. » I, 23. « Peu de pluye *abat* grand vent. » 271. « Comment petites pluyes *abattent* les grans vents. » II, 422. « Petite pluie *abat* bien vn grand vent. » 423.

Abbatial. « Mitre *abbatiale.* » II, 375.

Abbé. « Marcher à pas d'Abbé. » III, 100.

Abbegaux, Abbegesses. Abbés, Abbesses. « Les maſles il nommoit... *Abbegaux*... Les femelles il nommoit *Abbegeſſes*... » III, 15.

Abboy, Aboy. « ... refrener les *aboys* de l'eſtomach. » I, 92. *Abboys du parchemin.* Chants éclatants devant le parchemin du missel. « Plus auſſi multiplioient en appetit & alteration aux *abboys* du parchemin. » II, 80. « ... il naquit on temps de alteration, lors... que le chien de Icarus par les *aboys* qu'il faict au Soleil, rend tout le monde Troglodyte. » 235.

Abboyer, Abayer, Abbayer. « ... la faim eſtoit on corps : pour à laquelle remedier, *abaye* l'eſtomach. » II, 69. « Mon ſtomach *abboye* de male faim comme vn Chien. » 79. « ... meſeſcriuant & *abayant* contre les antiques Philoſophes... comme vn chien. » 259. « ... i'oy Cerberus *abbayant.* » III, 138.

Abbrevé. Abreuvé. « Chicquanous bien repeu & *abbreué*... » II, 321.

Abbréviateur, Abbrévier. Voir *Abréviateur,* etc.

Abbréviation. « ... *abbreuiation* de labeur. » II, 121.

Abedissimons. Reptiles. II, 498.

Aberkeids. « ... les... Alemans, peuple iadis inuincible, maintenant *Aberkeids.* » II, 258. « *Aber Keids* en Allement, vilifiez. » III, 196, et IV, 269.

Abestin. V. *Asbeſtin.*

Abhominable. « O que tu es horrible & *abhominable.* » II, 387-388.

Abhomination. « Pantagruel apperceut deux manieres de gens... les quelz il eut en grande *abhomination.* » II, 473.

Abhominer. « ... autres le *abhominerent* (l'home biguarré) comme monſtre infame, créé par erreur de nature. » II, 12. « ... ne ſcay que plus doibue *abhominer*... » 222.

Abhorrent *(Abhorrens).* Éloigné de, ennemi. « ... reputez l'expoſition des couleurs par trop indague, & *abhorrente.* » I, 36. « La choſe eſt... tant *abhorrente* de ſens commun... » 118. « Il eſtima la promeſſe tant *abhorrente* & impoſſible... » II, 83. « ... propoſition bien *abhorrente* & paradoxe. » 96. « ... propheties aulcunement *abhorrentes*... » 106. « Affections *abhorrentes.* » 214. « *Abhorrens* de nopces. » 222. « ... cataſtrophe... faſcheuſe & *abhorrente.* » 249. « ... choſe trop plus *abhorrente* eſtoit rencontrer le Roy en cuiſine. » 309. « ... choſe grieſue *abhorrente*, & denaturee eſt perir en mer. » 351. « ... ne me ſemble l'interpretation *abhorrente.* » 369.

ABHORRER, ABHORRIR. « ... eſt la cauſe pourquoy de tous ſont huez & *abhorrys.* » I, 149. « Iceulx fuyez, *abhorriſſez...* » 384. « Afin que deſormais n'*abhorrez* l'opinion de Platon. » III, 39. « ... à fin que les hoſtes *abhorrens* leurs infames crachatz, et morueaux, deſiſtaſſent manger des viandes appoſées. » 190.

ABISME, ABYSME. « ... plongeoit es *abyſmes* & goufres. » I, 90. « ... vn *abyſme* de ſcience. » 257. « ... plus toſt la terre monteroit es cieulx & les haulx cieulx deſcendroyent en l'*abiſme...* que... » 322. « ... ie me pers... quand ie entre on profond *abiſme* de ce monde ainſi preſtant, ainſi doibuant. » II, 34. « ... la mer commença s'enfler & tumultuer du bas *abyſme...* » 336. « Les poiſſons... ſortir il (le ventre) faiɛ̃t du bas *abiſme...* » 472. « ... toutes feuſſions tombées en *abiſme* auecques Dathan & Abiron. II, 99.

ABNÉGATION *(Abnegatio).* Dénégation, refus. « ... par *abnegation* de l'vne & l'autre extremité. » II, 170.

ABOLY. « ... le genre humain *aboly* par le deluge Poëtique. » II, 47. « ... ceſte vnique faulte doibt eſtre *abolie,* extainɛ̃te... » 205.

ABONDANCE. « ... auoit... force langues de beuf fumees, *abondance* de andouilles. » I, 16. « ... i'auray planté de tous biens, auecques la corne d'*abondance.* » II, 73. « Les cornes que me faiſoit ma femme, ſont cornes d'*abondance.* » 74.

ABONDANT (D'), D'ABUNDANT, DABONDANT. De plus, en outre. « *D'abondant* en ont chaffourré leur robidilardicque loy Gallus. » I, 17. « ... ſon ſeul diſciple... m'en a plus diɛ̃t que n'en demandoys, *d'abundant* m'a... ſolu d'aultres doubtes... » 319. « ... *d'abondant* ſeray grand retireur de rentes. » II, 52. « ... i'en ay *d'abondant* aſceurance nouuelle. » 123. « Ceſtuy euangile depuys m'auez... reiteré à Paris, & *d'abondant* lors que nagueres viſitaſtez monſeigneur le cardinal du Bellay. » 251. « ... *d'abondant* ilz m'ont defoncé mon tabourin. » 324. « ... voyant vn pourceau... le declaira bien heureux en deux qualitez, ſcauoir eſt qu'il auoit orge à foiſon, & *d'abondant* eſtoit en terre. » 337. « Quoy *d'abondant*? — Iars. » III, 111. « Depuis y ſont *dabondant* allez les Cardinaux Saluiati & Rodolphe... » III, 342.

ABONDER. « Chaſcun *abonde* en ſon ſens. » II, 42, et III, 116.

ABOTH. Officiers de Quinte-essence. III, 73.

ABOUCHEMENT. « ... parolles, propous, *abouchemens...* » II, 249.

ABOULLE. « En ſecond ſervice :... Des piedz *aboulle.* » III, 219-220.

ABOURDEMENT. « ... de loing voyans les mariniers... bien prions pour leur proſpere *abourdement.* » II, 106.

ABOURDER. « ... en ceſte voſtre maiſon iournellement *abourdent* gens de toutes pars. » II, 313. « Le vieil Macrobe... demandoit à Pantagruel comment... eſtoit *abourdé* à leur port... » 359. « ... arriuaſmes pres l'iſle de Chaneph. En laquelle *abourder* ne peut la nauf de Pantagruel... » 492.

ABREVEMENT. Abreuvement. « Perennité d'*abreuement.* » II, 483.

ABRÉVIATEUR. « Les petarrades des... ſcripteurs, *abbreuiateurs...* » I, 248-249. « ... ſ(ol) *abreuiateur.* » II, 183. « ... *abreuiateur* de proces. » III, 112. « *Abbreuiateurs,* ſcripteurs... » 242.

Abrévier, Abbrèvier. Abréger, accourcir, resserrer. « ... *abreuiez,* ſans rien toutesfoys laiſſer de ce que ſeruira au propos. » I, 273. « ... belle ſaulce verde... Laquelle... *abbreuie* les cremaſteres. » II, 23. « ... ſ(ol) *abreuié.* » 183.

Abscond, substantivement. « Dieu ſouuerain, lequel iadis les Egyptiens nommoient... l'*abſcond,* le muſſé, le caché. » III, 179. Voir l'article suivant.

Abscons (*Absconsus*). Caché. « ... doctrine... *abſconce.* » I, 5. « Choſe *abſconſe.* » II, 148. « Nations... *abſconſes,* impermeables, & incongneues. » 238. « ... proprieté ſpecifique *abſconſe.* » 308. « Comme ſi quelque diuinité feuſt *abſconſe* en vne iambe toute ſpacelee... » 445. « ... Muſique... plus *abſconſe* & de plus loing apportee. » 490.

Absenter. « ... l'on enuoye ces nouueaux mariez veoir leur oncle : pour les *abſenter* de leurs femmes. » II, 39-40. « ... tant d'années au parauant *s'eſtoit abſenté* de toutes compagnies. » III, 193. « Depuis le temps que nous *as abſentez.* » 277. « ... l'œil qui l'*a abſenté* d'vn ſeul iour. » 278.

Absolu. Achevé, accompli. « ... *abſolu* & parfaict, tant en vertu... comme en tout ſçauoir... » I, 254.

Absolument. « Il parle *abſolument* et proprement des puſſes. » II, 111.

Absouldre. « ... ilz n'*eſtoient* mie *abſoubz* de leurs promeſſes. » I, 75. « ... maintenant ie vous *abſoluz* & deliure. » 184. « Ie vous *abſoulz* de pain & de ſouppe. » 368. Alluſion à la formule consacrée : *Abſoudre de peine & de coulpe.* « ... l'vn... les confeſſoit, & *abſouloit.* » III, 408. « ... l'Acier eſtoit de l'obeiſſance qu'il a naturellement à l'Aimant *abſout* & diſpenſé. » 143.

Abstenir. « ... la ſentence du philoſophe, qui commandoit, ſouſtenir & *abſtenir,* c'eſt à dire, temporiſer. » III, 65.

Absterger. Nettoyer. « ... *abſterge* mon anime. » I, 242.

Abstersion. « ... il faict tresbonne *abſterſion* de la matiere fecale. » I, 55.

Abstracteur. Qui extrait, qui distile. « Alcofribas *abſtracteur* de quinteſſence. » I, 1, 213, 384, et IV, 57. « ... mon pere, monſieur l'*abſtracteur* mon amy. » II, 345. « ... ſes *Abſtracteurs* (de la Quinte-Eſſence). » III, 73, 77. « Comment... la dame nous retint en eſtat d'*Abſtracteurs.* 80.

Abstraction. « ... à ſon diſner rien ne mangeoit (la Quinteeſſence), fors quelques Cathegories, Iecabots, Eminins, Dimions, *Abſtractions...* » III, 74.

Abstraict. « Eſprit *abſtraict,* rauy, & ecſtatic. » II, 2. « ... en tel perſonnaige ſtudieux vous voirez ſuſpendues toutes les facultez naturelles... vous le iugerez... eſtre hors ſoy *abſtraict* par ecſtaſe... » 153.

Absynthe. « Les aultres (plantes) ont leur nom par Antiphraſe & contrariété : comme *Abſynthe,* au contraire de pynthe, car il eſt faſcheux à boyre. » II, 232.

Abus. « Ie me porte pour appellant de ſoif, comme d'*abus.* » I, 23, et IV, 80.

Abuser. « Socrates n'*abuſoit* du terme. » II, 153.

Abuseur. « ... reputés les *abu-*

ſeurs. » I, 217. « ... *abuſeurs* du ſimple peuple. » II, 473.

Abusif. « Ce ſort eſt *abuſif,* illicite. » II, 58.

Académiciens. « ... c'eſt la vraye Pſycogonie de Platon, tant celebree par les *Academiens.* » III, 137. Voir *Académique.*

Académie. « ... l'alme inclyte & celebre *academie,* que l'on vocite Lutece. » I, 241. « Penſe tu eſtre en la foreſt de l'*Academie,* orça, auec les ocieux veneurs & inquiſiteurs de verité? » III, 50.

Académique, Académicque. «... ie ne veulx diſputer en la maniere des *Academicques* par declamation... » I, 308. « ... fuyuant la doctrine tant des *Academicques,* que des Peripateticques... » II, 158. « Ie ne veulx entrer en la diſpute de Socrates & des *Academicques.* » 351. « Ceſt ordre... eſt contre la ſentence de Ciceron, & des *Academiques.* » III, 105. « Vos *Academiques* l'afferment. » 172.

Acaration, *(Accarratio,* confrontation, Acarement. *Glossaire* de du Cange). « ... confrontations, *acarations...* » II, 188.

Acappayer. « *Acapaye.* En ſommes nous là? diſt Pantagruel... *Acapaye* hau, s'eſcria Iamet Brahier maiſtre pilot, *acappaye.* » II, 344. « Nous n'avons jamais vu ce mot que chez Rabelais... Probablement c'est *capayer* qu'a voulu dire le curé de Meudon. » (Jal, *Glossaire nautique.)* Le même ouvrage donne *capéer, cappéer, capeïer, capeyer, capiar,* comme signifiant être à la cape, laisser aller le navire à la conduite du vent.

Acariatre, Acariastre. « ... gens qui ſont *acariatres.* » I, 13. « Folz Eceruelez, *Acariaſtres.* » III, 244.

Accellération. « Y vont en grande *accelleration.* » III, 276.

Accepter. Faire acception. «...penſant qu'il failloit à vn chaſcun faire droict, ſans varier ny *accepter* perſonne. I, 280.

Accès. « ... d'*accés* aſſez ſcabreux & difficile. » II, 240.

Accessible. « ... lieu... *acceſſible* par terre. » II, 356.

Accidental. « ... diſpoſition *accidentale.* » I, 30. « ... toute eſpece de goutte,... fuſt... naturelle, fuſt *accidentalle.* » III, 77.

Accipier *(accipere),* recevoir : « ... *accipier* pour coniuge... » III, 275.

Accollade. « ... l'*accollade,* la freſſurade... » II, 305. « ... Homenaz courtoiſement luy bailla la petite *accollade.* » 442.

Accoler, accoller, Acoller. «... le baiſant & *accollant...* » I, 51. « ... frere Ian... l'acollee... que ie te eſrene de force de t'*acoller.* » 144. « ... que heureux ſera celluy à qui ferez celle grace de ceſte cy *accoller,* de la baiſer... » I, 323. « ... apres la vouloit *accoller.* » 325. « ... elle... me baiſoit, me *accolloit...* » II, 72. « ... *accollé* à double rebras. » 284.

Accommoder. Rendre commode, arranger, embellir. « ... pour *accommoder* ma maiſon, ié deliberé dedans huictaine demolir iceluy figuier. » III, 193.

Acconcepvoir, Aconcepvoir. Rejoindre, rattraper, atteindre. « ... à grande courſe on ne l'euſt peu *aconcepuoir.* » I, 91. « ... les ſuyuirent à grands coups de pierres... Finalement les *aconceurent...* » 99. « ... les champs... auquel Bacchus les Amazones *acconceut,* fuyantes de la contree des Epheſians... » III, 147.

Accord. Terme de muſique employé figurément : « ... la Quinte, laquelle eſt de tous bon *accords*. » III, 102, et IV, 332.

Accorder, s'accorder. « ... la lyre... *accordoit* harmonieuſement auecques le chant. » II, 465. « ... ils ne peuuent *accorder* en opinions. » III, 342.

Accoubler, acoubler. Réunir par couples, deux à deux. « ... les *acoubla* (les doigts) de mode que le poulſe dextre touchoyt le gauſche, & le doigt petit gauſche touchoyt le dextre. » I, 315. « ... il *acoubla* mollement les deux ongles enſemble. » II, 101. « ... feiſt haſtiuement certain nombre de poinctz diuers, les *accoubla* par Geomantie. » 123. Voir *Acoupler*.

Accoursier. « ... ſedition de baliuernes meue entre les Barragouyns & les *Accourſiers*. » I, 270.

Accoustrement, Acoustrement. « ... *l'acouſtrement* de la teſte. » I, 201. « Deſiſtez... vous esbahir de ce nouueau mien *acouſtrement*. » II, 48. « ... beaulx *acouſremens*. » 320. « ... *acouſtremens* nuptiaux. » 322. « ... *accouſtrement* fait à l'antique. » III, 400. « ... *accouſtrement* de velours incarnat... » 408.

Accoustrer, Accoutrer, Acoutrer. Préparer, accommoder, habiller. « Ce faict, eſtoit habillé, peigné, teſtonné, *accouſtré*. » I, 86. « Apres, chaſcun commença ſoy armer & *accouſtrer*. » 154. « ... *acouſtré* à la Tigreſque. » II, 314. « Il feut ſi bien *acouſtré* que le ſang luy ſortoit par la bouche. » 321. « ... toreau *accouſtré* ſelon l'art & pratique d'Ariſtæus. III, 17. « ... nous voyans *accouſtrez* comme a eſté dit. » 156. « Comment Bacbuc *accouſtra* Panurge. » 165. « ... toutes bonnes viandes eſtoyent preſtes & bien *accouſtrees*. » 212. « ... gorgiaſement *accouſtrez*. » 399.

Accroistre, Acroistre. « ... peu de gloire me ſemble *accroiſtre* à ceulx qui ſeulement y emploictent leurs œilz. » II, 9. « Ton bien *acroiſtra* d'aduentaige. » 137.

Acculler, Aculer. Pousser dans un lieu sans issue. « ... vn verrat que les vaultres ont *aculé* entre les toilles. » I, 216. — Abattre, abaisser. « ... *aculoyt* ſes ſouliers. I, 44. « De ſa lance... *acculloyt* vne arbre... » 89.

Acertainer. Rendre certain, assuré. « ... i'ay... depeſché Malicorne : à ce que par luy ie ſoys *acertainé* de ton portement... » II, 279. « ... pour plus en eſtre *acertainé*. » III, 359. « ... du cas *acertainé*.. » 365. « ... le ſeigneur Alexandre Schiuanoia... arriua... pour *acertainer* le Pere ſaint. » 394.

Achapter. « ... venez icy *achapter* noſtre beau frument. » I, 98. « ... *achaptant* cher (ie diz à credit) vendant à bon marché (ie diz argent comptant.) » II, 22.

Achapteur. « O le vaillant *achapteur* de moutons. Vraybis vous portez le minoys non mie d'vn *achapteur* de moutons, mais bien d'vn coppeur de bourſes. » II, 289.

Achever. « ... commencerent eſgourgeter & *acheuer* ceulx qu'il auoit deſia meurtriz. » I, 108. « Ces parolles *acheuees*... » 308. « Ce ſeroit pour m'*acheuer* de paindre. » II, 51.

Achilles. On donnait ce nom dans les écoles à un argument invincible. « ... eſt vnum bonum *Achilles*. » I, 71.

Acodovoir. Accoudoir. « L'*acodouoir* de vieilleſſe. » I, 249.

Acollé. Voir *Accoler*.

Aconite. « ... plus eſt abhorré... des larrons... que ne eſt... le *Aconite* aux Pards & Loups... » II, 234.

Acoupler. « ... force prouiſion de haims & claueaulx, dont il *acouploit* ſouuent les hommes & les femmes en compaignies ou ilz eſtoient ſerrez... » I, 297. Voir *Accoubler*.

Acquest. « ... l'*acqueſt* luy eſt entre mains expiré. » II, 19. « ... heritaiges & *acqueſtz*. » 51.

Acquester. Acquérir, procurer. « ... touſiours nouueaulx crediteurs vous *acqueſtera*. » II, 25.

Acquiescer. « Ie les ay ordinairement veuz bon vouloir en payement prendre, & en icelluy *acquieſcer*. » II, 12-13. « Vous *acquieſcerez* en cette raiſon. » 177. « ... facilement *acquieſcoys* en la doulce recordation de Voſtre Maieſté... » 282. « Tel eſt le vouloir du tresbon treſgrand Dieu : on quel ie *acquieſce*. » 254.

Acquis. « Qui aultrement faiſt, non ſeulement perdera l'*acquis*, mais auſſi patira ce ſcandale & opprobre, qu'on le eſtimera mal & à tort auoir *acquis*... Car les choſes mal *acquiſes*, mal deperiſſent... Des choſes mal *acquiſes* le tiers hoir ne iouira. » II, 19.

Acravanté. Écraſé, broyé. « Couillon *acrauanté*. II, 138.

Acre. « ... *acre* vexation. » II, 34.

Acresté. Orné d'une crête, brave, orgueilleux, coquet. « Vrayement tu es bien *acreſté* à ce matin. » I, 98. « ... ilz le auoyent merueilleuſement long, grand, gras, gros, vert & *acreſté*. » 221. « ... il auoit vn aultre poche pleine de alun de plume, dont il gettoit dedans le doz des femmes qu'il voyoit les plus *acreſtees*. » 299.

Acromion (Ἀκρώμιον), pointe de l'épaule. « ... le moyne auec ſon baſton de croix luy donna entre col & collet ſus l'os *Acromion*. » I, 159.

Acropi, Acropy. « ... vne vieille *acropie*... » I, 266. « ... petites femmes *acropies*... qui iamais ne croiſſent. » 347. « Panurge... reſtoit *acropy* ſus le tillac. » II, 336. « Rhizotome eſtoit *acropy* ſus le courſoir. » 493.

Acroué. Courbé, accroupi. « ... nous mena... droit en la cage en laquelle il (Papegaut) eſtoit *acroué*... » III, 35. « ... apperçeuſmes vn vieil Eueſgaux à teſte verde, lequel eſtoit *acroué*. » 36.

Acte. Dispute publique. « ... *acte* tenu chez les Mathurins. » I, 75. « ... vous remercie de l'honneur que nous auez faict à ceſt *acte*. » 320. — *Prendre acte*. « ... en prendrons *acte*. » II, 112. « Il prend *acte* de ſon exploict. » 322. — Repréſentation d'une pièce de théâtre, au propre et au figuré. « Iouer auſſi quelque villageois perſonnage entre tant diſers ioueurs de ce noble *acte*. » III, 7. — Action. « Ce ſeroit *acte* de Bateleurs qui font le faict & le deffaict. » III, 354.

Acuité. Dans un passage du manuscrit du cinquième livre. IV, 343.

Acut (*Acutus*), aigu. « ... vn angle *acut*... » II, 386. « ... vn tourrion à quatre angles *acutz*. » III, 397. Voir *Agu*.

Adapter (se). « Le fer... *ſe adapta* au manche. » II, 256.

Additament (*Additamentum*). Augmentation, surcroît. « Les *additamens* mammillaires. » II, 374.

Adène (Ἀδήν), glande. « ... luy coupant entierement les venes iugulaires... iuſques es deux *adenes.* » I, 162. « Les *adenes* comme vne serpe. » II, 376. « ... liguamens, nerfs, cartilages, *adenes...* » III, 39.

Adhærer. « Ie ne comprens pas bien leur discipline, & ne suis d'aduis que y *adhærez.* » II, 120. « ... est... commendé *adhærer* vnicquement à son mary. » 148.

Adiantos, Adiantum (ἀδίαντος, *adiantum).* Capillaire. « *Adiantum...* iamais ne retient humidité... » II, 233. « Sa peau (de Panurge)... feroit comme l'herbe dicte Cheueu de Venus, laquelle iamais n'est mouillee ne remoytie... Pourtant est dicte *Adiantos.*» 356.

Adieu. Voir *A Dieu,* p. 1.

Adjacent. « ... les mers *adiacentes d'*icelle isle. » II, 360. « ... porte *adiacente à* la chappelle diaphane. » III, 228. « ... vastation des terres *adiacentes.* » 396.

Adjoint que. « *Adioint* aussi *que* deux iours deuant auoit esté fait naufrage d'vne des Gondoles... » III, 396.

Adjouda my. Aide-moi. « Lors commença le pauure Lymosin à dire... Ho, sainct Marsault, *adiouda my.* » I, 243.

Adjourner. « ... luy de l'aultre costé les feist *adiourner.* » I, 75. « ... *adiourner* pour personnellement comparoistre. » II, 175. « Chiquanous le citera, l'*adiournera.* » 311.

Adjouster. Ajuster. « ... *adioustoit* la boussole. » I, 90. — Ajouter. « ... *adiouster* foy à leurs responses. » II, 120. « ... *adiousta* foy à ses parolles. » 369. « ... seroit à vous simplesse d'y *adiouster* foy. » III, 258.

Adjudication. « ... par vostre *adiudication* & decret ces mesdisans & calumniateurs sont saisiz & emparez des vieux quartiers de lune. » III, 192.

Adjuration. « ... non obstant les exclamations, *adiurations,* & requestes qu'ilz feissent. » I, 159. « ... d'autre *adiuration* n'vseray-ie. » III, 4. « ... solennelle & religieuse *adiuration.* » 46.

Adjurer. « ... tous ie *adiureray,* vous en sçauoir gré total. » II, 252.

Administrateur. « ... ce tressacre thesaur de nostre mere saincte Eclise du quel tu es... *administrateur,* dispensateur. » II, 459.

Admodérer *(Admoderari).* Régler, réduire. «... à laquelle somme... ils ont *admoderé* les gaiges anciens. » III, 328.

Admonester, Admonnester. «Gargantua *admonesté* du cas... » I, 68. « ... prescher & *admonester* les malades. » 103. « Tu debuois premier enquerir de la verité, puis nous en *admonester.* » 118. « ... quiconques voira son prochain en dangier de mort, il le doibt... plus tout *admonnester* de soy confesser... que de luy ayder. » 156. « ... enuoya le duc Phrontiste pour *admonnester* Gargantua à ce qu'il auanceast pour gaigner le cousteau à la gauche. » 178. « Retournons... l'*admonester* de son salut. » II, 112. « ... ilz l'*admonnestent* donner ordre à sa maison. » 364. « Tous *admonnestent* les nobles dames donner à leur convent. » 431. « ... l'vn les *admonestoit* de leur salut. » III, 408.

Admonition. « Pantagruel bien records des lettres & *admonition* de son pere. » I, 265. « ... de elles tous iours nous viennent *admonitions* salutaires & profitables. » II, 84. « ... sainctes *admonitions...* » 113 et 458.

ADONC, ADONCQ, ADONCQUES. Alors. « En voulez vous d'aduentaige? Ouy dea respondist Grangousier. *Adoncq* dist Gargantua... » I, 53. « *Adoncq* estoient tresbien essuez. » 87. « *Adoncques* retourne vers Grangousier... » 120. *Adonc* luy dict le bon homme... » 122. « *Adoncques* le compaignon luy respondit. » 260. « *Adonc* tous se mirent en ordre. » 374. « *Adoncques* tint Iuppiter chapitre general. » II, 62. « *Adoncques* par signes... le tira à part en sa maison. » 97. « *Adoncques* tous perdirent leurs coingnees. » 266. « *Adoncques* respondit le bon Macrobe. » 361. « Ie voy bien, villain, dist *adoncques* le Diable, que par toy ie suys trompé. » 430. « *Adonc* nous dist Bacbuc... » III, 162.

ADONNER. « ... encores que mon feu pere... eust *adonné* tout son estude, à ce que ie profitasse... » I, 254. « ... tout son estude *adonnoit* à obseruer & entendre les maulx & miseres d'aultruy. » II, 124. « ... vous *adonnans* à l'estude vnicque des sacres Decretales. » 459.

ADORATION. « ... les quelz (livres) doibuiez baiser & adorer, ie diz d'*adoration* de latrie, ou de hyperdulie, pour le moins. » II, 451.

ADOTZ. Poisson de mer. II, 482.

ADRESSANT. « ... lettre *adressante* à vn qu'il nommoit Albian camat. » III, 14.

ADRESSER. Diriger. « Loupgarou doncques s'*adressa* à Pantagruel auec vne masse toute d'acier. » I, 357. « ... tours... esquelles on allume vne lanterne... pour *addresser* les mariniers. » III, 197.

ADROICT (MAL). « ... vn estoit tant faultier, imperit, & *mal adroict*, que... tout le peuple spectateur s'escartoit. » II, 453.

ADSCRIPT (*adscriptus*). Inscrit. « ... *adscribt* & en ranc mis des nostres... » II, 9.

ADULTÉRATEUR (*Adulterator*). Falsificateur. « ... *adulterateurs* de marchandises. » II, 432.

ADULTÈRE. « ... veirent par l'*adultere* Troian furtiuement enleuée Helene Grecque. » II, 224.

ADULTÉRER (*Adulterare*). Falsifier. « ... consideroient les... semences, axunges peregrines, ensemble aussi comment on les les *adulteroit*. » I, 95.

ADVANTAGE, ADVANTAIGE, ADVENTAIGE. « ... ce n'est tout l'*aduantaige* de courir bien toust, mais bien de partir de bonne heure. » I, 78. « ... ie l'ay secouru... en tous cas que ay peu congnoistre son *aduentaige*. » 110. « Lors Gymnaste voyant son *aduantaige* descend de cheual. » 133. « ... elles prenent leur *aduentaige*, se donnent du bon temps. » II, 157.

A l'advantage. Voir p. 6.

D'advantage, d'adventaige, davantage. Plus, de plus, en outre. « ... autant, voire *d'aduantage*, peuuent les femmes ventre porter. » I, 16. « *D'aduentaige* ie me recorde que Agripine mist sus à Lollie la belle. » II, 120. « *D'aduentaige* feras de ta femme battu. » 123. « Nature *d'aduentaige* nous instruict cuillir & manger les fruictz quand ilz sont meurs. » 193. « ... quatre cens mille ducatz, & *d'aduentaige*. » 456. « *D'aduentaige* Antiphanes disoit la doctrine de Platon es parolles estre semblable. » 465. « *Dauantage* ie vous enuoye le double d'vn brief. » III, 347. « On a eu... aduertissement de la mort de la vieille Royne d'Angleterre

& dict on *dauantage* que sa fille est fort malade. » 368.

Advantagé. « ... bien *aduantagé* en nez. » I, 104. « ... voyant son compaignon mort & le moyne *aduentaigé* sus soy. » 163.

Advencement. « Ie iray inuiter Bridoye... au quel i'ay à parler pour le bien & *aduancement* d'vn sien honeste & docte fils... » II, 145.

Advènement. Arrivée. « ... luy conuenoit prendre couraige noueau au nouuel *aduenement* de son poupon. » I, 25. « ... *aduenement* à la couronne. » II, 397.

Advenent, Advenente. Arrivant, survenant. « *Aduenent* le cas. » II, 12. « ... *aduenent* le iour de bataille. » 39. « *Aduenent* la multiplication de malice entre les humains. » 46. « ... poincts *aduenens.* » 59. « ... *aduenente* la lumiere du clair Soleil... » 120. « ... *aduenente* la serenité & temperie du bon temps. » 466. « A fin donques que soyez participans de ceste sagesse *aduenente...* » III, 6. *A l'advenant.* Voir ci-dessus, p. 8.

Aduenent, Aduenente. Gracieux, agréable. « ... ma femme sera aussi belle & *aduenente* comme sa Venus. II, 62. « Quand il tient vne espaule de mouton en main bien seante & *aduenente.* » 295. « ... les ieunes bachelettes de nos pays sont mille foys plus *aduenentes.* » 308. « ... s'efforçoit prouuer que la forme de ses enfans plus belle estoit & *aduenente,* que des enfans de Physis. » 384.

Advenir, Avenir. « ... beuuez tousiours auant la soif, & iamais ne vous *aduiendra.* » I, 23-24. « ... Pericles... voulut celle part de ses gensdarmes esquelz par sort *estoient aduenues* les febues blanches, passer toute la iournee en ioye. » 41. « ... accidens bien diuers leurs en *aduindrent.* » 220. « ... disant que ceste liuree luy *aduenoit* bien. » 371. « ... nous prædisant ce que depuys part auons veu, part attendons *aduenir.* » II, 106. « ... il (le vent oportun) ne *aduient* toutes & quantes foys qu'on le soubhayte... voluntiers ie m'en deporte, craignant que m'*adnicigne* ce que *aduint* au seigneur de Guyercharois. » 305. « Non toutesfoys *aduieigne* scelon nos affections. » 347. « Ce que sera dict au parsus... par aduenture *auiendra,* par aduenture n'*aduiendra* mie. » III, 232. — On trouve souvent *aduenir* où nous mettrions : *à venir.* « Ie boy pour la soif *aduenir.* » I, 21. « Choses *aduenir.* » II, 67-68; III, 258. « ... tout home... pres de sa fin, facilement diuine des cas *aduenir.* » II, 105.

Adventure. « ... soucieux d'entendre sa bonne *aduenture...* » II, 56.

A toutes aduentures. « A toutes *aduentures* feirent sonner ad capitulum capitulantes. » I, 104.

D'aduenture. « ... si *d'aduenture* il rencontroit gens aussi folz que luy... » I, 6.

Par aduenture. « ... ce que *par aduenture* cuidiez dict en gayeté de cueur. » I, 5. « *Par aduenture* ma femme sera aussi belle. » II, 62. « *Par aduenture* a il des Ascarides... dedans le corps. » 111. « ... me mariray ie? — *Par aduenture.* » 173. « *Par aduenture* sont ilz nostres? » II, 464. Voir *Aduenir.*

Adventurer (s'). « Qui ne *se aduenture* n'a cheual ny mule, ce dist Salomon. Qui trop (dist Echephron) *se aduenture,* perd cheual & mule, respondit Malcon. » I, 128.

ADVENTUREUX. « ... frere Iean des entommeures, ieune guallant... hardy, *aduentureux...* I, 104. « ... vingt & cinq des plus *aduentureux.* » 154.

ADVENTURIER, AVANTURIER, AVENTURIER. Soldat d'aventure. « Ie voy les brigans, les boureaulx, les *auanturiers*... de maintenant plus doctes que les docteurs... de mon temps. » I, 255. « ... cent quarante mille *aduenturiers...* » 174. « ... passe le Guascon au camp des *auenturiers* François... vn *aduenturier...* sortit auecques son espée... » II, 202. « ... gens soubzmis... A Mars, comme ... Meurdriers, *Aduenturiers...* » III, 241-242.

ADVENUE. Action d'arriver, allée. « ... l'*aduenue* de l'Empereur. » III, 347. « ... l'*aduenue* de la porte grande du palais. » 397.

ADVERBE. « ... (Quaresme prenant)... engendra seulement nombre de *Aduerbes* locaux... » II, 376.

ADVERS, ADVERSE. Contraire, opposé. « ... fortune *aduerse.* » II, 278. « ... partie *aduerse.* » 383. « ... il a salué le Roy *aduers.* » III, 93.

ADVERSITÉ. « ... naufraiges d'*aduersité.* » II, 41.

ADVERTISSEMENT, AVERTISSEMENT. « ... si i'ay *aduertissement* qu'elle vse de sort... en ses responses. » II, 85. « ... lettres d'*auertissement.* » III, 67.

ADVEU. « ... n'estre licite es enfans soy marier, sans le sceu & *adueu* de leurs peres & meres. » II, 221.

ADVIS. « ... homme saige & discret, duquel... il auoit esprouué la vertus & bon *aduis...* » I, 114. « Il m'est *aduis* que... » II, 27. « ... ne suis d'*aduis* que... » 120. « ... donnez m'en *aduis.* » 394. « ... nous feut *aduis...* que... » 463. « Il luy est *aduis,* que... » 504. « ... nous cuidons, & si nous est *aduis* Qu'heures sont iours. » III, 299. « Il semble *aduis...* les arbres du ryuage Se remuer. » 300. « ... il faict mauuais *aduis* de partir son ost deuant la victoire. » 344.

ADVISEMENT. « Pantagrueline prognostication... composée au proffict & *aduisement* de gens estourdis. » III, 229.

ADVISER. Apercevoir, se diriger vers, avertir, réfléchir. « Ponocrates... *aduisoit* vne foys le moys quelque iour bien clair & serain. » I, 96. « Gargantua... *feut aduisé* par Eudemon que dedans le chasteau estoit quelque reste des ennemys. » 136. « ... *aduisez* si conseil voulez de vn fol prendre. » II, 180. « *Aduise* que mon verdun ne soit poinct plus long que ton espade. » 202. « *Aduisez* que ne soit trop. » 294. « *Aduisez* à Siroch. » 349. « ... i'en *aduisay* vne (lanterne) de terre. » III, 130. « ... nous *aduisames* dans vn grand pressouër vingt ou vingtcinq gros pendars. » 212.

Adviser que, remarquer que. « Alexandre... *aduisa que* la fureur du cheual ne venoit que de frayeur. » I, 56. « ... *aduiserez que* leans sont les mangeoires au dessus des rasteliers. » III, 45.

ADVOCAT. « ... i'ay vn estomac paué... tousiours ouuert comme la gibbessiere d'vn *aduocat.* » I, 145. « ... vous scauez qu'il n'est si mauluaise cause qui ne trouue son *aduocat.* » II, 209. « ... à l'exemple des *aduocatz* de maintenant il prendroit toute beste rencontree. » 259.

ADVOCATIERE. Entremetteuse.

« Lingiere, *Aduocatiere.* » III, 243.

ADVOLER. Arriver en volant. « Du cousté de la Transmontane *aduola* vn... pourceau ayant æsles longues. » II, 415. « Des contrées de leuant *aduola* grand nombre de Gays. » III, 186.

ADVOUER. Reconnaître, approuver, invoquer. « Ie *aduoue* dieu s'il ne la faisoit bon veoir. » I, 32. « *l'aduoue* dieu... » 146. « ... autre seigneur n'auoient congneu, recongneu, *aduoué,* ne seruy, que luy. » II, 16. « ... ne sçay quelle sorte de bestes comprenez en ces denominations (Caphards, Cagotz, etc.)... n'ay trouué homme qui les *aduouast,* qui ainsi tolerast estre nommé. » III, 189.

ÆGILOPS. Œil de chèvre, mauvaise herbe. « ... plus leurs est contraire & ennemy, que ne est... *Ægilops* à l'Orge. » II, 234.

ÆGIPANES. Egipans, divinités des forêts. « ... Semidieux, Panes, Satyres... *Ægipanes...* » II, 367.

AELE, AESLE, ALE. « *aesles* d'vn moulin à vent. » I, 46, et II, 415. « ... estendant toute la main comme vne *aesle* d'oyseau. » I, 315. « ... les *aesles* de deux bitars. » 346. « ... sus les *aesles...* » II, 397. « ... pourceau ayant *aesles* longues & amples comme sont les *aesles* d'vn moulin à vent. » 415. « Depuys que Decretz eurent *ales.* » 455 et IV, 297. « ... moulinet à *aesle.* » 493. « Psila en langue Doricque signifie *aesles.* » 502. « ... l'*aele* du chapon gras... » III, 191.

ÆMORRHOIDE *(Hæmorrhois).* Hemoroïs. Serpent dont la piqûre fait couler le sang avec abondance. II, 498.

ÆOLIPYLE, ÆOLOPYLE *(Æolipilæ).* « ... vne magistrale *Æolopyle.* » II, 422. « *Æolipyle,* porte d'Æolus. C'est vn instrument de bronze. » III, 203.

ÆQUATEUR. « ... le nerf cauerneux vers le cercle *æquateur* dresser. » II, 310.

ÆQUILATERAL, EQUILATERAL. « ... en figure trigone *equilaterale.* » II, 260. « ... figure triangulaire *æquilaterale.* » 391 et 465. « ... triangle *equilateral.* » III, 158. « Figure trigone *æquilaterale,* ayant troys angles en eguale distance vn de l'autre. » 196.

ÆQUILIBRER. « ... *æquilibrer* & balancer la cornemuse de l'estomach. » II, 494.

ÆQUINOCTE, EQUINOXE. « ... l'*æquinocte* automnal. » II, 230. «... les deux *Equinoxes.* » III, 160.

ÆQUINOCTIAL (L'). La ligne équinoxiale, l'équateur. « ... nous esloignans de l'*Æquinoctial.* » II, 286.

ÆQUIPARER *(Æquiparare).* Égaler. « Galen l'ause *æquiparer* (le pantagruelion) à la Terebinthine. » II, 242.

ÆQUITABLE. « ... certaine sentence... laquelle ne sembloit du tout *æquitable.* » II, 186.

ÆQUITÉ. « ... ne en *æquité* naturelle, ne en droict des gens. » II, 225.

AER. « ... *aer* serain. » I, 13. « ... desieunoyt pour abatre la rouzee & mauluais *aer.* » 78. « ... par l'*aër* & tout ce ciel. » II, 6. « ... leua la main guausche en l'*aër.* » 100. « Tu voiras la cendre en l'*aër.* » 125.

ÆRAIN, AIRAIN, ARAIN, ARIN. « ... pailles d'*arain.* » I, 45. « ... poisles d'*arain.* » III, 81 et IV, 330. « ... de ces pillules, d'*arin* en auez vne à Orléans. » I, 381. « ... ce mot te soit vne muraille d'*arain.* » III, 60. « Les deux parties eſtoient d'*arain*, comme Corinthian. » 141. » *Airain* Corinthie. » 159. « ... targes d'*arain*. » 410.

AËRÉ. « ... ſubſtances *aërées* & inuiſibles. » II, 116. « ... la retention des flots *aërez*. » 238.

AËROMANTIE. Divination par l'air. « *Aëromantie* celebrée par Ariſtophanes en ſes nuées... » II, 124.

ÆSTÉ. Été. « ... le troiziefme *æſté*. » II, 55.

ÆSTIVAL. « ... Solſtice *æſtiual*. » II, 228.

ÆTERNEL (L'). « La paix de l'*Æternel* ſoyt auecques toy. » II, 280.

ÆTHÉRÉ ETHÉRÉ. « ... choſes *ætherées*. » II, 122. « ... eiaculations *etherees*. » 336. « ... par telz cometes, comme par notes *ætherees* diſent les cieulx tacitement. » 365.

AFESTER. Disposer, arranger. « ... le tournoit... *afeſtoit*... (Diogenes, ſon tonneau). » II, 8.

AFFABLE. « Couillon *affable*. » II, 130.

AFFAICTÉ. Ajusté. « ... petites Andouilles *affaictees*. » II, 394.

AFFAIRE. Masculin. « ... feut à ceſt *affaire* eſleu. » I, 67. « ... l'*affaire* tel comme il eſtoit. » 111. « ... diuers & contentieux *affaires*. » 114. « ... en tous leurs *affaires*. » 257. « Ie ſuis d'opinion, que... conferons de ceſt *affaire* auecques luy. » 267. « ... racontons comment il ſe porta en ceſt *affaire*. » 352. « ... plus de ceſtuy *affaire* ne de aultre que ſoit ne me inquietez. » II, 108. « Ne laiſſez vos *affaires* d'ailleurs plus vrgens. » 168. « ... *affaires* priuez & domeſticques. » 177. « Il trouua l'*affaire* tant ambigu. » 207. « N'ay autre plus vrgent *affaire*... » III, 3. « Le Pape eſtoit d'aduis que ie paſſaſſe mondict *affaire* per Cameram. 341. « I'ay... expedié tout mon *affaire*. » 361. « ... ſans vous... diſtraire de vos *affaires* plus vrgens. » 381.

Affaire suivi de *à*. « ... toutes les femmes... auoyent beaucoup *affaire à* la ſauluer. » I, 328. « On luy demanda ſi iamais elle auoit eu *affaire à* home? Reſpondit que non iamais : bien que les homes quelques foys auoient eu *affaire à* elle. » II, 170.

Affaire suivi de la préposition *de*. Avoir besoin : « ... *aurez* quelque iour *affaire de* nous. » I, 98. « *Auez* vous encores *affaire de* mon ayde? » II, 355.

Affaires. Besoins naturels. « Ie vouldrois fort aller vn peu à mes *affaires*. » II, 352. « Epiſtemon retournant de ſes *affaires*. » 453. « ... le Roy ſuſdict eſtant à ſes *affaires*. » 508. « *Da Roma (in qua non ſon andato del corpo)*. Depuis Rome iuſques icy ie n'ay eſté à mes *affaires*. » III, 206.

AFFAMÉ. « Le ventre *affamé* n'a poinct d'aureilles. » II, 78. « ... l'eſtomach *affamé* n'a poinct d'aureilles. » 494.

Affamé de. « Ie ſuis allouuy & *affamé de* bien faire... » II. 355.

AFFECTATION. Désir. « Il (Zachee) ſoubhaitoit... veoir noſtre benoiſt Seruateur... Le tresbon Dieu congneut ſa ſyncere & mediocre *affectation*. » II, 256.

AFFECTÉ. « ... me ſemblez bon topicqueur & *affecté* à voſtre cauſe. » II, 35. « ... geſtes... non fainɛts, fardez, ne *affectez*... » 97. « ... choſe fort *affectee* & vehementement deſiree. » 278.

AFFECTER. « ... les lieux... dont ilz *affectoient* les nouuelles. » II, 279. « ... Autant en *affectoit* vn deſeſperé tyrant... » 363.

AFFECTION. Manière dont on est affecté. « Amis lecteurs... Despouillez vous de toute *affection.* » I, 2. « ... vous auez peu noter... de quelle *affection* il le brise (un chien rencontrant un os). » 5. « ... oncques ne veistes homme, qui eust plus grande *affection* d'estre roy & riche que moy. » 10. « ... arriere mises voz *affections.* » 39. « En ce moyen entra en *affection* de icelle science numerale. » 88. « ... *affections* peruerses. » 118. « ... donner *affection* de plus hault tendre. » 255. « ... esmouuoir nos *affections.* » II, 21. « ... despouillez vous de toute *affection* humaine : d'amour, de haine, d'espoir & de craincte... » passions & *affections* foraines. » 68. « ... feussent bons amis & voisins, si... feussent despouillez de leurs *affections* en vn seul article. » 394. « ... vne *affection* qui est en nous, laquelle descrit Aristoteles... disant que tous humains naturellement desirent sçauoir. » III, 257.

AFFENÉ. Au propre : garni de foin ; au figuré : repu. « Quand i'ay bien à poinct desieuné, & mon stomach est bien à poinct *affené* & agrené... » II, 78.

AFFERMER. Affirmer, affermir. « Combien qu'aulcuns docteurs, Scotistes *ayent affermé* que sa mere l'alaicta... » I, 29-30. « ... noz prescheurs nous l'*afferment.* » 166. « ... les Philosophes & Medicins *afferment* les espritz animaulx fourdre. » II, 69. « ... denonceant & *affermant* auoir chemin & moyen inuenté. » 83. « Et te *afferme* que tu seras coqu. » 123. « ... les doctes *ont affermé* que Achilles... feut... blessé on talon dextre. » 401. « ... nous *affermoit* que au touchement d'icelles il sentoit vn doulx prurit. » 440. « ... se tint en pieds iouxte le blanc : *affermant* cestuy lieu estre le plus sceur. » 453. « Pantagruel continuoit *affermant* ouyr voix diuerses. » 463. « Et m'*affermoit* que si en estat Monachal ils n'engraissoient... iamais n'engraisseroient. » III, 78. « Là voyons les deux bandes fremir, & soy *affermer* pour bien combatre. » 91. « ... *affermans*... n'estre viandes mangees plus excitantes. » 115. « ... il me *affermoit* que esties en bon vouloir de me faire quelque aulmosne. » 390.

AFFEUBLER. « ... mist son dauantau sus sa teste... Ainsi *affeublée*, tira vn grand traict du bourrabaquin. » II, 87-88. « ... *affeublant* en teste son chapperon. » 179. « ... l'*affeubla* d'vne chausse d'hypocras. » III, 165.

AFFIANSAILLES. Variante de *enfiansailles.* IV, 326.

AFFIER. Planter. Expression encore en usage dans le Poitou. « ... i'en *affieray* (des poires) & hanteray en mon iardin de Touraine. » II, 461.

AFFIER. Confier, promettre, assurer. « ... gens & biens qui te sont par droict naturel *affiez.* » I, 112. « Ie le vous *affie.* » II, 74. « Ie en suys grandement scandalisé, ie vous *affie.* » 110. « Vous voirez (ie vous *affie*) qu'il... » 126. « ... ie vous *affie* que plus me plaisent les guayes bergerettes... que les dames... » 216. « ... vous iourrez bien, ie vous *affie.* » 318. « ... le sert & dessert feut porté par les filles... du lieu, belles, ie vous *affie.* » 448. « ... ne priez que Dieu la garde des loups (la lune), car ilz n'y toucheront de cest an, ie vous *affie.* » III, 248.

AFFIERT. Appartient, convient. « ... tel est vestu de cappe hespanole, qui... nullement *affiert* à Hespane. » I, 4.

AFFILER. Donner le fil, rendre coupant. « ... petit cousteau *affilé* comme l'aguille d'vn peletier. » I, 297. « *Affiloient* cimeterres. » II, 7. « ... vn rasouer tranchant lequel ils... *affiloient* trois fois de nuict. » III, 103.

AFFIN. « Les ratz & blattes ou (*affin* que ie ne mente) aultres malignes bestes... » I, 11. «... ses chausses... feurent... crenelees par le derriere, *affin* de n'eschaufer les reins. » 32.

AFFINER. Épurer. « ... or *affiné* à à vingt quatre karatz. » I, 184. « Puys est transporté (le sang) en vne autre officine pour mieulx estre *affiné*... » II, 33. « ... purifié & *affiné*. ». 69. « ... les espritz vitaulx *affinoient* en longs ambages, pour estre faictz animaulx. » 153. — Tromper. «... le diable ne me *affineroit* pas. » I, 335. « ... beliné, corbiné, trompé & *affiné*. » II, 268. « ... fins non *affinez*, mais *affinans*. » III, 105.

AFFINEUR. « ... Pipeurs, Trompeurs, *Affineurs*... » III, 243.

AFFINITÉ. « ... oncques ne peuz sçauoir quelle parenté, alliance, *affinité*, ou consanguinité feust entre eulx. » II, 301.

AFFLIGÉ. Affecté d'un mal. « ... la dent *affligee*. » II., 77.

AFFOLLER. Blesser, atteindre. « Par ma foy, dist il, nous sommes *affolez*. » I, 126. « Me voylà *affolé*. » 231. « Vous nous *affollerez* de coups. » II, 328. « Il m'a *affolee*. » 434. « (Les ferrements)... *eussent affollé* la personne. » III, 38. « ... nous ne cherchons les gros larrons & tyrans... ils... nous *affolleroient*... » 50.

AFFRONTEUR. « ... *affronteur* effronté. » II, 35.

AFFUSTER, AFFEUSTER, AFFUTER. « ... moutons de Surie esquelz fault... *affuster* vne charrette au cul, pour la porter (la queue)... » I, 62. «... *affeustoit* le canon. » 91. « ... faire *affuster* son artillerie. » 101. « ... fist faire des arboutans à son berceau bien *afustez*. » 234. « ... les *afusta* (le col & la teste) iustement veine contre veine... » 363. « ... le tournoit (Diogenes, son tonneau)... afestoit, *affustoit*... » II, 8. « ... *affustés* voz bezicles. » III, 233.

AFRICANES, AFRIQUANES. « Ie ne sçay quel plaisir auez prins voyans les Lions, & *Afriquanes* (ainsi nommiez vous, ce me semble, ce qu'ilz appellent Tygres.) » II, 308, et IV, 274. « Aucunes sus leurs rochetz portoient peaux d'*Africanes*. » III, 402.

AGALLOCHE. « *Agalloche* (vous l'appellez boys d'Aloes). II, 270.

AGELASTE (Ἀγέλαστος). « ... la calumnie de certains Canibales, misantropes, *agelastes*... » II, 250. « ... Crassus l'ayeul tant *agelaste*... » III, 97. « *Agelastes*. poinct ne rians, tristes, fascheux.» 194.

AGENOILLER (SE). « Icy est à noter que les anciens *se agenoilloient* du pied dextre. » II, 401. « Les Andouilles... à terre toutes *se agenoillerent*... » 415.

AGENSEMENT. « ... vne Ionchee de Pampre, sans trop curieux *agensement*. » III, 145.

AGENSEUR. « *Agenséurs* de feueillades. » II, 162.

AGGERE (*agger*). Chaussée. « ... nous fut dict que c'estoit le chemin des *aggeres* & leuees du Nil en Égypte. » III, 101.

AGGREGATION. « ... vont en grande accelleration Pour visiter ceste *aggregation*. » III, 276.

AGILEMENT. « ... sont les grosses

& pesantes moles tournées *agilement...* » II, 238.

AGIOTADE (Ἁγιώτατος). Très saint. « ... corpore de l'*agiotade* Sainct Marcial. » I, 243.

AGIOTS (Ἅγιος, sanctus, mot tiré du seruice que l'on fait en l'Eglise le Vendredy sainct, où ce mot ἅγιος, au chant qui s'y faict, est souuentes-fois repeté. *Celt-hellenisme...* par Léon Trippault). « Ie ne vis onques tant de scendeaux, tant de flambeaux, de torches, de glimpes, & d'*agiots.* » III, 42.

AGITATION. Ébranlement. « Selon les Legistes, *agitation* & motion continuelle est cause d'atraction. » I, 299.

AGRE *(ager)*. Champ. « Aux *agres* migre. » III, 276.

AGREABLE, AGGREABLE. « ... faire seruice *agreable...* » I, 189. « ... nous vous prions... que vueilliez donner la sentence telle que verrez, &... nous l'auons *aggreable...* » 279.

AGREGATIF. « ... en l'estomac la belle petite pilulle *agregatiue* de dieu, composee de vingt-deux coups de pongnart... » III, 120.

AGRENÉ. Garni, nourri de grain. Voir *Affené.*
seruice *agreable...* » I, 189. « Nous l'auons *aggreable.* » 279.

AGRICULTURE. « ... art d'*agriculture.* » III, 133.

AGRIMENSEUR *(Agrimensor)*. Arpenteur. « Brute & Cassie *agrimenseurs.* » I, 364.

AGU. Aigu. « ... entendement... *agu,* subtil... » I, 57. « ... i'ay... dentz *agues,* ventre vuyde... » 264. Voir *Acut.*

AGUA, exclamation. « *Agua,* men emy. » II, 506. Voir *Regarde.*

AGUAR, AGUARD. Hagard. « ... s(ol) *aguard.* » II, 182. « ... oizeaux *aguars.* » 471.

AGUEILLE, AGUILLE. « ... les lingieres, lors que la poincte de leur *agueille* estoit rompue, ont commencé besoigner du cul. » I, 31. « ... diuinez combien il y a de poincts d'*agueille* en la chemise de ma mere. » I, 49. « ... cotte de tafetas d'argent faict à broderies de fin or & à l'*agueille...* » 201. « ... dames... doctes à la main, à l'*agueille...* » 206. « ... auoit prouision de fil & d'*agueilles...* » 298. « ... quinze ou seize poincts de *agueille...* » 363. — Obelisque. « ... pommes de cuyure plus grosses que celle qui est à Rome à l'*aguille* de Virgile. » 380. Voir *Affiler, Obelisce.* — Dans un sens libre : « ... ne dressay oncques... au moins que l'*aguille* montast iusques sur les dix ou vnze heures. » I, 343.

AGUEILLETTE, AGUILLON. Voir *Aiguillette, Aiguillon.*

AGUILLANNEUF. Fête du nouvel an. « Aller à l'*aguillanneuf,* le premier trou de l'an, que l'on liure la souppe aux bœufs, & la clef du charbon aux filles, pour donner l'auoine aux chiens. » I, 270.

AGUISER, AGUYSER, AIGUISER. « Ses dens *aguysoit* d'vn sabot. » I, 44. « ... nous voyons par exemple les coustelleurs leurs coz quelques foys marteler, pour mieulx *aiguiser* les ferremens. » II, 65. « ... ie vis derriere ie ne scay quel buysson ie ne scay quelles gens... *aguisans* ie ne scay quels ferremens... » III, 40.

AGUYON. « ... feut voile faicte au serain & delicieux *Aguyon...* » II, 371. « *Aguyon* entre les Bretons & Normans mariniers est vent doulx, serain, & plaisant. » III, 202.

AHAN. « Ie sue par la mort beuf d'*ahan.* » II, 174. « Vous en ſuaſtez d'*aban.* » 259. « ... ie me ſens encore eſmeu & alteré de l'*aban* que i'y paty. » III, 59.

AIDER. Voir *Aist, Ayder.*

AIGLE, fém. « ... vne *Aigle* haulte en l'air... » II, 333.

AIGNEAU. « Il (vn Tarande) eſt autant maniable & facile à nourir qu'vn *aigneau.* » II, 283.

AIGNELET. « Où ſont ceulx (les moutons) de Thibault l'*aignelet*?» II, 297. « ... ieune *Aignelet...* » 469.

AIGNEUILLOT. Gond du gouvernail. « Ie oy l'*aigneuillot* fremir. Eſt il caſſé? » II, 337.

AIGRE. « Auoit il mangé prunes *aigres,* ſans peler. » II, 267. « ... brocards *aigres* & picquans. » 407.

AIGREDOUX. « ... Grenades *aigreſdoulces.* » II, 271.

AIGREFIN. Monnaie. « ... angelotz, *aigrefins,* royaulx... » III, 245.

AIGREMENT. « Moyſe... *aigrement* puniſſoit les mutins... » I, 185. « Son Aſne *aigrement* tourmentoit. » III, 150.

AIGREMOINE *(Eupatorium, Hepatitis.* Nicot). « ... feueilles de Freſne & *Aigremoine.* » II, 228.

AIGREST. Liqueur piquante. « *Aigreſt* qu'il gettoit aux yeulx de ceulx qu'il trouuoit. » I, 297.

AIGRET, AIGRETTE. « ... melancholie *aigrette.* » II, 33.

AIGRETTE. Oiseau. « Foulques, *Aigrettes,* Ciguoingnes... » I, 140. « Tadournes. *Aigrettes.* Cercelles. » II, 478.

AIGUADE. « ... les Chormes des naufz faiſoient *aiguade...* » II, 273. « Vos chormes y pourront faire *aiguade* & lignade. » 503. « ... les chormes y font *aiguade.* » 505.

AIGUILLETTES, AGUEILLETTES, AGUILLETTE. « ... pour les *agueillettes* quinze cens neuf peaulx & demye de chiens. » I, 31. « ... *aguillettes* de ſoye... » 203. « ... iouer toutes les *agueillettes* de ſes chauſſes à primus&ſecundus. » 310, et IV, 205. « Il ne luy fault que laſcher les longes, ie diz l'*aiguillette.* » II, 134. « ... on donnoit la quarte de bon vin & friand pour vne *aiguillette* borgne. » III, 186.

Courir l'aiguillette. « ... ſi Nature ne leurs euſt arrouſé le front d'vn peu de honte, vous les voiriez... *courir l'aiguillette* plus eſpouantablement que ne feirent... les Thyades Bacchicques... » II, 158.

AIGUILLON, AGUILLON. « ... gens liberes, bien nez... ont par nature vn inſtinct, & *aguillon,* qui touſiours les pouſſe à faictz vertueux... » I, 205. « ... ce ſont *aguillons* de vin. » 229. « L'*aguillon* de vin. » 246, et IV, 177. « ... refraiſchiſſemens, & *aiguillons* d'amour. » II, 65. « ... les *aiguillons* de la chair. » 146. « ... les poignans *aiguillons* de ſenſualité. » 150.

AIGUILLONNER. « ... ne *aiguillonnoyt* ſes bœufz & ne mettoit la main pour ſoubleuer les roues. » II, 346.

AIGUOSITÉ *(Aquositas).* Sécrétion aqueuse. « ... l'*aiguoſité,* que vous nommez vrine. » II, 33. « Hernies, ruptures du boyau... par *aiguoſité.* » III, 202.

AIL. « ... beaulx tribars aux *ailz.* » I, 372. « Sey degun de bous *aulx.* » II, 201.

AILLADE. « ... alors qu'il mangea tant d'*aillade.* » I, 376. « Eſclanches à l'*aillade.* » II, 478.

AINÇOIS QUE. Plutôt que. « ... feray le chois, D'eſtre deſgradé ras, *ainçois Qu'*eſtre iamais engarié Iuſques là, que ſois marié. » III, 176.

AINS. Mais, plutôt. « ... pas demourer là ne fault... *ains* à plus hault ſens interpreter ce que... cuidiez dict en gayeté de cueur. » I, 5. « Ma deliberation n'eſt de prouocquer, *ains* de apaiſer : d'aſſaillir, mais defendre. » 112. « ... ie ne me reputeray totallement mourir, *ains* paſſer d'vn lieu en aultre. » 253. « ... le priſonnier reſpondit... qu'il eſtoit content de iamais ne retourner à ſes gens, *ains* pluſtoſt combatre auecques Pantagruel... » 350. « ... ilz ne ſont de bien, *ains* de mal. » II, 14. « La gelée lors... ne feroit dommageable, *ains*... profitable au bourgeon. » 162. « ... l'aduis ſien... ſeut... ne prendre la routte ordinaire... *Ains* ſuyure au plus pres le parallele... » 272. « Les Diables ne vendirent rien : *ains* au contraire les paizans en plein marché ſe mocquoient d'eulx. » 429.

Ains que. Avant que. « Le clair Soleil, *ains que* eſtre en Occident... » I, 209.

AINSI. De cette sorte, de cette façon. « *Ainſi* ſe feiſt Iacques cueur riche. *Ainſi* profitent boys en friche. *Ainſi* conqueſta Bacchus l'Inde. *Ainſi* philoſophie Melinde. » I, 23. « *Ainſi* ont toutes choſes leur fin & periode. » 31. — Marquant un souhait. « ... *ainſi* me ſoys tu fauorable, ſy iamais à luy deſplaiſir, ne à ſes gens dommaige, ne en ſes terres ie feis pillerie. » I, 110. « *Ainſi* periſſe qui feaulx ſeruiteurs blaſmera. » 175. Voir ci-après, *Aist.*

Ainſi que. Lorsque, au moment où : « *Ainſi qu'*il diſoit cela ilz aduiſerent ſix cens ſoixante cheualiers... » I, 337.

AIRE. Sol d'une grange, nid d'un oiseau de proie. « Le Laboureur battit ſon bled en l'*aire.* » II, 429. « Vous dites qu'on ne vit oncques *Aire* de ſacre : vrayement i'y en vy onze. » III, 122.

AIRE. Mesure de liquides. « ... ſoixante & deux *aires* de vin. » III, 67.

AIS. « De quante eſpeſſeur ſont les *ais* de ceſte nauf ? » II, 354.

AISE, AYSE. « ... *ayſe* comme vn Roy ou deux. » II, 329. « ... *aiſes* comme peres. » II, 422, et IV, 293.

AISGUÉ. Mêlé d'eau. « ... du vin *aiſgué* ſeparoient l'eau. » I, 96.

AISSE. Ais, planche. « ... il eſtoit (un volume des Decretales) couuert de groſſes *aiſſes*... » II, 454. « ... moulinet à aeſle de quatre belles petites *aiſſes* d'vn tranchouoir de Vergne. » 493.

AISSEUIL. Essieu. « ... perdens la veue & guyde de l'*aiſſeuil* Septentrional, font nauigation enorme. » II, 272. « L'*aiſſeuil ſeptentrional*. pole Arctique. » III, 197.

AIST. Troisième personne du singulier du présent du subjonctif du verbe *aider.* « Ainſi vous *aiſt* dieu. » I, 329. « Ainſi m'*aiſt* Dieu. » II, 195. Qu'ainsi Dieu vous aide, me secoure ! — On trouve aussi : « Ce m'*aiſt* Dieu... » II, 197. Qui s'écrivait parfois en un seul mot : *Cemaidieu.* Voir *Langue de la Pléiade.* T. II, p. 453, col. 2.

ALABASTRE, ALEBASTRE. « ... fontaine magnificque de bel *Alabaſtre.* » I, 199. « ... marbre Parien, *Alebaſtre*, Porphire... » III, 7. « ... treſpur & treſlimpide *alabaſtre.* » 157. « ... fontaine de fin *Alabaſtre*... » 166.

ALAICTER. « ... luy feurent ordonnes dix & ſept mille neuf cens treze vaches... pour l'*alaicter* ordinairement... Combien qu'aulcuns docteurs Scotiſtes ayent affermé que ſa mere l'*alaiâa...* » I, 29-30. « Comme enfant nouuellement né, les fault (les pays nouuellement conqueſtez) *alaiâer,* berſer, eſiouir. » II, 17. « ... il feut *alaiâé* d'vne cheure Amalthée. » 63. « Si elles deſiſtent *alaiâer* enfans. » 133.

ALAIGRE, ALLAIGRE. « ... i'ay le corps tout *allaigre.* » I, 335. « ... *alaigres* au labeur. » II, 79. « Ie ſuys... *alaigre* comme vn Papillon. » 501.

ALAIGRESSE, ALLAIGRESSE. « ... quand Carpalim l'apperceut, il courut apres en telle haſtiueté & *allaigreſſe* qu'il le attrappa en moins de cent pas. » I, 339. « ... le voyage... ſeroit en *alaigreſſe* & ſanté perſaiât. » II, 271.

ALAIGRI. « ... par l'ayde de Bacchus... ſont hault eſleuez les eſpritz des humains : leurs corps euidentement *alaigriz.* » II, 502.

ALAINE. « ... leſquelz eſtoient fuyz... ſans derriere ſoy reguarder, ny prandre *alaine...* » I, 187.

ALAMBIC. « ... *Alambic* ſerpentin. » III, 154.

ALAMBICQUÉ. « ... ſ(ol) *alambicqué.* » II, 184.

ALARME. « ... me auront... refraiſchiſſant à mon petit pouoir leur retour des *alarmes.* » II, 11. Voir *A l'arme,* p. 1.

ALATERÉ. Pour *à latere* (du côté) locution latine employée dans le titre : *légat à latere.* Rabelais joue sur ce mot en y joignant l'adjectif *altéré.* « ... ſ(ol) *alateré* alteré. » II, 182.

ALBERGE. Pêche précoce. « L'exemple y eſt manifeſte en Poix... Noix, *Alberges,* Cotton, Colocynthes... toutes plantes generalement. » II, 45.

ALBESPINE. Aubépine. « On la lieroit au mont de L'*albeſpine.* » I, 14.

ALBRAN. Halbran. « ... tous chargez eſtoient de venaiſon : leuraux... canards, *albrans...* » III, 55.

ALCHARATES. Reptiles. II, 498.

ALCHIMIE, ALCHYMIE. « ... qu'apportez ?... *Alchimie...* » III, 67. « Autres faiſoient *Alchimie* auec les dens. » 82. « ... faire *alchymie* auec les dents », dit M. Louis Moland dans son *glossaire-index,* « est interprété par les commentateurs : épargner sur sa nourriture, jeuner par économie. Je crois que cela veut dire *manger,* tout simplement. » Un passage de Matthieu, *Derniers troubles de France,* t. II, confirme le sens donné à cette expression par les commentateurs que combat M. Moland : « Les eccleſiaſtiques gardent leur temporel, tandis que le pauure peuple *fera de l'alchimie aux dents.* »

ALCHYMISTE. « ... alloient veoir les lapidaires... ou les *Alchymiſtes* & monoyeurs... » I, 94.

ALCIBIADION. « ... les plantes ſont nommées en diuerſes manieres. Les vnes ont prins le nom de celluy qui premier les inuenta... comme... *Alcibiadion* de Alcibiades... » II, 231.

ALCRET, ALECRET. Halcret, corset de fer. « Non & vn *alcret,* pour non durhabit. » I, 37, et IV, 89. « ... poliſſoient corſeletz, verniſſoient *alecretz.* » II, 7.

ALCYONES. « ... *Alcyones,* oiſeaux ſacrez à Thetis, qui pour lors ponnent & eſclouent leurs petits lez le riuage. » III, 26.

ALE. Voir *Aele.*

ALEBARDE. « ... deux gros crampons, qui ſouſtenoient des *alebardes.* » I, 286.

ALEBASTRE. Voir *Alabastre.*

ALECTRYOMANTIC. « Coq vaticinateur & *Alectriomantic.* » II, 126.

ALECTRYOMANTIE. Voir le mot précédent. « Voulez-vous... en sçauoir plus amplement la verité par... *Alectryomantie...* » II, 126.

ALEMANDE (L'). Danse. III, 222.

ALEMANT, ALLEMANT. « ... la court de Parlement n'y entendoit que le hault *Alemant.* » I, 266. « Ie n'y ay entendu que le hault *Allemant.* » III, 189.

ALENOYS. « Nasturtium, qui est Cresson *Alenoys.* » II, 232.

ALENTOUR. Voir p. 6, col. 2.

ALEUROMANTIE. Divination. « ... par *Aleuromantie,* meslant du froment auecques de la farine. » II, 125.

ALEXICACOS. « ... esperant que... me serez contre les calumniateurs comme vn second Hercules Gaulloys... *Alexicacos,* en vertuz, puissance, & auctorité... » II, 251. « *Alexicacos,* defenseur, aydant en aduersité, destournant le mal. C'est vn des surnoms de Hercules. » III, 195.

ALEZAN. Fauve tirant sur le roux. « ... l'on luy feist vn beau grand cheual de boys... Et luy faisoit changer de poil... de bailbrun, d'*alezan,* de gris pommellé... » I, 47. « ... *alezan* tostade. » II, 275.

ALGAMALA, ALGUAMALA, ALGAMANA. Mercure des Hermétiques. « C(ouillon) d'*almagala.* » II, 130. « ... f(ol) d'*Alguamala.* » 183. « ... voyez-cy, monstrant le viet-d'aze, le vray *Algamana.* » III, 67. »

ALGEBRA. Algèbre. « C(ouillon) d'*algebra.* » II, 130. « ... f(ol) d'*Algebra.* » 183.

ALGORISME. Arithmétique. « Ces enfans deuiendront grands en *Algorisme.* » I, 276. « ... f(ol) d'*Algorisme.* » II, 183.

ALGOUSAN. Argousin. « ... mon petit architriclin, mon comite, mon *algousan,* mon sbire, mon barizel. » II, 101. « Comite, mon mignon. O le gentil *Algousan...* » 340.

ALHARTAFZ. Reptiles. II, 498.

ALHATRABANS. Reptiles. II, 498.

ALIBITZ FORAINS. Excuses, échappatoires. « Il... vous sçait tant bien trouuer les *alibitz forains* & petitz poullains grenez en la ralouere, que apres luy n'y a que espousseter. » I, 322.

ALIBORRIN. « Pour le dernier seruice furent presentees... Des *aliborrins.* » III, 220.

ALICACABUT. Fruit de l'alkékenge. « ... pommes de *Alicacabut.* » I, 333.

ALIDADA. Règle. « C(ouillon) d'*alidada.* » II, 130.

ALIMENT. « ... la mouelle est *aliment* elabouré à perfection de nature. » I, 5.

ALIMENTATION. « Ce monde prestant... est si bon, que ceste *alimentation* paracheuée, il pense desia prester à ceulx qui ne sont encores nez. » II, 34. « ... l'*alimentation* d'vn chascun membre... » 151.

ALIMENTER « ... laict requis pour icelluy *alimenter.* » I, 29. « ... vapeurs & exhalations... desquelles disoit Heraclitus... estre les estoiles *alimentées.* » II, 28. « Chascun membre l'attire à soy (le sang), & s'en *alimente* à sa guise. » 33. « ... Saturne... *alimenté* de Ambrosie... Corbeaulx, qui *alimentoient* es desers sainct Paul... » 121. « ... quand sommes à table nous *alimentans* de quelque bon & grand vent de Dieu. 422. « Comment les oiseaux de l'Isle sonnante sont *alimentez.* » III, 26. « ... n'estre autrement torchonné... & *alimenté* que ie te vois, cela me ſemble vn peu tyrannique. » 31. « ... d'autres viandes ne ſont *alimentez*. » 56.

ALIPTE ('Αλείπτης). Celui qui frotte les baigneurs. « ... yſſans des bains nous faire par les *Aliptes* oindre de precieux baſme. » III, 24.

ALIQUE *(Aliquis)*. « ... *aliques* vices. » III, 278. Quelques fois.

AL KATIM, ALKATIN. « ... au deſſus des feſſes on lieu que les Arabes appellent *Al Katim*. » II, 102. « Quareſpreprenant... auoit... L'*alkatin*, comme vn billart. » II, 379.

ALKERMES. « ... graine de *Alkermes*. » II, 93.

ALLEBOUTER, HALLEBOTER, HALLEBOTTER. Grapiller. « ... tant bien couppent & ſeps & raiſins qu'il n'y aura... que *halleboter* dedans. » I, 104. « ... *allebouter* apres les maignans. » 271. « C(ouillon) *hallebotté*. » II, 138.

ALLEBOTEUR. Grapilleur. « ... Cheuaucheurs d'eſcuirie, *Alleboteurs*, n'auront ceſte année gueres d'arreſt. » III, 244.

ALLÉE. « ... diſcordz, venues, & *allees*. » I, 208.

ALLEGABLE. « ... entre leſquelles (dames) vne extraite du ſang de France non *allegable* ſans inſigne profanation. » III, 8.

ALLEGATION, ALLEGUATION. « ... productions, *alleguations*, intendictz, contredictz. » II, 188. « ... impatient de leurs diſcours & *allegations*... » III, 61.

ALLEGEMENT. « ... en auons veu qui ſe donnoyent à cent pipes de vieulx diables, en cas que ilz n'euſſent ſenty *allegement* maniſeſte à la lecture dudict liure. » I, 216.

ALLEGORICQUEMENT. « Vous expoſez *allegoricquement* ce lieu... » II, 92. « Aultres l'ont entendu ...*allegoricquement* ſcelon l'vſaige des Pithagoriens. » 490.

ALLEGORIE. « ... l'*allegorie* me plaiſt, mais non à voſtre ſens. » II, 92. « Voy là, diſt Epiſtemon, parlé en terrible *Allegorie*. » 330.

ALLEGUANT. « ... elle s'excuſoit, *alleguante* que ce n'auoit eſté de ſon conſentement. » II, 98. « ... *alleguantes* que les femmes de religion ont quelques petites imperfections ſecretes. » 165-166. « Ie vous oy ſouuent le *alleguant* (Platon). » 400.

ALLEGUER. « ... nonobſtant la remonſtrance d'aulcuns de l'vniuerſité, qui *alleguoient* que ceſte charge mieulx competoit à un orateur... » I, 67. « Ie ne vous *allegueray*... les hiſtoires antiques... » II, 17.

ALLER. *Je vois, je voys*. Je vais. « *Ie* m'en *voys* boyre. » I, 26. « *Ie* leur *voys* donner le vin. » 65. « *Ie* m'en *voys* doncques... piſſer mon malheur. » 143. « *Ie* te *voys* querir. » 157. « ... Quelz gens habitent en ceſte belle iſle de Chien? Tous ſont, reſpondit Xenomanes, Hypocrites... Ie n'y *voys* pas... Si ie y *voys*, que le diable me ſoufle au cul. » II, 496. « ... non, non, ie n'y *vois* pas par Dieu, retournons. » III, 46. « Mettons à ſac tous ces diables de Chats-fourrez. Sans ſaute... *ie* n'y *vois* pas... » 57.

Aille. « *Aille* maintenant ſe vanter Cleopatra... *Aille* Pompeie Plautine... » III, 161.

Aliſſiez. « ... proteſtant iamais ne vous laiſſer, & *aliſſiez* vous à tous les diables. » I, 264.

Aller. Marcher, s'avancer, circuler. « Lors flaccons d'*aller*, iambons de troter, goubeletz de voler... » I, 21. « *alloit* ordinairement accompagné de trente ſouldars. » III, 342. — « Où *va* ce chemin, & ceſtuy-cy. » III, 99. Ici *aller* ne signifie pas seulement mener, conduire; il est pris dans toute la rigueur de son sens, car ce passage est tiré du chapitre *de l'Iſle d'Odes, en laquelle les chemins cheminent.*

Aller à la mouſtarde. « ... en feuſt faicte vne Chanſon, dont les petitz enfans *alloyent à la la mouſtarde.* » I, 321. Le meilleur commentaire de cette expression est dans ce rapprochement fait par Leroux de Lincy *(Le Livre des Proverbes français,* 2ᵉ éd., t. II, p. 204) : « L'auteur du *Journal d'un Bourgeois de Paris* dit, en parlant d'une chanson populaire, en 1413 : « Item en « icelluy temps chantoient les pe- « tits enfans au ſoir, en *allant au* « *vin* ou *à la moutarde,* etc... »

— *à mal.* « ... prævoyant que tout *iroit à mal* & perdition. » II, 407.

— *au gibet.* « Qui ne le croid, d'enfer *aille au gibet...* » II, 74.

— *au trot.* « ... comment ces maſtines icy... deuroient *aller au trot :* veu qu'elles repaiſſent ſi bien & copieuſement. » III, 111.

— *au vin.* « ... pendant le temps qu'il *alla au vin.* » II, 333.

— *de ventre ou de cul.* « Auoient... patente la partie poſterieure de la teſte comme nous auons le viſaige : cela eſtoit cauſe, qu'ils *alloient de ventre ou de cul,* comme bon leur ſembloit. S'ils *alloient de cul,* vous euſſiez eſtimez eſtre leur alleure naturelle... S'ils *alloient de ventre,* euſſiez penſé que fuſſent gens iouans au chapiſou. » III, 103-104.

— *du pied.* « Auſſi *alloit il du pied* comme vn chat maigre. » I, 283.

— *les ambles.* « ... *aller* le pas, le trot... *les ambles...* » I, 47. « Si tous folz *alloient les ambles,* quoyqu'il ayt les iambes tortes, il paſſeroit de vne grande toiſe. » II, 185.

— *par escuelles.* « Commendoit que tout allaſt par *eſcuelles.* » I, 20. « ... tout y *va par eſcuelles.* » II, 305. « ... tout *ira par eſcuelles.* » 313.

— *rondement en beſoigne.* « *Tu vas rondement en beſoigne.* Sans exception ne ambages tu m'as apertement diſſolu toute craincte qui me pouoit intimider. » II, 133.

— *y veoir.* « Croyez le ſi voulez : ſi ne voulez, *allez* y *veoir.* » II, 404.

S'en aller. « *Va t'en* à ton Roy en ſon camp. » I, 350. « Va t'en... en la paix du Dieu viuant. » 351. « En ces petites barbouilleryes de depeſches... *s'en va* beaucoup d'argent. » III, 361.

Aller (l'). « ... le voyage tant de *l'aller* que du retour. » II, 271. « ... portans face & geſtes au retour autant triſtes & piteuſes, comme auoient eu ioyeuſes & gayes à *l'aller.* » III, 402.

Alleure. « ... geſtes, maintien, minois, *alleures...* » II, 274. « ... forme competente & perfaicte *alleure.* » 384. « Elle... (Melluſine) auoit *alleures* braues et guallantes. » 405. « Conſiderans les *alleures* de ces chemins mouuans. » III, 101. Voir *Aller de ventre,* colonne précédente.

Alliancier. « ... laiſſans ces mal plaiſans *Allianciers...* » II, 304.

Allieger. Alléger. « ... ſaulce verde... *alliege* le diaphragme, » II, 23.

ALLONGEMENT. « ... ledict du Douhet tint... que ces regiftres, enqueftes... n'eftoient que fubuerfions de droict & *allongement* de proces. » I, 269.

ALLONGER. *Allonger les ff.* Falsifier un compte, transformer les sous en francs. « ... fus ceftuy mien bureau ne fe ioue mon argentier d'*allonger* les .ff. » II, 43.

ALLORS. « Ie y renonce des à præfent comme *allors.* » II, 88.

ALLOUVY. Affamé comme un loup. Voir *Affamé.*

ALLOY. « ... le timpoit (un tournoys)... comme pour entendre s'il eftoit de bon *alloy.* » II, 179,

ALLUMELLE. Lamelle, lame. « Affiloient cimeterres... *allumelles.* » II, 7. « ... fers & *allumelles.* » III, 39.

ALLUMETIER. Faiseur ou marchand d'allumettes. « Geoffroy à la grand dent eftoit *allumetier.* » I, 365. — Incendiaire. « ... gens foubzmis à... Mars, comme *Allumetiers,* Boute feux... » III, 241-242.

ALLUZ. A l'excès. « Ie ne fuys de de ces importuns Lifrelofres, qui... contraignent les... compaignons trinquer, voire caros & *alluz,* qui pis eft. » II, 13.

ALME *(Alma).* Nourricière. « ... l'*alme* inclyte & celebre academie... » I, 241. « l'*alme* & grande mere, la Terre. » II, 225.

ALMICANTARATH. « ... f(ol) d'*Almicantarath.* » II, 184.

ALOÈS. Voir *Agalloche.*

ALOGIQUE. « ... confequence *alogique,* c'eft à dire defraifonnable. » III, 66.

ALOPECUROS (Ἀλωπέκουρος). « *Alopecuros,* qui femble à la queue de Renard. » II, 233.

ALOSIS. (Ἅλωσις). Prise. « ... acheta cinq ou fix maifons... puis meit le feu dedans. C'eftoit vne nouuelle *Alofis,* & nouueau feu de ioye. » III, 395.

ALOUETTE, ALLOUETTE. « Si les nues tomboient efperoyt prandre les *alouettes.* » I, 45. ... on dict que les *Allouettes* grandement redoubtent la ruine des cieulx. Car les cieulx tombans, toutes feroient prinfes. » II, 332. « ... n'efperez dorenauant prendre les *alouettes* à la cheute du ciel. » III, 251. — Coup, chiquenaude: « La iouoyt... A taillecoup Aux nazardes Aux *allouettes* Aux chinquenaudes. I, 80-83. « ... ils gaignent leur vie à endurer force plameufes, chinquenaudes, *alouettes...* » IV, 214.

ALPHESTE (Ἀλφηστής). « ... de cefte qualité font Hefrodothe & Homere appellez *alpheftes* c'eft à dire rechercheurs & inuenteurs. » III, 226.

ALPHITOMANTIE (Ἄλφιτον, farine d'orge). « Voulez-vous... en fçauoir la verité... Par *Alphitomantie...* meflant du froment auecques de la farine. » II, 124-125.

ALTERATIF. « ... fes capitaines..., goufterent defdictes drogues pour efprouuer fi elles eftoient tant *alteratiues.* » I, 352.

ALTERATION. « ... luy nettoya toute l'*alteration* & peruerfe habitude du cerueau. » I, 85. « Plus auffi multiplioient en appetit & *alteration.* » II, 80. « ... il (le pantagruelion) nafquit on temps de *alteration.* » 235. « ... vous tirerez l'œuf cuyt... sans *alteration,* immutation, ne efchauffement du facre Pantagruelion. » 242. « Vous auez remede trouué infinable contre toutes *alterations?* » 253. « Hefpaigne... Arragon, feront bien fubiectz à foubdaines *alterations...* » III, 246.

ALTERCATION. « L'*altercation* feut grande. » II, 179.

ALTERE. Voir *Artere.*

ALTERE. Haltere. « ... on luy auoit faict deux grosses salmones de plomb... lesquelles il nommoit *alteres.* » I, 91.

ALTERER. « ... sans vous mouuoir, courroucer, eschaufer, ny *alterer.* » I, 36. « Aussi eust il esté bien forissu du Deificque manoir de raison, si aultrement se feust contristé ou *alteré.* « II, 21. « ... sans plus vous fascher ne *alterer.* » 259. « Vray est que ceste vague decumane... m'a vn peu l'artere, *alteré.* » 352. « Craignant *alterer* vos paternitez. » III, 4. Voir *Ahan, Alateré.*

ALTERNATIF. « ... Pompeie Plautine auec sa robbe toute couuerte d'Emeraudes & marguerites, en tissure *alternatiue.* » III, 161.

ALTERNATION. « Entre les elemens ne sera symbolisation, *alternation,* ne transmutation aulcune. » II, 28.

ALTERNATIVEMENT. « Esmeraul-des, Turquoises, Vnions, *alternatiuement* enchassez. » II, 284.

ALUM. *Alum de plume,* ainsi nommé parce qu'il se trouve en fibres blanches et soyeuses. « Icy ne me alleguez l'*alum de plume,* ne la tour... laquelle L. Sylla ne peut oncque faire brusler, pour ce que Archelaus... l'auoit toute enduicte d'*alum.* » II, 242. Voir *Acresté.*

ALUMNE *(Alumnus).* « Ie attendz en grant deuotion des racines de la nardus celtica & de l'anthora... pour... les faire *alumnes* & citoyennes en nostre iardin de ceste ville. » *(Lettres* de PELISSIER à Rabelais). IV, 399.

ALUNER. « *Aluner* le papier. » I, 272.

ALYSSUM ("Αλυσσον, qui guérit de la rage). Alysson. « Aultres (plantes) sont nommées par leurs vertus... comme... *Alyssum...* » II, 232.

AMADEAN. Moines d'une communauté fondée par Amédée de Savoie. « ... moines, Iacobins... *Amadeans...* » II, 335.

AMADOUER. « ... le tournoit (Diogene, son tonneau)... *amadouoit...* » II, 8.

AMASSER. Ramasser. « Ne nous hastons pas, & *amassons* bien tout. » I, 23. « Tous choisissoient celle (la coingnée) qui estoit d'Or, & l'*amassoient...* » II, 267. « Par moymesmes... seroit le bois sec *amassé,* & le feu allumé, pour en icelluy me brusler. » II, 250.

AMATEUR. « ... tous furent *amateurs* de puree Septembrale. » I, 221. « ... seulement le bruyt d'icelle (science et sapiencé) ... s'il est receu es aureilles des studieux & *amateurs* d'icelle... ne les laisse dormir ny reposer à leur aise... ie veulx estre dict studieux, & *amateur,* non seulement des lettres, mais aussi des gens lettrez. » 306-307. « Ie vous ay de longtemps congneu *amateur* de peregrinité... » II, 218. « ... gens studieux, *amateurs* de peregrinité... » 307. « Pythagoras premier *amateur* de sapience, c'est en Grec Philosophe. » III, 53.

AMBAGE. Détour, au propre et au figuré. « ... descendent es genitoires en longs *ambages* & flexuositez. » II, 34. « Sans exception ne *ambages.* » 133 « ... les espritz vitaulx affinoient en longs *ambages,* pour estre faictz animaulx. » 153. « La response vous sera promptement expousee, non par longs *ambages* & discours de parolles... » 494.

AMBALLEUR. « ... Crocheteurs, *Amballeurs...* » III, 243.

AMBASSADEUR. « L'orifice du ſtomach, commun *ambaſſadeur* pour l'auitaillement de tous membres. III, 84.

AMBE. Avec, en gascon. « Sey degun de bous aulx, qui boille truquar *ambe* iou?... » II, 201 et IV, 260.

AMBEZAS, AMBEZARS. Double as. « ... ſi le dez ne vous veult aultrement *ambezars*. » I, 276. « ... les plus grands beſſons & accouplez il nommoit senes, les plus petits *Ambezas*... iettans deux dez ſur table... ils s'eſcrient Senes, mon amy, c'eſt le grand diable : *Ambezas* mon mignon, c'eſt le petit diable... » III, 41-42.

AMBIGU *(Ambiguus)*. Qui présente deux sens. « ... matieres de ſoy *ambigues*, intrinquées, perplexes, & obſcures. « II, 206. « ... il trouua l'affaire tant *ambigu* qu'il ne ſcauoit en quelle partie incliner... » 207. « ... ne vous faſchez ſi ſa reſponſe a eſté quelque peu *ambigue*... » III, 360.

AMBITIEUSEMENT. Ceſte ſacree amitié tant a emply ce ciel, que peu de gens ſont auiourd'huy... qui ne ayent *ambitieuſement* aſpiré eſtre receuz en icelle.., » I, 117.

AMBLE. « ... cheuauchoyt pour ſa monture vn gros canon peuier : c'eſt vne beſte de beau et ioyeux *amble*. » I, 225. « Par les *ambles* de mon mulet. » II, 150. *Aller les ambles*. Voir *Aller*.

AMBOUCHOUOIR. « L'*ambouchouoir* des maiſtres en ars. » I, 248.

AMBROSIE. « ... ne penſez que la beatitude des Heroes... ſoit en leur Aſphodele ou *Ambroſie*... » I, 55. « ... alimenté de *Ambroſie* & Nectar diuin... » II, 121. « ... tu diroys proprement que ce feuſt *Ambroſie* Stygiale. » 507. « ... la dame ne mangea rien, fors celeſte *ambroſie*. » III, 85. « *Ambroſie*. viande des Dieux. » 206.

AMBRUN. Charpente. « Pantagruel d'icelluy voulut eſtre faictz tous les huys... & l'*ambrun* de Theleme... » II, 244.

AMBULANT. «... l'*ambulante* curie.» III, 276.

AME. « ... les ſiſt tous là bruſler comme *ames* dannees. » I, 339. « ... le grand Diole en attendroit l'*ame* damnée à la porte. » II, 51. « Son *ame* s'en va à trente mille panerées de Diables. » II, 110-111. « Par mon *ame*. » 181 et 454. « Reſte il icy.... vlle *ame* moutonniere? » 297. « *Ame moutonniere*. mouton viuant & animé. » III, 198. « Par l'*ame* de ma braguette eſchauffee. » 211.

AMÉ. « ... par nature ilz ſont ioyeux, candides, gratieux & bien *amez*. » I, 42. « Noſtre *amé*. » II, 344, 350, 354.

AMENDER. S'améliorer. « Beuuez du meilleur, attendans que l'autre *amendera*. » III, 252.

AMENER. Tirer à soi. « ... *amenerent* le Phyſetere. » II, 393.

AMENITÉ. « ... ſainct Maur... paradis de ſalubrité, *amenité*... » II, 251. « .,. tes dicts d'excelſe *amenité*. » III, 275.

AMERINE. « ... *Amerine*, Saule, Cheneué... » II, 151.

AMETHISTIZANT. Se rapprochant de l'améthyste. « ... Rubis... *Amethiſtizant*, de maniere que ſa flamme & lueur finiſſoit en pourpre & violet, comme eſt l'Amethiſte. » III, 159.

AMETHYSTE. « En icelle eſtoient quatre boucles... & eſtoient toutes de pierres bien precieuſes :

L'vne d'*Amethyste,* l'autre de Carboucle Lybien, la tierce d'Opalle, la quarte d'Authracite. » III, 153.

Ami, Amie. « Et *amis* comme par auant. » I, 122. « ... & *amis* comme deuant sans despens, & pour cause. » 281. « ... *m'amie, m'amye.* » I, 21, 38, II, 318. « ... *s'amie.* » II, 39. « ... *s'amie* Hero. » 131. « ... pour l'amour de *s'amye.* » 263.

Amiable. « ... bons & *amiables* voisins. » I, 102. « ... celles (les salades) de Legugé me semblent... quelque peu plus doulces & *amiables* à l'estomach... » III, 360.

Amiablement. « ... par plusieurs foys ay enuoyé *amiablement* deuers luy... » I, 113. « ... il le traicta courtoisement, *amiablement...* » 183. « Plus *amiablement* l'appelloient, plus rudement s'escarmouchoit-il... » III, 32.

Amicabilissime. Très aimable. « ... meritricules *amicabilissimes.* » I, 242.

Amicissime. Très ami. « Epistre du Lymosin... Enuoyée à vn sien *amicissime.* » III, 275.

Amict. « ... comme les presbtres mettent leur *amict* quand ilz voulent messe chanter. » II, 87.

Ammobates. Reptiles. « Alhartafz, *Ammobates.* » II, 498.

Ammoniac. « ... sel *Ammoniac.* » I, 332, III, 68.

Amnestie (Ἀμνηστία). « ... oubliance sempiternelle de toutes offenses præcedentes, comme estoit la *Amnestie* des Atheniens... » II, 18.

Amodéré. Modéré. « ... cinquante mille escuz Bourdeloys, *amoderez* à la douzieme partie d'vne Pithe. » II, 242.

Amodier. Réduire. « ... n'y espargneray du mien pour contemperer & *amodier* les conditions controuerses entre les deux parties. » II, 394.

Amollir. Au figuré : « ... *amollir* la cholere. » I, 120.

Amomon. « ... fines drogues, comme Baulme, Ambre gris, *Amomon...* » I, 3.

Amont. « ... tyroit... d'*amont* en val. » I, 91.

Amorabond *(Amorabundus).* Porté à l'amour. « ... comme verisimiles *amorabonds.* » I, 241.

Amorti, Amorty. Terminé, diminué, adouci. « A chacun angle estoit erigé vn tourrion... desquelz les trois estoient proiettez au dehors, le quatrieme estoit *amorti* en l'angle de la muraille du chasteau. » III, 397. — Racheté, éteint. « Pour la fondation & entretenement d'icelle donna à perpetuité vingt troys cent soixante neuf mille cinq cens quatorze nobles à la rose de rente fonciere, indemnez, *amortyz...* » I, 192.

Amour. Féminin. « ... bonne & syncere *amour.* » II, 279. « ... attendu la bonne *amour* que luy portez. » III, 344.

Faire l'amour. Au figuré. « ... ie voy que l'vn de vos gens *fait l'amour* à ceste bouteille... » III, 212. Voir *Aiguillon.*

Amourette. « ... furt... signifie le doulx fruict de *amourettes.* » II, 92. « Theophraste... interrogé... quelle chose il pensoit estre *Amourettes?* respondit que c'estoient passions des espritz ocieux. » 152.

Amoureusement. « ... bailla son... bonnet... à vne des filles : laquelle le posa sus son beau chef... apres l'auoir *amoureusement* baisé. » II, 459.

Amoureux. « ... ces dolens contemplatifz *amoureux* de Karefme, lefquelz poinct à la chair ne touchent. » I, 321.

AMOUSTILLÉ. Accoutumé au *moust,* au vin nouveau. Jeu de mots sur *émoustillé.* « Vous n'eftez encores ceans *amouftillez?* » I, 150.

AMPHIBIE. « ... les animaux *amphibies.* » III, 284.

AMPHIBOLOGIE. « ... *amphibologies,* equiuocques, & obfcuritez en des motz. » II, 95.

AMPHICYRCE (Ἀμφίκυρτος. Arrondi aux trois quarts, en parlant du disque de la lune.) « ... felon l'energie, faculté & vertu des quartiers qu'ilz auront en leurs caboches, croiffans, initians, *amphicyrces,* brifans, & definens. » III, 192.

AMPHISBENE (Ἀμφίσβαινα). Serpent qui semble avoir deux têtes. « Afpicz, *Amphisbenes.* » II, 498.

AMPHITHEATRE. « ... au chemin fift... l'*amphitheatre* de Nimes. » I, 239.

AMPLE. « ... vne *ample* foreft... » I, 63. « ... gualeries longues & *amples.* » 199. « ... vn grand & *ample* Chaftaignier... » II, 86. « ... vne *ample* piece de tapifferie veloutee. » III, 87.

AMPLEMENT. « Tunftal Angloys, qui en auoit *amplement* efcript. » I, 88. « Ie vous efcriuy... bien *amplement.* » III, 340.

AMPLIATION. « ... fignifians... par A *ampliation :* fcauoir eft, quand le cas n'eftoit encores liquidé. » II, 365.

AMPLITUDE. « ... de telle *amplitude* & grandeur... » III, 85. « ... grandeur, *amplitude* & couleur. » 118. « ... proportion geometrique *amplitude* & diftance... » 158.

AMURE. Cordage attaché au coin inférieur d'une voile. « Hau *amure, amure* bas. » II, 344. « *Amure* babord. » 349.

AMUSER. Occuper, retarder, s'attarder. « ... toute la ville brufle. & nous *amufons* icy. » I, 287. « Vends luy fi tu veulx : fi tu ne veulx, ne l'*amufe* plus. » II, 294. « ... foy *amufant* à l'efcart de la compagnie pour nouer vn cordon de fa botine, » III, 402.

AMYGDALE. « Les *amygdales,* comme lunettes à vn œil. » II, 375.

AN. « *Lan* perpetuel. » III, 229.

ANACAMPSEROTE (Ἀνακάμψερως. De Ἀνακάμπτω, faire retourner et ἔρως, amour). Sedum ou vermiculaire, plante employée dans les philtres. « ... repaiffons, di-ie, & taftons de ces *anacampferotes.* » III, 125.

ANACHITE (*Anachites*). Nom donné au diamant. « Diamant *Anachite.* » III. 159.

ANAGNOSTE. (Ἀναγνώστης). « ...aiant par la voix & pronunciation du plus docte & fidele *Anagnofte* de ce royaulme ouy & entendu lecture diftincte d'iceulx liures miens... » II, 250. « *Anagnofte.* lecteur. » III, 195.

ANALOGIE. « Si demandez comment par couleur blanche nature nous induict entendre ioye & lieffe : ie vous refponds, que l'*analogie* & conformité eft telle. » I, 42.

ANATHEMATISATION. « ... forces feffions... fouettements, *anathematifations.* III, 117.

ANATHEMATIZER. « ... doibt... les profcrire, les *anathematizer.* » II, 446.

ANATOMIE. Dissection. « ... par frequentes *anatomies* acquiers toy parfaicte cougnoiffance de... l'homme. » I, 256. « ... faire *anatomie.* » II, 393.

ANATOMISER, ANATOMIZER. « Comment par Xenomanes eft *anato-*

misé & descript Quaresmeprenant. » II, 374. « *Anatomizer* la cerueIle. » 504.

Ancholie, Ancolye. Plante, tristesse, melancolie. « Le soucil, & l'*ancholie* croistront plus que de coustume, auecques abondance de poires d'*angoisse.* » III, 240, et IV, 355. « L'Espoir certain... De ton retour... Nous a tenu iusques ore en soulcy Assez sacheulx, & tresgriesue *ancolye.* » 299.

Ancien. Passé. « ... mon amy *ancien. Ancien* dis ie, car de præsent ie suys nul, vous estes nul. Il me fasche le vous dire. » II, 342.

Ancienneté (d'). Autrefois. « ... *d'ancienneté* les pays n'estoyent distinctz par lieues... » I, 330.

Ancile *(Ancile).* « Le tranchant bouclier dict *Ancile.* » II, 441.

Ancre. « ... sa belle & magnificque braguette, en laquelle il souloit comme en l'*ancre* sacre constituer son dernier refuge... » II, 41. A l'*ancre.* Voir p. 2, col. 2.

Andoille, Andouille. « ... desia commençoyt exercer sa braguette... L'vne la nommoit ma petite dille, l'autre... ma petite *andoille* vermeille. » I, 46. « Comment *Andouilles* ne sont à mespriser entre les humains. » II, 404. « Comment Pantagruel rompit les *Andouilles* aux genoulx. » 413.

Andouillicque. « Le serpens qui tenta Eve estoit *andouillicque.* » II, 404. « Mellusine... en bas estoit andouille serpentine ou bien serpent *andouillicque.* » 405.

Androgyne. « ... vn *Androgyne* de diable. » III, 215.

Anéantir. « ... moyen de *aneantir* la gresle, supprimer les vens... » II, 486.

Anemone. « En leurs iardins ne sement que les troys especes de *Anemone.* » II, 419.

Anemophylace (de Ἄνεμος, vent et φύλαξ, gardien). « ... crocheté tout ce que iamais penserent tous les Astrophiles, Hypernephelistes, *Anemophylaces...* » III, 232.

Anerudutes. Reptiles. II, 498.

Aneth. « Puis me torchay de Saulge... de *Aneth...* » I, 52. « ... roses, œilletz, mariolaine, *aneth,* aurande, & aultres fleurs odorantes. » II, 448.

Angarie, Anguarie. Service obligatoire de transports, corvée. « ... soulaigement des *angaries.* » II, 17. « ... cessation de guerres, pilleries, *anguaries...* » 449.

Angarier. Imposer une corvée. Voir *Angarie.* « ... les peuples pillant, forçant, *angariant,* ruinant, mal vexant... » II, 17.

Ange. « ... Pantagruel feit d'vn *ange* deux, qui est accident opposite au conseil de Charles Maigne, lequel feist d'vn diable deux, quand il transporta les Saxons en Flandre & les Flamens en Saxe. » II, 19. « ... peut estre que celluy home estoit *ange,* c'est à dire messagier de Dieu enuoyé. » 84. « Il m'a cité en *Ange,* & daubbé en Diable. » 325. « ... Dieux tutelaires, lesquelz noz Theologiens appellent *Anges* gardians. » III, 394.

Eau d'ange. « Iceulx (les parfumeurs) fournissoient... les chambres des dames, d'eau rose, d'eau de naphe, & d'*eau d'ange...* » I, 200. « ... par diuers canaux sortoit *eaue d'Ange,* eaue de naphe, & eaue Rose. » III, 412.

Angelicquement. « ... vous n'auez mie veu cestes cy (les decretales) *angelicquement* escriptes. » II, 442.

ANGELOT. « ... trop mieulx resembloit quelque petit *angelot* qu'vn homme. » I, 60. — Monnaie. « ... cinquante beaulx *angelotz.* » II, 122, et IV, 245. « ... deux mille beaulx *Angelotz* pour les ames des trespassez. » 335. « ... ces vieulx doubles ducatz, nobles à la rose, *angelotz*... retourneront en vsance... » III, 245. « ... quelque... piece de vieil or comme Royau *Angelot* ou Salut, etc. » 359.

ANGENART. Jeu. « ... A *angenart.* » I, 82.

ANGINE. « ... la male *angine.* » II, 235.

ANGLE. Voir *Acut.*

ANGLET. Petit angle. « ... l'*anglet* de l'œil gauche. » I, 315.

ANGLICQUEMENT. « ... soy baffiner *anglicquement.* » I, 272.

ANGOISSE (POIRE D'). Voir *Ancholie.*

ANGONNAGE, ANGUONNAGE. « ... que le cancre te puisse venir aux moustaches, & troys razes de *anguonnages*... » II, 347. « *Trois razes d'angonnages.* Tuscan. Trois demis aulnes de bosses chancreuses. » III, 200.

ANGUILLADE. « Le patissier luy bailla l'*anguillade* si bien que sa peau n'eust rien vallu à faire cornemuses. » I, 368. « ... ie le renuoyerois bien d'où il est venu à grands coups d'*anguillade.* » III, 216. « Les petites *anguillades* à la saulse de ners bouins ne seront pas espargnées sur voz espaules. » 233.

ANGUILLE. *Anguilles de boys.* « Serpens, id est, *Anguilles de boys.* » II, 482. On dit encore, dans quelques provinces : « Anguilles de buissons. » — *Anguilles de Melun.* « ... vous semblez les *anguillez de Melun,* vous criez dauant qu'on vous escorche. » I, 176. « ... ne crioient lesdictes *Anguilles* auant que d'estre escorchees, comme font celles de Melun. » III, 81.

ANGUILLETTE. « ... sept chameaulx chargez d'*anguillettes.* » I, 229. « S'il mouchoit, c'estoient *Anguillettes* sallees. » II, 381. « Saulmons sallez. *Anguillettes* sallees. » 480.

ANGULAIRE. « ... figure *angulaire.* » III, 158.

ANGUSTIE (*Angustia*). « ... il se conchioit de *angustie.* » I, 316. « ... l'exces de vostre paternelle affection me range en ceste *angustie* & necessité, qu'il me conuiendra viure & mourir ingrat. » II, 282.

ANIHILER. Annihiler. « Cil qui iadis *anihila.* Carthage. » I, 14.

ANIMAL. « Nature leurs a (aux femmes) dedans le corps posé en lieu secret & intestin vn *animal*... cestuy terrible *animal* a colliguance à toutes les parties principales du corps... Ie le nomme *animal*... Car si... tout ce qui de soy se meut, est dict *animal :* à bon droict Platon le nomme *animal,* recongnoissant en luy mouuemens propres de suffocation... » II, 157-158. « Les chemins y sont *animaux,* si vraye est la sentence d'Aristoteles, disant argument inuincible d'vn animant, si se meut de soy-mesme. Car les chemins cheminent comme *animaux.* » III, 99.

Espritz animaulx. II, 23, 34, 69, 153, 252, 376.

ANIMANT. « ... nature... crea l'home nud... comme *animant,* non plante. » II, 46. « ... en grande fournaise elle (la salamandre) est comme tout aultre *animant,* suffoquée, & consumée. » 242. « ... le dict (le mouton) Aristoteles... estre le plus ſot & inepte *animant* du monde. » 296. « Le ſerpens qui tenta Eue... eſtoit fin & cauteleux ſus tous aultres *animans.* » 404. « ... deux eſpeces de *animans,* Aſnes & Iumens. » 485. « ... le Lion *animant* de ſi grande force & conſtance. » 490. « ... humain *animant.* » III, 49. Voir *Animal.*

Anime *(Anima).* Ame. « Voulant ſaper plus que l'*anime* vale. » III, 280. Voir *Abſterger.*

Anneau. « ... faiz... que continuellement tu ayez l'*anneau* de ta femme on doigt. » 142. « ... vn *anneau* de peſcheur. » 380, et IV, 287.

Année. *Grande année,* grande récolte, grande abondance. « ... fut grande *annee* de quaquerolles. » I, 273. « ... bonne *année* de Cacqueroles, & Hanetons de requeſte. » II, 20. « ... ſi... ma femme me faiſoit coqu, comme vous ſçauez qu'il en eſt grande *année.* » 50. « Ce feut l'*annee* des couilles molles. » 260. « Il ſera grande *année* de caquerolles. » III, 240.

Annexe. « ... les termes, frontieres, & *annexes* des royaulmes conuient en paix... guarder & regir... » II, 18.

Anniversaire. « ... ceſte année ne ſe y fonderont pas beaucoup de *anniuerſaires.* » III, 246.

Annuel. « ... *annuelle* calamité. » II, 423.

Annuellement. « ... vn geant... *annuellement*... icy ſe tranſporte. » II, 423.

Anomal (ἀνώμαλος). Irrégulier. « ... vne brigue plus *anomale* que celle du Recteur de Paris. » II, 28. « ... en ma braguette i'ay aultres foys congneu certaine energie encores plus *anomale.* » 135. « Ie ne vouldrois penſer... tant *anomale* eſtre l'iniquité... de ceulx... » 209. « ... ſe ſeront ceſte annee plus de xxvij. verbes *anomaulx.* » III, 237.

Anonchaly. « C(ouillon) *anonchaly.* » II, 140.

Anse. « Ainſi voyons nous... les... Pædagoges esbranler les teſtes de leurs diſciples (comme on faict vn pot par les *anſes)* par vellication & erection des aureilles. » II, 213.

Ansee. « La viz du preſſouër s'appelloit recepte... les *anſees,* rooles... » III, 214.

Anserin *(Anserinus)* D'oie. « ... vn lict à triple couche de plume *anſerine.* » I, 74.

Antan. L'année d'avant. « Plus y aurez, que n'y euſtes *antan.* » I, 13. « ... neiges d'*antan.* » 286, et IV, 199; II, 382; III, 220. « ... voicy pis que *antan*... qu'*antan.* » II, 345, 387.

Antartique. « ... pole *Antartique.* » III, 161.

Ante. Tante. « ... il veult vanger la mort de ſon *ante.* » III, 365.

Anté. Enté. « Le nez, comme vn brodequin *anté* en eſcuſſon. » II, 379.

Antécédent, Antécédente. « ... dont procedoit la folie *antecedente,* dont procede la ſageſſe ſubſequente? » III, 4.

Ante cibum. Avant la nourriture, avant le repas. Dans le passage suivant il y a un jeu de mots : « ... la Royne print en guiſe de pillules qui *ſentent ſi bon,* ie dis *ante cibum.* » III, 217.

Antennes, Antemnes. Vergues des voiles latines. « ... feiſt... de toutes les *antemnes* ne reſter que les grizelles & couſtieres. » II, 336. « ... leur remonſtrant, qu'il auoit veu Caſtor ſus le bout des *antennes.* » III, 66.

Anteriorité. « ... vne grammaire hiſtorique & metheorique, contendantes de leur *anteriorité* & posteriorité. » III, 284.

Anthracite. Voir *Amethyste*.

Anthropomantie. Divination par l'inspection des entrailles de l'homme. « Par *Anthropomantie*, de laquelle vsa Heliogabalus... » II, 126.

Antibust. Le haut du corps. « Le Ventre... ceinct à l'*antibust*. » II, 378.

Antichrist *(Antichristus)*. Antechrist. « A trente Diables soit le coqu... enchanteur de l'*Antichrist*. » II, 127. « L'*Antichrist* est desia né... » 131.

Anticipatoire. « ... compulsoires, declinatoires, *anticipatoires*... » II, 188.

Anticiper. Prendre les devants. « La vieille *anticipa*. » II, 88. « ... *anticipant* dauant le front de leur bataillon. » II, 413. « Les aurees *anticipent*, & d'elles est creé vne Royne nouuelle. » III, 94.

Antichthone (Ἀντίχθων). Antipode. « ... sommes en terre *Antichthone* & Antipode. » III, 108.

Antidaté. « C(ouillon) *antidaté*. » II, 139.

Antidote. « ... il escorchoit vn Renard pour *antidote* & contrepoison. » II, 424. « ... nous inuitoit par ces *antidotes*... mettre en oubly... les fatigues... » III, 29.

Antidoté. « Les Fanfreluches *antidotées*... » I, 12. « ... bien *antidoté* l'estomac de coudignac de four... » 68. « tresbien *antidoté* son alaine. » 79. « bien *antidoté* de pampre. » 150. « ... ilz estoient tresbien *antidotez* le cueur. » 381.

Antifortunal. « Leur boire estoit vn *antifortunal*, ainsi appelloient-ils ne scay quel bruuage du pays. » III, 106.

Antinomie. « ... *antinomies* & contrarietez des loix... » II, 208.

Antiperistasie (Ἀντιπερίστασις). Changement en sens contraire. « ... vne doulce *antiperistasie*. » III, 284.

Antiphone. « ... ils fredonnoient.., ne sçay quelles *antiphones*. » III, 105. « ... le tout faisoient auec *antiphones* competentes & à propos. » 107.

Antiphrase. « ... peu de chose me retient que ie... croye que guerre soit en Latin dicte belle, non par *antiphrase*. » II, 9. « Les aultres (herbes) ont leur nom par *Antiphrase* & contrariété. » 232.

Antipode. « Ie croy que c'est langaige des *Antipodes*. » II, 260. Voir *Antichthone*.

Antiquaille. « ... par reuerence de l'*antiquaille*. » I, 11. « ... vne belle corne d'abondance telle que voyez es *antiquailles*. » 32. « ... grandes pieces de bœuf sallé, iambons de *antiquailles*... » III, 85.

Antiquaille, *Anticaille* est souvent employé soit au propre soit figurément comme nom de danse : « ... me sonnant l'*antiquaille*. » I, 274. « Voicy maistre Iean Ieudy, qui vous sonneroit vne *antiquaille*. » 322. « Touche luy l'*anticaille*. » III, 224.

Antiquaire. « ... chose rare & *antiquaire*. » II, 26. « C(ouillon) *antiquaire*. » 128. « ... lanterne *antiquaire*. » 270. « ... lettres latines *antiquaires*. » III, 143.

Antique. « ... mon *antique* amy. » II, 118. « ... bons & *antiques* autheurs. » 121. Bridoye ... lequel est de mon *antique* congnoissance. » 145. « ... nos *antiques* amys. » 167. « ... voisins & *antiques* amis. » 223. « Enquoy congnoissez vous la folie *antique?* Enquoy congnoiſſez vous la ſageſſe preſente?» III, 4. — Substantivement: «... grands vaſes d'*antique.*» I, 188. «... deux beaulx arceaux d'*antique...*» 193, et IV, 149. «... beaulx ars d'*antique.*» 199. «Strabo, & tant d'autres *antiques...*» III, 126. «... ainſi ne faiſoient les *antiques.*» 252. *A l'antique.* Voir p. 3, col. 1.

ANTIQUEMENT. «... os... duquel... l'on iouoyt *antiquement* au Royal ieu des tales...» II, 293.

ANTIQUITÉ. «... tous ſe rangerent comme en bataille, chaſcun par ſon office, degré, & *antiquité.*» II, 476.

ANTISTROPHE. (Ἀντιστροφή). Renversement. «... il diſoit qu'il n'y auoit q'vn *antiſtrophe* entre femme ſolle à la meſſe, & femme molle à la feſſe.» I, 298.

ANTITHÈSE. «... à ſon diſner rien ne mangeoit, fors quelques Cathegories... *Antitheſes...*» III, 74.

ANTONOMATIC, ANTONOMATICQUE. Qui est de la nature de l'antonomase, qui substitue un nom commun à un nom propre et réciproquement. «... tout l'*Antonomatic* matagraboliſme de l'ecliſe Romaine.» II, 109. «... ſ(ol) *antonomaticque.*» 183.

ANTRANIUM. «... plus leurs eſt... ennemy, (l'usage du Pantagruelion aux larrons) que ne eſt *Antranium* aux Febues.» II, 234.

ANXIÉTÉ. «... diſent les Talmudiſtes... par ſort eſtre en *anxieté* & doubte, des humains manifeſtée la volunté diuine.» II, 209. «... pour de telle *anxieté* vuider mon entendement.» 279. «... ie ne fuſſe de préſent en telle neceſſité & *anxieté.*» III, 390.

AORIST. «Il eſt, dit Epiſtemon, *Aoriſt* yſſu de preterit tres-imparfaict des Grecs & des Latins.» III, 12.

AORNER. Orner. «... langaige tant *aorné* & bien latin.» I, 60. «... failloit il qu'en ſa ruine elle (ta maiſon) tombaſt ſuz les atres de celluy qui l'auoit *aornee?*» 118. «... gualeries... *aornees* de pinctures.» 199. «... il n'y a liures tant beaulx, tant *aornez...* comme ſont les textes des Pandectes.» 240. «... entre les dons, graces... deſquelles... Dieu... a endouayré & *aorné* l'humaine nature...» 252. «... les loix ſont... redigees en Latin le plus elegant & *aorné* qui ſoit...» 268. «... ſeps de vignes, *aornez* de raiſins...» III, 133.

APARAT. «On a commencé en cette ville gros *aparat*, pour le receuoir.» III, 354.

APATHIE. «Sans ſentement, & comme en *Apathie.*» II, 2.

APELLER. Voir *Appeler*.

APENNAGE, APENNAIGE. «Coquage eſt naturellement des *apennages* de mariage.» II, 156. «... Pain auecques ſes *apennaiges,* luy a eſté (à Gaſter) pour prouiſion adiugé...» 484.

APERT. *(Apertus)*. Découvert, ouvert. «... reſolution *aperte.*» II, 118. «... entendiſme vn ſon... comme de loin venant... En quoy plus nous ſembloit delectable, que ſi *apert* euſt eſté.» III, 162.

APERTEMENT, APPERTEMENT. «... veoir... *apertement.*» I, 209. «... voyons *apertement...*» II, 45. «... comme *apertement* il dict...» 65. «Ceſtuy poinct eſt *apertement* expoſé.» 73. «La prophetie de la Sibylle *apertement* expoſe ce que ia nous eſtoit denoté...» 90. «... diſant *aper-*

tement à ceulx qui de luy prenoient aduis... » 110. « ... ilz ne me satisfont poinct *apertement.* » 120. « ... *apertement* prædire... » 121. « I'auois ia prædict *apertement* que tu serois coqu... » 123. « Tu la voyras... aussi *apertement...* » 125. « ... tu m'as *apertement* dissolu toute craincte... » 133-134. « ... Dieu... nous les a reuelez (ses tres saincts plaisirs)... & *apertement* descriptz par les sacres bibles. » 148. « ... pour plus *apertement* les veoir... » 154. « ... viuement, *apertement*, detestablement remonstrant comment leurs mariz estoient d'elles ialous. » 165. « Le sainct Enuoyé... me semble l'auoir plus *apertement* declairé. » 170-171. « Plus encores *apertement* l'ont dict... » 187. « ... feust du monde *apertement* sa meschanceté congneue. » 210. « Les aultres oracles... n'auoient encores *apertement* exprimé, par qui seroit vostre femme adultere... » 215. « Pindarus *apertement* dict... » 366. « ... Il auoit veu *apertement...* » 452. « ... maintenir *Appertement.* » III, 301.

Apertise. Dextérité, évidence. « ... *apertises* d'armes. » II, 407.

Aphorisme. « ... vn pour lors tenoit vne Mappemonde, & la leur exposoit sommairement par petites *aphorismes.* » III, 126.

Apimaos. Reptiles. II, 498.

Aplane (Ἀπλανής). « ... firmament dict *Aplane.* » I, 220.

Apocalipse. Voir aux *noms propres,* La Palisse.

Apocalypticque. « ... secret *apocalypticque.* » II, 459.

Apoiltronner. « ... n'auoir femme, est ne soy *apoiltronner* autour d'elle. » II, 171.

Apoinctation. « ... soubs luy en vn an ilz n'auoient tant vendu de vin d'*apoinctation,* (ainsi nommoient ilz le bon vin de Legugé) comme ilz faisoient soubz son pere en demie heure. » II, 196.

Apoinctement, Appoinctement. Accommodement. « ... conseilloit par fortes parolles qu'on feist *apoinctement* auecques Grandgousier. » I, 174. « ... fins de non proceder, *apoinctemens.* » II, 188. « ... estoit presque tous les iours de banquet... pour faire quelque *apoinctement...* » 195. « Manquoit seulement quelqu'vn ... qui premier parlast d'*apoinctement.* » 197. « Telle estoit l'vsance des nobles Gargantua & Pantagruel, quand sçauoir promptement vouloient nouuelles... l'*appoinctement* de quelques differens de importance... » 278. « ... ne feut entre eulx l'*apoinctement* conclud. » 395. « ... il cherche fort la Paix & *appoinctemens* par toute la Chrestienté. » III, 367.

— Récompense, émolument. « ... promist double paye & notable *appoinctement.* » II, 431.

Apoincter, Appoincter. Accommoder. « Cestuy home de bien *apoinctoit* plus de procés, qu'il n'en estoit vuidé en tout le palais de Poictiers. » II, 194. « ... il se ingeroit d'*apoincter* les parties. » 195. « ... feut *appoincté* tout leur different. » 288. « Ie n'ay encores sceu comment il a *appoincté* touchant l'inuestitude & recongnoissance de ses terres. » III, 345.

— Garnir de pointes, tailler en pointe. « ... pigne... *appoincté* de grandes dents de Elephans. » I, 138. « Encores est il allé ches le mareschal soy faire esguizer & *apoincter* les gryphes. » II, 434. « Gymnaste *apoinctoit* des curedens de Lentisce. » 492.

Apoincteur. « ... se nommoit en

ſes tiltres, L'*apoinƈteur* des procés. » II, 195.

Apollin. D'Apollon. « ... par *Apolline* inſpiration. » II, 105.

Apologue, Apoloigue, Apologe. « ... Æſope en ſon *Apologue*. » II, 29-30. « ... Æſope en ſes *Apologes*. » 81. « *Apologues* antiques. » 383. « Eſope m'en auoit bien aduerty par vn ſien *apoloigue*. » III, 32.

Apophthegme. « ... iamais homme noble ne hayſt le bon vin : c'eſt vn *apophthegme* monachal. » I, 105.

Apoplexie. « *Apoplexie*, & vraye reſemblance de mort. » II, 158.

Apopompæus. (Ἀποπομπαῖος.) Qui conjure les fléaux. « Alexicacos... deſtournant le mal. C'eſt vn des ſurnoms de Hercules... En meſmes effeƈt eſt diƈt *Apopompæus*, & Apotropæus. » III, 195.

Aporrheticque. « Pyrrhoniens, *Aporrheticques*, ſcepticques, & Epheƈtiques. » II, 175.

Aposteme. « ... quand on perſe vn *apoſteme* auant qu'il ſoit meur... » II, 192.

Apostole. Compagnon, par allusion aux apôtres. « Laiſſons icy Pantagruel auecques ſes *apoſtoles*. » I, 351. — *Apoſtoles*, lettres d'appel, nommées en français *Apostoles* ou *Apostres*, et en latin *Apostoli*. « ... *apoſtoles*, letres royaulx... » II, 188.

Apothecaire, Apoticaire. « ... bouticques des *apothecaires*. » I, 3. « ... drogueurs, herbiers & *apothecaires*. » 95. « Il (le Diable) ſouppe tresbien de marchans vſuriers, *apothecaires*... » II, 432. « ... François Cornu *apothecaire*. » 451. « ... iournellement vous failloit au cul fourrer vn *apothecaire*, je diz vn clyſtere. » 508. « ... me fut dit, que l'vne eſtoit le grand, l'autre le petit luminaire des *apoticaires*. » III, 131.

Apothecque. (Ἀποθήκη). Réserve. « Il fault... que le pereſamiles ſoit vendeur perpetuel. Par ce moyen eſt impoſſible qu'en ſin riche ne deuieigne, ſi touſiours dure l'*apothecque*. » II, 22.

Apotherapic. (De Ἀποθεραπεία). Régime propre à rendre ou à entretenir la force. « ... par maniere de *Apotherapic* s'esbatoient à boteler du foin. » I, 94.

Apotropæus. Voir *Apopompæus*.

Apotrophé. (Ἀπότροπος). Qui détourne les maux, tutélaire. « ... parolles *apotrophees* & expiatoires. » III, 21.

Apoyé. Appuyé. « On luy mettoit vne groſſe perche *apoyee* à deux arbres. » I, 91.

Appaiser. S'appaiser. « ... *appaiſa* la douleur. » I, 143.

Appareil. « ... vn haubert, vn hault *appareil* aſſeré, vne haſche. » I, 345. *A haut appareil*. Voir p. 4, col. 1.

Apparence. « Pourquoy ne le croyriez vous ? Pource (diƈtez vous) quil ny a nulle *apparence* ... foy eſt argument des choſes de nulle *apparence*. » Variante. IV, 84. « Il y a de l'*apparence*. » II, 172. « Il y a... de l'*apparence* en ce que diƈtez. » 362.

Apparent. Visible. « ... lettres non *apparentes*. » I, 11. — Qui a de l'apparence, spécieux. « La demande eſt bien faiƈte ſans doubte & bien *apparente*. » I, 224.

Appariteur. « ... les ſerſs, varletz, & *appariteurs*... » II, 25. « ... ſergens, huiſſiers, *appariteurs*... » 200. « ... *appariteur* de la mitre Abbatiale. » 321. « ... *appariteurs* importuns & par trop officieux. » 473. « Le vin des *appariteurs*. » III, 60. « Ceulx cy ne ſont diables d'enſer. Ilz en ſont *appariteurs* & miniſtres. » 190.

Apparoistre. « ... rompit dudiƈt

tymbre vn grand morceau comme tresbien *apparoift.* » I, 233-234.

APPEAULX. Appels. « ... les *appeaulx* renuerfez, & à neant mis. » II, 176.

APPELER, APELER. « ... de prefent l'*apelle* on la pierre leuee. » I, 237. « Ie fuis d'opinion, que nous l'*apellons,* & conferons de ceft affaire auecques luy. » 267. « ... *appellons* les figues, figues... » II, 461. — *Appeler de.* « *Appeller...* iamais on ne peult *des* iugemens decidez par Sort & Fortune. » II, 65. Voir *Abus.*

APPELLANT. Subst. Celui qui est triste d'avoir perdu son procès et qui en a appelé. « ... vifaige d'vn *appellant.* » II, 274.

APPELLATION. « ... une viande qu'ils appellent en leur pattois *appellations.* » III, 216.

APPERT (Il). « ... comme manifeftement *appert* à leur ftile. » I, 268. « ... l'induftrie de Nature *appert* merueilleufe en l'efbatement qu'elle femble auoir prins formant les Coquilles de mer. » II, 474. « ... ainfi que *appert* en la bataille qui fut à Vireton. » III, 346. « Comme il *appert* par fon horofcope... » 394.

APPERTENIR. « ... t'*appertient* il de parler fans commandement ? » I, 272. « Vous *appertient* il me tenir telz propos ? » 321-322.

APPETER. « ... colloquer... les brehaignes à ceulx qui n'en *appeteroient* (des enfants). » II, 39. « ... il eft premier fondateur des bons homes, lefquelz elles *appetent* naturellement. » 118. « Comment les femmes ordinairement *appetent* chofes defendues. » 165. « ... vous auez ce que tous humains *appetent* naturellement. » III, 28.

APPÉTIT. « L'*appetit* vient en mangeant, difoyt Angeft on Mans : la foif s'en va en beuuant. » I, 23. « Ce pendent monfieur l'*appetit* venoit. » 87. « ... belle faulce verde... Laquelle... ouure l'*appetit.* » II, 23. « ... defir feruent, & ftrident *appetit* de faire debtes. » 27. « ... eftoit... cité, chiquané, à l'*appetit* & paffetemps du gros prieur de fainct Louant. » 311. « ... nature a en l'homme produit conuoitife, *appetit,* & defir de fçauoir & apprendre. » III, 257.

APPIGRETS. « ... voyez vous bien cefte là petite (grappe) que voyez qui s'en va remettre au preffouër... meffieurs n'y trouuerent pas grands *appigrets.* » III, 213.

APPLANER. Aplanir. « ... dreffer & *applaner* le Chemin. » III, 367.

APPLAUSEMENT. *(Applausus).* « ... ne cherchons honeur ne *applaufement* des hommes. » I, 309. « ... feirent *applaufement* de ioye & alaigreffe. » III, 410.

APPLAUSION. « ... fut le bruit & *applaufion* des fpectateurs grand. » III, 407.

APPOINCT. Voir pp. 6 et 7.

APPORT. « Sus l'*apport* de la feconde table. » II, 146, 170, 394. « Sus l'*apport* du fecond feruice. » 448.

APPOSÉ. Posé, servi fur table. « ... figues *appofees.* » II, 333. « ... viandes *appofées,* » III, 190.

APPOSITION. Action de poser. « ... *appofition* des mains. » III, 72. « ... *appofition* de idoines alimens. » 84.

APPOUS. « Homenaz y accourut... acompaigné de fes *appous* (comme ilz difoient) de fes fuppos auffi... » II, 438-439.

APPOUSÉ. « Pantagruel... donna à Homenaz neuf pieces de drap d'or frizé... pour eftre *appoufees* au dauant de la feneftre ferree. » II, 461-462.

APPOYER (se). «... *se appoyant* sus les poulces des deux mains à la crope...» I, 133.

APPRÉHENDÉ. Saisi. « Elle feut par la iustice *apprehendee...* » II, 207. « ... n'en sera par iustice *apprehendé.* » 225. « ... plus toust eslisans par feu, par mons, par goulphres passer, que d'icelle (Penie) estre *apprehendez.* » 472. « ... *apprehendé* de la iustice. » III, 100.

APPREHENSION. Action de saisir, compréhension. « Ie ne pensoys... iamais rencontrer home tant obstiné à ses *apprehensions* comme ie vous voy... » II, 105. « ... les ventricules du sens commun, de l'imagination & *appréhension.* » 153. « ... si telles contristations, & esiouissemens prouiennent par *apprehension* du malade contemplant ces qualitez en son medicin, & par icelles coniecturant l'issue & catastrophe de son mal ensuiuir. » 249. Voir aussi III, 192. « ... ne craindre quand le cas est euidentement redoubtable, est signe de peu ou faulte de *apprehension.* » II, 351.

APPRIVER (s'). S'apprivoiser. « ... aye en premier esgard A t'*appriuer* sans estre plus esguard. » III, 302.

APPRIVOISER. V. *Approprier.*

APPROCHANT. « *Approchans* au temple de diue Bouteille nous conuenoit passer parmy vn grand vinoble. » III, 132.

APPROCHER. Substantivement. «...à l'*approcher.* » II, 507.

APPROPINQUER. (*Appropinquare*). Approcher. « ... voyant la maiesté Regale, Qu'*appropinquoit* la frigore hybernale. » III, 277.

APPROPRIER. « ... les plantes sont nommées en diuerses manieres. Les vnes ont prins le nom de celluy qui premier les inuenta... aprinoisa & *appropria...* » II, 231.

APRENDRE. « ... maistre Thubal Holoferne... luy *aprint* sa charte... » I, 57. « ... *aprint* en peu de temps tous les passaiges à ce competens... » 87. « ... *aprint* fort bien à dancer... » 238. « ... le feray imprimer à ce que chascun y *apreigne...* » 320. — *Apris.* « Les filles feurent bien *aprises,* & à tous præsenterent pleins hanatz de vin Clementin. » II, 460.

APRÈS. *Après Dieu, apres l'offense de Dieu,* indique que Dieu passe avant tout, est au-dessus de tout. « ... saulua *après Dieu* ladicte arche de periller... » I, 225. « ... si chose est en ceste vie à craindre, *apres l'offense de Dieu,* ie ne veulx dire que soit la mort.» II, 351.

Jecter le manche apres la coingnée. « ... *iecta* non la coingnee *apres* le manche, comme en scandaleux solœcisme chantent les diables Censorins : mais *le manche apres la coingnee,* comme proprement vous distes. » II, 256.

Après précède souvent un infinitif. « Peu de iours *apres* Pantagruel auoir prins congié du bon Gargantua... » II, 227. « ... *après* boire vingt & cinq ou trente foys par home... » 305. « ... *apres* boire nous mena voir vn monastere nouueau... » III, 102.

Après est fréquemment sous-entendu devant un verbe. « Beu qu'il eut. » II, 448. « Le heraut retourné & entendu le refus... » III, 403. Cette suppression a lieu principalement devant l'infinitif *avoir.* M. Huguet la signale dans *la syntaxe de Rabelais.* « Cette ellipse, dit-il (p. 357), ne se rencontre pas dans les deux premiers livres, mais, à partir du troisième, nous pouvons en citer de très nombreux exemples. » « Pantagruel auoir entierement conquesté le pays de Dipsodie. » II, 15. « ... les Dipsodes auoir peu de iours auecques eulx conuersé. » 16. « Pantagruel auoir leu le totaige. » 90. « ... auoir interrogué l'oracle de Apollo Clarius. » 121. « Panurge... auoir passé la bourgade de Huymes. » 128. « Pantagruel, l'auoir leu & releu... » 143. « Le pere sainct auoir donné sa benediction sus elles, se retira en son logis. » 166. « Pantagruel... les auoir cordialement remercié... » 176. « Seigny Ioan auoir leur discord entendu. » 179. « ... au matin auoir dedans leurs escriptoires & cabinetz discouru. » 268. « Pantagruel auoir paracheué ses letres. » 284. « Auoir bien curieusement consyderé l'assiette de l'isle. » 303. « Les auoir ainsi conduictz. » 316. « Chiquanous auoir degouzillé vne grande tasse de vin Breton. » 323. « Chiquanous... l'auoir lourdement descheuelee... » 325. « Pantagruel prealablement auoir imploré l'ayde du grand Dieu. » 339. « ... enuoya Tibere Cæsar... querir cestuy Thamous. Et l'auoir entendu parler adiousta foy à ses parolles. » 369. « Iceulx auoir à belles dens tiré la figue... » 426. « Ses varletz l'auoir cousue, la deschiquetoient par le fond. » 452. « Diogenes l'auoir vn coup veu si peruersement tirer... » 453. « Auoir bien beu & bien repeu. » III, 29. « ... ces Chats-fourrez auoir leurs chasteaux... & reuenus destruit & deuoré. » 56. « Auoir par deux iours nauigé. » 99. « Auoir longuement consideré ce pays de satin. » 125. « Comment auoir prins congé de Bacbuc delaissent l'oracle de la Bouteille. » 178.

Cette tournure semble être un lyonnaisisme. Il est certain du moins qu'on la trouve dans la pièce relative à l'élection de Pierre du Castel comme médecin du grand hôpital du pont du Rhône : « ... lont fait venir & luy auoir declaré ladite eslection... » III, 328.

Après relatif au lieu, indiquant la situation, la poursuite : « ... courrez tousiours *apres* le chien, iamais ne vous mordera. » I, 23. « ... vne arbaleste pour s'esbatre *apres* les oysillons. » 237. « Là eussiez veu... son Asne (de Silenus) voltiger *apres* les Elephans. » III, 151.

En apres. « Reste *en apres* ces accidens parfaictz... » I, 210. « Là eussiez aussi veu *en apres* vn ieune satyre. » III, 151.

Par apres. « ... *par apres* en font faictz les espritz animaulx... » II, 34.

Aprester. « ... ilz tombent tous platz comme porcz... & *aprestent* à rire pour plus de cent francs. » I, 305.

Apte. « ... mon genie n'est poinct *apte* nate à ce que dict ce flagitiose nebulon. » I. 243. « ... c'est le sens (ouye) sus tous aultre plus *apte* es disciplines. » II, 84. « ... habillemens *aptes* aux personnaiges. » 315. « ... estomach *apte* naturellement à moulins à vent tous brandisz digerer. » 331. « ... home *apte* & suffisant a bien gouuerner l'estat d'vne Republique... » 457. « ... n'auront lieu tant *apte*... » III, 193.

Aptement. « ... *aptement* armez. » II, 44. « ... pour ce plus *apte*-

ment faire. » 78. « ... plus *aptement* ne porroient les hermites... macerer leurs corps... » 154. « ... entrions en contention, qui plus *aptement* les extolleroit (les palais de Florence)... » 307. « Coups de poing eussent *aptement* atouré sa teste rase. » 327. « ... plus *aptement* estoient ses ensans comme vne arbre droicte. » 384. « ... *aptement,* precieusement, & en abondance seruy... » 483. « Il ... vous a faict icy *aptement,* non ailleurs, paindre les armes de France. » 508. « Si par ces termes entendez les calumniateurs de mes escripts, plus *aptement* les pourrez vous nommer Diables. » III, 190. « ... *aptement* parfaire. » 396. « ... *aptement* ioint. » 397.

Aquarol (*Acquaruolo,* italien). Porteur d'eau. « ... les artisans. de la ville iusques aux *aquarols.* » III, 367.

Aquilin, Aquillin. « ... auoit le nez vn peu *aquillin* faict à manche de rasouer. » I, 295. « ... le nez pointu & *aquilin.* » III, 148.

Aquilonnaire. « ... exceptez moy quelques contrees des regions *Aquilonnaires.* » III, 27.

Aquoest. (Gascon). Ce. « ... *aquoest* taquain. » II, 202.

Ar, As. « ... l'on auoit en plain marché la toyson pour deux & *ar*... » 277.

Aractes. Reptiles. II, 498.

Araigne, Araine, Arane. « ... les *araignes* ont faict leurs toilles sus nos dens. » II, 442. « *Araines.* » 498. « ... nos loix sont comme toille d'*araignes*... » III, 50. « ... ne sera reputé fol cil qui en ce temps fera sa prouision d'argent mieulx que de *Aranes* toute l'année. » 248-249.

Arain. Voir *Ærain.*

Aran, Haranc. Hareng. « *Arans* blancs bouffiz. *Arans* sors. » II, 480. « ... cellui Grand Bon Piteux Dieu, lequel ne crea onques le Karesme, oui bien les Salades, *Harancs,* Merlus, Carpes... » III, 380.

Arbaleste, Arbeleste. « ... bandoit es reins les fortes *arbalestes* de passe... » I, 91. « Quaresprenant... auoit... le dours, comme vne *arbaleste* de passe. » II, 379. « ... ie fois des chordes d'*arbalestes*... » I, 150. « ... les arteres du cerueau bandees comme la chorde d'vne *arbaleste*... » II, 153. « ... vn carreau d'*arbalæste.* » I, 340. « *arbelestes* bandees... » II, 237.

Arbitraige. « ... auquel estant faict commandement... de mourir à son *arbitraige*... II, 388.

Arbitraire. « Les languaiges sont par institutions *arbitraires.* » II, 96.

Arbitre. « ... ce qu'est l'usance des tyrans qui voulent leur *arbitre* tenir lieu de raison. » I, 37. « ... en l'entreprinse de mariage chascun doibt estre *arbitre* de ses propres pensées. II, 143. « Ie n'ay iamais entendu que par loy aulcune... ayt esté en *arbitre* des enfans soy marier... » 222. « De mes thesaurs faictez à vostre plein *arbitre.* » 225. « En ton pouuoir est & *arbitre* nous en deliurer... » 459. « ... contemplez à vostre libre *arbitre* tout ce que ma maison contient. » III, 83. Voir p. 5, 6°.

Arboriser, Arborizer. « ... beches, tranches, & aultres instrumens requis à bien *arborizer.* » I, 92. « ... au lieu de *arboriser,* visitoient les bouticques des drogueurs... » 95.

Arboutant. « Gargantua... fist faire des *arboutans* à son berceau... » I, 234. « ... considerez bien le minois de ces vaillans pilliers, *arboutans* de iuftice Grippeminaudiere. » III, 45.

ARBRE. La plupart du temps féminin comme le latin *arbor*. Dans le second des exemples suivants *arbre* est précédé d'un adjectif masculin et suivi d'un adjectif féminin. « Comment le Moyne... pendit à vne *arbre*. » 155. « ... vergier plein de tous *arbres* fructiers, toutes ordonnees en ordre quincunce. » 200. « ... *arbre* nouuellement plantée. » II, 17. « ... *arbre* en racine, tronc, caudice, & rameaux *perdurante*. » 228. « Toutes les *arbres* lanificques... » 237. « Ne me comparez icy celle *arbre* que Alexander Cornelius nommoit Eonem, & la difoit eftre femblabe au Chefne... » 242. « A cefte heure foys bien à poinct l'*arbre* forchu, les pieds à mont, la tefte en bas. » 340. « ... vne *arbre* droicte. » 384. « ... fortes *arbres*... » 489. Voir *Acculer*.

ARBUSTE. « ... arbres, *arbuftes* & fructices. » I, 256.

ARC. *Arc à iallet*. « La veffie, comme vn *arc à iallet*. » II, 376. — *Arc celefte*. I, 14. — *Arc triumphal*. II, 43. — *Arc turquoys* : « ... l'an viendra, figné d'vn *arc turquoys*... » I, 14. « Chacune tenoit vn *arc Turquois*... » III, 402.

— *Arc, Arces*. Arcades. « ... les *arces* & chapiteaux de colomne... » III, 160. — *Ars* d'antique. Voir *Antique*.

ARCEAU. « ... l'*arceau* gualeau. » I, 10. « ... l'*arceau* des degrez. » 49. « ... *arceau* incrufté de plaftre. » III, 135. Voir *Antique*.

ARCENAC. Voir *Arsenac*.

ARCHADIQUE. « ... vous fçauez qui faict bon ouïr la voix & mufique de ces beftes *Archadiques*. » III, 32.

ARCHASDARPENIMS, ARCHASDARPENINS. Officiers de Quinteeffence. III, 73, 81.

ARCHE. « ... depuis l'*arche* de Noë iufques à ceft eage. » I, 9.

ARCHER, ARCHIER. « La iouoyt... A l'*archer* tru. » I, 80-81. « Gargantua pour fa feureté luy bailla... fix vingtz *archiers*... » I, 171. « ... le Fran *archier* de Baignolet. » II, 464, et IV, 299. « Les *Archiers* marchent tant en auant, comme en arriere. » III, 89.

ARCHETYPE. « ... nous feut monftré l'*archetype* d'vn Pape. » II, 444. « *Archetype*. Original, protraict. » III, 204.

ARCHIBOUFFON. « ... le Moret *archibouffon* d'Italie. » III, 399.

ARCHIDIABLE. « Diables, s'efcria frere Iean, *archidiables*, protodiables, pantodiables... » III, 51.

ARCHITECTE, ARCHITECQUE. Au figuré. « ... imperit *architecte* de confequences naturelles. » II, 156. « ... à l'imitation de Philoxenus Gnato Siciliens anciens *architecques* de leur monachale & ventrale volupté. » III, 6-7. « ... *architectes* de volupté, euerfeurs d'honnefteté. » 190.

ARCHITECTÉ. (*Architectatus*). Construit. « ... ces tant bien *architectez* monftiers. » I, 242.

ARCHITRAVE. « ... f(ol) d'*architraue*. » II, 184. « ... depuis les bafes iufques aux *architraues*... » III, 157.

ARCHITRICLIN. Maître d'hôtel, celui qui arrange un repas. « ... *Architriclin* loyal. » II, 11. « ... mon petit *architriclin*. » 101. « Maiftre Alcofribas, *Architriclin* du dict Pantagruel. » III, 229. « Voftre humble *Architriclin* & Ami FRANC^s^ RABELAIS Medecin. » 381.

ARCQUMYE. Variante d'*Alchimie*. IV, 330.

Arctique. « ... ſ(ol) *arčticque*. » II, 182.

Ardent. « ... foreſts toutes *ardentes* en feu. » III, 146. « ... celles (les salades) de Naples me ſemblent trop *ardentes* & trop dures. » 360.

Eau ardente. Esprit de vin, eau-de-vie. « ... boette pleine de Euphorbe & de grains de Coccognide confićtz en *eau ardente* en forme de compouſte... » I, 350. « ... *eau ardente*, cinq fois diſtilee par Alambic ſerpentin... » III, 154. « ... feu plaiſant & redolent compoſé d'*eaue ardente* muſquee. » 412.

Ardoize. « ... le deſſus couuert d'*Ardoize* fine... » I, 193.

Ardoyzin. D'ardoise. « Pierre *ardoyzine*. » I, 361.

Ardre. Brûler. « Par aduenture euſt ce eſté cauſe que le feu du Ciel *euſt ars* toute l'abbaye. » II, 99. « ... trop meilleur eſt ſoy marier, que *ardre* on feu de concupiſcence. » 147, et IV, 251. « ... le Pantagruelion... ne ſera conſumé ne *ards*. » II, 241. « Par ce moyen ſembloit donc tout le corps ſpherique d'icelle *ardre*. » III, 154. — En parlant du *feu Saint Antoine*. « Le feu de ſainćt Antoine te *ard*. » I, 53. « ... que ſainćt Antoine me *arde*. » 105. « ... le feu ſainćt Antoine vous *arde*. » 218, et IV, 98. Voir *Ars*.

Ardu. Difficile. « ... les matieres ſont tant *ardues*, que les parolles humaines ne ſeroient ſuffiſantes à les expliquer à mon plaiſir. » I, 308.

Arenes. Sables. « ... feurent nos nauſs encarrees par-my les *arenes*. » III, 66. « ... en premier hourt nous ſerpa des *arenes*... » 67.

Areneux. Sablonneux. « ... la terre y eſt... *areneuſe*, ſterile... » III, 41. « ... riuage *areneux*. 80. « ... mer *areneuſe*. » 103. »

Areopagite. « ... en cas que la matiere euſt eſté... entre les *Aeropagites* decidée. » II, 180. « ... pour la deciſion il enuoya es *Areopagites* en Athenes... Les *Areopagites* feirent reſponſe, que cent ans apres perſonellement on leur enuoiaſt les parties contendentes... » 208. « ... les iuges *Areopagites*... » 365.

Arer. (*Arare*). Labourer, parcourir. « ... ne leurs apparut terre ne choſe aultre nouuelle. Car aultres foys *auoient aré* ceſte route. » II, 273. « ... ceſtuy home... *aroyt* vn champ... » 427. « Autres à trois couples de Regnards ſouz vn ioug *aroient* le riuage areneux. » III, 80.

Ares. (Gascon). Maintenant. « ... tout *ares* metys. » I, 7, et IV, 65. « ... ïou te eſquinerie *ares* que ſon pla repoſat. » II, 202.

Areste. « Gardez vous auſſy des *areſtes*, quand vous mangerez du poiſſon... » III, 251.

Arete. (Ἀρετή). « Pantagruel nous affermoit là eſtre le manoir de *Arete* (c'eſt Vertus). II, 470.

Argathile. « ... des Cynamologes, des *Argathiles*, des Caprimulges. » III, 121.

Argent. *Argent comptant, argent content*. « ... achaptant cher (ie diz à credit) vendant à bon marché (ie diz *argent comptant*). » II, 22. « ... de mon ris cuyde que ſoit *argent content*. » 26-27. « Voyez cy *argent content*. » 291.

Argent de Basché. « ... feut tenu comme choſe certaine, que l'*argent de Baſché* plus eſtoit aux Chiquanous & Records peſtilent... que n'eſtoit iadis l'or de Tholoſe... » II, 326.

Faulte d'argent. « ... il eſtoit...

ſubieɛt de nature à vne maladie qu'on appelloit en ce temps là, *faulte d'argent* c'eſt doleur non pareille... » I, 295 et IV, 201. « ... certaine maladie, qu'ilz nommoient *Faulte d'argent.* » II, 393. « ... regnera... vne maladie bien horrible... l'appelle Auerroys... *Faulte d'argent.* » III, 238-239 et IV, 355. « ... l'Empereur a *faulte d'argent.* » III, 364.

ARGENTANGINE. « Ie vous vendroys pluſtot ſilence... ainſi que quelques foys la vendit Demoſthenes moyennant ſon *argentangine.* » II, 467. « *Argentangine,* eſquinance d'argent... » III, 204.

ARGENTIER. « ... ne ſe ioue mon *argentier* d'allonger les .ſſ. » II, 43.

ARGENTIN, ARGENTINE. « ... eaue doulce, claire, & *argentine.* » II, 393. « ... eau de fontaine, limpide & *argentine.* » III, 162.

ARGIPAN. « Satyres, Hemipans, *Argipans.* » III, 149.

ARGUER. Argumenter, accuser, prouver. « ... ie faiſois diables de *arguer.* » I, 71. « ... ie reſpondray & *argueray* contre monſieur l'Angloys. » I, 310. « ... *arguée* de inceſte. » II, 98. « ... cela *argüe* ie ne ſçay quoy du ponent, & ſignifie que le midy eſt paſſé. » 137.

ARGUMENT. Preuve. « ... diſant *argument* inuincible d'vn animant, ſi ſe meut de ſoy-meſme. » III, 99. — Dispute. « ... ferons hors de ces frapemens de mains, que font ces badaulx ſophiſtes quand on argue : alors qu'on eſt au bon de l'*argument.* » I, 309. — Sujet. « Aultre *argument* ne peut mon cueur elire. » I, 2. « ... briefue & ſainɛte exhortation... fus l'*argument* de nauigation. » II, 271.

ARGUT. *(Argutus).* « ... philoſophe *argut.* » II, 94. « ... ſophiſte *argut,* ergoté, & naïf. » 110.

ARGUZ. Arguments. « ... pour m'induyre à ce maintz *arguz* ié. » (Bouchet à Rabelais, III, 303).

ARIES. Le bélier. « ... ſignes portans cornes comme *Aries,* Taurus, Capricorne, & aultres. » II, 123. « ... ſi *Aries* aſcendant de ſa buſche ne trebuſche. » III, 246. « De mon temps lon coutoit, Ver, quand le Soleil entroit au premier degré de *Aries.* » 249.

ARIETANT *(Arietare).* Heurter, choquer. « C(ouillon) *arietant.* » II, 130.

ARIN. Voir *Ærain.*

ARISMETICQUE. « ... ars liberaux, Geometrie, *Ariſmeticque* & Muſicque... » I, 256.

ARISTOLOCHIA, ARISTOLOCHIE. Aristoloche. « ... en pluſieurs plantes ſont deux ſexes... ce que voyons es Lauriers... *Ariſtolochie...* » II, 229. « *Ariſtolochia,* qui ayde les femmes en mal d'enfant. » 232.

ARMER. Défendre, garnir, protéger. « ... feiſt cuillir... force grands rameaux... & en feiſt *armer* autour leurs charrettes... » I, 121. « Voyez comment nature voulent les plantes... perpetuer... curieuſement *arma* leurs germes & ſemences... voyons apertement le germe & la ſemence plus eſtre couuerte, munie, & *armée,* qu'autre partie. » II, 45, 46. « ... vne chandelle *armee.* » III, 131. « ... ils pourront ſemer ... les melons... en Mars & les *armer* certains iours de iong & fumier leger... quand ils ſe douteroient de gelée. » 360.

S'armer. « ... *ie me eſtois armé* de pied en cap. » I, 273.

ARMES. Guerre, combats. « Ie ſuis

las de guerre... Ceſſent les *armes,* regnent les Toges. » II, 43. « ... feut ſonnee retraicte & ceſſerent toutes *armes.* » 415. — Armoiries. « ... nom & *armes* perpetuer. » II, 51.

ARMET. « ... verniſſoient... *armetz,* mourions... » II, 7. « ... *armet* de iouſtes... » 48. « ... ie les ay veu non aumuſſe, ains *armet* en teſte porter. » 445. « ... l'*armet* de Pluton. » III, 35, et IV, 320.

ARMOIRE. Ventricule. « ... les arteres : les quelles de la feneſtre *armoire* du cœur prenoient leur origine. » II, 153.

ARMOISE. « Les vnes (plantes) ont prins le nom de celluy qui premier les inuenta... comme... *Armoiſe,* de Artemis, qui eſt Diane. » II, 231.

ARMOISI, ARMOISY. Soie légère. « ... robbes de tafetas *armoiſy...* » I, 297. « ... nous diſt en parolles byſſines... ou pour le moins de taffetas *armoiſi...* » III, 73. Voir *Armoisin.*

ARMOISIES. Pour *armoiries,* comme *chaise* pour *chaire.* « Tous ces nobles Cuiſiniers portoient en leurs *armoiſies...* lardouoire de Sinople... » II, 410.

ARMOISIN. « ... le tout en rethorique *armoiſine,* cramoiſine. » III, 7. Voir *Armoisi.*

ARMONIE. Harmonie. « ... faictes nous icy quelque peu Papegaut chanter, afin qu'oyons ſon *armonie.* » III, 36.

ARNOYS. Harnois. « ... le moyne ſe deffiſt de tout ſon *arnoys.* » I, 157.

AROMATICQUE. « ... nous voyons en icelluy diſcretion des odeurs manifeſte, & le ſentent les femmes fuyr les puantes, ſuyure les *Aromaticques.* » II, 158.

AROMATISANT, AROMATIZANT. « C(ouillon) *aromatiſant.* » II, 130. « ... il n'eſt exercice tel, ne plus *aromatiſant* en ce monde Palatin, que vuider ſacs, feueilleter papiers... » 192. « ... rouſtiſſeries antiques & *aromatizantes.* » 308.

ARONDELLE. Hirondelle. « ... en frotta vn coing (d'une feuille de papier) de cendres d'vn nic de *Arondelles.* » I, 333. « ... attendant mieux à la prochaine venue des *arondelles.* » III, 9.

AROUSSE. Vesce sauvage. « D'aultres ſortes de ſallades ne ont ils par deca, fors de Naſecord & d'*Arouſſe.* » III, 360.

AROY, ARROY. Charrue, appareil, équipage. « Il (le cinge) ne tire pas l'*aroy,* comme le beuf. » I, 149. « ... en grand *arroy.* » II, 6.

ARQUEBOUSE, ARQUEBOUZE. « ... viſoit de l'*arquebouſe* à l'œil... » I, 91. « ... luy tirerent plus de neuf mille vingt & cinq coups de faulconneaux, & *arquebouzes...* » 136.

ARRACHEPIED (d'). « f(ol) *d'arrachepied.* » II, 184. « Touſſez icy vn bon coup ou deux, & en beuuez neuf *d'arrachepied.* » III, 6.

ARRACHER. « ... l'*arrachit* (un arbre) facillement de terre. » I, 135.

ARRAPER. Empoigner. « ... il *arrapoit* l'vn par les iambes, l'aultre par les eſpaules. » I, 142.

ARRESSER. « I'ay grand peur que... ne vous voye en eſtat, que ne aurez grande enuie d'*arreſſer.* » I, 343. « *Arreſſoient.* » Variante de *bubaialloient.* IV, 204.

ARREST. Pièce de l'armure qui servait à appuyer la lance. « ... ma braguette, c'eſt le greffe des arreſtz. » I, 38. « Tyrauant, lequel coucha ſa lance en l'*arreſt.* » 159.

ARRESTER. Neutralement. « ... ie vous prie que vn peu vueillez icy *arrester.* » I, 259. « ... ie n'*arresteray* gueres. » 292. « Sauluez vous, il n'*arrestera* poinct. » II, 434.

Arrière. « ... *arriere* mises vos affections. » I, 39. « ... ie me retourne *arriere.* » 287. « ... il inuentoit l'art & maniere de faire les boulletz *arriere* retourner. » II, 489. « ... retournons *arriere.* » III, 138. « ... les vents Austraux... le font enfler (le Tybre) & retourner *arriere.* » 396.

Arriere ban. « ... feist crier par son pays ban & *arriere ban.* » I, 100.

Arriere chambre. « ... en icelluy (bastiment) estoient neuf mille troys cens trente & deux chambres : chascune guarnie de *arriere chambre.* » I, 193.

Arrierecollation. « ... collations & *arrierecollations.* » I, 84.

Arriere fief. « ... il tenoit ie ne sçay quoy en *arriere fief* de la chastellenie de Salmiguondin. » II, 227.

Arriere jeu. « A toutes tables leur espoir sera en l'*arriere ieu.* » III, 246.

Arriere saison. « ... vne oyre de vent Guarbin, laquelle il guardoit... pour l'*arriere saison.* » II, 420.

Arrivante. « ... la poultre au conuent *arriuante...* » II, 317. « Galleres & Fregades *arriuantes* au port. » III, 55.

Arrogant. « Pauure n'est tant *arrogant,* qui passer se puisse du riche. » III, 172.

Arroguamment. « *Arroguamment* respondit. » II, 250.

Arrousement. « Perannité de *arrousement* par ces nerueux & secz boyaulx. » I, 22.

Arrouser, Arrouzer. « ... si Nature ne leurs *eust arrousé* le front d'vn peu de honte. » II, 158. « Prenez moy ces cornes là... Puis les enterrez... & souuent les *arrouzez.* » 293.

Arry, Harry. « Harry bourriquet. » I, 46, et IV, 96. « *Arry* auant. » II, 454.

Ars, Arse. « ... sa maison maternelle *arse* & destruite par feu. » III, 147. Voir *Ardre.*

Arsenac, Arcenac. « En mon *arcenac* de Thalasse prenez equippage tel que vouldrez. » II, 225. « ... fustes, & aultres vaisseaux de son *arsenac* de Thalasse... » 244. « L'*Arsenac* de Venise. » 359. « ... grand nombre d'archiers & gens de guerre, lesquels gardoient l'*Arsenac.* III, 69.

Arson. « ... mieulx vault que ie me mette entre les *arsons...* se trouua entre les *arsons* en bôn maintien... se tint pieds ioincts entre les *arsons...* » I, 133. « ... l'*arson* de la selle. » III, 366.

Art. Masculin et féminin. « ... ie n'entreprendray guerre, que ie n'aye essayé tous les *ars* & moyens de paix. » I, 111. « ... tous les sept *ars* liberaulx. » 245. « ... diuers remedes scelon l'*art.* » 331. « Par Syconantie. O *art* diuine en feuielle de figuier. » III, 125-126. — Les *Arts* comprenaient la grammaire et les humanités, les mathématiques et la philosophie. Ceux qui les enseignaient étaient appelés *maîtres ès arts :* « ... au regard des pauures *maistres es ars,* il les persecutoit sur tous aultres. » I, 296.

Artemon. « ... feist... descendre le grant *Artemon.* » II, 336. « ... fut leué nostre grand *artemon.* » III, 38. « ... leuant le grand *artemon.* » 65.

Artere. « ... *arteres* spagitides du col. » I, 162. — On trouve *altere* pour *artere.* « ... l'aſpre *altere.* » II, 375. Quelquefois Rabelais joue sur les mots *artere, alterer.*

ARTÉRIAL. Artériel. « Vene *arteriale.* » II, 34. « Sang *arterial.* » 69.

ARTICHAULT. « Cynara, c'eſt *Artichault.* » II, 233.

ARTICLE. Conclusion. « A ces motz, prindrent *articles* contre luy, luy de l'aultre coſté les feiſt adiourner. » I, 75. — Point. « Voylà quant au premier article, » II, 91. « ... il eſt en l'*article* & dernier moment de ſon decés. » 107. « ... en l'*article* de la mort. » 459.

ARTICULATION. « ... la premiere *articulation* entre la tierce ioincture du maiſtre doigt & du doigt medical. » II, 103. « ces arbres nous ſembloient animaux terreſtres non en ce differentes des beſtes, qu'elles n'euſſent... *articulations.* » III, 39.

ARTICULER. « ... *articulant,* monorticulant, culletant, couilletant, & diablculant, c'eſt à dire callumniant. » I, 383. « Venez vous icy culletans *articuler* mon vin & compiſſer mon tonneau ? » II, 14. « ... demancher toutes les ſphæres celeſtes... eſpoincter les fuzeaulx, *articuler* les vertoilz... ? » 140. — *Articulé.* Distinct. « ... la voix de l'eſprit immonde, certainement baſſe, foible, & petite : touteſſoys bien *articulee.* » 474.

ARTIEN. Écolier sorti des humanités et étudiant en philosophie. « ... tint contre tous les regens, *artiens,* & orateurs. » I, 265. « ... tous ces grimaulx, *artiens,* & Intrans commencerent frapper des mains. » 311.

ARTIFICIEL. « Il y euſt vn terrible feu de ioye, veu le grand nombre & quantité de feuz *artificielz,* qu'on auoit mis dedens. » III, 396. « ... tant de diuerſitez de feuz *artificiels....* » 413.

ARTIFICIELLEMENT. « ... tout plein de petitz goubeletz : dont il iouoit fort *artificiellement.* » I, 300. « ... trois cheſnes bien *artificiellement* faites. » III, 153.

ARTILLERIE. « ... voerres... gobelets, & telle ſemblable *artillerie* Bacchique. » III, 133.

ARTIZAN. « ... *artizans* de tous meſtiers, & profeſſeurs de toutes ſciences liberales... » II, 15.

ARULETTE. Sillon, moulure sillonnée. « ... ſtylobates, *arulettes,* cimaſultes. » III, 157.

ARUSPICINE. « Voulez vous en ſçauoir par l'art de *Aruſpicine*? » II, 126.

AS. « ... tous... ont le nez en figure d'vn *as* de treuffles. ». II, 299. « Des nez d'*as* de treffles en paſte. » III, 220. « ... lon ne rencontrera point d'*as* au flux. » 236.

ASAROTUM (Ἀσάρωτον). « ... le paué des Grecs appellé *Aſarotum,* lequel fiſt Soſiſtratus en Pergame. » III, 144.

ASBESTE, ASBESTIN, ABESTIN. Incombustible. « Le feu qui tout deuore... blanchiſt ce ſeul Pantagruelion Carpaſien *Asbeſtin.* » II, 241-242. « Pantagruelion *Aſbeſte.* » 244. « ... vn ardent lychnion faict par de lin *Abeſtin.* » III, 154.

ASBESTON. « La pierre dicte ἄσβεστος n'eſt plus inextinguible que la ſoif de ma paternité. » I, 23. « ... le Pantagruelion... ſera en fin du feu extraict... plus net que ne l'y auiez iecté. Pourtant eſt il appellé *Asbeſton.* » II, 241, et IV, 265.

ASCALABES, ASCALABOTES. (Ἀσκάλαβος, Ἀσκαλαβώτης.) Lézard moucheté. II, 48.9

ASCARIDE. « Par aduenture a il

des *Afcarides,* Lumbriques, & Vermes dedans le corps. » II, 111.

Asçavanter, Assavanter. « ... de l'eftat de Macedoine & Ægypte eftre en moins de cinq iours *afçauanté.* » II, 83. « De ce i'ay bien voulu ta feigneurie *Afcauanter.* » III, 300. « ... n'eft befoing t'*affauanter* De la faueur & parfaicte amitié Que trouueras. » 301.

Ascendant, Ascendent. Montant. « Pifces *afcendant.* » III, 240. Voir *Aries.* — Substantivement : « ... en l'*afcendent* des broches & horofcope des fricaffees confyderoit quelle heure lors pouoit eftre. » II, 492.

Asceurance, Asseurance. « ... *affeurance* parfaicte, deprifement incroyable de tout ce pourquoy les humains tant veiglent... » I, 4. « ... aultre *affeurance* ne vous en fcauroys ie donner. » II, 53. « ... en *afceurance* & hardiment. » 102. « *Afceurance* de meurtrier. » 354.

Asceuré. « N'eftez vous *afceuré* de voftre vouloir?... » II, 53.

Asceurer. Affirmer. « ... les hiftoires prophanes l'*afceurent.* » II, 67.

S'asceurer. Se rassurer. « ... allez... vous eftuuer, vous nettoyer, vous *afceurer.* » II, 510.

Ascite. « Vn autre ie vy hydropiques parfaitement guarir, tympaniftes, *afcites.* » III, 77.

Asne. « ... faifoyt de l'*afne* pour auoir du bren... faultoyt du coq à l'*afne...* » I, 45. « ... ne fut poffible de tirer de luy vne parolle, non plus qu'vn pet d'vn *afne* mort. » 61. « I'aymeroys... autant entreprendre tirer vn pet d'vn *Afne* mort, que de vous vne refolution. » II, 174. « I'y vy vn ieune Spodizateur, lequel artificiellement tiroit des peds d'vn *Afne* mort. » III, 81, et IV, 330. « ... vne ville fans cloches eft comme... vn *afne* fans cropiere. » I, 72. « ... *afne* couillart... » I, 73. (Voir aussi 267; II, 333; III, 148.) « ... il gehaignoyt comme vn *afne* qu'on fangle trop fort. » I. 280. « Comment... tout le monde cheuauchera & ie meneray l'*afne.* » 343, et IV, 210. « Voicy le pont aux *afnes* de Logicque. » I, 355. « ... la couleur de fon poil (du tarande) eftoit telle que voiez es *afnes* de Meung. » II, 276. « Il y aura icy de l'*afne,* ie le preuoy. » (du conflit) 396. « Aultres lauoient les teftes des *Afnes,* & n'y perdoient la laixiue. » III, 81. Allusion au proverbe : « A lauer la tefte d'*vn afne* L'on n'y pert que la leffive. » *A dos d'afne.* Voir p. 2, col. 1.

Asnerie. *(Asinaria,* l'Asinaire). « Plaute en fon *Afnerie.* » II, 213.

Asnier. « ... efcholiers badaulx & *afniers.* » II, 458.

Asnon. « Du fuif d'*afnon.* » III, 219 (second service du souper des dames lanternes).

Aspect. « ... notoient... les figures, fituations, *afpectz,* oppofitions, & coniunctions des aftres. » I, 93. « La riuiere de Loyre decoulloit fus l'*afpect* de Septentrion. » 192. « ... ceulx qui des cieulx ont le beneuole *afpect.* » II, 81. « En l'vne des quatre (ifles Ogygies)... laquelle plus a fon *afpect* vers Soleil couchant... » 121. « ... il fabrica... fa maifon du ciel... & confyderant l'affiete & les *afpectz* en leurs triplicitez, iecta vn grand foufpir... » 123. « Voyez comment la Lune ne prent lumiere... que du Soleil fon mary, & de luy n'en reçoit poinct plus qu'il luy en donne par ſon infuſion & *aſpectz.* » 149. l'*aſpect* beneuole des cieulx. » 208. « ... telle eſt on temps præſent la reuolution des Cieulx, la conſtellation des Aſtres, & *aſpect* des Planettes... » 266. « Soubdain la mer commença s'enfler... nos *aſpectz* tous eſtre diſſipez & perturbez. » 336. « ... vn ſi grand Prince deſtiné à choſes ſi grandes... Comme il appert par ſon horoſcope, ſi vne fois il eſchappe quelque triſte *aſpect* en l'angle Occidental de la ſeptieme maiſon. » III, 394. — *A votre aspect.* A votre avis, suivant votre manière de considérer. « ... eſclandre horrible à voſtre *aſpect,* mais à nous familier & vtile. » III, 179.

Aspere. *(Asper).* « ... l'itinere *aſpere,* & montueux. » III, 277.

Asperge. Masculin et féminin. « ... vous en voirez naiſtre les meilleurs *aſperges* du monde. Ie n'en daignerois excepter ceulx de Rauenne. » II, 293. « Sallades... de *Aſpergez...* » 480. « ... pluſtoſt que ne ſont cuictes *aſperges.* III, 32 et IV, 320.

Aspersé. *(Aspersus).* « ... *aſperſez* d'eaue beniſte. » II, 321.

Aspersoir. « ... *aſperſoir* mouillé en eau mercuriale. » III, 105.

Asphodele. Voir *Ambrosie.*

Aspirant. « ... vn pretendent & *aſpirant* à l'empire vniuers, ne peut touſiours auoir ſes aizes. » I, 126.

Aspre. « La couleur... eſt *aſpre* aux potz, à propos. » II, 42, et IV, 229. Jeu de mots. — « Ceſte, diſt Epiſtemon, meſchante ferraille de moines ſont par tout le monde ainſi *aſpres* ſus les viures. » III, 114.

Asprette. « Les feueilles... *aſprettes,* comme l'Orcanette... » II, 228.

Assablé. « C(ouillon) *aſſablé.* » II, 140.

Assaillir. « Comment les habitans de Lerné... *aſſallirent...* les bergiers de Gargantua. » I, 100. « Picrochole... me vient il *aſſaillir?* » 110. « ... Cupido... interrogé... pour quoy il n'*aſſailloit* les Muſes?... Tant s'en fault qu'il les voulſiſt *aſſaillir,* ou de leurs eſtudes diſtraire. » II, 153, 154.

Assassinateur. « ... taulpinieres de *aſſaſſinateurs...* » II, 23.

Assassinement. « ... briganderies, *aſſaſſinemens.* » II, 449.

Assassineur. « ... briguans, *aſſaſſineurs,* empoiſonneurs... » II, 29. « ... villains *aſſaſſineurs,* & briguans... » II, 395. « ... iſles des forſans... des meurtriers, & *aſſaſſineurs.* » 503-504.

Assavoir, A scavoir mon. « ... c'eſt *aſſauoir* à boyre, manger & dormir... » I, 44. « ... le doubte qui troubloit ſon entendement eſtoit, *aſſauoir* s'il deuoit plorer pour le dueil de ſa femme, ou rire pour la ioye de ſon filz? » 230. « C'eſt *aſſauoir* doulceur & diſcipline. » III, 301. « ... nous ſuons diſputans, *à ſçauoir mon,* ſi la face du medecin... tetricque... contriſte le malade?... » III, 192.

Assemblée. « Comment Pantagruel faict *aſſemblée* d'vn Theologien, d'vn medicin, d'vn Legiſte & d'vn Philoſophe. » II, 143.

Assembler. « ... il *aſſembloit* les boutz de tous les doigtz enſemble... » I, 316.

Asseoir. « ... en tel ordre qu'on *aſſiet* les quilles en Guaſcoigne. » I, 11. « ... ſe *aſſeoyt* à table. » 79. « Là iouoyt... A *ie m'aſſis.* » 80-81. « ... monſieur l'appetit venoit, & par bonne oportunité s'*aſſeoient* à table. » 87. « ... ſi en ceſt habit *ie m'aſſys* à table, ie boyray, par dieu, & à toy, & à ton cheual. » 145. « ...*affoyoient* fentinelles. » II, 7. « ... eftoit difficile d'y *affeoir* ferme & conftant regard. » III, 154. « ... le cul fe *affoira* le premier. » 236.

S'affeoir entre deux felles. « ... fe *affeoyt entre deux felles* le cul à terre... » I, 44. « ... luy commanda s'*affeoir entre deux fcelles* le cul à terre. » III, 168. Voir *Affis*.

ASSERER. Acérer, garnir d'acier; au figuré affermir, fortifier. « ... enclauoient barbacanes, *afferoient* machicoulis. » II, 7. « ... belle faulce verde... Laquelle vous... delecte le gouft, *affere* le cœur... » 23.

Asseré. « De fa lance doncq *afferee*, verde, & roide, rompoit vn huys. » I, 89. « ... deux poignards *afferez*. » 90. « ... vn hault appareil *afferé*. » 345. « C(ouillon) *afferé*. » II, 128. « ... fus l'inftant foit par vous *afferee* (la fanté), foit par vous vendiquee. » 255. « ... aiguilles *afferees*. » 267. « ... folleretz *afferez*. » 309. « ... gros guantelet *afferé* fourré d'hermines. » 314. « ... plaftrons *afferez*. » 390. « ... picques petites... toutesfoys bien poinctues & *afferees*. » 397. « ... griphes... fortes, longues, & *afferees*. » III, 44.

ASSERTION. « ... en demandez *affertion* & figne vfual. » II, 242. « ... fcelon le iugement & *affertion* des plus doctes Mafforethz. » 265. « *Par la Vertus Dieu*. Ce n'eft iurement : c'eft *affertion*. » III, 206.

ASSERTIVEMENT. « ... le Philofophe perfaict... refpond *affertiuement* de tous doubtes propofez. » II, 144.

ASSERVIR (s'). « Mercure ne vouldra *foy afferuir* es aultres. » II, 28. « ... ie ne fache que doibue faire, fi non... me *afferuir* a quelqun de pardeça... » III, 390.

ASSEURANCE. Voir *Asceurance*.

ASSEURÉ. « ... toutesfoys ie ne fuis poinct menteur tant *affeuré* comme il a efté. » I, 28.

ASSEURÉMENT. « Ie me doubte que ne croyez *affeurement* cefte eftrange natiuité. » I, 27. « ... peut eftre que derriere y a yffue au montouer. Mais ie le demanderay plus *affeurement*. » 48.

ASSIDU. « Ie ordonne & veux que Ponocrates foit... *affidu* auecques l'enfant. » I, 185.

ASSIER. Acier. « ... vn aneau faict des quatre metaulx enfemble... fans que l'*affier* froiffaft l'or. » I, 35. « ... elle (la fouldre) bruslera l'efpée d'*affier*, fans endommaiger le fourreau de velours. » II, 163.

ASSIETE, ASSIETTE. « ... feift la guambade fus vn pied, &... ne faillit oncq de rencontrer fa propre *affiette*. » I, 132. « ... loix conuenentes à l'*affiete* des contrées. » II, 18. « ... vne ifle triangulaire bien fort refemblante quant à la forme & *affiette* à Sicile. » 299. « ... contemplions l'*affiete* & beaulté de Florence... » 307. « ... vne ifle admirable... tant à caufe de l'*affiete*, que du gouuerneur d'icelle. » 469. « Paftéz d'*affiette*. » 477. *(Le ménagier de Paris* [t. II, p. 186] mentionne les *paftés d'affiette*, en parlant des *Paftés de veau*, mais il n'explique pas ce que cette expression signifie.) « Leur *affiette* fus la tapifferie fut telle. Les Roys fe tindrent en la derniere ligne. » III, 87. « ... eftoient (des pierres fines) en leur *affiete* departies par ligne diagonale. » 144. « ... l'*affiete* du lieu... » III, 210. « l'*affiette* de Tunis. » 356. Voir *Aspect*.

Assignation. « ... ſus la fin de Iuillet ſubſequent eſtoit l'*aſſignation* du chapitre general des Lanternes. » II, 286. « Le iour de l'*aſſignation* eſtoit lors qu'en l'iſle nous arriuaſmes. » 433.

Assigner. Attribuer, déterminer, fixer. « ... *aſſigna* la chaſtellenie de Salmiguondin à Panurge. » II, 20. « ... icy ont leur vie *aſſignee*. » III, 22. « Telle Naumachie *eſtoit aſſignee* pour le dimenche dixieme de ce mois. » 396.

Assimenter, Assimentir. Assaisonner, accommoder. « ... ie luy *euſſe aſſimenty* Son trou d'vrine, à mon lourdoys. » I, 54. « ... caillebotes *aſſimentees*. » 281.

Assis. « ... le reguard *aſſis* ſuz Gargantua. » I, 60. « ... les yeulx *aſſis* deſſus ſon liure. » 79. « ... rente, non courante comme bacheliers inſenſez, mais *aſſiſe* comme beaulx docteurs regens. » II, 91. Voir *Asseoir*.

Assistance. « ... nous fut dict... que ne ſortirions hors en maniere que ce fuſt, ſans bulletin & deſcharge de l'*aſſiſtance*. » III, 47.

Assistant. « ... les *aſſiſtans*, dirent que vrayement il debuoit auoir par ce le nom de Gargantua. » I, 29.

Associer. « Frere Ian *aſſocié* des maiſtres d'hoſtel... apporta quatre horrificques paſtez... » II, 498. « ... quant iugement ſerain *aſſocie* eſtude diligent. » III, 83. « ... quant bon cœur eſt *aſſocié* de bon bras. » 138.

Assommer. « ... *aſſommer* comme beſtes. » I, 135.

Assortement, assortiment. « ... le baſtiment, & *aſſortiment* de l'abbaye. » I, 192. « ... bains... bien garniz de tous *aſſortemens* & ſoyzon d'eau de Myre. » 199.

Assorti. « ... bandes, tant bien *aſſorties* de leurs theſauriers, de viuandiers... » I, 174. « ... grand corps de maiſon... bien clair & *aſſorty*. » 203.

Assoty. « Ie l'ayme deſia tout plein (l'enfantelet), & ia en ſuys tout *aſſoty*. » II, 91.

Assoupir, Assopir. « ... belle ſaulce verde... Laquelle... *aſſoupiſt* les reins... » II, 23. « ... ſont tous ſes appetitz *aſſopiz*. » 159.

Assouvir, Assovir. « ... ceſtuy animal *aſſouy* (ſi *aſſouy* peut eſtre) par l'aliment que Nature luy a præparé en l'home... » II, 159. « ... touſiours lamentez : iamais n'eſtes *aſſouuis*. » III, 29-30. « ... ce deſir ſera *aſſouui*. » 258.

Asterions. Araignées. II, 498.

Astipulateur. (*Adstipulator*). Répondant, caution. « ... que ferons nous de ce Rameau & de ce Galland, qui capparaſſonnez de leurs marmitons, ſuppons, & *aſtipulateurs* brouillent toute ceſte Academie de Paris ? » II, 258.

Astipulation. (*Adstipulatio, Adstipulationis*). « ... par le teſmoinage & *aſtipulation* des beſtes brutes tiroit tous les folz & inſenſez en ſa ſentence... » II, 384.

Astomé. (Ἄστομος). « ... comme les Ægyptiens diſoient Harpocras Dieu de ſilence... eſtre *aſtomé*, c'eſt à dire, ſans bouche... » II, 470.

Astragale. « ... es membres plus inferieurs de ces animaulx diuins... y a vn os, c'eſt le talon, l'*aſtragale*... duquel... l'on iouoyt antiquement au Royal jeu des tales... » II, 293.

Astragalomantie. Divination par le jet des astragales ou osselets. « ... par... *Aſtragalomantie*. I'ay ceans les proiectz tous preſtz. » II, 125.

ASTRINCT. « ... forcez & *aſtrinctz* y demeurer... » I, 191.

ASTRIPOTENT. *(Astrum, potens)*. Qui dirige les astres. « ... le ſupernel *aſtripotent.* » I, 242.

ASTROLABE. « Epiſtemon reguardoit par ſon *Aſtrolabe* en quelle eleuation nous eſtoit le Pole. » II, 492.

ASTROLOGIE. « ... vous ſçauez comment par art de *Aſtrologie* Geomantie, Chiromantie... il prædict toutes choſes futures. » II, 122.

ASTROPHILE. (Ἄστρον, astre, et φίλος, ami). « Voyez à la calamite de voſtre bouſſole, de grace, maiſtre *Aſtrophile,* dont nous vient ce fortunal. » II, 337-338. Voir *Anemophylace.*

ASTUCE. « Vous ſçauez ce que diſt C. Flaminius conſul lors que par l'*aſtuce* de Annibal il ſeut referré pres le lac de Peruſe... » II, 353.

ASTURCIER. Autoursier. Qui a soin des autours. « La faulconnerie... gouuernee par *aſturciers* bien expers en l'art. » I, 200. « ... gens ſoubzmis... A la Lune, comme... Veneurs, Chaſſeurs, *Aſturciers,* Faulconniers... » III, 243.

ATANT, A TANT. « *Atant* ſon pere aperceut... qu'en rien ne prouffitoit. » I, 59. « *A tant* Panurge ſe faſcha... » II, 103. « *Atant* ſe teut Bridoye... » 204. « *A tant* ſe teut Panurge. » III, 33.

ATAVE. *(Atavus)*. Quatrième aïeul. « L'origine primeue de mes aues & *ataues.* » I, 243.

ATHLÈTE. « *Athletes* & ſoubdars. » II, 152.

ATILLE. « ... les *atilles* des cerueaux mal calfretez. » III, 283.

ATIZEFEU. « Cyre eſtoit vachier... Ciceron *atizefeu...* » I, 364.

ATOME. « ... le Pantagruelion... ne deperdera vn ſeul *atome* des cendres dedans encloſes. » II, 241. « ... les *Atomes* de Epicurus. » 274. « ... ſcintiles d'or menues comme *atomes.* » III, 144. « *Atomes.* corps petitz & indiuiſibles... » 198. « ... les eſquadrons des *atomes* Democrites. » 283.

ATOUCHEMENT. « ... feut le dict cheual guery d'vn ſurot... par l'*atouchement* des boyaux de ce gros marrouſle. » I, 137. « ... Democritus eſcript... eſtre vne herbe, par le ſeul *atouchement* de laquelle vn coin de fer profondement... enfoncé... ſort dehors. » II, 489.

ATOURER. Parer, orner, quelquefois ironiquement. « ... deſguiſerent les paiges de l'aſſemblee, & les habillerent en damoyſelles bien pimpantes & *atourees.* » II, 306. « Coups de poing *euſſent* aptement *atouré* ſa teſte raſe. » 327.

ATRAMENTER. *(Atramentum,* encre), noircir. « Si obſecrons, que ta calame vale *Atramenter* chartre papyracee. » III, 279.

ATRES. *(Atria)*. Foyers. « ... ſut content de ſoy tenir es *atres.* » I, 12. « Si ta maiſon debuoit ruiner, failloit il qu'en ſa ruine elle tombaſt ſuz les *atres* de celluy qui l'auoit aornée ? » 118. « ... les aſtres qui ſont reiglez permanans en leurs *atres.* » III, 299.

ATROCE. « ... douleur *atroce.* » II, 208.

ATROPHE. (Ἄτροφος). Qui n'est pas pas nourri. « ... hetiques *atrophes,* tabides, emaciez. » III, 78.

ATTAINDRE. « ... vn ribauld canonnier, qui eſtoit au machicoulys, luy tira vn coup de canon, & le *attainct...* » I, 136.

ATTAQUER. « Alors *ſut* l'eſcarmouche *attaquee* des vns parmy les autres. » III, 404.

Attediation. (De *tædium* ennui). « ... la longueur du chemin, l'*attediation* de la mer. » I, 307.

Attelabes. Reptiles. II, 498.

Attempter. « ... ont encontre eulx *attempté* quelque cas de nouuelleté. » I, 117. « ... *ont attempté* du tout mettre à internition & destruire totallement leurs ennemys... » 160.

Attendre. « ... les pauures malautruz sont aulcunesfoys plus de troys sepmaines sans manger... & trauaillent iour & nuict *attendant* la foyre à venir. » I, 369. « Ie vous *attendois* là... » II, 154. « Icelles *attendentes* sa venue. » 306. « Tout vient à poinct qui peult *attendre*. » 438.

Attentement. Attentivement. « Panurge leut *attentement* l'escripture du bon vieillard. » II, 110.

Attractif. « ... signes (qui en amour sont incomparablement plus *attractifz*, efficaces, & valables que parolles)... » II, 97. « ... vertu *attractiue*. » III, 143.

Attraction, Atraction. « ... selon les Legistes, agitation & motion continuelle est cause d'*atraction*. » I, 299. « ... ilz en forgeoient (du vent),... par *attraction* & repulsion reciprocque. » II, 421.

Attrempé. Modéré, doux. « temps serain & bien *attrempé*. » I, 63. « Soubdaines eaux, dont les plus *attrempez* En combatant seront pris & trempez. » 208. « *Attrempé*. » III, 265 (prédiction du temps).

Au. « ... ceinct les boys & taillis *au* plaisir des chasseurs. » II, 237. « ... comme vn canart *au* plonge... » 427. Il précède l'indication d'un grand nombre de noms de jeux : « Là iouoyt... *Au* flux... *au* cent... *aux* luettes. » etc. etc. Voir I, 80-83.

Au figure souvent, par suite d'une inversion, en tête d'un proverbe : « *Au* bout de l'aulne fault le drap. » I, 375. — Il s'emploie dans les invocations et les imprécations : « Bien allons *au* nom de Dieu. » I, 301. « *Au* diable de biterne. » 343. « *Au* diable l'vn à qui demoura coingnee. » II, 266. « ... n'y entends, *au* diable, le rien. » III, 105.

Au se trouve assez fréquemment devant des substantifs pluriels : « L'air... retentissoit *au* cris & hurlemens de ces perdeurs de coingnees. » II, 266.

Au sert à former des locutions adverbiales et quelquefois à modifier des adverbes :

Au lentement. « ... tout *au lantement* nauiger. » III, 227.

Au parsus. « ... te contentent *au parsus*, s'il te semble que ie ne aye satisfaict à ton studieux desir. » I, 311.

Au regard de. « ... *au regard de* se rompre fort la teste à estudier, il ne le faisoit mie... » I, 240. « *Au regard des* damnez... » 363.

Au tour, en deux mots. « ... *au tour* de luy abayent les chiens... » II, 69. « C'est parlé cela... gualantement, sans circumbiliuaginer *au tour* du pot. » 147.

A s'employait où nous mettrions *au*. Voir p. 3 col. 2.

Aube. « Quand ce fut à l'ite missa est, que le pauure frater se voulut deuestir son *aulbe*... » I, 298. « ... deliees *aubes*. » II, 448.

A l'Aube des mousches, tard, le soir. (Oudin, *Curiositez francoises*). « Au tiers iour *à l'aube des mousches*... » II, 299.

Aube du bast, arçon du bât. « ... quoy qu'il se tint à l'*aube du bast*. » II, 317. « Par l'*aube du bas* que ie porte. » III, 33.

AUBELIERE. « Voulez vous vne *aubelicre?* Qu'eſt ce?... Ce ſont... ... cinq eſtroncz pour vous faire vne muſeliere. » I, 49 et IV, 97.

AUBER. « *Haubert.* C'eſt proprement vne cotte de maille à manches & gorgerin... On l'appelle aussi *Haubergeon* en diminutif. » (NICOT). «... nettoioient bardes, chaufrains... aubergeons... *aubers...* » II, 7. — *Aubers ſallez.* Cottes de mailles garnies de salades, de casques. Jeu de mots. « Les alimens des quelz il ſe paiſt ſont *aubers ſallez,* caſquets, morrions ſallez, & ſalades ſallees. » II, 372. — En argot, argent. « ... plus d'*aubert* n'eſtoit en fouilloufe... » II, 197. — Voir l'article suivant.

AUBERGEON. Voir l'article précédent. « ... maille à maille eſt faict le *aubergeon.* » Voir p. 7, col. 1.

AUBIER. Raisins blancs. « ... ilz... leurs donnerent... trois panerees de francs *aubiers...* bergiers & bergieres feirent chere lye auecques ces... beaulx raiſins... » I, 99.

AUCBARES. « Des *aucbares* de mer. » III, 218.

AUCRASTABOTZ. « En ſecond ſeruice furent ſeruies... Des *aucraſtabotz.* » III, 219.

AUCTEUR. « ... *aucteurs* de rebellion. » I, 186. Voir *Autheur.*

AUCTORISÉ. Fortifié, sanctionné. « ... exhortation toute *auctoriſee* des propous extraictz de la ſaincte eſcripture. » II, 271. « Teſtamens ne ſont valables ne *auctorizez* ſi non par mort des teſtateurs. » 346.

AUDIENCE, AUDIANCE. « Alexandre le Grand... refuſa *audience* à vn compaignon... oncques... ne... luy voulut... donner *audience.* » II, 83. « ... diſt à haulte voix en preſence & *audience* d'vne grande tourbe... » 328. « ... l'*audiance* de ceſte harmonie. » III, 162.

AUDINOS. « ... ladicte bonne femme, diſant ſes gaudez & *audinos.* » I, 271 et IV, 193.

AUDITEUR. « ... tirer les *auditeurs* en admiration. » II, 474. « ... *auditeur,* ie dis infatigable de leurs treſceleſtes eſcripts. » III, 8.

AUDITOIRE. « ... l'*auditoire* du treſdocte & vertueux Boiſſoné. » II, 145. « ... comment ſeroient portez les playdoiers des Aduocatz à l'*auditoire?* » 237.

AUGMENTER. « Mieulz euſt il faict ſoy contenir en ſa maiſon... que inſulter en la mienne... car par bien la gouuerner l'*euſt augmentee...* » I, 169-170.

AUJOURDHUY. « *Auiourdhuy* matin. » III, 345.

AULCUN. Adjectivement. Aucun, quelque, certain. Il se place soit avant, soit après le substantif : « ... es quelz n'a eſté obmis exemple *aulcun* d'inhumanité. » I, 116. « ... ſi femme *aulcune* y entre... » 190. « ... trouua la librairie de ſainct Victor fort magnificque, meſmement d'*aulcuns* liures qu'il y trouva... » 245. « Le Lyon accourut de pitié, veoir ſi elle s'eſtoit faict *aulcun* mal. » 292. « ... ſi ſignes *aulcuns* nous faiſoient. » II, 98. « *Aulcuns* Platonicques... » 120. « Briefue declaration d'*aucunes* dictions... » III, 194. « De l'eſtat d'*aucunes* gens. » 241. « De l'eſtat d'*aucuns* pays. » 245. « Bien ont *aucuns* ſtudieux reduit par eſcrit quelques obſeruations. » 258.

Aulcun, aulcuns. Quelqu'un, quelques-uns, certains. « *Aulcuns* des moinetons emporterent les enſeignes & guydons... » I, 108. « *Aulcuns* vouloient leur donner la chasse... » 178. « Quant *aucun* prenoit vn prisonnier... luy frappoit doucement en main dextre. » III, 90. « Beau sera... boire frais. Combien qu'*aucuns* ayent dict, qu'il n'est chose plus contraire à la soif. » 250. « *Aucunes* sus leurs rochetz portoient peaux d'Africanes. » 402.

Aulcuns, aulcunes, les aulcuns, les aulcunes, ayant pour corrélatifs *aultres, les aultres.* « ... *les aulcuns* disoient que de humeur il n'y en auoit goute en l'air... *Les aultres*... que c'estoit pluye des Antipodes... » I, 228. «... les *aulcunes* sont Amazones, les *aultres* Lyonnoyses. » I, 342. « Elles sont... femelles en sexe, mortelles en condition : *aulcunes* pucelles, *aultres* non. » II, 372. « Les Vniuersitez... en leurs armoiries... portent vn liure, *aulcunes* ouuert, *aultres* fermé. » 458-459.

Aulcunesfois, Aulcunesfoys, Aucunefois. Quelquefois. « ... voyant que les escoliers estoyent *aulcunesfois* de loysir... » I, 237. « ... disoit *aulcunesfois* que les liures des loix luy sembloyent vne belle robbe d'or... qui feust brodee de merde... » 240. « *Aulcunesfoys* nous pensons l'vn, mais Dieu faict l'aultre. » 275. « ... de belles cornes qu'ilz portoyent... *aulcunesfoys* toute leur vie. » 297. « Hauteur d'icelluy (Pantagruelion) communement est de cinq à six pieds. *Aulcunes foys* excede la haulteur d'vne lance. » II, 228. « ... se couurent les testes *aucunefois* de bonnets à quattre gouttieres. » III, 45. « ... *aucunefois* volle, *aucunefois* chemine en terre. » 53.

Aulcunement. En quelque sorte, en quelque manière. « ... nous est *aulcunement* instauré ce que nous feut tollu par le peché de nos premiers parens. » I, 252. « Pantagruel aduerty de l'affaire, n'en feut en soy *aulcunement* indigné. » II, 21. « ... tu me semblez *aulcunement* doubter, voyre deffier de ma paternité. » 134. « ... *aulcunement* mal aisé. » 141. « ... sans d'iceulx estre *aulcunement* offensé. » 327. « Vray est que leurs prouisions estoient *auculnement* endommagees par la tempeste præcedente. » 358. « ... cela seroit tollerable *aulcunement.* » 388. « ... aduisa qu'elle estoit *aulcunement* triste. » 403. Voir *Abhorrent.*

Aulican. De cour. « Là iouoyt... Au bossu *aulican.* » I, 82.

Aulique, Aulicque. « ... s(ol) *aulicque.* » II, 182. « ... les fredonnemens des lucz, rebecz, & violons *auliques.* » 216.

Aulmonsne, Aulmosne. « Tous paouures gens... viuans... des *aulmonsnes* que les voyagiers leurs donnent. » II, 496. « ... ie suis contrainct de recourir encores à vos *aulmosnes.* » III, 361. « ... il me affermoit que esties en bon vouloir de me faire quelque *aulmosne.* 390.

Aulmonsnier. « ... charitable, *aulmonsnier.* » II, 141.

Aulne. « Pour son pourpoinct furent leuees huyt cens treize *aulnes* de satin blanc. » I, 31. « ... mesurant le peril à l'*aulne* de paour. » II, 354. « ... vn ieune Spodizateur... tiroit des peds d'vn Asne mort, & en vendoit l'*aune* cinq sols. » III, 81. « Frere Iean qui auoit tousiours vingt *aulnes* de boyaux vuides. » III, 215. Voir *Angonnage. Au bout de l'aulne.* Voir *Au,* p. 56, col. 2.

Aultel. « ... le grand *aultel*... » II, 444.

Aultelissier. Qui fait des tapisseries de haute-lisse. « ... tapiſſiers, & *aultelißiers...* » I, 203.

Aultre. Différent, supérieur. « ... fault ouurir le liure... Lors congnoiſtrez que la drogue dedans contenue eſt bien d'*aultre* valeur, que ne promettoit la boite. » I, 4.

Aultre occupe souvent dans la phrase une place différente de celle que nous lui donnerions. « ... couppes.. & *aultre* telle vaiſſelle toute d'ormaſſif. » I, 188. « Salue Panurge, frere Ian... & *aultres* tes domeſtiques mes bons amis. » II, 280. « ... moulins à eau, à vent, à bras, à *aultres* mille engins. » 484.

L'*aultre*. Le diable, qu'on évite d'appeler par son nom. « Si tu es de Dieu ſy parle, ſy tu es de l'*aultre* ſy t'en va. » I, 132, et IV, 131. « Aidez moy de par dieu, puis que de par l'*aultre* ne voulez. » 157, et IV, 142. « ... ſi eſtes de l'*autre* aualiſque Sathanas. » III, 4.

A l'aultre. « *A l'aultre...* C'eſt bien rentré de picques noires. » II, 387.

Aux aultres. « Le premier mot que diſt celluy qui eſcouilloit les moines beurs à Sauſſignac, ayant eſcouillé le frai Cauldaureil, feut : *aux aultres*. Ie diz pareillement : *aux aultres.* » II, 150.

Les vnes es aultres, vnes aux aultres. « ... le Pape Ian. XXII, paſſant vn iour par l'abbaye de Coingnaufond, feut requis par l'Abbeſſe, & meres diſcretes, leurs conceder vn indult, moyenant lequel ſe peuſſent confeſſer *les vnes es aultres,* alleguantes que les femmes de religion ont quelques petites imperfections ſecretes, les quelles... plus familierement... diroient *vnes aux aultres.* » II, 165-166. Voir *Aulcun.*

L'aultre hier. I, 53. Avant hier.

Aultres fois. « Vous auez *aultres foys* veu... » II, 156. « ... alleguant... les bons & agreables ſeruices que *aultres foys* luy auoit faict. » 162.

Aultrement. « ... laquelle (raiſon) vn chaſcun peut ſoubdain par ſoy comprendre ſans *aultrement* eſtre inſtruict de perſonne. » I, 40. « ... Gargantua y print plaiſir bien grand, ſans *aultrement* s'en vanter. » 64. « ... les nations eſtranges s'esbahiſſent de la patience des Roys de France, leſquelz *aultrement* par bonne iuſtice ne les refrenent (les Parisiens)... » 67. « ... ceſſoient ordinairement lors que ſuoient parmy le corps, ou eſtoient *aultrement* las. » 87. « ... il... tua tout roidde mon rouſtiſſeur, dont il mourut là par faulte de gouuernement ou *aultrement...* » 284-285. (Parodie d'une formule juridique.) « Auſſi euſt il eſté bien foriſſu du Deificque manoir de raiſon, ſi *aultrement* ſe feuſt contriſté. » II, 21. « Tous deux me ſemblent *autrement* bons compaignons. » 258.

Bien aultrement. « *Bien aultrement* faiſoient en temps iadis les ſaiges de Egypte... » I, 38.

Aultruy. Employé comme sujet. « Ce qu'à aultruy tu auras faict, ſoys certain qu'*aultruy* te fera. » II, 50.

Aumusse. « Là trouuerez... Vne grand tare, au fond de ſon *aumuſſe.* » I, 12. « Quareſmeprenant... auoit... Le poulmon, comme vne *aumuſſe.* » II, 375. C'eſt... la reſſemblance d'vn Pape. Ie le congnois à la thiare, à l'*aumuſſe...* » 444. Voir *Armet.*

Aupres. Adverbialement : « ... les enuoya viure dans vne iſle là *aupres.* » I, 348.

AURANDE. Voir *Aneth*.

AURE *(Aura)*. Soufle. « ... *aures* vitales. » III, 278.

AURÉ *(Aureus)*. D'or. « Mediocrité a esté par les saiges anciens dicte *auree*, c'est à dire precieuse. » II, 256. « ... le Roy *Auré* estoit sus le carreau blanc. » III, 87. « Là cesserent les musiciens *aurez*, commencerent les argentez. » 91. « ... l'Archer *auré*... » 95. « ... du cruel Neron la case *auree*. » 277.

AUREILLE. « ... l'*aureille* prester ne luy voulut, ne donner audience. » II, 83. « ... escoutez ça vn peu de l'aultre *aureille*. » 290.

Aureilles de Bourbonnoys. « Aultres croissoyent par les aureilles... Et dict on que en Bourbonnoys encores dure l'eraige, dont sont dictes *aureilles de Bourbonnoys*. » I, 222.

Aureilles de Iudas. « Sallades cent diuersitez, de cresson... d'*aureilles de Iudas* (c'est vne forme de funges issans des vieulx Suzeaulx). II, 480.

Aureilles, en Gascogne. « ... les *aureilles* seront courtes & rares *en Gascongne* plus que de coustume. » III, 238.

Vin à une aureille ou, comme le dit Jean Le Houx *(Les Vaux de Vire*, Lemerre, 1875, p, 26). « ... vin excelent qui *fait lever l'oreille*. » « O le gentil vin blanc... il est *à vne aureille*... » I, 24. « ... venant à l'oracle ayez soin n'escouter le mot (de la dive Bouteille), sinon d'vne aureille. C'est, dist frere Iean, du *vin à vne aureille*. » III, 165. « ... ce treteau estoit bouteille Pleine de *vin à vn aureille*. » 176.

Avoir la pusse en l'aureille. « *I'ay* (respondit Panurge) *la pusse en l'aureille*. » II, 42. « Durant vostre docte discours ceste Pusse que i'ay en l'*aureille*, m'a plus chatouillé que ne feist oncques. » 155.

Auoir ses enfans par l'aureille. « ... à Dieu rien n'est impossible. Et s'il vouloit les femmes *auroient* doresnauant ainsi leurs enfans par l'aureille. » I, 27. N'avoir point d'*aureilles*. Voir *Affamé*.

Les aureilles me cornent, vous cornent. Bourdonnent, rendent un son qui n'a rien de réel : « *Les aureilles me cornent*, il m'est aduis que ie oy Proserpine bruyante. » II, 88. « Pantagruel continuoit affermant ouyr voix diuerses... quand nous feut aduis, ou que nous les oyons pareillement ou que *les aureilles nous cornoient*. » 463. « Ie y oy... le tocqueinct horrificque... Ou bien *les aureilles me cornent*. » 504. « ... me semble que i'oy Cerberus abbayant. Escoutez, c'est luy ou *les aureilles me cornent*. » III, 138.

Ne chanter que des aureilles. Ne rendre aucun son, ne pas chanter du tout. « ... ententiuement escoutant apperçeu qu'ils *ne chantoient que des aureilles*. » III, 105, et IV, 333. « ... tousiours *chantans des aureilles*, comme auons dit. » III, 107.

AUREILLER. « Ie me torchay... d'vn *aureiller*. » I, 54.

AUREILLETTE. « ... *aureillettes* de satin cramoysi. » I, 52.

AURES *(Aures)*. Oreilles. « Aucuns venans de tes lares patries, noz *aures* ont de tes noues remplies. » III, 275.

AURICULAIRE. « ... doigtz *auriculaires*. » I, 315.

AURICULE *(Auricula)*. Petite oreille. « ... de noz maux ton *auricule* obtundre. » III, 277.

AURIFLU. « ... Vous n'en trouuerez point (de livres) de ceſte *auriflue* energie. » II, 456. « *Auriflue energie*. vertus faiſante couller l'or. » III, 204.

AURIPEAUX, mot d'Anjou. Oreillons. « En noſtre abbaye nous ne eſtudions iamais, de peur des *auripeaux*. » I, 147.

AUSER, AUZER (*Audere*). Oser. « ... ne l'*auſeroye* ſoubhaitter. » I, 10. « ... n'ont iamais *auzé* provoquer... » 117. « ... le pauure ſot ne ſe *auſe* defendre... » I, 373. « ... eſt il home tant fol qui ſe *auſaſt* promettre viure troys ans? » II, 22.

AUSPICE. « ... l'*auſpice* de vos deux verres & du fuſt de iaueline eſtoyt bien par trop fallace. » I, 362.

AUSSI, AUSSY. « Vertus & Vice ſont contraires en vne eſpece, *auſſy* ſont Bien & Mal. » I, 39. « S'il auoit quelques imperfections : *auſſi* auez vous, *auſſi* auons nous. » II, 6. « Nous auons reſpondu à la requeſte du Cheriph. *Auſſi* auons nous à la deuotion de Guolgotz Rays. » II, 258.

Auſſi bien. III, 57.

Auſſi touſt. II, 268.

AUSTERE. « ... à vous oncq ne feis auſtere tour En dict ny faict... » I, 327.

AUSTOUR. « Les Aigles... *Auſtours*... il domeſticque & appriuoiſe... » II, 471.

AUSTRUCHE. « ... voyans les Porczeſpicz & *Auſtruches* on palais du ſeigneur Philippes Stroſſy. » II, 308. « ... nous veiſmes les larmes decouller de ſes œilz groſſes comme œufz de *Auſtruche*. » 370.

AUTANT. « ... il y entroit (le victorieux, à Rome) ſur vn char tiré par cheuaulx blancs. *Autant* celluy qui y entroit en ouation. » I, 41. « ... *autant* nous en pend à l'œil. » 231. « ... apres commença à dire, bon, bon, bon... voulant donner à entendre... qu'il n'en failloit plus que *autant*. » 234. « ... *Autant* de ceſtuy là. » 262. « *Autant* vault l'homme comme il s'eſtime. » 357. « *Autant* en feirent les aultres bergiers & moutonniers... » II, 297.

Autant, devant un adjectif : « ... *autant* riche que Iob, *autant* fort que Sanſon. » II, 257.

D'Autant. Dans la même proportion. « ... *d'aultant* qu'elles eſtoyent plus horribles, & execrables, *d'autant* il leur failloyt donner d'aduantage, aultrement le diable ne les euſt voulu biſcoter, » I, 303.

Boire d'autant. « ... touſiours riant, touſiours beuuant *d'autant* à vn chaſcun. » I, 4. « ... beut *d'autant* auecques luy & ſes gouuernantes. » 51. « ... beuuant *d'autant*... » 84. « ... beuuans *d'aultant*. » 96. « Gabbara, qui premier inuenta de boire *d'autant*. » 223. « ... boire *d'autant* le ventre contre terre. » 339. « ... les faictes boire *d'autant*. » II, 261. « ... beurent *d'autant* l'vn à l'autre. » 288. « ... toutes les heures ſont miennes. Allons donques *boire d'autant*. » III, 36. « ... riant, ſe gaudiſſant & beuuant *d'autant* à vn chaſcun. » 151.

Par autant que. « A quel propos... tend ce prelude... *Par autant que*... liſans les ioyeux tiltres d'aulcuns liures de noſtre inuention... iugez trop facillement ne eſtre au dedans traicté que mocqueries... » I, 4. « Et *par autant que* à ceſte nouuelle impoſition du nom tous les aſſiſtans iurerent chaſcun les ſaincts de ſa paroiſſe... » 66. « Et *par autant qu'*vn royaulme ainſi deſolé ſeroit ſacilement ruiné... » 185. « ... *par autant qu'*il auoit les bras lyez dedans il ne pouuoit rien prendre à manger. » 236.

AUTARDE, OSTARDE, OTARDE. « Couroit le cerf... le faiſant, l'*otarde.* » I, 90. « ... print de ſes mains en l'air quatre grandes *Otardes*...» 340. «...cocqs d'Inde, chappons, *autardes*... » III, 212.

Pas d'ostarde. « au *pas d'oſtarde*... » I, 271. « ... le veidz marcher *au pas de Otarde*... » IV, 332.

AUTENTICQUE, AUTENTIQUE, AUTHENTICQUE, AUTHENTIQUE. « ... diuination... Bonne... antique, & *authenticque,* c'eſt par ſonges. » II, 66. « ... f(ol) *autenticque.* » 184. « ... trois choſes exquiſes, requiſes, & *autenticques.* » 190. « ... gloſe fort *autentique.* » III, 172. « Pour indaguer en vocable *authentique* La purité de la lingue Gallique. » 279.

AUTHEUR. « ... bruit ſans *autheur* certain... nouvelles inſignes... ſans *autheur* congnu. » III, 393. Voir *Aucteur.*

AUTHORISER. « ... qui a eſtably, confirmé, *authoriſé* ces belles religions. » II, 458.

AUTOMATES. « ... petitz engins *automates :* c'eſt à dire : ſoy mouuens eulx-meſmes. » I, 96.

AUTOMNAL. « ... æquinocte *automnal.* » II, 230.

AUTORITÉ. « ... comme tu as l'*autorité* de Marc Tulle. » I, 255.

AVALADES. Abaissées. « ... bragues *aualades.* » II, 42.

AVALISQUE. Disparais en bas, dans l'abîme. « ... ſi eſtes de l'autre *aualiſque* Sathanas. » III, 4.

AVALLER. Faire descendre la nourriture dans l'estomac. « *Auallez,* ce ſont herbes. » I, 24. « ... contournant la teſte comme vn cinge qui *aualle* pillules. » II, 264 « Il nous *aualera* tous & gens & naufz, comme pillules. » 387. « Ie ſuys... plus couraigeux, que ſi i'euſſe autant de mouſches *auallé,* qu'il en eſt mis en paſte dedans Paris... » 510.

Avaller avait anciennement le sens plus général de descendre, faire descendre, abaisser, abattre : « ... ſe exerçeoit à la haſche. Laquelle... ſoupplement *aualloit* en taille ronde... » I, 89. « ... es aultres... *aualloyt* le nez. » 106. « ... Pantagruel... luy court ſus (à Loup garou) & luy vouloit *aualler* la teſte tout net. » 360. « C(ouillon) *auallé.* » II, 138.

Se avaller. Descendre en se laissant glisser. « ... ainſi qu'il (Gargantua) eut mys les piedz dehors il *ſe aualla* le mieux qu'il peut... » I, 235.

Dans les exemples qui suivent il y a un jeu de mots entre les deux sens d'avaler : « Si ie montais auſſi bien comme i'*aualle,* ie feuſſe piec' a hault en l'aer. » I, 23, et IV, 80. « ... ſi ie montaſſe auſſi bien que ie *aualle,* ie feuſſe deſia au deſſus la ſphere de la lune... » 283.

A bride avallée. Voir p. 2, col. 1.

AVALLEUR. *Avalleur de frimars.* Ceux qui gobent les brouillards. « ... ces *aualleurs* de frimars font les proces dauant eux pendens, & infiniz, & immortelz. » I, 76. « Grippeminaulx, *aualleurs* de frimars. » 196. « Les geants Doriphages *aualleurs* de frimars. » II, 13.

Avalleur de moulins à vent. II, 331.

Avalleur de poys gris. II, 371.

AVALLUER. Mettre en valeur une chose et aussi la réduire à sa valeur réelle. « ... ſuppliant à ce que defailloit : ce que abondoit *aualluant.* » II, 18. « Ceulx qui... la voulent *aualluer.* » 231.

Avancer. « ... il fouettoyt ſans remiſſion les paiges qu'il trouuoit portans du vin à leurs maiſtres, pour les *auancer* d'aller. » I, 297. Au lieu d'*avancer,* plusieurs éditions portent *avanger.* Voir l'article suivant.

Avanger. Avancer. Forme encore en usage dans le Poitou. « ... nous n'*auangerons* que trop à manger noz munitions. » I, 123. « ... ie me ſoucie quelque peu d'vn cas... comment ie pourray *auanger* à braquemarder toutes les putains qui y ſont. » 343. « ... ils ne peuuent de preſent *auanger* à boyre. » III, 232. Voir *Avancer.*

Avant. « ... ſans plus *auant* enquerir. » I, 4. « Et amis comme par *auant.* » 122. « ... hay *auant...* » 271. « La follaſtre... me les fiſchoyt (des cornes) encore plus *auant.* » II, 73. « ... ſerez bien *auant* de feſte. » 101. « ... certains iours par *auant.* » 269. « Paſſans quelque peu *auant...* » III, 124. « Allons plus *auant,* cecy n'eſt rien. » 211. *Par avant.* Voir *Ami.*

Avant que. « ... *auant que* retournons. » II, 122. « ... *auant que* aborder en l'iſle ſonnante. » III, 12. « ... *auant que* d'entrer au maiſtre preſſouër. » 211.

Avant coureur. « ... andouilles, & telz aultres *auant coureurs* de vin. » I, 79.

Avantgarde. « L'*auantgarde* eſtoit menee par Silenus. » III, 148.

Avant-hier. « ... la fin du monde approche. Nous en ſommes huy plus pres de deux trabutz & demie toiſe, que n'eſtions *auant hier.* » II, 131.

Avant procédé. « ... informations, *auant procedez,* productions. » II, 188.

Avantage, Avantaige (D'). « *D'auantaige* auoit charge dudict geant de luy dire qu'il luy apreſtaſt au lendemain ſur le midy à diſner. » I, 352. « ... qu'ontelles *d'auantage?* » III, 111. « ... cinquante cheuaux, & *d'auantage.* » 399.

Avare. « ... riuages *auares.* » II, 56.

Avaricieux. « ... Craſſus l'*auaricieux.* » II, 269.

Avau. Voir p. 7, col 1.

Ave *(Avus).* Voir *Atave.*

Avec, Avecques, Aveques, Avesque. « ... *auecques* eſpoir certain... » I, 5. « ... aueſque les deutz. » 26. « ... *auecques* les honorables Dames. » 215. « ... *auecques* ſes compaignons... » 241. « Ainſi que Pantagruel *auecques* toute ſa bande entrerent es terres des Dipſodes. » 374. « ... les aultres *auecques* leurs paſles en emplirent les corbeilles (d'ordure). » 381. « ... *auecques* Fortune... » II, 254. « La paix de Æternel ſoyt *auecques* toy. » 280. « ... *auecques* Dindenault. » 289. « Auiourd'huy auons nous ce que cerchons *aueques* fatigues & labeurs tant diuers. » III, 132. — Adverbialement. « ... voyla Naples, Calabre, Appoulle & Sicile toutes à ſac, & Malthe *auec.* » I, 125.

Avenant (a l'). Voir p. 6, col. 2.

Avéré. « ... n'eſt choſe confeſſee ne *aueree* que elle ſoit ſorciere. » II, 82. « Il eſt vray & *auere* par mille experiences. » 241. « Voicy choſes grandes & paradoxes : vrayes toutesfois, veues, & *auerees.* » III, 187. « Sept iours apres furent ces bonnes nouuelles... *auerees.* » 394.

Averlan, Averlant. Ribaud, compagnon. « ... mes bons *auerlans*... » I, 18. « ... les oultragerent grandement, les appellans... Chienlictz, *Auerlans*... » 97. « ... ie veids vn *auerlant* qui saluant son alliee, l'appella mon matraz... » II, 301.

Avertissement. Voir *Advertissement*.

Aveugle, Aveuigle, Aveigle. « ... vne vile sans cloches est comme vn *aueugle* sans baston. » I, 72. « ... de femme ne me peuz passer en plus qu'vn *aueugle* de baston. » II, 50. « ... plus *aueugle* qu'vne Taulpe. » 124. « ... ne suys *aueuigle* plus que vous... » II, 307. « ... tournoyer... comme estourdy, *aueigle*, & prochain de mort. » II, 391.

Aveugler (s'). Au propre. « Democritus *se aueugla*. » II, 153.

Avincenistes. Variante. Ce mot a été remplacé par *Tacuins*. IV, 356.

Avitaillement. Voir *Ambassadeur*.

Avitailler, Avituailler. Dans quelques-uns des passages qui suivent ce mot est employé de façon à donner lieu à une équivoque. « D'vn cas vous aduertis, que si elle (la braguette de Gargantua) estoit bien longue & bien ample, si estoit elle bien guarnie au dedans & bien *auitaillee*. » I, 32. « Nous sommes icy assez mal *auituaillez*. » 122. « ... Pionniers quarante sept mille, le tout souldoyé & *auitaillé*. » 174. « ... tousiours le maintiendray succullent & bien *auitaillé*. » II, 92. « André Doria qui estoit allé pour *auitailler* ceux qui... tiennent la Goleta... » III, 346.

Se auitailler. « ... soy reposer, & de rechief *se auitailler* pour mieux au retour combatre. » II, 40.

Avivres. Avives. « ... tes males *auiures* baudet, me prens-tu pour vn asne? » III, 33.

Avoine, Avoyne. « Là iouoyt... A vendre l'*auoine*. » I, 81. » « ... A semer l'*auoyne*. » 83. Donner l'*auoine* aux chiens. Voir *Aguillanneuf*. « ... comme font les Connins mangeans *auoine* en gerbe. » II, 102. « ... *auoine* bien aduenant. » III, 32. » *Avoine* se prononçant alors *avene* formait un jeu de mot avec *avenant*.

Avoir. Avoir en sa possession, en son pouvoir. « Là recouurerez argent à tas. Car le vilain en *a* du content... » I, 124. « ... ie vous en veulx faire vn present : car i'en *ay* du content. » 325. « Ie l'*ay* (dist il) amie, mais elle ne me *a* mie. » II, 170. « Si i'*auois* autant d'escus comme le Pape vouldroit donner de iours de Pardon... ie serois plus riche que Jacques Cœur ne fust oncques. » III, 354.

Avoir, pour *Après avoir*. Voir *Après*, p. 42, col. 2.

Il y a, il y en a, ou, par abréviation, *a*. « ... disoient qu'*il n'y en auoit* pas pour leurs pages. » II, 62. « ... plus de six mille ans *a*. » 94. « ... es membres plus inferieurs de ces animaulx... *y a* vn os... » 293. « Dieu sçayt comment *il y eut* beu & guallé. » II, 358 et IV, 285. « ... en toutes choses *il y a* de la faute. » III, 99. « *Qui a il* en cuisine ? — feu. » 110.

Il y aura de l'asne. Voir *Asne*, p. 51, col. 2.

En ay-ie? « ... leurs disant le petit mot de Patelin. *En ay ie?* » II, 265 et IV, 269. « De prime face qu'il me recognut s'escria de ioye, & me dift : *En ay-ie ?* » III, 67 et IV, 327. — On trouve *ha* pour *a* en souvenir du latin *habere :* « Qui *ha* fi parle. » II, 500 et IV, 306.

Avoir à, suivi d'un verbe à l'infinitif. « ... qu'eft ce que *auez à* rire ? » I, 283.

— *aduertissement.* Voir *Aduertissement.*

— *affaire à, Avoir affaire de.* Voir *Affaire.*

— *beau* suivi d'un infinitif. « ... adiouftans... qu'*auions beau* faire chois de lanternes, lors qu'elles tenoient leur chapitre Prouincial. » III, 129.

— *bon vinaigre.* « ... ces tant femmes de bien ont communement mauluaife tefte, auffi *ont* elles *bon vinaigre* en leur mefnaige. » II, 50.

— *cure.* « D'eau douce ils n'*ont cure*... » III, 68.

— *de couftume.* « ... beau, & infigne figuier, auquel... *auez de couftume* à l'efcart vous pendre & eftrangler. » III, 193.

— *en abhomination.* Voir *Abhomination.*

— *en foing & cure.* « ... *auoit-il en foing & cure* fpeciale le bourgeon... » II, 161.

— *foi à.* Voir p. 5, col. 1.

— *la bouche fraische.* « Monfieur le iafeur, dieu vous guard de mal, tant vous auez la *bouche fraifche.* » I, 49, et IV, 98.

— *la puffe en l'aureille.* Voir *Aureille.*

— *le moine.* « ... nous en fommes bien, à cefte heure *auons nous le moine.* » I, 48, et IV, 97. « ... Gargantua luy refpondit que fans doute leurs ennemys *auoient le moyne.* Ilz auront (dift Grandgoufier) doncques male encontre. Ce que auoit efté bien vray. Pourtant encores eft le prouerbe en vfaige, de bailler *le moyne* à quelcun. » I, 165.

— *nom.* « ... vn qui eft leur chef, & *a nom* Loupgarou... » I, 342. « ... vous *auez nom* Robin mouton. » II, 290. « ... il *auoit nom* Gaingnebeaucoup. » III, 210. — Le *comment a nom* d'une femme. « ... confiderant fon *comment a nom*... » I, 292. « ... trouua qu'il auoit le doigt on *comment a nom ?* de fa femme. » II, 142. « ... luy monftra fon *comment a nom ?* » 434.

— *fes enfants par l'aureille.* Voir *Aureille.*

— *victoire.* « Comment Pantagruel *eut victoire*... des Dipsodes. » I, 350.

— *son vin.* Avoir le dessous, être vaincu. « ... mes crediteurs *auroient* bien *leur vin*... » I, 22. « ... ce diable de Pantagruel, qui a conuaincu tous les refueurs & beiaunes Sophiftes, à cefte heure *aura fon vin*... » 310.

Avoir. Substantivement. « Neron... admiroit C. Caligula fon oncle, lequel en peu de iours auoit... defpendu tout l'*auoir* & patrimoine que Tiberius luy auoit laiffé. » II, 24. « ... le gentilhome y perdra tout fon *auoir*... » 311.

Avoistre. « ... appellant vn enfant... champis ou *auoiftre*, c'eft... dire le pere coqu, & fa femme ribaulde. » II, 74.

Avoler. Voler vers. « ... entre ces ioyeux oifeaux eftoit par chafcune quinte lune *auolé* grand nombre de cagots... » III, 15. « ... pour vn mort en *auoloit* vingt quatre. » 16. « ... bien toft y deuoit *auoler* vne fexte efpece... » 19. « ... tous *auolent* icy... » 22. « ... pres de nous *auolerent* vingt cinq ou trente oifeaux... » 23.

Avorter. « ... leua les œilz au Ciel, & les tournoyoit en la teſte comme vne cheure qui *auorte...* » II, 100.

Axinomantie. Divination par le moyen d'vne hache. « Voulez vous... en ſcauoir... la verité... Par *Axinomantie.* Fais icy prouiſion ſeulement d'vne coingnée & d'vne pierre Gagate, laquelle nous metterons ſus la braze. » II, 124-125.

Axunge. « ... *axunge* de ſouris chauues. » I, 333. Voir *Adulterer.*

Ayde. « Dieu nous ſoit en *ayde.* » II, 174.

Ayder, Aider. « ... luy demanderent en quoy il vouloit qu'ilz luy *aydaſſent ?* I, 107. « ... les ſonges des coquz cornuz, comme ſera Panurge, Dieu *aydant* & ſa femme, ſont touſiours vrays & infallibles. » II, 71. « ... ſi a ce coup m'eſtez *aydant.* » 341. « *Ayde* au bon temps. » 350.

Se ayder. « ... de la praticque *ie me ayde* quelque peu. » I, 22. « ... *ſoy aident* de mon art & ſeruice. » II, 247.

Aymant. « ... i'ay vne pierre philoſophale qui me attire l'argent des bourſes, comme l'*aymant* attire le fer. » I, 301. « ... vne bien groſſe pierre Siderite... iadis trouuee... par vn nommé Magnes... Nous vulgairement l'appellons *Aymant.* » II, 488.

Aymer. « ... qui me *ayme* ſi me ſuyue. » I, 128.

Azar, Azard. Hasard. « ... affin de ſuruenir à tous *azars,* ne nous retirons pas encores... » I, 160. « ... longue peregrination, plene de *azard...* » II, 219.

Azemine. De Perse. « ... f(ol) d'*azemine.* » II, 184. « ... vne breuſſe... porfilee d'or de Cypre à ouuraige d'*Azemine.* » 270.

Azes guayes. Zagaies. « Eſguiſoient... *azes guayes...* » II, 7.

Azimuth. « ... f(ol) d'*Azimuth.* » II, 184.

Azur. « Nous y veiſmes des motz de gueule, des motz de ſinople, des motz de *azur.* » II, 466.

B

B. mol, B. quarre. « f(ol) de *b quarre* & de *b mol.* » II, 181. Voir *Bemol, Bequarre.*

Baailler. Voir *Baisler.*

Babillebabou. Exclamation. « Panurge commença crier & lamenter plus que iamais. *Babillebabou* (diſoit il) voicy pis qu'antan. » II, 386. « En ſecond ſeruice furent ſeruies... des *babillebabous.* » III, 219.

Babines. Lèvres. « ... les nourriſſes ne luy auoyent bien à poinct torché les *babines...* » I, 234. « A quelle fin fredonne elle des *babines,* comme vn Cinge demembrant Eſcreuiſſes? » II, 88. « ... remuant les *babines,* comme vn Cinge qui cherche poulz en teſte... » 506.

Babort. « ... changeans de tribort en *babort,* & de *babort* en tribort. » II, 492.

Babou. Moue, grimace. « Là iouoyt... A la *babou.* » I, 80-81. « Panurge luy feiſt la *babou,* en ſigne de deriſion. » II, 468.

Babouyneries. Singeries. « N'eſt-ce le mieulx ouyr par leur viue voix leur debat, que lire ces *babouyneries* icy... ? » I, 267.

Bac. Cuve. « ... ceſte bouteille là qui refraichiſt dedans ce *bac.* » II, 235. — Dans le passage suivant le mot *bac* semble vouloir dire *tête,* mais comme on ne le trouve nulle part en cette signification, on a proposé de lire *cap* ou *bec.*

« ... par equale diſtance de queue & *bac...* » II. 391.

BACBUC. « Comment Pantagruel monta ſus mer, pour viſiter l'Oracle de la diue *Bacbuc.* » II, 269. « *Bacbuc.* Bouteille en Hebrieu. » III, 197.

BACCES, BACQUES, BAGUES. *(Baccæ).* Baies. « ... vne chaine d'or... faicte en forme de groſſes *bacces...* » I, 34. « ... trois antiques lierres... tous chargez de *bagues.* » III, 133, et IV, 338.

BACCHANALES. Masculin. « ... en plains *Bacchanales.* » III, 151.

BACCHICQUE. « ... eſtre du conſeil *Bacchicque...* » II, 5. « ... les Mænades femmes *Bacchicques.* » 213. Voir *Artillerie.*

BACCHIDES. « ... toute ſa garde & toutes ſes forces eſtoient de Baſſarides... & *Bacchides,* femmes forcenees... » III, 148.

BACHELETTE. « ... vne gorgiaſe *bachelette...* » II, 300. «... les ieunes *bachelettes* de nos pays ſont mille foys plus aduenentes. » 308.

BACHELIER, BACCHELIER. «...rente, non courante comme *bacheliers* inſenſez, mais aſſiſe comme beaulx docteurs regens. » II, 91. « Vn *bacchelier* en buſche paſſant diſt à vne ieune bachelette... » 302.

BACULE. Bascule. Jeu. « ... A la *bacule.* » I, 83.

BADAUD, BADAULT. Substantif & adjectif. « ... impoſitions *badaudes.* » I, 37. « ... le peuple de Paris eſt tant ſot, tant *badault,* & tant inepte de nature... » 65. « ... commencerent frapper des mains comme eſt leur *badaude* couſtume. 311. « Le *badault* peuple de Paris... » II, 179. « ... eſcholiers *badaulx* & aſniers. » 458. « Ne ſuys ie *Badault* de Paris ? » 509.

BADELAIRE. « Affiloient cimeterres, brands d'aſſier, *badelaires...* » II, 7. « Frere Ian auecques ſon grand *badelaire...* » 412.

BADELORIÉ. Rabelais appelle un cuisinier *Badelory* (II, 412) Ce mot est synonyme de *Badaud* comme le prouve ce passage de l'*Apologie pour Herodote* (ch. III) : « *Badaut* (que le vulgaire en quelques lieux appelle *Badlori.* » « C(ouillon) *badelorié.* » II, 140.

BADIGOINCES, BADIGUOINCES. Lèvres. « ... les petitz chiens de ſon pere... luy leſchoient les *badigoinces.* » I, 45. « ... au remuement de noz *badigoinces.* » 341. « Que ſignifie ce remument de *badiguoinces ?* » II, 88. « ... la mouſſe luy eſt creue on gouzier par faulte de remuer & exercer les *badiguoinces* & mandibules.» 442.

BADIGONYEUSES. « ... *à ſoupper...* Des *badigonyeuſes.* » III, 217-218.

BADIN. Substantif et adjectif. « ... le perſonaige du Sot & du *Badin...* » II, 178. « ... vn *Badin* enchanteur... » 424.

BAFFOUER. « ... *baffouer* le maguazin d'abus. » I, 15. « ... affuſtoit, *baffouoit,* enclouoit... (Diogène, ſon tonneau). » II, 8.

BAGATIN. « ... *Bagatins,* Eſcumeurs de mer... » III, 243.

BAGUAIGE. « I'eſtois auecques le *baguaige.* On quel voſtre honneur n'euſt porté ſoy cacher... » II, 309.

BAGUE. Dans le langage libre, bonne bague, mauvaise bague. « ... la fiebure quarte eſt aſſez mauuaiſe *bague.* » III, 139.

BAGUENAUDE, BAGUENAULDE. « ... le rembourſant d'aultant de *baguenaudes* comme y a de poil en dixhuit vaches...» I, 280. « En ſecond ſeruice furent ſeruies... Des *baguenauldes...* » III, 219.

Bagues. Bagages. « ... courut tant qu'il peut... pour emporter les *bagues.* » I, 284. — Baies. Voir *Bacces.*

Bail. Remise, dépôt. « ... pouuez congnoistre l'ordre que i'ay donné à Lyon touchant le *bail* de vos lettres, comment elles me sont icy rendues seurement... » III, 358.

Bail. Bai. « Le bout de quelle couleur? — *bail.* » III, 112.

Bailbrun. Bai brun. Voir *Alezan.*

Baillay. Voir *Balais.*

Bailler. Donner. « Paige, *baille.* » I, 23... « ... à tous ses cheuaucheurs *il bailloit* la saccade : à l'vn rompant le coul, à l'aultre les iambes... » 56. « ... consulta Grandgousier auecques le viceroy quel precepteur l'on luy pourroit *bailler...* » 61. « ... le *baillerent* à garder à deux archiers... » 160. « ... ilz ne me *bailloient* que de l'eau à boyre... ie luy *baillys* si vert dronos sur les doigts... qu'il n'y retourna pas deux foys. » 286-287. « ... luy *bailla* celle boete en laquelle estoient les confitures. » 352. « ... *bailla* à vn sien compaignon vieulx sa bezasse. » II, 8. « ... les plus veritables & sceurs oracles n'estoient ceulx que par escript on *bailloit...* » 95. « ... demanda à Panurge l'horoscope de sa natiuité. Panurge luy *ayant baillé...* » 123. « ... de main en main vous est la lampe *baillée.* » 169. « ... tout leur directoire en iudicature vsuale a esté *baillé* par vn Tribunian... » 209. « ... Gargantua tenoit... deux gros pacquetz... les *bailla* à Vlrich... » 221. « ... ont au medicin *baillé* aduertissement... » 249. « ... par leurs statutz prouinciaulx estoit rigoureusement defendu rien *bailler* ou prester pour les iouans. » 316. « *Baillez* que ie vrilonne ceste chorde. » 352. « ... la loy par Moses *baillee...* » 441. « ... est creé vne Royne nouuelle, à laquelle... *baille* lon nouueaux accoustremens. » III, 94. « Ie n'*ay* encores *baillé* vos lettres à Monsr de Xaintes... » 353. « Vosdictes lettres & pacquet *furent baillées* à l'Escu de Basle... » 358. « ... ie luy *bailleray* vos lettres premieres & quelques iours apres *bailleray* vos secondes... » 362.

Jeu : « A Guillemin *baille* my ma lance. » I, 82.

La bailler suivi d'un adjectif féminin. « Vrayement, dist Pantagruel, vous nous *la baillez* bien piteuse. » III, 101.

Bailler foin en corne. « ... tu nous as *baillé foin en corne...* » I, 49.

Bailler le moine. « ... l'on auoit au gibbet *baillé le moine* par le coul aux deux plus gens de bien, qui feussent en tout Chiquanourroys. Mes Paiges, dist Gymnaste, *baillent le moine* par les pieds à leurs compaignons dormars. *Bailler le moine* par le coul, feroit pendre & estrangler la personne. » II, 330. Voir *Avoir le moine,* p. 65, col. 1.

Bailleur. « ... beaux *bailleurs* de bailliuernes... » I, 95.

Baillif, Bailliuf. Bailli. « ... il espousa la fille du *baillif* Concordat... » II, 141. « A Monsr le *Bailliuf,* du *Bailliuf,* des *Bailliufs.* III, 380.

Baisecul, Baise mon cul. « Le *baisecul* de chirurgie. » I, 250. « Si sacque son espee *Baise mon cul* (ainsi la nommoit il). II, 413.

Baisemain. « ... apres le deuot *baisemain* vous resaluent en vsure centuple. » II, 284.

Baiser. « Vous parlez de *baiser*

damoizelles...» II, 305. «...*baiſer* ſes poulces en croix. » 459, et IV, 298.

BAISLANT. Substantivement. « ... vng grand *baiſlant* de Parthenay le vieil. » III, 224.

BAISLEMENT. Baillement. « Remede contre les oſcitations & *baiſlemens?* » II, 493-494.

BAISLER, BAAILLER. « ... il ſembloit impertinent à tous Les veoir ainſi à chaſcun vent *baiſler.* » I, 13. « ... tout leur deſieuner feut par *baiſler.* En memoire de quoy... les Gentilz hommes de Beauce deſieunent de *baiſler...* » 64. « ... rottoit, pettoyt, *baiſloyt,* crachoyt... » 78. « Epiſtemon commença reſpirer, puis ouurir les yeulx, puis *baiſler...* » 363. « ... quand Pantagruel *baiſloit,* les pigeons... entroyent dedans sa gorge... » 376. « ... cracher, vomiter, *baiſler...* » II, 24. « Il *baiſla* aſſez longuement... » 100. « S'il *baiſloit,* c'eſtoient potees de poys pillez. » 381. « ... profondement *baiſlant,* ſi bien qu'il par naturelle ſympathie excita tous ſes compaignons à pareillement *baiſler...* » 493. « ... trois teſtes enſemble ionctes : ſauoir eſt d'vn lyon rugient, chien flattant, & d'vn loup *baiſlant...* » III, 47. « ... amplement & copieuſement *baiſloient,* ſe deſieunoient de *baiſler... baailloient* aucunefois demie heure... » III, 104-105.

Baiſler aux mouſches. « ... *baiſloit* ſouuent *aux mouſches...* » I, 44. « ... *baiſlent aux mouſches* comme Veaulx de diſme... » II, 10. « ... ceux qui ne ſeruent que d'ombre & de nombre, ſeulement *baaillans aux mouſches.* » III, 7.

BAISSIÈRE. Le bas, le reste d'un tonneau. « ... quelques meſchantes *baiſſieres* pour le vinaigre. » I, 353.

BALAINE. « Eſturgeons, *Balaines,* Macquereaulx. » II, 481.

BALAIS, BALAY, BAILLAY. Substantif et adjectif. « ... aneau... auquel eſtoient enchaſſez vn *balay* en perfection, vn diament en poincte... » I, 35. « ... fines pierreries, eſcarboucles, rubys, *balays...* » 202. « ... patenoſtres... de beaulx *Balays...* » 324. « ... fines & precieuſes pierres, *Balais,* Eſmeraudes, Diamans, & Unions... » II, 440. « La quarte (colomne) de Rubis *baillay.* » III, 159.

BALANCE. « ... ſi vous... peſez en la *balance* de Critolaus leurs propous & raiſons...» II, 159, et IV, 252.

BALANE. *(Balanus).* Gland. «...belle ſaulce verde... incruſte le *balane...* » II, 23-24.

BALDACHIN. Baldaquin. « Le brechet, comme vn *baldachin.* » II, 379. « ... croix, banieres, confalons, *baldachins...* » 439.

BALISTES. « Les autres appreſtoient arcs, fondes... *baliſtes.* » II, 7. « Il inuenta art... de baſtre... fortereſſes... par machines & tormens belliques, beliers, *baliſtes,* catapultes... » 486.

BALIVERNES, BALLIVERNES, BAILLIVERNES, BALLIVARNES. « ... vne ſedition de *balliuernes...* » I, 270. « ... *baliuernes* & plaiſantes mocquettes. » 383. « Des *balliuarnes* en paſte. » III, 218. Voir *Bailleur.*

BALLADIN. « ... les Bretons *balladins* danſans leurs trioriz... » II, 405. « ... ſept ieunes fallotz *balladins...* » III, 225.

BALLAY. Jeu. « Au *ballay.* » I, 82.

BALLE, BASLE. « ... faiſoit tomber à chaſcun coup plus de ſept *balles* de bouletz qui luy estoient demourez entre ses cheueulx... » I, 138.

— ballot. « ... *balles* de lucestre... » I, 275. « ... portant de mousse plus que n'en tiendroyent dix & huyt *basles*... » 293. « ... *balles* de Limestre... » II, 291.

BALLÉ. *Pain ballé.* Pain de son. « ... adioustans... qu'ilz se debuoient contenter de gros *pain ballé*... » I, 98.

BALLER. Danser. « ... les Cheuaulx, les Chiens, il (messere Gaster) faict danser, *baller*, voltiger... » II, 472.

BALLERAN. « En second seruice furent seruies... Du sainct *balleran*... » III, 219.

BALLON. « ... du rempart fut ietté vn bien gros *ballon* en la place... » III, 409. « ... de gros *ballons*, de gros mortiers iettans par chacune fois plus de cinq cens sciopes & susees... » 413.

BALLOTE. Petite balle. « ... vne *ballote* de fer bien qualibree. » II, 488.

BALLOTER. Voter à l'ayde de petites boules ou ballottes. « ... les iuges Areopagites *ballotans* pour le iugement des criminelz... » II, 365.

BAN. Voir *Arriere ban*.

BANC. « ... faiz en crier les *bancs* & le challit. » II, 131, et IV, 246.

BANCQUE, BANQUE. « ... par les *banques* fut vn bruit tout commun... » III, 393.

Bancque de pardons. « ... ainsi des aultres eglises ou estoit *bancque de pardons*. » I, 302.

Bancque roupte. « ... vn banc rompu, pour *bancque roupte*. » I, 37. « ... seront fort subiectz à faire *bancques roupies*... » III, 243.

BANCQUET, BANQUET. « ... pensions que là fut quelque notable festin & *banquet*. » III, 64. « Petitz *bancquetz*, petitz esbatemens... » 245.

BANCQUETER. « ... *bancqueter*, c'estoit sus vn beau banc, ou en beau plein lict s'estendre & dormir... » I, 83. — Ordinairement : convier à un banquet ou y prendre part. « ... ie ne plains poinct ce que m'a cousté à les *bancqueter*. » I, 305. « Ie... entreprens de entrer en leur camp... & *bancqueter* auec eulx... » 335. « Pantagruel... *bancqueta* auecques l'escuyer. » II, 284. « ... finablement les mena *bancqueter* en vne cassine... » 316.

BANCQUETEUR. « ... à grand poine voit on aduenir que grans *bancqueteurs* facent beaulx faictz d'armes. » I, 347.

BANDE. « Ie... entreprens de entrer en leur camp... me prelasser par les *bandes*... » I, 335. « ... lequel (chasteau saint Ange)... Guillaume du Bellay... auoit auecques ses *bandes* fortifié... » III, 395.

BANDÉ. Voir *Arbaleste*.

BANDOUILLIER. « ... gens insulaires, *Bandouilliers*, & Farouches. » II, 397.

BANDYELIVAGUE. « En second seruice furent seruies... Des *bandyelivagues* viande rare. » III, 219.

BANEROL. « ... f(ol) *banerol*. » II, 182.

BANIER. « C(ouillon). *banier*. » II, 129.

BANIERE. « Quand tous coqus s'assembleront, tu porteras la *baniere*. » II, 123.

BAPTESME. « ... mon vray & propre nom de *baptesme* est Panurge... » I, 264.

BAPTISTERE. « ... papier *baptistere* de Touars... » III, 116.

BARABINBARABAS. « Pour le dernier seruice furent presentees : ... Des *barabinbarabas*... » III, 220.

BARAGOUINAGE. « ... *baragouinage* d'erreur... » II, 109.

BARALIPTON. Sorte de syllogisme. « ... feut conclud en *Baralipton*... » I, 67.

BARATTER. « ... *barattoit* (Diogene fon tonneau).» II, 8. « C(ouillon) *baratté*. » 138.

BARBACANE. « ... enclauoient *barbacanes*... » II, 7.

BARBARICQUE. « ... malignes & *barbaricques* loigs. » II, 222.

BARBARIN. « Ie luy apprefte vn clyftere *barbarin*. » II, 168.

BARBE. *En barbe*. Face à face. « ... fi toft ne peurent gaigner le hault, qu'ilz ne rencontraffent *en barbe* Picrochole... » I, 178. « ... ie prouueray *en barbe* de ie ne fcay quels centonifiques botteleurs de matieres, cent & cent fois grabelees... que noftre langue vulgaire n'eft tant vile... qu'ils l'eftiment. » III, 8. « ... trouuafmes *en barbe* grand nombre d'archiers... » III, 69.

A barbe, en barbe d'efcreuiffe. « ... pantoufles... defchicquettees *à barbe d'efcreuiffe*. » I, 201, et IV, 152. « Il m'a icy defchicqueté la peau en *barbe d'Efcreuiffe*. » II, 510. — Jeu. « A la *barbe* d'oribus. » I, 81.

BARBE DE JUPITER. Plante. II, 233.

BARBE. « ... montoit fus vn courfier... fus vn cheual *barbe*, cheual legier... » I, 89.

BARBEAULX. « Puys luy offrent... *Barbeaulx*. Barbillons. » II, 481.

BARBEROTZ. Barbiers. « ... Arracheurs de dens, Coupeurs de couilles, *Barberotz*... » III, 242.

BARBET LE CHIEN. Le coup le plus mauvais aux osselets. « ... pour Venus aduieigne *Barbet le chien*. » II, 12.

BARBIER. « ... il luy donnoit fept cens mille & troys Philippus pour payer les *barbiers* qui l'auroient penfé... » I, 121. « ... te bleffleras quelque hurte, dont tu languiras toute ta vie entre les mains des *barbiers*. » 285.

BARBILLONS. V. *Barbeaulx*.

BARBOIRE. Fausse barbe. « ... feifmes vn *barboire* ioyeulx auecques force coquilles de fainct Michel, & belles caquerolles de limaffons. » II, 454.

BARBOTINE. « La *barbotine* des marmiteux. » I, 248.

BARBOUILLEMENT. « Vnze mille neuf cens liures de Reubarbe, fans les aultres *barbouillemens*. » I, 380.

BARBOUILLER. « ... *barbouilloit* (Diogène, son tonneau). » II, 8. « ... paffafmes Procuration, qui eft vn pays tout chaffouré & *barbouillé*. » 310. « Œufz fritz... *barbouillez*. » 482.

BARBOUILLERYE. « ... en ces petites *barbouilleryes* de depefches & louage de meubles... s'en va beaucoup d'argent... » III, 361.

BARBOUILLEUR, BARBOILLEUR. « *Barboilleurs* de papiers. » III, 242. « Reftera feulement à payer le referendaire procureurs & aultres tels *barbouilleurs* de parchemin. » 341.

BARBU. « ... raifins... *barbus*, cabus, herbus. » III, 133.

BARBUTE, BARBUTTE. Capuchon. « Puis me torchay... d'vne *barbute*... » I, 55. « La *barbute* des penitenciers. » 249. « Quarefme prenant... auoit... Les braz comme vne *barbute*. » II, 379. « ... deffourroit les *barbutes* fans rien guafter. » 391. « Sur le patron d'vne verdugualle tailloit vne *barbutte*. » 452. « ... faire vne *barbutte* à Triton... » III, 284.

BARDABLE. « C(ouillon) *bardable*. » II, 130.

BARDANE. « ... fueille de *Bardane*. » I, 375. « En faulte de

Colocafie, *Bardane,* Perfonate & de papier... » II, 454.

Barde. « ...clicquetis des *bardes*...» II, 116. « ... les hurtys des harnoyz, des *bardes*... » 466. « ... habillemens, *bardes*, caparaffons, pennaches, panonceaux... » III, 400. Voir *Auber.*

Bardocucullé. *(Bardocucullus.* Manteau à capuchon). « ... ces Monagaux que voyez là *bardocucullez* d'vne chauffe d'hypocras... » III, 18.

Barguigner. « ... c'eft trop icy *barguigné.* » II, 294.

Barignin. Jeu. « Au *barignin.* » I, 81.

Baril. « ... gens nourris dedans vu *baril,* qui onques ne regarderent que par vn trou. » III, 13.

Barizel *(Barigello).* Capitaine des sbirres. Voir *Algoufan.*

Barrage, Barraige. Droit payé pour passer une barrière. « Le *barrage* de manducité. I, 248. « ... des plus frians morceaulx qui paffoient par voftre gorge i'en prenois le *barraige.* » 378.

Barragouin. « ... ie n'entens poinct ce *barragouin*... » I, 260. « ... parolles tranflatées de *Barragouin* en François... » II, 167. Voir *Accourfier.*

Barrault. Tonneau. « ... vn *barrault* d'or terny... » II, 270. « ... fiolles, barils, *barraux,* pots, pintes... » III, 133.

Barre. Pièce de bois. « Ie veiz Pathelin... qui marchandoit des petitz paftez que cryoit le pape Iules, & luy demanda combien la douzaine? Troys blancs, dift le pape. Mais, dift Pathelin, troys coups de *barre*... » I, 368.

— du gouvernail. « Hault la *barre.* » II, 349.

Barrer. Fermer avec une barre. « ... elle *barra* fus foy la porte. » II, 89.

Barretade. Salut fait avec la barrette. « ... apres la petite accollade & *barretade* gracieufe... » II, 278.

Barrier. *(Barrus,* éléphant; *barrire,* crier comme un éléphant). « ... hanniffent les cheuaulx, *barrient* les elephans... » II, 69. « *Barrus barrit* » dit Albus Ovidius dans sa *Philomela,* ce que l'abbé de Marolles traduit par « vn Eléphan *barronne.* » Voir Ch. Nodier, *Dictionnaire des Onomatopées,* 2e édit. Paris Delangle, 1828, pp. 317 et 378. Ambroise Paré a dit en parlant des divers cris que poussent les hommes : « Ils *baricquent* comme éléphants. » Cette forme eft la plus généralement adoptée.

Barytoner (Βαρυτονέω). Rendre des sons graves. « ... *barytonant* du cul. » I, 30. « ... f(ol) *barytonant.* » II, 184.

Bas. « *Bas* abyfme. » Voir *Abyfme.*

Bas cueur, bas chœur. « ... vous feriez beaucoup pour moy... fi me le vouliez vendre, ou quelque aultre du *bas cueur.* » II, 290.

Bas-cul. Croupière. « Tu trauailles iournellement beaucoup, ie l'apperçoy à l'vfure de ton *bas-cul.* » III, 31.

Bas culz (mettre à). « Ce feut icy que *mirent à bas culz* Ioyeufement quatre gaillars pions... » I, 346.

Basse danse. « ... vne loy en la cornette, vne *baffe dance* au talon, vous voy là paffé coquillon. » I, 240.

Bas d'eage. « ... eft par trop *bas d'eage* (car il n'a encores cinq ans accomplyz)... » I, 185.

Bas eftat. « ... gens de *bas eftat.* » III, 241.

Basse gresse. Voir *Gresse.*

Basse maison. « Iacobe Rodogine Italiane femme de *baffe maifon.* » II, 474.

Bas relief. « ... certains petitz Ianſpill'hommes de *bas relief.* » II, 266.

Bas. Substantivement. « ... la taſtant par *le bas.* » I, 26. « *Le bas* quel? — Beau. » III, 110.

Les basses. « ... double le cap & *les baſſes.* » II, 350. — Adverbialement. « Mais eſcoutez, aduenant l'heure Qu'*a bas* feras au vieux grand diable... » III, 177. « ... *ça bas* veoir vne tierce partie Des faiꝺtz ioyeux du bon Pantagruel. » II, 2. « ... *ça bas* en terre... » 261. « ... les paoures ames, les quelles *ça bas* errent... » 449. « *Çà bas* en ces regions circoncentrales... » III, 178.

Contre bas. « ... petites femmes... qui iamais ne croiſſent, ſinon comme les quehues des vaches, *contre bas...* » I, 347-348. « ... *contre bas* en mer... » II, 392.

Basané, Bazané. « ... telles beſtes : les quelles ſont vnes noires... aultres tannées & *baſanées...* » II, 111. « ... C(ouillon) *baſané.* » 139. « ... vieilles edentees, chaſſieuſes, riddees, *bazanees*, cadauereuſes. » III, 78.

Basauchien. « Clers, *baſauchiens*, mangeurs du populaire... » I, 195.

Baschatz. Pachas. « ... il ſe pourmenoit auecques quelques aultres *Baſchatz* & Muſaffiz... » I, 284. « ... ie te prie que nous ſaichons comment tu acouſtras ton *Baſchatz.* » 286. « ... ſes capitaines, *Baſchatz*, & gens de garde... » 352.

Basilic, Baselic. Reptile. « ... quiconques les voit meurt ſoudainement, comme qui verroit vn *baſilic.* » III, 122.

— grosse pièce d'artillerie. « ... doubles canons, *baſelicz*, ſerpentines... » I, 101. « ... doubles canons, *baſilicz* & ſpiroles. » 174. « ... plus de muraille demoliſt vn coup de *Baſilic*, que ne feroient cent coups de fouldre. » II, 486. « Faiꝺtez mettre le feu en ce *Baſilic.* » 505. « ... Couleurines, Bombardes, *Baſilics...* » 486.

Basique. « ... ligne *baſique* & fondamentale... » III, 158.

Basle. Balle. « ... portant de mouſſe plus que n'en tiendroyent dix & huyt *baſles...* » I, 293.

Basme, Baulme. « ... fines drogues, comme *Baulme*, Ambre gris... » I, 3. « ... ce ſera *baſme* de me veoir briber... » 264. « La chair en eſt tant delicate... que c'eſt *baſme.* » II, 292. « ... oindre de precieux *baſme.* » III, 24. « Là nous fiſt apporter myrobalans, brain de *baſme*, & zinzembre verd confit... » III, 29. « ... voicy *baſme* monſieur le rouſſin. » 33.

Bassarides. Voir *Bacchides.*

Basse court. « Baſché deſcend en la *baſſe court.* » II, 320.

Bassin. « ... le propre *baſſin* infernal... » II, 111. « ... ſoyez records d'apporter vn *baſſin.* » 445. « ... voyez vous là dedans ſa cage vn *baſſin ?* » III, 36.

Cracher au baſſin. « ... ſouuent *crachoyt on baſſin...* » I, 44. « Auez vous iamais entendu que ſignifie, *cracher au baſſin ?* » III, 190.

Bast. « ... il ſentoit que le *baſt* le bleſſoit. » II, 197. « ... ventru à plain *baſts...* » III, 148. Voir *Aube.*

Bastarde (espée). « ... ſacquoit de l'eſpee à deux mains, de l'*eſpee baſtarde...* » I, 89. « ... ſon *eſpee baſtarde* au couſté... » 132. « ... vne grande *eſpée baſtarde* bien dorée à ſourreau de velours... » II, 122.

Bastarde. Fille naturelle. « ... au

chaſteau Capouan... ouquel eſt logée ſa *baſtarde...* » III, 362.

Baste *(Bastare.* Italien. Suffire). Il suffit. Exclamation. « *Baſte,* diſt Picrochole, paſſons oultre. » I, 128. « ... on vous cheuauchera à grand coup de picque & de lance. *Baſte,* diſt Epiſtemon. » 343. « ... *Baſte,* ſi noſtre dame Royne vouloit, nous ſerions auſſi grans comme vous. » III, 71.

Basté. Bâté. « ... figures ioyeuſes & friuoles, comme de Harpies, Satyres, oyſons bridez... canes *baſtees...* » I, 3.

Basteleur, Bateleur. « Alloit veoir les *baſteleurs,* treiectaires & theriacleurs... » I, 95. « ... Rimaſſeurs, *Baſteleurs,* Ioueurs de paſſepaſſe... » III, 243. — *Acte de bateleurs.* Voir *Acte.*

Bastelière. « ... les *baſtelieres* de Lyon & gondoliers de Veniſe. » I, 365.

Baster. « ... *baſtoit...* cullebutoit... (Diogene, son tonneau). » II, 8.

Basteur, Batteur, Bateur. « ... i'eſpargne les ſercleurs... les *baſteurs...* » II, 23.

Batteurs de pavez. « ... pipeur, beuueur, *bateur de pauez...* » I, 295. « ... vne maniere de gens, leſquels ils nommoient, guetteurs de chemins, & *batteurs de pauez.* » III, 100. « ... gens ſoubzmis... A Mercure, comme... Larrons, Meuſniers, *Bateurs de paué...* » 243.

Bastille. « Ceans aurez vn refuge & *baſtille* Contre l'hoſtile erreur... » I, 196.

Bastion. « ... les ieuſnes m'ont ſappé toute la chair & crains beaucoup qu'en fin les *baſtions* de mon corps viennent en deſcadence. » III, 13.

Bastir. « Je ne *baſtis* que pierres viues, ce ſont homes. » II, 38.

Bastisseur. « ... les beaulx *baſtiſſeurs* nouueaulx de pierres mortes ne ſont eſcriptz en mon liure de vie. » II, 38. « ... Cayn fut premier *baſtiſſeur* de villes... » III, 136.

Baston déſignait des armes de diverses natures. « Paſſoit par les ſalles & lieux ordonnez pour l'eſcrime, & là contre les maiſtres eſſayoit de tous *baſtons...* » I, 95. « ... Toucquedillon impatient tyra ſon eſpee, & en tranſperça Haſtiueau... Picrochole... voyant l'eſpee & fourreau tant diapré, diſt. Te auoit on donné ce *baſton,* pour... tuer... mon tant bon amy Haſtiueau? » 175. « ... Le moyne leurs feiſt rendre les *baſtons* & armes... » 179.

Baston de la Croix. « ... ſe ſaiſiſt du *baſton de la Croix,* qui eſtoyt de cueur de cormier, long comme vne lance, rond à plain poing, & quelque peu ſemé de fleurs de lys toutes preſque eſfacees. » I, 105. « ... à tout ſon *baſton de croix* guaingna la breche... » 108. « ... ſaiſiſſant tous les *baſtons des croix.* » 179.

Saincts à bastons, festes à baſtons, à doubles baſtons, qui se célébraient avec beaucoup de croix et de bannières : « ... vous y voiriez les *ſainctz...* à plus de leçons, plus de veuz, plus de *baſtons,* & plus de chandelles, que ne ſont tous ceulx des neufz eueſchez de Bretaigne. » II, 32. « Vn iour de *feſte* annuelle à *baſtons...* L'vn d'eulx voyant le protraict Papal (comme eſtoit de louable couſtume publicquement le monſtrer es iours de *feſte à doubles baſtons)* luy feiſt la figue. » 425. « C'eſt, dit frere Jehan, *feſte à baſtons.* » III, 27. « ... commença l'eau bouillir à force, comme fait la grande marmite de Bourgueil, quant y eſt *feſte à baſtons.* » 170.

Baston est employé dans un grand nombre de locutions familières, libres et proverbiales. « ... c'eſtoit le meilleur petit bon homme qui fuſt d'icy au bout d'vn *baſton.* » I, 372. « ... *baſton à vn bout.* » Voir p. 4, col. 1. « ... ſa femme conſydera... que peu de ſoing auoit du pacquet & *baſton* commun de leur mariage, veu qu'il ne l'armoit que de mailles... » II, 47-48. « ... f(ol) à *baſtons.* » 184.

A baſtons rompus. Voir p. 2, col. 1. — « Là iouoyt... Au court *baſton.* » I, 80-82. — Voir *Aveugle.*

Bastonnade. « ... le gentilhome... ſera contrainct luy donner *baſtonnades...* » II, 311. « ... parentes du Chiquanous, qui auoit eu *baſtonnades...* » 329.

Bastonnier. « Marquet grand *baſtonnier* de la confrairie des fouaciers... » I, 98.

Batail. « Vn quidam... diſt... qu'il deſiroit qu'elles (les cloches) feuſſent de plume, & le *batail* feuſt d'vne queue de renard... » I, 72. « Le coul d'icelle (de la veſſie) comme vn *batail.* » II, 376. « ... notez que leurs cloches eſtoient... de fin dumet contrepointé, & le *batail* eſtoit d'vne queuë de renard. » III, 104.

Bataille. Ligne. « L'arriereguarde feut baillee au duc Racquedenare. En la *bataille* ſe tint le roy... » I, 101. « ... craingnans que la *bataille* enſuiuiſt, ſe retirent au trot... » III, 406.

Batailler. Combattre. « ... ce pendent que ceulx de l'aultre part *batailleroient.* » I, 41. « ... mourir vertueuſement *bataillant...* » 146. « ... Pore, contre lequel *batailla* Alexandre le grand... » 223.

Batelée. « En cas que trente mille *batelées* de Diables ne t'emportent... » II, 115.

Batterie. « Ma femme me l'eſcorchera... O le beau mot. Vous l'interpretez à *batterie* & meurtriſſure. » II, 93. « ... ie trouue la ſeptieſme maiſon en aſpectz tous malings, & en *batterie* de tous ſignes portans cornes... » 123.

Battre, Batre. Ce verbe entre dans vn très grand nombre de locutions familières ou proverbiales. « ... *battoyt* à froid... *battoyt* les *buiſſons* ſans prandre les ozillons... *battoyt* le *chien* deuant le lion. » I, 45. « ... les marroufles de la vile *batoyent* les eſcholiers... » 239. « ... ſa femme le *bat* comme *plaſtre.* » 373. « ... d'elle vous ſerez *battu* comme tabour à nopces... » II, 73. « Qui veult guaingner vingt eſcuz d'or, pour *eſtre battu* en Diable? » 328. « *Battoit* certains iours le *paué.* » 383. « ... Velins pour *batre* l'or. » 451. « ... vn grand paillard lequel auoit *battu* vn *chemin* & luy auoit rompu vne coſte... » III, 101.

Baudaille. « En ſecond ſeruice furent ſeruies :... De la *baudaille.* » III, 219.

Baudement. Joyeusement. « ... dancerent... tant *baudement,* que c'eſtoit paſſetemps celeſte les veoir ainſi ſoy rigouller. » I, 20. « ... tel cuidera veſſir, qui *baudement* fiantera. » III, 251.

Baudet. « Tu es *baudet* de bien. » III, 31.

Baudouiner, Baudouyner. Saillir, en parlant des baudets. « C(ouillon) *baudouinant.* » II, 130. « Frere Ian banniſſoit du bout du nez comme preſt à rouſſiner, ou *baudouiner* pour le moins... » II, 452-453. « *Baudouy-*

nez vous rien ceans vous autres messieurs les chevaux ? Quel baudouynage me dis-tu baudet, demandoit le cheual, tes males auiures baudet, me prens-tu pour vn asne ? » III, 33.

BAUDOUYNAGE. Voir l'article précédent.

BAUDRIER. Ceinture de cuir servant à mettre de l'argent, et au besoin à suspendre une épée. « ... Forgier... approcha, tirant vn vnzain de son *baudrier*... » I, 98. « Frere Ian, mon *baudrier*, allons. » II, 80. «...commenda au Faquin, qu'il luy tirast de son *baudrier* quelque piece d'argent. » 179. « ... ie te donneray vnes belles, grandes, vieilles letres Royaulx, que i'ay icy en mon *baudrier*... » 324. « L'estomach, comme vn *baudrier*. » 375.

BAUDUFFE. Étoupe. « Ie me torchay de foin... de *bauduffe*... » I, 52-53. « La *bauduffe* des thesauriers. » 249.

BAUFFRER, BAUFRER. « Les tripes feurent copieuses... fut conclud, qu'ilz les *bauffreroient* sans rien y perdre. » I, 19. « Quand... la premiere poincte des morceaux *feut baufree*... » 144. « ... grand chere à force vinaigre, au diable l'vn qui se saignoit, c'estoit triumphe de les veoir *bauffrer*. » 341. « ... en *baufrant* attendent les moines l'Abbé... » II, 79. « ... quand tout le pain feut *baufré*... » 179.

BAUFFRURE. « Apres les premieres *bauffrures*... » III, 26.

BAUGEAR. « ... les oultragerent grandement, les appellans Trop diteulx... Malotruz, Dendins, *Baugears*... » I, 97-98.

BAULÈVRES, BAULIÈVRES. Lèvres. « ... descendis par les dentz du derriere pour venir aux *baulieures*... » I, 377. «... mouuement des *bauleures*. » II, 96. « ... branlant les *bauleures*... » 102.

BAURACH. « ... si c'est à cause du *Baurach*, ou du Soulphre... » Voir *Bourach*.

BAURACINEUX. « ... humeurs salses, nitreuses, *bauracineuses*... » II, 158.

BAVAR, BAVART. Qui bave, qui bavarde. « ... *bauars* de godale. » I, 276, et IV, 196. « ... ce bon *bauart* icy est quelque esuenté... » 324. Voir *Baveux*.

BAVERETTE. « ... ie fourmay complainte à la court contre les mulles des Presidens & Conseilliers... tendent à fin que... les Conseillieres leur feissent de belles *bauerettes* affin que de leur baue elles ne gastassent le paué... » I, 305. « ... leurs guimples, collerettes, *bauerettes*, couurechefz... » II, 454.

BAVEUX. « Enguerrant leur tabellion plus *baueux* qu'vn pot à moustarde. » II, 119. Voir *Bavart*.

BAVIÈRE. Partie de l'armet. « ... *bauieres*, cappelines, guisarmes, armetz... » II, 7. « ... ils rabbatoient leurs cahuets de leurs scaputions par le deuant, & leur seruoit de *bauiere*. » III, 106-107.

BAYART. « Feste Dieu *Bayart*. » I, 145 ; II, 508.

BAYE. Bée, béante. « ... foynes, blereaux, & aultres bestes l'on trouuoit par les champs mortes la gueulle *baye*. » I, 227. « ... ilz dormoyent la gueulle *baye* & ouuerte... » 354. Voir *Bée*.

BAZOCHE. « Raminagrobis, lequel en secondes nopces espousa la grande Guorre, dont nasquit la belle *Bazoche*. » II, 107. « S'il marmonnoit, c'estoient ieuz de la *Bazoche*. » 382.

BÉAT. « O gens de cestuy monde heureux. O *beatz* troys & quatre foys. » II, 32. « Ie le fays en pere & en *beat* pere ſans faulte. » 59. « ainſi ſans propous... meſdict des paouures *beatz* peres Iacobins... » 110. « ... ayant courtoiſement ſalüé les *beatz* peres... » 335. « ... ioyeulx de la nouuelle reception de ces *beates* ames... » 365. « ... en ceſte vie mortelle rien n'eſt *beat* de toutes pars. » 422 et IV, 293.

Béatifié. « ... la celeſte & *beatifiee* Hieruſalem. » I, 41.

Beau, Belle. « ... le monde eſt devenu *beau filz* depuys ma cognoiſſance premiere. » II, 175. « ... beuuans & mengeans, en ſilence, comme *beaux-peres* au refectouer. » III, 119. — *Avoir beau.* Voir *Avoir*, p. 65, col. 1.

Faire beau. « *Beau fera* ſe tenir ioyeulx & boire frais. » III, 250.

Beau. Adverbialement. « Tout *beau*, mon amy, tout *beau*... » I, 271. « Tout *beau*, fillol (diſt Pantagruel), tout *beau*. » II, 63-64. « Bien & *beau* s'en va Quareſme. » II, 253.

Belle. « ... à grand peine veit on iamais femme *belle*, qui auſſi ne feuſt rebelle. » I, 322.

Belles. Choses étranges, curieuses. « ... vous nous en raconteriés de *belles.* » III, 380. Locution adverbiale : *A belles dents.* Voir p. 4, col. 1.

Belle, nom donné à la guerre *(Bellum).* « Peu de choſe me retient, que ie ne... croye que guerre ſoit en Latin dicte *belle*, non par Antiphraſe... mais abſolument... » II, 9.

Bebebe bous bous bous. *Be be be bous bous; Bebebous, bous, bous...; Bous, bous, bouououus...; Bebebebous, bebe, bous, bous.* II, 337, 339, 341, 347. Exclamations de Panurge pendant la tempête.

Bec. « La pleure comme vn *bec* de Corbin. » II, 375. « ... muſeau à *bec* de corbin... » III, 47. Voir *Bac.*

Bécar. « ... luy enfournoient en gueule... *Becars*, Cabirotz. » II, 478.

Bécassin. « Becaſſes, *Becaſſins.* » II, 478.

Becguetant. Chevrotant, bégayant. « ... luy diſt *becguetant* & ſoy gratant l'aureille... » II, 128.

Béchée. Becquée. « ... petitz beureaux de Paris qui... ne prenent leur *bechee* ſinon qu'on leurs tape la queue à la mode des paſſereaux. » I, 283.

Béchevel. Jeu. « A teſte à teſte *becheuel.* » I, 83. A tête bêche.

Bechium. « Alyſſum, Ephemerum, *Bechium*... » II, 232.

Bécus. « ... prononcerent ceſte parolle *Becus*, laquelle en langue Phrygienne ſignifie pain. » II, 96.

Bedaine. Boulet. « ... il (vn engin) iectoit *bedaines* & quarreaux empenez d'aſſier. » II, 409. « Frere Ian à coups de *bedaines* les abbatoit... » 414. — Gros ventre. « ... aucuns la portent (une devise) attachee au col... autres ſus la *bedaine*... » III, 44.

Bedaud, Bedault. « ... eſmouche, mon petit *bedaud*... » I, 292. « Ce ſera mon petit *bedault.* » II, 91.

Bedon. « *Eſcoute* ça, Epiſtemon, mon *bedon.* » II, 110. « Tien moy vn peu ioyeulx, mon *bedon.* » 128. « Eſcoute, mon petit *bedon.* » 496. « Ie te prie, mon *bedon*, tien toy pres de moy... » III, 138.

Bedondaine. Comme *bedaine.* « ... pour tenir chaulde la *bedondaine*... » I, 74. « La *bedondaine* des preſidens. » 250.

Bedouau, Bedouault. Blaireau.

« ... manteaulx de Loup & de *Bedouault.* » II, 356. « ... ruſtrerie, ce ſont belles teſtes de mouton, teſte de veau, teſte de *bedouaux...* » III, 106.

BÉE. Béante, ouverte. « ... la gueule *bée* comme s'il brailloit... » III, 151. « Panurge ayant la gueule *bée...* » 171. Voir *Baye.*

BÉEN. « Myrobalans, que les Arabes appellent *Béen,* car ilz ſemblent à gland... » II, 233.

BEFFLÉ. « ... frappars eſcorniflez, *Befflez,* enflez... » I, 195.

BEFFROY. « ... pres le *beffroy...* » II, 308.

BÉGUIN. « Ce que faict les aureilles des aſnes ſi grandes, ce eſt par ce que leurs meres ne leurs mettoyent point de *beguin* en la teſte... » I, 298. « ... le beau & ioyeulx petit *beguin* d'innocence Poeticque... » II, 432. « ... l'encapitonna d'vn beau & blanc *beguin...* » III, 165.

BÉJAUNE. Niais, par allusion aux jeunes oiseaux qui ont encore le bec jaune. « ... les reſueurs & *beiaunes* Sophiſtes... » I, 310.

BÉLIER. « ... Panurge... luy præſenta... vne couille de *belier* pleine de carolus nouuellement forgez. » II, 87. — Jeu. « A la couille de *belier.* » I, 81.

BÉLIN. Bélier. « ... ceulx de Regnauld *belin,* qui dorment quand les aultres paiſſent. » II, 297.

BÉLINAIGE. Voir *Beliner.*

BÉLINER. Il se dit au propre du bélier et, par extension, de l'homme. « ... quand ilz eurent long chemin parfaict... ilz ne *belinoyent* ſi ſouuent... » I, 331 et IV, 208. « ... il (Jupin) *belina* pour vn iour la tierce partie du monde... ce feut Europe. Pour ceſtuy belinaige les Ammoniene le faiſoient protraire en figure de belier *belinant.* » II, 63. « ... is puiſſe donc ſauf & ſain retourner de ceſtuy Hypogee, en cas que ie ne te la *beline,* pour ſeulement te faire cornigere... » III, 139. — Tromper. « Le *beliné* en court. » I, 246. « ... ilz ne vouldront eſtre par les Romaniſtes *belinez...* » III, 246. Voir *Affiner.* — *Beliné,* jeu ainsi nommé soit parce qu'on y traitait les gens en béliers qu'on tire par les cornes, soit parce qu'on les trompait, qu'on les attrapait. « Au *beliné.* » I, 81.

BÉLINIER. Adj. et subst. Qui est relatif aux moutons, qui béline. « Reſponds, ô *belinier* de Mahumet. » II, 288. « ... couille *beliniere.* » II, 88.

BÉLISTRANDIE. Sottise. « La *beliſtrandie* des Milleſouldiers. » I, 249.

BÉLISTRANDIER. Sot. « ... telle peaultraille de *beliſtrandiers...* » II, 124. « ... en bourſe pas maille : non plus que aux deux *beliſtrandiers* ſoubhaiteux... » 267.

BÉLISTRE. « Semiramis eſpouilleresse de *beliſtres.* » I, 367.

BELLASTRE. « ... les lacquais de court... ſabouloient ſa femme à plaiſir, laquelle eſtoit aſſez *bellaſtre.* » II, 122.

BELLEMENT. « ... S'en vint tout *bellement* cacher Vn gros maillet en la ruelle. II, 263. « ... ſe leua Epiſtemon, & diſt tout *bellement* à Panurge. » 449.

BELLER. Bêler. « Panurge... le emportoit (un mouton) cryant & *bellant,* oyans tous les aultres & enſemblement *bellans...* » II, 294. « Panurge... iette en pleine mer ſon mouton criant & *bellant.* Tous les aultres moutons crians & *bellans...* commencerent ſoy iecter... » 296.

BELLICQUE, BELLIQUE. De guerre. « ... machines *bellicques* repugnatoires... » II, 7. « ... tormens *bellicques...* » 486. « ... intonation Phrygienne & *bellique.* » III, 96.

BELLICQUEUX, BELLIQUEUX. « ... peuple *belliqueux.* » I, 290. « ... les nobles, vaillans, cheualereux, *bellicqueux,* & triumphans François. » II, 332. « Les Souiffes peuple maintenant hardy & *belliqueux.* » 404-405.

BELLIER. « La viz du preffouër s'appelloit recepte... les *belliers,* radietur... » III, 214.

BELUTAIGE. « Quelques geftes... que l'on face en leur veue (des femmes)... elles les interpretent ... à l'acte mouuent de *belutaige.* » II, 97.

BELUTEAU, BELUSTEAU. Crible. « L'Epidermis, comme vn *beluteau.* » II, 380. Jeu : « Au *belusteau.* » I, 83.

BELUTEMENT. Action de passer au crible; au figuré. « Remettons à voftre retour le grabeau & *belutement* de ces matières. » II, 82.

BELUTER. « Apres auoir bien ioué, feffé, paffé & *beluté* temps... » I, 83. Voir III, 76 et IV, 328. « ... en cas que autant de foys ie ne *belute* ma femme... » II, 59. « C(ouillon) *belutant.* » 131. « ... fa femme *belutoit* la farine. » 320, « Se vont coucher, *belutent,* prennent fomme. » 423. « Vifmes auffi nombre infiny de poiffons... danfans... *belutans...* » III, 124.

BELVEDERE. « ... vne herbe dont ils tiennent en efté leurs chambres fraifches, qu'ils appellent *Beluedere...* » III, 360.

BÉMOL, B MOL. « ... fi non que meffieurs de la court feiffent par *bemol* commandement à la verolle, de non plus allebouter apres les maignans... » I, 271. « ... fot par nature, par bequare & per *bemol...* » 245. « ... f(ol) de b quarre & de *b mol.* » II, 181. C'est-à-dire fou dans tous les tons, de toutes les manières.

BENDER. Bander, tendre. « ... *bendoit* le gouuernail. » I, 90. « ... ne *bendent* les femmes iamais la contention... de leurs efpritz, fi non enuers ce que congnoiftront leurs eftre prohibé & defendu. » II, 164. Voir *Arbaleste.*

Se bender contre : « Le filz hardy ne craindra l'impropere De *fe bender* contre fon propre pere. » I, 207.

BÉNÉDICT (*Benedictus*). Béni. « ... ceftuy *benedict* Pantagruelion... » II, 238.

BÉNÉDICTION. « Le dit vinoble fut iadis par le bon Bacchus planté, auec telle *benediction,* que tous temps il portoit feuille, fleur & fruict... » III, 132. « ... fera cefte annee faict euefque des champs, donnant la *benediction* auec les piedz aux paffans. » 243. C'est-à-dire : il sera pendu.

BÉNÉFICE. Bienfait, avantage, facilité. « ... les Payens imploroient cinq Dieux, ou vn Dieu en cinq *benefices,* fus ceulx que l'on marioit... » II, 101. « ... puys que m'auez preuenu par le *benefice* de vos gratieufes letres... » 282. « ... lefquelz (les Stoiciens) difoient troyz parties eftre en *benefice.* L'vne du donnant, l'aultre du recepuant, la tierce du recompenfant... le recepuant eftre le plus ingrat du monde, qui mefpriferoit & oublieroit le *benefice.* » 282-283. « ... comme aduint au beau Phaon... par le *benefice* de Venus... » III, 79. « ... vn chafcun d'eux auoit *benefice* de ventre, bien bon. » 106. — Par allusion aux *bénéfices* ecclésiastiques, et à l'*eftat* qui en était dressé. « Iuppiter fe excufoit remonftrant, que tous ces *benefices* estoient distribuez, & que son estat estoit clous. » II, 162.

BÉNÉFIQUE *(Beneficus)*. Bienfaisant. « ...*benefiques* remores... » III, 122.

BÉNÉVOLE. « L'autheur... supplie les Lecteurs *beneuoles* soy reseruer à rire... » II, 1. « Aux lecteurs *beneuoles*. » 253 et III, 3. « ... les cieulx *beneuoles*... » II, 365. « Au liseur *beneuole*. » III, 231. Voir *Aspect*.

BÉNÉVOLENCE *(Benevolentia)*. Bienveillance. « ... grace & *beneuolence*... » I, 116. « ... captons la *beneuolence* de l'omnijuge... sexe feminin... » 241.

BÉNIGNE. « ... *benigne* police. » II, 18.

BÉNIGNITÉ. « ... beaulx canticques faictz à la louange de la munificence & *benignité* diuine. » I, 88. « N'est ce honorer le seigneur... N'est ce nous declairer tous dependre de sa *benignité*. » II, 148. « Cestuy euangile depuys m'auez de vostre *benignité* reiteré à Paris... » 251. « Estant doncques opprimé d'obligations infinies toutes procrees de vostre immense *benignité*... » 283.

BÉNIN. « ... le grand Roy est tant bon & tant *benin*... » III, 56. « ... le maintien du peuple ioyeux, gay, plaisant & *benin*... » 259-260.

BÉNISTRE. Bénir. « ... exhortes & *benistre* ses enfans... » II, 364.

BENOIST. Béni, bénit. « ... l'eaue *benoiste*... » I, 227. « ... dignité du *benoist* & desiré piot. » II, 6. « ... *benoiste* soit la vieille. » 91. « ... *benoist* champion. » 119. « ... *benoist* nom... » 148. « ... vous ayme tout mon *benoist* saoul. » 159. « ... le *benoist* Seruateur. » 282. « ... *benoists* saincts O O de Noel. » 323. « ... les *benoistz* saincts. » 336. « ... la *benoiste*, digne, & sacree Vierge... » 337. « ... *benoiste* isle... » 436. « ... *benoist* royaulme des Cieulx... » 459. « ... la *benoiste* Touraine. » III, 27. « ... pleust à Dieu, & au *benoist* sainct Fredon, & à la *benoiste* & digne vierge saincte Fredonne... » 112.

BENOISTIER. « ... prenens de l'eaue beniste, apperceumes dedans le *benoistier* vn home vestu d'estolles... » II, 427. « ... s'estoit au plonge caché dedans le *benoistier*... » 434. « ... portans croix, banieres, confalons, baldachins, torches, *benoistiers*. » 439.

BÉQUARRE. Voir *Bémol*.

BERGAMASQUE. De Bergame. « ... mines *Bergamasques*. » III, 412. *A la Bergamasque*. Voir p. 3, col. 1.

BERGEROTTES. Bergerettes. « ... les guayes *bergerottes* escheuelées... » II, 216.

BERGIER, BERGIERE. « ... les *bergiers* de la contree... » I, 97. « *Bergiers* de merde. » 98. « Les autres *bergiers* & *bergieres*... y vindrent... » 99.

BERGUAMOTTE. « Vous mangerez bonnes poyres Crustumenies, & *Berguamottes*... » II, 70.

BÉRILLE, BÉRYLLE. « ... *berilles*, perles & vnions d'excellence. » I, 202. « ... Sienite transparente, en blancheur de *Berylle*... » III, 159.

BERLAND. Brelan. « ... à l'issue du *berland*... » II, 201. Voir *Brelant*.

BERLE. « ... herbes veneriques : comme... cresson, *berle*, retponse... » III, 115.

BERNE. Mantelet à capuchon. « ... *bernes* à la Moresque... » I, 202 et IV, 153.

BERS. Berceau. « ... leur presence (des nourrices) au tour du *bers* sembleroit inutile. » II, 66.

BERSEAU. « ... n'estoit rien Hercules

qui eftant au *berfeau* tua les deux ferpens... Mais Pantagruel eftant encores au *berfeau* feift cas bien efpouuentables. » I, 233.

Berser. Voir *Alaicter*.

Bes, Bes, Bes, Bes. Bêlement de Robin mouton. II, 290.

Besaibenus. « Pour le dernier feruice furent prefentees... Des *befaibenus*. » III, 220.

Besch. Vent du sud-ouest. « ... durant leur repas difputent de la bonté... des vens... L'vn loue le Siroch, l'autre le *Befch*... » II, 419.

Besoigner, Besoingner. « Quand gros Ian me vient *befoingner*, Il ne me coigne que du cul. » II, 263. Voir *Agueille*.

Besoignes, Besongnes. Choses, affaires, bagages. « ... fans perte aulcune de noz *befoignes*. » I, 347-348. « ... l'on dift bien que hors d'icy y a vne terre neufue ou ilz ont & Soleil & Lune : & tout plein de belles *befoignes*. » 375. « ... là vous verrez comment Panurge fut marié... Et mille autres petites ioyeufetez toutes veritables. Ce font belles *befoignes*. » 383. « ... ne fçay combien d'autres modernes hiftoriens... efcriuans de belles *befongnes*... » III, 126.

Aller rondement en befoigne. Voir *Aller*, p. 28, col. 2.

Besoing. *Eftre befoing*. « ... *befoing* ne feroit tant empefcher de gens de bien. » I, 174. « ... comme *eftoit befoing*. » II, 227. « ... quant *befoin eftoit*... » III, 148. « Ia *befoing* ne *feroit* mettre telz liures en lumiere & impreffion. » III, 191.

Faire befoing. « ... noz cloches... nous *font* bien *befoing*. » I, 70. « ... nous *feirent* bien *befoin* premierement nos iambes... » III, 138.

Au befoin. Dans le besoin, au moment du besoin. « ... meffieurs les Apoftres qui... laifferent leur bon maiftre *au befoing*. » I, 146. « Si *au befoing* ilz me fecourent, ie leur erigeray vn aultel ioyeulx... » II, 70. « Armes iamais *au befoin* ne faillirent... » III, 138.

Pour un besoin. « De cefte terre *pour vn befoing* fortiront plus de trois cens mille... » II, 300.

Bessain. Bassin. « ... il me refpondit que il auoit prins es *beffains* des pardons. » I, 302.

Besser. Baisser ; baisser bois, abaisser les lances. « ... ia commençoient *beffer* boys. » II, 413.

Besson. Jumeaux, faces pareilles aux osselets. « ... les plus grands *beffons* & accouplez il nommoit Senes... » III, 41.

Beste. Dans le passage suivant *beftes* est substitué à *clercs* et réciproquement, pour produire un effet comique : « Si n'eftoient meffieurs les *beftes*, nous viurions comme clercs. » I, 63. « ... il prendroit toute *befte* rencontree... » II, 259. « ... en chaffe de *beftes* noires & rouffes frotoient le fer de leurs fleches auecques Ellebore... » 390.

Befte à deux doz. « ... faifoient eux deux fouuent enfemble *la befte à deux doz* .. » I, 16. « I'y vy des *beftes à deux dos*, lefquelles me fembloient ioyeufes à merueilles & copieufes en culetis... » III, 122.

Proverbes : « ... quand le foleil eft couché, toutes *beftes* font à l'ombre. » I, 275. « Au temps que les *beftes* parloyent (il n'y a pas troys iours)... » 291. — Jeu : « A la *befte* morte. » I, 83.

Besterie. « ... ie ne fcay quoy premier en luy ie doibue admirer, ou fon oultrecuidance, ou fa *besterie.* » I, 36-37. « ... leur sçauoir n'estoit que *besterie...* » 59.

Bestiaire. « ... gladiateurs & *bestiaires* à l'espee & cappe. » III, 399.

Betisson. « Pour le dernier seruice furent presentees... Des coquilles *betissons.* » III, 220.

Bétoine. « ... les feueilles... comme la *Betoine.* » II, 228.

Bette. Boisson. « ... ie ne peuz entrer en bette. » I, 21. Voir *Boitte.*

Bette. Plante. « Puis me torchay de Saulge... de *Bettes...* » I, 52.

Beuf, Bœuf. « ... ne vous souciez au reste, & laissez faire aux quatre *bœufz* de deuant. » I, 26 et IV, 82. Voir *Aiguillonner.*

Jurons :

Cor beuf. « ... mangerons de l'oye, *cor beuf...* » II, 147.

Par la mort beuf. II, 174, 387, 436, 504; III, 138.

Par la mort beuf de boys... II, 305, 306.

Par le ventre beuf de boys... II, 174.

Quatre beufz. « ... le monde, *quatre beufz*, ne seroit tant mangé de ratz comme il est... » I, 274.

Vertus beuf de boys. II, 102. — Jeu : « *Au bœuf violé.* » I, 81. Voir *Bions.*

Beufle. Buffle. « ... il fianta plus copieusement, que n'eussent faict neuf *Beufles...* » II, 508. « ... lesquelz (vaisseaux) lon auoit fait monter d'Hostie... à force de *beufles.* » III, 396.

Beuignet. Beignets. « ... tartres, & *beuignetz...* » II, 229. « *Beuignetz.* Tourtes de seize façons. » 479.

Beur. « ... celluy qui escouilloit les moines *beurs...* » II, 150. Voir *Bur.*

Beurre. *Tour de beurre.* « ... la grosse *tour de beurre* qui estoit à saincť Estienne de Bourges... » I, 361.

Pocher les œilz au beurre noir. « Il m'a presque *poché les œilz au beurre noir.* » II, 103. « ... vn *œil poché au beurre noir...* » 314.

Beurre d'Amendes. « Sus la fin offroient... *Beurre d'Amendes.* » II, 482.

Beurrier. « ... pot *beurrier.* » II, 87, 262, 379.

Beuvant. Participe présent employé substantivement. «... selon l'imagination des *beuuans.* » III, 157.

Beuverie, Beuverye. « Qui feut premier soif ou *beuuerye?* Soif. Car qui eust beu sans soif durant le temps de innocence? *Beuuerye.* Car priuatio presupponit habitum... Ie boy eternellement, ce m'est eternité de *beuuerye,* & *beuuerye* de eternité. » I, 21-22. « Longs clysteres de *beuuerie* l'ont faict vuyder hors le logis...» 23. « ... menuz propos de *beuuerie.* » 25.

Beuvette. « Vn synonyme de iambon? C'est vne compulsoire de *beuuettes,* c'est vn poulain. » I, 22. « Longues *beuuettes* rompent le tonnoire. » 23. « Leurs *beuuettes* souuent reiterees, chascun se retira en sa nauf. » II, 272. « Croyez que la repaissaille feut copieuse, & les *beuuettes* numereuses. » 447. « Ces paroles & *beuuettes* acheuees... » III, 165. « Si les viandes furent copieuses, aussi furent les *beuuettes* numereuses. » III, 411.

Beuveur. «*Beuueurs* tresillustres...» I, 3. « ... tous bons *beuueurs,* bons compaignons & beaulx ioueurs de quille là. » 20. « ... lisans ces motz, vous mocquez du vieil *beuueur...* » 36. « Vous truphez icy, *Beuueurs.* » II, 404.

Beuvreau. « ... petitz *beuureaux*

de Paris qui ne beuuent en plus qu'vn pinſon... » I, 283.

Bezace, Bezasse. « ... bailla à vn ſien compaignon vieulx ſa *bezaſſe...* » II, 8. « ... diſant chaſcun home en ce monde naiſſant vne *bezace* au coul porter... » 81. « ... ie vy hydropiques parfaitement guarir... leur frappant... *ſur* le ventre d'vne *bezaſſe* Tenedie... » III, 77. — Le manuscrit du vᵉ livre porte *bezague*, leçon préférable. Voir l'article suivant.

Bezague. Hache à deux tranchants. « ... manger *bezagues* à la mouſtarde... » I, 271. « Le foye, comme vne *bezague.* » II, 375. Voir l'article précédent.

Bezan. Monnaie. « ... paye mille *bezans* d'or pour les dommaiges que as faiɛ̃t... » I, 119. « ... le parement de ſon buffet, qui eſtoit au poys de dishuyt cent mille quatorze *bezans* d'or. » 188 et IV, 147.

Bezicles. « ... à grand renfort de *bezicles...* » I, 11. « Voiez cy mes *bezicles.* » II, 42. « ... vn niais Argus auecques ſes cent *bezicles.* » 63. « ... voyant toutes choſes ætherées & terreſtres ſans *bezicles.* » 122. « ... ne vouldrois ne l'eſtre (marié) pour toutes les lunettes d'Europe : non pour toutes les *bezicles* d'Afrique. » 287. « ... portant *bezicles* au nez. » III, 47. « ... dormans auoient *bezicles* au nez, ou lunettes pour pire. » 104. Voir *Affuster.*

Bibles. « ... il en a eſté plus vendu par les imprimeurs en deux moys, qu'il ne ſera acheté de *Bibles* en neuf ans. » I, 217.

Les sacres bibles. Les livres sacrés. « ... l'aueugle né tant renommé par les *treſſacrés bibles.* » II, 5. « ... quoy que quelque ſentiment il euſt des *ſacres bibles...* » II, 254. « Diſcourez par les *ſacres bibles...* » 256. « Si le temps permettoit que puiſſions diſcourir par les *ſacres bibles* des Hebreux... » 403. Dans le premier exemple, il y a, conformément au texte suivi : *treſſacrés*, ce qui ferait croire que *bibles* est au masculin, conformément à l'étymologie, mais il faut peut-être lire *treſſacres.*

Bicane. Sorte de raisins. « ... des pineaulx, des fiers, des muſcadeaulx, de la *bicane...* » I, 97.

Bicorne. Qui a deux cornes. « ... la Lune *bicorne.* » I, 37.

Bien. Substantif. « ... ſcauriez vous me ieɛ̃ter en terre ? Vous ſçauez tant de *bien*, comme l'on m'a diɛ̃t. » II, 343. « *Biens* croiſſant de terre. » III, 240.

Bien précédé de la préposition *de* après un substantif. « Tout *beuueur de bien*, tout *Goutteux de bien...* » II, 13. « ... ces tant *femmes de bien* ont communement mauluaiſe teſte... » 50. « ... tu es *villain de bien...* » 430. « ... *gueux de bien...* » III, 56. Voir *Baudet.* — Adv. « Vous ſoyez les *bien* & à propos venuz. » II, 355. « Ouy bien. » 454. — Jeu : « A *bien* & beau s'en va quareſme. » I, 82. Voir *Aultrement, Aussi.*

Bienfaict. « ... le temps qui toutes choſes ronge & diminue, augmente, & accroiſt les *biensfaiɛ̃tz...* » I, 184. « ... le meſurant (l'amour que me portez) au qualibre des *biensfaiɛ̃tz...* » II, 36. « ... infinis *biensfaiɛ̃tz...* » 204. « ... leſquelz (les Stoiciens) diſoient... le recepuant tresbien recompenſer le donnant, quand il accepte voluntiers le *bienfaiɛ̃t...* » 282.

Biensfaicteurs. « ... ſi les remercimens doibuent eſtre meſurez par l'affeɛ̃tion des *biensfaiɛ̃teurs*, ce ſera infiniment... » II, 36.

Bienfaisant. « ... ſont continuellement (les bons Daimons) enuers nous *bienfaiſans...* » II, 17.

BIEN SÉANCE (DROICT DE). « On dit, par *droit de bienſéance;* pour dire, ſans autre droit que celui de ſa propre convenance, de ſa propre utilité. » *(Dictionnaire de Trévoux.)* « ... en mes terres pretendoit ſeulement droict de *bien ſeance.* » I, 113.

BIEN TOUST. « ... *bien touſt* apres... » II, 12. « ... *bien touſt* periroient les ars de Cupido... » 152.

BIENYVRE. « Les propos des *bienyvres.* » I, 21 et IV, 76.

BIES. Biais. « ... de bon *bies...* » I, 270. « ... f(ol) de bons *bies.* » II, 184. « ... treſpaſſa, par de *bies* s'eſtre auecques vn trancheplume tiré vn Ciron de la main. » 333.

BIGEARRE. Bizarre. « ... f(ol) *bigearre.* » II, 184.

BIGOT, BIGOTH. « Il n'eſt poinct *bigot,* il n'eſt poinct deſſiré, il eſt honeſte, ioyeux... » I, 150. « Cy n'entrez pas Hypocrites, *bigotz...* » 195. « Tout eſt frelore *bigoth.* » II, 337 et IV, 279.

BIGUARRÉ. « ... vn eſclaue *biguarré...* » II, 11.

BILLE. « ... dancer comme iau ſur breze ou *bille* ſur tabour. » I, 299. — Jeu : « A la *bille.* » I, 81.

BILLE BOUCQUET. Bilboquet. Jeu : « Au *bille boucquet.* » I 83.

BILLE VEZEES. Billevesées. « ... ayez en reuerence le cerueau caſeiforme qui vous paiſt de ces belles *billes vezees...* » I, 7. « ... mugueter les *billes vezees.* » 280.

BILLON. « ... vn aultre liure de meſme *billon...* » I, 217.

BILLONNEUR. Faux-monnayeur. « ... fauſſaires, *billonneurs...* » II, 432.

BIMBELOTER, BIMBELOTTER. « ... *bimbelotoit...* (Diogène, son tonneau) ». II, 8. « C(ouillon) *bimbelotté.* » 138.

BIMBELOTIER. « Iuſtinian *bimbelotier.* » I, 365. « ... chercuitiers, *Bimbelotiers.* » III, 242.

BIOUS. Bœuf en gascon. « Pao cap de *bious...* » II, 201. Par la tête de bœuf. Voir *Beuf.*

BIPARCIENT. Qui sépare en deux. « ... eſtoient les canals produits en ligne Limaciale *biparciente...* la ſeule figure Limaciale que voyez *biparciente...* » III, 162.

BIRNOUZET. « ... à ſoupper... Des *birnouzetz.* » III, 217-219.

BISCARIÉ. « C(ouillon) *biſcarié.* » II, 138. « *Dyſcraſié,* mal temperé, de mauuaiſe complexion. Communement on dict *biſcarié* en languaige corrompu. » III, 195.

BISCENTUMVIRAL (de *bis* et *centumviralis).* « Court *biſcentumvirale.* » IV, 256.

BISCHAR. Faon de biche. « *Biſchars.* Dains. » II, 478.

BISCLE. Bigle. « ... reguard *biſcle.* » II, 102.

BISCOTER. « ... ilz *biſcotent* voz femmes... » I, 167. « ... le diable ne les euſt voulu *biſcoter.* » 303. « ... à tous les paſſaiges qu'ilz *biſcoteroyent* leurs garſes que ilz miſſent vne pierre... » 331 et IV, 208. « ... *biſcoter* vne veſue. » II, 39. « ... il ne y eut Ange, Home, Diable, ne Diableſſe, qui ne vouluſt *biſcoter.* » 135. « ... celuy qui ne daignoit *biſcoter* ſes chambrieres niſi in pontificalibus... » III, 64. « ... les mariez plus ne *biſcotent* leurs chambrieres... » 116.

BISCUIT. Cuit deux fois. « ... galettes *biſcuites.* » III, 106.

BISOUAR. « Vn... liure... qui ſe vend par les *biſouars* & porteballes... » I, 36. « ... *Biſouars...* Courriers... » III, 243.

BISSAC. « ... i'ay trouué vn bon homme, qui en vn *biſſac...* portoit deux petites fillettes... » I, 293.

BISSEXTE. « ... irreguliers *biſſextes...* » I, 220. « *An intercalare.* onquel eſcheoit le *Biſſexte...* » III, 196.

BISTORIER. Inciser. « ... terraſſoit, *biſtorioit...* (Diogene, son tonneau). II, 8. « C(ouillon) *biſtorié.* » 138. « Le viſaige *biſtorié,* comme vn baſt de mulet. » II, 380.

BISTROYE. « ... à ſoupper... De la *biſtroye.* » III, 217-218.

BITAR. Butor. « ... en courant print de ſes mains en l'air quatre grandes Otardes. Sept *Bitars.* » I, 340. Voir *Aele.*

BITERNE. « Au diable de *biterne.* » I, 343. Juron toulousain.

BITON, BITOU. Petite charpente. « Atache à l'vn des *Bitous.* » II, 341. « ... print noſtre Cap en pouppe & l'attacha aux *bitons.* » III, 67.

BIZART. « Aoriſt... en temps guerre & *bizart* receu. » III, 12.

BIZE. « ... ventz du trou de *bize...* » I, 146 et IV, 135. « Des cornameuz reueſtuz de *bize.* » III, 219.

BIZET. « ... Perdris, Ramiers, & *Bizets...* » II, 357. Ramiers, Rамerotz. *Bizetz.* » 478.

BLANC. Substantivement. « De ce qu'eſt ſignifié par les couleurs *blanc* & bleu. Le *blanc* doncques ſignifie ioye... » I, 39. « Le diantre, celluy qui n'a poinct de *blanc* en l'œil m'emporte doncques... » II, 174. « ... la fraulde du Calumniateur infernal, lequel ... tourne le noir en *blanc...* » 208-209.

Armé à blanc, en blanc. Vêtu de cuirasse. « ...*armez en blanc...* » III, 343. « ... tous *armez à blanc...* » 399.

Blanc. La marque blanche qu'on faisait au centre du but. « ... bien heureux eſt celluy qui ne ſera ſcandalizé & qui touſiours tendra au but, au *blanc...* » I, 210. « ... feut pour tirer à la butte partie faicte... Perotou auoit depecé vnes demies Decretales... & des feueilletz auoit taillé le *blanc* pour la butte... Rien du *blanc,* ſacroſainct... ne feut... entommé. Encores Sanſornin... nous iuroit... qu'il auoit veu... le paſadouz de Carquelin droict entrant... on mylieu du *blanc...* s'eſtre eſcarté loing d'vne toiſe... Me ſemble... que en telz *blancs* lon euſt contre le dangier du traict plus ſceurement eſté, que ne feuſt iadis Diogenes... Diogenes... ſe tint en pieds iouxte le *blanc :* affermant... que l'archier plus touſt feriroit tout aultre lieu que le *blanc :* le *blanc* ſeul eſtre en ſceureté du traict. Vn paige... aperceut le charme. Par ſon aduis Perotou changea de *blanc.* » II, 452-453.

Blanc, Blan. Monnaie. « ... ſix *blans* vers le zenith & maille... » I, 270. « ... quand il changeoit vn teſton... le changeur euſt eſté plus fin que maiſtre mouſche, ſi Panurge n'euſt faict eſuanouyr à chaſcune foys cinq ou ſix grans *blancs...* » I, 300 et IV, 202. « Troys *blancs...* » 368. « ... ſix *blancs.* » II, 131, 445. Voir *Barre.*

BLANCHE. Jeu. « A la *blanche.* » I, 81. Distinct de la *blancque.* Voir ce mot.

BLANCHÉE, valeur d'un blanc. « Combien la denree de mouſtarde ? Vn denier... la *blanchee* n'en vault qu'vn pinard, & tu nous ſurfaictz icy les viures. » I, 368.

BLANCHET. « ... ſept aulnes de drap noir, & troys de *blanchet* pour la doublure. » 74. « ... ſi les *blanchetz* n'estoyent rayez... » I, 272.

Blanchette. « ... fut depuis la ville nommee Paris, laquelle au parauant on appelloit Leucece... C'est à dire en Grec, *Blanchette,* pour les blanches cuisses des dames dudict lieu. » I, 66.

Blanchir. « ... *blanchissoient* les Éthiopiens... » III, 80 et IV, 330.

Blancque. Jeu. « A la *blancque.* » I, 82. Voir *Blanche.*

Blandureau. « ... pommes *Blandureau.* » II, 211.

Blason. Description, explication. « Le *blason* des couleurs. » I, 36. « ... il fist le *blason* & diuise des licentiez en ladicte vniuersité... » 240. « ... ne fais doute aucune que Chinon ne soit ville antique, son *blason* l'atteste... » III, 135.

Blasoner, Blasonner. Décrire, dépeindre, blâmer. « ... les femmes de l'isle Mandés en Ægypte *blasonees* par Herodote & Strabo... » II, 165. « Comment par Pantagruel & Panurge est Triboullet *blasonné.* » 181.

Blaspheme. Adjectif. « Condition *blaspheme* ou scandaleuse. » II, 148.

Blasphemer. « ... il *blaspheme* contre la religion... » II, 181. « ... voyans ces diables d'oiseaux ne faisons que *blasphemer...* » III, 37.

Blatte. « Les rats & *blattes* ou... aultres malignes bestes... » I, 11.

Bled. « ... achaptant cher, vendent à bon marché, & mangeant son *bled* en herbe. » II, 21. « ... mangeant mon *bled* en herbe, comme vn Hermite, viuent de sallades & racines... » 23.

Blereau. « ... belettes, foynes, *blereaux,* & aultres bestes... » I, 227.

Blocquer. « ... *blocquoit,* tracassoit... (Diogène, son tonneau). II, 8.

Blondelette. « ... les filles pucelles mariables du lieu, belles... *blondelettes...* » II, 448. « Vne bien ieune & toute *blondelette* Conceut vn fils Etyopien... » III, 49.

Blondettes. « ... ieunes fillettes... *blondettes...* » III, 78.

Bobelin. Chaussure grossière. « Les *bobelins* de franc couraige. » I, 250. « Romule estoit rataconneur de *bobelins.* » 366. « ... à grands coups de *bobelins...* » II, 325. « Les additamens mamillaires, comme vn *bobelin.* » 374. « ... Rataconneurs de *bobelins.* » III, 242.

Bobeliné. « C(ouillon) *bobeliné.* » II, 140.

Boette. Boite. « ... vne *boette* pleine de Euphorbe... » I, 350.

Boie. Reptile. II, 498.

Boille. Veuille. Gascon. II, 201.

Boillir. Bouillir. « ... à roustir ou *boillir.* » Voir p. 5, col. 1.

Boire. *Beuuons,* I, 231; II, 510; *beuuent,* II, 13, 23; *beuuez,* II, 13; *beuez,* I, 6; *beuuant,* I, 4, 6. « Pour neant *boyt* qui ne s'en sent. » I, 22. « Les Islandoys & Engronelands *boyront* Euphrates. » II, 238. « A petit manger bien *boire.* » Voir p. 1, col. 1. « ... la soif s'en va en *beuuant.* » Voir *Appétit.*

Boire à. « Tous *beurent à* eulx. Ils *beurent à* tous. » II, 271. « ... *beut à* luy... » 289.

— *à gré.* « *Beuuans à gré* comme beaulx carpions. » I, 346.

— *à petit gué, à tous gués.* « *Boyre à si petit gué :* c'est pour rompre son poictral. » I, 22 et IV, 78. « ... *ie boy à tous guez,* comme vn cheual de promoteur. » 150.

— *à ses heures.* « Ie ne *boy* que *à mes heures,* comme la mulle du pape. » I, 21.

— *à tyrelarigot, à ventre deboutonné.* Voir p. 2, col. 2.

— *comme vn templier, comme templiers.* « *Ie boy comme vn templier.* » I, 22. « ... les faisoit *boire comme Templiers* ſur le soir. » I, 295.

— *coups en robbe.* « Si de meſmes vous autres *beuuez* vn grand ou deux petitz *coups en robbe,* ie n'y trouue inconuenient aulcun... » II, 10.

— *d'autant.* Voir *Autant.*

— *en lancement.* « ... auſſy bien ne *beuyons* nous que lachement non *en lancement...* » I, 229.

— *en mangeant ſa ſouppe.* « ... ſe couuroyt d'vn ſac mouillé, *beuuoyt en mangeant ſa ſouppe...* » I, 44. « ... qui *boit en mangeant ſa ſouppe,* quand il eſt mort il n'y voit goutte. » 274.

— *frais.* « ... nous ne *beumes* poinɛt *frais.* » I, 126.

— *matin.* « Leuer matin n'eſt poinɛt bon heur, *Boire matin* eſt le meilleur. » I, 78.

— *net.* « ... *beurent* ſi *net* qu'il n'y demeura vne ſeulle goutte... » I, 353.

— *Après boire.* Voir *Après,* p. 42, col. 2.

Beu. Participe passé. « *Beu* qu'il eut... » II, 448. Après qu'il eut bu. « ... il y eut *beu* & gallé. » Voir *Avoir,* p. 64, col. 2.

BOIRE (LE). « ... les mouuemens que faiɛt la langue muſculeuſe, lors que *le boire* deſſus coule pour deſcendre en l'eſtomac. » III, 163.

BOIS, BOYS. « Abaſtant *boys...* » II, 21. « ... abaſtant les gros arbres... iouant des haulx *boys...* » 23. « ... long *bois,* ſauoir eſt picquees, partuſanes, halebardes, corſecques, eſpieuz Boulonnois. » III, 399.

Boys de la croix. « ... preſſouër... fait... du *boys de la croix.* » III, 214.

— *de moulle.* Bois de choix. « ... troys cens de gros *boys de moulle...* » I, 74. — Locutions proverbiales : « ... on diɛt en prouerbe, qu'il faiɛt bon veoir vaches noires en *boys* bruſlé, quand on iouiſt de ſes amours. » 275. « Qui faiɛt le loup ſortir du *bois?* Default de carnage. » II, 74. « ... les Loups ieɛte hors des *boys* (meſſere Gaſter)... » 472. « ... la ſtatue de Mercure ne doibt eſtre faiɛte de tous *boys* indiſerentement. » II, 490 et IV, 304. « ... pluſieurs ne ſçauront de quel *bois* faire fleches... » III, 238. Voir *Abateur, Anguille.* — Jurons : « Par le ſambre guoy de *boys...* » II, 89. Voir *Beuf.*

BOISSEAU. « ... s'aſſiſt ſus le cul d'vn boiſſeau... » II, 87.

BOITTE, BOYTE. Boisson. « ... leur *boyte* de tout l'an... » I, 104. « Leur *boitte* feut en tirelarigotz vaiſſeaulx beaulx & anticques. Et riens ne beurent fors Elaiodes... en Lanternois c'eſt *boitte* deifficque... » III, 220-221. « *Boitte* eſtoit vin. » IV, 334. Voir *Bette.*

BOLEVARD, BOULLEVAR. « Au matin print d'aſſault les *boulleuars* & chaſteau... » I, 109. « Les parolles annoncees au roy... ſe tranſporta ſus le *boleuard...* » 114-115.

BOLIDE. « ... plongez le ſcandal, & les *bolides...* » II, 344. *Scandal* vient de l'italien *scandaglio* plomb de sonde, sonde; quant à *bolide,* il est tiré du grec Βολίς, signifiant aussi sonde, ce qui fait dire à Jal, dans son *glossaire nautique :* « Rabelais fait une battologie, pour avoir le plaisir de mettre un mot grec à côté d'un mot italien. »

Boline. Bouline. « Pare les *bolines.* » II, 349.

Bombarde. « ... couleurines, *bombardes...* » I, 101. Voir *Basilic.*

Bombardier. « Frere Ian on chasteau guaillard monta... auecques les *bombardiers.* » II, 386. « Faictez moy icy le maistre *Bombardier* venir. Le *Bombardier* promptement comparut. Pantagruel luy commenda mettre feu on Basilic... Les *Bombardiers* des aultres nausz... mirent pareillement feu chascun en vue de leurs grosses pieces chargees. » 505. « ... messer Vincentio Romain, & Francisque Florentin, *bombardiers* du Pere saint. » III, 409.

Bon. Substantivement. « ... le *bon* seut, que le feu que i'auoys getté au gyron de mon paillard routisseur luy brusla tout le penil... » I, 284. « ... ie t'ayme du *bon* du foye. » II, 107. « Au *bon* de l'argument. » Voir *Argument.*

Couster bon. « Ceste parolle... iadis *cousta bon,* & feut cherement vendue es enfans de Iacob. » II, 72. « Aussi me *coustent* ilz *bon.* » 293. « Ie pense qu'il luy *coustera bon.* » III, 342.

Faire bon. « ... il *faict bon* veoir vaches noires en boys bruslé. » Voir *Bois.*

Etre en ses bonnes : « Nostre maistre *est en ses bonnes.* » II, 313. « ... quelques foys qu'il est *en ses bonnes...* » 432. Voir *Adventure, Bouche, Heur, Homme, Hommet.*

Bonache. Bonace. « ... en mer est *bonache* & serenité continuelle. » II, 361.

Bonases. « ... vous fiantez comme dixhuyct Bonases de Pæonie. » II, 508. « *Bonases.* animal de Peonie, de la grandeur d'vn Taureau : mais plus trappe. » III, 206.

Bond, Bon. *A bonds, à bons.* Voir p. 2, col. 1.

Bonde. « ... visiter les sources des gresles, les *bondes* des pluyes... » II, 239.

Bon di. Bon jour. « Vn aultre salua vne sienne alliée disant. *Bon di,* ma coingnee. » II, 300.

Bondon. Morceau de bois servant à boucher un tonneau. « Autant que vous en tirerez (de vin) par la dille, autant en entonneray par le *bondon.* » II, 13. « ... auecques l'haleine attirer le vin noueau par le *bondon.* » 230. « L'vne la nommoit ma petite dille, l'autre ma pine... l'autre mon *bondon,* mon bouchon... » I, 46.

Bondrée. Buse. Jeu : « Au nid de la *bondree.* » I, 83.

Bonnement. « ... quant pourras *bonnement* delaisser Ta tant aymée & cultiuée estude... » III, 300.

Bonnet. « Le *bonnet* de velours noir, garny de force bagues & boutons d'or. » I, 203 & IV, 154.

Bonnet à la coquarde. « Le diaphragme, comme vn *bonnet à la coquarde.* » II, 375. « Le premier à qui il s'adressa... auoit... le *bonnet à la coquarde...* » III, 210.

— *à la marrabeise.* « ... son pere disoit que ces *bonnetz à la Marrabeise* faictz comme vne crouste de pasté porteroient quelque iour mal encontre à leurs tonduz. » I, 34.

— *à quatre gouttieres, ou braguettes, à revers.* « ... se couurent les testes aucunesfois de *bonnets à quatre gouttieres, ou braguettes :* autres de *bonnets à reuers...* » III, 45.

— *doctoral.* I, 163.

Du temps des haultz bonnetz. « ... il a trouué quelque reste de niays *du temps des haultz bonnetz :* lesquelz ont eu foy à ses escriptz. » I, 37. « Ie presuppose que c'estoit quelque espece monstrueuse de animaulx Barbares *du temps des haultz bonnetz.* » III, 189

Le moulle du bonnet. La tête. « ... *le moulle du bonnet*, c'eſt le pot au vin, comme diſoit ma mere grand. » I, 38.

BONNETTE. Petites voiles ajoutées aux grandes. « Que l'on coue *bonnette*. » II, 349. « ... quoy qu'on euſt es voiles adioinct les *bonnettes* trainnereſſes. » 492.

BORBONNOISE (TARTRE). « ... il feiſt vne *tartre borbonnoiſe* compoſee de force de hailz, de galbanum, de aſſa fetida, de caſtoreum, d'eſtroncs tous chaulx, & la deſtrampit en ſanie de boſſes chancreuſes. » I, 296.

BORDELIER. Dans le passage suivant Rabelais, substitue ce mot à *cordelier*. « Il (Iupin) a eſté le plus fort ruffien, & plus infame Cor, ie diz *Bordelier*, qui oncques feut. » II, 63.

BORDES, BORDIEUX. Maisonnettes champêtres. « Il en achapte force meſtairies,... force *bordes* & *bordieux*... » II, 265.

BORGNE, BORGNESSE. « ... aiguillette *borgne*. » Voir *Aiguillette*. « Paſſant... vn *borgne* ou *borgneſſe*... » II, 401.

BORSOUFLÉ. Voir *Bourſouffler*.

BOSSE. « ... ne ſembloient (des petits enfants) engrauez dedans la matiere, mais en *boſſe*... apparoiſſoient enleuez totalement... » III, 155. — *Boſſes chancreuſes*. Voir *Angonnage* et *Borbonnoise (Tartre)*.

BOSSU. Voir *Aulican*.

BOT. *Vray bot*. Exclamation. « Vray *bot*, quand bien ie y penſe... » II, 26.

BOTANOMANTIE. Divination par les plantes. « Par *Botanomantie*. I'ay icy des feuilles de Saulge à propos. » II, 125.

BOTASSE. « ... bottes, botines, *botaſſes*, houzeaulx... » II, 237.

BOTE, BOTTE. Chaussure. « ... ſon pere luy feiſt faire des *botes* ſauues : Babin les nomme brodequins. » I, 63. « ... on marioit vne vieille *botte* auecques vn ieune & ſoupple brodequin. » II, 303. — Bouteille, tonneau. « ... capacité de memoire à la meſure de douze oyres & *botes* d'olif. » I, 252. « ... print vn fais de paille & vne *botte* de pouldre à canon... » 338. « ... vne groſſe *botte* de ce bon vin de Languegoth... » II, 420.

Botte ſainct Benoiſt. « ... i'ay vn eſtomac paué, creux comme la *botte ſainct Benoiſt*. » I, 145 et IV, 134. « ... par la ſacre *botte de ſainct Benoiſt*. » II, 328. — Liasse, paquet. « Au departir achetaſmes vne *botte* de chapeaux & bonnets de Caſſade. » III, 42.

BOTEAU. « ... ſix *boteaux* de ſainct foin. » II, 377.

BOTELEUR, BOTTELEUR. « Achilles (estoit) *boteleur* de foin. » I, 365. « Vous y voirez... vn grand *boteleur* de foin. » II, 371. « ... quels centonifiques *botteleurs* de matieres, cent & cent fois grabelees. » III, 8.

BOTINE, BOTTINE. « L'vn vne aultre nommoit ma *botine*, elle l'appelloit ſon eſtiuallet. » II, 301. « ... par la grand *Bottine*, Par le houſeau de ſainct Benoiſt. » III, 176. « ... nouer vn cordon de ſa *botine*. » 402.

BOTINEUR. Chaussé de bottines. « ... vn grand tas de... Caffars, Frapars, *Botineurs*... » I, 383. « Tous les vieux quartiers de lune aux Caphards, Cagotz, Matagotz, *Botineurs*... » III, 189. « ... Cagotz, Caffars, *Botineurs*... » 242.

BOU, BOU, BOU, BOUS, BOUS. Exclamations de Panurge pendant la tempête. II, 338.

BOUC, BOUCQUE. Bouche, nombril, embouchure d'un fleuve.

De broc en bouc. Du broc à la bouche, immédiatement, sans intermédiaire. « (Diables)... ſoy ... entrebattans... à qui humera l'ame Raminagrobidicque, & qui premier *de broc en bouc* la portera à meſſer Lucifer. » II, 113. Il (Lucifer)... promiſt double paye... à quiconcques luy en apporteroit vne (ame de Caphard) *de broc en bouc.* » 431. « ... la *boucque* du hault ventre... » I, 34. « ... les vents Auſtraux... ſoufflans droit en ſa *boucque* (du Tibre) pres Hoſtie... » III, 396. Voir *Bouche.*

BOUCAL. Bocal. « ... vn *boucal* du meilleur vin. » I, 355.

BOUCANÉ. « Couillon *boucané.* » II, 139.

BOUCHE. « ... ſi n'en ay rien deſpendu en meſchanceté ny pour ma *bouche.* » III, 361. « ... cent cinquante douzaines de pain de *bouche.* » III, 411.

A bonne bouche. Pour la fin. « ... te reſeruoys *à bonne bouche:* ie te prie, diz moy ton aduis. » II, 131.

Bouche clouse. « ... il fauldra tortre le douzil, & *bouche clouſe.* » I, 18.

— *fraiſche.* Voir *Avoir,* p. 65, col. 1.

— *tendre.* « ... il (le ſeigneur Rance) auoit recouuert quelques cheuaulx Turcs... deſquels en mena vn à la chaſſe qui auoit la *bouche tendre* de ſorte qu'il ſe renuerſa ſur luy... » III, 365. Voir *Bouc, Boucque, Eau.*

BOUCHERIE. « Le moyne luy diſoit tout... & comment il s'eſtoit deffaict des archiers, & la *boucherie* qu'il auoit faict par le chemin... » I, 166.

BOUCHON. Voir *Bondon.*

BOUCLER. « ... ma deliberation... eſt me marier, ſi de mal encontre n'eſtoient tous les trous fermez, clous, & *bouclez.* » II, 49. « ... *boucler à la Bergamaſque.* » Voir p. 3, col. 1, et IV, 254.

BOUCLER, BOUCLIER. « ... au *boucler,* à la cappe, à la roundelle. » I, » 90. « ... aubers, pauoys, *boucliers...* » II, 7. Voir *Ancile.*

BOUCLUS. « ... Cæſar, commenda que... tout au tour l'on feiſt vne ſeine de foſſez & *bouclus.* » II, 243.

BOUCON (*Boccone,* morceau). Poiſon. « ... prouiſion de ſaulciſſes, non de Bouloigne (car il craignoit ly *boucon* de Lombard)... » I, 16.

BOUCQUE. Voir *Bouc.*

BOUCQUER. Baiser par force. « ... il fault... que tous Roys... vieignent là *boucquer* & ſe proſterner à la mirificque pantophle. » II, 458.

BOUCQUIN, BOUQUIN. « ... plus *boucquin* que n'eſt vn Boucq. » II, 63. « ... iambes *bouquines.* » 402.

BOUDINAL. « ... freſſure *boudinalle.* » I, 276.

BOUFFAIGE. Ce qui se bouffe, se mange. « ... quelques bribes, quelque *bouffaige,* quelque carreleure de ventre. » II, 113.

BOUFFER. « ... ils deschiquetoient leur peau, pour y faire *bouffer* la graiſſe. » III, 63.

BOUFFI. Voir *Aran.*

BOUFFONNER. « ... quelques Matachins imperitz de la marine, cuydans fanfarer & *bouffonner* ſus eaue. » III, 396.

BOUGER. Bouger de, sortir de, s'absenter de. « ... *bougeoient... de* la ville, & alloient ou à Gentily, ou à Bologne. » I, 96.

BOUGETTE. Sacoche. « ... ie te donne ma *bougette...* il y a ſix cens ſeraphz dedans. » I, 286. « ... petites *bougettes* & ſaſques toufiours pleines. » 297. « ... pleines *bougettes* de nouuelles. » III, 232.

BOUGRE. « ... que ie foye ladre s'il ne vous faict tous vifz brufler comme *bougres*... » I, 75.

BOUGRESSE (A LA). Voir p. 3, col. I.

BOUGRIN. « En ce gueret peu de *bougrins* font nez... » I, 13. « ... Marioletz, *Bougrins*, Bragars... » III, 243.

BOUGRINO. « Miffaire *bougrino*, tu pers icy ton temps. » I, 285.

BOUGRISQUE. « ... grande & *bougrifque* barbe. » I, 366.

BOUILLIR, BOULLIR. « ... vne ferriere de cuir *bouilly*. » I, 353. « ... ie mettray *bouillir* pour les maffons. » II, 11. « Bruflez... *bouillez*, efcarbouillez.., ces mefchans Hæreticques... » 457. « Poulles *boullies*. » 478. — *Boully*. Substantivement. « Le pot pourry eftoit plain de... fricaffees, faulgrenees, cabirotades, roufty, *boully*. » III, 85.

BOULANGIER. « ... fift un gros pet de *boulangier* : car le bran vint apres. » I, 316. « ... i'efpargne... les meufniers, qui font ordinairement larrons : & les *boulangiers*, qui ne valent gueres mieulx. » II, 23. « Le feigneur de Bafché... manda querir fon *boulangier*. » II, 311.

BOULAS. Bouleau. « ... plus leurs eft contraire & ennemy... que n'eft la Ferule & le *Boulas* aux efcholiers de Nauarre. » II, 234.

BOULEAU, Jeu. « Au *bouleau*. » I, 82.

BOULET. Voir *Balle*.

BOULINE, BULINE. Cordage. « ... contreuentoit les *bulines*... » I, 90. « ... lafchant la *bouline*... » 280.

BOULINGUÉS. Petites voiles. « ... feift caller les *Boulingues*. » II, 336. « ... où font nos *boulingues*. » 337. « Aux *boulingues* de contremeiane. » 349. « ... au trinquet, aux *boulingues*. » 464. « ... auec le trinquet & *boulingues* quelque peu temporifafmes. » III, 65.

BOULLE. Jeux. « A la *boulle* plate... A la courte *boulle*. » I, 82.

BOULLET. « *Boulletz* d'artillerie. » I, 138.

BOULLIR. Voir *Bouillir*.

BOUOUOUOUS. Exclamation de Panurge pendant la tempête. II, 341.

BOURACH. « De *bourach* leur feruira cefte belle eau fallee. » III, 68. Voir *Baurach*.

BOURBELETTES. « ... à foupper... Des *bourbelettes*. » III, 217-218.

BOURDON. « ... trouuant... vn hault & grand arbre (lequel communement on nommoit l'arbre de fainct Martin, pource qu'ainfi eftoit creu vn *bourdon* que iadis fainct Martin y planta), dift... Ceft arbre me feruira de *bourdon* & de lance. » I, 135. « Le fens commun, comme vn *bourdon*. » II, 376.

BOURGEOYS. « Pain blanc. Pain mollet. Choine. Pain *bourgeoys*. » II, 477.

BOURGUEMAISTRE. « ... les *Bouguemaiftre*, Syndicz... » II, 425.

BOURLET. Garniture des bonnets de docteurs. « ... cerueaulx à *bourlet*. » II, 14, et IV, 223. « ... f(ol) à *bourlet*. » 182. « ... feuft il docteur de Chryftallin (ie diz Decretalin) à triple *bourlet*. » 461.

BOURNE, Borne. « ... metes & *bournes* de boyre... » I, 79. « ... icelluy (Dieu) fault inceffamment implorer... Mais là ne fault faire but & *bourne* : de noftre part conuient pareillement nous euertuer... » II, 353.

BOURNÉ. Borné. « ... ſera France ſuperbement *bournée.* » II, 9.

BOURRABAQUIN, ou plus habituellement *bouraquin*, bouteille de cuir avec laquelle les moines mendiants faisaient la quête. « ... Panurge... luy præſenta... vn *bourrabaquin* guarny de breuaige... elle... tira vn grand traict du *bourrabaquin.* » II, 87-88. « ... ordonnant... que le grand *bourrabaquin* plein du meilleur trote de ranco par leurs tables. » 112. « ... vn *Bourrabaquin* monachal faict des quatre metaulx enſemble. » 270. « Le boyau cullier, comme vn *bourrabaquin* monachal. » 375.

BOURRABAQUINIERE (NAUF). Vaisseau ayant un bourrabaquin pour enſeigne. II, 409.

BOURRACHE. Outre. « ... flaccons, *bourraches,* bouteilles... » III, 133.

BOURRACHOUS. Qui aiment la bouteille, ivrognes. « ... ſon pere hayſſoit tous ces Indalgos *Bourrachous...* » I, 33.

BOURRASQUE. « ... mortelles *Bourraſques...* » II, 336.

BOURRE. « ... de la toiſon de ces moutons feront faictz les fins draps de Rouen, les louſchetz des balles de Limeſtre, au pris d'elle ne ſont que *bourre.* » II, 291.

BOURREAU. Équivoque pour *bureau.* « ... nous aduiſames... vingt ou vingt cinq gros pendars à l'entour d'vn grand *bourreau* tout habillé de verd... » III, 212, et IV, 350.

BOURRÉE. Jeu. « A la *bourree.* » I, 83.

BOURRIQUET. Voir *Arry.*

BOURRY. Jeu. « Au *bourry bourry* zou. » I, 81.

BOURSAVIT. « Melluſine... auoit corps fœminin iuſques aux *bourſauitz...* » II, 405.

BOURSE. « ... couppeur de *bourſes.* » II, 289. « l'en notay pareillement deux autres inſignes (lanternes), à cauſe des *bourſes* de clyſtere, qu'elles portoient à la ceincture. » III, 130.

BOURSILLER. « ... faiſons vn pelerin... chaſcun *bourſille* à beaulx liards. » II, 344.

BOURSOUFFLER, BORSOUFLÉ. « O belle matiere fecale, qui doiuoit *bourſouffler* en elle. » I, 20. « Vieulx matagotz, marmiteux *borſouflez...* » 195.

BOURT. Bord, rivage. « Quelque bonne vague... le iectera à *bourt* (vn teſtament). » II, 347.

BOUS, BOUS, BOUS. Voir *Bebebe.*

BOUSQUINE. Jeu. « A la *bouſquine.* » I, 81.

BOUSSIN. Morceau, en gascon. « ... le quintal de ſes quinquaileries ne vault que vn *bouſſin* de pain... » I, 369. « ... au diable le *bouſſin* de pain pour s'eſcurer les dents. » II, 268.

BOUSSOLE. Féminin et masculin. « ... Iamet Brayer, auoit deſigné la routte, & dreſſé la Calamite de toutes les *Bouſſoles.* » II, 272. « ... à droitte calamite du *Bouſſole* dreſſant le gouuernail... » III, 65. Voir *Adiouſter, Aſtrophile.*

BOUT. « ... iamais homme n'en viendra à *bout* ſi ceſtuy là n'en vient. » I, 267. « ... ces petitz *boutz* d'hommes (leſquelz en Eſcoſſe l'on appelle manches d'eſtrilles)... » 348. Voir *Baſton,* p. 75, col. 1.

BOUTARGUE, BOURTARGUE. Cervelas d'œufs de poissons. « Renfort de *boutargues,* prouiſion de ſaulciſſes. » I, 16. « ... commençoit ſon repas par quelques douzeines de iambons... de *boutargues...* » I, 79. « ... dizaines de Ceruelatz, centaines de *Boutargues.* » II, 335. « ... Cauiat,

Boutargues... » 480. « ... iambons, *boutargues...* » III, 133. « ... *boutargues,* bonnes & belles saucisses de venaison. » 163.

BOUTAVENT. Soufflet. « Le *boutauent* des Alchymistes. » I, 249.

BOUTÉE. « ... compagnon as tu rien eu peur en ceste premiere *boutee?* » III, 70. *A boutees.* Voir p. 2, col. 1.

BOUTEILLE. « Quelle difference est entre *bouteille* & flaccon? Grande, car *bouteille* est fermee a bouchon, & flaccon a viz. » I, 22.

BOUTEILLONS. (« *Bottiglione,* sac à vin. » Oudin, *Recherches italiennes & françoises).* « ... estoient tous *Bouteillons* François. » III, 136.

BOUTER, BOUTTER. Donner, mettre, placer. « *Boutte* à moy, sans eau. » I, 21. « A la *boutte* foyre. » 81. « Page, de l'eau : *boute,* mon enfant, *boute.* » 145. « ... rince les verres, *boute* la nappe... » 231. « *Boutez,* doncq, *boutez,* bas & roidde. » II, 442. « ... ie me reseruois la vie pour quelque bataille. *Boutons, boutons,* passons outre... *Boutons, boutons,* passons, poussons, pissons. » III, 139-140.

Boute feu. « ... le premier *boute feu* qui escornifle la vache... » I, 277.

Boute hors. Jeu. « A *boute hors.* » I, 81.

Boutte luy toy mesme. « En second seruice furent seruies... Du *boutte luy toy mesmes.* » III, 219.

BOUTILLER, BOUTILLIQUE. « Vn petit *boutiller* voyant que frere Iean auoit donné vne œillade amoureuse sur vne bouteille qui estoit pres d'vn buffet, separee de la trouppe *boutillique,* dist à Pantagruel... » III, 212.

BOUTIQUE. « Ceux du chasteau feirent response... que s'ilz la vouloient recouurir (la nymphe), il failloit iouer des cousteaux, & n'oublier rien en la *boutique.* » III, 403.

BOUTON. *A boutons.* « ... en ce temps là on fermoit les ventres *à boutons...* » I, 320. — Servant de terme de comparaison, d'évaluation. « ... disant ne leur auoir faict bien qui feust a l'estimation d'vn *bouton...* » 184. « Ie... ne m'en soucie d'vn *bouton.* » II, 110.

BOUTONNÉ. Couvert de boutons. « ... nez... tout esmaillé, tout *boutonné...* » I, 221.

BOUYS. Buis. « Couillon de *Bouys...* » II, 129. On dit encore aux petits enfants : « Menton de *buis,* bouche d'argent. »

BOUZE. « ... faire vn masque d'vne *bouze* de vache. » I, 37.

BOUZINE. Buccine, trompette. « ... se rigollerent ensemble au son de la belle *bouzine.* » I, 99. « Les vezes *bouzines* & cornemuses sonnerent harmonieusement. » III, 217. « ... les aultres aux diues sons des *bouzines* dansarent diuersement... » 221.

BOVIER, BOYER. Bouvier. « *Boyers* d'etrons, Bergiers de merde... » I, 98. « ... menassans fort & ferme les *bouiers,* bergiers, & mestayers de Seuillé... » 99.

BOVIN, BOVINE. De bœuf. « ... vn transon de couste *bouine* blanche... » I, 314. « ... cornes *bouines.* » II, 73. — *Mousches bouines.* I, 62, 63, 136, 348; III, 246. — *Ners bouins.* III, 233.

BOYAU. « Il est bien a vostre commandement corps & biens, tripes & *boyaulx.* » I, 324. Voir *Aulne.*

Boyau cullier. « ... c'estoit le fondement qui luy escappoit, à la mollification du droict intestine, lequel vous appellez le *boyau cullier...* » I, 26. « Que le feu sainct Antoine arde le *boyau cul-*

lier de l'orfebure qui les feist... » 52. « Cefte farce me a desbondé le *boyau cullier.* » II, 449. Voir *Bourrabaquin.*

Boye (de *boia,* ital.). Bourreau. « Iceulx auoir à belles dens tiré la Figue, la monftroyent au *Boye* apertement. » II, 426.

Boyer. Voir *Bovier.*

Boyre (la grande). « ... l'vrine trancha le chemin aux pelerins, & furent contrainctz paffer *la grande boyre.* « ... Torrentem pertranfiuit anima noftra, quand nous paffames *la grande boyre.* » I, 143.

Boysseliere (croix). Voir *Croix.*

Boyteux. « Attendez la venue du *boyteux.* » III, 247 et IV, 357. Voir *Clocher.*

Brachmane. « ... les faiges *Brachmanes.* » II, 13.

Bracquemar, Bracquemard, Braquemart, Bragmard, Bragmart. Sabre. « Heu, qui pourroit faifir fon *bracquemart?* » I, 15. « ... vn gros *braquemart* au coufté. » 154. « ... le moyne... auecques fon grand *braquemart,* frappoit fus ces fuyars à grand tour de bras. » 164. « ... tant de *bracquemars* enroiddys, qui habitent par les braguettes clauftrales. » 290. « ... chafcun defrouilloit fon *bracquemard.* » II, 7. « Ie ne m'en fouciroys... ayant mon *bragmard* on poing. ... *bragmard* bien à poinct fourby & defrouillé. » 115. « Frere Ian mift la main à fon *bragmard* fraifchement efmoulu... » 288. « C'eft faict de moy... Voftre *bragmart* ne m'en fçauroit fauluer. » 339. « As tu ton *bragmart?* Aduife qu'il ne tienne au fourreau. » 464. « ... auecques fon *bracquemart* couppa les haultes teftes des Pauotz là eftans. » 494. « ... le pria auoir de luy compaffion : & le tenir en faulueguarde de fon *bragmart.* » 506. « Autres portoient daguenets, poignards, fangdedez, ganiuets, poinffons, efpees, verduns, *braquemarts,* fimeterres, eftocs, raillons, & coufteaux. » III, 38. « ... defgainant fon *bracquemard* fortit hors la nauire. » 60-61. « ... par iuftice ie le vous proueray, c'eft ce maiftre *bracquemard* icy, ce difant s'efcrimoit de fon *bracquemard.* » 61. « ... ie meurs de peur. As-tu ton *bragmard?* » 138.

Bracquer. « ... *bracquoit* (Diogène, fon tonneau). » II, 8.

Bragar, Braguar, Braguart. « ... f(ol) *braguart.* » II, 184. « ... rencontrant par les rues quelques mignons *braguars* & mieulx en poinct... » 327. Voir *Bougrin.*

Bragmarder, Braquemarder. « Ie... entreprens de... bancqueter auec eulx & *bragmarder* à leurs defpens... » I, 335. Voir *Avanger.*

Braguatin. « ... duplicité *braguatine.* » III, 103.

Brague. Cordage, chausse, braie. « Pour Dieu, fauluons la *brague.* » II, 337. « ... dame Proferpine Fuft efpinee de l'efpine, qui eft en ta *brague* cachee... » III, 177. Voir *Avalades.*

Braguette. « La dignité des *braguettes.* » I, 4 et IV, 61. « Ha Badebec, ma mignonne... ma *braguette,* ma fauate, ma pantofle iamais ie ne te verray. » I, 230-231. « Vn efteuf en la *braguette...* » 240. « ... *braguettes* clauftrales. » 290. « ... la *braguette* eft premiere piece de harnoys pour armer l'home de guerre. » II, 44. « ... monftroit le default de la *braguette.* » 100. « ... les valées de la *bra-*

guette. » 136. Voir *Ane, Andoille, Arreſt, Bonnet.*

BRAILLER, BRAISLER. « ... *braiſler,* comme vn aſne ſans cropiere. » I, 72. « ... *braiſlent* les aſnes. » II, 69. « Là euſſiez veu... ſon Aſne (de Silenus) voltiger apres les Elephans la geule bée comme s'il *brailloit,* & *braillant* martiallement... » III, 151.

BRAIN. Brin. Voir *Baſme.*

BRAIRE. « ... mon eſtomach *brait* de male rage de faim... » III, 125.

BRAMER. « ... *bramer,* comme vne vache ſans cymbales. » I, 72. « Ie *brame* par Dieu de male rage de faim. » II, 78.

BRAN, BREN. Partie du son la plus grossière, excrément. « Autant en diɛt vn Tirelupin de mes liures, mais *bren* pour luy. » I, 6. « *Bren* (diſt Gymnaſte) *bren,* pour voſtre chapitre. » 145. « *Bren, bren,* diſt Picrochole... » 176. « *Bren* pour l'argent, ie n'en auray quelque iour que trop. » 301. « *Bren* pour vous. » 325. « *Bren, bren...* c'eſt trop icy barguigné. » II, 294. « *Bren,* c'eſt merde à Rouan. » 305 et IV, 273. « Ie donne dixhuiɛt cent mille eſcuz... à qui me mettra en terre, tout foireux & tout breneux comme ie ſuys, ſi oncques home ſeut en ma patrie de *bren.* » 340. « *Bren* pour la vague. » 343. « *Bran,* reſpondit frere Ian. » III, 54. « Que vous ſont-elles pour lors? — *bren* — Que dis tu? — peds. » 113. « ... *bren* de pouureté, *bren* de ſoucy, *bren* de melancholie. » 245. Voir *Boulangier.*

BRANC, BRAND. Sabre recourbé. « ... feuſt le fer d'icelles (fleches) tant grand & poiſant, qu'il en perſoit *brancs* d'aſſier. » II, 390. Voir *Badelaire.*

BRANCARS. « ... ſus tout auoit la queue horrible (la jument)... auecques les *brancars* ny plus ny moins ennicrochez, que ſont les eſpicz au blé. » I, 62. Sainte-Palaye explique ce mot, dont on ne trouve point d'autre exemple, par : poils, crins. Peut-être Rabelais l'a-t-il tiré de quelque dialecte ou l'a-t-il formé lui-même sur *branche* pour exprimer l'embroussaillement de la queue de la jument.

BRANCQUARS. Vergues. « ... montoit au matz par les traiɛtz, couroit ſus les *brancquars...* » I, 90.

BRANCHIER. « ... f(ol) *branchier.* » II, 182.

BRANDES. « Tel eſtoit ſon eſperit entre les liures, comme eſt le feu parmy les *brandes.* » I, 258.

BRANDELLE. Jeu : « A la *brandelle.* » I, 82.

BRANDIF. « C(ouillon) *brandif.* » II, 129. « Moulins à vent tous *brandifz.* » 331.

BRANDON. « Mars... 6... Les *brandons.* » III, 264.

BRANLEMENT. « ... le *branlement* des broches... » II, 306.

BRANSLE. « ... fut par la Royne commancé vng *branſle* double. » III, 221.

BRANSLER. « ... *branſloit* (Diogène, ſon tonneau). » II, 8. « ... Heliogaballus pour eſtre reputé diuinateur... *branſloit* publicquement la teſte. » II, 213. Voir *Baulevres.*

BRAS, BRAZ. « ... plus ayment la manche que le *braz,* & la denare que la vie. » II, 26.

Bras ſeculier. « ... ont formé complainɛtes horribles, &... requis & imploré le *bras ſeculier,* & Iuſtice politicque... » II, 224-225. « Le Sainɛt Pere... & Prelats... recullent au Concile... quoy qu'ils en ſoient ſemonds du *bras ſeculier.* » III, 367.

Moulin à bras. Voir p. 4, col. 1.

Brasmer. « ... il *brasmoit* demandant, à boyre, à boyre... » I, 29.

Brassal. Brassard. « Les vns... nettoioient... *brassalz*... » II, 7. « Le siphach, comme vn *brassal*. » 376.

Brassée. « ... l'acollee, mon amy. A moy la *brassee*... que ie te esrene de force de t'acoller. » I, 144.

Brassier. « ... y vindrent auec leurs fondes & *brassiers*, & les suyuirent à grands coups de pierres... » I, 99.

Braveté. « ... en grande *braueté*... » II, 254. « ... en pareille *braueté*... » III, 151. « ... fut l'escarmouche attaquee... en *braueté* honnorable... » 404.

Braye. Bastion, porte. « ... rembarroient faulses *brayes*. » II, 7. « ... les *brayes* & angles des nausz. » 389.

Braye. Haut de chausse. « Ie le bande d'vne meschante *braye*... » I, 286.

Braye. Chose brayée, broyée; purée. Non sans allusion au mot précédent. « De la foyre en *braye*. » III, 219.

Braye. Vraie. Prononciation gasconne : « Tes parolles sont *brayes*. » II, 220 et IV, 263.

Brayer. Broyer. « Ilz vous *brayeront* de la fouace. » I, 120.

Braze. Braise. « Fais icy prouision ... d'vne pierre Gagate, laquelle nous metterons sus la *braze*. » II, 125. « ... son tel que font les chastaignes iectees en la *braze*... » 467.

Breaulté. Danse. III, 223.

Brebasenas. « ... à soupper... Des *brebasenas*. » III, 217-219.

Brebiette. « ... à l'ombre d'vn buissonnet ses *brebiettes* gardoit... » III, 30.

Brebis. Courage de brebis. Oudin, dans ses *Curiosités francoises*, complète ainsi ce dicton : « toujours le nez en terre. » « *Couraige de brebis*... depeschez vous de cestuy cy, & bien toust en faisons vn aultre. » I, 25. « Ie voy terre. Enfans, *couraige de brebis*. » II, 349. « De couraige tant & plus. Ie ne entends *couraige de brebis*. Ie diz couraige de Loup... » 354.

Brechet. Les os saillants de la poitrine. « ... huict coustes freussees, le *brechet* enfondré... » II, 314. « Le *brechet* comme vn baldachin. » 379.

Brededin, Brededac, Brededinsbrededas. « ... *brededin*, *brededac*... vocables du hourt... » II, 467. « Pour le dernier seruice... Des *brededinsbrededas*. » III, 220.

Bredouille. « ... petite couille *bredouille*. » I, 46.

Bregizollon. « ... à soupper... Des *bregizollons*. » III, 217-218.

Bregmatis, Bregmatique (de βρέγμα. Partie supérieure de la tête). « ... les deux os *bregmatis*. » I, 163. « ... les os *bregmatiques*... » II, 103.

Brehaigne. Stérile. « ... c'estoit, affin... que leurs femmes on congneust certainement estre ou *brehaignes* ou fecondes. » II, 38. Voir *Appeter*.

Brelant. Jeu. « ... sa femme tenoit le *brelant*. » II, 124. Voir *Berland*.

Bren. Voir *Bran*.

Brenasserie. « ... ceste *brenasserie* de reuerences me fasche... » II, 305.

Breneux, Brenous. « Chiart, Foirart, Petart, *Brenous*... » I, 53. « ... feut Quaresmeprenant declairé *breneux*. » II, 395. « Des iniures... ils ne se soucient, pourueu qu'ils ayent efcus en gibbeciere, voire feuffent-ils tous *breneux.* » III, 59. Voir *Bran.*

Breschedens. « ... les oultragerent grandement, les appellans... *Brefchedens...* » I, 97.

Brésil. Bois de Brésil. « ... deux pieces de boys de forme pareille, l'vne de Ebene noir, l'aultre de *Brefil* incarnat.» I, 314. «...c(ouillon) de *Brefil.* » II, 129.

Bresser (se). Se bercer. « ... luy mefmes *fe breffoit* en dodelinant de la tefte... » I, 30.

Bressiner. Haler sur le Bressin, cordage qui sert à hisser et à amener une vergue ou une voile. Voir Jal, *Glossaire nautique.* « Amene, Vretacque, *Breffine,* Vretacque. » II, 344.

Bretesque. *A la Bretefque.* Voir p. 3, col. 1.

Breume. Brume. « ... fept iours deuant & fept iours apres *breume* iamais n'y a fur mer tempefte. » III, 26.

Breusse. Tasse à boire. « ... goubeletz de voler, *breuffes* de tinter. » I, 21. « ... vne *breuffe* ou ilz faulfoient. » 346. « ... vne *breuffe* de odorant Agalloche (vous l'appellez boys d'Aloes). » II, 270.

Brevaige, Bruvage. « *Breuaige* eternel parmy... » II, 477. « ... ainfi appelloient-ils ne fçay quel *bruuage* du pays. » III, 106. Voir *Bourrabaquin.*

Bréviaire, Bréviare. « ... en vfer (de livres) comme de *breuiares* à vfage quotidian. » III, 191.

— Bouteille en forme de bréviaire. « Ie ne boy que en mon *breuiaire,* comme vn beau pere guardian. » I, 21 et IV, 77. « Bacbuc print le liure d'argent, & penfions que fuft veritablement vn liure, à caufe de la forme qui eftoit comme d'vn *breuiaire,* mais c'eftoit vn *breuiaire* vray, & naturel flafcon plein de vin Phalerne... » III, 171-172 et IV, 344. « Vous me donnez. Quoy? Vn beau & ample *breuiaire...* Quel *breuiaire* fuft, certes ne penfoys, voyant les reigletz, la rofe, les fermailz, la relieure, & la couuerture : en laquelle ie n'ay omis à confiderer les Crocs & les Pies, peintes au deffus... cefte figure fus voftre *breuiaire* pofée me feift penfer qu'il y auoit ie ne fçay quoy plus que *breuiare.* Auffi bien à quel propos me feriez vous prefent d'vn *breuiaire?...* Sus ce doubte ouurant ledict *breuiaire,* i'apperceu que c'eftoit vn *breuiare,* faict par inuention mirificque, & les reigletz tous à propos, auec infcriptions opportunes. Doncques vous voulez qu'à prime ie boiue vin blanc : à tierce, fexte, & nonne, pareillement : à vefpres & complies, vin clairet. Cela vous appellez crocquer pie. » 186-188 et IV, 347.

Matière de bréviaire. Cette expression revient souvent à propos des citations et des maximes tirées des livres saints : « Crefcite. Nos qui viuimus. Multiplicamini, il eft efcript. C'eft *matiere de breuiaire.* » II, 131. « Il eft efcript, Mihi vindictam, & cætera. *Matiere de breuiaire.* » 298. « Beati immaculati in via. C'eft *matiere de breuiaire.* » 306. « ... contra hoftium infidias (*matiere de breuiaire.*) » 353. « ... fi tu non vis dare, præfta quefumus. C'eft *matiere de breuiaire.* » 461. — Dans le passage suivant, matière de bréviaire a le sens proverbial que nous donnons à *paroles d'évangile* : « Cela (dift frere Ian) n'eſt poinct *matiere de breuiaire.* Ie n'en croy ſi non ce que vous plaira. » II, 367. — Quelquefois *matiere de breuiaire* indique une alluſion à un récit de l'hiſtoire sainte : « Quelz gens? demanda Pantagruel. *Matiere de breuiaire,* reſpondit frere Ian. Pourquoy Potiphar... » II, 406.

Bribe. Morceau, miette. « ... luy fut reſpondu... que aultre *bribe* n'en auroit. » I, 75. « ... ordonnant par tous les conuens de ceſte prouince aux bons peres religieux force *bribes,* force meſſes... » II, 112. « ... iadis ils mangerent vn des hallebardiers de Demetrius par faute de *bribes.* » III, 138. Voir *Bouffaige.*

Briber. Manger. Voir *Basme.*

Bricquer. « ... *bricquoit...* (Diogène, ſon tonneau). II, 8.

Bride. « ... ſoy pourmener pres la mer & nauiger pres la terre, eſtre choſe moult ſceure & delectable : comme aller à pied, quand lon tient ſon cheual par la *bride.* » II, 352. « Patron mon amy, maugré les vents & les vagues tourne *bride.* » III, 208.

Brides à veaux. Dans un repas : « Guaſteaux feueilletez. Cardes. *Brides à veaux.* » II, 479.

A bride avalée. Voir p. 2, col. 1.

Bridé. « Oyſons *bridez,* lieures cornuz, canes baſtees... », I, 3. « ... en tombant du coup tua vn chat bruſlé, vne chatte mouillee, vne canne petiere, & vn oyſon *bridé.* » 361.

Brider. « ... ſera à redoubter quelque venue de puſſes noires... Mais il les fauldra *brider* à force de collations veſpertines. » III, 245-246.

Brief, Briefve, Brieve. « ... la douleur... ſeroit *briefue.* » I, 25. « ... la vie eſt trop *brieue.* » III, 259. « ... de *brief...* » I, 102, 257; II, 75; III, 66. « ... en *briefz* iours. » I, 334. « ... en *brief.* » I, 25.

Briefveté. « la *briefueté* des ſentences... » II, 95.

Briffault, Briffaulx. Freres lais chargés de quêter pour certaines communautés de femmes. « Cy n'entrez pas vous vſuriers chichars, *Briffaulx,* leſchars... » I, 196. « La cabourne des *briffaulx.* » 248. « ... la nonnain ſeur Feſſue feut par le ieune *briffault* dam Royddimet engroiſſee. » II, 98. « ... tables tant des Burgotz, Lays, & *Briffaulx,* que des presbtres & des clercs... » 112. « ... *Briffaulx,* Caphars, Chattemites... » 385. « Ie voys tenter du guaillard peché de luxure les nobles nonnains de Petteſec, les Cagotz & *Briffaulx* auſſi. » 428. « ... en nos païs les freres *briffaux* viuent de Nonnains... » III, 129. — Jeu. « A *briffault.* » I, 83.

Brigade. « Me voulez-vous croire? Ouy dea, reſpondit la *brigade.* » III, 56. « ... toute la *brigade* marchoit auec pompes diuines. » 152.

Brigaille. «... à ſoupper... Des *brigailles* mortiffiees. » III, 217-218.

Brigantin, Briguantin. « ... troys carracques & vn *brigantin...* » I, 63. « ... gualeres, gualions, *brigantins...* » II, 244. « ... ſix grands *Briguantins...* » 417.

Briguanderie, Briguanderye. « Icelle (foreſt) eſtoit horriblement fertile & copieuſe en mouſches... de ſorte que c'eſtoit vne vraye *briguanderye* pour les paures iumens... » I, 63. « Ce que les Sarazins & Barbares iadis appelloient prroueſſes, maintenant nous appellons *briguanderies*, & meſchanſetez. » 169. « ... ceſſation de guerres, pilleries, anguaries, *briguanderies*. » II, 449. Voir *Assassinement*.

Briguandine. « ... nettoioient... aubergeons, *briguandines*, ſalades... » II, 7.

Brimbaler, Brimballer. « ... n'a eſté en *brimbalant* trouué vray... » I, 280. « ... ne voioit ſa femme *brimballante*... » II, 122. « ... ie te monſtreray ta femme future *brimballant* auecques deux ruſtres. » 124.

Brimbaleur. « Le *brimbaleur*, qui tient le cocquemart. » I, 15. « La racquette des *brimbaleurs*. » 249.

Brimballatoyre. « ... buee *brimballatoyre*... » I, 272.

Brimballement. « ... ie ne pouuois dormir à cauſe du ſempiternel *brimballement* des cloches. » III, 29.

Brimbelettes. « Les *brimbelettes* des voyageurs. » I, 249.

Brimborion, Brinborion. « Les *brimborions* des padres Celeſtins. » I, 248. « En ſecond ſeruice... Des *brinborions* de ponnent. » III, 219.

Brinde. Vase à vin. « ... vne *brinde* de fin or obrize. » II, 270. « Le colon, comme vne *brinde*. » 375.

Brindière. « ... les naufz *Brindiere*... & Portoueriere... » II, 399 et IV, 290.

Bris, Brix, Briz. « ... *bris* des lances... » II, 116. « Noſtre trinquet eſt auau l'eau. Zalas, à qui appartiendra ce *briz?* » II, 337. Il nous fauldra reparer ce *briz*. » 351. « ... à bord de ces rochers carrez plus a eſté faict de *brix*, de naufrages... qu'autour de toutes les Syrtes... de toute la mer. » III, 42.

Brisant. « Quartiers... *briſans*. » Voir *Amphicyrce*.

Brisées. Branches cassées par le veneur pour indiquer le gîte de la bête. « ... s'il aduenoit que la beſte ne feuſt rencontree par les *briſees*... » I, 216.

Brisgouter, Brisgoutter. « Tu la voyras en vn mirouoir *briſgoutant* auſſi apertement, que ſi ie te la monſtrois en la fontaine du temple de Minerue .. » II, 125. « ... ſuys d'aduis que... quand on vouldra... exécuter quelque malfaicteur... on le face *briſgoutter* en Onocrotale...» 132.

Brislant. Probablement Brillant. « C(ouillon) *briſlant*. » II, 129.

Broc, Brocq. « La quinte (nauf pour diuiſe auoit) vn *brocq* inſigne de ſperme d'Emeraulde... » II, 270. Voir *Bouc*.

Brocard. Dicton juridique. «... en auons *brocards* deificques. » II, 200. — Raillerie. Voir *Aigre*.

Brochaucultis. « En ſecond ſeruice... Du *brochaucultis*. » III, 219.

Broche. Jeu. « A tire la *broche*. » I, 81.

Brochetons. Poissons. II, 481.

Brochette. « ... c'eſt le plus induſtrieux faiſeur de lardoueres & *brochettes* qui ſoit en quarante royaulmes... i'en emportay vne groſſe, & la donnay aux bouchiers de Quande. » II, 372 et IV, 287.

Brodé. Bordé. « ... ceincture *brodee* de leuraulx. » I, 341.

Brodequin. « ... ſi l'on te aſſailloit comment te defendroys tu? A grands coups de *brodequin*. » I, 289. « ... de l'argent emplit vn vieulx demy *brodequin*, lequel il portoit à ſa ceincture. » II, 429. Voir *Bote*.

Brodeur. Au figuré, trompeur. « ... autant pour le *brodeur*. »

I, 280. « Si rien donnoit, autant en auoit le *brodeur*. » II, 382.

BRODURE. « ... belle *brodure* de canetille... » I, 32. « Pour ses guands furent mises en œuure seize peaulx de lutins, & trois de loups guarous pour la *brodure* d'iceulx. » 34. « ... toille d'argent, de canetille, de *brodure*... » 202. « ... n'y a liures tant beaulx... comme sont les textes des Pandectes, mais la *brodure* d'iceulx, c'est assauoir la glose de Accurse, est tant salle... que ce n'est que ordure & villenie. » 240.

BRONZE. « Ce mot te soit comme vne muraille de *bronze*. » II, 134. « ... la *bronze* Corinthiane. » III, 143.

BROUDÉ. « Le pourpoint de drap d'or, d'argent, de velours... deschiquettés, *broudez*... » I, 202.

BROUET. « On mylieu du grant *Brouet*. » II, 426. « *Brouet*. c'est la grande halle de Millan. » III, 203.

BROUILLER. « ... *brouilloit*... (Diogène, son tonneau). » II, 8. « ... deux præcedens volumes (si par l'imposture des imprimeurs n'eussent esté peruertiz & *brouillez*. » II, 11.

BROUSTER. Brouter. « Les ratz & blattes... *auoient brousté* le commencement... » I, 11.

BRUINE. « ... gelées, *bruines*, frimatz... » II, 161.

BRUIRE, BRUYRE. « ... tout le monde commença à *bruyre* & parler de son sçauoir si merueilleux... » I, 266. « ... sçauez vous rien de nouueau? Qui dict? Qui *bruict* par le monde? » III, 232.

BRUIT, BRUICT, BRUYT. « ... sans de bouche mot dire, seirent beau *bruit* de culletis. » II, 98. — Nouvelle, réputation. « ... le *bruict* & renommée du sçauoir incomparable de Pantagruel... » I, 306. « ... le *bruyt* vint par tout le camp, comment le prisonnier estoit de retour... » 352. « ... par l'air & tout ce ciel est son *bruyt* & nom iusques à present resté memorable... » II, 6. « ... comme estoit le *bruyt* commun. » 328. « Qui a mis Hercules en *bruit* & renommee sempiternelle...? » III, 58. « Cestuy propre iour en Rome par les banques fut vn *bruit* tout commun. » 393.

BRUM (A). Voir p. 5, col. 2.

BRUNCHER. Broncher. « ... son cheual *bruncha* par terre. » I, 180. « ... le Soleil *bruncha* quelque peu... » 220.

BRUNEAU (CLOUS). « ... le paouure trou de mon *clous* bruneau en feut tout dehinguandé. » II, 451. Voir la *Table des noms propres*.

BRUSLABLE. « Ie diz hæreticque formé, hæreticque clauelé, hæreticque *bruslable*... » II, 111.

BRUSLEMENT. « ... leurs oustans par menaces, iniures, force, violence, & *bruslemens* leur sainct Paul d'entre les mains... » II, 431.

BRUSLER. « On me fera *brusler* en bust honorificque : pour en auoir les cendres en memoire & exemplaire du mesnaigér perfaict. » II, 43. « Tu feras... pendu : ou *bruslé* guaillard comme vn pere. » 356.

BRUSLEUR DE MAISONS. « ... tous en ordre comme *brusleurs de maison*. » II, 414. « ... ils estoient tous habillez en *brusleurs de maisons*.. » III. 102.

BRUSQ, BRUSQUE. Adjectif. Rude. « ... ieunesse... est viuace, alaigre, *brusque*... » II, 22. « Quoy? — vin. — Quel? — blanc. — En hyuer? — sain. — Au printemps? — *brusq*. » III, 111.

— Substantivement : brusquerie, violence : « ... cil qui eſt regnera Paiſiblement auec ſes bons amis. Ny *bruſq*, ny Smach lors ne dominera... » I, 14.

Brusquet. « C(ouillon) *bruſquet.* » II, 129. « ... ces nobles cuiſiniers guaillars, guallans, *bruſquetz*, & prompts au combat. » 412.

Brutal. « ... le *brutal* aliment de gland... » III, 179.

Bruyant. Participe préſent avec accord. « ... il m'eſt aduis que ie oy Proſerpine *bruyante.* » II, 88. « ... certains petits boucliers legers, ſonnans & *bruyans* quant on y touchoit. » III, 148.

Buandière. Lessiveuse. « ... Tauerniere, *Buandiere*, Frippiere... » III, 243.

Bubagotz. « ... à ſoupper... Des *bubagotz.* » III, 219.

Bubaialler. « ... les pauures hayres *bubaialloient* comme vieulx mulletz. » I, 303 et IV, 204.

Bubelete. « ... nez... tout eſtincelé de *bubeletes.* » I, 221.

Buée. Lessive. « ... ſeconder la *buee* brimballatoyre... » I, 272. « Matabrune lauandiere de *buees.* » 367. « ... femmes lauant la *buee...* » III, 125.

Buffer. « S'il *buffoit*, c'eſtoient choux à l'huille... » II, 382.

Buffeter. « C(ouillon) *buffeté.* » II, 139. « Si vos chartiers & nautonniers amenans... certain nombre de tonneaulx... les auoient *buffetez* & beuz à demy... » 240.

Buffonique. « ... le Moret archibouffon d'Italie... s'accouſtra le bras en coureur *buffonique.* » III, 399.

Buglosse. « *Bugloſſe*... (ſemble) à langue de Beuf. » II, 233.

Buisson. Jeu. « Au ſault du *buiſſon.* » I, 83. Voir *Battre.*

Buissonnet, Buyssonnet. « ... là rencontra vne gaye bergere, laquelle à l'ombre d'vn *buiſſonnet* ſes brebiettes gardoit... » III, 30. — Danse : « A l'ombre d'vn *buiſſonnet.* » 222. Voir « En l'ombre d'vn *buyſſonnet...* » *Chansons* du xve siècle, publiées par Gaston Paris, p. 20.

Buline. Voir *Bouline.*

Bullé. « ... ſ(ol) bien *bullé.* » II, 183.

Bulletin. « ... les portiers me demanderent mon *bulletin*, de quoy ie fuz fort esbahy, & leur demanday. Meſſieurs, y a il icy dangier de peſte ? » I, 376.

Bulliste, Buliste. « Les petarrades des *bulliſtes*, copiſtes, ſcripteurs abbreuiateurs, referendaires & dataires... « I, 248. « ... ſ(ol) *buliſte.* » II, 182. « Ca gotz... Copiſtes, *Buliſtes*, Dataires... » III, 242.

Buour. Butor. « Cercelles, *Buours*, Courles. » I, 140.

Bupreste. « *Bupreſtes.* Cantharides. » II, 498.

Bur. De couleur sombre, brunâtre. « ... labourer en diable *bur* deſſus ma femme... » II, 43. « ... Panurge veſtu de ſa toge *bure...* » II, 275. Voir *Beur.*

Bureau. Étoffe de bure. Table de travail recouverte de cette étoffe. Chambre dans laquelle se trouve cette table. « Print quatre aulnes de *bureau* : s'en acouſtra comme d'vne robbe longue... » II, 41. « ... c'eſt mon *bureau*, ie le veulx dorenauant tenir, & de pres reguarder à mes affaires. » 42 et IV, 229. « Vn autre ſalua vne ſiene mignonne diſant. A dieu, mon *bureau.* Elle luy reſpondit. Et vous auſſi, mon proces. Par ſainct Treignan (diſt Gymnaſte) ce proces doibt eſtre ſoubuent ſus ce *bureau.* » II,

300. « Oudart tenoit ſon *bureau.*» 320. « S'il parloit, c'eſtoit gros *bureau* d'Auvergne. » 381.

Burgade. « ... conculquer les *Burgades* patries. » III, 277.

Burgot. « ... Botineurs, Papelards, *Burgotz*, Pateſpelues, Porteurs de Rogatons... » III, 189. Voir *Briſſault*.

Buron. Cabane. « Ie ne te parleray de maiſon ne de *buron*... » II, 135.

Bursal. « ... ayant quelque affaire *burſal* en la chambre de meſſieurs les Generaulx... » II, 191.

Busche. « ... ſon couſin Geruays remué d'vne *buſche* de moulle... » I, 272. « Vn bacchelier en *buſche* paſſant... » II, 302. « ... ſi Aries aſcendant de ſa *buſche* ne trebuſche... » III, 246.

Buscheteur. Bûcheron. « ... par ſa coingnee viuoit en honneur & reputation entre tous riches *buſcheteurs*... » II, 257.

Bussar, Bussard, Bussart. «...elle (Gargamelle) en mangea ſeze muiz (de tripes), deux *buſſars*, & ſix tupins. » I, 20. « ... vn *buſſart* de vin Breton... » 54. « I'euz vn aultre proces... contre maiſtre Fyfy & ſes ſuppoſtz, à ce qu'ilz n'euſſent plus à lire clandeſtinement de nuyct la pipe de *buſſart*, ne le quart de ſentences... » I, 304 et IV, 204. « Bon eſpoir y giſt au fond... non deſeſpoir comme on *buſſart* des Danaides. » II, 13. « ... deux *buſſars* de vin. » 100. « Tant que le ſac de bled ne vaille trois patacz, & le *buſſart* de vin que ſix blancs. » 131. « ... tonneaulx, pippes, & *buſſars* de vin... » 240. « ... feut en icelluy conſeil beu plus de ſoixante & dixhuict *buſſars* de Nectar. » 260. « ... quatre *buſſards* de vrine... » 331.

Bust (*Buſtum*). Tombeau. « ...f(ol) à plain *buſt*. » II, 184. « ... comment ſaulueriez vous icelles cendres à part, & ſeparées des cendres du *buſt* & feu funeral ? » 241. Voir *Bruſler*.

Bustarin. « ... Faictneans, Friandeaulx, *Buſtarins*... » I, 98.

Bustuaire. Qui appartient au bûcher. « ... larues *buſtuaires*... » II, 14. « ...cendres *buſtuaires*...» 241.

But. *Être à but*, être arrivé à son but, être satisfait : « ... ceſtuy animal aſſouy... *ſont* tous ſes particuliers mouuemens *à but :* ſont tous ſes appetitz aſſopiz... » II, 159. « ... à vn *but* tirer. » 249. Voir *Blanc, Bourne*.

Bute, Butte. « ... tyroit à la *butte*... » I, 91. « ... *butes* pour l'arquebuſe, l'arc, & l'arbaleſte. » I, 200. Voir *Blanc*.

Butiner. « Bruſloit d'ardeur en feminin vſaige De *butiner*... » II, 64.

Butors. « Cercelles. Plongeons. *Butors*. » II, 478.

Byrer. Virer, tourner. Gascon. « Que mau de pipe vous *byre*. » I, 46 et IV, 96. « Que le mal de pipe vous retourne. »

Byssin (*Byssinus*). De lin. « Puis nous diſt en parolles *byſſines*... ou pour le moins de taffetas armoiſi... » III, 73.

Bytures. « ... Biſons, Muſimones, *Bytures*... III, 121.

C

Çà. Adverbe. *En ça*. « ... depuis cinquante ans *en ça*. » III, 260. « ... depuis trois cens ans *en ça*... » 342. « Depuis huict iours *en ça*... » 343. « Depuis quinze iours *en ça*. » 346. *Ça bas*. Voir *Bas* et *Orça*. — Exclamation. « *Ça, ça, ça,* diſt Picrochole, ſainƈt Iacques, ilz en auront. » I, 122. Voir *Cza.*

Cababezacé. (De *cabas* et *besace*). « La nicquenocque des queſteurs *cababezacee* par frere Serratis. » I, 249.

Cabal. Capital. « Il me y va du propre *cabal*. Le ſort, l'vſure, & les intereſtz ie pardonne. » II, 80.

Cabalicque. « ... couillon clauſtral & *Cabalicque*. » II, 80.

Cabalin, Caballin (*Caballinus*, de cheval). La fontaine *caballine*, la source d'Hippocrène que Pégase fit jaillir d'un coup de pied. « ... ceſte bouteille : c'eſt mon vray & ſeul Helicon : c'eſt ma fontaine *Caballine*... » II, 10. « ... par long temps auoir en mont Parnaſe verſé à l'eſcole d'Apollo, & du fons *Cabalin* beu à plein godet... » III, 7.

Cabaliste, Caballiste. « ... par l'ordonnance des *Cabaliſtes* de Sainlouand. » I, 34. « ... *Caballiſtes* & Maſſorethz... » II, 76. « ... Maſſorethz & *caballiſtes*. » 115 et 116.

Caballe. « ... expoſition de *Caballe* monaſticque en matiere de beuf ſallé. » II, 78. « Plus matin ſe leuans, par la diƈte *Caballe*, plus toſt eſtoit le beuf au feu. » 80. « ... f(ol) de *Caballe*... » 183.

Caballistique. Qui appartient à la *Caballe*. « ... certaine *Caballiſtique* inſtitution des anciens, non eſcripte, mais baillée de main en main... » II, 79.

Cabaret. « ... beau *cabaret* aſſez retirant à celluy de Guillot en Amiens. » II, 447.

Cabasser, mettre dans un cabas. «... *cabaſſez* Et entaſſez...» I, 196.

Cabat. Cabas, panier. « A vous pour debatre Soient en pleins *cabatz* Proces & debatz. » I, 196. « Le *cabat* des notaires. » 246.

Cabinet. Au figuré. « ... elle (guerre) n'entre poinƈt au profond *cabinet* de noz cueurs. » I, 170.

Cabirot. Chevreau. « Becars. *Cabirotz*. » II, 478.

Cabirotade. Grillade de chevreau. « ... belles charbonnades, beaux iambons, belles *cabirotades*... » I, 78. « ... quelque eſpece de *Cabirotades*... » II, 342. « Carbonnades de ſix ſortes. *Cabirotades*. » 477. « ... fricaſſees, faulgrenees, *cabirotades*, rouſty, boully, carbonnades... » III, 85.

Caboche. « ... le pot au vin (lequel on nomme la *caboche*)... » I, 381. « Ayans ceſte perſuaſion en leurs *caboches*... » II, 165. « ... ſelon l'energie... des quartiers qu'ilz auront en leurs *caboches*... » III, 192.

Cabourne. Capuchon. Voir *Briſfault*.

Cabre (lat. *capra*, gascon, *cabro*). Chèvre. « Sang de les *cabres*. » I, 25. « A la *cabre* morte. » Voir p. 2, col. 2.

Cabus, Cabutz. En forme de tête (*caput*) ou de pomme, pommé. « Touſt ſeroient netz les tintouins *cabus*. » I, 15. « C(ouillon) *cabus*. » II, 129. « De voſtre ſueur tombant en terre naſquirent les chous *cabutz*. » II, 259. « Chous *cabutz* à la mouelle de bœuf. » II, 477. « ... raiſins... couillonnez, couronnez, barbus, *cabus*, herbus. » III, 133.

Caché (le). Voir *Abscond*.

Cachecoul. « Vne aultre foys (ie me torchay) d'vn *cachecoul*. » I, 52. « ... colletz ou *cachecoulx* à la haulte façon, qui leur cachoyent ſi bien les ſeins (aux damoiſelles), que l'on n'y pouoit plus mettre la main par deſſoubz... » I, 304.

CACHE-LAID, CACHELET. Masque. « Ie me torchay vne foys d'vn *cachelet* de velours de vne damoiselle... » I, 51. « ... ne plus ne moins, que sont nos damoiselles, quant c'est qu'elles ont leur *cache-laid*, que vous nommez touret de nez, les anciens le nomment chareté. Parce qu'il couure en elles de pechez grande multitude. » III, 103.

CACHETTE. *A cachettes*. Voir p. 2, col. 1.

CACHINER (*cachinnare*). Rire aux éclats. « ... sans plus *cachiner*. » III, 300.

CACOÈTHE (Κακοήθης) d'une nature maligne : « ... maladie *cacoethe*, maligne... » II, 75.

CACQUE. « ... dix & huyct *cacques* & vn minot de sel... » I, 359.

CACQUEROLLE, CAQUEROLLE (*Cagaraulo*, provençal). Coquille, carapace, escargot. « ... non comprins l'incertain reuenu des Hanetons & *Cacquerolles*... Quelquefoys reuenoit à. 1234554321. Seraphz : quand estoit bonne annee de *Cacqueroles*, & Hanetons de requeste. » II, 20. Æschilus... par ruine feut tué, & cheute d'vne *caquerolle* de Tortue. » 333. « Il sera grande année de *caquerolles*. » III, 240. Voir *Barboire*.

CACQUEROLIÈRE, CACQUEROLLIÈRE. « I'ayme mieux leurs donner toute ma *Cacqueroliere*, ensemble ma Hannetonniere... » II, 37. « Ie vous donne... ma grande *cacquerolliere*... » 343.

CACQUEROTIER. « ... vn grand aualleur de poys gris, vn grand *cacquerotier*... » II, 371.

CACQUESANGUE. Voir *Caquesangue*.

CADAVÉREUX. « ... vn incongneu... chancreux, *cadauereux*... » II, 223. Voir *Basané*.

CADENCE. « ... à chascune cadence nous inuitoient à boire... » II, 448.

CADUCÉE. « Mercure auecques... sa capeline, talonnieres & *caducee*. » II, 264.

CÆSARIN « ... f(ol) *Cæsarin*. » II, 182. *A la Cæsarine*. Voir p. 3, col. 1.

CAFEZATE. Reptile. II, 499.

CAFFAR, CAPHAR, CAPHARD, CAPHART. « ... les diables (ce sont les calumniateurs & *caffars*),.. » I, 10. « ... depuis ce temps *Caphart* quiconques n'est auzé entres en mes terres. » 167. « Des cerueaulx à bourlet... ne me parlez... Des *Caphars* encores moins... » II, 14. « Il dist nagueres en plein chapitre qu'il mangeroit voluntiers l'ame d'vn *Caphard*... » 431. Voir *Botineur*, *Briffaut*.

CAFFARDERIE, CAPHARDERIE. « ... peu de reliques restent de *capharderie*... » III, 7. « *Caffarderie* sera grande iacture de son antique bruit. » 242. « ... la vie saincte Marguarite ou quelque aultre *capharderie*. » IV, 82.

CAGAR. « ... ne peulx gueres bien *cagar*... » I, 360.

CAGOT, CAGAU. « Depuys elle (Antiphysie) engendra les Matagotz, *Cagotz*, & Papelars... » II, 385. « ... nous remonstra Aeditue qu'ils ne viuoient que de poisson... & que c'estoit vne quinte espece de *Cagaux*... » III, 18. Voir *Botineur*, *Briffault*, *Caffar*.

CAGOTAILLE. « Ainsi ceste hideuse morueuse catherreuse vermoluë *cagotaille* en public & priué deteste ces liures frians. » III, 7.

CAGOULLE. « ... induction & inclination naturelle aux frocz & *cagoulles* adherente... » II, 308.

CAHIN CAHA, CAHU CAHA. « ... guaingnant *cahin caha* sa paouure vie. » II, 257. « *Cahu caba*. Motz vulgaires en Touraine, tellement quellement. Que bien que mal. » III, 195.

CAHUAILLE. « ... hors de mon Soleil, *Cahuaille* au Diable. » II, 14.

CAHUET. « Le *cahuet* de leurs ſcaputions eſtoit deuant attaché, non derriere... » III, 103. Voir *Baviere*.

CAICHE. « ... n'eſt ce ſalotement mourir quand on meurt le *caiche* roidde? » I, 145 et IV, 134.

CAICHÉ. Caché. « ... le bruyt eſtoit, que le bœuf ſalé faiſoit trouuer le vin ſans chandelle & feuſt il *caiché* au fond d'vn ſac de charbonnier... » I, 275.

CAIGNARD. Chenil, endroit malpropre. « ... *caignard* angulaire dont on tire au papeguay... » I, 280.

CAIGNARDIER. Mendiant, vaurien. « ... Rufiens, *Caignardiers*... » III, 243.

CAILLE COYPHÉE. (*Caille coiffée*, A woman, Cotgrave; Vna puttana. Ant. Oudin. *Recherches italiennes et françoiſes.*) « ... ie ouy Adrian villart, Gombert... & diuerſes *Cailles coyphees* mignonnement chantans. » II, 263.

CAILLEBOTE. Lait caillé. « ... la court le condemne en troys verraſſees de *caillebotes*... » I, 281. « ... ſoubdain vous voirez l'eaue prinſe, comme ſi feuſſent *caillebotes*... » II, 236. « ... *Caillebotes*. Neige de Creme. » 479. Voir *Assimenter*.

CAILLETEAU. « ... cailles, *cailleteaux*. » II, 478. — Jeu : « Aux *cailleteaux*. » I, 82.

CAILLETTE. « Au dimanche ils mangeoient boudins... haſtereaux, *caillettes*... » III, 106.

CAISGNE. Chienne! exclamation, comme l'italien *cagna* qu'Oudin explique ainsi : « *Cagna, cagnola*, interjection d'admirer, au lieu de dire *Cazzo*. » « Crochetaſtes vous oncques bouteilles? *Caiſgne*. » I, 5.

CALABRISME (Καλαβρισμός. Danse guerriere). « ... ils iouerent enſemble aux Cordace... *Calabriſme*... & mille autres danſes... » III, 76-77.

CALAME (*Calamus*, roseau à écrire). Plume. Voir *Atramenter*.

CALAMITE. Pierre d'aimant. Voir *Astrophile, Boussole*.

CALAMITÉ. « ... i'ay affection treſgrande de vous donner ayde... en la *calamité* ou ie vous voy... » I, 259-260. « ... ſi... ma femme impatiente de ma langueur... non ſeulement ne me ſecouruſt au beſoing, mais auſſi ſe mocquaſt de ma *calamité*... » II, 51. « ... alleguant pluſieurs miſeres & *calamitez* que vieilleſſe apporte auecques ſoy. » 186. « ... les *calamités* de l'air... » 484. « ... les vents Auſtraux... le font (le Tybre) enfler... auecques miſerable *calamité* et vaſtation des terres adiacentes. » III, 396. Voir *Annuel*.

CALANDRÉ. « C(ouillon) *calandré*. » II, 128.

CALATHE (κάλαθος). Corbeille, coupe. « ... candelabres, *calathes*, nacelles... » I, 188.

CALCE (*Calx, calcis*. Fin, terme). « ... mettons *calce* à ceſte epiſtole. » III, 279.

CALCÉDOINE. Pierre précieuse. « ... *Calcedoine* treſcher. » III, 144. Voir *Cassidoine*.

CALCINEUR. « Vous y voirez... vn grand aualleur de poys gris... *calcineur* de cendres... » II, 371-372.

CALCULATION(*Calculatio*). « ... quelque *calculation* que i'en aye faict... » III, 229.

CALCULE. Calcul. « Ie trouue par

les *calcules* de Albumaſer... » III, 240. « ... les *calcules* de Cl. Ptolomée... » 255.

Caleil. Lampe. « ... eſtoient ia las comme pauures diables & n'y auoit plus d'olif en ly *caleil*... » I, 331 et IV, 208.

Calendes. « L'arreſt ſera donné es prochaines *Calendes* Grecques. C'eſt à dire : iamais. » I, 75. « ... quand ſerez vous hors de debtes ? Es *Calendes* Grecques reſpondit Panurge... » II, 25.

Calendier, Calendrier. « On temps... que Iuppiter feiſt l'eſtat de ſa maiſon Olympicque, & le *calendrier* de tous ſes Dieux & Déeſſes... » II, 161. « ... pluſieurs... marquerent de croye blanche ſus leurs *calendiers* ceſte fauſte & heureuse iournee. » III, 394.

Calfaté, Callafaté. « ... à la forme que la nauire ne reçoit ſon pilot, que premierement ne ſoit *callafatee* & chargee. » I, 18. « ... *callafater* le gallion... » 280. « C(ouillon) *calfaté*. » II, 128. « ... nauires... bien equippees, bien *calfatees*... » 270.

Calfreter. « Croiez vous en voſtre foy qu'oncques Homere... penſaſt es allegories leſquelles de luy ont *calfreté* Plutarche, Heraclides Ponticq... » I, 5-6. « ... cerueaux mal *calfretez*. » III, 283.

Calibre. Figurément, caractère, humeur. « ... nous ne ſommes du *calibre* d'vn tas de veaux... » III, 162.

Calicule (*caliculus*. Petite coupe). «... noyaulx, *calicules*, coques... » II, 45.

Calige (*Caliga*. Chaussure militaire). « ... nettoioient... *caliges*, greues, ſoleretz, eſprons. » II, 7.

Caller. Caler. « ... icy doncques *calleray* mes voilles, remettant le reſte au liure en ce consommé du tout. » I, 43. « ... en lieu de *caller* la voille les lanſquenets la hauſſoient... » III, 357. Voir *Boulingues*.

Callibistris, Callibistrys, «...les *callibiſtrys* des femmes de ce pays ſont à meilleur marché que les pierres... » I, 290. «... le pauure frater... ſe rebraſſiſt juſques aux eſpaules, monſtrant ſon *callibiſtris* à tout le monde... » 298.

Callifier (*caleſacere*. Échauffer). « A peine auons pour pedes, & femores *Calliſier*, vn pauure faſcicule. » III, 278.

Calligine (*caligo, caliginis*. Brouillard). « La purité de la lingue Gallique, Iadis immerſe en *calligine* obſcure. » III, 279.

Callithricum (καλλίτριχον), capillaire, plante. « *Callithrichum*, qui faict les cheueulx beaulx. » II, 232.

Calomniateur, Calumniateur, Calumniatrice. *Calumniateur* désigne souvent le diable. « Le mauldict liure du paſſetemps des dez ſeut... inuenté par le *calumniateur* ennemy en Achaie... » II, 58. « Ce ſont hameſſons par les quelz le *calumniateur* tire les ſimples ames à perdition eternelle. » II, 58. « ... la fraude du *Calumniateur* infernal... » 208. « ... ilz ne tomberoient tant deteſtablement es lacs de l'eſprit *Calumniateur*, c'eſt Διάβολος... » 250. « Autres (oiſeaux) au deuant de leur pennages porter le trophee d'vn *calomniateur*... » III, 24 et IV, 319. « Si par ces termes entendez les *calumniateurs* de mes eſcripts, plus aptement les pourrez vous nommer Diables. » III, 190. « ... la ſeignore Leontium, *calumniatrice* du tant docte & eloquent Theophraſte. » 193.

CALUMNIE. « ... en Grec *calumnie* eſt diɛ̃te diabole. » III, 190.

CAMARS. « Grippeminaulx, aualleurs de frimars, Courbez, *camars...* » I, 196.

CAMARINE, CAMERINE. « ... en prouerbe lon diɛ̃t, irriter les freſlons, mouuoir la *Camarine,* eſueigler le chat qui dort. » II, 75. « ... quelques contrees des regions Aquilonnaires... ont meu la *Camerine.* » III, 27.

CAMBIER (*cambiare.* Changer). « ... ton eſprit... A tous momens de dapes : il *cambie.* » III, 275.

CAMBOS (A). Jeu. I, 83.

CAMÉLÉOPARDALE (*Cameleopardalis.* Girafe). « ... Leopards, Hyennes, *Cameleopardales,* Origes. » III, 121.

CAMELIN (*Camelinus,* De chameau). *Camelin,* pas du chameau. « ... aller le pas, le trot... le *camelin* & l'onagrier. » I, 47.

CAMISADE. « ... craignant quelque *camiſade* d'Andouilles ſes antiques ennemies. » II, 382.

CAMP. Champ.

Camp clos. « ... deſcendre en *camp clos...* » II, 248.

Camp de bataille. « ... gros cappitaines en plein *camp de bataille...* » I, 274.

Camp restile. « ... ceſtuy home... âroyt vn *champ* grand & *reſtile...* » II, 427. Plusieurs éditions portent : *camp.* « *Camp reſtile,* portant fruiɛ̃t tous les ans. » III, 203.

CAMPANE (*Campana.* Italien. Cloche). « ... luy vint en penſée qu'elles (les cloches) ſeruiroient bien de *campanes* au coul de ſa iument... » I, 66. « ... comme ſon pere auoit emporté les *campanes* de noſtre dame... » 245. « ... vn ſon de *campane.* » II, 476.

CAMPANELLE. Clochette. « Le portier l'ayant introduiɛ̃t courtoiſement ſonnera la *campanelle.* Le portier... ſonne la *campanelle.* » II, 313. « A ſon arriuée feut ſoubdain par le portier recongneu, & la *campanelle* ſonnee. » 320. « ... feut par frere Ian la *campanelle* ſonnee. Au ſon d'icelle feurent les tables dreſſees... » 393. « ... Pantagruel toucha la chorde de la *campanelle* frere Ian ſoubdain courut à la cuiſine... » 494. « Sus ceſte entrefaite au ſon de la *campanelle* du chaſteau, fut tiré grand nombre d'artillerie. » III, 406-407. « ... au ſon de la *campanelle* fut fait & ouy grand effroy... » 408.

CAMPOS. « ... print vn iour *campos* pour le viſiter. » I, 238 et IV, 168.

CANABASSER. Tisser, au figuré. (Voir Du Cange, *Canabaserius, Canabasseur,* fabricant et marchand de tissus). « ... le prierent vouloir le proces *canabaſſer* & grabeler à poinɛ̃t... » I, 267.

CANABASSERIE. « ... cheurons hallebrenez de *canabaſſerie...* » I, 280.

CANAL. « ... Le coulement & laps de la fontáine eſtoit par trois tubules & *canals* faits de marguerites fines... » III, 161.

CANCELLERESQUE. De chancelerie. Lorsque Alde Manuce inventa la cursive italique, il obtint du Pape un privilège dans lequel elle était appelée : « Character curſivus seu Cancellarius. » (Naudé, addition à l'*Histoire de Louis XI,* p. 318). « En icelluy (livret) fut ladiɛ̃te genealogie trouuee eſcripte au long, de lettres *cancellereſques...* » I, 11.

CANCRE. « ... les François, dit Henri Estienne (*Apologie pour Herodote,* ch. XIV)... n'ont point eu honte d'emprunter de là (de l'Italie) quelques façons de maudire : & ceste-ci entr'autres, *Te vienne le chancre... Te venga 'l cancaro.* » « Ne souper poinct, de par le Diable ? *Cancre.* » II, 78. « Si ie y allois, le Diable me emporteroit. *Cancre.* » 113. « Au soir vn chascun d'eulx eut les mules au talon, le petit *cancre* au menton... » 268. « *Cancre* (dist Panurge) vous estes clericus vel adiscens. » 292. « ... que le *cancre* te puisse venir aux moustaches... » 347. « Quid iuris, si nous trouuions enuelopez entre Andouilles & Quaresmeprenant?... *Cancre.* » 373.

Candeur. Éclat, pureté : « La renouant (la lingue Gallique) en sa *candeur* attique. » III, 279.

Cane. « ... estonnez comme *canes...* » I, 311. « ... aduenent le iour de bataille plus tost se mettroient au plongeon comme *canes,* auecques le baguaige, que auecques les combatans... » II, 39.

Faire la cane. Caner, manquer de courage. « Par dieu, qui fera la *cane* de vous aultres, ie me donne au diable si ie ne le fays moyne en mon lieu... » I, 155. Voir *Basté.*

Canetille. « ... belle brodure de *canetille...* » I, 32. « ... toille d'argent, de *canetille,* de brodure, selon les festes. » 202. « ... *canetille* d'argent. » III, 401.

Canibale. « ... les enraigez Putherbes, Briffaulx, Caphars, Chattemites, *Canibales...* » II, 385. « ... parloient de prou de choses prodigieuses elegantement... des Pygmees, des *Canibales...* » III, 126. « *Canibales,* peuple monstrueux en Africque, ayant la face comme chiens, & abbayant en lieu de rire. » 194. « Escargotz, Sarabouytes, Cauquemarres, *Canibales,* seront fort molestez des mouches bouines. » 246. Voir *Aglaste.*

Canine. « ... dens molares, masticatoires, & *canines.* » II, 323.

Canne. Roseau. « ... grands rameaux de *cannes* & rouzeaux. » I, 121. « ... belles petites *cannes* ou plumes dont on escript. » 297. — Mesure pour les étoffes. « L'exiture de la braguette estoit à la longueur d'vne *canne...* » I, 32.

Canne petière. Espèce d'outarde. « ... Ciguoingnes, *Cannes petieres...* » I, 140. « ... en tombant du coup tua vn chat bruslé, vne chatte mouillee, vne *canne petiere...* » 361.

Canon. Pièce d'artillerie. Voir *Affuster.*

— *de fusée.* « ... furent iettees dix trombes de feu, *canons de fusees...* » III, 409.

— *pevier.* Voir *Amble.*

Tube : « Les tuyaux estoient de casse en *canon...* » III, 72.

Canon. Règle. « A boyre n'auoit poinct fin, ny *canon.* » I, 79. « ... de Astronomie saiche en tous les *canons...* » 256. « ... le *canon* de Polycletus... » III, 160.

Canonge. « ... vnes demies Decretales du bon *canonge.* » II, 452 et IV, 297.

Canonicque, Canonique. « ... exception *canonicque...* » II, 148. « ... suyuans ce *canonique* destour par mesme parallele... » 272. « ... l'heure *Canonicque...* » 497.

Canonicquement. Selon les règles. « Lequel le purgea *canonicquement* auec Elebore de Anticyre... » I, 85.

Canoniste. « ... à ce assisterent... les medicins & *canonistes.* » I, 265.

Canonnerie. « ... il inuentoit lors art & moyen non de conseruer ses rempars... de telles *canonneries...* » II, 487. « ... tonnoires horrifiques de telle *canonnerie.* » III, 405. « ...fumees & perfums de la *canonnerie...* » 408.

CANONNIÈRE. « Tous (les tourrions) eſtoient percez pour *canonnieres...* » III, 397.

CANORE (*Canorus.* Qui chante, qui aime à chanter, sonore). « ... oyſeaulx *canores...* » II, 229. « ... le Suzeau croiſt plus *canore* & plus apte au ieu des fluſtes... » 490.

CANTHARE (*Cantharus.* Coupe à anses, consacrée à Bacchus). « Deſſus eſtoit le noble Bacchus beuuant en vn *canthare.* » III, 152.

CANTHARIDISÉ. Assaisonné de cantharides. « ... coudinac *cantharidiſé,* & aultres eſpeces diureticques. » I, 353.

CANTILÈNE. « Là du gracule, & plaiſant Philomene Te reſiouyt la douce *cantilene.* » III, 276.

CANTIQUEUR. Chanteur. « ... ce bon vin... le faict *cantiqueur.* » III, 174.

CAP. Tête. « ... armé de pied en *cap.* » I, 89. Voir *Armer (s').* « *Cap* de ſainct Arnault, quau ſeys tu...? » II, 202. — Chef. « Les Satyres Capitaines, Sergens de bandes, *Caps* d'Eſcadre, Corporals... » III, 150. — Promontoire. « ... double le *cap* & les baſſes. » II, 350. — Avant d'un navire. « Le *cap* eſt en pieces. » II, 343. « *Cap* en houlle. » 344. « Le *cap* au feuil. » 349. « ... pourquoy icy ne prenez le *Cap...* print noſtre *Cap* en pouppe... » III, 67. Voir *Bac.*

CAPABLE. Qui contient beaucoup. « ... vne eſcuelle bien *capable* & profonde... » I, 74.

CAPACITÉ. « ... feut la forme d'icelluy (bonnet) large & ronde à la *capacité du chief.* » I, 33. « ... *capacité* de memoire à la meſure de douze oyres & botes d'olif. » 252.

CAPARASSONS. « ...ſe couurent les teſtes... de bonnets à reuers, autres de mortiers, autres de *capparaſſons* mortifiez. » III, 45. « ... *caparaſſons,* pennaches, panonceaux... » 403. Voir *Barde.*

CAPARASSONNER, CAPPARASSONNER. « ... *caparaſſonnoit* (Diogène, son tonneau). II, 8. « ... que ferons nous de ce Rameau, & de ce Galland... *capparaſſonnez* de leurs marmitons... » 258. « ... trois Vnicornes *capparaſſonnees* de drap d'Or frizé. » 284. « Ses diables eſtoient tous *capparaſſonnez* de peaulx de loups... » 316. « Homenaz y accourut... ſus vne mule deſbridée, *caparaſſonnee* de verd... » 439. « Andouilles *capparaſſonnees* de mouſtarde fine. » 477. « ... de lunettes *caparaſſonné,* comme vne tortue d'eſcailles. » III, 216.

CAPE, CAPPE. « ... ſe couuroyent comme d'vne *cape* à l'eſpagnole. » I, 222. « ... Viardiere le noble Valentin, lequel... ie trouuay... deſcrotant ſes couilles extendues ſus vne table comme vne *cappe* à l'Heſpaignole. » II, 47. « ... ſi ie oſaſſe iurer quelque petit coup en *cappe...* » 173. « Les arteres, comme vne *cappe* de Biart. » II, 375. « ... gladiateurs & beſtiaires à l'eſpee & *cappe.* » III, 399. Voir *Affiert.*

CAPELINE, CAPPELINE. « ... poliſſoient corſeletz... *cappelines,* guiſarmes... » II, 7. Voir *Caducée.*

CAPESTAN. Cabestan. « Le cable au *capeſtan.* » II, 349. « Euſthenes... acourut ſus le tillac, & des le *capeſtan* s'eſcria... » 494.

CAPILAMANT (*capillamentum.* Fibre chevelue, filament). «...Criſtal... ſans venes, ſans nuees, ſans glaſſons, ſans *capilamans.* » III, 160.

CAPITAL. De la tête. « ... Iuppiter ſon pere *capital.* » (de Minerve sortie de son cerveau). II, 62.

CAPITOLY, Capitole, lieu de réunion des Capitouls. « Les fouaciers... ſe tranſporterent au *capitoly*... » I, 100.

CAPITONNER (SE). « ... elle me ſemble de quatre empans plus grande, que n'eſtoit lors qu'elle ſe *capitonna* de ſon dauantau. » II, 88.

CAPNOMANTIE. Divination par l'inspection de la fumée. « Par *Capnomantie.* Sus des charbons ardens nous mettrons de la ſemence de Pauot & de Siſame. » II, 125.

CAPORION (*Caporione,* Quartenier. Et ſelon aucuns, Mareſchal de Camp. Ant. Oudin. *Recherches italiennes*). « ... entrerent dedens la place les deux *Caporions* Colonnois... » III, 398.

CAPPIÈTEMENT. « ... vn Diableteau à poil follet, lequel nagueres i'auoys *cappiettement* happé en Tapinois... » II, 509.

CAPRIFICE. « ... figuiers ſauluaiges dictz *Caprifices.* » II, 490.

CAPRIMULGE (*Caprimulgus.* Engoulevent, tette-chèvre). Voir *Argathile.*

CAPSE (*Capsa*). « ... tira le Diamant... & à dextre le ietta dedans vne *capſe* d'argent... » III, 142.

CAPSULE. « ... par atrauers la *capſule* du cueur luy ſortit la broche... » I, 285. « ... me friſſonne & tremble le cœur dedans ſa *capſule*... » II, 366.

CAPTER. Voir *Bénévolence.*

CAPUCINGAUX. « ... bien toſt y deuoit auoler vne ſexte eſpece leſquels il nommoit *Capucingaux*... » III, 19.

CAPULAIRE. Cercueil. « Iuges, anciens, qui les bons parroiciens Ainſi que chiens mettez au *capulaire.* » I, 195.

CAPUSSIN. « ... que... luy ont faict les paouures Diables de *Capuſſins...?* » II, 109. « ... à ſon enterrement n'aſſiſtera... *Capuſſin,* Theatin, ne Minime. » 113.

CAPUSSION. Capuchon. « ... reſpondit Priapus deſſeublant ſon *capuſſion,* la teſte leuée, rouge, flamboyante... » II, 259.

CAPUSSIONNAIRE. « ... f(ol) *capuſſionnaire.* » II, 183.

CAPUTION, CAPUTON. Portant un capuchon. « A luy ont ſuccedé certains *Caputions* nous deſfendant les febues... » III, 6. « ... *Caputons,* Moines, Hermites... » 242.

CAQUEROLLE. Voir *Cacquerolle.*

CAQUESANGUE, CACQUESANGUE. Flux de sang, dyssenterie. « ... i'en eu la *caqueſangue* de Lombard. » I, 52. « ... la *caqueſangue* vous viengne... » 218. « Moſcouites... ſouuent auront la *cacqueſangue*... » III, 246.

CAQUETER. « ... comme elles *caquetoyent* de ces menus propos entre elles... » I, 229.

CARADOTH. « ... à ſon diſner rien ne mangeoit, fors quelques Cathegories, Iecabots, Eminins, Dimions, Abſtractions, Harhorins, Chelimins, Secondes intentions, *Caradoth,* Antitheſes, Metempſichoſies, tranſcendentes Prolepſies. » III, 74.

CARATZ. « ... f(ol) a xxiiij *caratz.* » II, 184.

CARBONNADE, CHARBONNADE. Viande grillée. « ... belles *charbonnades*... » I, 78. « L'on apreſta *carbonnades* à force... » 154. « Cabirotade. *Carbonnade.* » II, 410. « Ce ſont ames friandes en *carbonnade.* » 430. Voir *Cabirotade.*

Carbonnader. « ... *carbonnadez* ces meſchans Hæreticques... » II, 457.

Carboucle (*Carbunculus.* Escarboucle). « ... vn *Carboucle* gros comme vn œuf d'Autruche... » III, 161. Voir *Amethyste.*

Carcan. Collier. « Les patenoſtres anneaux, iazerans, *carcans,* eſtoient de fines pierreries... » I, 202 et IV, 153. « ... beau *carcan* tout couuert de Sapphyrs orientaulx. » II, 141.

Carde. « Artichaulx. Guaſteaux feueilletez. *Cardes.* » II, 479. « ... les *Cardes* ils pourront ſemer en Aouſt & Septembre... » III, 360.

Cardiacque. « ... tomboit en lipothymie, *cardiacque* paſſion... » II, 423.

Cardinal. « ... ie vous feray icy *cardinal*... Vous aurez vn chapeau rouge à ceſte heure de ma main. » I, 163.

A la cardinale. Voir p. 3, col. 1.

Cardinalicule. « ... le petit *cardinalicule* Farneſe... » III, 365.

Cardinalizer. Rendre de couleur rouge. « La rougeur des viandes eſt indice qu'elles ne ſont aſſez cuytes. Exceptez les gammares & eſcriuices que l'on *cardinalize* à la cuyte. » I, 145.

Cardingaux, Cardingesses. « Les maſles il nommoit Clergaux... Eueſgaux, *Cardingaux*... Les femelles il nommoit Clergeſſes... Eueſgeſſes... *Cardingeſſes*... » III, 15. « Des Preſtregaux naiſſent les Eueſgaux, d'iceux les beaux *Cardingaux,* & les *Cardingaux* ſi par mort n'eſtoient preuenus finiſſoient en Papegaut... » 17. « ...Papegaut... accompagné de deux petits *Cardingaux*... » 35 et IV, 320.

Caresme, Quaresme. « A bien & beau s'en va *quareſme.* » I, 82. « ... ce que faict la *quareſme* ſi hault... ce n'eſt pour aultre choſe que la Penthecoſte ne vient foys qu'elle ne me couſte... » 271.

Caresme entrant. III, 264.

Quaresmeprenant. « Comment Pantagruel paſſa l'iſle de Tapinois en laquelle regnoit *Quareſmeprenant.* » II, 371 et IV, 287. « *Quareſmeprenant* gaignara ſon proces, l'vne partie du monde ſe deſguiſera pour tromper l'autre... » III, 236-237.

Carine (*Carina*). La quille. « ... la *carine* eſt au Soleil... » II, 337.

Carme (*Carmen.* Vers). « ... ſes *carmes* ſentoyent plus le vin que l'huile. » I, 6. « ... compoſer tant en *carme* que en oraiſon ſolue. » 206. « Ce pendent que Pantagruel eſcripuoit les *carmes* ſuſdictz... » 346.

Carminatif. « La Rue & aultres herbes *carminatiues* ilz en eſcurent (de leurs jardins) ſoingneuſement. » II, 419. « *Herbes carminatiues.* leſquelles ou conſomment ou vuident les ventoſitez du corps humain. » III, 203.

Carminiforme. Qui a la forme, l'apparence de vers. « Vn quidam latiniſateur... quand il compoſoit ſes vers *carminiformes.* » I, 72.

Carnage (*Carnagium*). Chair. « Qui faict le loup ſortir du bois? Default de *carnage.* » II, 74.

Carneval. « ... on temps de *Carneual.* » II, 321. « A Lion au *carneual* on l'appelle Maſchecroutte. » 476.

Carniforme. « ... les venes ſuggent de la propre ſubſtance des membres *carniformes*... » II, 69.

Carnosité. « ... par aiguoſié, ou *carnoſité*... » III, 202.

Carole. Danse. « ... petites *caroles* & puerilesesbatemens... » II, 454.

CAROLUS. Monnaie. « ... a chascun donna... quelques *carolus* pour viure. » I, 168. « ... beaulx & ioyeulx *Carolus*. » II, 87. « ... se vantans l'vn auoir... guaingné six blancs, l'aultre deux soulz, l'autre sept *carolus*... » 445.

CAROS. Carous, débauche. Voir *Alluz*.

CARPASIEN. De l'île de Chypre. » « ... lin *Carpasien*... » III, 154.

CARPION. Petites carpes. « Beuuans à gré comme beaulx *carpions*. » I, 346. « ... Brochetons. *Carpions*. Carpeaux. » II, 481.

CARPIONNÉ. « Aussi vous donneroit le S^r^. du lieu certaines especes de poissons *carpionnés*... » III, 380.

CARRACON. Grande carraque. « ... d'icelluy (boys) feist courir les pouppes... & rambades de ses *carracons*... » II, 244.

CARRACQUE. « Et fut amenee par mer (la jument) en troys *carracques* & vn brigantin... » I, 63 et IV, 105. « ... vne grande *carracque* de cinq cens tonneaulx... » I, 235.

CARREAU. Voir *Arbaleste*.

CARRELÉ, CARRELEUR. « ... ainsi que les couureurs de maisons en Aniou ont les genoux contrepointez, ainsi auoient ils les ventres *carrelez*, & estoient les *carreleurs* de ventre en grande reputation parmy eux. » III, 102-103.

CARRELEURE, CARRELURE. « ... ie me estois armé de pied en cap d'vne *carrelure* de ventre... » I, 273. Voir *Bouffaige*.

CARRILLON, CARRILLONNER. « ... marie toy, & *carrillonne* à doubles *carrillons* de couillons. » II, 131.

CARROY, QUARROY. Place, chemin. Voir Du Cange, *Caretum*. « ... les fouaciers de Lerné passoient le grand *quarroy*... » I, 97. « ... pres le grand *carroy* par de là Seuillé. » 100.

CARTASONNE. « ... Satyres, *Cartasonnes*, Tarandes .. » III, 121.

CARTEL. « C'est celuy que ie cherche. Ie luy voys mander vn *cartel*. » II, 383.

CARTIER. « ...Papetiers, *Cartiers*... » III, 243.

CARTILAGE. « Les *cartilages*, comme vne tortue de guarigues. » II, 376. Voir *Adene*.

CARTILAGINEUX. « ... aesles *cartilagineuses* (quelles sont es Souriz chaulues)... II, 277.

CARYMARY, CARYMARA. « ... commencerent à renier & iurer, les vngs en colere, les aultres par rys. *Carymary, Carymara*... » I, 66 et IV, 108.

CAS. « ... demandoit entre aultres *cas*, si elles l'auoyent tenu blanc & nect. » I, 51. « ... si par *cas* tombois en maladie... » II, 51. « Mettons le *cas* que ie sois marié. » 173. « ... au demourant elles pensent au ioly *cas*. » III, 112. « ... si d'aduenture suruenoient *cas* d'importance... » 358. Voir *Aduenent, Aduenir*.

Cas de nouvelté. Voir *Attempter*.

CAS. Cassé. « De quel son ? — *Cas*. » III, 113.

CASAQUIN, CAZAQUIN. « ... sayons, iuppes, *cazaquins*... » II, 451. « Ses quatre trompettes vestuz de *casaquins* de velours incarnat... » III, 400.

CASE. « Sans difficulté ilz entrerent en la *case* chaumine... croy que telle estoit la *case* de la tant celebrée Hecate... » II, 86. Voir *Auré, Doublet*.

CASÉIFORME. En forme de fromage mou. « ... ayez en reuerence le cerueau *caseiforme* qui vous paist de ces belles billes vezees... » I, 7.

CASQUET. Petit casque. Voir *Auber*.

CASSE. « ... *caſſe* en canon... » Voir *Canon*.

CASSEMUZEAU. Sorte de patisserie. « Les os, comme *caſſemuzeaulx*. » II, 376.

CASSEPOT. Jeu : « Au *caſſepot*. » I, 82.

CASSER. « *Casser*, fr. anc. v. a. (de l'ital. *Cazzare)*, signifiait : Haler vigoureuſement un cordage. » (Jal, *Glossaire nautique)* : « *Caſſe* eſcoute de tribord. » II, 349.

CASSERON. Casserolle. « Si on les cuiſoit (des poires) en *Caſſerons* par quartiers... ie penſe que ſeroit viande treſſalubre... » II, 460.

CASSERON. Poisson. « ... Rayes. *Caſſerons*. Eſturgeons... » II, 481.

CASSIDOINE. Pierre précieuse. « ... gros pilliers de *Caſſidoine*... » I, 199. Voir *Calcédoine*.

CASSINE *(Cassina*. Italien. Lieu de plaiſance et ferme). « *Caſſines* à la mode Italicque par les champs pleins de delices. » I, 376. « ... force mas, force bordes & bordieux, force *caſſines*... » II, 265. « ... par les colombiers de leurs *caſſines*, on trouoit... les pigeons à foizon. » 279. « Exemple en meſſere Pantolfe de la *caſſine* Senoys. » 507. Voir *Bancqueter*.

CASTALLIDE. « Ceſte faconde & eloquente bouche Par où Palas ſa fontaine desbouche Et ſes liqueurs *caſtallides* diſtille. » III, 301.

CASTANE *(Castanea)*. Chataigne. « ... *Caſtanes*, Perſicques... » II, 232.

CASTE *(Castus)*. Chaste. Voir *Castre*.

CASTELLIN. « ... chanter aux *caſtellins* ruyſſeaux... » III, 304.

CASTON. Chaton. « ... vn anneau d'or... on *caſton* duquel eſtoit vne puſſe enchaſſée. » II, 41.

CASTRE. Castrat. « Ainſi iadis eſtoient dictz les *Caſtres*, comme caſtes. » II, 152 et IV, 251.

CASTRE *(Castrum)*. Campement. « ... ſans *caſtre* ne tentoire Auons eſté... » III, 277.

CATADUPE. « Le Phyſetere... iectoit eau... comme ſi feuſſent les *Catadupes* du Nil... » II, 389. « *Catadupes du Nil*. lieu en Æthiophie, onquel le Nil tombe de haultes montaignes... » III, 202.

CATAGLYPHE (Καταγλυφή, incision). « ... ouurage *cataglyphe*. » Voir p. 4, col. 2.

CATALOGUE. « Iuppiter... Feut... tant importuné par meſſer Coqüage, que en fin le miſt en l'eſtat & *catalogue*... » II, 162.

CATAPULTE. « Les autres appreſtoient arcs... *catapultes*... » II, 7. Voir *Baliste*.

CATARACTE, CATHARACTE. (Καταῤῥακτος, qui s'abaisse). « ... renouoient herſes Sarrazineſques, & *Cataractes*... » II, 7. « ... certains inſtrumens *catharactes*... » 230.

CATARATE (κατάρατος, maudit). « ... ne chantent motets plaiſans... mais *catarates* & ſytorpees... » III, 21.

CATASTROPHE. « ... coniecturant l'iſſue & *cataſtrophe* de ſon mal... » II, 249. « ... la fin & *cataſtrophe* de la comœdie approche. » 365. « Entendens la *cataſtrophe* & fin de l'hiſtoire nous retiraſmes en noſtre nauf. » 434. « ... voyans ceſte faſcheuſe *cataſtrophe*... » 460. « *Cataſtrophe*. fin. iſſue. » III, 194.

CATÉCLISME. Cataclysme. « ... famine, ou guerres, vorages, *cateclismes*, conflagrations... » III, 45.

CATÉGIDE. « ... les *categides*, thielles, lelapes & preſteres enflamber tout au tour de nous... » II, 336.

CATÉGORIQUE, CATÉGORICQUE.

« ... ſi l'iniquité des hommes eſtoit auſſi facilement veue en iugement *categoricque* comme on cognoiſt mouſches en laict... » I, 274. « ... ſ(ol) *categoricque.* » II, 183. « ... reſolution *Categorique...* » 260. « *Categoricque,* plene, aperte, & reſolue. » III, 196.

CATÉGORIQUEMENT, CATÉGORICQUEMENT. « Ie ne ſçaurois... à voſtre demande *categoricquement* reſpondre. » II, 208. « ... icy on reſpond, ie dis, orça, *categoriquement,* de ce que lon ignore. » III, 50.

CATENAT, CATHENAT. « Les lumbes, comme vn *cathenat.* » II, 375. « ... il ouurit à trente & deux claueures & quatorze *cathenatz* vne feneſtre de fer bien barree... » 444. « ... ſans clauier & ſans *catenat...* » III, 141.

CATERVE (*Caterva,* foule). « ... luy ſeul contre toute leur *caterue...* » I, 135.

CATHARACTE. Voir *Cataracte.*

CATHARRE. « ... les *catharres* deſcendront ceſte année du cerueau es membres inferieurs. » III, 238.

CATHARRÉ, CATARRÉ. « ... on ne mettoit en religion... les hommes ſi non *catarrez,* mal nez... » I, 190. « ſ(ol) *catarrhé.* » II, 184. « ... mourra à lhoſpital vn grand marault tout *catharrhé,* & crouſteleué. » III, 239. Voir *Catherreux.*

CATHÉDRANT. Président. « ... mieulx vaudra qu'il ſoit *cathedrant,* iugeant de noz propos... » I, 311.

CATHÉGORIE. Voir *Abstraction.*

CATHÈNE (*catena,* chaîne). « Laiſſons icy ce fol enraigé, mat de *cathene,* rauaſſer tout ſon ſaoul... » II, 124.

CATHERREUX. « ... ceſte hideuſe, morueuſe, *catherreuſe* vermoluë cagotaille... » III, 7. Voir *Catharré.*

CATOBLÈPE (κατοβλέπας). « ... Crapaulx, *Catoblepes...* » II, 498. « I'y vy des *Catoblepes,* beſtes ſauuages, petites de corps, mais elles ont les teſtes grandes... » III, 122. Le Catoblepas a été longuement décrit par Flaubert dans la *Tentation de Saint Antoine,* 2e édit. p. 288.

CATONIAN. « ... le minois du medicin chagrin... *Catonian.* » II, 249. « *Catonian.* ſeuere, comme feut Caton le Cenſorin. » III, 194.

CATOPTROMANTIE. Divination. « Par *Catoptromantie...* Tu la voyras en vn mirouoir briſgoutant... » II, 124-125.

CAUDATAIRE. « ... ſ(ol) *caudataire.* » II, 182.

CAUDICE (*Caudex, caudicis.* Tronc d'arbre). « ... arbre en racine, tronc, *caudice,* & rameaux perdurante. » II, 228 et IV, 322. « ... racines, *caudices,* gommes... » III, 39.

CAUHARE. Reptile. II, 499.

CAULD (*cautus*). Rusé. « ... fin & *cauld* Renard. » II, 259.

CAULE (*Caulis*). « ... choux à l'huille, alias *caules* amb'olif. » II, 382. « *Caules* emb'olif. Saulgrenees de febues. » 480.

CAUPONIZER (*cauponium,* cabaret). Manger dans les cabarets. « ... *cauponizons* es tabernes meritoires... belles ſpatules veruecines... » I, 242.

CAUQUEMARE, CAUQUEMARRE. « ... Ceraſtes. *Cauquemares.* Chiens enraigez... » II, 498. « ... à chaſcun de vous il fera preſent d'vn beau Crocodille du Nil, & d'vn *Cauquemarre* d'Euphrates. » III, 189. Voir *Canibales.*

CAUSE. « ... les *cauſes* ſecondes n'ont influence, ne action aucune, ſi la *cauſe* premiere n'y influe. » III, 235. Voir *Advocat, Causé.*

CAUSÉ. Motivé. « Ie ne l'ay demandé ſans cauſe bien *cauſée* : ne ſans raiſon bien reſonnante. » II, 40.

CAUSEUR. « ... nous auons trouué vn *cauſeur.* » I, 49.

CAUSTIQUE. Brûlé. « ... humecter les plus *cauſtiques* parties du ciel Empiree. » III, 284.

CAUTELEUX. « ... le Tentateur *canteleux...* » II, 164. « Le ſerpens qui tenta Eue, eſtoit... fin & *canteleux...* » 404.

CAUTELLE, CAUTÈLE (*Cautela.* Tromperie, Adresse). « ... engins plus expediens, *cauteles,* & ruzes de guerre... » I, 113. « ... tromperies, *cautelles* diabolicques... » 267.

CAUTEMENT. « ... quelque bon Mercure qui endormit *cautement* Argus... » I, 284. « ... qui *cautement* ſçayt obuier es inconueniens de paoureté... » II, 178. « ... plus *cautement* & lentement ils combatirent. » III, 94.

CAVALCADOR (*Cabalgador.* Espagnol. Écuyer cavalcadour). « Le *caualcador* du ſeigneur Robert. » III, 404.

CAVALLIER. Ouvrage de fortification. « ... erigeoient *caualliers,* reſſapoient contreſcarpes... » II, 7.

CAVAYN. Caveau, souterrain. « ... le cœur me tremble, mais c'eſt pour la froideur & relenteur de ce *Cauayn.* » III, 140.

CAVÈCHE. Cap de mouton, espèce de poulie. « Guare la *caueche,* hau mouſſe... » II, 343.

CAVER. Creuser. « ... *cauoient* foſſez. » II, 7. « ... les quelz (nids) ilz (les Pivars) ont accouſtumé... *cauer* dedans le tronc des fortes arbres. » 489. « ... boule vuyde, *cauee* par le dedans... » III, 153.

CAVERNEUX, CAVERNEULX. « Elles commencerent eſcorcher l'home ... par... le membre nerueulx, *cauerneulx...* » II, 93-94. « ... en icelle (eſtude) eſt faicte incredible reſolution des eſpritz, tellement qu'il n'en reſte de quoy... enfler le nerf *cauerneux...* » 152-153. « ... le nerf *cauerneux* vers le cercle æquateur dreſſer... » 310.

CAVIAT. Caviar. « ... feiſt iecter en leurs nauſz ſoixante & dix huict douzaines de iambons, nombre de *Cauiatz...* » II, 335. « ... *Cauiat.* Boutargues... » 480.

CAYER. Cahier. « ... quotter *cayers...* » II, 192.

CE. L'*e* de *ce* s'élide d'ordinaire devant une voyelle, mais est quelquefois conservé. « *Ce* eſt la cauſe pourquoy Galli... voluntiers portent plumes blanches... » I, 42. « ... *c'a* eſté la pluſgrande tuerye qui fut faicte depuis quatre cents ans en ça. » III, 343. « *Ce* a eſté vne grande perte pour les François... » 366.

— Neutralement. Cela. « Qui le induict à ce faire ? » I, 5. « ... depriſement incroyable de tout *ce* pourquoy les humains tant veiglent... » 4. « ... de *ce* faire il eſtoit tant couſtumier... » 30. « ... en *ce* a eſté prudent qu'il n'y a poinct mis ſon nom. » 36. « A *ce* Gargantua feiſt reſponſe que... » 51. « ... demandant congié de *ce* faire... » 60. « ... *ce* faict qu'il allaſt à tous les diables. » 61. « ... diſt à ſes gens. Ie trouue beau *ce.* Dont fut depuis appellé ce pays la Beauce. » 64. « Après *ce...* » 69. « ... à *ce* eſtoit commis vn ieune paige... » 86. « Ie auoys ſouppé. Mais pour *ce* ne mangeray ie poinct moins. » 145. « Et *ce* ie appelle mocquedieu... » 149. « *Ce* faiſans vous aurez la garde de Dieu... auecque vous... »

168. « ... pour à ne *ce* faillir... » 203. « ... par *ce* eſt ſalee... » 228. « Et *ce* diſant pleuroit comme vne vache... » 231. « ... demandoit la cauſe de *ce*... » 238. « ... à *ce* aſſiſterent la plus part des ſeigneurs... » 265. « ... ſans *ce* ne peuent eſtre entenduz... Par *ce* ſi voulez que ie congnoiſſe de ce proces, premierement ſaictez moy bruſler tous ces papiers. » 268. « ... *ce* faiſant toy & moy nous entendrons... » 309. « A *ce*, Panurge ſans mot dire leua les mains... » 315. « Telle eſt doncques l'expoſition de *ce*... » 334. « De *ce* irrité... » 359. « ... touſſoit *ce* faiſant... » II, 100. « *Ce* faict, poſa la main gauſche ouuerte... » 102. « Tout *ce* feut faict en grande ſilence... » 179. « Et *ce* en deux conditions... » 205. « ... il enuoya es Aréopagites en Athenes, entendre quel ſeroit ſur *ce* leur aduis & iugement. » 208. « ... aage à *ce* competent. » 221. « *Ce* m'eſt tout vn. » 240, 257, 293 et III, 251. « ... feut non ſeulement de luy veu, mais oultre *ce* feut ouy... » II, 256. « Croyez que *ce* nous ſembloit eſtre l'antique Cahos... » 336. « De *ce* non content... » 391. « ... ces arbres nous ſembloient animaux terreſtres, non en *ce* differentes des beſtes, qu'elles n'euſſent cuir... mais en *ce* qu'elles ont la teſte, c'eſt le tronc en bas... » III, 39. « diſoient *ce* ne faire pour gloire & oſtentation... » 63. « ... & *ce* pour la rarité... » 151. « En *ce* depuis l'imita Alexandre le grand en ſon triomphe Indique... En *ce* depuis l'imita Pompee le grand... » 152. « Le Sophy de *ce* aduerty... » 344. De *ce* aduint que le foſſé fut remply. » 409.

Ce, dans le sens qu'a actuellement *à ce que*. « ... *ce* diſt Salomon. » I, 128. « L'Antichriſt eſt deſia né, *ce* m'a lon dict. » II, 131. « ... par non vſaige ſont perduz tous priuileges, *ce* diſent les clercs. » 133. « Vous n'y viendrez pas, *ce* croy ie. » 147.

Ce que. « Ie m'en enqueſteray plus à plein & en feray *ce que* de raiſon. » I, 238. « ... ſans *ce que* nul de nous ſoit bleſſé. » 348. « ... oyez *ce que* vous dira. » II, 82. « ... apperceuſmes *ce*, *que* n'auois encores veu en païs autre... » III, 63. « ... cela m'induit facilement à croire *ce que* dites... » 134. « ... pour acertainer le Pere ſaint... de *ce que* deſſus. » 394.

Quand, dans *ce que*, *que* est conjonction, *ce* peut être séparé de *que* par plusieurs mots : « ... en *ce* ie me reconforte, *que* en l'aultre monde ie le feray. » I, 10. « Par *ce* (reſpondit Grandgouſier) *que* ainſi dieu l'a voulu... » 150.

Quand, dans *ce que*, *que* est pronom il fait souvent fonction de sujet, et serait alors forcément remplacé dans la langue moderne par *qui* : « ... fault ouurir le liure, & ſoigneuſement peſer *ce que* y eſt deduict. » I, 4. « ... elles (les tripes) feuſſent pourries. *Ce que* ſembloit indecent. » 19. « ... *ce que* n'eſt vray ſemblable. » 30. « De *ce qu*'eſt ſignifié par les couleurs blanc & bleu. » 39. « ... iceulx preſens, l'on oyroit ſa belle harangue. *Ce que* fut faict... » 69. « ... nous... conuoitons *ce que* nous eſt denié. » 205. « ... *ce que* eſpouenta bien leſdictes ſaiges femmes... » 229. « ... *ce que* feut faict en la maniere que s'enſuyt. » 331. « *Ce que* veritablement aduint. » II,

16. « *Ce que* luy doibt aduenir. » 121. « ... *ce que* vulguairement eſt imputé à follie. » 178. « *Ce que* le faiſoit venerable en tout le voiſinage. » 194. « *Ce que* eſt facile... » 279. « *Ce que* feut faiɛ̃t. » 304 et 314. « *Ce que* ne reſta impuny... » 398. « ... *ce que* croiſtra ſus terre... *ce que* ſera en terre... » 428. « *Ce que* nous effraya grandement... » 463. « *Ce que* feut ſus l'inſtant faiɛ̃t. » 505. « *Ce que* fait les humains penſemens eſgarer par les abyſmes d'admiration... » III, 83. « *Ce que* nous pleut grandement... » 130. « *Ce que* fut faiɛ̃t ſans demeure. » 134. « ... commanda que droit on nous menaſt à la princeſſe Bacbuc... *Ce que* fut fait. » 136. « ... *ce que* nous eſt neceſſaire. » 250.

Ce est souvent supprimé devant *que*, soit dans un second membre de phrase, après avoir été exprimé dans le précédent : « ... vn homme de bon ſens, croit touſiours *ce qu*'on lui diɛ̃t, & *qu*'il trouue par eſcript. » I, 27 : soit même lorsqu'il n'y a qu'une seule proposition. « ... voicy *que* arriua... » 235. « ... ie ne ſçay *que* ie doibue reſpondre à ce probleme. » II, 150. « ... les bonnes dames... accoururent pour ouurir la boyte defendue, & veoir *qu*'eſtoit dedans. » 166. « ... ſachez *qu*'il demande. » 261. « Voyla *que* c'eſt. Voyla *qu*'aduient à ceulx qui... optent choſes mediocres... » 267. « ... voila *que* c'eſt, non conſiderer en ſoy, n'entendre les mouuemens que faiɛ̃t la langue... » 163.

A ce que. Voir p. 5, col. 2.

Ce néantmoins, ce néant moins. Malgré cela. « *Ce neantmoins* qu'il veiglaſt ſus elle ſoingneuſement. » II, 157. « ... leurs optant *ce neant moins*... bonne aduenture... » 297. « *Ce neant moins* proteſtions voix quecon-ques n'entendre. » 463.

Ce nonobſtant, ce non obſtant, ce non oſtant. « *Ce non obſtant*, ie n'entreprendray guerre... » I, 111. « ... ſembla à tout ſon conſeil que en toute force il ſe doibuoit deffendre. *Ce non oſtant*, diſt Grandgouſier... ie eſſayeray le contenter... » 121. « ... icelluy toutes foys *ce non obſtant*... punit rigoureuſement... les auɛ̃teurs de rebellion. » 185-186. « Tappecoue *ce non obſtant* luy diſt... qu'ailleurs ſe pourueuſt... » II, 316. « *Ce non obſtant* beuuoit à luy... » 324. « Æſchilus *ce non oſtant* par ruine ſeut tué, & cheute d'vne caquerolle de Tortue... » 333. « Le ſerpens qui tenta Eue, eſtoit andouillicque, *ce nonobſtant* eſt de luy eſcript, qu'il eſtoit fin & cauteleux... » 404. « *Ce non obſtant* Gaſter confeſſoit eſtre non Dieu... » 483. « Mercure menaſſe quelque peu le perſil, mais *ce nonobſtant* il ſera à pris raiſonnable. » III, 240.

Ce pendent. Pendant cela. « Ie m'en voys boyre encores quelque veguade. Si *ce pendent* vous ſuruenoit quelque mal, ie me tiendray pres... » I, 26. « ... *ce pendent* vint vn commandeur iambonnier de ſainɛ̃t Antoine... » 66. « ... que boyrons nous *ce pendent*... » 104. « ... allez à l'enterrement d'elle, & *ce pendent* ie berceray icy mon filz... » 232. « *Ce pendent* ſa femme tenoit le brelant. » II, 124. « Soubhaitez doncques mediocrité elle vous aduiendra... deument *ce pendent* labourans & trauaillans. » 268.

Cependant que, ce pendant que, ce pendent que. Pendant que, tandis que. « Pericles... voulut celle part de ses gensdarmes... passer toute la iournee en ioye... *ce pendent que* ceulx de l'aultre part bataille-roient. » I, 41. « *Ce pendent qu'*on le frotoit. » 86. « ... *ce pendent que* les prebstres se amusoient à confesser... » 107. « ... *ce pendent que* le fer est chault il le fault battre...» 370. « *Ce pendent que* ie iray en Myrelingues... » II, 185. « *Ce pendent que* entendions ces nouuelles... » 287. « *Ce pendent que* combaterez, ie priray Dieu pour vostre victoire... » 399. « ... ie te conseille *Cependant que* sommes icy Que tu ayes le mot aussi De la bouteille trimegiste. » III, 176. « ... *ce pendant que* les combatans soy mettoient en armes... » 398. « ... *ce pendant que* les gens de pied entretenoient la retraite... » 405.

CÉANS. Ici dedans. « ... que quiconques aura perdu la soif ne ayt à la chercher *ceans*. » I, 23. « Il ne fut troys iours a *ceans*. » 49. « ... *ceans* Ne seroit seans. » 196. « ... quand *ceans* ilz viendront...» II, 312. «...nous sommes *ceans* de nopces. » 313. « Il n'est *ceans* mort persone. » 351. « ... encores n'aduint... que personne eschappast de *ceans*... » III, 52. « En auez vous beaucoup *ceans?* » 109. « ... te porter où plus on te desire Qui est *ceans*... » 301.

CECY. « Ma tant bonne femme est morte, qui estoit la plus *cecy* la plus cela qui feust au monde. » I, 230.

CÉDENT. « ... la fouldre... ne se arreste es choses molles... & *cedentes*. » II, 163.

CEINCT. Substantivement. Ceinct d'une corde. Il y a peut-être dans le passage suivant une allusion au mot *sing*, cloche. « Se iouoyt (Quaresmeprenant) es cordes des *ceincts*. » II, 383.

CEINCTURE. « ... passans la *Ceincture* ardente... » II, 272. « *Ceincture ardente*. zone torride. » III, 197.

CEINDRE. « ... *ceignit* son palle en escharpe... » II, 8.

CELA. « Il m'a rendu en main la bouteille. *Cela* que signifie? » II, 218. « Ie m'en voys bel erre. *Cela?* Ie luy quitte le champ. » 434. Dans ce dernier passage *cela* semble employé d'une façon elliptique, au même sens que dans le précédent. Voir néanmoins la note IV, 295. Voir *Cecy*.

— Dans un sens libre. « Gentil compaignon tousiours... Ie ne crains pas *cela*, de par le Diable. » II, 137.

CÉLÈBRE. Voir *Alme*.

CELER. « ... la confession doibt estre tenue secrette. Vous aultres femmes à poine la *celeriez*. » II, 166. « ... ne peut *celer* le plaisir qu'il prenoit la voiant ainsi changee... » 248.

CELERIER. « *Promeconde*. despansier, *celerier* guardian...» III, 204.

CÉLESTE. Voir *Arc*.

CELEUSME, CELEUME (Κέλευσμα, chant des rameurs). « Cestuy *Celeume*, dist Epistemon, n'est hors de propous... » II, 350. « ... le son des tabourins... & le *celeusme* de la Chorme nous rendoient harmonie peu moindre que celle des astres rotans... » III, 67. « *Celeusme*. Chant pour exhorter les mariniers, & leurs donner couraige. » 200.

CELLE, SELLE. « ... la matiere fecale d'vne *celle* persee... » I, 275. « Faulte de *selle* persee me constrainct d'icy partir. » II, 449. « ... iront souuent à la *celle* percée... » III, 238.

CELLULÉ. Divisé en cellules. « ... les Vtopienes portoient matrices... *cellulées* par bonne architecture... » II, 15.

CELLUY, CELLE. Pronom. Suivi d'un pronom conjonctif. « Le diantre, *celluy qui* n'a poinct de blanc en l'œil m'emporte doncques. » II, 174.

Celluy est souvent séparé du pronom qui le suit. « ... que Sainct Antoine me arde ſy *ceulx* taſtent du piot *qui* n'auront ſecouru la vigne. » I, 105. « ... pour *celluy* ie donne ſentence *duquel* la chauſe... premier aduient. » 189. « ... et diſoit *ceulx* eſtre troys & quatre foys heureux *qui* eſtoient mortz en la conflagration de Troie. » 351.

Il n'y a, il n'eſt celluy qui. Il n'y a personne qui. « ... il n'eſtoit entre eux *celluy*, ne *celle qui* ne ſceuſt lire, eſcripre, chanter... » I, 206. « ... il n'y eut *celluy qui* ne beuſt vingt cinq ou trente muys. » 320. « ... il n'eſt *celluy* ne *celle* de ſa bande, *qui* n'y offre ſa vie propre... » III, 90. « ... il n'y auoit *celuy* à *qui* il ne valuſt bien la rente d'vne bonne meſtairie. » 215.

Celluy, Celle. Adjectivement. « ... *celle* part de ſes genſdarmes... » 41. « ... *celluy* temps paſſa comme les petitz enfans du pays... » 44. « ... vn ſçauant medicin de *celluy* temps... » 85. « En *celle* heure... » 114. « ... *celle* nuict... » 141 et 309. « ... *celle* prinſe... » I, 171. « ... *celle* nectaricque... liqueur... » 220. « ... *celle* boete... » 352. « ... *celle* victoire... » 370. « ... *celle* femme... » II, 11. « ... *celle* eſpece de terre... » 36. « ... *celluy* lieu... » 82. « ... *celle* arbre... » 242. « ... *celluy* iour... » 335. « ... *celle* horrible tempeſte... » 361. « ... *celle* tant illuſtre, genereuſe, & Heroique ame... » 365. « ... *celluy* Champ... » 427. « ... *celle* fleur... » III, 158. « ... l'Empereur eſt hors *celle* peur, qu'il auoit... » 344.

Ceulx de. Les gens, les habitants de. « Nous en auions bien aultresfoys refuſé de bon argent de *ceulx de* Londres en Cahors, ſy auions nous de *ceulx de* Bourdeaulx en Brye... » I, 70. « ... *ceulx de* Beſſé, du Marché vieux... » 173.

Celluy, Celle, sont supprimés dans certaines phrases elliptiques où *que de* remplace *que celui, celle de.* « Leur ſon eſt par ma ſoif plus fatidicque *que des* chauldrons de Iuppiter en Dodone. » II, 134. « Ne croyez leur dueil & lamentations eſtre moindres, *que de* Ceres... » 224.

CÉLOCE *(Celox, Celocis).* « Pantagruel ſe tourne vers le haure, & veoyd que c'eſtoit vn des *Celoces* de ſon pere... » II, 277. « *Celoces.* vaiſſeaulx legiers ſus mer. » III, 198.

CEMADE. « ... *Cemades,* Cynocephales... » III, 121.

CEN. Ce en. « ... touſiours taſtonoit ſes gouuernantes *cen* deſſus deſſoubz, *cen* deuant derriere... » I, 46.

CENCHRYNES. II, 499.

CENDRE. « ... bruſlant les groſſes ſouches pour la vente des *cendres*... » II, 21. Voir *Brusler.*

CENDRÉ. « ... beſtes, noires... *cendrées*... » II, 108. « ... beſtes... les quelles ſont vnes noires... aultres *cendrées*... » 111.

CÈNE. « ... eſt dicte la *cene* comme *cœne,* c'eſt à dire à tous commune. » II, 79.

CÉNOMANIQUE. « Par la gogue *Cenomanique*... » II, 500.

CÉNOTAPHE. « ... à vn chaſcun d'eulx promettant eriger vn beau *cenotaphe,* & ſepulchre honoraire... » II, 297. « ... me fera eriger quelque magnificque *cenotaphe.* » 347, « *Cenotaphe.* tombeau vuide... » III, 198.

CENS. Cent. « ... leurs donnerent vn *cens* de quecas... » I, 99.

CENSE. « ... force granges, force *cenſes,* force mas... » II, 265.

CENSURE. « Le tiers liure... Reueu, & corrigé par l'Autheur, ſus la *cenſure* antique. » II, 1.

CENT. Jeu. « Au *cent.* » I, 80. Voir *Cens.*

CENTAURE. « Il (Hercules) deffiſt les Stymphalides... les *Centaures.* » III, 58-59.

CENTONIFIQUE. En forme de centons. Voir *Boteleur.*

CENTRE. « ... ceſte infinie & intellectuale ſphære, le *centre* de laquelle eſt en chaſcun lieu de l'vniuers, la circunference poinct (c'eſt Dieu...) » II, 67. « ... ceſte ſphere intellectuale, de laquelle en tous lieux eſt le *centre,* & n'a en lieu aucun circonferance, que nous appellons dieu. » III, 178-179, et IV, 234. « ... le *centre* de la circonferance & rotondité interieure. » III, 158.

CENTRIQUE. Central. « ... viue & *centrique* ligne perpendiculaire... » III, 159.

CENTUMVIRAL. « ... Court *centumuirale.* » II, 186.

CENTUPLE. « ... vſure *centuple.* » II, 284.

CENTURIE. Centaine. « ... ie vous prirois voluntiers que de debtes me laiſſez quelque *centurie...* » II, 37. « ... vne longue *centurie* d'autres poëtes... » III, 7.

CÈPE, CÈPHE. « ... Monopes, Pephages, *Cepes...* » III, 121. « ... des *Cephes,* leſquels ont les pieds de deuant comme les mains... » 122.

CE PENDENT. Voir *Ce.*

CÉPHALÉONOMANTIE. « Par *Cephaleonomantie,* de laquelle vſer ſouloient les Alemans, routiſſans la teſte d'vn Aſne ſus des charbons ardens. » II, 125.

CÉRAMITE (Κεραμῖτις). « ... terre qu'on nomme *Ceramite* (c'eſt terre à potier)... » II, 36.

CÉRASTE. Voir *Cauquemare.*

CERBÉRICQUE. « ... maſtins *Cerbericques.* » II, 14.

CERCELLE. « ... quelques douzaines de... oiſeaux de riuiere, de *Cercelles...* » I, 140. Voir *Aigrette, Buour.*

CERCHER. Chercher. « ... leſquels on *cerche...* III, 22.

CERCLE. Jeu : « Au *cercle.* » I, 82. « Les autres appreſtoient... potz, *cercles,* & lances à feu. » II, 7. Voir *Æquateur.*

CERCLER. Sarcler. « La mort... l'euſt ſauſché & *cerclé* de ce monde. » II, 257.

CERCOPITÈQUE, CERCOPITHÈCE. « *Cercopiteques,* Biſons... » III, 121. « Crocodiles, *Cercopitheces...* » 152.

CÈRE *(cera).* Cire. « ... genealogie... eſcripte non en papier... non en *cere...* » I, 11.

CÉRÉBREUX *(cerebrosus,* emporté). « ... f(ol) *cerebreux.* » II, 183.

CERF, CERFVE. « ... luy faiſoit changer de poil (Gargantua à son cheval de bois)..., de gris pommelé, de poil de rat, de *cerf...* » I, 47. « ... œilz de chien, & cœur de *cerf...* » II, 351 et IV, 283. « ... la *cerfue* biſche Egerye... » III, 217.

CERFOUETTE. « ... pioches, *cerfouettes,* beches... » I, 92.

CÉRIMONIE. « Ainſi... tous iours à ſes cuiſines. Corpe de galline (reſpondit frere Ian) i'en ſçay mieulx l'vſaige & *cerimonies,* que de tant chiabrener auecques ces femmes... » II, 305.

CERIZE. « Ie croy qu'il feroit d'vne *cerize* trois morceaux. » III, 114.

CERNE. Cercle. « ... aduifez, que ne entrez au *cerne* de ces chordes. » I, 338. « Ie feray icy vn *cerne* gualantement. » II, 126.

CERNER. « ... gouuetz, qui font petitz demy coufteaux dont les petitz enfans... *cernent* les noix. » I, 108. « ... *cernant* toutesfoys & houftant la partie ainfi attaincte tout au tour. » II, 390.

CERNOPHORE (Κερνοφόρον ὄρχημα, danse que l'on exécutait en portant un vase sacré). III, 76.

CÉROMANTIE. « Par *Ceromantie*. Là par la cire fondue en eaue tu voiras la figure de ta femme & de fes taboureurs. » II, 125.

CÉRON. Ciron. « ... Enay, qui fut trefexpert en matiere de ofter les *cerons* des mains. » I, 223.

CERTAIN. « ... nombre *certain* pour incertain... determiné pour indeterminé. » II, 172.

CERTES. « Malheureux es tu bien *certes* : qui me as faict pecher... » II, 114.

CÉRULÉ (*Cærulcus*, qui est couleur d'azur). « ... à couleur *cerulee*. » III, 143.

CERVEAU. *Cerveau à bourlet*. Voir *Bourlet*. « ... elles luy engendroient la chronique aux tripes du *cerueau*... » I, 72. — *Être en cerveau*. « ... *foyez en cerueau*, & de toute frayeur vous defpouillez... » III, 83. « ... nous commanda *eftre en cerueau*, n'auoir frayeur ne peur aucune... » 142.

CERVELLE. « ... en petite tefte ne peut eftre grande *ceruelle* contenue... » II, 212.

CÉSININS. III, 84.

CESSATEUR (*Cessator*, nonchalant). « ... *ceffateur* & ocieux. » II, 8. « ... *ceffateur* & inutile... » 11.

CESSATION. « ... liure de la *ceffation* des oracles. » II, 367.

CESSER. Se retirer. « Les dangiers fe refuyent de moy... comme aduenent le prince, *ceffe* le magiftrat. » II, 219. Voir *Armes*.

Cesser de : « ... il conuient *ceffer du* labeur... » II, 78. « Adioincte feut promeffe... qu'à ceulx, qui... chommeroient fa fefte (de Coqüage), *cefferoient de* toute negociation... il feroit continuellement fauorable. » 163.

CESTRIN. « ... patenoftres... de *ceftrin*... » I, 323.

CESTUY, CESTE. Celui-ci, celle-ci. « *Ceftuy*... n'eft à voftre aduen taige. » II, 61. « ... le naturel des femmes nous eft figuré par la Lune, & en aultres chofes, & en *cefte* : qu'elles fe muffent... en la veue... de leurs mariz. » 157.

— Adjectivement. Ce, cet. « ... *ceftuy* coup... » I, 134. « ... *ceftuy* rotiffement... » 287. « ... *ceftuy* article... » II, 19. « ... *ceftuy* efprit vagabond... » 69. « ... *ceftuy* heur de iugement... » 208. « *Ceftuy* iour... ne leurs apparut terre... » 273. « Panigon vouloit... pour *ceftuy* iour... retenir Pantagruel. » 304. « ... à *ceftuy* matin... » 332. « ... *ceftuy* choys... » 430. « ... *ceftuy* lieu... » 453.

Ceftuy, *Cefte*, ainsi employés, ne précèdent pas toujours immédiatement le substantif. « ... *cefte* voftre grandeur. » II, 252. « ... *ceftuy* noftre voyage. » 282. « ... *cefte* voftre maifon... » 313. « Homes mortelz, fi de *ceftes* heureufes ames voulez chofe aulcune fçauoir... » 365. « ... *cefte* leur ifle... » 394. « *Cefte* noftre Royne... » III, 72. « ... voyez vous bien *cefte* là petite (grappe)... » 213. « *Ceftuy* propre iour... » 393.

Ceftuy cy, *Cefte cy*. « *Ceftuy cy* va laver les tripes. » I, 22.

« Tu parleras ton ſou, quand *ceſtuy cy* aura acheué » 272. « .,. *ceſte cy* n'eſt mie la mienne. » II, 264. « Ia n'eſt beſoing que vous penez à *ceſtes-cy* nous monſtrer. » 442. « ... que vous ſemble de *ceſtuy ci*... » III, 117.

Ceſtuy là, Ceſte là. « ... c'eſt *ceſtuy là.* » I, 266. « ... iamais homme n'en viendra à bout, ſi *ceſtuy là* n'en vient. » 267. « Vous me doibuez *ceſte là.* » II, 459.

Cesve. Sève. « Laquelle (folie)... eſt en *ceſues* comme les arbres. » III, 5.

Cétéra. « ... le notaire y miſt du *cetera.* » I, 275.

Chachanins, Chachamins, officiers de Quinte-essence. III, 73 et IV, 328.

Chaffourer, Chauffourer, Chaufourrer. Griffonner. « ...en ont *chaffouré* leur robidilardicque loy Gallus... » I, 17. « ... ſe *chauffourroit* le viſaige... » 44. « ... ratiſſoyt le papier, *chauffouroyt* le parchemin... » 45. « ... paſſaſmes Procuration, qui eſt vn pays tout *chaffouré* & barbouillé. » II, 310.

Chaffoureus. « *Chaffoureus* de parchemins, Notaires... » III, 242.

Chagrin. Esprit chagrin. « A Demoſthenes fut reproché par vn *chagrin* que... » I, 6-7.

Chair. « ... à ceſte heure te haſcheray ie comme *chair* à paſtez. » I, 360 et IV, 212. Voir *Aiguillon.*

Chaircuitier, Chercutier. « ... l'on auoit ſes nourriſſons viuandiers, charbonniers, & *chaircuitiers* oultragé villainement. » II, 432. « ... Coquaſſiers, Grillotiers, *Chercuitiers*... » III, 242.

Chaire. Chaise. « Apportez moy à ce bout de table vne *chaire.* » II, 170.

Chalant, Challant. « Le marchant luy reſpondit... Vrayement vous eſtes vn gentil *chalant.* » II, 289. « ... venez vous ſus mon marché ? Me voulez vous houſter & ſeduyre mes *chalans ?* » 329. « ... le paouure home... feut condemné à payer les eſtoffes de tous ſes *challans*... » 452. — Injure. « Ruſtres, *Challans,* Hapelopins... » I, 98.

Challer. Écaler. « ... les meſtaiers, qui... *challoient* les noiz... » I, 99.

Challit. Bois de lit. Voir *Banc.*

Chaloir. Importer, se mettre en peine. « Peu au retour me *chault* d'eſtre noyé. » II, 131.

Non chaloir. « Oyſiueté, Pareſſe, *non chaloir*... » II, 152. « ... mettroient leurs affaires propres en *non chaloir*... » II, 163. « ... ne mettre en *non chaloir* ſes eſtudes & negoces... » 171. « ... mettre tout en *non chaloir.* » 178.

Chalupper. « ... *chaluppoit* (Diogène, son tonneau)... » II, 8.

Chamailler. « ... *chamailloit*... (Diogène, ſon tonneau)... » II, 8. « ... ſoy *chamaillerent* l'vn l'autre ſi bruſquement, que leurs eſpees volerent en pieces. » III, 405. « ... y eut tant *chamaillé*... » 407.

Chamarre. « Les ſayes & *chamarres*... » I, 203 et IV, 154.

Chamberière, Chambrière. « ... & *chamberieres* de rire. » I, 329. « Helene courratiere de *chamberieres.* » 367. « ... il n'eſt deſieuſner que de eſcholiers : dipner, que d'auocatz : reſſiner, que de vinerons : ſoupper, que de marchans : reguoubillonner que de *chambrieres.* » II, 431. « ... *Chamberieres* d'hoſtelerie. » III, 243. Voir *Biscoler.*

Chambre d'une arme. « ... la ballote & dragees eſtoient impetueusement hors iectez par la gueule du Faulconneau, afin que l'air penetrast en la *chambre* d'icelluy... » II, 488.

CHAMBRIER. Camérier. « Le Pape a enuoyé toute sa famille au deuant d'eulx, Cubiculaires *Chambriers* Genissaires Lansquenetz, etc. » III, 355.

CHAMÉLÉON. Cameléon. « C'est chose superstitieuse... Autant vous en diroys ie de l'espaule guausche du Cocrodile & du *Chameleon*... » II, 71. « Tarande... change de couleur... Cela luy est commun... auecques le *Chameleon*, qui est vne espece de Lizart tant admirable, que Democritus a faict vn liure entier de sa figure, anatomie, vertus & proprieté en Magie. » 275. « Leur pennage estoit changeant... comme la peau d'vn *Chameleon*... » III, 23. « I'y vy vn *Chameleon*, tel que le descrit Aristoteles... » 120.

CHAMOYS. « Chassoit on profond de la mer, & y trouuoit... Stamboucqs, & *Chamoys*. » II, 383.

CHAMP. « ... courir les *champs* en pourpoinct. » II, 51.

— *Evesque des champs*. Pendu. Voir *Bénédiction*.

CHAMPEIGNON. « ... Neron louoit les *champeignons*, & en prouerbe Grec les appelloit viande des Dieux... » II, 445.

CHAMPIS. Voir *Avoistre*.

CHANCE. Jeu. « A la *chance*. » I, 81. Voir *Chanse*.

CHANCRE. Cancre, écrevisse. «...les *chancres* iront de costé... » III, 236.

CHANCREUSE (BOSSE). Voir *Anguonnage*.

CHANDELLE. « ... la lenterne prouinciale de Mirebalais : laquelle fut seruie d'vne *chandelle* de noix, & la prouinciale du bas Poitou, laquelle ie vy estre seruie d'vne *chandelle* armee. » III, 131.

CHANFRAIN. « ... housé & bardé auecques le *chanfrain* & hoguines requises... » I, 275. « ... vn *chanfrain* de cheual... » 345. « Le retz admirable, comme vn *chanfrain*. » II, 374. Voir *Auber*.

CHANSE. Chance. « Muons de *chanse*... » II, 172. « ... tomber en *chanse*... » 209.

CHANSON. « Vostre conseil... semble à la *chanson* de Ricochet : Ce ne sont que sarcasmes, mocqueries, & redictes contradictoires. » II, 53. « ... danser aux *chansons* de Poictou... » III, 224.

CHANT. « *Chant* de Cycne est præsaige certain de sa mort prochaine... » II, 105.

CHANTEAU. Morceau de pain. « ... ils nous donnerent de leur *chanteaux*... » III, 127.

— quartier de lune. « ... dedans le dernier *chanteau* de ceste lune. » 193.

CHANTEPLEURE. « Les temples, comme vne *chantepleure*. » II, 380.

CHANTER. « ... faisoyt *chanter* magnificat à matines... » I, 45. « *Chante* plus hault en g sol ré vt. » 372.

Ne chanter que des aureilles. Voir *Aureilles*. — *Chien chanté*. Voir *Chien*. — Voir *Chier*.

CHANTONNET. Petit chant, couplet satirique. « Pasquil a faict depuis n'agueres vn *chantonnet*... » III, 363.

CHANU (*Canutus*, qui a des cheveux blancs, antique, respectable). Chenu. « ... antiquité *chanue*... » I, 253.

CHAPEAU, CHAPPEAU. « Ie me torchay... d'vn *chappeau*. Et notez que des *chappeaulx* les vns sont ras, les aultres à poil, les aultres veloutez, les aultres taffetassez, les aultres satinizez. » I, 55.

Chapeau à prunes succees. « En lieu d'vn ſayon tailloit vn *chappeau à prunes ſuccees.* » II, 452.

— *Albanois.* « ... nous commanda noſtre illuſtriſſime lanterne, de ce lierre chaſcun de nous ſe faire vn *chappeau Albanois...* » III, 133-134. « Va... au Diable : & te faiz lanterner à quelque *Albanoys,* ſi auras vn *chapeau* poinctu. » II, 127.

— *rouge.* « Vous aurez vn *chapeau rouge* à ceſte heure de ma main. » I, 163 et IV, 143.

CHAPELLE, CHAPPELLE. « ... la ſaincte *Chapelle* (ainſi eſtoit en leurs Rebus nommée la cuiſine clauſtrale). » II, 80.

Chappelle d'eau Roſe. Alambic. II, 357 et IV, 285.

CHAPIFOU. Jeu. « Au *chapiſou.* » I, 83. « S'ils alloient de ventre, vous euſſiez penſé que fuſſent gens iouans au *chapiſou.* » III, 104.

CHAPITRE. *Chapitre provincial.* « Ie croy que tous les millions de Diables tiennent icy leur *chapitre prouincial.* » II, 343. « O monſieur le rouſſin mon amy, ſi tu nous auois veu en foires, quand nous tenons noſtre *chapitre prouincial...* » III, 33.

CHAPLIS, CHAPLYS. Cliquetis des armes, carnage, débris. « Quand tu voyds le hourt de deux armées, penſe tu... que le bruyt... que lon y oyt, proviene... du *chaplis* des maſſes ? du froiſſis des picques... » II, 116. « Lors gelerent en l'air... les *chaplis* des maſſes, les hurtys des harnoys...» 466. — Chapelure. « ... les crouſtes, miettes, & *chaplys* du pain. » 504.

CHAPOTER. « ... *chapotoit* (Diogène, son tonneau)... » II, 8.

CHAPPART. « Ton lard *Chappart...* » I, 53.

CHAPPE. « Il pour vn vieil paiſant habiller qui iouoyt Dieu le père, requiſt frere Eſtienne Tappecoue... luy preſter vne *chappe* & eſtolle. » II, 316. « ... il n'a voulu preſter à Dieu le pere vne paouure *chappe.* » 317.

La chappe du ciel. « ... il n'eſt ſoubs *la chappe du ciel* eſtat, duquel trouuiez gens plus idoines à tout faire... » II, 457.

CHAPPERON, CHAPRON. « Ie me torchay vne foys d'vn cachelet de velours de vne damoiſelle... Vne aultre foys d'vn *chapron* d'ycelles... » I, 51-52. « ... meritant porter *chapperon* verd & iauſne à aureilles de lieure... » II, 119. « ... fut releué de ceſte perplexité par le moyen du ſeigneur Horace Farneſe Duc de Caſtres, & des ſeigneurs Robert Stroſſi, & de Maligni... Ilz mirent quatre teſtes en vn *chapperon.* » III, 395.

CHAPPERONNAGE. « Leur *chapperonnage* quel ? — bleu. » III, 110.

CHAPPON. « ... s'en alla coucher en *chappon...* » I, 264. « ... petit bonnet pers auecques vne grande plume de *chappon.* » 371.

CHARBON. Jeu. « A ſouffler le *charbon.* » I, 81.

CHARBONNIER. « ... plus noir qu'vn ſac de *charbonnier.* » II, 454. Voir *Chaircutier.*

CHARDONNETTE. Artichaut sauvage. « S'il crachoit, c'eſtoient panerees de *chardonnette.* » II, 381.

CHARDRIER. Chardonneret. « ... oyſeaulx norcaes, comme Linottes, *Chardriers,* Alouettes... » II, 229.

CHARESSE. « ... mille *chareſſes,* mille embraſſemens, mille bons iours feurent donnez. » I, 144. « Baſché luy feiſt la plus grande *chareſſe* du monde... » II, 313. « ... ce ſont petites *chareſſes* nuptiales. » 325. « ... ſoubs couleur de *chareſſe* & amitié. » 398.

CHARESSER. « ... l'vsance... du pays Andouillois pouuoit estre ainsi *charesser* & en armes recepuoir leurs amis estrangiers. » II, 397.

CHARETÉ. Charité. Voir *Cache-laid.*

CHARGÉ. « Au regard des lettres de humanité... ... ilz en estoyent *chargez* comme vn crapault de plumes... » I, 268.

CHARGEMENT. Poids. « Tripet... luy voulut fendre la ceruelle de son espee... mais... de cestuy coup ne sentit que le *chargement...* » I, 134.

CHARISTÈRE (Χαριστήριον, témoignage de reconnaissance). «...motets plaisans & *charisteres...* » III, 21.

CHARITÉ. Affection. « ... en Poictou n'a, ny en France suppos A qui plusgrant familiarité Veullent auoir, ny plus grand *charité.* » III, 301. Voir *Chareté.*

CHARMÉ. Sous l'influence d'un charme. « ... ie tremble, ie croy que ie suys *charmé...* » II, 88.

CHARMER. « ... *charmoit* (Diogènes, son tonneau)... » II, 8.

CHARNELLEMENT. « ... ta femme ne sera d'aultruy *charnellement* congneue... » II, 142.

CHARNIER. Saloir. « ... faire trembler le lard au *charnier...* » I, 66, et IV, 108. « ... le visaige leur reluysoit comme la claueure d'vn *charnier...* » I, 216. « ... plus rouillé, que la claueure d'vn vieil *charnier.* » II, 117 et IV, 244.

CHARPENTIER (HERBE AU). « Scilla, vulgo Scipoulle, ou *Charpentaire,* & Oignon marin, Pharmacopolæ Squillam vocant. » *(De latinis & Græcis nominibus arborum... herbarum... cum Gallica eorum nominum appellatione.* — Lutetiæ, Robertus Stephanus, M. D. XLV, in-12. «... chercher de l'*herbe au charbentier.* » I, 291.

CHARRANTON. Charenson. « ... le deschet des greniers, & la mangeaille des *Charrantons* & Mourrins. » II, 23.

CHARRETÉE, CHARTÉE. « ... veulx tu que... trente mille *charretées* de Diables t'emportent? » II, 113 et IV, 241. « Ie trouueroys... aussi bon qu'il nous donnast deux ou troys *chartees* de ses filles. » II, 461.

CHARRETTE. « ... mettoyt la *charrette* deuant les beufz... » I, 45.

CHARRIOT. « ... y a il icy dangier de peste? O seigneur... l'on se meurt icy aupres tant que le *charriot* court par les rues. » I, 376.

CHARROYER. « ... *charroyans* les vins d'Argenton... » II, 240.

CHARTE, CHARTRE *(Charta).* Papier, alphabet sur une feuille de papier. « ... maistre Thubal Holoferne... luy aprint sa *charte...* » I, 57. « ... Atramenter *chartre* papyracee. » III, 279. — Carte. Jeu : « A la *charte* virade. » I, 80. « ... on apportoit des *chartes,* non pour iouer, mais pour y apprendre mille petites gentillesses... » 88.

CHARTIER. Charretier. « ... chascun des *chartiers...* » I, 121. « ... vos *chartiers* & nautonniers... » II, 240.

CHARTRE. Prison. « ... *chartre* tenebreuse du corps terrien... » III, 258.

CHASCUN, CHASCON, CHESCUN. Pronom indéfini. « ... trauaillez *chascun* en sa vacation... » I, 168. « *Chascon* se garde qui vouldra. » III, 251.

— Adjectivement : « ... pour *chascune* foys. » I, 30. « Icelles (altères) prenoit de terre en *chascune* main... » I, 91. « Adoncques *chascun* membre se præpare & s'esuertue de noueau... »

II, 33. « Sur *chaſcune* letre ie poſeray vn grain de froment. » 126. « ... par *chaſcun* an... » 228 et 456.

Un chaſcun. Employé ſoit substantivement, soit adjectivement. « ... il eut la belle eſpee de boys, & le poignart de cuir bouilly, peinctz & dorez comme *vn chaſcun* ſoubhaiteroit. » I, 33. « ... ſa braguette, laquelle *vn chaſcun* iour ſes gouuernantes ornoyent de beaulx boucquets... » I, 46. « ... Picrochole commenda qu'*vn chaſcun* marchaſt ſoubz ſon enſeigne... » 101. « ... toutes & *vne chaſcune* aiguille... » II, 267. « ... à *vn chaſcun* d'eulx promettant eriger vn beau cenotaphe... » 297. « ... mille ioyeuſetez... où *vn chcſcun* prendra plaiſir... » III, 245.

Chascunière (sa). Sa demeure. « ... chaſcun s'en va à *ſa chaſcuniere.* » I, 287. « ... que chaſcun ſe retire en *ſa chaſcuniere...* » II, 180.

Chasmate (Χάσμα, Χάσματα, fossé). Casemate, précipice. « ... vuidoient *chaſmates...* » II, 7. « ... la Terre fondoit en *chaſmates* & en abyſme. » 490.

Chasse. En terme de jeu de paume : « ... apres les deux *chaſſes* faictes, fort hors le ieu celluy qui y eſtoit & l'aultre y entre. » I, 210.

Chassetrape, Chausse trape, Chausse trappe. « ... *chaſſetrapes* guitturales... » I, 281. « ... ſeroit ce ſouuent meilleur... marcher ſus *chauſſes trapes...* comme ſoubhaitoit Caton... que la court iudiciaire feuſt de *chauſſes trappes* pauée. » II, 210.

Chassieuse. « La vieille eſtoit... edentée, *chaſſieuſe...* » II, 86.

Chastaigne, Chastaine. « ... attendent graiſler des *chaſtaines...* » I, 109. « L'exemple y est maniſeſte en Poix... Citrons, *Chaſtaignes...* » II. 45.

Chasteau gaillard. Partie élevée d'un vaisseau. Voir *Bombardier.*

Chastelet. Jeu : « Au *chaſtelet.* » I, 82.

Chastellenie. « ... il dilapida le reuenu... de ſa *Chaſtellenie...* » II, 20. « ... ce qu'il tenoit... en arriere fief de la *chaſtellenie* de Salmiguondin. » 227.

Chat. Voir *Aller du pied,* p. 28, col. 1-2, et *Camarine.*

Chat de Mars. Martre. « ... trouuay vn *chat de Mars,* d'icelluy me torchay... » I, 52. « S'il grondoit, c'eſtoient *Chats de Mars.* » II, 382.

Chatfourré, Chat-fourré, Chatte-fourrée. Gens de justice et leurs femmes. « Le *chatfourré* des procureurs. » I, 247. « Grippeminaud archiduc des *Chatsfourrez.* » III, 44 et IV, 302. « ... interrogua les voyagiers où & à qui ils portoient ces frians morceaux. Ils reſpondirent que c'eſtoit... aux *Chats-fourrez,* & *Chattes-fourrees.* » III, 55.

Chat-fourrillon. « Leurs enfans propres *Chats-fourrillons...* les auoyent en horreur & abomination. » III, 46.

Chat garanier. « Le ſiege d'icelluy & de tous ſes collateraux *Chats garaniers,* eſtoit d'vn long rattelier tout neuf... » III, 47.

Chatemite, Chattemite, Chatemitte, Chattemitte, Chattemitesse, Chattemitillon. Hypocrites, leurs femmes et leurs enfants. « ... Pour vne *chattemite* Laiſſerez vous engouffrer tant d'arpens? » I, 14. « ... *Chattemittes,* Cagotz, Hypocrites... » 496. « Là ſont belles & ioyeuſes *hypocriteſſes, chattemiteſſes...* Et y a copie de petitz hypocritillons, *chattemitillons...* » 497. « ... Patespeleus, Porteurs de Rogatons, *Chattemittes...* » III, 189. « ... Hypocrites, *Chatemites,* Sanctorons... » 242. Voir *Brif-fault, Canibale.*

CHATTON. « ... petitz *chattons...* » II, 283.

CHATOUILLE. Poisson. II, 482.

CHATOUILLER (SE). « ... fe *cha-touilloyt* pour fe faire rire... » I, 45 et II, 493.

CHATOUILLEUX, CHASTOUILLEUR. « ... donna fierement des efperons à fon cheual, lequel eftoit *chaftouilleur* à la poincte. » I, 156. « ... fans au probleme propoufé refpondre. Car il eft vn peu *chatouilleux...* » II, 309.

CHAÜANT. Chat-huant. « ... duc *Chaüant.* » II, 469.

CHAUD, CHAULD, CHAULT. « ... les laiffa (les cloches), non par ce qu'elles eftoient trop *chauldes,* mais par ce qu'elles eftoient quelque peu trop pefantes... » I, 66. « ... rien ne leurs feut ne trop *chault* ne trop pefant. » 103. « ... ie n'en vouldrois pas tenir un fer *chauld.* » II, 42. « ... groffes et *chauldes* larmes... » 459. « Le *chault.* » III, 223.

CHAUDRON, CHAULDERON. « ... fi d'aduenture il rencontroit gens auffi folz que luy : & (comme dict le prouerbe) *couuercle* digne du *chaudron.* » I, 6 et IV, 64. « Le *chaulderon* de magnanimité. » I, 246.

CHAUFFER. « ... il leur en remplit tout le gouzier (de sel), tant que ces pauures haires touffiffoient... cryans. Ha, Pantagruel, tant tu nous *chauffes* le tizon. » I, 354. « ... il y aura de bien *chauffez* fi le fornier ne s'endort. » III, 233.

CHAUFFOUREUR, CHAUFOURRER. Voir *Chaffoureus, Chafourrer.*

CHAULDEPISSE. « ... lefdictz bains font chaulx par ce qu'ilz font yffus par vne *chauldepiffe* du bon Pantagruel. » I, 380.

CHAULME. « Les petitz Diables de mefmes tiroient le *chaulme* de terre. » II, 429.

CHAUMENY. Moisi. « ... pain *chau-meny.* » I, 365. « C(ouillon) *chau-meny.* » II, 137.

CHAUMINE. Adjectivement : « ... cafe *chaumine...* » II, 86.

CHAUSSE. Entonnoir de drap. « La guorge, comme vne *chauffe* d'Hippocras. » II, 379. « Puis... l'affeubla d'vne *chauffe d'hypo-cras...* mift trois plumes de coq fus le cofté droit de la *chauffe* hypocratique... » III, 165-166. Voir *Bardocucullé.*

CHAUSSEPIED. Le iugement, comme vn *chauffepied.* » II, 377.

CHAUSSER. « Attendez que ie *chauffe* mes lunettes. » II, 253. « ... il s'en *chauffe* comme d'vne mitaine. » 321.

CHAUSSES. « ... le fond de mes *chauffes,* c'eft vn vaiffeau de petz. » I, 38. « ... deux grans Phyfiteres... leur ietterent... plus d'eau, que n'en contient la Vienne... & leurs baignoient les *chauffes* par le collet. » III, 67-68.

— *à la mariniere, à la martingalle, à la Souice.* Voir p. 3, col. I.

— *d'efcarlatte.* « Elles portoient *chauffes d'efcarlatte,* ou de migraine, & paffoient lefdictes *chauffes* le genoul... » I, 201 e IV, 152.

— *pour le bas d'eftamet...* I, 202 et IV, 154.

CHAUVE. « ... l'occafion... eft *chauue* par le darriere de la tefte... » I, 139. *Souris chaulve.* Voir *Carti-lagineux.*

CHAUVER, CHOVER. Dresser. « ... peu de gloire me femble accroiftre à ceulx qui... celent leurs escuz... *chauuent* des aureilles comme asnes de Arcadie... » II, 9-10. « ... *chouans* des aureilles comme vn asne d'Arcadie... » III, 7. « ... quand les garsons d'estable cribloient, il leur *chauuoit* des aureilles... » 32.

CHEF, CHIEF. Tête, sommet. « ... feut la forme d'icelluy (bonnet) large & ronde à la capacité du *chief.* » I, 33. « ... le *chef* du tige... » II, 229. « ... le *chef* ouuert, les cheueulx inscrophiez de petites bandelettes... » II, 448. « ... le posa (un bonnet) sus son beau *chef*... » 459. « ... vne Royne nouuelle, à laquelle on impose vne couronne en *chef*...» III, 94.

CHÉLHYDRE. Serpent d'eau. II, 499.

CHÉLIDOINE (Χελιδών, hirondelle). « ... c'estoit vn des Celoces de son pere..., nommé la *Chelidoine :* pource que sus la pouppe estoit... vne Hirondelle de mer eleuee. » II, 277.

CHÉLIMIN. Voir *Caradoth.*

CHEMIN. « ... retournerent à Lerné sans poursuiure le *chemin* de Pareillé... » I, 99. « Le moyne luy disoit... la boucherie qu'il auoit faict par le *chemin*... » 166. « ... le *chemin* sainct Iacques. » 227. « ... l'Isle d'Odes, en laquelle les *chemins* cheminent... Les *chemins* y sont animaux... Car les *chemins* cheminent comme animaux. Et sont les vns *chemins* errans, à la semblance des planetes : autres *chemins* passans, *chemins* croisans, *chemins* trauersans. Et vy que les voyagiers... demandoient, où va ce *chemin*...» III, 99 et IV, 331-332. « Ie vy vn d'iceux (guetteurs de chemins) lequel estoit apprehendé de la iustice pource qu'il auoit prins iniustement... le *chemin* de l'escole, c'estoit le plus long : vn autre se ventoit auoir pris de bonne guerre le plus court... » III, 100. Voir *Battre, Demourer.*

CHEMINANT. « ... mettez vn brin de Erynge en la gueule d'vne derniere (cheure) *cheminante,* soubdain toutes s'arresteront. » II, 487-488.

CHEMINÉE. « Œufz fritz, perduz... iectez par la *cheminee*... » II, 482.

CHEMINER. Voir *Chemin.*

CHEMISE. « ... Loqueteurs, Claquedens, Crocquelardons, generalement tous portant la *chemise* nouée sur le dos... » III, 243.

Vent de la chemise. « ... lieu vmbrageux... esuenté des *ventz* du trou de bize, *de chemise*... » I, 146 et IV, 135. « L'vn loue le Siroch... L'aultre le *vent de la chemise* pour les muguetz & amoureux. » II, 419.

CHÈNEVÉ. Chènevis. Voir *Amerine.*

CHENIN. Gros pinot. « ... gros raisins *chenins*... » I, 99.

CHER. Voir *Achapter.*

CHERCUITIER. Voir *Chaircuitier.*

CHÈRE, CHIERE. Visage, accueil. « ... faisant à l'vn visaige plus ouuert, & *chere* meilleure que es autres... » II, 26. « ... la fille du baillif Concordat... gratieuse par trop enuers ses voisins... de bonne *chere* auecques ses voisins... » 141. « Ie suys tout & trestout a vous... Ie le vous diz à bonne *chere.* » 329. « ... elles vous font bonne *chere,* au demourant elles pensent au ioly cas ? » III, 112.

— Nourriture, repas, bombance. « ... s'en alla, sans grandement se soucier du reffus qu'il auoit eu, & n'en fist oncques pire *chiere.* » I, 323. « Voyez là vne belle platelée de songes faictez grand *chere* là dessus. Allons desieuner. » II, 73. « Nous y ferons *chere* & demie. » 156. « Là on faisoit nopces à la mode du pays. Au demourant *chere* & demye. » 303. « ... ilz apporterent à Homenaz leurs baßins tous pleins de monnoye Papimanicque. Homenaz nous dist, que c'estoit pour faire bonne *chere.* » 447. « ... nous sembloient les gens du païs à leur phisionomie bons compagnons & de bonne *chere.* » III, 63.

— Dans un sens libre. « ... il n'est bonne *chere* que de nuyt lors que lanternes sont en place accompaignees de leurs gentilz fallotz. Telles *cheres* le soleil ne peult veoir de bon œil... » III, 225.

Chère lie, Chère lye. Joyeuse chere. « ... faisant *chere lye...* » I, 64. « ... feirent *chere lye...* » 99. « ... en condition que nous fißions vous & moy vn transon de *chere lie...* » 322. « ... nous ferons *chere lie...* » II, 147. « ... à ce que toutes les chormes feissent *chere lie.* » 358. « Pria Quelot apprester des naueaulx A leur soupper, pour faire *chere lie.* » 423. « ... deliberez vous de faire *chere lie.* » III, 26. « ... sans d'autre chose nous empescher, que de faire *chere lie.* » 68. Voir *Aubier.*

CHÈREMENT. « ... vne oyre de vent Guarbin, laquelle il guardoit *cherement* comme viande rare... » II, 420.

CHÉRIPH. « Nous auons respondu à la requeste du *Cheriph.* » II, 258.

CHERMER. Charmer. « ... il nous *cherme...* » I, 242.

CHERSYDRE. II, 499.

CHÉRUBICQUE. De chérubin. « ... *Cherubicques* Clementines... » II, 448.

CHÉRUBIN. « ... rouge comme vn *cherubin...* » III, 147.

CHESAL *(casale).* Métairie. « ... *chesaulx* & masures. » II, 490.

CHESCUN. Voir *Chascun.*

CHESININS. III, 73. Officiers de Quintessence.

CHESNE. Chaîne. « ... commanda qu'il fut deslyé desdictes *chesnes...* » I, 236. « ... les trois *chesnes...* estoient embouclees en trois ances... » III, 154.

CHESNE, *Chesne forchu, fourcheu.* Jeu : « Au *chesne forchu.* » I, 82. « ... comme si vn homme faisoit le *chesne fourcheu.* » III, 39.

CHEU, CHEUTE. Tombé. « ... fucilles *cheutes* en terre. » II, 70.

CHEUSSON. Cousin. « ... pusses noires, & *cheussons* de la Deuiniere. » III, 245.

CHÈVAL. « ... de *cheual* donné toufiours reguardoyt en la gueulle... » I, 45.

Grands cheuaux. Chevaux de bataille. « ... ou nous menez vous? A l'estable (dist il) de mes *grands cheuaulx.* » I, 48.

Cheuau fondu. Jeu. « Au *cheuau fondu.* » I, 82.

Cheuaux legers. « ... cinquante *cheuaux legers* armez en blanc... » III, 343.

Cheuaux desulloyres. Voir *Desulloyre.*

Cheual Seian. « ... l'argent de Basché plus estoit aux Chiquanous... pernicieux... que n'estoit iadis... le *cheual Seian...* » II, 326. « *Le cheual Seian.* de Cn. Seius. lequel porta malheur à tous ceulx qui le possederent. » III, 199. Voir *Adventurer (s').*

CHEVALEREUX, CHEVALEUREUX. « Tresillustres & *Trescheualeureux* champions... » I, 215. « ... acte tant viril & *cheualereux...* » II, 224. « Le seigneur de Basché... estoit homme couraigeux, vertueux, magnanime, *cheualereux.* » 311. « ... les nobles, vaillans, *cheualereux,* belliqueux, & triumphans François. » 332. « ... ce *cheualereuz* Roy... » 470. « ... vn Capitaine Iuif docte & *cheualeureux...* » III, 163.

CHEVALERIE. Équitation. « ... l'escuyer Gymnaste... luy montroit l'art de *cheualerie.* » I, 89. « ... il te fauldra... apprendre la *cheualerie,* & les armes pour defendre ma maison... » 257.

CHEVALIER. Cavalier, aux échecs. « Les *cheualiers* marchent... en forme ligneare... » III, 89.

CHEVALLET. Petit cheval. « ... il est bon petit *cheuallet...* » I, 48.

CHEVANCHE. Chevance, bien, richesse. « Doncques a *cheuanche* & honneur Cil qui par foy en luy espoire. » I, 346.

CHEVAUCHER, v. a. et n. Aller, monter, voyager à cheval. « ... *cheuauché* les deux Armenies... » I, 126. « ... auoient l'Imperatrice... chassé hors la ville ignominieusement moutee sus vne vieille mule... à *cheuauchons* de rebours : sçauoir est le cul tourné vers la teste de la mule, & la face vers la croppiere. » II, 426. — Dans un sens libre : « ... ie vous feray *cheuaucher* aux chiens. » I, 325. « ... atache ton asne à vn croc, & *cheuauche* comme le monde. » 343. « Si ay-ie... icy veu vne Abbegesse à blanc plumage, laquelle mieux vaudroit *cheuaucher* que mener en main. » III, 34. « ... il tenoit le plus court & le moins *cheuauchant.* » 100. Voir *Asne.*

CHEVAUCHEUR, CHEVAULCHEUR. « ... affin que toute sa vie feust bon *cheuaulcheur,* l'on luy feist vn beau grand cheual de boys... » I, 47. « ... les deux chordes se empestrerent entre les cheuaulx & les ruoyent par terre... auecques les *cheuaucheurs.* » 339. « ... *cheuaucheurs* d'escuirie. » III, 244.

— Dans un sens libre : « ... vous estes mauuais *cheuaulcheurs :* vostre courtault vous fault au besoing. » I, 49.

CHEVÊCHE. Chouette. On se servait de cet oiseau pour prendre les autres à la pippée. « ... il apperçeut... vne *cheueche* : adonc se escria, disant... nous sommes ici bien pippez... Regardez là ceste *cheueche...* ce n'est mie vne *cheueche,* il est masle, c'est vn noble cheuecier. » III, 36. — Jeu : « A la *cheueche.* » I, 81, 83.

CHEVECIER. Au sens propre : Premier dignitaire d'une église collégiale, d'un chapitre ou d'un monastère. Ironiquement : le mâle de la *chevêche.* Voir l'article précédent.

CHEVEU. « ... i'ay veu les *cheueulx* dresser en teste de vostre noble ambassadeur. » III, 189.

Cheveu de Venus. Plante. Voir *Adiantos.*

CHEVILLE. « ... la viuificque *cheuille...* » II, 14. « Elle... est toute trou, & il de mesme tout *cheuille.* » 302.

CHÈVRE, CHIÈVRE. « ... les aureilles ainsi pendentes comme les *chieures* de Languegoth... » I, 62. « ... tournant les yeulx en la teste, comme vne *chieure* qui meurt. » 317. « Il tourne les yeux en la teste comme vne *cheure* qui se meurt. » III, 174. « ... Fabius... suffoqué d'vn poil de *chieure...* » II, 333. *A bonds de Cheures.* Voir p. 2, col. 1. Voir *Avorter.*

CHÈVREFEUEL. « Sallades cent diuersitez... de Asperges, de *Cheurefeuel...* » II, 480.

CHÈVRETER. S'irriter, se dépiter, prendre la chèvre. « Aduenent le cas, ne seroit ce pour *cheureter?* II, 12.

Chevrettes. Crevettes. II, 481.

Chevrotin. Peau de chevreau. « ... guanteletz de ioufte, couuers de *cheurotin.* » II, 312.

— Outre de peau. « Saincte dame, comment ilz tiroyent au *cheurotin,* & flaccons d'aller... » I, 320. « Apres qu'ilz eurent bien tiré au *cheurotin...* » 353.

Chiabrena. Niaiserie, simagrée. « Le *Chiabrena* des pucelles. » I, 248. « D'icelle font efcriptz ces vers on tiers liure du *Chiabrena* des pucelles... » II, 48. Voir l'article suivant.

Chiabrener. « ... i'en fçais mieulx l'vfaige & cerimonies, que de tant *chiabrener* auecques ces femmes, magny, magna, chiabrena, reuerence... » II, 305. Voir *Cerimonie, Chiabrena.*

Chiart. « *Chiart,* Foirart... » I, 53. « ...en ce temps la ce n'eftoit qu'vng petit *chiart...* » IV, 211. Variante des trois premières éditions de *Pantagruel.* Voir *Breneux.*

Chiasser. « Tant *chiaffer,* & vreniller. » II, 305.

Chice. Chiche. « ... poys *Chices.* » II, 233.

Chichar, Chichart. Très chiche. « ... vfuriers *chichars...* » I, 196. « ... nul n'y fera vfurier, nul lefchart, nul *chichart,* nul refufant. » II, 31. Voir *Briffault.*

Chiche. « ... poiltrons à *chiche* face. » I, 196.

— Pois chiches. « ... poix, phafeols, *chiches...* » III, 115.

Chichement. « ... encores que ie m'y gouuerne tant *chichement* qu'il n'eft poffible. » III, 361.

Chicquanous. Voir *Chiquanous.*

Chicquenaude, Chinquenaude, Chienquenaulde, Chiquenaulde. « ... il ne luy faifoit mal en plus que feriez baillant vne *chicquenaude* fus vn enclume de forgeron. » I, 360. « ... banquet de Nazardes, entrelardé de doubles *Chinquenaudes.* » II, 103. « ... les paiges iouoient à la mourre à belles *chinquenauldes.* » 320. « Les efpritz vitaulx, comme longues *chiquenauldes.* » 376. Jeu. « Aux *chinquenaudes.* » I, 83. Voir *Alouette.*

Chief. Voir *Chef.*

Chien. « Remede contre la foif? Il eft contraire à celluy qui eft contre morfure de *chien,* courrez toufiours apres le *chien,* iamais ne vous mordera, beuuez toufiours auant la foif, & iamais ne vous aduiendra. » I, 23-24. « ... fuyoient à la route... comme vn *chien* qui emporte vn plumail. » 133.

Chien courtault. Auquel on a coupé la queue et les oreilles. « ... ie vous metroys en *chien courtault* les fuyars de Pauye. » 146. « ... il eft fus mon honneur, en la roue de Ixion, fouettant le *chien courtault* qui l'efbranle... » II, 348.

Chien de monftre. Chien d'arrêt, qui montre le gibier; et figurément ce qui indique, ce qui renseigne. « ... ce font vrays *chiens de monftre,* vrays rubricques de droict. » II, 84. « ... auoir œilz de *chien,* & cœur de cerf. » 351. « Maniere de ne dormir poinct en *Chien?...* Comment entendez vous, dormir en *chien?* C'eft (refpondit Ponocrates) dormir à ieun en hault Soleil, comme font les *Chiens.* » 493. « Ie ne dors plus en *Chien...* » 498. « ... reprendra il du poil de ce *chien* qui le mordit? » III, 174.

De chien. Par dénigrement, par mépris. « ... cefte belle ifle *de Chien.* » II, 496. Voir *Aage, Battre.*

Bien chien chanté, bien chien chié chanté. Plaisanterie qui simule l'hésitation, le bégayement de quelqu'un qui ne peut dire *chanter* du premier coup. « C'eſt, diſt il, *bien chien chanté.* » I, 104. « C'eſt *bien chien chié chanté...* » II, 174 et IV, 255. Voir *Chier.*

CHIÈNERIE. « De ceſtuy monde rien ne preſtant ne ſera qu'vne *chienerie.* » II, 28.

CHIENLICT. Voir *Averlan.*

CHIER. « ... mangeoyt chous & *chioyt* pourree... » I, 45. « ... ie vous le feray demain *chier* vinaigre deuant tout le monde. » 310. « C'eſt, diſt Panurge, bien *chié* en mon nez... » 356. « C'eſt (diſt Panurge) bien *chié* pour l'argent. » II, 298. « Entelechie eſt ſon vray nom. S'aille *chier,* qui autrement la nomme. » III, 70.

Bien chié, chanté. « C'eſt *bien chié, chanté,* beuuons. » I, 22 et IV, 78. Voir *Chien.*

CHIFFRE. Caractère pour correspondre secrètement. « I'en ay bien reçeu vnes... par leſquelles me eſcriuiez de la reception de deux pacquets... auecques le *chiffre* que vous eſcriuois. » III, 340. « Faulte de *chiffre* m'en guarde vous en eſcrire dauantage... » 344.

CHILIANDRE (Χιλίανδρος, de mille hommes). « ... les naufz *Chiliandres* & Myriandres de leurs ſtations enleuées... » II, 238.

CHINFRENEAULX. « ... furent ſeruies... Des *chinfreneaulx...* En ſecond ſeruice furent ſeruies... Des *chinfreneaulx.* » III, 217-220.

CHINQUENAUDE. Voir *Chicquenaude.*

CHIPPE. « Franciſation de l'angl. *Ship,* navire. » *(Glossaire nautique* de Jal.). « Voyez cypres noſtre nauf... cinq *chippes.* » II, 350.

CHIPPOTÉ. « C(ouillon) *chippoté.* » II, 138.

CHIQUANER. « Le ſeigneur de Baſché... eſtoit adiourné, cité, *chiquané* à l'appetit & paſſetemps du gras prieur de ſainct Louant. » II, 311. « Ie vous *chiquaneray* en Diable de Vauuerd. » 329.

CHIQUANERIE. « ... ſolliciteur de proces ayant vn grand ſac plein d'informations, citations, *chiquaneries,* & adiournemens en main. » II, 436.

CHIQUANOURRE. « ... rencontraſmes deux vieilles *Chiquanourres* du lieu... » II, 329.

CHIQUANOURROYS. « ... vne grande tourbe du peuple *Chiquanourroys.* » II, 328. « ... en tout *Chiquanourroys.* » 330.

CHIQUANOUS, CHICQUANOUS. Les suppôts de la chicane, huissiers, etc. « ... l'eſtrange maniere de viure entre les *Chicquanous.* » II, 310, etc. « Continuation des *Chiquanous...* » 320, etc.

CHIROMANTIE. Voir *Astrologie.*

CHIRUGIEN, CIRURGIEN. « ... *chirugiens* & apothecaires... » I, 103. « ... *cirurgiens,* apoticaires... » III, 46.

CHISME. Schisme. « ... l'officine en laquelle ſont forgez ces *chiſmes* & monopoles... » I, 67.

CHOCQUER. Heurter. « ... *chocqua* de ſon grand arbre contre le chaſteau... » I, 136. « *Chocquerons* nous ſus eulx ?... *Chocquons,* diables, *chocquons.* » 159. « ... les premiers *chocquerent* iuſques aupres de la nauire... » 338. « ... c'eſtoient vocables du hourt & hanniſſement des cheuaulx à l'heure qu'on *chocque.* » II, 467.

CHŒROMANTIE. Divination. « Par *chœromantie.* Ayons force pourceaulx, tu en as la veſcie. » II, 126.

CHOINE. Pain de choix. Voir *Bourgeoys.*

CHOLE. Colère. « ... de ſon eſpee le tua en ſa *chole.* » I, 180.

CHOLÈRE. Adjectif. « ... l'on m'a dict qu'il eſt de preſent pauure gaignedenier à Lyon, *cholere* comme deuant. » I, 180. — Substantif. Bile. « La bouteille du fiel en ſoubſtraict la *cholere* ſuperflue. » II, 53.

CHOLÉRICQUE, COLÉRIQUE. Colère, irrité. « Ainſi s'en alla le pauure *cholericque.* » I, 180. D'Aiax le ſang *colerique.* » III, 158.

CHOMMER. « ... que faict ce pendent la part de noſtre armee qui deſconfit ce villain humeux Grangouſier? Ilz ne *chomment* pas... Ilz vous ont pris Bretaigne, Normandie... » I, 127. « Adioincte feut promeſſe... qu'à ceulx, qui (comme eſt dict) *chommeroient* ſa feſte... il (coqüage) feroit continuellement fauorable... » II, 163.

CHOPER. Trébucher. « Vn des eſcuyers *chopant* & boytant. » II, 324.

CHOPINE. « ... *chopine* de trippes... » II, 456.

CHOPINER. Boire. « ... *chopiner* ſophiſtiquement. » I, 61 et IV, 104. « ... cependent qu'il *chopineroit...* » 69. « ... chaſcun de l'armee commencza Martiner, *chopiner,* & tringuer de meſmes. » 352. « ... *chopinaſmes* theogalement. » 367.

CHORDE. « Il y aura bien beau ieu, ſi la *chorde* ne rompt. » II, 289 et IV, 271. « Des boyaulx (des moutons), on fera *chordes* de violons & harpes, leſquelles tant cherement on vendra, comme ſi feuſſent *chordes* de Munican ou Aquileie. » 291. « Baillez que ie vrillonne ceſte *chorde.* » 352. « ... l'engin d'vne petite *chorde...* » 476. Voir *Arbaleſte, Campanelle.*

CHORÉE (*chorea,* danse en chœur). « Les vns s'en vont incumber aux *chorées.* » III, 276.

CHORME. Chiourme. « ... cherchans eau fraiſche pour la *chorme* des naufz... » II, 329. « ... il ſeul ne ayde à la *chorme.* » 343. « Toute noſtre *chorme* grandement ſe contriſtoit... » III, 66. « Ia eſtoit iceluy Galion preſt à combatre... auecques la paueſade & *chorme* bien galante. » 396. Voir *Aiguade, Chere lie.*

CHOROGRAPHIE. « ... la *chorographie* n'y conſentoit. » III, 12.

CHOSE. Voir *Abscons, Appeler.* — *Choſes ſublunaires.* Voir *Diffinition.* — Dans un sens libre : « ... coupez-vous la *choſe* aux enfans? » I, 46.

CHOSETTE. Dans un sens libre : « ... la *choſette* faicte à l'emblée... » II, 92.

CHOU. « ... ſi tu ſçauoys comment ie fis mes *chous* gras de la croyſade, tu feroys tout esbahy. » I, 303. « ... ſont *choux* (reſpondit le marchant) vere, ce ſont pourreaux. » II, 292. « O que troys & quatre foys heureulx ſont ceulx qui plantent *chous.* » 337. Voir *Cabut, Chier.* — Exclamation : « *Chou.* Ils s'en repentiront dondaine. » III, 27.

CHOVER. Voir *Chauver.*

CHOYER. « C'eſt ce dont Leander... prioit Neptune... Si en allant ie ſuys de vous *choyé...* » II, 131.

CHRISTALLIN, CHRYSTALLIN. Cristal. « ... vn miroir de *chriſtallin.* » I, 200. « ... docteur de *Chryſtallin* (ie diz Decretalin)... II, 461.

CHRISTIAN, CHRISTIEN. « ... feut... baptiſé, comme eſt la couſtume des bons *chriſtiens.* » I, 29. « Foy de *chriſtian...* » 148. « Tous vrays *Chriſtians...* en tout temps prient dieu... » 149. « Parlez vous *chriſtian,* mon amy, ou langaige patelinoys? » 261 et IV, 190. « ... elle ne parle poinct *Christian.* » II, 88. « ... si meilleur *Christian* ie ne m'estimois, qu'ilz me monstrent estre en leur part... » 250. « Cl. Gal... quoy que... eust frequenté les saincts *Christians* de son temps... » 254. « ... (comme... estoit louable coustume entre les saincts *Christians).* » 269. « ... quand ie seray en mon mesnaige... i'en affieray & hanteray en mon iardin... & seront dictes poires de bon *Christian.* Car oncques ne veiz *Christians* meilleurs que sont ces bons Papimanes. Ie trouueroys (dist frere Ian) aussi bon qu'il nous donnast deux ou troys chartees de ses filles... sus elles nous hanterions des enfans de bon *Christian...* » 461.

CHRISTIANTÉ, CHRESTIANTÉ. « ...les deux hemisphæres de la *Christianté.* » II, 109. « ... ces belles religions, des quelles en tous endroictz voyez la *Christianté* ornee... » 458. « ... Monsr Me Anthoine Hullet, Seingneur de la Court Pompin, en *Chrestianté.* » III, 380.

CHRONIQUE. Substantivement, pour maladie chronique. Voir *Cerveau.*

CHYLIFIER. Transformer en chyle. « ... l'estomach la reçoit (la viande), digere, & *chylifie.* » II, 33.

CIBOT. Ciboulle, civette. « ... XXV. charretees de porreaulx, d'aulx, d'oignons, & de *cibotz.* » I, 229.

CICÉRONIAN. Ciceronien. « ... rethorique *Ciceroniane.* » I, 147.

CICINDELE. « Lampyrides, vous les appellez *cicindeles.* » III, 128.

CIEL, CIELZ, CIEULX. « ... plus tost la terre monteroit es *cieulx* & les haulx *cieulx* descendroyent en l'abisme... » I, 322. « ... en sceureté... Si non... que le *ciel* tombast. » II, 332. « ... treshault Dieu des *Cielz.* » 498. « ... derniere felicité du *ciel* Olimpe. » III, 95. Voir *Alouette, Benevole, Déniger.*

CIGALLES. « ... ferroyt les *cigalles.* » I, 45. « ... quand ilz veullent bien à droict ferrer les *cigalles...* » 272.

CIGUOINEAU, CIGUOINE, CIGUOINGNE. « ... Panurge leur contoit,.. le conte de la *Ciguoingne.* » I, 357. « Puys luy enfournoient en gueule... *Ciguoines, Ciguoineaux.* » II, 478. Voir *Aigrette.*

CIL. Celui, Celui-ci. Ce mot n'est guère employé par Rabelais que dans des vers où il affecte l'archaïsme. « *Cil* qui iadis anihila Carthage... Cest an passé, *cil* qui est regnera. Paisiblement auec ses bons amis. » I, 14. « *Cil* ne fut pas celluy de Bourg. » 66. « O qu'est a reuerer *Cil* qui en fin pourra perseuerer. » 210. « ... ne sera reputé fol *cil* qui en ce temps fera sa prouision d'argent mieulx que de Aranes toute l'année. » III, 248-249.

CIMASULTE. Voir *Arulette.*

CINGE, SINGE. « ... ceulx (les basteleurs) de Chaulnys en Picardie... sont... beaulx bailleurs de bailliuernes en matière de *cinges* verds. » I, 95. « ... si entendez pourquoy vn *cinge* en vne famille est tousiours mocqué... vous entendrez pourquoy les moynes sont de tous resuys... Le *cinge* ne guarde poinct la maison, comme vn chien... Semblablement vn moyne... ne laboure, comme le paisant... » I, 148-149 et IV, 138. « Oncques vieil *cinge* ne feit belle moue. » II, 14. « ... branlant les bauleures, comme sont les *Cinges* de seiour... » 102. « ... frere lan achapta deux rares & precieux tableaux... & les paya en monnoie de *Cinge.* » 274. « ... quelle patenoftre de *Cinge* eft ce que tu marmottez là entre les dens. » 343. « S'il fubloit, c'eftoient hottees de *Cinges* verds. » 381. « ... le Nil & fes Crocodiles... *Singes...* » III, 152. Voir *Avaller pillules, Babines, Cingesse, Dire la patenoftre du cinge.*

CINGESSE. « ... chapperon de martres *cingeffes...* » II, 179. « ... es *Cingeffes* femblent leurs petits Cinges plus beaulx que chofe du monde... » 384.

CINNAMOME, CINAMOME. Cannelle. « ... belle *cinamome* triée... » II, 160. « ... gyrofle, *cinnamome,* faphran... » 451.

CINQ. « ... l'vn fe desbauche, l'aultre *cinq* quatre & deux... » I, 275. On dit populairement : « A la six quatre deux » pour négligemment, mal : « Être coiffée *à la six quatre deux.* »

CINQUIÈME. « ... Charles *cinquieme...* » II, 309.

CIRCONCENTRAL. Situé vers le centre. « Cà bas en ces regions *circoncentrales...* » III, 178.

CIRCONFÉRANCE, CIRCUMFÉRENCE, CIRCUNFÉRENCE. « ... fut le bruit & applaufion des fpectateurs grand en toute *circunference.* » III, 407. Voir *Centre.*

CIRCUIT, CIRCUYT. « ... Panurge tira deux grandes cordes de la nef... en fift vn long *circuyt...* » I, 338. « ... ifle... plaifante à caufe du grand nombre des Phares & haultes tours marbrines, defquelles tout le *circuit* eftoit orné... » II, 273. « Tout le *circuit* eftoit ceint d'vn foffé... » III, 397.

CIRCULAIREMENT. « ... prenez vn œuf fraiz & le liez *circulairement* auecques ce diuin Pantagruelion. » II, 242. « ... cheminer *circulairement* en rouant. » 384.

CIRCUMBILIVAGINATION. Mot forgé. Action de tourner autour d'un centre. « Il mefdict des bons peres mendians... par la gyrognomonique *circumbiliuagination* des quelz... tout l'Antonomatie matagrabolifme de l'eclife Romaine... homocentricalement fe tremouffe. » II, 109.

CIRCUMBILIVAGINER. Tourner. Voir l'article précédent. « ... fans *circumbiliuaginer* au tour du pot. » II, 147.

CIRCUMVOISIN, CIRCUNVOISIN. Circonvoisin. « ... lieux *circumuoifins...* » II, 260. « ... terres *circunuoifines...* » III, 398.

CIRCUNCISION. « ... les Iuifz... en *circuncifion* fe le couppent & retaillent (le membre nerveux). » II, 94.

CIRE. *Faire comme de cire.* Aisément, comme on pétrit la cire. « ... il feut declairé hereticque. Nous les *faifons comme de cire.* » I, 72.

CIRON, CYRON. « ... puffes, punaifes, *cirons...* » II, 111. « ... dont me vient ce *Cyron,* icy entre ces deux doigtz? » 123. « ... Quenelault... lequel... trefpaffa... par... s'eftre... tiré vn *Ciron* de la main. » 333.

CIRURGIEN. Voir *Chirurgien.*

CITER. Appeler à comparaître. « ... vn aultre... Chiquanous alla *citer* Bafché... » II, 320. Voir *Ange.*

CITOYEN. Voir *Alumne.*

CITRULLE. Citrouille. « ... les melons *citrulles* & aultres... » III, 360.

CIVADIÈRE. « Nom d'une voile qui s'attachait à une vergue suspendue au mât de beaupré. » (Jal., *Glossaire nautique*). « ... feift mettre voiles bas, meiane... *Ciuadiere.* » II, 336.

Civette, Zivette. « ... fines drogues, comme Baulme, Ambre gris... *ziuette*... » I, 3. « Sainct Alipentin, quelle *ciuette.* » 243.

Civière. « ... vne *ciuiere* à braz. » 379.

Cizailler. « Bruslez, tenaillez, *cizaillez*... ces meschans Hæreticques... » II, 456-457.

Cizailles. « Vne pertuizane rencontra des *Cizailles*... » III, 40.

Cizeaux. « Ie croy... que toutes ames intellectiues sont exemptes des *cizeaulx* de Atropos. » II, 367.

Clabault. « C(ouillon) *clabault.* » II, 130.

Clabosser. « ... *clabossoit* (Diogene, son tonneau)... » II, 8.

Clacquedent, Claquedent. « ... *Claquedens,* Boyers d'estrons, Bergiers de merde... » I, 98. « Le *clacquedent* des marroufles. » 248. « ... grand villain *clacquedens*... » II, 301. Voir *Chemise.*

Clacquemain. « En second seruice furent seruies :... Du boutte luy toy mesmes. De la *clacquemain*... » III, 219.

Clacqueter. « ... *clacquetant* des dens... » II, 506.

Clair. Adverbialement. « ... ouyr plus *clair.* » II, 169.

Clairet (Voir Du Cange, *Claratum, Claretum, Claroya).* Vin rouge et quelquefois Hippocras. « ... produiz moy du *clairet*... » I. 21. « ... Hippocras *clairet*... » II, 149. « Breuaige eternel parmy, precedent le bon & friant vin blanc, suyuant vin *clairet* & vermeil frays... » 477. « ... tous voulez qu'à prime ie boiue vin blanc : à tierce, sexte, & nonne pareillement : à vespres & complies, vin *clairet.* » III, 188.

Clairon. « ... trompettes & *clairons.* » II, 397.

Clairté, Clarté. « La *clarté* n'esiouit elle toute nature?... par la *clarté* sont tous humains esiouiz. » « C'est belle chose veoir la *clairté* du (vin & escuz) Soleil. » II, 5.

Clamer *(Clamare).* Décrier, Blâmer. « Tant sera lors *clamé* le temps passé. » I, 15.

Clandestinement. « ... par ce que es conuentz des femmes ne entroient les hommes si non à l'emblee & *clandestinement*... » I, 190. « ... ont trouué le ruffien associé de son Taulpetier *clandestinement* parlementans... » II, 224. « ... la Royne argentee *clandestinement* entra en la tante du Roy auré... » III, 95.

Claustral. « ... matines *claustralles.* » I, 152. « ... braguettes *claustrales.* » 290. « ... prouerbe *claustral*... marmite *claustrale.* » II, 79. « ... couillon *claustral* & cabalicque. » 80. « ... Prieur *claustral.* » III, 107. Cuisine *claustrale.* Voir *Chapelle.*

Claustrier. « ... moyne *claustrier*... » I, 104.

Clausule *(clausula,* conclusion). « Periode, reuolution, *clausule.* » III, 196.

Claveaulx. Clavettes, attaches. Voir *Acoupler.*

Clavelé. Probablement atteint de la contagion, comme un animal l'est de la clavelée. Voir néanmoins IV, 240. « Ie diz hæreticque formé, hæreticque *clauelé,* hæreticque bruslable... » II, 111.

Clavelée. « ... ayants faict telz oultrez soubhayts, ne vous en aduient que le tac & la *clauelee*... » II, 267.

Claver. « ... *clauoit* (Diogène, son tonneau)... » II, 8.

Claveure. Serrure. Voir *Catenat, Charnier.*

Clavier. Rangée de touches. « ...les

tuyaux eſtoient de caſſe en canon... le *clauier* de ſcammonie. » III, 72. — Serrure. Voir *Catenat*.

CLEFZ. Jeu. « Aux *clefz*. » I, 81.

CLÉMENTIN. « Les filles... à tous præſenterent pleins hanatz de vin *Clementin*... » II, 460.

Clementines. Décrétales de Clément V. « ... ie m'eſtois... torché le cul d'vn feueillet d'vnes meſchantes *Clementines*... Groignet couſturier auoit emploiсté vnes vieilles *Clementines* en patrons & meſures. » II, 450-451. « ... ces belles *Clementines*... » 457.

CLERC. Instruit. « Ie ſuys *clerc*. Fœcundi calices quem non facere difertum? » I, 21. « Magis magnos *clericos* non ſunt magis magnos ſapientes. » 147 et IV, 137. « ... *clerc* iuſques es dents en matiere de breuiaire. » I, 104 et IV, 124. « ... vn antique Prophete de la nation Iudaïque mangea vn liure, & fut *clerc* iuſques aux dents : preſentement vous en boirez vn & ſerez *clerc* iuſques au foye. » III, 171. « L'inuention ſaincte croix... iouee par les *clercs* de fineſſe. » I, 247 et IV, 179. « ... vn grand *clerc* de Angleterre... » I, 306. « I'en demande à meſſieurs les *clers*, à meſſieurs les preſidens, conſeilliers, aduocatz... » II, 74. « Ie parle Latin dauant les *clers*. » 159. « Ie ne ſcay... ſi vous eſtez *clerc*. I'ay veu prou de *clercs*, ie diz grands *clercs*... » 293. « Ie ne ſuis pas *clerc*, mais on me l'a dit, ie le croy. » III, 56. « Ie ne ſuis pas *clerc*, les *clerçs* le diſent. » 59. « Ie ne ſuis point *clerc*, me diſoit ſecretement Panurge... » 74. « ... deuenoient *clercs* & ſcauans en peu d'heure... » 126. Voir *Beſte*.

CLERGAUX, CLERGESSES. Voir *Cardingaux*, *Cardingesses*.

CLERGIE. Science, savoir. « ... en toute *clergie* Tu es expert... » (Epistre de Bouchet à Rabelais.) III, 305.

CLERICE. Vocatif du mot *clericus*, clerc. « *Clerice*, eſclaire icy. » II, 448, 452, 454, 459, et IV, 296.

CLÉROMANTIE (Κληρομαντεία, Divination par des bulletins tirés au sort). « Par *Cleromantie*, comme l'on trouue la febue on guaſteau la vigile de l'Epiphanie. » II, 126.

CLICQUER. Cliqueter. « ... le faiſoit (son pistolandier) melodieuſement *clicquer*... » II, 100.

CLICQUETIS, CLICQUETYS, CLYCQUETYS. « Il n'eſt... *clycquetys* que de harnoys... Il n'eſt... *clicquetys* que de taſſes. Il n'eſt... *clicquetys* que de couillons. » I, 347. Voir *Barde*.

CLICQUETTER. « ... horrificques maſchoueres... les quelles... l'on faiſoit l'vne contre l'aultre terrificquement *clicquetter*... » II, 476.

CLICQUETTES. « ... faiſoyt ſon, tel que font les ladres en Bretaigne auecques leurs *clicquettes*... » I, 314.

CLIMAT. « Almanach... calculé ſur... le *climat* du Royaume de France. » III, 255.

CLIMATÈRE (κλιμακτήρ, échelon, année climatérique). « ... Guillaume du Bellay... mourut... l'an de ſon aage le *climatere*... » II, 106.

CLINE MUZETE. Jeu : « A *cline muzete*. » I, 82.

CLINQUANT. Adjectivement. «...or *clinquant*. » III, 398.

CLISSÉ. Garni d'osier. « ... bouteille *cliſſée*... » II, 211.

CLOAISON pour *conclusion*. Variante du manuscrit du ve livre. IV, 340.

CLOCHE. « ... il feut plus estonné qu'vn fondeur de *cloches*... » I, 360. Voir *Aveugle*.

CLOCHE PIED (A). « ... saultoit... non *à cloche pied*... » I, 90.

CLOCHER, CLOCQUER. Boiter. « ... ne *clochez* pas deuant les boyteux. » I, 75. « Se mocque qui *clocque*. » II, 119.

CLOCHIER. Clocher. « ... seulement l'ombre du *clochier* d'vne abbaye est feconde. » I, 167.

CLOISIER. Closier, métayer, fermier. (Voir dans Du Cange, *Closarius*, 2, des textes du XIVe siècle où ces expressions sont employées comme équivalentes). « ... Iardiniers, Grangiers, *Cloisiers*... » III, 243.

CLOPER. Boiter. « ... suruint Q. B. qui *clope*... » I, 13.

CLORRE, CLOURRE. « ... soy cachant, il se *cloust*. » II, 233. « ... luy faisoient *clourre* la bouche & le *nez*. » 474. « La loy commune... estoit... assieger & *clorre* le Roy de part aduerse... » III, 89.

Clous. « Si d'aduenture ilz (des trous) estoient à poinct *clous*. » I, 13. « ... retint *clous* en poing tous les doigtz d'icelle. » II, 100. « ... le marché *clous*... » 429. «... tous parlemens sont *clous*. » 472. Voir *Bouche*.

Clous, Cloz. Substantivement. « Comment vn moine de Seuillé saulua le *cloz*... » I, 103. « ... ceulx de l'armee qui estoient entrez dedans le *clous*... » 108. « ... la defence du *clous* de l'abbaye... » 144. « ... il garde les *clous* de l'abbaye... » 150. « ... le *clous* de Seuillé. » II, 353. Voir *Bruneau*.

CLOU. « ... vn cent de *clous* à latte. » II, 376.

CLOUATIER. Cloutier. « Numa *clouatier*. » I, 364.

CLOUSTURE. Clôture. « Nature me semble non sans cause nous auoir formé aureilles ouuertes, n'y appousant porte ne *clousture* aulcune... » II, 83-84.

CLYMENOS. Souci, plante. « Les vnes (plantes) ont prins le nom de celluy qui premier les inuenta... comme... *Clymenos* de Clymenus. » II, 231.

CLYSTÈRE. Voir *Barbarin, Beuuerie, Bourse*.

COADJUTEUR « ... en tel affaire (la foy) tu ne veulx *coadiuteur*... » I, 358.

COBBIR. Écraser. « ... elle luy *cobbit* toute la teste... » II, 317.

COCCOGNIDE. Graine de thyméléa ou poivre de montagne. Voir *Ardente (eau)*.

COCHE. Voiture. « Quelle feut la cause pourquoy Erichthonius premier inuenta les *coches*... » II, 405. Voir *A la ferraroise*, p. 3, col. 1.

COCHONNET. Jeu. « A *cochonnet* va deuant. » I, 81.

COCODRILLE, COCRODILE, CROCODILE. « C'est chose superstitieuse... Autant vous en diroys ie de l'espaule guausche du *cocrodile*... » II, 71. « ... le Nil & ses *Crocodiles*... » III, 152. Le manuscrit du 5[e] livre porte en cet endroit : *cocodrille*. IV, 341. Voir *Cercopitheque*.

COCQUANTIN. Jeu. « Au *cocquantin*. » I, 83.

COCQUASSE, COQUASSE. « ... paellons, chauldrons, *coquasses*... » II, 331, « ... pælles, pales, *cocquasses*, grisles... » 414.

COCQUASSIER, COQUASSIER, marchand d'œufs, chaudronnier. « Hannibal (estoit) *cocquassier*. » I, 365. Les éditions de Claude Nourry s. d. in-4°, et de Juste, 1533 et 1534 in-24, portent *coquetier*, au lieu de *cocquassier*.

« *Coquaffiers,* Grillotiers... » III, 242.

Cocque, Coque. « ... *coques* de noix. » II, 88. « ... *coque* de Tortue... » 211. « *Coque* d'vne Tortue... » 493. « ... les *cocques* des deux œufs, iadis ponnus & efclos par Leda... » III, 42 et IV, 322. Voir *Calicule.*

Cocquecigrue, Cocque cigrue, Coquecigrue. « ... feut aduifé... que fon royaulme luy feroit rendu à la venue des *Cocquecigrues.* » I, 180. « ... on mangeoit fans defguainer *cocques cigrues* à ventre deboutonné. » I, 273. « S'il reculloit, c'eftoient *Coquecigrues* de Mer. » II, 382. « Des *cocquecigrues.* » III, 218.

Cocquelicous. Coquelicot. « En fecond feruice furent feruies... De *cocquelicous.* » III, 219.

Cocqueluche. Capuchon. « La *cocqueluche* des moines. » I, 248.

Cocquemare, Cocquemart, Coquemar. Balzac *(un ménage de garçon),* l'appelle *cagnard.* « Le cagnard est une espèce de plat épais qui a quatre pieds, afin que, mis sur le fourneau, l'air, en circulant, empêche le feu de le faire éclater. Rabelais, je crois, parle de ce *cauquemarre* à cuire les coquecigrues, ce qui démontre la haute antiquité de cet ustensile. » « Le brimbaleur qui tient le *cocquemart.* » I, 15. « ... en vos *coquemars* De mille marcs ià n'auriez affez. » 196. « Des *cocquemares* à la vinaigrette. » III, 218.

Cocu, Coqu, Coquë, Coquüe. Signifie quelquefois hibou. Jeu. « Au *cocu.* » I, 80. « Il pourroit cent & cent foys fe transformer en Cycne... en *coqu.* » II, 63. « ... tu feras *coqu* home de bien, ie t'en afceure : tu auras belles cornes. » 73. « Vous... me femblez... errer intrepretant cornes pour cocuage. Diane les porte en tête à forme de beau croiffant. Eft-elle *coqüe* pourtant ? Comment diable feroyt-elle *coqüe,* qui ne feut oncques mariée ? » 74. « ... *cocu* iufques au cul. » III, 117. Voir *Avoistre, Bannière.*

Code. « ... fommes dictz Parabolains, au long faucile, & au grand *code...* » III, 191.

Codices *(codex, codicis).* Livres. « ... pour l'efcot nous dimittons nos *codices...* » I, 242.

Codicille. « ... vn petit mot de teftament, ou *Codiçille* pour le moins. » II, 340.

Cœlivage. Qui erre dans le ciel. « ... deux filopendoles *cœliuages...* » II, 109.

Cœnaire. Relatif aux repas. « ... loix *cœnaires* & fumptuaires... » II, 24.

Cœne. Commune. Voir *Cene.*

Cœur, Cueur. « ... la region du *cueur* & du cerueau. » I, 55. Voir *Armoire, Asserer, Cabinet, Capsule, Cerf.*

Par cœur. De mémoire, sans recourir à un livre. « ... iufques à ce que l'on les tint *par cueur...* » I, 215. « ... trop mieulx par liure dormoit, que *par cœur.* » II, 492.

En guayeté de cœur, Par guayeté de cœur. « ... ce que par aduenture cuidiez dict *en gayeté de cueur.* » I, 5. « ... ilz ont parlé *par guayeté de cœur...* » II, 159. « ... *par guayeté de cœur* leurs donnoit de grands coup de poing en face. » 327. « Epiftemon tierça *en guayeté de cœur.* » 493.

— Chœur. « ... vn efcadron de petitz Diableteaulx de *cœur.* » II, 429. *Bas cueur.* Voir *Bas.*

Coffre. « ... l'huyle fentoit le *coffre* au preftre... » III, 213.

Cogiter *(Cogitare).* Penser. « ... fi

tu es (comme *cogitons)* ſage... » III, 279.

COGNOISTRE, CONGNOISTRE, connoître, reconnoître. « ... *cognoiſſoyt* mouſches en laict. » I, 45. « Comment Grandgouſier *congneut* l'eſprit merueilleux de Gargantua... » 51. « Bien malheureux eſt le prince qui eſt de telz gens ſeruy, qui tant facilement ſont corrompuz comme ie *congnoys* Toucquedillon... meſchanceté eſt toſt *congneue.* » 175, « ... le monde a bien *congneu...* le grand emolument & vtilité qui venoit de ladicte chronicque Gargantuine. » 217. « ... ſi l'iniquité des hommes eſtoit auſſi facilement veue... comme on *congnoiſt* mouſches en laict... » 274. « Aprenez moy... à *congnoiſtre* mouſches en laict. » II, 111. « Il ne ſçait le premier traict de philoſophie, qui eſt, CONGNOIS TOY. » 124. « Pourtant ne *congnoiſſoit* il tant diſtinctement les poinctz des dez, comme auoit faict par le paſſé. » 186. « ... ie vous *congnoys* à voſtre nez... » 461 et IV, 298. « ... *congnoiſſant* comme dict le prouerbe aux oncles le lyon. » III, 227.

— Dans un sens libre : « ... ta femme ne ſera d'aultruy charnellement *congneue...* » II, 142.

COGULE. Cagoule. « Il n'y a rien ſi vray que le froc, & la *cogule* tire à ſoy les opprobres, iniures & maledictions du monde... » I, 148.

COHÉRENT. « ... trois vnions eleichies... toutes enſemble *coherentes* en forme de fleur de lis... » III, 161.

COHORTE. « ... la *cohorte* de tous maulx... » II, 29.

COIFFE, COYPHE. « ... me torchay... d'vne *coyphe.* » I, 55. Jeu. « A lauer la *coiffe* ma dame. » 83.

COIGNIE, COINGNÉE, CONGNÉE. « ... coup de *coignie...* » I, 292. « ... fendant du bois pres le fleuue Iordan, le fer de ſa *coingnee* eſchappa... » II, 256. « ... ie notay que ceſte diction *Coingnee* eſt equiuocque à pluſieurs choſes. Elle ſignifie vn certain inſtrument, par le ſeruice duquel eſt fendu & couppé boys... tout bon compaignon appelloit ſa guarſe... ma *Coingnee.* » 262. « Vn aultre ſalua vne ſienne alliee diſant. Bon di, ma *coingnee.* Elle reſpondit. Et à vous, mon manche. Ventre beuf... comment ceſte *coingnee* eſt emmanchee. Comment ce manche eſt encoingné. » 300-301. « ... y veiſmes grand nombre d'arbres, portans marroches, piochons, ſerfouettes, faux, faucilles, beches, truelles, *congnees,* ſerpes, ſcies, doloueres, forces, ſcizeaux, tenailles, pelles, virolets et vibrequins. » III, 38. Voir *Après, Axinomantie.*

COILLON. Voir *Couillon.*

COIN. Fruit. « Mangez vn peu de ce paſté de *Coins...* » II, 159.

COIN, COING. Morceau en forme de coin. « ... mourut eſtranglé mangeant vn *coing* de beurre frays... » II, 334. « ... mourut ſuffocqué... mengeant vn *coin* de beurre frays... » 424.

COINCT, COINCTE, COINT. Agréable. « Ma femme ſera *coincte* & iolie... » II, 74. « Ie dis *cointe* & iolie, bien valant vn peché ou deux. » III, 34. « Le minois? — *coinct.* » 109.

COINGNER. « ... ilz leurs *coingnent* ſi fierement & d'audace leurs emmanchoirs... » II, 262.

COINGNOUOIR. « ... *coingnouoir* dodrental... » II, 262.

COIRAUX, COYRAULT. « Gaudebillaux : ſont graſſes tripes de *coiraux. Coiraux :* ſont beufz engreſſez à la creche & prez guimaulx. » I, 19. « C(ouillon) *coyrault.* » II, 130.

COISSIN. Couſſin, oreiller. « ... me torchay... d'vn *coiſſin...* » I, 52. « ... deſſoubs mon *coiſſin...* » II, 71. « ... fendit la coytte & *coiſſin* en deux... » III, 61.

COLE, COLLE. Tempête, ouragan. « ... le Maiſtral acompaigné d'vn *cole* effrené... » II, 336. « ... *Colle* horrible & perilleux Fortunal... » 351. « ... rompit, moyennant vn rude *cole* ſuruenant, le turbillon ſuſdict. » III, 65.

COLIQUEUX. « ... cheuaulx *coliqueux...* » II, 236.

COLLATÉRAL. « ... ſ(ol) *collateral.* » II, 182. « ... ſes *collateraux* Chats garaniers... » III, 47.

COLLATEUR. « ... Martin & moy auecques quatre autres *collateurs...* (Pélissier à Rabelais). III, 385.

COLLATION. « Faictes dreſſer la *collation...* » II, 281. » « ... *collations* veſpertines... » III, 246. Voir *Arrière collation.*

COLLATIONNÉ. « ... euſſions à l'original *collationné* les... chapitres... » II, 456.

COLLAUDER. Louer. « Indes, ceſſez... Tant *collauder* vos Myrrhe, Encent... » II, 244.

COLLET. Col. « ... *collet* à *collet...* » I, 278. « L'eau eſt entree en mes ſouliers par le *collet.* » II, 340. Voir *Bouton, Cachecoul.*

COLLIÈGE. « ... *colliege* de pouillerie qu'on nomme Montagu... » I, 138. « ... ſacre *colliege...* » II, 32.

COLLIGENCE, COLLIGUANCE (*Colligentia*). Union, rapport. « ... connexion & *colligence* des Cieulx & Terre. » II, 27. « Ie ſolæciſe ſouuent en la ſymbolization & *colliguance* de ces deux motz. » 263. Voir *Animal.*

COLLOQUER. « ... Heſiode... *colloque* les bons Dæmons... comme moyens & mediateurs des Dieux & homes... » II, 17. « ... *colloquer* en ſecondes nopces. » 39. « ... Platon ne ſçait en quel ranc il les doibue *colloquer* (les femmes), ou des animans raiſonnables, ou des beſtes brutes. » 157. « ... *colloquer* par mariage... » 223.

COLOCASIE (*Colocasia*). Espèce de gouet, plante d'Égypte. Voir *Bardane.*

COLOCYNTHE (*Colocinthis*). Coloquinte. Voir *Alberge.*

COLOMNE, COLONNE, COLUMNE, COLUNNE, COULOMNE (*Columna*). « ... chauſſes... en forme de *colomnes* ſtriees & crenelees... » I, 32. « ... deux *columnes* plus magnifiques que celles de Hercules... » 125. « ... la *columne* de Traian à Rome... » II, 43. « ... tige... crenelé quelque peu à forme de *columnes* legerement ſtriées. » 228. « ... les *colunnes* de Atlas... » 333. « ... vne *coulomne* ventricule... » III, 157. « Les baſes des *colomnes...* eſtoient à ouurage Phrygien... » 160.

COLON. « ... luy tailla d'vn coup l'eſtomac, le *colon,* & la moytié du foye... » II, 134. « Le *colon,* comme vne brinde. » 375.

COLOPHONIACQUE. « ... Scammonee *Colophoniacque.* » I, 380.

COLOTE. Reptile. II, 498.

COLYMBADE, COLYMPADE (*Colymbades olivæ,* olives conservées dans la saumure, de κόλυμβος, bassin). « Oliues *colymbades...* » II, 477. « Oliues *colympades,* confictes. » III, 205.

COMBAT. « ... en ordre de *combat.* » III, 407.

COMBES. Jeu. « Aux *combes.* » I, 82.

COMBIEN QUE. « *Combien que* les

diɛtant n'y penſaſſe en plus que vous... » I, 6. « *Combien que* la choſe ſoit telle... » 9. « ... *combien que* indigne... » 11. « ... *combien qu'*aulcuns doɛteurs ſcotiſtes ayent affermé que ſa mere l'alaiɛta... » 29-30. « ... *combien que* de ſon naturel il ne feuſt du plus ſains... » II, 254. « ... *combien que* maintenant nous liſons en noſtre langue Gallique... pluſieurs excellens eſcripts... » III, 7.

COMBRESELLE. Culbute. « ... rien n'y quiers, ſinon qu'en voſtre tour Me faciez dehait la *combrecelle...* » I, 327.

COMBUSTION. « ... fut releué de ceſte perplexité par le moyen... des ſeigneurs Robert Stroſſi & de Maligni, leſquels eſtoient en pareille *combuſtion.* » III, 395.

COMÉDIE, COMŒDIE. *Tragicque comedie.* « Venez en ſalle iouer la *Tragicque comedie,* que vous ay expouſé. » II, 313. « *Tragicque Comœdie,* ſarce plaiſante au commencement, triſte en la fin. » III, 199. Voir *Catastrophe.*

COMETE. Masculin et féminin. « ... notoient les *cometes* ſy aulcunes eſtoient. » I, 93. « ... plus ne luiſant le *comete* præſentement... » II, 361. « ... le *comete* de l'an paſſé. » III, 239. « Ce qu'il nous a diɛt du *comete...* » 364. Voir *Æthéré.*

COMICQUE (le). Aristophane. « ... comme diɛt le *Comicque...* » I, 79.

COMITE *(Comes, Comitis).* Compagnon. Voir *Algousan.*

COMMEMORATION. « ... faire *commemoration* de ſaleures. » I, 19.

COMMENCEMENT. « ... d'vne chaſcune choſe le *commencement* eſt la moytié du tout. » II, 279.

COMMENCER. « A ce *commencza* Epiſtemon ſoubrire. » I, 347. « ... vn chaſcun de l'annee *commencza* Martiner... » 352. — Suivi d'un infinitif. Voir A, p. 7, col. 2.

COMMENSAL. « ... ſ(ol) *commenſal.* » II, 182.

COMMENT. Commentaire. « De modis ſignificandi auecques les *commens* de Hurtebize... » I, 57. « .., beaux pois au lard, auec ample *comment.* » III, 106, et IV, 334. « Le « repertoyre » de la Bibliothèque Saint-Victor mentionne (I, 247) : « Des poys au lart cum *commento.* »

COMMENT A NOM. Voir p. 65, col. 2.

COMMERAIGE. Baptême. « ... eſtoit preſque tous les iours de banque, de feſtin, de nopces, de *commeraige...* » II, 195.

COMMETTRE. « ... les erreurs qu'auez *commis...* » II, 93.

— Préposer : « A l'artillerie fut *commis* le grand eſcuyer Toucquedillon. » I, 101. « *commettant* gens es portes. » 179. « ... *Commettre* gens qui informaſſent ſur la tyrannie & meſchanceté dudiɛt Duc. » III, 343.

Se commettre, se confier. « ... *ſoy commettant* en la foy du ciel libre & patent. » II, 332.

COMMISERATION. « ... la *commiſeration* & ayde de noſtre Seigneur. » II, 283. « ... auoit *commiſeration* & pitié... » 332. « ... en eut *commiſeration* bien grande. » III, 63.

COMMISSION. « ... comparitions, *commiſſions,* informations... » II, 188. « Baſché gracieuſement luy demande copie de ſa *commiſſion...* » II, 322.

COMMISSURE. Point de jonction. « ... *commiſſure* lambdoide. » I, 106. « ... *commiſſure* ſagittale... » 163. « ... la *commiſſure* des deux portes. » III, 142.

COMMUN. « ... la maiſon *commune* de la ville. » II, 358. « ... *communs* deuis... » III, 259. « ... vn bruit tout *commun*... » 393.

COMMUNITÉ (*Communitas*. Communauté). « ... *communitez* Chriſtianes. » III, 259.

COMMUTATIF. Qui échange, qui compenſe. « ... acte... De iuſtice : *commutatiue*... » II, 22.

COMPACTION (*Compactio, Compactionis*. Assemblage, liaison). « ... faire vne *compaction*, ou bien vne diſſolution d'vne quinte eſſence... » III, 283.

COMPACTURE (*Compactura*. Ouvrage composé de parties liées entre elles). « ... l'incredible *compacture* du paué. » III, 144.

COMPAIGNÉE. « ... en groſſe *compaignée*... » (Bouchet à Rabelais.) III, 306.

COMPAIGNIE. « Chiquanous rioit par *compaignie*. » II, 321. « ... *compaignie* d'abeilles. » III, 12.

COMPAIGNON, COMPAGNON. « Mon *compaignon*, couraige. » I, 24. « Comment la tempeſte finie Panurge faict le bon *compaignon*. » II, 352. « Quelques capitaines faiſans des bons *compaignons*... luy dirent... » II, 407. « Frerot faiſant le bon *compagnon* courut apres ce ballon... » III, 409.

COMPAING. Compagnon. « ... à toy, *compaing*... » I, 24. « ... appella le meſſagier & luy demanda *Compaing*... » 333. « Sus à ce vin, *compaings*. » II, 13.

COMPANAGE. « Pain & Vin. En ces deux ſont comprinſes toutes especes des alimens. Et de ce eſt dict le *companage* en langue Goth. » II, 32, 33.

COMPARITION. Voir *Commission*.

COMPAROIR, COMPAROISTRE (*Comparere*, apparaître). « Le dipner... ne feuſt ſi toſt preſt, comme les inuitez *comparurent*. » II, 146. — Plusieurs formes semblent se rapporter à un infinitif *comparer* tiré directement du verbe latin. « ... tant luy greuoit de ce que le moyne ne *comparoit* aulcunement, qu'il ne vouloit ny boire ny manger. » I, 165. « ... attendant quelque eſpace, & nul ne *comparant* à l'encontre... » 178. « ... le iour & heure propre que les parties controuerſes *comparent* par dauant vous... » II, 190. « Iceulx venus & *comparens* en perſones... » 363. — Avec le pronom personnel : se montrer. « ... Epiſtemon... ne *ſe comparoit* poinct... » I, 362. On trouve l'infinitif *ſe comparoiſtre* employé de même dans les *Memoires de Du Bellay* (liv. X, fol. 315). « ... contraignirent l'ennemy de repaſſer le bois, dont depuis il ne fut aſſez hardy de *ſe comparoiſtre*. » Voir *Adjourner*.

COMPARTI. Partagé. « ... ſus l'eſchine... iuſtement *compartie*. » II, 391.

COMPARTIMENT. Division, partage. « ... de ſon corps l'vne part eſtoit noire, l'autre blanche : non en *compartiment* de latitude par le diaphragme... » II, 11. « ... par *compartiment* du temps... » 170. « ... *compartimens* à l'antique. » III, 412.

COMPAS. Mesure, symétrie. « ... beau ſans *compas*. » I, 15. « Ce ſera œuuré par *compas*. » II, 107.

COMPASSER. « ... vn portal de fin iaſpe, tout *compaſſé* & baſty à ouurage & forme dorique. » III, 141. « ... l'ouurage d'icelle chapelle ronde eſtoit en telle ſymmetrie *compaſſé*, que le diametre du proiect eſtoit la hauteur de la voute. » 166. « ... Que nous n'ayons les momens *compaſſé*... » 300.

COMPENDIEUX. Abrégé, court, sommaire. « ... f(ol) *compendieux.* » II, 183. « ... resolu, sommaire & *compendieux* en ses responses. » III, 114.

COMPERE. « ... leur anciens bons *comperes* & confœderez. » II, 395. Jeu. « A *compere* prestez moy vostre sac. » I, 81.

COMPETANCE. Ce qui convient, ce qui est nécessaire. « ... nostre Royne de toutes maladies guarist... sonnant vne chanson selon la *competance* du mal. » III, 72.

COMPETENT. Qui a rapport, qui convient. « Pour son image auoit... vne figure d'esmail *competent.* » I, 34. « ... la presence de la vertus du Soleil... plus est symbolisante & *competente* au coq blanc. » 42. « ... pronunciation *competente* à la matiere... » 86. « les passaiges à ce *competens.* » 87. « ... forme *competente.* » II, 34. « ... aage à ce *competent.* » 221. « ... forme *competente* & perfaicte alleure... » 384. «...*competente* dimension... » 391. «... en quantité *competente...* » 488. « ... rencontroient leurs fers & allumelles, chascune *competante* à sa sorte... » III, 39. « ... garnisons *competentes.* » 362. Voir *Antiphone.*

COMPETENTEMENT. « ... *competentement* cuitz... » I, 145. « ... elles (les murailles de Paris) sont *competentement* meschantes pour vne telle ville... » 289. « Triboulet... me semble *competentement* fol. » II, 181.

COMPETER. Convenir, s'appliquer. « ... l'autre contraire *compete* auecques l'autre residu. » I, 39. « ... alleguoient que ceste charge mieulx *competoit* à vn orateur, que à vn sophiste... » 67. « ... les manubies... *competent* à elle seulement. » II, 61. « Là *compete* le mot doré de Ioan. And... » 203. « ... maquerellaige ne *compete* que aux vieilles, aux ieunes *compete* Culletaige. » 359. « A ceste miene interpretation *compete* le temps. » 370. « ... à tous les doubtes & quæstions par vous propousees *compete* vne seule solution. » 494. « ... les personnages du bal... entendoient le son, qui *competoit* à leurs desmarche ou retraicte. » III, 88.

COMPISSER. « ... les *compissa* si aigrement... » I, 65. « Ces villains chiens *compissoyent* tous ses habillemens... » 328. « ... ne pouant Ienin dormir... Tant fort vesnoit Quelot... La *compissa.* » II, 423. Voir *Articuler.*

COMPITES *(Compita.* Carrefours). « ... les *compites* & quadriuiers de l'vrbe. » I, 241.

COMPLAINCT. Plainte. « ... tous ces *complainctz* & murmures ne procedoient que d'enuie... » II, 328. « ... tous *complainctz,* proces, & differents... » III, 185.

COMPLAINCTE, COMPLAINTE. Plainte. « ... proposerent leur *complainte...* » I, 100. « ... *complainctes,* adiournemens... » II, 188.

COMPLAINDRE (SE). Se plaindre. « Panurge *se complainct* de telles repugnantes & contradictoires responses. » II, 170. « ... *me complaignant* en vostre præsence... » 250. « ... empescher de non *soy complaindre* en iustice. » 328. « ... *se complainct* estre mort par estre mords d'vne chatte... » 333. « ... certain Parasite *soy complainct...* » 497.

COMPLANIR. Aplanir. « ... ruinant les obscures forestz... & les *complanissant* en claires guarigues... » II, 23.

COMPLEXION. « ... la substantificque qualité de la *complexion* elementaire... » I, 70. « ... tyrannique *complexion*... » II, 327. »

Complexionné. « ... bien *complexionné* en ſes eſpritz. » II, 155.

Complies. Voir *Clairet*.

Complir (*Complere*. Accomplir.) « En quoy faiſant *compliras* le deſir De ceulx, qui ſont preſts te faire plaiſir. » III, 279.

Composer (*Componere*, comparer, confronter). « ... Alexandre Macedon *compoſa* la volupté de ſoy dedans baigner (dans le Cidnus) au mal qu'il preuoyoit luy aduenir... » III, 163.

Se compoſer. Se préparer. « ... ils *ſe compoſoient* à dormir... » III, 107.

Composeur. « Ce ſont chaſtaignes du boys d'Eſtrocz. Auec bon vin nouueau, voy vous là *compoſeur* de petz. » I, 150. « ... *compoſeurs* de ioncades. » II, 162. « ... Vſuriers, Rachapteurs de rentes... *Compoſeurs* d'emprùns... » III, 242.

Composition. « ... les Larignans ſe rendirent à *compoſition*. » II, 244. « Elephans doctes... & eſtoient à table aſſis en belle *compoſition*. » III, 119. « ... la *compoſition* me ſera faicte gratis. » 341.

Compost. Comput. « ... leugt le *compoſt*... » I, 57 et IV, 103.

Compouste. Compote. Voir *Ardente (eau)*.

Comprenent. Comprenant, y compris. « Le tout baſty à ſix eſtages, *comprenent* les caues... » I, 193.

Compromis. « Ny bruſq, ny Smach lors ne dominera, Tout bon vouloir aura ſon *compromis*. » I, 15.

Comptant, Content. « ... leur feiſt compter de ſes coffres à chaſcun douze cens mille eſcutz *contens*. » I, 188. Voir *Achapteur*, *Argent*.

Du content. Substantivement. « Gargantua feiſt liurer de *content* vingt & ſept cent mille huyt cent treute & vn mouton. » I, 192. Voir *Avoir*.

Compte. « Fin de *compte* ilz beſoingnoyent comme toutes bonnes ames... » I, 304. « ... en fin de *compte*... » II, 119.

— *romanicque*. « ... de noſtre ſupputation l'an 1543, en *compte Romanicque*. » II, 106.

Compter, Conter. Compter. « ... *comptoient* des vieux iuſques es noueaulx. » I, 84. « ... feurent *contees* neuf cens quatorze groſſes pieces de bronze. » 101. Voir *Comptant*.

— *sans son hoste*. « *Comptoyt ſans ſon houſte*. » I, 45. « *Vous comptez ſans voſtre hoſte*. » 343.

Compter. Conter, raconter. « Quand ie vous *compte* de Æneas... » II, 76. « i'ay ouy *compter*... » 165. « Pantagruel leurs *comptoit*... l'hiſtoire du iugement de Bridoye. » 206.

Compteur. « ... notable *compteur* de horloge. » III, 64.

Compulsoire (*Compulsare*, pousser). Voir *Anticipatoire*, *Beuuette*.

Conare. (Κωνάριον. Petit cône, glande pinéale.) « Le *conare*, comme vn veze. » II, 374.

Con. « ... equiuocquez ſur A beaumont le viconte... C'eſt... A beau *con* le vit monte. » I, 323. Danse : « Mon *con* eſt deuenu ſergent. » III, 222.

— Terme d'affection. «... mon petit *con*. » I, 231. Voir *Confesser*.

Concasser. « Prenez moy ces cornes là & les *concaſſez* vn peu auecques vn pilon de fer... » II, 293.

Concernante. « ... les quatre ſignatures *concernantes* les benefices de feu Dom Philippes. » III, 340.

Conche (*Concha*). Conque. « Là

ie recongnu Triton ſonnant de ſa groſſe *conche.* » III, 124.

CONCHIER, CONCHIER (SE). « ... il *ſe conchioit.* » I, 30. « ... ilz *ſe conchient...* » 97. « Par dieu, Grandgouſier *ſe conchie,* le pouure beuueur. » 122. « Ce qu'il faict eſt tout *conchier* & degaſter... » 149. « ... le pauure Lymoſin *conchioit* toutes ſes chauſſes. » 243. « ... ilz eſtoyent ſi deſpitz qu'ilz *ſe conchioyent* de honte villainement. » 266. « Ie *me conchie* de male raige de paour. » II, 338. « Comment Panurge par male paour *ſe conchia...* » 506. « ... grand nombre de cagots leſquels auoient honny & *conchié* toute l'Iſle. » III, 15. « ... qui mal y penſera, eſt condamné d'eſtre ſoudain tout *conchié.* » 24. « ... ils nous *conchieront* tous. » 139. « ... ces nouueaux Diables engipponnez... ont craché dedans le baſſin : c'eſt à dire les ont (mes eſcriptz) tous par leur maniment *conchiez,* decriez, & calumniez. » 191. Voir *Anguſtie.*

CONCIERGIE. « ... baſſes foſſes de la *Conciergie.* » II, 504.

CONCILIER. « ... Belzebuz & Aſtarotz les euſſent *concilié* auecques Proſerpine. » II, 496.

CONCILIPETES. « ... peres *Concilipetes...* » II, 340. « ... nos gras *Concilipetes.* » 496. « *Concilipetes* comme Romipetes : allans au concile. » III, 200.

CONCION, CONTION *(Concio, concionis).* Harangue. « ... les *concions* des preſcheurs euangeliques. » I, 95. « La *contion* que feiſt Gargantua es vaincus. » 182. « Ceſte *concion* faicte... » 187.

CONCLAVISTE. « ... ſ(ol) *conclaviſte.* » II, 182.

CONCLU, CONCLUD. Conclus. Voir *Apoinctement, Baralipton.*

CONCLUSION. Fermeture. « ... ie m'esbahiſſois comment les deux portes... eſtoient ainſi ouuertes... & par quel inſtrument eſtoient ainſi reſermees : doutant que noſtre amiable Lanterne euſt à la *concluſion* d'icelles apposé l'herbe dite Ethiopis... » III, 142.

— Propoſition qu'on s'engage à soutenir. « ... par tous les carrefours de la ville miſt *concluſions...* en tout ſçauoir. » I, 265.

CONCOCTION. « ... belle ſaulce verde, de legiere *concoction,* de facile digeſtion. » I, 23. « ... attendens la *concoction* & digeſtion de ſon paſt. » 88. « ... lors que le corps dort, & que la *concoction* eſt de tous endroictz paracheuée... » II, 66. « ... ſuperfluité de la tierce *concoction.* » 151. « Mangez vn peu de ce paſté de Coins : ilz... aydent à la *concoction* premiere... » 159. « ... humeur nuyſant auant ſa *concoction.* » 193. « ... elle (la ſemence de Pantagruelion) eſt de difficile *concoction...* » 229. « ... tierce *concoction...* » III, 284. Voir *Æolipyle.*

CONCOCTRICE. « ... ſommeil, qui touſiours renforce la vertus *concoctrice...* » II, 75. « ... la vertus *concoctrice* de ſon eſtomach. » 331.

CONCORD *(Concors, concordis).* Qui est d'accord, qui s'accorde. « ... corps *concords.* » II, 2.

CONCORDANT. « O la belle armonie, & bien *concordante* au ſon de leurs cloches. » III, 105.

CONCULQUÉ *(Conculcatus).* Foulé aux pieds, méprisé. « ... maintenant, toute alliance briſee, toute amitié *conculquee.* » I, 117. « ... le vin vous eſt en meſpris, & par vous *conculqué* & ſubiugué. » III, 134. « ... *conculquer* les Burgades patries. » 277.

Concussion, Concution *(Concussio, Concussionis).* Secousse, tremblement. « ... vehemente *concution*... » I, 73. « ... *concussion* de tout le corps. » II, 101. « ... enorme *concussion*... » 327. « ... en terre *concussions*, tremblemens, estonnemens. » II, 362.

Condemnade. « ... *à la condennata*, sorte de ieu aux cartes. » (Oudin, *Recherches italiennes & francoises).* « A la *condemnade.* » I, 80.

Condemnation. Nom fictif d'une île formant jeu de mots. « De là passames *condemnation*, qui est vne autre Isle toute deserte. » III, 44. « ... ie passe *condemnation*... » 249.

Condempner, Condenner. Condamner. « ... ie fus *condemné* es despens... » I, 304. « ... *condempner* les frondrillons... des Parces... » II, 140. « ... les parties *condemnees*... » 176.

Condescendre. « A quoy fut *condescendu.* » I, 29. « ... si vous *condescendez* à mon vouloir... » 263. « ... te remerciant de ce que ta haulte magnificence tant se veult *condescendre* à ma petite vilité. » 309. « *Condescendit* toutesfoys descendre en l'isle Farouche... » II, 393.

Condiction. « Des meurs & *condictions* de Panurge. » I, 295.

Condieux. Confrères en divinité. « ... vous aultres *Condieux*... » II, 261.

Condigne. « ... graces *condignes*... » II, 283. « ... louanges *condignes*... » 307.

Conditionales. « Où me renuoyez vous bonnes gens? Aux *conditionales*, les quelles en Dialectique reçoiuent toutes contradictions & impossibilitez. » II, 147.

Conditionné. « ... pactes par vous mesmes *conditionnez.* » I, 117.

Conduict. « ... oppilent les voyes & *conduictz*, par les quelz pouoit estre expulsé. » II, 151.

Conduire. « ... le *conduirent* en la ville. » I, 370. « ... le prioit que pendent son absence il *conduist* sa femme chés ses pere & mere. » II, 157. « Or allez de par Dieu qui vous *conduie.* » III, 180.

Cone. « ... le *cone* Pyramidal de nostre ligne visuale... » III, 158.

Conestablement. « ... les houssepailleurs pastissoyent *conestablement* ses legumaiges... » I, 280.

Confabulation *(Confabulatio, confabulationis.* Conversation, entretien). « ... parolles, propous, abouchemens & *confabulations*... » II, 249.

Confalon, Confanon. Banière, enseigne. « Vous auez aultres foys veu on *confanon* de Rome S. P. Q. R. » II, 156. Voir *Baldachin.*

Confalonnier. « *Confalonnier* des Ichthyophages. » II, 371. « *Confallonnier.* porte enseigne, Tuscan. » III, 202.

Confection. Confiture. « ... paracheuant leur repas par quelque *confection* de cotoniat. » I, 87.

Confederation. « ... pour leur ancienne *confederation*, ilz luy offroient tout leur pouoir tant de gens, que d'argent. » I, 173. Voir *Confœderé.*

Conférer. « ... *conferens* des propoz de la lecture. » I, 86. « Ie note... le poinct dernier... & le *confere* auecques le premier. » II, 75. « Comment Pantagruel conseille à Panurge de *conferer* auecques vne Sibylle de Panzoust. » 82. « Quel interest encourrez vous auecques elle *conferent* de vostre perplexité? » II, 83. « ... *confera* de son affaire. » 123. « ... i'ay *conferé* auecques l'efcuyer... » 283. « ... on ne pourra trouuer à qui *conferer* les benefices... » III, 242.

Confermer, Conformer. Confirmer. « Meffieurs les anciens Pantagrueliftes ont *conformé* ce que ie dis... » I, 17. « Pour mieulx *confermer* fon entreprife... » 100. « Ie voy voz gens peu *confermés* en leurs couraiges. » 175-176. « ... feut ceftuy decret promis, *confermé* & iuré... » II, 93.

Confès. Confessé. « ... ceux cy font *confes* & repentans. » I, 108.

Confesser. « ... n'eft chofe *confeffée* ne auerée que elle foit forciere. » II, 82. « ... aduifez fi voulez *confeffer* & ieuner... De *cons feffer* (refpondit Panurge) tresbien confentons. » 442.

Confession. « ... les feift rembourcer de tous leurs intereftz à leur *confeffion* & ferment. » I, 187. « ... frere Ian mon pere, mon amy, *confeffion.* » II, 340.

Confict. Figurément. « ... auec le laict.. auoient... fugcé la doulceur de fon regne, & en icelle eftoient toufdis *confictz*... » II, 16. « ... mourray tout *confict* en pedz. » 37. « ... *confict* en delices. » 75. « ... gayeté d'efprit *conficte* en mefpris des chofes fortuites. » 254.

Confier (se). « ... nous commanda... d'elle *fe confier* pour la retraite. » III, 142.

Confin. Substantif. « ... le *confin* de la mer glaciale. » II, 466.

Confin, Confine. Adjectif. « ... lieux *confins.* » I, 173, II, 111, 194. « ... regions *confines.* » I, 183.

Confinité. Voisinage. « ... l'intemperie humide de l'air, communicqué au corps par neceffaire *confinité.* » I, 95.

Confitures, Confictures. « Ie ne mange iamais de *confitures.* » I, 151. C'est-à-dire : je n'ai pas befoin de reconfortants. Cliton, dans la *Suite du Menteur* (act. II, sc. vi), emploie ce mot en ce sens: « Nous avons le cœur bon, et, dans nos aventures Nous ne fûmes jamais hommes à *confitures.* » « ... pleins hanatz de vin Clementin, auecques abondance de *confictures.* » II, 460. « *Confictures* feiches & liquides foixante & dix huyt efpeces. » 479. « ... grande quantité d'ails, oignons, efchalottes, iambons, boutargues, parodelles, langues de bœuf fumees, formages vieux, & femblable *confiture*... » III, 133.

Conflagration. « ... la *conflagration* de Troye... » I, 356, II, 114, 351. « Perfonne n'a intereft en fa *conflagration,* en fon naufrage, en fa ruine, en fa mort. » II, 28. « la *conflagration* des nauires... » 61. Voir *Cateclisme.*

Conflagrer (*Conflagrare*). Brûler. « ... voyans villes *conflagrer* & ardre par foudre & feu Etheré.» III, 179.

Conflict. « Ie vouldrois que... feuffiez de ce *conflict* feulement fpectateur... » II, 406.

Confœderé. « ... la defolation du peuple Romain & fes *confœderez*... » II, 224. « ... Mardigras, voftre antique *confœderé.* » 413. Voir *Compere, Confederation.*

Conformer. Voir *Confirmer.*

Conformité. « L'analogie & *conformité* eft telle. » I, 42.

Confortatif. Qui fortifie. « Elle a (l'efmeraulde) vertu erectiue & *confortatiue* du membre naturel. » I, 32.

Conforter. Fortifier, réconforter. « ... il *conforte* les affligez. » I, 150.

CONFRARIE, CONFRAIRIE. « ... es *confraries* de ma paroiſſe. » I, 67. « Marquet grand baſtonnier de la *confrairie* des fouaciers... » 98. « ... pain beniſt de la *confrarie...* » 274. « Me auez vous troué en la *confrairie* des ſaultiers? » II, 59.

CONFRONTATION. Voir *Acaration.*

CONGIÉ. Congé, permission. «...par ſon *congié...* » I, 217. « ... nous fault auoir l'aduis & *congié* du Roy mon pere. » II, 219.

Prendre congié de quelqu'un. Le quitter. « ... prenant d'elle *congié...* » II, 302. « ... nous prinſmes *congié* de Homenaz. » 461.

CONGNOISSANCE. Connaissance. « ... quelqu'vn de ſa vieille *congnoiſſance.* » I, 106. « Du ſort futur auoi la *congnoiſſance.* » 207.

CONGNOISTRE. Voir *Cognoistre.*

CONGRATULER. « ... les ſaluons & *congratulons* de ce que à port de ſauueté... ſont arriuez. » II, 106. « ... ceulx qui par moy ſeront rencontrez *congratulant* de ces ioyeulx eſcriptz... » 252.

CONGRE. « ... Antigonus... rencontrant le poete Antagoras, lequel fricaſſoit vn *Congre...* luy demanda... Homere fricaſſoit il *Congres* lors qu'il deſcriuoit les proueſſes d'Agamemnon? Mais reſpondit Antagoras... eſtimes tu que Agamemnon... feuſt curieux de ſçauoir ſi perſonne en ſon camp fricaſſoit *Congres?* » II, 309.

CONGRU. « ... motz exquis & ſentences *congrues.* » I, 184.

CONJECTURALLEMENT. « *Conieċturallement* ie refererois ceſtuy heur de iugement en l'aſpeċt beneuole des cieulx... » II, 208.

CONJUGAL. « ... Compaignie *coniugale...* » II, 49. « ... amour *coniugal...* » 51.

CONJUGE (*Conjux, Conjugis.* Épouse). Voir *Accipier.*

CONJUNCTION. « ... la lune en *coniunċtion* du Soleil. » II, 157. « ... les calcules de Albumaſer on liure de la grande *coniunction...* » III, 240. Voir *Aspect.*

CONJURER. « ... troys presbtres *coniurans* les Diables. » II, 427.

CONNEXION. Voir *Colligence.*

CONNILZ, CONNIS (*Cuniculus*). Lapereau. « ... alloit veoir prendre quelque *connil* aux filletz. » I, 84. « ... poches à prendre les *connis.* » 150. « ... *Connilz* rouſtiz. » II, 412. « ... Courlis. *Connilz.* » 478 et IV, 303.

CONNIN. Voir le mot précédent. « ... comme font les *connins* mangeant auoine en gerbe. » II, 102. « Finalement ce qui nous fut monſtré eſtoit le viſage d'vn *connin* roſty. » III, 402.

— adjectivement : « ... venation *connine...* » III, 276.

CONNUBIAL (*Connubialis.* Conjugal). «...ſanxions *connubiales...* » II, 322.

CONOPÉE (*Conopeum.* Tenture pour garantir des mouches). « ... entre les precieulx *conopées*, entre les courtines dorées... » II, 92.

CONQUESTER. Conquérir. « Ainſi *conqueſta* Bacchus l'Inde. » I, 23. « Ma deliberation n'eſt... de *conqueſter*, mais de guarder mes feaulx ſubieċtz... » 112. « Ce faiċt, *conqueſterent* les iſles Orcades... » 127. « ... *conqueſter* tout le pays... » 169. « ... nous auons... *conqueſté* tout le pays des Dipſodes... » 378. « Pantagruel auoir entierement *conqueſté* le pays de Dipſoclie... » II, 15. « ... pays nouuellement *conqueſtez...* » 16. « ... au iour... on quel Brutus *conqueſta* Heſpaigne... » 269. « On temps que Alexandre le grand *conqueſta* Indie... » 389. « Voulez vous trouuer home qui... *conqueste* la terre saincte... » 457-458.

CONSANGUINITÉ. Voir *Affinité*.

CONSCIENCE. « ... par ma *conscience...* » I, 84. « ... science sans *conscience* n'est que ruine de l'ame... » I, 357.

CONSECUTIVEMENT. « ... sont comme à vous aultres messieurs, à nous *consecutiuement*, quia accessorium naturam sequitur principalis... » II, 191. « ... ainsi *consecutiuement...* » III, 41, 160.

CONSEIL. « ... aduisez si *conseil* voulez de vn fol prendre » II, 180. « Ce sont secrets du *conseil* estroit du Roy eternel... » III, 256.

CONSEILLER (SE) A. « Comment Panurge *se conseille à* Pantagruel... » II, 49. « ... *Conseillez vous à* quelque fol. » 177. « Comment Panurge *se conseille à* Triboullet. » 211.

CONSENTIR. « ... la chorographie n'y *consentoit*. » III. 12.

CONSEQUEMMENT. « ... il en print vn (mouton)... cuydant ainsi le retenir, & sauluer le reste *consequemment*. » II, 296. « Ie diz *consequemment* qu'en l'aultre (monde) vous serez infalliblement sauuez... » 459. « ... la Royne s'assit en premier lieu, *consequemment* les autres selon leur degré & dignité. » III, 131. « *Consequemment* estoit figuré le Hourt, & l'assaut... » 150. « *Consequemment* estoit l'ost des Indians comme aduerty que Bacchus mettoit leur pays en vastation. » 151.

CONSÉQUENCES. Voir *Architecte*.

CONSÉQUENT. « ... il est *consequent* que l'autre contraire compete auecques l'autre residu. » I, 39. « ... il nous fist quatre iours *consequens* ieusner. » III, 12.

CONSEQUENTEMENT. « ... *consequentement* combatirent tous les gens de cheual des deux bandes... » III, 405.

CONSERVATIF. « ... là consiste... le germe *conseruatif* de l'humain lignage. » II, 47.

CONSERVE. « Le nombre des nauires feut tel que vous ay exposé... en *conserue* de Triremès, Ramberges, Gallions... » II, 270. « Vous auez en vos mains & *conserue* tous mes thesaurs. » 318.

CONSIDERATION. Contemplation. « ... de toute frayeur vous despouillez, si d'aucune estes saisis à la *consideration* de ce que voyez par mes officiers estre fait. » III, 83.

CONSIDERER. « ... ainsi Gaster renuoyoit ces Matagoth à sa selle persee veoir, *considerer*, philosopher, & contempler quelle diuinité ilz trouuoient en sa matiere fecale. » II, 483. Voir *Ascendant*.

CONSISTER. Voir *Conservatif*.

CONSISTOIRE. « Du *consistoire* Ou regne en gloire Le hault seigneur... » I, 346. « ... on plein conseil & *consistoire* des Dieux... » II, 258.

CONSOLDE. Consoude. « ... me torchay... de Orties, de *Consolde...* » I, 52.

CONSOMMATION. « ... iusques à la *consommation* du Siecle. » II, 465. « Sus la *consommation* du ballon fut sonné à l'assaut. » III. 410.

CONSOMMER. « ... le dueil, qui vous mine & *consomme*. » I, 2. « ... par feu plustost sont renouuellez que *consommez*. » III, 154.

CONSONANTES. Consonnes. « ... couplement de toutes les *consonantes* auecques les vocales. » II, 26.

CONSONER. Être d'accord. « Tout

vray à tout vray *consone.* » II, 104 et IV, 239.

CONSONNE. D'accord, en harmonie. « ... pour parler au vray de sa personne Onc ie n'en vy mieulx aux armes *consonne.* » (Epistre de Bouchet à Rabelais.) III, 105.

CONSTIPÉ, CONSTIPPÉ *(Constipatus.* Resserré). « *Constipé* du ventre. » I, 360, II, 450, 508.

CONSULTE. « ... ligne *consulte...* » III, 158.

CONSULTER. Délibérer. « ... *consulta* Grandgousier auecque le viceroy. » I, 61. « . . il seroit bon deliberer de ce qu'il est à faire affin que ne semblons es Atheniens qui ne *consultoient* iamais sinon après le cas faict. » 335.

CONTAMINATION. Figurément. « ... *contamination* de peché... » I, 253.

CONTAMINER. « ... ne *contaminer* celle vnicque & supreme affection que doibt l'home à Dieu. » II, 171. « Faudra il que vostre lict coniugal soit incesté & *contaminé* par Moynerie? » 215.

CONTEMNEMENT, COMTEMPNEMENT. Mépris. « ... luy feist la figue. Qui est en icelluy pays signe de *contempnement* & derision manifeste. » II, 425. « ... *contemnement* asceuré de toutes choses fortuites... » 449.

CONTEMNER, CONTEMPNER *(Contemnere.* Mépriser). « ... les personnages querelans estoient plus à *contempner,* que à ramentenoir... » I, 170. « ... les lettres Grecques, lesquelles ie n'auoys *contemné* comme Caton... » 255. « Trop soubdain le *contemna...* » II, 84. « ... ces petites philauties... plus tost dauant vous *contempnees* feurent que condamnees. » 260.

CONTEMPERER *(Contemperare.* Tempérer, adoucir). Voir *Amodier.*

CONTEMPLATIF. « ... les pauures amans doleus *contemplatifz* n'estoyent contens. » I, 304. « ... esprit *contemplatif...* » II, 48. Voir *Amoureux.*

CONTEMPLATION. « ... en *contemplation* de ceste infinie & intellectuale sphere... » II, 67. « *Contemplation* haultaine des merueilles de Nature. » 93. « ... Democritus se aueugla, moins estimant la perte de sa veue, que diminution de ses *contemplations.* » 153. « Dedans Amiens en moins de chemin... qu'auons faict en nos *contemplations* ie vous pourrois monstrer plus de quatorze roustisseries... » 308.

CONTEMPLER. Voir *Considérer.*

CONTEMPS. Débat, dispute. « ... ennuytz & *contemps...* » III, 301.

CONTEMPTIBLE *(Contemptibilis.* Méprisable). « ... la grande familiarité que leurs auez par cy dauant tenue, vous ont rendu enuers eulx *contemptible.* » I, 122.

CONTENANCE, CONTENENCE. « Crochetastes vous oncques bouteilles? Caisgne. Reduisez à memoire la *contenence* qu'auiez. » I, 5. « ... c'estoit (ses patenostres) vne de ses *contenences* à l'eglise. » 324. « Quelles *contenences* eurent Panurge & frere Ian durant la tempeste. » II, 339. « Continuation des *contenences* de Quaresmeprenant. » 381. « ... *Contenence,* grace, honesteté... » II, 248.

Perdre contenance. « ... deux ou troys mirouers ardens, dont il faisoit enrager aulcunes foys les hommes & les femmes, & leur faisoit *perdre contenence* à l'eglise. » I, 298. « Frere Iehan des antomeures... perdit toute *contenance.* » III, 107.

Contendent *(Contendere).* Contendant, prétendant. « ... le dict Douhet tint au contraire virilement *contendent* que Pantagruel auoit bien dit... » I, 269. « ... les parties *contendantes...* » II, 208. « ... instans fierement & *contendens* estre de tel cas faicte exemplaire punition. » 225. Voir *Antériorité.*

Contenente. « ... la tapisserie *contenente* la vie & gestes de Achilles. » II, 284.

Content. « ... lors que tout le monde sera *content,* & que serez heritiers de vous mesmes. » II, 25. Voir *Comptant.*

Contentieusement. « ... disputer *contentieusement.* » I, 311.

Contentieux. Voir *Affaire.*

Contention. « ... disputer par *contention.* » I, 311. « ... ne bendent les femmes iamais la *contention,* subtilité, & contradiction de leurs espritz, si non enuers ce que congnoistront leurs estre prohibé & defendu. » II, 164. « ... entrions en *contention...* » 307.

Continuement. « ... quatre de ses gens luy gettoient en la bouche... *continuement* moustarde... » I, 79. « ... s'esclata de rire tant enormement, *continuement,* que l'exercice de la Ratelle luy tollut toute respiration... » II, 333.

Continuité. « ... l'on a blessé ceste bonne femme icy entre les iambes bien villainement & y a solution de *continuité* manifeste... » I, 292. « ... les Diables... ne peuuent par coups d'espée mourir... mais... peuuent patir solution de *continuité...* patissent solution en la *continuité* de leurs substances aërees & inuisibles. » II, 116. « Le Diable voyant l'enorme solution de *continuité...* » 434 et IV, 294.

Contourner. « ... Iuppiter *contournant* la teste... » II, 264.

Contracte *(Contracta).* Contractée, resserrée. « ... de la langue *contracte* dedans la bouche fredonnoyt ioyeusement. » I, 314. « ... ioinctures *contractes...* » II, 236.

Contradiction. « ... les Saxons continuerent en leur rebellion & obstination premiere : & les Flamans habitants en Saxe, embeurent les meurs & *contradictions* des Saxons. » II, 19.

Contradictoire. « ... repugnantes & *contradictoires* responses. » II, 170.

— Substantivement. « ... chose estrange ne leur sembloit estre, deux *contradictoires* vrayes en mode, en forme, en figure & en temps. » III, 82.

Contrariété. Voir *Antinomie, Antiphrase.*

Contre bas. Voir *Bas, Chocquer.*

Contredictz. « ... *contredictz,* requestes... » II, 188. « ... la Cour des *Contredicts.* » III, 341. Voir *Allegation.*

Contrée. Voir *Assiette.*

Contrefil (A). Au contraire. « Les impressions... qui ont esté inuentees de mon eage par inspiration diuine, comme à *contrefil* l'artillerie par suggestion diabolicque. » I, 255.

Contrefortuner. « Ainsi *contrefortunoient* comme gens aucunement ne se soucians des biens qui sont au monde. » III, 103.

Contregarder, Contreguarder. Garantir. « ... de quoy se faul-dra *contregarder.* » I, 155. « ... la malignité de leur ennemy, & vicinité de ses terres contraignoient soy continuellement *con-*

treguarder & veigler. » II, 394. « ... pour... leurs Roys *contregarder.* » III, 94.

CONTREHASTIERS. Chenets de cuisine pour les broches. « ... f(ol) *contrehaſtier.* » II, 184. « ... l'harmonie des *contrehaſtiers*... » II, 306 et IV, 273. « ... proprieté ſpecifique abſconſe dedans les marmites & *contrehaſtiers.* » II, 308. « ... les aultres tenens landiers, *contrehaſtiers*... » 414.

CONTREMEIANE. « *Meïane,* misaine; de l'ital. *Mei* pour *Mezzo*. Contre-artimon, Contre-misaine. Nous n'avons rencontré cette forme du mot *Contre-misainé* que dans le quatrième livre de *Pantagruel.* » (JAL. *Glossaire nautique.)* « ... feiſt mettre voiles bas, meiane, *contremeiane*.... » II, 336. Voir *Boulingue.*

CONTREMINE. « ... eſcuroient *contremines*... » II, 7.

CONTREMONT. En haut, en remontant. « Il renuerſa les paulpieres des œilz *contre mont.* » II, 102. « ... cheminoient ſus leurs teſtes... les pieds *contremont.* » 384. « ... elles ont (les arbres)... les pieds, ce ſont les rameaux, *contremont.* » III, 39.

CONTREPEDER. Contrepeter. « O que n'eſt icy Priapus... pour le veoir à plein ſond peder, & *contrepedant,* fredonner. » III, 107.

CONTREPOIL (A). Voir p. 5, col. 2.

CONTREPOINCT, CONTREPOINT. « ... ie accorde au *contrepoint* de la muſicque que vous ſonnés du nez. » I, 300.

A contrepoincts, au contrepoinct. En compensation, au contraire. « ... quatre iours ſerez icy *à contrepoints* ſans ceſſer de boire & de repaiſtre. » III, 24. « Si Dieu ne nous aide nous aurons prou d'affaires mais *au contrepoinct* s'il eſt pour nous rien ne nous pourra nuire... » 237.

CONTREPOINCTE, CONTREPOINTE. Piqué des deux côtés, piqué. « ... ie veids vn ieune eſcafignon eſpouſer vne vieille pantophle... ce n'eſtoit pour la beaulté ou bonne grace d'elle, mais par... conuoitiſe de auoir les eſcuz dont elle eſtoit toute *contrepoinctée.* » II, 303. « ... de loing vous ſuyuray de paour des coups : i'en ay la peau toute *contrepointée.* » III, 31. « ... vn petit cabinet, tout *contrepointe* d'allarmes... » 74. Voir *Batail, Carrelé.*

CONTREROLLE. « ... le *contrerolle* du ſel... » II, 215.

CONTRESCARPE. « ... reſſapoient *contreſcarpes*... » II, 7. « ... ſus la *contreſcarpe* du foſſé... » III, 398.

CONTREVENTER. Voir *Bouline.*

CONTRIBUTION. « ... ceulx qui eſtoient dedans Larigno... ſoy confians en la force naturelle du lieu, refuſerent à la *contribution.* » II, 243, « ... de ceſte *contribution* & taillon l'vne partie ſeroit employee à bien boyre, l'aultre à bien manger... » 447.

CONTRISTATION. *(Contristatio, contristationis.)* Voir *Apprehension.*

CONTRISTER. « ... ſi le minois du medicin chagrin... *contriſte* le malade... » II, 249. « ... ſi la face du medecin chagrin... *contriſte* le malade... » III, 192. Voir *Alterer.*

Se contriſter. « Il (Alexandre)... grandement *ſe contriſtoit*... » II, 83. « Toute noſtre chorme grandement *ſe contriſtoit.* » III, 66.

CONTRITION. « Nous le induirons à *contrition* de ſon peché. » II, 112.

CONTROVERS, CONTROVERSE *(controversus).* Adjectif. Opposé, contraire, discuté, débattu.

« ... parties *controuerses.* » II, 190, 210. « ... affaires *controuers...* » 258. « ... conditions *controuerses...* » 394. « ... aduint au Ciel nouueau mouuement de titubation & trepidation tant *controuers* & debatu entre les folz Aftrologues. » 502. « ... bandes *controuerfes.* » III, 405.

CONTROVERSE, CONTROVERSIE (*Controversia.* Discussion, débat). « ... Socrates, fans *controuerse* prince des philofophes... » I, 3. « Comme feut *controuerse* meue... » II, 231. « ... par ces trois motz, decidoit toutes *controuerfies.* » III, 185.

CONTUMACE. « Pourtant eftoit il... departy affin de foy repræfenter au iour de l'affignation, & de ne tomber en deffault ou *contumace.* »

CONTUMELIE (*Contumelia.* Injure). « ... l'vne des moindres *contumelies* dont ilz vfoient, eftoit, que telz liures, tous eftoient farciz d'herefies diuerfes... » II, 250.

CONTUNDER (*Contundere.* Battre, frapper). « ... *contundent* & brifent la partie ligneufe... » II, 231.

CONVALESCENCE. Santé, vigueur. « ... par ce moyen fut guery & reduict à fa premiere *conualefcence.* » I, 381.

CONVENANCE, CONVENENCE (*Convenientia.* Accord). « Les languaiges font par inftitutions arbitraires & *conuenences* des peuples. » II, 96. « ... *conuenance* de Mercure auec Saturne. » III, 256.

CONVENENTE, CONVENANTE. « ... feut... inftitué en toute difcipline *conuenente...* » I, 44. « ... loix *conuenentes* à l'affiete des contrées. » II, 18. « ... propre & *conuenente* denomination. » II, 502. « ... fers & allumelles *conuenantes.* » III, 39.

CONVENIR (*Convenire*). Venir ensemble, se réunir, comparaître. « Croyez que le lieu auquel *conuint* le peuple... feut Nefle... » I, 67. « ... feift crier... que vn chafcun fur peine de la hart *conuint...* en la grand place... » 100. « ... feift *conuenir* dauant foy en ladicte place tous ceulx qui là reftoient de la part de Picrochole... » 181. « ... ie... commende au demandeur dormir bien fort pour l'entrée du procés : puys dauant moy *conuenir.* II, 201. « ... c'eftoit le tiers iour des... foires du lieu : es quelles annuellement *conuenoient* tous les plus riches & fameux marchans d'Afrique & Afie. » 273. « ... des terres circunuoifines... eftoient *conuenuz* nombre merueilleux de Seigneurs... » 398.

— Être en rapport, correspondre. « Si vous les coublez en telle façon qu'vn contraire d'vne efpece *conuienne* raifonnablement a l'vn contraire d'vne aultre... Si l'vn des contraires de la premiere efpece *conuient* à l'vn de la feconde... » I, 39.

— Être d'accord : « ... puys que ne *conuenons* enfemble en l'expofition des fors Virgilianes... » II, 66.

Être convenable, à propos, utile, nécessaire, obligatoire. « A l'exemple d'icelluy vous *conuient* eftre faiges. » I, 5. « ... par ce, luy *conuenoit* prendre couraige nouueau, au nouuel aduenement de fon poupon. » 25. « ... il nous *conuient* parler felon le langaige vfite. » 243. « ... il nous *conuient* euertuer. » II, 340 et 346. « ... pour l'heure nous *conuenoit* coftoyer ceftuy turbillon... » III, 68. « ... nous *conuenoit* paſſer parmy vn grand vinoble. » 132. « ... en ſon poing tenoit... vn baſtom, pour... gallentement combatre, ſi par cas *conuenoit* deſcendre en pieds. » 148. Voir *Anguſtie.*

Convent *(Conventus).* Couvent. « ... comme machemerdes l'on les reiecte (les moines) en leurs retraictz : ce ſont leurs *conuentz* & abbayes ſeparez de conuerſation politicque comme ſont les retraicts d'vne maiſon. » I, 148. « ... en certains *conuents* de ce monde... » 190. « ... par tous les *conuens* de ceſte prouince... » II, 112. « Tous admonneſtent les nobles dames donner à leur *convent.* » 431.

Conventicule. Petite réunion, petit cénacle. « ... les recitans parmy leurs *conuenticules...* » III, 9.

Conversation. Commerce, société. « ... conuerſant entre gens de honneur... Laquelle mienne *conuerſation* a eſté... non ſans peché... mais ſans reproche... » I, 253. Voir *Convent.*

Converser *(Conversari,* vivre avec, fréquenter). « ... gens liberes, bien nez, bien inſtruictz, *conuerſans* en compaignies honneſtes... » I, 205. « ... lequel en compagnie des gens fanaticques & furieux, auroit *conuerſé...* » II, 213. Voir *Conversation.*

Convertir *(convertere).* Tourner, changer, métamorphoser. « ... ce ſeroit bien leur meilleur eſtre ainſi apres leur vie en pierres dures & marbrines *conuertiz,* que retournez en terre & pourriture. » II, 260.

Se convertir, dans un sens analogue. « Le cigne auquel *ſe conuertit* Iupiter pour l'amour de Leda. » III, 218.

Convis *(Convivium.* Repas, festin). « ... en *conuis* Nymphes plus que diuines A ton optat s'offerent, & oſtendent. » III, 275.

Convoiter. « ... *conuoitant* ſçauoir... » II, 54.

Convoiteux, Convoyteux. Désireux. « ... *conuoyteux* de viſiter les gens doctes... » II, 307. « ... *conuoiteux* de faire reuerence à la dame Quinte eſſence... » III, 69. « ... *conuoiteux* de ſcauoir... » 142. « ... *conuoiteux* de veoir. » III, 197. « *Conuoiteux* d'entendre. » 258.

Convoy. « ... Pantagruel dreſſa equippage de nauires, à nombre de celles que Aiax de Salamine auoit iadis menées en *conuoy* des Gregeois à Troye. » II, 227. « ... voyant ce noble *conuoy* de nauires... » 271. « Elle s'en va, diſt le pilot : auſſi vont celles de *conuoy.* » 350. « ... le *conuoy* de ſes nauires... » 351. « ... beau & pompeux *conuoy* de vos vaiſſeaux. » 397. « ... Ramberges, Guallions, & Gualleaces du *conuoy...* » 505.

Cooperateur. « ... de noſtre part conuient pareillement pour euertuer, & comme dict le ſainct Enuoyé, eſtre *cooperateurs* auecques luy (Dieu). » II, 353.

Copie *(Copia.* Abondance). « ... n'auoys *copie* de telz precepteurs comme tu as eu... » I, 254. « ... y a *copie* de petitz hypocritillons... » II, 497. « De quel pays vous vient ceſte corne d'abondance, & *copie* de tant de biens & frians morceaux ? » III, 27. « ... la *copie* melliflue de Platon... » 75.

Copieusement. « ... pleurer *copieuſement...* » I, 184. « ... piſſa... ſi bien & *copieuſement* qu'il les noya tous. » 354. « ... lors...

les humains plus *copieusement* vsent de fructaiges qu'en aultre saison. » II, 70. « ... ilz pedent, ilz rottent *copieusement.* » 420. Voir *Baisler*.

COPIEUX, COPIEUSE. « Les tripes furent *copieuses...* » I, 19. « Icelle (forest) estoit horriblement fertile & *copieuse* en mouches bouines... » 63. « Cuidez-vous que ie suis aise quand... ie voy ces crediteurs tant humbles, seruiables, & *copieux* en reuerences... » II, 26. « ... quand ma femme future seroit aussi gloutte... que fut oncques Messalina... ie l'ay encore plus *copièux* au contentement. » 134. « ... *copieux* engrossissement de femmes... » III, 116. « ... lumiere... tant *copieuse...* » 153. « Si les viandes furent *copieuses,* aussi furent les beuuettes numereuses. » 411. Voir *Beste à deux doz*.

COPIEUX. Copieur, railleur qui singe les autres. « ... les oultragerent grandement... les appellans *Copieux,* Landores... » I, 98.

COPISTE. Voir *Bulliste*.

COPULATION. « ... *copulation* charnelle... » II, 383 et III, 17.

COQ. « ... voulans denoter quelque lieu à l'escart & peu frequente, ainsi disons nous, en icelluy n'auoir oncques esté ouy *Coq* chantant. » II, 491. Voir *Asne*.

COQUAGE. Cocuage. « ... goulphres & dangiers de *Coqüage.* » II, 141. Voir *Apennage*.

COQUARDE. Voir *Bonnet*.

COQUART. Nigaud. « ... vn veau *coquart,* cornart, escorne. » II, 348.

COQUATRIS. Crocodile. II, 498.

COQUELUCHE. Capuchon. « ... la *coqueluche* d'vn moine. » II, 374.

COQUEMAR. Voir *Cocquemard*.

COQUERIN. « Pour le dernier seruice... Du *coquerin.* » II, 220.

COQUETIER. Voir *Cocquassier*.

COQUILLE. « ... *coquilles* de sainct Michel... » II, 454. *Belisson*.

COQUILLON. Docteur, probablement à cause du capuchon en forme de coquille qu'ils portaient. « Vn esteuf en la braguette, en la main vne raquette, vne loy en la cornette, vne basse dance au talon, vous voy là passé *coquillon.* » I, 240. « ... l'industrie de Nature appert merueilleuse en l'esbatement qu'elle semble auoir prins formant les Coquilles de mer... en la vesture de ces Gastrolatres *Coquillons* ne veismes moins de diuersite & desguisement. » II, 475.

COQUIN. « Ie les veis... occupez à chercher les... vieulx cloux... comme font les *coquins* en ce monde. » I, 369. « ... qui faict les *coquins* mandier? » II, 74. « L'vn appelloit vne autre mon verd. Elle l'appelloit son *coquin.* Il y a bien là, dist Eusthenes, du Verdcoquin. » 300. « ... à Seuillé les *coquins* souppans vn iour de bonne feste à l'hospital... » 445.

COQUINBERT. Jeu. « A *coquinbert* qui gaigne perd. » I, 81.

COR. *Cor bieu, corps bieu.* « Par le *corbieu.* » I, 125. « ... par le *corps bieu...* » 269. « *Corbieu...* » II, 43. « *Cor bieu,* mon amy... » 111.

Cordieu. « Le *cor dieu...* » I, 147, 167; III, 60. « *Cor dieu...* » III, 53, 58, 139. « ... le *corps dieu...* » I, 105. « ... par le *corps dieu...* » I, 156.

Cor beuf. Voir *Beuf*.

COR. Première syllabe du mot *cordelier.* « Il a esté le plus... infame *cor,* ie diz Bordelier, qui oncques fut. » II, 63.

CORBEAUX. « Puys luy enfour-

noient en gueule... *Corbeaux* de Chappons. » II, 478-479.
CORBIGEAUX. «... *Corbigeaux*. Francourlis. Tourterelles. » II, 478.
CORBIN. Voir *Bec*.
CORBINÉ. Voir *Affiné*.
CORDACE. « ... ils iouerent ensemble aux *Cordace* Emmelie... & mille autres danses. » III, 76-77. « ... tousiours chantans & dansans les *cordaces*. » 148.
CORDEAU. « Que les vsuriers se pendent, ils me cousteront beaucoup en *cordeaux*. » III, 6.
CORDIALEMENT. « ... nous aduertirent *cordialement*, qu'eussions à espargner verite... si voulions paruenir en Court de grans Seigneurs. » III, 127.
CORDIER. « ... pour ceste annee les chancres iront de costé, & les *cordiers* à reculons... » III, 236.
CORDON. « ... tomba par le dehors la muraille iusques au *cordon*. » III, 409.
CORDOUAN. Cuir de Cordoue. « ... botines de Cordouan. » II, 382.
CORDOUANNIER. Cordonnier. «...la farce du pot au laict, duquel vn *cordouannier* se faisoit riche par resuerie. » I, 128.
CORINTHIAN. Corinthien. Voir *Arain*.
CORMARAN, CORMORAN, COURMARAN. « ... me torchay... d'vn *cormoran*... » I, 55. « ... il l'aualla bien tost (une vache), comme vn *Cormaran* feroit vn petit poisson... » 234. « ... ilz n'en craignoyent *courmaran* ny quanard de Savoye. 276.
CORMÉ. Boisson faite avec des cormes. « ... boire belle piscantine & beau *cormé*. » I, 372.
CORME. Fruit du cormier. « Au vendredy rien que *cormes*, encores n'estoient-elles trop meures... » III, 106.
CORMIER. « ... baston de la Croix, qui estoyt de cueur de *cormier*. » I, 105. « Gayoffe, lequel auoit les couillons de peuple & le vit de *cormier*. » 223. « ... le filz puysné eut nom Figuier... l'autre *Cormier*... » II, 236. « ... bons gros cercles de *cormier*. » III, 64.
CORNABONS, CORNABOUX. Cornets à bouquins. « ... apres la iournee des *Cornabons*... » II, 40. « Les Satyres Capitaines... auec *cornaboux* sonnant les orties... » III, 150.
CORNAMEU. Voir *Bize*.
CORNANCUL. « ... vn autre Acteon cornant, cornu, *cornancul*. » III, 139.
CORNARD, CORNART. « ... vn veau coquart, *cornart*, escorne... » II, 348. Voir *Cornemuse*.
CORNE. Jeu. « A la *corne*. » I, 81. « Depuis quand auez vous prins *cornes*, qu'estes tant rogues deuenuz? » 98. « ... frere Ian menassa... aduenent qu'il feust marie le prendre aux *cornes*, comme vn veau. » II, 468. « ... entre leurs dents ils (les éléphans) ont deux grandes *cornes*, ainsi les appelloit Iuba, & dit Pausanias estre *cornes* : non dents : Philostrate tient que soient dents, non *cornes*. » III, 119. « ... elle a (l'unicorne) vne *corne* aigue, noire, & longue de six ou sept pieds. » III, 120. Voir *Abondance*, *Bailler*, p. 68, col. 2. *Beuf*, *Cocu*, *Cornemuse*.

Corne de Hammon. « Autant de la *corne de Hammon*. Ainsi nomment les Æthiopiens vne pierre precieuse à couleur d'or & forme d'vne *corne* de belier, comme est la *corne* de Iuppiter Hammonien. » II, 71.
CORNEILLE. Voir *Aage*.
CORNEMUSE. « ... guare moine,

cornemuse de Buzancay. » II, 212. « ... ſerez la *cornemuſe* de Buzancay, c'eſt à dire, bien corné, cornard & cornu... eſpouſerez vne femme... criarde & malplaiſante comme vne *cornemuſe*... elle ſera villaticque & plaiſante comme vne belle *cornemuſe* de Saulieu ou Bezancay... » II, 215-216. « Tant y a que ne vous veidz, *Muſe*. Ie vous voy (reſpondit elle) *Corne*, voluntiers. Acconplez les (diſt Panurge)... Ce ſera vne *cornemuſe*. » 302. Voir *Æquilibrer, Anguillade*.

CORNEMUSEUR. « ... ie vous allegueray l'autorité des Maſſoretz... beaulx *cornemuſeurs* Hebraicques. » I, 224. « ... Thaumaſte commença enfler les deux ioues comme vn *cornemuſeur*. » I, 316.

CORNER. Publier à son de trompe. Crier. « *Cornons* icy à ſon de flaccons & bouteilles, que quiconques aura perdu la ſoif ne ayt à la chercher ceans. » I, 23. « ... & eulx de *corner*, tyre, baille, paige, vin, boutte... » I, 320. Voir *Aureille, Bas*.

CORNET. « François Cornu apothecaire auoit en *cornetz* emploicté vnes Extrauagantes frippees... » II, 451.

CORNETÉ. « ... c(ouillon) *corneté*. » II, 139.

CORNETTE. Coiffure, ou pièce d'étoffe qui, partant du chaperon, vient entourer le cou. « ... c'eſtoit Pantagruelion, faiſant office de hart, & leurs ſeruant de cornette. » II, 235. « ... pourpoint de toille tout deſchicqueté comme la *cornette* d'vn Albanoys. » I, 371. Voir *Coquillon*.

CORNICABOTZ. « ... ſoupper... Des *cornicabotz*. » III, 217-218.

CORNICE, CORONICE *(Cornice*, italien). « ... architrauez zoophores & *cornices*... » III, 160. « ... ce que les architectes appellent frize, entre l'architraue & la *Coronice*. » 204.

CORNIGERE *(Corniger)*, qui porte des cornes, cornu. « ... pour ſeulement te faire *cornigere*, cornipetant. » III, 139. Ce dernier mot *cornipetant* semble formé de *cornu* et de *petere* qui demande des cornes.

CORNU. « A l'enfourner on faict les pains *cornuz*. » II, 279.

Lieures cornus. « ... figures ioyeuſes & friuoles, comme de *lieures cornuz*, canes baſtees... » I, 3.

CORNUCOPIE (*Cornucopia*. Corne d'abondance). « C'eſt vn vray *Cornucopie* de ioyeuſete & raillerie. » II, 13.

COROLLAIRES. « ... nos ſacres Decretales, & leurs *corollaires* : ce beau Sixieſmes, ces belles Clementines... » II, 457. « *Corolaires*, ſurcroiſtz, le parſus, ce que eſt adioinct. » III, 204.

CORONAL. « ... la ioincture *coronale* de la teſte. » I, 99. « ... l'os *coronal*... » 163.

CORONICE. Corniche. « ... ce que les architectes appellent frize, entre l'architrave & la *Coronice*... » III, 204.

CORONEL, CORONNEL *(Coronel*. Espagnol). Colonel. « ... ces deux voſtres *coronelz*... » II, 400. « Sus la fin de ce diſcours arriuerent les deux *coronnelz*... » 403.

CORONNEZ. Couronnés, martyrs. « Les quatre *coronnez*. » Martyrs romains dont on a oublié les noms. Ils figurent à la date du 8 novembre, dans l'almanach de 1541. III, 268.

CORONOPOUS. « Aultres (plantes) par similitude... *coronopous*, au pied de Corneille. » II, 233.

Corpe *(Corpo di gallina.* Italien). Corps de galline, de poule, juron adouci. « *Corpe de galline,* nous ferons chere lie. » II, 147.

Corporal, Corporalle. Caporal. « Les Satyres Capitaines, Sergens de bandes, Caps d'Efcadre, *Corporals.* » III, 150. « ... lanterne *corporalle* d'aultres ieunes lanternes... » 221.

Corpore *(Corpus, Corporis).* Voir *Agiotade.*

Corporel. « ... obftant l'imperfection & fragilité des fens *corporelz.* » II, 67. « ... exercitation *corporelle...* » 191. « ... œilz *corporelz...* » 437.

Corps. « ... elle auoit vifaige de rebec, *corps* d'efpaignole, & ventre de Souyce. » I, 232. Voir *Cor bieu, Cor dieu.* — *Corps et biens.* Voir *Boyau.*

Corpulence, Corpulance. « Vous me ferez plaifir fi... me expofez fa forme & *corpulence* (de Quarefmeprenant) en toutes fes parties. » II, 372. « ... autour de la *corpulance* d'icelle lampe... » III, 155. « Dedans la *corpulance* d'icelle (fontaine), eftoient... artificiellement infculpez les douze fignes du Zodiaque. » 160.

Corquignolle. « Des *corquignolles* fauoreufes. » III, 218. Voir *Croquignolle.*

Correct. Adverbialement. « Parlez de grace *correct.* » II, 74. « Vous me femblez parler *correct.* » 173. « Vous... parlez à cefte heure *correct.* » III, 36. « ... nous fembloient bons lourdaux & parloient *correct.* » 70.

Correction. « Voftre confeil... foubs *correction,* femble à la chanson de Ricochet... » II, 53.

Correspondent. « ... matieres affez ioyeufes & bien *correfpondentes* au nom... » I, 5.

Corrival *(corrivalis).* Rival. « ... ne me fera *corriual* ce beau Iuppin... » II, 63. « ... feulz auecques leurs femmes fans *corriual* aulcun... » 163.

Corruer *(Corruere.* S'écrouler). « ... vne virginité Rendroyent infirme, & prefte à *corruer...* » III, 275.

Corrugation *(Corrugatus,* plissé). Action de se plisser, de se vider. « Mouuemens propres de fuffocation, de præcipitation, de *corrugation...* » II, 158.

Corruptele *(Corruptela.* Corruption). « ... l'iniquité & *corruptele...* » II, 209.

Corsecque. Javeline. « Dards, Dardelles, iauelotz, efpieux, *Corfecques,* Partuifanes, voloient fus luy... » II, 389. « Le quart fut abandonné au long bois, fauoir eft picquees, partufanes, halebardes, *corfecques,* efpieuz Boulonnois. » III, 399.

Corselet. Cuirasse. « ... polifsoient *corfeletz...* » II, 7.

Corsicque. Corse. « ... toutes efpeces de vignes, comme Phalerne... Graue, *Corficque...* » III, 132.

Coruscant *(Coruscare).* Brillant. « ... eftoilles *corufcantes...* » III, 413.

Corybantier. Dormir les yeux ouverts comme les Corybantes veillant sur Jupiter. « *Corybantioit* dormant : dormoit *corybantiant* les œilz ouuers comme font les Lieures de Champaigne... » II, 382. « *Corybantier.* dormir les œilz ouuers. » III, 202.

Corybantique. « ... cimbales *corybantiques* de Cybele mere grande des dieux. » III, 12.

Coscinomantie. « Par *Cofcinomantie* iadis tant religieufement obferuée entre les cerimonies des

Romains. Ayons vn crible & des forcettes... » II, 125.

Coscossons, Coscotons. Couscous, couscoussou. « ... force *Coſcoſſons*, & renfort de potages. » I, 140. « ... Vn grand pot beurrier plein de *coſcotons*... » II, 87. « *Coſcotons.* » 477. « ... *coſcotons* à la moreſque. » III, 85.

Coscoté. Granulé, tacheté. « ... vn beau chappelet de fines Eſmeraudes marchees de Ambre gris, *coſcote.* » I, 325.

Cosse. Suivant Jal *(Dictionnaire nautique)*, ce mot désigne un anneau de fer destiné à recevoir un cordage, mais il est d'avis de lire *coste* dans les passages qui suivent. Il dit à propos du second : « Il est bien évident ici qu'il s'agit des *Costes* ou *Côtes* du navire. « ... les *Coſſes* eſclattent... » II, 337. « ... *coſſes* & portehausbans de la carine. » 391.

Cosson. « ... vn *coſſon* noir, né d'vne febue blanche... ſelon ſon opinion (de Pythagoras) vos ames entreroient en corps de *coſſons*... » III, 53.

Cotal. « ... f(ol) *cotal.* » II, 182.

Cotoniat. Cotignac. Voir *Confection.*

Cotonner. Garnir de coton, ouater. « I'eſperoys bien y *cotonner* à profict & vſaige monachal le moulle de mon gippon. » II, 305.

Cotte. « ... *cotte* de tafetas d'argent... » I, 201 et IV, 152.

Cotte bardie. « ... la *cotte bardie* de Proſerpine. » II, 504.

Cotteur. Qui ajoute des cottes, des notes, commentateur. « ... les *cotteurs* de Droict. » III, 66.

Cotton. « ... ilz ne faiſoient que cracher auſſi blanc comme *cotton* de Malthe. » I, 245.

Coturnique. Qui a rapport aux cothurnes, aux chaussures. « ... houſeaulx *coturnicques.* » I, 276.

Cotyledon. « ... les *cotyledons* de la matrice. » I, 26.

Cotyles. « Si i'auoys en ceſte bouteille mis deux *cotyles* de vin & vne d'eau... » II, 240.

Couane. Couenne. « ... vne *couane* de lard iauſne... » II, 87. « L'vn vne aultre nommoit ſa *couane*, elle l'appelloit ſon lard. Et eſtoit entre eulx, parenté de *couane* de lard. » 301.

Couart. Couard, peureux. « Vn *couart* Acriſius... » II, 63. « ... ie ſuis vn peu *couart* de ma nature... » III, 57.

Coubdée, Coubtée. « ... diſtance... d'vne *coubdee* & demye. » I, 314. « L'herbe Pantagruelion... ne profonde en terre plus d'vne *coubtée.* » II, 228. « ... il paſſoit ſes fleches par dedans vn anneau : quoy qu'elles feuſſent longues de troys *coubtees.* » 390. « ... long d'vne demye *coubtee*... » III, 197.

Couble. Couple. « ... vn bon *couble* de beufz. » I, 147. « *Coubles.* » Variante. IV, 341.

Coublement. Action de coupler. « ... *coublement* des chiens courans... » I, 277.

Coubler. Coupler. « ... ioye & dueil, & ainſi de aultres, ſi vous les *coublez* en telle façon, q'vn contraire d'vne eſpece conuienne raiſonnablement à l'vn contraire d'vne aultre... » I, 39. « ... Dyas, qui eſt nombre premier par : comme de maſle & de femelle *coublez* enſemblement. » II, 101.

Coubte *(Cubitus)*. Coude. « ... recourſa ſes manches iuſques es *coubtes*... » II, 8. « ... nature euſt peu mettre nos teſtes aux genoulx ou aux *coubtes.* » 43. « Les *coubtes*, comme ratouoires. » 379.

COUCHE. *A la couche*. Comptant, argent sur table. « ... bien boire moitié au per moitié à la *couche*. » III, 24.

COUCHER. « Soupper à cinq, *coucher* à neuf. » II, 497 et IV, 305. Voir *Chappon*.

COUCOURDE. Courge. « ... vn vaiſſeau de criſtalin... en forme de *coucourde*... » III, 154.

COUDIGNAC. Cotignac, confitures de coings. On trouve la recette « Pour faire *condoignac* » dans le *Ménagier de Paris* (t. II, p. 247). « S'il touſſoit c'eſtoient boytes de *Coudignac*. » II, 381. Voir *Cantharidizé*. — *Coudignac de four*. Pain. « ... bien antidoté l'eſtomac de *coudignac de four*, & eaue beniſte de caue... » I, 68.

COUER. Voir *Bonnette*.

COUET. Amure. « Pare les *couetz*. » II, 349.

COUHARDISE. Couardise. « Il porte medicine à *couhardiſe* de gens. » I, 155.

COUILLAIGE. « Le *couillaige* des promoteurs. » I, 247 et IV, 181.

COUILLART, COUILLARD, COUILART. « ... f(ol) *couilart*. » II, 183. Voir *Asne*.

COUILLASSE. « Quand tu voyds le hourt de deux armees, penſe tu, *Couillaſſe*, que le bruyt... prouiene des voix humaines?... » II, 116.

COUILLAU, COUILLAUD, COUILLAUST. « ... mon petit *couillauſt*... » I, 154. « ... bons *couillaux*... » 224. « Eſmouche, *couillaud*, eſmouche mon petit bedaud... » 292. « Vien ça, *couillaud*... » II, 140. « ... frere Ian mon petit *couillaud*... » III, 60.

COUILLE, COILLE. Voir *Année*, *Barberot*, *Belier*, *Bredouille*, *Cape*.

Couilles de Lorraine. « D'yceulx ſont deſcendues les *couilles de Lorraine*, leſquelles iamays ne habitent en braguette, elles tombent au fond des chauſſes. » I, 221.

Coille à l'eueſque. « Sallades cent diuerſitez, de creſſon... de la *coille à l'eueſque*... » II, 480.

COUILLEBARINE (de *barrinus* d'éléphant). « La *couillebarine* des preux. » I, 245.

COUILLETER. Voir *Articuler*.

COUILLETTE. « Veulx tu venir, frere Ian? Ie le veulx... pour l'amour de toy, *couillette*. » II, 107.

COUILLEVRINE. Coulevrine. Altération volontaire et burlesque. « Et puis que les *couilleurines* ſe y vinſent frotter (aux murailles de Paris) vous en verriez... diſtiller de ce benoiſt fruict de groſſe verolle... » I, 291. Voir *Couleuvrine*.

COUILLON, COILLON. « ... chaſcun ne peut auoir les *couillons* auſſi peſant q'vn mortier. » I, 375. « *Couillon* mignon, *couillon* moignon... (etc., etc.) II, 128-131; « *Couillon* flatry, *couillon* moiſy... (etc., etc.) » 137-140. « ... aſſis ſus tes *couillons*. » 339. « ... par le monde y a beaucoup plus de *couillons* que d'hommes. » III, 37. « Par les ſainćts *couillons* du Pape... » 216. Voir *Cormier*.

Terme d'amitié : « ... mon petit *couillon*. » I, 53. « ... mon *coillon*. » 231.

COUILLONNAS. « *Couillonnas* au diable. » II, 140.

COUILLONNEZ. « ... raiſins... *couillonnez*... » Voir *Cabus*.

COUILLONIFORME, COUILLONNIQUE, COUILLONNIQUEMENT. « ... ſeront poſees ces trois pierres... leſquelles viuentes allumoient *couilloniquement* le feu de faction, ſimulte, ſećtes *couilloniques* & partialité... A perpetuele memoire, que ces petites philanties *couilloniformes*... dauant vous contempnees seurent... » II, 260.

Couillu. « Tes fiebures quartaines, *Couillu*. » II, 140. « ... bons compaignons, & bien *couilluz*. » 258. « Entends tu, *couillu* au Diable. » 350. « ... tu te veulx absenter du combat, *Couillu*... » 399.

Coul. Cou. « ... auoit vn collier d'or au *coul*. » II, 415. — Col de la vessie. « Le *coul* d'icelle comme vn batail. » II, 376.

Couleffres. Reptiles. II, 499.

Coulement. Écoulement. « Le *coulement* & laps de la fontaine... » III, 161.

Couleur. « De ce qu'est signifié par les *couleurs* blanc & bleu. » I, 39.

« *Couleur de roy*. Leonato, qui tire sur le tanné. » Oudin. *Recherches Italiennes francoises*. « Le premier à qui il s'adressa, estoit vestu d'vn robbe... de *couleur de roy*... » III, 210. — Figurément : « ... ie n'auois *couleur* de Rhetoricque plus valable ne argument plus persuasif... » II, 165. « ... soubs *couleur* & occasion... » 363. « ... soubs *couleur* de charesse & amitié... soubs *couleur* & fiction de vouloir sa fille espouser... » 398.

Couleuvrine, Coulevrine. « Eusthènes sus vne longue *Couleurine* iouoit des doigtz, comme si feust vn Monochordion. » II, 493. Voir *Basilic, Bombarde, Couillevrine*.

Couliere. « En second seruice furent seruies :... De la vesse *couliere*. » III, 219.

Couliz. « Pour les malades ilz vsent de vent *couliz* comme de *couliz* on nourrist les malades de nostre pays. » II, 420.

Couller. Couler. « Vn aultre iour se exerceoit à la hasche. Laquelle tant bien *coulloyt*... qu'il feut passé cheualier d'armes. » I, 89.

Coulouoir. « Pantagruel vouloit redoubler au *coulouoir*. » I, 359. Voir l'article précédent.

Coup. « A perir n'y a qu'vn *coup*. » III, 139. *A ce coup*. Voir p. 6, col. 1. Voir *Basilic, Festoyer*.

Coupe testée, Couppe guorgée. Contrepeterie pour *teste, guorge coupée* : « Epistemon qui auoit la *coupe testée*. » I, 362. « ... eut la *couppe guorgee*. » II, 12.

Coupeau, Couppeau. Coupure, morceau. « ... n'en eussiez donné vn *coupeau* d'oignon. » I, 3. « ... les abattoit comme vn masson faict de *couppeaulx*... » 361.

Coupeleau. *Au coupeleau*, à la coupelle, à l'épreuve, à l'examen. « ... le sceut si bien que *au coupelaud* il le rendoit par cueur à reuers. » I, 57.

Couper. « Autres *coupoient* le feu auec vn cousteau... » III, 81.

Coupeur, Couppeur. Voir *Barberot, Bourse*.

Couplement. « ... syllabes resultantes au *couplement* de toutes les consonantes auecques les vocales. » II, 26.

Coupler, Couppler. « ... au nom... des quatre fesses qui vous engendrerent : & de la viuifique cheuille, qui pour lors les *coupploit*. » II, 14. « ... vn homme *couplé* sus vne fille. » II, 274.

Couppeaureille. « ... cousteaulx qu'on appelle *couppeaureille*. » I, 357.

Couppe. Plateau. « Vous... serez en ceste *couppe* de balance, le mien mouton Robin sera en l'aultre. » II, 290.

Couppier. Celui qui verse à boire.

« ... panetiers, eſchanſons, eſcuyers tranchans, *couppiers*, credentiers... » II, 498.

COURAIGE. Courage, cœur. « ...*couraige* inuincible... » I, 4. « Bon dieu, tu congnois mon *couraige*... » 110. « ... ſe ſont horrificquement aigriz, enuenimez, indignez, & obſtinez en leurs *couraiges*. » II, 395. Voir *Deject.*

Couraige de brebis, de loup. Voir *Brebis.*

Couraige de crocqueur de pies. « ... il n'eſt ouuraige que de maiſtres, & *couraige* que *de crocqueurs de pies*. » III, 186.

— Exclamation. « Mon compaignon, *couraige*. » I, 24. « *Couraige* (diſt-il)... » 26. « *Couraige*, enfans, diſt le pilot. » II, 349.

COURAIGEUX. Courageux. Voir *Chevalereux.*

COURAL. Corail. « ... ma branche de *coural*... » I, 46.

COURANTE. Voir *Aage, Assis, Bachelier.*

COURBASSÉ. Courbé, cassé. « La vieille eſtoit mal en poinct... chaſſieuſe, *courbaſſée*... » II, 86.

COURBATU. « ... c(ouillon) *courbatu*... » II, 138. « Au demeurant *courbatu*, eſpaultré... » 321.

COURBEAU. Corbeau. « En ceſt arreſt le *courbeau* fut pelé... » I, 13.

COURIR. « ... ce n'eſt tout l'aduantaige de *courir* bien touſt, mais bien de partir de bonne heure. » I, 78.

— *sus.* « ... deux mois apres il a *couru ſus* ledict Sophy... » III, 356.

— En termes de chasse. « *Couroit* le cerf, le cheureuil, l'ours, le dain, le ſanglier, le lieure, la perdrys, le faiſant, l'otarde. » I, 90. « ... ilz auoient *couru* la poulle, iuſques au preſſouer Billard... » 129.

— En parlant de la mode, du vent. « ... furent faictz, taillez & confus (des habillements) à la mode qui pour lors *couroit*. » I, 31. « En eſté ie ne ſçay quel vent *courra*... » III, 250. Voir *Aiguillette, Champ.*

COURLE. Sorte de courge; oiseau. « ... me torchay... de feuilles de *Courles*... » I, 52. Voir *Buour* et l'article suivant.

COURLIS. « ... Butors. Palles. *Courlis.* » Voir l'article précédent.

COURMARAN. Voir *Cormaran.*

COURONNE. Voir *Advenement.*

COURONNÉ. Voir *Cabus, Coronnez.*

COURONNER. Couronner le vin. Expression purement latine *coronare vina*, qui signifie au propre orner une coupe de guirlandes et au figuré la remplir jusqu'aux bords. « Paige... emplis icy & *couronne* le vin. » I, 24.

COURQUAILLET. Appeau à caille. « La ratelle, comme vn *courquaillet*. » II, 375.

COURRACTEURS. Correcteurs des comptes. « ... repaſſoyent encores le marc des grappes apres les autres, lon les appelloit en langage du pays *Courracteurs*. » III, 215.

COURRAIES. Courroies. « ... diables... ceinctz de groſſes *courraies*... » II, 316.

COURRAIL. Verrou. « S'il vous plaiſt... m'en vendrez vn, i'en feray bien fort tenu au *courrail* de voſtre huys. » II, 291.

COURRATIER, COURRATIERE. Courtier, courtière. « ... bonnes femmes lauandieres, *courratieres*, rouſtiſſieres... » I, 266. « *Courratiers*, Poſtes, Laquais... » III, 244. Voir *Chamberiere.*

COURRIER. « ... furent ces bonnes nouuelles... auerees par quelques *courriers* de banque... » III, 394.

COURROUCER (SE) A. Voir p. 5, col. 1, 4°.

COURSIE. Passage établi au milieu d'une galère entre la proue et la poupe. « ... d'icelluy (Larix) feist couurir les pouppes, prores, fougons, tillacs, *coursies* & rambades de ses carracons... » II, 244. « ... passant sus la *coursie*... » 339.

COURSIER. « ... retournoit de Naples ou auoit achapté quelques *coursiers* du Royaume... » III, 358. « Tous en harnois dorez, montez sus gros *Coursiers,* leurs paiges montez sus Genetz, & cheuaux Turcs... » 400. « ... en linstant mourut le cheual, qui estoit vn bien beau & puissant *coursier.* » 406. Voir *Barbe.*

COURSIVES. Cursives. « ... lettres versalles ou *coursiues.* » I, 277.

COURSOIR. C'est probablement la même chose que le *couroir,* sorte de corridor à ciel ouvert. Voir *Acropy.*

COURT *(Curtis).* Cour. « Gargantua faisoit vn beau banquet à tous les princes de sa *court*... tous les officiers de sa *court* estoyent... occupés... » I, 235. « ... paruenir en *Court* de grans Seigneurs. » III, 127.

COURT. Adjectif. « Si mon argent est *court,* ie me recommanderay à vos Aulmosnes. » III, 341. Voir *Baston, Boulle, Chemin.*

— Adverbialement. « ... le faisoit (un cheval) *court* tourner en vn cercle... » I, 89. « ... finer leur vie hault & *court.* » II, 235. « ... si Priscian ne les tient de *court.* » III, 237.

COURTAUT, COURTAULT. Voir *Chien.*

— Dans un sens libre : « ... là, me dist Panurge, que son *courtaut* ressembloit à ceste Vnicorne, non en longueur du tout, mais en vertu & en propriété. » III, 120. Voir *Chevaucheur.*

COURTE. « *Courtes.* Grues. » II, 478.

COURTIBAUX. Tunique ou dalmatique. « ... luy faisoit changer de poil (à son cheval), comme font les moines de *courtibaux* selon les festes... » I, 47.

COURTIL. Jardin. « ... la vieille... sortit en vn *courtil* pres sa maison. » II, 88. « ... voyez dans ce *courtil*... » III, 213.

COURTINE. Rideaux de lit. « ... entre les *courtines* dorees... » II, 7. — Mur de fortification. « ... enduisoient *courtines.* » II, 7.

COURTISAN. « Vous parlez en *Courtisan.* » II, 144 « ... *courtisan* languaige Lanternoys. » II, 220 et IV, 263. « ... le langage *courtisan* des cheuaux. » III, 33.

COURTOISEMENT. « Couillatris *courtoisement* remercie Mercure. » II, 265.

COURTOISIE. « Telle estoit la *courtoisie* & coustume du pays. » II, 304.

COURTOYS. « ... le portier luy feut *courtoys.* » II, 313.

COURT PENDU. « ... pomme de *court pendu*... » II, 70.

COURVÉE. Corvée. « I'ay faict *couruée* trop extraordinaire. » II, 78.

COUSIN REMUÉ DE, issu de. « Son *cousin* Geruays *remué d'*vne busche de moulle. » I, 272.

COUSSI. « ... Toutes especes de vignes, comme Phalerne... *Coussi*... » III, 132.

COUSSON. Gousset « ... les *coussons* en sorte de carreaulx, lesquelz on mist soubz les esselles. » I, 31.

COUST. Dépense. « Le moyen est facile, & de *coust* bien petit. » II, 266. « Ainsi faisant tu me as espargné le *coust* d'vn clystere. » III, 206.

COUSTE ET VAILLE. Quelle que

soit la dépense. II, 70 et IV, 234. II, 293.

Couste. Côte. « ... Ligurie, c'eſt la *couſte* de Genes. » II, 232. « ... huiƈt *couſtes* freuſſees. » 314. « Les *couſtes*, comme vn rouet. » 379. Voir *Bovin*.

Cousté. Côté. « ... vindrent à tas ſaiges femmes de tous *couſtez*. » I, 26. « ... les tabourineurs auoient defoncé leurs tabourins d'vn *couſté*... » I, 106. « ... ſon eſpee baſtarde au *couſté*... » 132. « ... voyant d'vn *couſté* ſa femme Badebec morte, & de l'aultre ſon filz Pantagruel né... » 230. « ... mettoyent tout le pauure guet par terre comme porcs, puis fuyoyent de l'aultre *couſté*... » 296. « ... les gigotz, le hault *couſté*, la poiƈtrine... » II, 294. « Panurge à *couſté* du fougon... » 297. « Frere Ian, les reguardoit de *couſté*. » 448. « ... tous carrez *couſtes*. » III, 87.

Cousteau. Coteau. « Au pied du *couſteau*. » I, 81. « ... le chemin vers les *couſteaux*. » 136.

Cousteau. « ... vn homme qui fuyt quand il fault iouer des *couſteaux*. » I, 146. « Autres coupoient le feu auec vn *couſteau*. » III, 81. Voir *Boutique*, *Bracquemar*.

Coustelette. Côtelette. « Les *couſtelettes* dont on fait en Pygmion les beaulx petitz arcs... » II, 294. « *Couſtelettes* de porc à l'oignonnade. » 478.

Coustelleur. Coutelier. Voir *Aguiser*.

Cousteret, Coustret. Corbeille ou hotte de vendange. Des lettres de rémission de 1394 et de 1399 citées dans le *Glossaire* de du Cange, à l'article *Costerellum, Costerelum*, mentionnent : « ... vn *Couſteret* de vin » et des « *baſſescoſteres* ou hottes à vendangier. » « Ie penſe que pluſieurs ſont auiourd'huy empereurs, Roys... leſquelz ſont deſcenduz de quelques porteurs de rogatons & de *couſtretz*. » I, 9-10. « ... meſſieurs les porteurs de *couſteretz*... » 273. « ... quelque porteur de *couſtretz* gros & gras. » 303. « Perceforeſt (eſtoit) porteur de *couſtretz*. » 366. « ... ſept porteurs de *couſtretz* chaſcun ayant vne corbeille à ſon col. » 381.

Couster. Voir *Bon*.

Coustier. Allant à côté, n'atteignant pas le but. « Tous feurent *couſtiers*. Rien du blanc ſacro ſainƈt barbouillé ne feut... Sanſornin l'aiſné... nous iuroit... qu'il auoit veu... le paſadouz de Carquelin... s'eſtre eſcarté loing d'vne toiſe *couſtier* vers le fournil. » II, 452.

Coustiere. « ... feiſt caller les Boulingues... & de toutes les Antemnes ne reſter que les grizelles & *couſtieres*. » II, 336. Dans son *Glossaire nautique*, Jal, qui explique *couſtiere* par Hauban, fait l'observation suivante : « Les griselles (enfléchures) et les *couſtieres* n'ont jamais pu être comptées parmi les antennes ou vergues; nous avons déjà fait cette remarque p. 511, t, II de notre *Archéol. navale*. »

Coustoyer. Côtoyer. « Ayans prudemment *couſtoyé* le tourbillon... » III, 69. « ... aduola grand nombre de Gays d'vn couſté, grand nombre de Pies de l'autre... Et ſe *couſtoyoient* en tel ordre, que... » 186.

Coustume (Avoir de). Voir p. 65, col. 1.

Coustumier. « ... de ce faire il eſtoit tant *couſtumier*, qu'au ſeul ſon des pinthes... il entroit en ecſtaſe... » I, 30. « Eſquelz ie ſuis *couſtumier* de reſpondre que icelles par esbat compoſant ne pretendois gloire... » II, 247.

COUSTURIER. Voir *Clémentin*.

COUVER. « ... m'esbahys bien fort comment le monde ne pont veu qu'il faict ſi beau *couuer*. » I, 272. « ... veu que tant ilz *couuoient* perpetuer leur nom & memoire... » II, 260. « ... vous ne fuſtes onques de mauuaiſe pie *couuez*. » III, 27 et 188.

COUVERCLE. Voir *Chaudron*.

COUVERT (AU). En se couvrant. « ... commencerent au *couuert* de leurs ſeruiettes crier... » II, 460.

COUVRECHEF, COUVRECHIEF. « Ie me torchay... d'vn *couurechief*... » I, 54. Voir *Baverettes*.

COUVREUR. Voir *Carrelé*.

COY, COYE *(Quietus)*. Coi, coite, tranquille. « ... demouroit *coy* & ioyeulx... » I, 30. « ... ne peult l'home recepuoir diuinité... ſinon lors que la partie qui en luy plus eſt diuine... ſoit *coye*, tranquille, paiſible... » II, 68. « Quant ils ont fait quels ſont-ils? — *Coys*. » III, 112.

— Adverbialement. « ... il inuentoit lors art & moyen... que les boulletz... reſtaſſent *coy* & court en l'air... »

COYFFER. « ... le Diable s'en puiſſe *coyffer*. » II, 324.

COYTTE. Voir *Coiſſin*.

COZ *(Cos, cotis)*. Pierre à aiguiser. Voir *Aguiser*.

CRAC. « Page, à la humerie. *Crac, crac, crac*. » I, 146.

CRACHER. Voir *Bassin*.

CRACHOUOIR. Crachoir. « ... crachoient aux *crachouoirs*... » II, 80.

CRADOT. « Barbue. *Cradotz*. Carpes. » II, 481.

CRÆPALOCOMES. « ... chantans ne ſçay quelz Dithyrambes, *Cræpalocomes*, Epænons... » II, 477. « *Dithyrambes, cræpalocomes, Epænons*. Chanſons de yuroignes, en l'honneur de Bachus. » III, 205.

CRAINDRE. « Et ne *crains* rien que les dangiers. » II, 354. « Rien ne *craignoit* que ſon vmbre & le cris des gras chevreaulx. » II, 383. « ... ie ne *crains* rien fors les dangiers. Ie le diz touſiours. Auſſi diſoit le Fran archier de Baignolet. » 464.

CRAINE. Crâne. « ... demoura le *craine* pendent ſus les eſpaules... » I, 163.

CRAMAILLIERE. Crémaillère. « Les pores vreteres, comme vne *cramailliere*. » II, 375.

CRAMASTERES, CREMASTERES (κρεμαστῆρες). Muscles suspenseurs. « Les *cramaſteres* du toreau tant aymé de Paſiphe. » III, 218. Voir *Abrevier*.

CRAMOISI. Substantif. Sorte de teinture qui rend les couleurs plus vives. Figurément : *en cramoisi*, d'une manière supérieure, durable. « ... m'ayez pour excuſé, ſi ie ne rithme en *cramoiſi*... » III, 175.

— Adjectif. Ce qui est teint en cramoisi. « ... velours bleu *cramoyſi*. » I, 33. « ... velours *cramoizi* rouge ou violet. » 201. « ... f(ol) *cramoiſy*. » II, 183. « ... ſoye *cramoiſie*. » 381. « ... eſtoit le pennaige rouge *cramoiſy*. » 415. « ... damas rouge *cramoiſi*. » III, 401. Voir *Aureillette*.

CRAMOISIN, CRAMOISINE. Teint en cramoisi. « ... eſmouchail de ſoye *cramoiſine*. » II, 92. « ... floc de ſoye *cramoiſine*. » III, 130. « ... cordon de ſoye *cramoiſine*. » 142. « ... mitre rouge *cramoiſine*. » 147. « ... guimple de ſoye *cramoiſine*. » 220. Voir *Armoiſin*.

CRAPAUDINE. Pierre qu'on croyait se trouver dans la tête des crapauds. « ... luy mift on doigt medical vne verge d'or bien belle : en laquelle eftoit vne *crapaudine* de Beuffe... » II, 87. « ... vn... anneau d'argent : en la palle du quel eftoit enchaffee vne bien grande *crapauldine.* » 328.

CRAPAULT. Voir *Chargé.*

— Jeu. « Au *crapault.* » I, 83.

CRAPULE. Boisson. « ... replet de viandes & *crapule...* » II, 68.

CRAVANS. « ... quelques douzaines... de oifeaux de riuiere, de Cercelles... Francolys, *Crauans...* » I, 140.

CREANCE. « ... lettres de *creance.* » II, 277. « ... puys que m'auez... par la *creance* de voftre efcuyer mes efpritz recreez en nouuelles de voftre profperité & fanté... » 282.

CREATURE. « ... Gafter confeffoit eftre non Dieu, mais paoure, vile, chetiue *creature.* » II, 483.

CREDENTIER. Sommelier, préposé à la crédence. Voir *Couppier.*

CREDIT. *A crédit,* gratuitement. « ... frere Ian fe damne bien *à credit.* » II, 345.

CREDITEUR. Qui fait crédit, créancier. « ... vos *crediteurs* priront Dieu que viuez... A la numerofité des *crediteurs* fi vous eftimez la perfection des debteurs, vous ne errerez... » II, 26. « ... il ne faict *crediteurs* qui veult. » 27. « ... eftant bien fort endepté, mes *crediteurs* ne feroient que trop foingneux de ma paternité. » 51. Voir *Acquester, Avoir son vin, Copieux.*

CREER. « ... fi d'ailleurs ne m'eftiez congnu, vous me *creeriez* en l'entendement opinion de vous peu honorable. » III, 117.

CRENEAULX. « ... le gentilhome... fera contrainct... le iecter par les *creneaulx* & feneftres de fon chafteau. » II, 311.

CRENELÉ. Voir *Colonne.*

CRENEQUIN. Pied de biche, clé en fer servant à bander les arbalètes. « Les cuiffes, comme vn *crenequin.* » II, 378.

CREPUSCULE. Littré ne donne aucun historique pour ce mot et ne cite même pas ce passage de Rabelais. « Nous transfretons la Sequane au dilucule & *crepuscule...* » I, 240

CRESME. « La *crefme* philofophale. » III, 283.

CRESPION. « ... *crefpions.* Rayes... » II, 481.

CRESSON. Voir *Alenoys.*

CRESSONNIERE. Marchande de cresson. « ... Pentafilee fus fes vieux ans prinfe pour *creffonniere.* » I, 14. « Panthafilee eftoit *creffonniere.* » 367.

CREU. Cru. « ... tirer du *creu* de nos paffetemps epicenaires. » II, 13.

CREUX. « ... fongeoyt *creux...* » I, 45. « ... fi bien ie ne foupe... autant fonge *creux* que pour lors eftoit mon ventre. » II, 68.

CREVAILLES. « ... ils eftoient inuitez aux *creuailles* de l'hofte... N'entendans ce gergon, & eftimans qu'en iceluy pays le feftin on nommaft *creuailles...* fufmes aduertis que l'hofte... beau mangeur... eftoit venu en fes *creuailles,* & felon l'vfage du pays finoit fes iours en creuant. » III, 64.

CREVER. « ... au combat iettent les gens haut en l'air, & à la cheute les font *creuer* de rire. » III, 119.

CREZIOU. Creuset. « Le *crezion* de contemplation. » I, 246. « La plante (des pieds) comme vn *creziou.* » II, 378.

Criart. « ... depeſchons ce *criart* là bas. » II, 261. « Panurge le *criart*... » 339.

Crier. « Scipion Africain *cryoit* la lye en vn ſabot. » I, 364. « ... pourquoy ne *crioys* tu à la force? » II, 98. « Tu as aſſez *crié* pour boire. » 264. « On plume l'oye ſans la faire *crier*. » III, 51. Voir *Crieur*.

Crieur, Cryeur. « Comment Panurge maria le roy Anarche, & le feiſt *cryeur* de ſaulce vert. » I, 370. « Ie le veulx mettre à meſtier, & le faire *crieur* de ſaulce vert. Or commence à cryer, vous fault-il poinct de ſaulce vert? Et le pauure diable cryoit. » 372.

Crime. « ... les imperfections de Nature ne doibuent pas eſtre imputées à *crime*. » II, 187.

Cris, Crys. « ... le *cris* des naurez... » I, 107. « A ſon *cris* & lamentation accourut tout le voiſinaige. » II, 119. « ... dura ce *cris* plus d'un quart d'heure. » 438. Voir *Craindre*.

Cristalin, Cristallin. Substantif et adjectif. « La Royne eſtoit veſtuë de *criſtallin* vierge... » III, 130. « *Criſtalin* treſpur... vaiſſeau de *criſtalin*... » 154. « ... lampe *criſtaline*. » 155. « ... commanda eſtre hanaps, taſſes & gobelets preſentez, d'or, d'argent, de *criſtalin*, de porcelaine. » 157. « ... ainſi parlent les bouteilles *criſtalines* de nos pays, quant elles pres du feu eſclatent. » III, 170.

Criticquer, Critiquer. « La maladie de ſoy *criticquoit*, & tendoit à fin. » II, 197. « L'oraige me ſemble *critiquer* & finir en bonne heure. » II, 349.

Croc. Jeu. « Au *croc* madame. » I, 81. « C(ouillon) à *croc*. » II, 129. « Ie n'ay omis à conſiderer les *crocs* & les Pies, peintes au deſſus. » III, 186. Voir *Crocquer*.

Croche. « ... il leur eſt defendu de ne les rongner iamais (les ongles), de ſorte qu'ils leur deuiennent *crochès* comme rancons ou riuereaux. » III, 212.

Crochet. « ... vn dauiet, vn pellican, vn *crochet* & quelques aultres ferremens dont il n'y auoit porte ny coſtre qu'il ne crochetaſt. » I, 300.

Crocheter. « *Crochetaſtes* vous oncques bouteilles? » I, 5. « ... ſuis bien de cet aduis... de ne les liurer (les pacquets) entre les mains des banquiers de peur que ne fuſſent *crochetez* & ouuerts. » III, 353. Voir *Anemophylace, Crochet*.

Crocquelardon, Croqrelardon. « ... vn frere Lubin vray *croquelardon*... » I, 6. « Le pape Vrbain (eſtoit) *crocquelardon*. » 366. Voir *Chemise*.

Croquemousche. « Domitian le *croquemouſche*. » II, 216.

Crocquenotaire, Crotenotaire. Ce mot et celui d'*onocrotale* sont employés par Rabelais pour désigner d'une façon burlesque les protonotaires. « I'en parle comme vn gaillard Onocrotale, voyre dy ie *crotenotaire* des martyrs amans & *crocquenotaire* de amours. » I, 217. « I'y vy... des *Crotenotaires*, voire dis-ie des Onocrotales auec leur grand goſier. » III, 121 et IV, 320-321.

Croquepye. « Puys furent ſeruies :... De la *croquepye*. » III, 217-219.

Crocquer pie. « *Crocquer pie* ſignifie certaine ioyeuſeté par metaphore extraicte du prodige qui aduint en Bretaigne peu de temps auant la bataille donnee pres ſainct Aubin du Cormier. »

III, 186. « Goitrou les inuitoit à boire comme de couſtume, adiouſtant à la fin d'vn chaſcun inuitatoire, *Crocquez pie...* fut dict en prouerbe commun, Boire d'autant & à grandz traictz, eſtre pour vray *crocquer la pie...* vous voulez qu'à prime ie boiue vin blanc... Cela vous appellez *crocquer pie.* » 187-188. Voir *Breviaire*, p. 97, col. 2.

Crocqueteste. Jeu. « A *crocqueteſte.* » I, 83.

Crocqueur de pies. Voir *Couraige.*

Crocute. (*Crocuta* ou *Crocotta.* Crocotte, hyène d'Éthiopie). « I'y vy des Sphynges... des *Crocutes...* » III, 122.

Croire. « ... *croioyt* que nues feuſſent pailles d'arain, & que veſſies feuſſent lanternes... » I, 45. « Ie *croy* bien... que l'on ne ſe foucyoit du pauure Pantagruel... » 235. « ... là conſiſte... le germe conſeruatif de l'humain lignage. Et *croieroys* pour moins de cent francs, que que ce ſont les propres pierres, moyenans les quelles Deucalion & Pyrrha reſtituerent le genre humain. » « Vous auez ce *croy* ie nom Robin mouton. » II, 290.

Croisade. « Ie croy bien que l'annee qui vient ie preſcheray encores vne foys la *croiſade.* » II, 42.

Croix. Jeu. « A *croix* ou pille. » I, 81. « Baille moy ta bourſe. Car la *croix* eſt contraire au charme. » II, 113. « ... baille moy ta bourſe : ne porte *croix* aulcune ſus toy. » 114. « Plaute iamais n'en mentit, diſant le nombre de nos *croix*, c'eſt à dire, afflictions, ennuits, faſcheries, eſtre ſelon le nombre de nos valets. » III, 66. « ... ilz s'eſtudieront à l'inuention ſaincte *croix*, ne getteront leur lait aux chiens. » 242.

— *Baiſer ſes poulces en croix.* Voir *Baiser.*

Croix Oſanniere. « ... la ceruelle en tomba pres la *croix Oſanniere...* » II, 317. « *Croix Oſanniere.* En Poicteuin, eſt la croix ailleurs dicte Boyſſeliere : pres laquelle au dimenche des rameaux lon chante. *Oſanna filio Dauid. &c.* » Voir *Baston*, *Bois.*

Cronicolapte. Insecte. II, 499.

Crope, Croppe. Croupe. « ... ſe miſt en eſtat de cheuaucheur ſus la *croppe.* » I, 133. « ... chaſcun ayant vn harquebouzier en *crope.* » 154. « ... vn grand leurier luy piſſa ſur la teſte (à la dame Pariſianne)... les aultres à la *croppe...* » 328. « ... à la *croppe* de vne montaigne... » II, 86. « Deſſus les... chapiteaux... eſtoit vne *croppe* erigee pour couuerture de la fontaine... » III, 160. « Sus le ſommet de la *croppe* ſuſdite... eſtoient trois vnions... » 161.

Cropiere, Croppiere. « Si tous folz portoient *cropiere*, il auroit les feſſes bien eſcorchées. » II, 185. « ... montee ſus vne vieille mule... la face vers la *croppiere.* » II, 426. Voir *Asne.*

Cropion, Croppion, Croppium. « ... le catarrhe au gauion, le gros fioncle au *cropion...* » II, 268. « ... le medecin d'eaue douce feu Amer.,. deffendoit... le *cropion* de gelines... diſant... *croppium* dubium... » III, 6. « ... ſempiternel remuement de *cropions.* » 122. « ... le *croppion* redoutable... » 191.

Croquignolle, Croquinolle. Jeu. « Aux *croquinolles.* » I, 83. « La *croquignolle* des curés. » 246. Voir *Corquignolles.*

CROQUIGNOLOGE. « Pour le dernier ſeruice... Du *croquignologe.* » III, 220.

CROQUINPEDAIGNES. « En ſecond ſeruice... Des *croquinpedaignes.* » III, 219-220.

CROSSE. Jeu. « A la *croſſe.* » I, 83.

CROTAPHIQUE (κροτάφος, tempe). « ... l'artere *crotaphique...* » I, 99.

CROTESQUE. Arabesques, figures bizarres semblables à celles qui ont été trouvées dans les édifices anciens ensevelis sous terre. « C(ouillon) de *croteſque.* » II, 128. « ... ne ſembloient engrauez dedans la matiere, mais en boſſe, ou pour le moins en *croteſque* apparoiſſoient enleuez totalement. » III, 155.

CROTEUX. Couvert de crotte. « Les magiſtres... ſont iuſques a preſent demourez & *croteux* & morueux. » I, 75.

CROTTE. « En ſecond ſeruice... De la *crotte* en poil. » III, 219.

CROULLER, CROUSLER. Secouer, Ébranler. « ... *croullans* tous les fruictz des arbres. » I, 102. « ... *croulloit* (Diogène, ſon tonneau). II, 8. « Auez vous conſideré comment ſa teſte s'eſt... *crouſlée* & esbranlée? » 212. « Quiconque en vouloit auoir, ne falloit que *crouſler* l'arbre. » III, 38.

CROUSTE. « L'vn appelloit vne aultre ma mie, elle l'appelloit ma *crouſte.* » II, 301.

CROUSTELEVÉ. « *Crouſteleuez* remplis de deshonneur. » I, 196. « ... vn tas de gros taluaſſiers tous *crouſteleuez.* » 216. « ... verollez *crouſteleuez.* » II, 14. « ... C(ouillon) *crouſteleué.* » 139. « Comment donc, infera Panurge, ſont-ils ainſi *crouſteleuez...* » III, 24. Voir *Catharré.*

CROYE. Craie. « ... pluſieurs de la part Françoiſe... marquerent de *croye* blanche ſus leurs calendiers ceſte fauſte & heureuſe iournee. » III, 394.

CROYZER. « La iouoyt... A *croyzer.* » I, 80-83.

CRUC. Crochet. « Ie le vous grupperay au *cruc.* » II, 63.

CRUCIÉ (*Cruciatus*). « ... vie amere & *cruciée.* » III, 278.

CRUD, CRUDE (*Crudus*). « ... herbe Pantagruelion, taut verde & *crude,* que confićte & præparee. » II, 228.

CRUDITÉ. « ... il eſtoit en griefve maladie tombé, par certaine *crudité* d'eſtomach... » II, 331.

CRUON. Cruchon. « Saulue Teuot le pot au vin, c'eſt le *cruon.* » II, 47 et IV, 92.

CRUSTUMENIES (*Crustuminus.* De Crustumère, ville des Sabins). *Poires cruſtumenies.* Voir *Berguamotte.*

CUBE. « Adiouſtez, diſt elle, le *cube* premier, ce ſont huit. » III, 137.

CUBICULAIRE (*Cubicularius,* de cubiculum, chambre à coucher). Voir *Chambrier.*

CUBIQUE. « ... la vraye Pſycogonie de Platon... de laquelle la moictié eſt compoſee d'vnité des deux premiers nombres pleins de deux quadrangulaires & de deux *cubiques.* » III, 137-138.

CUCROCUTES. « ... des *cucrocutes* beſtes tres-legeres, grandes comme Aſnes de mirebalais. » III, 122.

CUEILLEREE. Cuillerée. « ... tout ſoubdain qu'il en eut auallé vne *cueilleree...* » I, 352.

CUEILLEUR, CUILLEUR. « ... reſembloit vn *cueilleur* de pommes du pais du Perche. » I, 259. « ... ſe trouſſa en *cuilleur* de pommes. » II, 8.

CUEUR. Cœur. « ... il leurs tranſperçoyt la poiƈtrine par le mediaſtine & par le *cueur.* » I, 106. « ... ſans vous m'eſtoit le *cueur* failly... » II, 252.

— *d'egliſe.* « ... retourne au *cueur de l'egliſe...* » I, 104. Voir *Cœur.*

Cuharsce. Reptile. II, 499.

Cuider, Cuyder. Penser, croire. « ... ce que par aduenture *cuidiez* diƈt en gayeté de cueur. » I, 5. « ... ie *cuyde* que ſoye deſcendu de quelque riche roy... » 10. « ... Ponocrates & Eudemon s'eſclafferent de rire tant profondement, que en *cuiderent* rendre l'ame à dieu... » 73. « ... ſouuent *cuidans* peter ilz ſe conchient, dont ſont nommez les cuideurs des vendanges. » 97. « *Cuyde* tu ces oultraiges eſtre recellés... au Dieu ſouuerain... Si le *cuyde,* tu te trompe... » 117. « ... il ne faiƈt que eſcorcher le latin & *cuide* ainſi Pindariſer... » 242. « ... ie me *cuyde* conchier de ioye. » 287. « ... apres longs... ieuſnes *cuydent* plus auant entrer en contemplation des choſes celeſtes. » II, 68. « Nature me ſemble non ſans cauſe nous auoir formé aureilles ouuertes... La cauſe ie *cuide* eſtre, affin que... continuellement puiſſions ouyr. » 84. « ... *cuydant* quelque femme de de bien & d'honneur eſpouſer... » 215-216. « ... *cuydant* ainſi le retenir... » 296. « ... ie le *cuydois* mort aſſommé. » 329. « Sa femme tel le voyant, *cuydoit* qu'on l'euſt au marché deſrobbé. » 433. « Depuis elles vous *cuident?* — ſainƈts. » III, 113. « Les *cuidez* feront de ſaiſon, car tel *cuidera* veſſir, qui baudement fiantera. » 251 et IV, 121. « ... nous *cuidons...* Qu'heures ſont iours... » 299. « ... *cuidans* ſanfarer... » 396. Voir *Argent content,* p. 46, col. 2, *Copieux.*

Cuideur. Voir *Cuider.*

Cuillette. Cueillette. « En quel temps ſera la *cuillette?* » II, 428. « Venu le temps de la *cuillette,* le Diable ſe trouua au lieu... » 430.

Cuillir. Ce mot signifie quelquefois, comme en latin, *colligere,* rassembler, réunir, recueillir. « ... feiſt *cuillir...* ſorce grands rameaux de cannes:.. » I, 121. « ... comme les femmes de Cilicie... *cuillent* la graine de Alkermes. » II, 93. « Nature... nous inſtruiƈt *cuillir* & manger les fruiƈtz quand ilz ſont meurs. » 193. « ... il naſquit on temps de alteration, lors qu'on *cuille* ladiƈte herbe... » 235. « ... belle panneree, *cuillie* en propre iardin que les autres precedentes. » III, 9. « Autres *cueilloient* des Eſpines raiſins, & figues des chardons. » 80. « Son char triomphant eſtoit tout couuert de Lierre, prins & *cueily* en la montagne Meros. » 151.

Se cueillir. Se réunir, se rassembler. « Les mouſches en ſont tant friandes que merueilles, & ſe y *cueilleroyent* facillement & y feroient leur ordure. » I, 291.

Cuire. « ... ce n'eſt là que me *cuiſt* & demange. » II, 36.

Cuisine, Cuysine. « ... ruoyt treſbien en *cuiſine...* » I, 45. « ... il rue en *cuiſine...* » II, 305. « ... touſiours vous trouuez moines en *cuyſines.* » 308.

Cuisinerie. « ... la patine & *cuiſinerie* de Vitellius, tant celebree, qu'elle vint en prouerbe... » III, 411.

Cuisse. « ... prenez l'aeſle de la Perdrys, ou la *cuiſſe d'vne nonnain..* » I, 145. Brantome avait peut-être ce passage en vue lorsqu'il écrivait : « On dit *cuysse de nonain;* d'autres disent que c'est la perdrix des femmes, pour en estre la viande plus friande & sauoureuse... » (Édit. Lalanne, t. I, p. 275.) Voir *Damoiselle.*

CUITTE, CUYCTE, CUYTE. Cuisson. « ... horologes & quadrans pour entendre le temps de la *cuycte* de Pain... » II, 485. « C'est monsieur du Roy de troys *cuittes.* » I, 372 et IV, 215. Voir *Cardinalizer.*

CUL. « ... chose est en nature intolerable, quand beauté faut à *cul* de bonne volonté. » III, 78 et IV, 329.

A cul de foirad. Voir p. 1, col. 1.

A cul levé. Voir p. 2, col. 1.

A cul salé. Jeu. I, 83.

A escorche cul. Voir p. 2, col. 1.

Auoir au cul passions, jeu de mot sur *occupation.* « ... ont *au cul passions* assez. » II, 14.

Cul de lampe. « ... à forme de *culz de lampes...* » I, 193.

Cul de poulle. « ... clouant toutes les extremitez des doigtz en forme qu'on nomme en Chinonnoys, *cul de poulle.* » I, 313.

Cul sus teste. « ... se renuersa *cul sus teste* en l'air... » I, 133. « ... continuellement faisant la roue, *cul sus teste...* » II, 384.

De cul. « ... tint contre tous les regens... & les mist tous *de cul.* » I, 265. « ... i'ay argué maintesfoys contre eulx, & les ay faictz quinaulx & mis *de cul.* » I, 310. « Panurge restoit *de cul* sus le tillac. » II, 339. Voir *Aller, Asseoir, Barytoner, Bas cul, Besoigner, Boisseau, Cocu.*

CULICES *(Culex, Culicis).* Moucheron, cousin. « ... pusses, punaises, cirons, mousches, *culices,* & aultres telles bestes. » II, 111.

CULINAIRE. « ... f(ol) *culinaire.* » II, 184. « ... veu que combattre nous fault Andouilles, vous inferez que c'est bataille *culinaire,* & voulez aux cuisiniers vous rallier. » II, 407. « ... soubdars *culinaires...* » 414.

CULLEBUTER. Culbuter. « ... passant temps à veoir fouyr les ennemys, & *cullebuter* entre les corps mors... » I, 44. « ... *cullebutoit* (Diogène, son tonneau). » II, 8.

CULLETAIGE. « ... aux ieunes compete *culletaige.* » II, 359.

CULLETER, CULTER. « ... couillon *culletant* frere Ian mon amy... » II, 131. « ... *cultans* les haulx misteres... » III, 9. « Que disent-elles en *culletant?* — mot. » 112. « ... couillon *cultant* & fredonnant. » 117. Voir *Articuler.*

CULLETIS. Voir *Beste à deux doz, Bruit.*

CULLIER. Voir *Boyau.*

CULOT, CULLOT. Petit cul, dernier né. « Le *culot* de discipline. » I, 246. « C(ouillon) *cullot.* » II, 130.

CULPELÉ. « Le *culpelé* des vefues. » 248. « Ho, guodelureau moine *culpelé?* » II, 500.

CUMANE. De Cumes. « ... la Sibylle *Cumane.* » II, 115.

CUPIER *(Cupire.* Désirer). « ... si ton esprit *cupie...* » III, 275.

CURATIF. « Pantagruel demandoit à quel propous & quelle indication *curatiue* il auoit tant de moustarde en terre proiecté. » II, 417.

CURE. Soin, guérison, évacuation. « Il se fault premier escurer l'estomach des superfluitez & excremens... Rendez tant que voudrez vos *cures,* ie m'en vays apres mon tyrouer. » I, 153. « ... comme on baille *cure* es faulcons. » 204. « ... ie me peine & efforce enuers ceulx, que ie prens en *cure.* » III, 191. « Chacun y prend ſollicitude, & *cure.* » 279.

Avoir cure, en cure. Voir *Avoir,* p. 65, col. 1.

Curedens. « Gymnaſte apoinɛ̃toit des *curedens* de Lentiſce. » II, 492.

Curer. Soigner. « ... tel ſi fort les inteſtines *cure...* » III, 280.

Curial *(Curialis).* De cour, courtisan. « ... f(ol) *curial.* » II, 182.

Curie. Cour. Voir *Ambulant.*

Curieusement. Soigneusement. « ... là ſe lauoient *curieusement* les mains & la bouche... » III, 104.

Curieux. « ... les aduentures des gens *curieulx* le ont reduiɛ̃t en telle penurie & indigence. » I, 259. « ... un gentil homme ſtudieux & *curieux.* » II, 120.

Curse *(Cursus.* Cours). « Tant que l'hiberne aura ſon *curſe* integre... » III, 278.

Cuscute. « ... plus leurs eſt contraire, que ne eſt la Teigne & *Cuſcute* au Lin... » II, 234.

Custode *(Custos, Custodis.* Gardien.) « ... vn Roy, vne Royne, deux *cuſtodes* de la Rocque... » III, 87. « ... vuide d'autres officiers, fors les *Cuſtodes...* » 89.

Cuticule *(Cuticula).* Petite peau, peau. « ... eſcorier la *cuticule* de noſtre vernacule Gallicque... » I, 243.

Cutte cache. Jeu. « A la *cutte cache.* » I, 83.

Cuve. « ... les *cuues* (s'appelloient), plus valleur. » III, 214.

Cuve de Vénus. Plante. « ... encores par plus haulte reſſemblance eſt diɛ̃t le nombril de Venus... la *cuue de Venus...* » II, 233.

Cuveaux. « ... voerres à pied, & voerres à cheual, *cuueaux,* retombes... » III, 133.

Cuycte. Voir *Cuitte.*

Cy. Ici. « *Cy* n'entrez pas Hypocrites... » I, 195. « *Cy* entrez vous... » 197.

Cypres. Ici à côté. « Voyez *cypres* noſtre nauf deux Luts... » II, 350. Voir *Voicy.*

Cychriodes. Reptiles. II, 499.

Cycle. « ... coulomne ventricule, en forme d'un *Cycle* d'yuoire... » III, 157.

Cyclopes. « ... eſueiglez vos endormiz *Cyclopes...* » II, 261. « *Cyclopes,* forgerons de Vulcan. » III, 196.

Cyclopicque. « ... enclumes *Cyclopicques...* » I, 342.

Cycne *(Cycnus).* Cygne. « ... ſe transformer en *Cycne...* » I, 63. « Chant de *Cycne* eſt præſaige certain de ſa mort prochaine. » II, 105. « ... à la voix & au chant des *cycnes* & oizeaulx entendre mes deſtinees... » 127. « ... ay... eſleu *gaſouiller* & ſifferoye, comme dit le prouerbe, entre les *Cygnes* pluſtoſt que d'eſtre entre tant de gentils poetes & facons orateurs mut du tout eſtimé... » III, 7.

Cyerce. « O... qui pourroyt auoir vne veſſye de ce bon vent de Languegoth que lon nomme *Cyerce.* » II, 420.

Cymbales, Cimbales. « ... vne ville ſans cloches eſt comme... vne vache ſans *cymbales.* » I, 72. « Les *cymbales* des dames. » 250. « ... *cimbales* corybantiques de Cybele mere grande des dieux. » III, 12. « ... peu ioueront des *cymbales,* & manequins... » 246. Voir *Bramer.*

Cynamolge. Tette-chienne. « I'y vy... des *cynamolges...* des... cynocephales. » III, 121. Voir *Caprimulge.*

Cynara. Voir *Artichault.*

Cyne *(Cyna,* arbre à coton). « Toutes les arbres lanifiques des Seres..., les *cynes* des Arabes... ne veſtiſſent tant de perſones... » II, 237.

CYNIQUE (A LA). Voir p. 3, col. 1.

CYNOCEPHALE (Κυνοκέφαλος, qui a une tête de chien). Cynocéphale, espèce de singe. Voir *Cynamolge*.

CYRE (Κύριος, maître, seigneur), Sire. « *Cyre,* auiourd'huy nous vous rendons le plus heureux prince... » I, 124.

CYRON. Voir *Ciron*.

CZA. Çà. Exclamation. « *Cza,* couillon, que ie te eſrene de t'acoller. » I, 144. « Mais or *cza,* à boyre, à boyre, *cza.* » 150. « ... vien *cza...* » 243. « *Cza,* monſieur noſtre maiſtre Rondibilis, depeſchez moy. » II, 150. « *Cza,* ça, que ceſte coingnee ſoit rendue. » 262. « *Cza,* ça, chaſcun bourſille à beaux liards. *Cza.* » 344. « *Cza,* couraige. » 408. « *Cza,* çà, à belles gryphes. » 434. Voir *Ça* et *Orça*.

D

DABONDANT, D'ABONDANT. De plus. Voir *Abondant (D')*.

DACTE. Date. « ... ſelon la *dacte* & priorité des inuoquans. » III, 42.

DACTYLE. (*Dactylus,* Datte). « Pruneaux. *Dactyles.* Noix. » II, 483.

DÆMON. « ... les bons *Dæmons* (appellez les, ſi voulez, Anges ou Genies). II, 17. « ... *Dæmons,* Genies, Heroes... » 27. « ... les Anges, les Heroes, les bons *Dæmons...* » 106. « En ceſte obſcure foreſt... eſt l'habitation des *dæmons* & heroës... » 361. « C'eſt... comme le *Dæmon* de Socrates... » 505.

DAGUE. « Panurge eſtoit... fin à dorer comme vne *dague* de plomb. » I, 295. « ... fins comme vne *dague* de plomb. » III, 105 et IV, 334.

DAGUENET. Voir *Braquemard*.

DAIL. Fer d'une faux. Mot poitevin. « La mort... auecques ſon *dail* l'euſt fauſché... » II, 257.

DAIN OISEAU, DAINE OISELLE. Jeu de mots sur *damoiseau, damoiselle.* « ... ſi les autres ſont *dains oiſeaux,* elle me ſembleroit *daine oiſelle.* » III, 34.

DAL BAROTH. « ... (vn turcq)... cria à la feneſtre... *dal baroth, dal baroth,* qui vault autant à dire comme au feu, au feu. » I, 284.

DALYQUALQUAIN. « ... mille aultres telle viandes... *Dalyqualquain...* » II, 412.

DAM. « ... à leur *dam...* » II, 16. « S'il eſt damné à ſon *dam...* » 113.

DAMASQUIN. « La Royne eſtoit veſtuë... de Touchie, ouurage *damaſquin...* » III, 130.

A la Damaſquine. Voir p. 3, col. 1.

DAME. « ... *dame* grand que vous voyez cy... » I, 54. « Comment Panurge feut amoureux d'vne haulte *Dame...* il entreprint venir au deſſus des grandes *dames* de la ville... » 321.

Jeu. « Aux *dames.* » I, 81.

DAMER. Terme de jeu employé figurément. « Ie *dameray* ceſte cy, diſt Panurge, vous racontant ce que Baron Villandry reſpondit vn iour au ſeigneur duc de Guyſe. » II, 309.

DAMNER, DAMPNER (SE). « ... *vous vous dampnez* comme vne ſerpe. » I, 302.

Ame damnee. Voir *Ame*.

DAMOISELLE, DAMOIZELLE. « ... pourquoy eſt ce que les cuiſſes d'vne *damoizelle* ſont touſiours fraiſches? » I, 146. « Vn doɛteur regent... auoir quelque temps diuisé auecques vne haulte *damoizelle...* » II, 302. « ... apportez icy, dist à ses *damoiselles,* mes descrottoires que sçauez... » III, 163. Voir *Dain oiseau.*

DANCE. « De la panse vient la *dance.* » I, 123 et IV, 127. « ... encore vous prieray ie mener la premiere *dance* des pucelles... » II, 147. Voir *Bas.*

Basse Dance. « DANSE-BASSE. *Saltatio composita.* On appeloit ainsi autrefois les *danses* regulieres & communes, telles que sont celles des honnêtes gens : ces sortes de *danses* furent ainsi nommees pour les distinguer des *danses* irregulieres, accompagnees de saut, de mouuemens uiolens, de contorsions irregulieres, telles que font les *danses* des Pantomines & des Saltimbanques : ces dernieres sortes de *danses* se nommoient *danses par haut. Saltatio sublimior. (Dictionnaire de Trévoux).* Voir *Bas.*

Rabelais n'a pas parlé des *danses par haut.* Il y a bien dans le *glossaire* de l'édition Jannet un article *Haulte dance,* mais c'est le résultat d'une erreur; à la p. 116 du tome II, à laquelle il renvoie, on ne trouve que *haulte dame.*

DANCER, DANSER. « Ie croy que tous les Diables sont deschainez au iourd'huy... Tous les Diables *dansent* aux sonnettes. » II, 341. « ... les aultres... *dansarent* diuersement... » III, 221.

Danser aux chansons. Voir *Chanson.* — Voir *Bille.*

DANSEUR. « ... Voyla vn beau *danseur :* & ie ne m'esbahis pas si messieurs les ignorans d'icy font grand cas de ce papelard là... » III, 216.

DANGIER. « Combien que la peste y feust... iamais nul n'en print *dangier.* » I, 103. « ... serois ie en *dangier* de noyer...? » 150. « ... *dangier* seroit de l'inconuenient que disent les Medicins aduenir, quand on perse vn aposteme auant qu'il soit meur... » II, 192. « ... ne crains rien que les *dangiers.* » 354 et IV, 284. « Larues, lutins, de *Dangier* palatins. » II, 196. « Le *dangier* passé, est le sainɛt mocqué. » III, 200.

DAPE *(Daps, dapis,* repas). « ... festins où *dape* Ambrosienne ne manque point... » III, 276. Voir *Cambier.*

DAPHNE. « *Daphne,* c'est Laurier de Daphne. » II, 233.

DAR, DARD, DARCEAU. Poisson. « ... vu *dar* de Loyre... » II, 277. « ... *Dards,* Ablettes. Tanches. » 481. « ... *Darceaux.* Anguilles. Anguillettes. » 482. « ... Carpes, Brochets, Dars... » III, 380.

DARD, DARDELLE. Trait. « ... Esguysoient... *dards, dardelles,* iauelines... » II, 7. « *Dards, dardelles,* iauelotz..., voloient sus luy (le Physetere) de tous coustez. » 389. « ... vne *dardelle* argentee. » III, 402.

DARDER. « Le noble Pantagruel en l'art de ieɛter & *darder* estoit sans comparaison plus admirable. » II, 390-391. « Pantagruel luy en darda vn aultre sus la queue. » 391.

DARII. Forme de syllogisme. « Il est in tertio prime en *Darii* ou ailleurs. » I, 71 et IV, 114.

DARIOLE, DARIOLLE. « ... ces marbres sont beaulx... mais les *Darioles* d'Amiens sont meilleures à mon guoust. » II, 308. « La penilliere, comme vne *dariolle.* » 378. « ... pieces de four : i'entens patez, tartes & *darioles.* » 411.

Darriere. Derriere. « ... fuyoient à la route, regardans *darriere* soy... » I, 133. « ... l'occasion... est chauue par le *darriere* de la teste. » 139. « ... on sachet *darriere* pendent sont les saultes & malheurs propres... » II, 81. « ... dessus dessoubz, dauant *darriere*... loing ou pres vos territoires... » 255. « Icy *darriere*... » 260. « Amis, prestez moy icy *darriere* vne de ces rambades. » 337. « Ses habillemens (de Quaresme prenant) sont ioyeulx... Car il porte gris & froid : rien dauant & rien *darriere*... » 372. « ... vn sien seruiteur... lequel il auoit loing *darriere* laissé malade... » II, 400. « ... *darriere* la tapisserie... » 509. « ... chauue par le *darriere* de la teste. » Voir *Chauve*.

Dataire. Voir *Bullistes*.

Dateur (*Dator*, qui donne). « ... Dieu *dateur* de tous biens. » II, 104, 106. « ... le seigneur... vnicque *dateur* de tout bien. » 148.

Dauber. « ... rioyt de ce que messieurs de la dicte chambre guastoient tous leurs bonnetz à force de luy *dauber* ses espaules. » II, 192. « ... par vous a esté Chiquanous tant disertement *daubbé*, tappé, & chatouillé. » 318. « Continuation des Chiquanous *daubbez*... » 320. « La nouuelle mariee pleurante rioyt... de ce que Chiqûanous ne s'estoit contenté la *daubbant* sans choys ne election des membres... Il estoit bien necessaire que monsieur le Roy (ainsi se nomment Chiquanous) me *daubbast* ainsi ma bonne femme d'eschine. » 325.

Citer en Ange & daubber en Diable. Voir *Ange*.

D'autant. Voir *Autant*.

Davant. Préposition. Devant. « ... en ce seul propos que i'ay presentement *dauant* vous tenu à mon filz... » I, 57. « ... ie iure *dauant* toy... » 110. « ... il ne vouloit aultres armes que son froc *dauant* son estomach. » 154. « ... *dauant* leurs yeulx. » 164. « ... *dauant* mes yeulx. » 170. « ... *dauant* tous... » 363. « ... *dauant* la statue de Hercules... » II, 58. « ... *dauant* ses yeulx. » 296. « ... *dauant* nos œilz fault la craincte de Dieu continuellement auoir. » 327. « Ie proteste *dauant* la noble compaignie... » 357. « ... *dauant* soy... » 386.

Au davant de. « Au *dauant* de l'ouuroir d'vn Roustisseur. » II, 78.

— Avant. « ... *dauant* boire ny manger. » I, 100. « ... *dauant* souper... » 142. « ... peu *dauant* le iour. » II, 331.

Davant. Adverbe. Auparavant, devant. « L'exiture de la braguette estoit... auecques le damas bleu flottant comme *dauant*. » I, 32. « ... *dauant* & drrriere. » 52. « ... i'ay trouué vn bon homme, qui en vn bissac portoit deux petites fillettes... l'vne *dauant*, l'aultre derriere. » 293-294. « *Dauant, dauant*... » II, 14. « ... vne bezace... on sachet de laquelle *dauant* pendent sont les faultes & malheurs d'aultruy... » 81. « En quelques compaignies qu'il soit (le ventre)... tousiour va *dauant*... » 471. Voir *Clerc, Darriere*.

— Avant. « ... certains iours *dauant*... » II, 364.

Davant que. Avant que, avant de. « ... *dauant que* le Sophiste eust proposé sa commission... » I, 69. « ... *dauant que* me leuer. » 78. « ... *dauant que* soy retirer... » 93. « ... *dauant que* ſe mettre en voye... » 101. « Ie le veulx, diſt Grandgouſier, bien entendre *dauant qu'*aultre choſe deliberer... » 120. « ...vous criez *dauant qu'*on vous eſcorche. » 176. « ... *dauant que* marcher oultre. » 334. « ... *dauant qu'*ilz me ayent apperceu... » 336. « *Dauant qu'*il euſt acheué. » II, 211.

DAVANTAGE, D'ADVANTAGE. Voir *Advantage*.

DAVANTEAU. Tablier. « ... miſt ſon *dauanteau* ſus ſa teſte. » II, 87. Voir *Capitonner (se)*.

DAVIET. Pince. « L'inteſtin ieun, comme vn *dauiet*. » II, 375. Voir *Crochet*.

DE, DU, DES. Souvent l'élision de l'*e* de *de* n'a point lieu. « ... la ville *de* Albe. » I, 41. « ... fueilles, *de* Eſpinards. » 52. « ... au deſſus *de* Orleans. » 63. « ... dens *de* Elephans... » 199. « ... i'ay eſté contrainct *de* apprendre les lettres Grecques... antiquitez *de* Atheneus... » 255. « ... la fille *de* Auguſte. » II, 248. « ... faiſoit *de* l'aſne pour auoir du bren... » I, 45.

De est quelquefois explétif. « C'eſtoit vn deſordre incomparable *de* ce qu'ilz faiſoient. » I, 102. « ... ruſtres *d'*eſcholiers. » 240. « Ce n'eſt que miel... *de* tout ce qu'eſt en vous. » 322. « ... le prierent leur en faire le rapport tel que *de* bon luy ſembleroit. » II, 452.

Il arrive fréquemment qu'il est au contraire sous-entendu. «Nous ... n'aurons que trop mangeailles. » I, 123. « ... ſa fortune rien plus ſouuerain n'auoit ſinon qu'il pouuoit... pardonner à vn chaſcun. » 185. « Quand Philippe... entreprint aſſieger & ruiner Corinthe... » II, 6. « ... iureront ſus le braz ſainct Rigomé. » 405. « ... palays delectable Fontainebleau. » III, 277. «...C'eſtoit belle choſe les voir. » 402.

De ou *Des* figurent souvent, par suite d'une inversion, en tête d'une phrase, surtout dans les maximes ou les proverbes. « *De* cheual donné touſiours reguardoyt en la gueulle. » I, 45. « ... *de* la panſe vient la dance. » I, 123. « *Des* choſes mal acquiſes le tiers hoir ne iouira. » II, 19. « ... *de* ſoy ceſſoient pourſuyure & ſolliciter. » 197. « *De* ieune hermite vieil diable. » 497. « *De* iniurez, diz-ie, & deshonneur ilz ne ſe ſoucient... » III, 59.

De, Du, Des s'emploient comme partitifs. « *De* belles. » I, 22. « Tu auras *du* miſerere iuſques à vitulos. » II, 114. — Ils servent de particules nobiliaires, et sont assez fréquemment employés en ce sens par Rabelais d'une façon ironique. « Le pauure monsieur *du* pape meurt deſia de peur. » I, 125 et IV, 128. « ... vous print monſieur *de* l'Ours. » I, 234 et IV, 68. « ... ilz font fouetter monſieur *du* paige comme ſeigle vert. » I, 305 et IV, 172, note sur la ligne 12 de la p. 242.

De sert souvent à joindre à un substantif un terme de mépris ou d'imprécation « Boyers *d'*etrons, Bergiers *de* merde. » Voir *Bovier*. « Appelez vous cecy ſianſailles? Ie les appelle ſiantailles *de* merde. » II, 325. « Iſle *de* chien. » Voir *Chien*.

Quand la préposition *de* est suivie du mot *Dieu*, le substantif qui la précède prend au contraire une signification honorable. « ... ceſte vague *de* tous les Diables (mea culpa Deus) ie diz ceſte vague *de* Dieu. » II,

340. « Belles Decretales *de* Dieu. » 458.

De devant un infinitif, pris dans un sens absolu. « Lors flaccons *d'*aller, iambons *de* troter, goubeletz *de* voler, breusses *de* tinter. » I, 21. « ... & flaccons *d'*aller, & eulx *de* corner... » 320. « ... Et Panurge *de* rire. » 328. « Et chiens *d'*aller apres, & elle *de* se cacher, & chamberieres *de* rire. » 329. « Et *de* crier, & *de* prier, & de lamenter. » II, 266. « Lors sonna vne cloche six coups seulement, & Monagaux *d'*accourir, & Monagaux *de* chanter. » III, 18.

De indique la matière, l'origine, le point de départ, la direction, l'appartenance, la dépendance, etc. « Si tu es *de* Dieu sy parle, sy tu es *de* l'aultre sy t'en vas. » I, 132 et IV, 231. « Responds si tu es *de* Dieu. » II, 287. « ... tu es *de* tous les diables. » 288. « ... partez d'icy entour. » 327. « ... *de* là en hors. » II, 326. « ... il n'est desieuner que *de* escholiers : dipner, que *d'*aduocatz, ressiner, que *de* vinerons : soupper que de marchans, regoubillonner que *de* chambrieres. » 431. « ... ils (les ferrements) tomboient *de* poincte. » III, 38. « Autres *de* néant faisoient choses grandes. » 81. *Arceaux, vases d'antique.* Voir *Antique.*

De remplit tour à tour les fonctions de diverses prépositions.

1° A ou Au. « ... mourut *de* force de rire... consulta Gargantua auecques ses gens sur ce qu'estoit *de* faire. » I, 73. « ... conseille moy à ce qu'est *de* faire. » 110. « Les pelerins disoient... Qu'est il *de* faire. » 141. « ... ayez esguard *de* le changer (le Pantagruelion), ainsi que le voirez dessechant sus le mal. » II, 236-237. « ... ny n'est aussi *de* croire. » III, 300. *De rebours.* Voir *Chevaucher.*

2° Avec, à l'aide, au moyen de. « ... veistes vous onques chien rencontrant quelque os medulare?... vous auez peu noter *de* quelle deuotion il le guette : *de* quel soing il le guarde : *de* quel ferueur il le tient, *de* quelle prudence il l'entomme : *de* quelle affection il le brise : & *de* quelle diligence il le sugce. » I, 5. « ... *de* son poing faisoyt vn maillet... faisoyt *de* la terre le foussé... faysoit de necessité vertus, faisoyt *de* tel pain souppe... » 45. « Ie me torchay vne fois *d'*vn cachelet de velours de vne damoyselle... Vne aultre foys *d'*vn chapron d'ycelles... Vne aultre foys *d'*vn cachecoul... » etc. 51-52. « Autres faisoient *de* vessies lanternes, & *de* nues poisles d'airain... autres faisoient *de* necessité vertu. » III, 81.

3° Par. « Bien malheureux est *de* telz gens seruy... » I, 175. « Il feut... prins & vaincu *de* mon pere... » 183. « ... la quarte fut emportee *des* diables... » 235. « ... en passant ie fuz destroussé *des* bribrigans... » 377. « Que nuist scauoir tousiours, & tous iours aprendre, feust ce *d'*vn sot, *d'*vn pot, *d'*vne guedoufle, *d'*vne mousle, *d'*vne pantoufle? » II, 83. « Plus de Anacreon poete; lequel mourut estranglé *d'*vn pepin de raisin. Plus de Fabius... lequel mourut suffoqué *d'*vn poil de chieure. » 333. « Ces deux bandes... furent rencontrees *de* son Excellence & *de* ses compagnies. » III, 404.

4° Sur, touchant, relativement à, quant a : « Mieulx est *de* ris que de larmes escripre. » I, 2.

« *De* moy, ie prens mon chemin vers la porte... » I, 287. « ... *de* moy, encores que ſoye puiſſant... » 351. « ... il vault mieulx penſer *de* noſtre affaire vn peu. » 341. « Vous nous racontez auſſi *d'*vn archier Indian. » II, 389. Qu'eſt-ce *de* leurs ſoulliers? — cuir. » III, 110. « *Du* gouvernement & ſeigneur de ceſte année. » 234. « *Des* ecclipſes de ceſte année. » 236. « *De* l'eſtat d'aucunes gens. » 241.

De, du entrent dans la composition d'un grand nombre de locutions adverbiales, prépositives et conjonctives.

D'abundant. De plus. « Et *d'abundant* à chaſcun d'iceulx donna à perpetuité... ſes chaſteaulx. » I, 188. « ... *d'abondant* en ce que Rondibilis marié eſt... » II, 145. « Ilz ne ſe contentent de ſanté : *d'abondant* ilz ſouhaytent guaing... » 268. Voir *Abondant (d').*

D'avantage, d'advantage. « ... paſſerent xxxvj. moys... & quelque peu *d'aduantaige* ſans pluye... » I, 226. « *D'aduentaige* ilz ſont ſus leurs fumiers, nous ne congnoiſſons le pays. » II, 464. Voir *Advantage (d').*

D'adventure. Voir *Adventure (d').*

D'arrachepied. Voir *Arrachepied (d').*

De bies. Voir *Bies.*

De bout. « Canachus... feiſt la ſtatue de Venus aſſiſe, non *de bout.* » II, 152. « ... elle leur ſonna vne autre chanſon, & gens *de bout.* » III, 73.

De brief. Voir *Brief.*

De broc en bouc. Voir *Bouc.*

D'emblée. « ... apportoient eſchelles, comme pour emporter le fort *d'emblee.* » III, 405.

D'entrée. « *D'entrée* de table... » II, 480.

Defaict. De fait. « *Defaict* Heſiode en ſa Hierarchie colloque les bons Dæmons... » II, 17. « *De faict* il ne regna que deux ans. » 55. « *Defaict* à Rome iadis au iour des nopces on allumoit cinq flambeaux de cire... » 101. « *Defaict* Hercules deſcendent en enfer... » 115. « *Defaict* vous voyez painct Bacchus... comme tout effœminé... » 150-151. « *Defaict* la practique de medicine bien proprement eſt par Hippocrates comparée à vn combat... » 248.

De fortune. « ... ſi là *de fortune*... venoit... » II, 437. « ... ſi *de fortune* veux retourner... » III, 59.

De hait, de hayt, dehayt. « ... à toy, compaing, *de hayt, de hayt*... » I, 24. « Et *de hayt.* Page, à la humerie. » 146. « Ainſi eſchappe gaillard & *dehayt*... » 288. « Vous viuent ioyeulx, guaillard, *dehayt* ie ne feray riche que trop. » II, 21. « Leſquelles gualoyſes voluntiers & *de bon hayt* font plaiſir à gens de bien. » 22. « ... ſecouez *dehait* vos aureilles... » 268. « ... beurent d'autant l'vn à l'autre *dehayt*... » 288. « Ce que feirent, & *de bon hayt*... » 358. « Voyant frere Ian ces furieuſes Andouilles ainſi marcher *dehayt*... » 406. « ... remede n'y a que d'eſcamper *de hait*... » III, 32. « Notez, beuueurs, que tout alloit *de hait.* » 224. Voir *Combreselle.*

De meſmes. « Si i'auoys la force *de meſmes* le couraige, par la mort bieu ie vous les plumeroys comme vn canart. » I, 155. « ... dequoy viuois tu? que beuuoys tu?... Seigneur, *de meſmes* vous... » 378.

De mode que. « ... s'escria espouuantablement... *de mode que* Panurge dist à Epistemon... ie tremble... » II, 88. « *De mode que* en tel personnaige studieux vous voirez suspendues toutes les facultez naturelles. » 153. « Il (un chien) estoit pareillement feé, *de mode que* à l'exemple des aduocatz de maintenant il prendroit toute beste rencontree... » 259. « *De mode que* personne n'estoit... qui n'entrast, en ioye nouuelle... » 271. « *De mode que* non les palais, maisons... seulement estoient pleins de gens... mais aussi les toitz... » III, 398.

De nuit. « ... guider les humains de *nuist.* » III, 248.

De par. « Eulx venuz à la porte requirent parler à Picrochole *de par* Grandgousier. » I, 121. « ... *de par* moy... » 113, III, 302. « ... *de par* luy. » II, 277, « ... *de par* le grand Roy... » III, 56. « ... *de par* le bon Bacchus... » 173.

— *Dieu, le bon Dieu.* « Bien *de par dieu* ie me parforceray... » I, 25. « Aidez moy *de par dieu,* puis que par l'aultre ne voulez. » 157. « Pensez viure ioyeulx *de par li bon Dieu,* & li bons homs. » II, 21. « *De par Dieu* soit. » 172. « ... ne passez par dauant les forges des mareschaulx, *de par Dieu.* » 356. « Allons, dist Panurge, *de par Dieu.* » III, 170. Or allez *de par Dieu* qui vous conduie. » 180. « Or ça, *de par Dieu.* » 186.

— *Notre Seigneur.* « Sondez, nostre amé mon amy, *de par nostre Seigneur.* » II, 344.

— *le diable.* « Aydez-moy... *de par le diable.* » I, 156. « Paix, *de par le diable,* paix... » 272. « Paix *de par le diable :* paix par dieu, coquins... » 311. « ...boutte, *de par le diable,* boutte. » 320. « Deuant, deuant, *de par le diable,* deuant. » 328. « Ie le feray bien tantost chanter *de par le diable.* » III, 37.

— *le petit diable.* « Ho ho (dist Panurge) *de par le petit diable.* » II, 50.

— *tous les diables.* « Allons, mon amy, *de par tous les Diables,* allons. » II, 79. « Ie ne peuz me passer de femme, *de par tous les diables.* » 172. « Combattre Quaresmeprenant (dist Panurge) *de par tous les Diables?* » 373. « A la veue du Pape iamais n'auions profiсté : à ceste heure, *de par tous les Diables,* nous prositera... » 438. « Fuyons, *de par tous les Diables,* fuyons... » 464.

— *trente légions de diables,* etc. « ... *de par trente Legions de diables,* vien. » II, 340. « Ayde icy, *de part cinq cens mille & millions de charretées de Diables,* ayde... » 347. « Vien icy nous ayder... *de par trente millions de Diables,* qui te saultent au corps. » 348.

De peur de, de paour que. « Ie mouille, ie humecte, ie boy Et tout *de peur de* mourir. » I, 22. « Allons y... *de paour que* mort ne le preuieigne. » II, 107.

De poincte. Voir *Engainer (s').*

De present. « ... petites boites telles que voyons *de present* es bouticques des apothecaires. » I, 3. « ... le temps n'estoit tant... commode es lettres comme est *de present...* » 254. « ... on ne veit onques Rome tant adonnée à ces vanitez & Diuinations comme elle est *de present.* » III, 346.

De prime abordee. I. 124. « *De prime face* qu'il me recongnut s'efcria de ioye... » I, 67 et III, 66-67.

De rechief, derechef. « ... facilité de pardonner es malfaifans leur eft occafion de plus legierement *de rechief* mal faire... » I, 185. « *Derechef* fut faite nouuelle batterie. » III, 409. Voir *Dissolu.*

De sejour. De loisir. « ... foulz *de feiour...* » I, 4. « ... veu que fommes *de feiour...* » 219. « ... frays & *de feiour...* » 331. « ... comme font les cinges *de feiour...* » II, 102. « C(ouillon) *de feiour.* » 129.

De voftre aage. Voir *Aage.*

Du tout. Tout à fait. « Ceftuy-cy (vin) me la bannira *du tout* (la foif). » I, 23. « L'odeur feut aultre que cuydois. I'en feuz *du tout* empuanty. » 54. « Ces rys *du tout* fedez... » 73. « ... lorfqu'il eftoit *du tout* habillé. » 86. « Gargantua ne refufa, ny accepta *du tout.* » 174. « ... vint droict à moy pour me getter *du tout* au feu. » 284. « ... feueilles de figuier... lefquelles font... *du tout* commodes... pour couurir & armer couilles... » II, 46-47. « ... mon pere l'a defendu (le liure du paffetemps des dez)... & *du tout* exterminé... » 58. « ... ie ne me defefpererois *du tout.* » 147. « Ce debat *du tout* appaifé... » 289. « ... il... m'a *du tout* affollee. » II, 434. « ... pour entendre, comment il pourroit les Gabins *du tout* fubiuguer... » 494. « ... pluftoft que d'eftre mut *du tout* eftimé. » III, 7. « ... vn Rhinoceros *du tout* femblable à celuy que Henry Clerberg m'auoit autrefois monftré. » III, 119. « I'y vy trente deux Vnicornes : c'eft vne befte... *du tout* femblable à vn beau cheual. » 119-120. « ... acte *du tout,* & par entier diametre contraire au premier. » III, 134. « ... il faudra aduertir vos Iardiniers qu'ils ne les fement (des salades) *du tout* fi toft comme on faict de par deca... ils pourront femer les melons... en Mars & les armer... de... fumier leger & non *du tout* pourry... » III, 360. « ... *du tout* æquitable. » Voir *Æquitable.*

— *Appeler de.* Voir *Appeler. Armé de pied en cap.* Voir *Armer. Il y aura de l'afne, faire de l'afne.* Voir *Asne. Du bon du foye.* Voir *Bon. Ceux de.* Voir *Celluy. De quoy.* Voir *Quoy. Faire de.* Voir *Faire.*

DEA. Da. Exclamation. « *Dea,* vous nous en fouliez volontiers bailler... » I, 98. « ... n'eft ce pas affez tracaffé *dea,* auoir transfreté la mer Hyrcane ?... » 126. « *Dea,* mon bon filz, nous as tu aporté iufques icy des efparuiers de Montagu ? » 138. « Merde en mon nez, *Dea...* » 173. « Ne *dea...* » II, 133 et IV, 247. « *Dea,* s'il iectaft vin bon... cela feroit tollerable aulcunement. » II, 388. « *Dea,* bel amy... » 394. « *Dea,* feigneur, attendez vn peu... » III, 362.

DEAMBULER (*Deambulare.* Se promener). « ... nous *deambulons* par les compites & quadriuiers de l'vrbe. » I, 241.

DEBATU. « ... controuerfe *debatue.* » II, 207.

DEBAUCHER (SE). « ... deuant que *nous debaucher* d'auantaige, ie veulx que allions prendre d'affault tout le Royaulme des Dipfodes. » I, 370.

DEBEZILLER. « Es vns... *debezilloit* les fauciles. » I, 106. « ... *debezillez,* dehingandez, carbonnadez ces mefchans Hæreticques Decretalifuges... » II, 457.

DEBILE. « ... *debiles* ſont les armes au dehors ſi le conſeil n'eſt en la maiſon. » I, 112. « ... l'eſprit ſatidicque... bruſquement entrant en *debile* & petite ſubſtance... » II, 212.

DEBILITÉ. « Ie les ay ordinairement veuz bon vouloir en payement prendre... quand *debilité* de puiſſance y a eſté aſſociée. » II, 12-13.

DEBITEUR, DEBITRICE. « Iuppiter ne s'eſtimant *debiteur* à Saturne... » II, 27. « La veſſie ne vouldra eſtre *debitrice* aux roignons. » II, 29. Voir *Debteur*.

DEBITORIBUS. « ... le Soleil bruncha quelque peu comme *debitoribus* à gauche. » I, 220 et IV, 162. « ... n'oublie *debitoribus* ce ſont lanternes. » II, 219.

DEBONNAIRE. « ... voſtre tant bening & *debonnaire* pere. » II, 52. « ... le tant humain, tant *debonnaire,* & equitable And. Tiraqueau... » 255. « ... comme il eſtoit humain & *debonnaire.* » 311.

DEBONNAIREMENT. « Gargantua ayant *desbonnairement* ſalué toute l'aſſiſtance, diſt... » II, 170.

DEBONNAIRETÉ. « ... par incroyable *debonnaireté* le renuoya en ſaufconduyt... » I, 183. « Ne voulant... degenerer de la *debonnaireté* hereditaire de mes parens... » 184. « ... la doulceur & *debonnaireté* de ſon regne. » II, 16. « Il l'a en ſoy & *debonnaireté* conſacré... » 251.

DEBOUQ. Debout. « ... *debouq* eſtourdy ſe leuant... » I, 284.

DEBOUTER. « Et vous me voulez *debouter* de ceſte felicité ſoubeline ? » II, 27. « ... des machicoulis facilement on pouoit auec pierres & liuiers *debouter* ceulx qui approcheroient. » 243.

DEBOUTONNÉ. *A ventre deboutonné.* Voir *Cocquesigrue*.

DEBRADÉ. « ... à vn des Records feut le bras droict defaucillé... Loyre ſe plaignoit de ce que le Records *debradé* luy auoit donné ſi grand coup de poing... » II, 323-324.

DEBTE. « ... quand ſerez vous hors de *debtes?* » II, 25. « ... ia ne ferez entrer en *debtes.* » 35.

DEBTEUR. « Comment Panurge loue les *debteurs* & emprunteurs. » II, 25. « Comment Pantagruel deteſte les *debteurs* & emprunteurs. » 35. Voir *Debiteur*.

DEBVOIR. Verbe.

Doibvez. « ... ie prouue que me les *doibuez* bailler. » I, 71. « *Doibuez* vous tous iours à quelq'vn? » II, 25. « Vous me *doibuez* ceſte là. » 459.

Doibvoit, doivoit, etc. « O belle matiere fecale qui *doiuoit* bourſouffler en elle. » I, 20. « ... il ſe *doibuoit* deffendre. » 121. « ... Panurge auoit propouſé vne matiere problematicque, à ſçauoir s'il ſe *doibuoit* marier ou non. » II, 170. « Le chien par ſon deſtin fatal *doibuoit* prendre le Renard : le Renard par ſon deſtin ne *doibuoit* eſtre prins. » 259. « ... vous *doibuiez* le payement reſeruer. » 298. « ... incaguant ces ſacres liures, les quelz *doibuiez* baiſer & adorer. » 451. « ... tranſport ſigné, ſcellé & ratiſié de tous ceulx qui faire le *debuoient.* » I, 184. « ... ce *doibuoient* là eſtre les varletz... » II, 306.

Doibvroit. « ... l'on *doiburoit...* » I, 37.

Doibve. « Il n'eſt ſi riche qui quelquefoys ne *doibue.* » II, 36.

Doibuant. « ... l'home en tous ſes membres, preſtans, empruntans, *doibuans...* » II, 32. « ... ie m'eſguare, quand ie entre on profond abiſme de ce monde ainſi preſtant, ainſi *doibuant.* » 34.

DEBVOIR. Substantif. « Fays au reste comme est le *debuoir.* » II, 428.

Se mettre en debvoir. « ... ie me mis en *debuoir* de traicter paix entre eulx... » II, 394.

Debvoir de mariage. « Se faict le tout par prestz & debtes de l'vn a l'autre : dont est dict le *debuoir* de mariage. » II, 34.

DEÇA, DECZÀ. « ... verse *deça.* » I, 24. « ... ainsi comme nous auons les contrees de *deçà* & de delà les montz aussi ont ilz *deçà* & delà les dentz. » I, 377. « ... *deczà* & delà. » 315. « ... tant *deçà* que delà Loire. » II, 205. « Ma coingnee *decza,* ma coingnee dela. » 266. « ... *deça,* Gymnaste, icy sur l'estanterol. » 340.

Par deça. « Là nous vismes plusiieurs bestes, oiseaux & arbres, tels que les auons de *par deça.* » III, 118. « ... il fauldra aduertir vos Iardiniers qu'ils ne les sement du tout si tost comme on faict de *par deça.* » 360.

DECADENCE. « ... ie trouue *decadence* de Iouis... » II, 123. « Il n'est le Marbre ne le Porphyre, qui n'ayt sa vieillesse & *decadence.* » 136.

DECADENT. « ... c(ouillon) *decadent...* » II, 140.

DECALOGIQUE. « Ie serue les prescriptz *decalogicques.* » I, 242.

DECEDER. « ... comme si quelque ame Heroïque feust *decedee.* » II, 363.

DECELER, DECELLER. « ... voluntiers les enfans *decellent* tout. » I, 48. « ... il me bailla en penitence non le dire ne *deceler* à persone. » II, 98.

DECEMPEDALE. « ... la sacre ligne... approche : laquelle lors eschoit quand l'vmbre est *decempedale.* » II, 497. « Vmbre *decempedale,* tombante sus le dixieme poinct en vn quadrant. » III, 206.

DÉCENT. « ... ce n'estoit honeste ny *decent* à son estat... » I, 74. « Il n'est *decent* que tu te dispose... De relinquer l'opime, pour le maigre. » III, 278.

DECEPTION. « ... ne congneuz oncques si non en *deception* ce vieulx trepelu Terpsion. » II, 102.

DECEVOIR. Tromper. « ... ils eussent (des raisins peints) aussi facilement *deceu* les estourneaux & autres petitz oiselets, que fist la peinture de Xeuxis Heracleotain. » III, 145.

DECHASSER, DESCHASSER. « ... sus l'heure que la ioyeuse Aurore aux doigtz rosatz *dechassera* les tenebres nocturnes... » II, 68. « ... ioyeulx passetemps, Dont *deschasser* les ennuytz... Peuuent des cueurs. » III, 301.

DECHEOIR. « ... ceste infinie & intellectuale sphære... à laquelle... rien ne *dechet...* » II, 67. « A infinité rien ne peut *dechoir,* rien ne peut estre adioinct. » 216. « L'orifice du stomach, commun ambassadeur pour l'auitaillement de tous membres... nous importune leur restaurer... ce que leur est *decheut.* » III, 84.

DECIDER (*decidere,* couper). « ... chascun membre du plus precieux de son nourrissement *decide* & roigne vne portion... » II, 34.

DECIMER. « ... leurs biens ilz *deciment* & roignent... » II, 223.

DECIMES. « ... ceulx qui mettent les *decimes* sur l'Eglise... » III, 144.

DECLAIRER. « Ie vous veulx *declairer* vn grand secret. » II, 458.

Se declairer. « Iceulx absens (les maris) elles (les femmes)... deposent leur hypocrisie, & *se declairent.* » II, 157.

DECLARATION. Éclairciſſement. « Brieſue *declaration* d'aucunes dictions... » III, 194.

DECLINATION. Declin. « ... on dict en prouerbe commun, Heureux eſtre le medicin, qui eſt appellé ſus la *declination* de la maladie. » II, 197. « Sur la *declination* du ſoleil ſeiſmez ſcale... » II, 304. « ... par laps de temps & ſus la *declination* du monde... » 361.

DECLINATOIRE. Voir *Anticipatoire.*

DECLINER. S'écarter, eſquiver. « ... le coup *declina* à droict. I, 359. « ... Loupgarou tiroit de terre ſa maſſe... pour en ferir Pantagruel qui... *declinoit* tous les coups... » 360. « *Declinez* de leur voye. » II, 108. « Mes plaidoieurs ſemblablement de ſoy meſmes *declinoient* on dernier but de playdoirie. » 197. « ... ne *declinans* de ceſte belle inſtitution... » 440.

DECOCTION. « La teſte (des moutons) dont... ont faict vne mirificque *decoction* pour faire viander les chiens... » II, 294. « ... *decoction* de grains de bled & de millet... » 424.

DECOLLAZ. Decollé. « ... ſainct Ian *decollaz*... » II, 162.

DECOULLER. « La riuiere de Loyre *decoulloit* ſus l'aſpect de Septentrion. » I, 192. « ... l'eſperance qu'il auoit de complaire à ſes Ægyptiens... luy *decoulla* des mains. » II, 12. « Les roignons... la *decoullent* en bas (l'urine). » 33.

DECOURIR. « ... l'eau *decourt* tout du long. » I, 146.

DECOURS. « ... recapituloit... tout ce qu'il auoit... faict, & entendu au *decours* de toute la iournee. » I, 93. « ... en *decours* de vie tranſitoire... » 252. « ... tout le *decours* d'icelle prime annee... » II, 39. « ... entrer en *decours* de mort. » 364. « ... ils ne ſe mouuent mais nous par le *decours* du batteau. » III, 101. « ... en tout le *decours* de l'Annee. » 115.

DECREPIT. « ... home vieulx, *decrepit*, & pres de ſa fin... » II, 105.

DECRET. « ... quiconques plante Chous eſt præſentement par mon *decret* declairé bien heureux... » II, 337. « Depuys que *Decretz* eurent ales... en ce monde abonda tout mal... » 455. Voir *Adjudication.*

DECRETALE. « ... les vranopetes *Decretales.* » II, 441. « Menuz deuis... à la louange des *Decretales.* » 446. « ... ces éternes *Decretales.* » 449. « ... miracles aduenuz par les *Decretales.* » 450. « Comment par la vertus des *Decretales* eſt l'or ſubtilement tiré de France... » 457.

DECRETALIARCHE. Gouvernant par les décrétales. « ... noſtre bon Dieu *decretaliarche.* » II, 459.

DECRETALICIDE. Meurtrier des décrétales. « ... carbonnadez ces meſchans Hæreticques Decretaliſuges, *Decretalicides,* pires que homicides... Decretalictones du Diable. » II, 457.

DECRETALICTONES. « *Decretalictonez*, meurtriers des Decretales. C'eſt vne diction monſtrueuſe compoſee d'vn mot Latin, & d'vn autre Grec. » III, 204. Voir *Decretalicide.*

DECRETALIFUGE. Qui ſuit les décrétales. Voir *Decretalicide.*

DECRETALIN. « ... philoſophie *Decretaline.* » II, 437. « ... nos antiques Scoliaſtes *Decretalins.* » 442. Voir *Christallin (de).*

DECRETALIPOTENS. « ... docteur *Decretalipotens...* » II, 450.

DECRETALISTE. « Quoy? demanda Homenaz. Comment? Eſtoit il

(Diogène) *Decretaliſte?* II, 453. « Prenez moy vn Decretiſte. Non, non. Ie diz vn *Decretaliſte.* » II, 457 et IV, 297.

DECRETISTE. « Maiſtres es ars, *Decretiſtes,* Crocheteurs... » III, 243. Voir *Decretaliste.*

DECROTOIRE, DECROTOUOIRE, DECROTOUERE, DESCROTTOIRE. « Les cheueulx, comme vne *decrotouoire.* » II, 380. « Home de bien (reſpondit Panurge) *Decrotoueres,* voyre diz ie Decretales, auons prou veu en papier... » 442. « ... apportez icy... mes *deſcrottoires...* à fin de leur... nettoyer le palat. Furent donques apportez beaux... iambons... » III, 163. « ... ſans tant d'interlocutoires, ni *decrotoires.* » 216.

DECROTTER. « ... ma ſeulle braguette eſpouſſetera tous les hommes, & ſainct Balletrou qui dedans y repoſe, *decrottera* toutes les femmes. » I, 343-344.

DECUMANE. « ... ſ(ol) *decumane.* » II, 183. « ... ceſte vague *decumane...* m'a vn peu l'artere alteré. » II, 352. « Peſchoit en l'air & y prenoit eſcreuiſſes *decumanes.* » 383. « Autres chaſſoient aux vents auec des rets, & y prenoient Eſcreuiſſes *Decumanes.* » III, 81. « Vague *Decumane,* grande, forte, violente. Car la dixieſme vague eſt ordinairement plus grande en la mer Oceane, que les autres. Ainſi ſont par cy apres dictes Eſcreuiſſes *Decumanes,* grandes : comme Columella dict Poyres *Decumanes :* & Feſt. Pomp. œufz *decumans.* Car le dixieſme eſt touſiours le plus grand. Et en vn camp, porte *Decumane.* » III. 200.

DECZA. Voir *Deça.*

DEDANS. Dans. « ... il mouruoit *dedans* ſa ſoupe. » I, 44. « Pluſieurs ſe gettoyent *dedans* les puys... » 227. « ... dedans vne roche d'or... » II, 121. « ... *dedans* la mer... » 296. « ... proprieté ſpecificque abſconſe *dedans* les marmites... » 308. « ... *dedans* le clos de Seuillé. » 343. « ... *dedans* l'eſquif... » 497. « ... *dedans* la Soutte. » 504. « ié deliberé *dedans* huictaine demolir iceluy figuier. » III, 193.

DEDUCTION, DEDUCION. « ... i'eſpere que... les... ennuytz, eſquelz me tient l'amour de vous, me feront en *deduction* de autant des poines de purgatoire. » I, 327. « Pour l'amour de Dieu ſoit, & en *deduction* de tant moins des poines de Purgatoire. » II, 217. « ... il aura en penitence ſoy... iecter au fond de la mer en *deduction* des peines de purgatoire... » III, 58. « ... payé à Me Francoys Rabellais... en *deducion* de ſes gaiges... » 324 et 325.

DEDUIRE, DESDUIRE. « ... fault ouurir le liure, & ſoigneuſement peſer ce que y eſt *deduict.* » I, 4. « Honneur, los, deduict, ceans eſt *deſduict* Par ioyeux acords. » 196. « I'ayme mieux leurs donner toute ma Cacqueroliere... rien pourtant ne *deduiſant* du ſort principal. » II, 37. « ... impatient de ce qu'auoit *deduict* Grippeminaud... » III, 50.

DEDUIT, DEDUICT, DEDUYT. « ... d'elle print congé & ſe retira en quelque chappelle pour veoir le *deduyt.* » I, 328. « ... foulas, *deduictz;* plaiſirs, delices en toute nature humaine. » II, 449. « ... ſi... en ce *deduit* aduient quelque diminution de membre... » III, 113. Voir *Deduire.*

DEFAICT. Voir *De faict,* p. 179, col. 2.

DEFFAICT. « ... Bateleurs qui ſont

le faict & le *deffaict.* » III, 354.

DEFAILLIR. Manquer. « ... plus toſt *deſauldroient* de vie corporelle, que de ceſte... ſubiection... deue à leur prince... » II, 16. « ...pour Pain trouuer & guarder rien ne luy *defauldroit.* » 484. « ... il nous *defaut* le commandement d'Euriſtenes. » III, 59.

DEFAUCILLER. Casser les faucilles les os de l'avant-bras. Voir *Debradé.*

DEFAULT, DEFFAULT. Manque, terme, fin. « ... ſuffocquez par *deffault* de expiration... » II, 40. « ... *default* de foy. » 148. Voir *Braguette, Contumace.*

DEFENDEUR. « Ie poſe ſus le bout de table en mon cabinet tous les ſacs du *defendeur.* » II, 188.

DEFENDO. Jeu. « A *defendo.* » I, 83.

DEFFENSIF. « Encores n'ay-ie armes aucunes n'offenſiues ne *deffenſiues.* » III, 138.

DEFENSOIRE. « ... l'inuentoire D'vn *defenſoire,* En la chaleur, Ce n'eſt que à boire... » I, 347.

DEFERRER. Jeu. « A *deferrer* l'aſne. » I, 81.

DEFFEUBLANT, DEFLEUBANT. « Panurge *deffeublant* ſa gualle verdine, & accouſtrement miſtique, reſpondit... » III, 177. Voir *Capussion.*

DEFFOURRER. « *Deffourroit* les barbutes... » Voir *Barbute.*

DEFFROQUER. « En Germanie lon demoliſt monaſteres & *deffroqueon* les Moynes. » III, 108.

DEFIANCE. Méfiance. « ... les homes ſont nez pour l'ayde & ſecours des homes. En lieu d'elles ſuccederont *Defiance,* Meſpris, Rancune. » II, 29.

— Défi. « ... Pantagruel... enuoye Gymnaſte entendre... ſus quelle querelle elles vouloient, ſans *defiance,* guerroyer contre leurs amis antiques... » II, 413.

DEFILLER. « ... vouldroys tu... reprocher les detrichoueres... *defiller* les pelotons des Parces? » II, 140.

DEFINITIF. « ... quatre mille ſentences *definitiues.* » II, 175-176.

DEFORTUNÉ. « ... les Thraces... ſignoient les iours bien fortunez... de pierres blanches, les triſtes & *defortunez,* de noires. » I, 40.

DEFRAYÉ. « ... commanda es theſauriers que ce repas leur feuſt *defrayé* & payé. » I, 181.

DEGAINER, DEGUENER, DESGUAIGNER, DESGUAINNER. « ... ſoubdain... que les freſlons luy eurent liuré l'aſſault, elle (la iument de Gargantua) *deſguaina* ſa queue... » I, 63. « Lors Gymnaſte... *deſguaigne* ſon eſpee... » 133. « Lors *degainerent* flaccons à tas. » 369. « ... deſia i'endeſue, ie *deguene,* ie grezille d'eſtre marié. » II, 43. « Ce diſant *deſguainnoit* ſon eſpee. » 288. « Chiquanous feut courtoys. *Deſguainna* ſon eſcriptoire... » 322.

Manger ſans deſguainer. Voir *Cocquecigrue.*

DEGASTER, DEGUASTER. Gâter, dévaster. « Le feu qui tout deuore, tout *deguaſte* & conſume... » II, 241. Voir *Conchier.*

DEGEL. « ... ſus le *degel.* » II, 289.

DEGENERANT. « ... l'ame... feroit *degenerante* & abaſtardie. » I, 254. « Ma femme non *degenerante* de ceſte commune entreprinſe, me l'eſcorchera... » II, 94.

DEGLUBER (*Deglubere,* Écorcher). « ... *degluber* la lingue Latiale. » III, 280.

DEGOURT. Dégourdi. « ... ſain & *degourt.* » II, 254.

DEGOUT. Ce qui dégoutte, ce qui coule. « ... ſource ou *degout* d'eaux. » II, 36. « ... chappons roustiz auecques leur *degout.* » 478.

DEGOUZILLER. Avaler. « Chiquanous auoir *degouzillé* vne grande tasse de vin Breton, dist au seigneur... » II, 323.

DEGRÉ. Marche d'escalier, escalier. « Depuis descendismes vn *degré* marbrin sous terre... » III, 137. « ... on monte pres de cinquante *degrez...* » 211. « Gaingnebeaucoup nous fist monter par vn petit *degré* caché en vne chambre... » 212.

DEGRESSÉ. « ... pouldre de canon curieusement composee, *degressee* de son soulfre... » II, 488.

DEGRESSEUR. Au propre et au figuré. « *Degresseurs* de bonnetz. » III, 243. « ... de leurs hypophetes *degresseur* glossateur de leurs sainctes Decretales. » II, 439.

DEGUENER. Voir *Degainer.*

DEGUN. Quelqu'un en gascon. « ... *degun* de bons aulx... » II, 201.

DEHAIT, DEHAYT. Voir *De,* p.

DEHINCH (*Dehinc*). D'ici. « Nos Diables commencent escamper *dehinc.* » II, 350.

DEHINGUANDER, DEHINGUANDÉ, DESHINGUANDÉ. « ... C(ouillon) *deshinguandé.* » II, 138. Voir *Bruneau (clous), Debeziller.*

DEIFICQUE, DEIFFICQUE, DEIFIQUE. *Deificus,* qui fait des Dieux). Divin. « ... celle nectaricque, delicieuse, precieuse, celeste, ioyeuse & *deificque* liqueur, qu'on nomme le piot. » I, 220. « ... *Deificque* manoir de raison. » II, 21. « ... pour manoir *deificque* & seigneurial il n'est que le plancher des vaches. » 337. « ... preceptions *deificques...* » 449. « ... liures *deificques.* » 457. « ... silence des Egyptiens recongnu estoit en louange *deifique.* » III, 74. « ... liqueur *deifique...* » 163. « ... c'est boitte *deifficque...* » 221. Voir *Brocard.*

DEIFIER. « ... le noble Patelin voulant *deifier* & par diuines louenges mettre iusques au ciel le pere de Guillaume Iousseaulme... » II, 32. « ... pourront... s'asseoir à table auecques nous & nos Deesses prendre à femmes, qui sont les seulx moyens d'estre *deifiez...* » 239.

DEJECT (*Dejectus.* Abattu). « ... telle necessité luy multiplie sa force, & accroist le couraige, qui ia estoit *deiect* & failly. » I, 160.

DEJECTION. « Appellez vous cecy foyre, bren, crottes, merde, fiant, *deiection...* » II, 510.

DEL. Du. Italien. « ... le prime *del* monde. » II, 135.

DELÀ. « C'est à faire à gens de *dela* l'eau. » I, 303. « ... de par *delà...* » 367. Voir *Deçà, Jambe.*

DELAISSER. « ... les pauures poissons (estoient) *delaissez* de leurs propres elemens. » I, 226. « ... quant pourras bonnement *delaisser* Ta taut aymée & cultiuée estude... » III, 300.

DELAYER. « ... comme vous aultres messieurs ie sursoye, *delaye* & differe le iugement. » II, 192. « ... apres auoir *delayé* d'entrer en la ligue de l'Empereur. » III, 345. « ... penserent que le Pilote de la Naue les voulust tousiours *delayer* sans aborder. » 357. « Mes Seigneurs les... Cardinaux François... *delayoient* tousiours à declairer leur ioye... » 394.

DELECTABLE. « ... nauiger pres la terre, estre chose moult sceure & *delectable.* » II, 352, « ... entendismes vn son... comme de loin venant... En quoy plus nous sembloit plus *delectable* que si apert eust esté... » III,

162. « ... la maiesté Regale... est venue au palays *delectable* Fontainebleau... » 277.

DELECTATION. « ... elle (nature) a eu esguard à la sociale *delectation* de l'home... » II, 157. « Par le blanc... tout le monde a entendu... ioye, liesse, soulas, plaisir & *delectation*. » I, 40.

DELECTER. « ... belle saulce verde... ouure l'appetit, *delecte* le goust... » II, 23. « ... comme la torche... esclaire tout au tour, *delecte* vn chascun... » 362.

Se delecter. « O comment Nature se y *delectera*... » II, 31.

DELIBERATION. Résolution. « ... vous auez ma *deliberation* entendue, qui est me marier... » II, 49.

DELIBERÉ. « ... vn moine claustrier... aduentureux, *deliberé*... » I, 104. « ... estoient tous les personaiges de la farce en ordre, & bien *deliberez*. » II, 321. « ... entrant en la maison gualant & bien *deliberé*... » 434. « ... vous n'estes *deliberez* de respondre... » III, 4.

DELIBERER. Résoudre, décider. « ... *delibera* en icelle ville se heberger soy & ses gens. » I, 109. « ... *delibera* la porter au clochier... » 244. « ... ie *deliberay* d'y aller. » 376. « Comment Pantagruel & Panurge *deliberent* visiter l'Oracle de la Diue Bouteille. » II, 218. « ... ie *delibere* abandonner le pays. » 312. « Comment frere Iean des entomeures *delibere* mettre à sac les Chats-fourrez. » III, 58. « ... *delibererent* donner la bataille. » 407. « ... il *delibere*... passer par Senes. » 354.

Se deliberer. « ... il *se delibere* de me festoyer demain. » I, 350. « ... *deliberez vous* de faire chere lie. » III, 26. « Pourtant que ils *se deliberassent* le recognoistre comme leur Duc... » 354.

DÉLICAT. « L'odeur d'icelles est fort, & peu plaisant aux nez *delicatz*. » II, 229.

DELICES (AVOIR EN). « Persa est morte. Ainsi nommoit elle vne petite chiene, qu'elle *auoit en delices*. » II, 403. « Il *auoit* vn Gay *en delices*. » III, 187.

DELIÉ. « ... *delices* aubes. » II, 448.

DELIVRE. « De là ie prins coniecture comme pourrions francs & *deliures* eschapper... » III, 60.

DELIVRER. Remettre, livrer. « ... esquelz... l'on *deliureroit* les cloches. » I, 69.

DELPHINIUM. Plante. « *Delphinium* (qui semble), au Daulphin. » II, 233.

DELUGE. « ... les propres pierres, moyenans lesquelles Deucalion & Pyrrha restituerent le genre humain aboly par le *deluge* Poëtique. » II, 47.

DEMAILLOTER, DESMAILLOTER. « Auez vous icy le Gozal celeste messaigier?... Il est en ce panier emmailloté. C'estoit vn pigeon... l'ayant fait *demailloter* luy attacha es pieds vne bandelette... » II, 278. « ... comme vous apprestez les robes des petis enfans, quand en voulez *desmailloter*. » III, 39.

DEMANCHER, DESMANCHER. « Vouldroys tu... *demancher* toutes les sphæres celestes? » II, 140. « ... violons *demanchez*. » III, 53. « Ie sonneray bien de la harpe, si elle n'est *desmanchee*. » II, 347.

DEMANDER, DEMAINDER. S'informer, s'en rapporter à. « ... le bon homme Gallet... *demanda* au meusnier, de l'estat de Picrochole. » I, 114. « C'est belle chose veoir la clairté du (vin &

efcuz) Soleil. I'en *demande* à l'aueugle né tant renommé par les treffacrés bibles. » II, 5. « Ie le fays en pere & en beat pere fans faulte. I'en *demande* aux ioueurs... » 59. « ... elle eft d'accés affez fcabreux & difficile, ie vous *demande.* » 240. « ... n'y fcauez vous *demaindoit* Pantagruel, obuier? » 423. « Ie vous *demande,* en *demandant,* comme le Roy à fon fergent, & la Royne à fon enfant. » 366 et IV, 286. « Ie vous *demande* en *demandant...* » III, 3 et IV, 324.

Demandeur. « ... ie pofe les facs du *demandeur* fus l'autre bout... » II, 188.

Demandibulé. « ... à l'aultre (record) feut demanchee la mandibule fuperieure... Le Records *demandibulé* ioingnoit les mains... » II, 323-324.

Demanger. « ... fe grattoyt ou ne luy *demangeoyt* poinct. » I, 45. « ... ce n'eft là que me cuift & *demange.* » II, 36-37. « ... fe grateront fouuent là, où il ne leur *demange* point. » III, 242.

Demarcher, Desmarcher. « ... Pantagruel... *demarcha* du pied gaufche vn pas arriere... » I, 359. « Le Mut voyant Panurge *demarcher,* guaingna le dauant... » II, 103. « ... elle eft couronnee Royne de fon Roy : & prent, & *defmarche* dorenauant en mefme priuilege, que la Royne... » III, 88. « Les Roynes *defmarchent,* & prennent en plus grande liberté, que tous autres. » 89. « L'Afne... s'efmouchoit, *defmarchoit,* s'efcarmouchoit... » 150.

Demembrer. « Bruflez... *demembrez...* ces mefchants Hæreticques... » II, 456-457. Voir *Babines.*

Demesler. « Si i'auoys... mis deux cotyles de vin, & vne d'eau enfemble bien fort meflez, comment le *demeflerie*z vous ? » II, 240.

Demeure. Retard. « En fes fommations, delay aulcun & *demeure* aulcune il ne admect. » II, 470. « Ce que fut faict, fans *demeure.* » III, 134.

Demi, Demy. « Nous auons difputé par fignes fans dire mot ny *demy.* » I, 320. « Voyla le guallant : guallant et *demy.* » II, 357. « ... pourpoint de *demy* oftade... » III, 210. « ... ne vefquift point plus de *demye* heure. » 366.

Chere et demye. Voir *Chere.*

Demigrer (*Demigrare.* Émigrer, se retirer). « ... ie *demigre* en quelcun de ces tant bien architectez mouftiers. » I, 242.

Democritizant. « ... eftoit Democrite heraclitizant, & Heraclite *democritizant* reprefenté. » I, 73.

Demolir. Abattre. Voir *Dedans.*

Demoniacle. « ... les *Demoniacles* Caluins... » II, 385.

Demonstratif. « ... argumens *demonftratifs.* » III, 344.

Demouller. « ... es aultres *demoulloyt* les reins. » I, 106.

Demourant. Participe présent. « Vn quidam latinifateur *demourant* pres l'hoftel Dieu... » I, 72.

Substantivement, le reste, le surplus. « ... dieu gard le *demourant.* » I, 232. « ... le *demourant* du menu populaire. » II, 495.

Au demourant. « ... *au demourant* le meilleur filz du monde. » I, 295, et IV, 201. « *Au demourant* ie feray ioyeulx comme vn tabour à nopces. » II, 74. « *Au demourant* glorieux, oultrecuydé. » 124.

Demourer. « ... pas *demourer* la ne fault... » I, 5. « Voyre, voyre... ou ie *demoureray* en chemin. » 137. « ... fept balles de bouletz qui luy eftoient *demou-*

rez entre ſes cheueulx... » 138. « ... il (le tarande) change de couleur ſelon la varieté des lieux es quelz il paiſt & *demoure.* » II, 275. Voir *Coy.*

DENARE (*Denaro.* Italien. Denier : de l'argent). « ... me doubtay qu'il n'auoit *denare.* » I, 301. « ... plus ayment la *denare* que la vie. » II, 26. « ... tirer *denares...* » II, 268 et 355.

DENATURÉ, DESNATURÉ. Contraire à la nature. « Le cerueau conſiderant ce train *deſnaturé,* ſe mettra en reſuerie. » II, 29. Voir *Abhorrent.*

DENDIN. « ... Landores, Malotruz, *Dendins...* & aultres telz epithetes diffamatoires... » I, 98.

DENDROMALACHE (Δενδρομαλάχη. Mauve arborescente). « L'herbe Pantagruelion... ſurpaſſe la haulteur des arbres, comme vous dictez *Dendromalache* par l'authorité de Theophraſte. » II, 228.

DENICHER, DENICER, DENIGER. « ... *deniceans* des paſſereaulx. » I, 96. « ... vous *denigea* meſſieurs les pelerins. » 142. « ... les pelerins *denigez* s'en fuyrent... » 143. « Lucifer... vouldra *deniger* des cieulx tous les dieux. » II, 28. « ... combatre les dieux, & du ciel les *deniger.* » 404. « ... *deniche* des cieux les anges. » III, 37.

DENIGEMENT. Action de dénicher. Ce qui a été déniché. « La conſcience, comme vn *denigement* de Heronneaulx. » II, 376.

DENIÉ, DESNIÉ. Refusé. « Les quelles deux dernieres couleurs ſont au Chameleon *deniees.* » II, 276. « ... ars *deſniees* de Nature... » 471.

DENIER. Monnaie. « ... en leur baillant le premier *denier...* ie le mis ſi ſouplement que il ſembla que feuſt vn grand blanc, ainſi d'vne main ie prins douze *deniers...* » I, 302. « La viz du preſſouër s'appelloit recepte... le teſſon, *deniers* comptez & non receux. » III, 214.

DENOMINATION. « ... la *denomination* d'icelle. » II, 231. « La *denomination...* de ces deux voſtres coronelz Riflandouille & Tailleboudin... nous promect aſceurance... » 400. « ... ne ſçay quelle ſorte de beſtes comprenez en ces *denominations.* » III, 189. « Vous ſçauez que ſubiect pery, ſacilement perit ſa *denomination.* » III, 190. Voir *Convenente.*

DENONCER. Annoncer. « ... dauant luy ſe præſenta vn home... luy *denonceant* & affermant auoir chemin & moyen inuenté, par lequel ſon pays pouuoit de ſes victoires... eſtre... aſçauanté. » II, 83. « ... ie *denonce* à ces calumniateurs diaboliques, que tous ayent à ſe pendre... » III, 193.

DENONCIATION. Annonce, proclamation. « ... la *denonciation* des ieuz Seculares. » III, 410.

DENOTER. « Pour ſon ſaie furent leuez dix & huyt cens aulnes de velours... brodé... de pinthes d'argent... par ce *denotant* qu'il ſeroit vn bon feſſepinthe... » I, 33. « Ce fort *denote* que ma femme ſera preude... » II, 62. « ... il a aureilles, comme ſagement *denota* Michael de matiſcones. » III, 35-36.

DENREE. « ... s'il ſanglouttoit, c'eſtoient *denrees* de Creſſon. » II, 381. Voir *Blanchée.*

DENS. Dans. « ... *dens* la mer... » I, 209.

DENSE. « ... icelle terre par ſa ſubſtance qui eſt graſſe, forte, lize, & *denſe,* retient l'humidité. » II, 36.

DENSITÉ. « L'vne (porte) eſt de

Iuoyre... ſa *denſité* & opacité empeſche la penetration des eſpritz viſifz... » II, 71.

Dent. *A belles dents.* Voir p. 4, col. 1.

N'auoir dens en gueulle. « ... vne vieille qui *n'auoit dens en gueulle...* » I, 41.

N'avoir la goutte es dents. « ... *n'auront la goutte es dentz* quand ilz ſeront de nopces. » III, 243.

Avoir les dens eſguaſſees. « *Auoit il les dens eſguaſſees?* » II, 267.

Mal des dens. « ... remede bien oportun contre le *mal des dens.* Et à quel propous (diſt Pantagruel) craignois tu le *mal des dens?...* Paſques de ſoles (reſpondit Panurge) eſt il *mal de dens* plus grand, que quand les chiens vous tenent aux iambes? » I, 288. « ... il n'eſt *mal des dens* ſi grand, que quand les chiens nous tiennent aux iambes. » III, 138.

Prendre le frain aux dents. « ... la plus part *prindrent* bien *le frain aux dentz.* » I, 265.

S'escurer les dens. « ... *s'eſcuroit les dens* auec vn pied de porc... » I, 80. « ... mort par *s'eſcurer les dens* d'vn brin de Saulge. » II, 334. Voir *Agu, Aguiser, Alchimie, Araigne, Clerc.*

Dentiforme. « ... vertebre *dentiforme.* » III, 77.

Denudation. « ... *denudation* de la luette. » II, 323.

Deparquer. « ... à la paſſion qu'on iouoit à ſainct Maixent entrant vn iour dans le parquet... ie veidz tous... entrer en tentation... Somme, voyant le deſarroy, ie *deparquay* du lieu. » II, 135.

Depart. Partage. « Quelques Pantagrueliſtes modernes euitans le labeur des mains qui ſeroit à faire tel *depart,* vſent de certains inſtrumens... » II, 230. « ... en iuſte *depart.* » III, 158.

Departement. Départ. « Epiſtemon luy reduyt à memoire le *departement* de Eneas d'auecques Dido... » I, 334. « A ſon *departement* l'empereur luy feiſt dons grans, & exceſſifz... » II, 96. « ... au *departement* leurs eſtoit à feneſtre. » 276. « ... le *departement* de celle... ame du... cheualier de Langey. » 365. « ... print phantaſie de leuer le ſiege auecques grande melancholie voyant en ceſtuy *departement* perte inſigne de ſa reputation. » 402.

Departie. Départ. « ... comment t'es tu porté depuys ma *departie?* » II, 429. « Telle fut leur *departie.* » III, 33. « A ma *departie* de France... » III, 390.

Departir, Despartir. Partir. « *Depars* d'icy preſentement... » I, 119. « ... les voyant ainſi *departir* en deſordre. » I, 162. « ... il *departit* ſi roidement q'vn quarreau d'arbaleſte ne vole pas pluſtoſt. » 354. « ... ie me confeſſay à luy auant qu'il *departiſt* de la chambre. » II, 98. « Les Records s'excuſerent... Ainſi *departent.* » 326. « ... il eſt de voſte hemiſphere *departy.* » III, 179. « ... les Ambaſſadeurs de Senes... ſont *departis* pour aller à Naples. » III, 355.

— Partager, séparer, distribuer. « ... des graces que Dieu m'a donné ie ne vouldroyes denier à perſonne en *deſpartir* à mon pouuoir. » I, 308. « Par dieu, ilz ſe feront mal, qui ne les *departira.* » I, 360. « ... le cœur luy en *depart* le meilleur par la vene arteriale. » II, 34. « ... pour les apaiſer... leurs *departoit* de ſon argent. » 328.

« ... leurs *departions* de nos andouilles. » III, 67. « ... en temps de guerre ſont ordinairement *departis* coups ſans reſpect. » 147.

— Substantivement. « *Au departir* remercia gratieuſement tous les ſoubdards de ſes legions... » I, 188. « ... à ſon *departir* n'auoit dict à dieu à la dame... » 334. « *Au departir* achetaſmes vne botte de chapeaux... » III, 42-43. « *Au departir* du palais... » 225.

Depecer. « Perotou auoit *depecé* vnes demies Decretales... » II, 452.

Depenaillé. « ... c(ouillon) *depenaillé.* » II, 139.

Dependre, Despendre. Dépenser. « ... prendray autant à gloire qu'on die de moy, que plus en vin *aye deſpendu* que en huyle, que fiſt Demoſthenes, quand de luy on diſoit, que plus en huyle que en vin *deſpendoit.* » I, 6. « ... apres auoir tous leurs bien *deſpenduz*... » 216. « ... il auoit... ſoixante & troys manieres de recouurer argent : mais il en auoit deux cens quatorze de le *deſpendre*... » 305. « ... il dilapida le reuenu... de la Chaſtellenie non proprement dilapida... Mais *deſpendit* en mille petitz bancquetz & feſtins... » II, 20. « ... vous inferez que gens de peu d'eſprit ne ſcauroient beaucoup en brief temps *deſpendre*... Caligula... en peu de iours auoit par inuention mirificque *deſpendu* tout l'auoir & patrimoine que Tiberius luy auoit laiſſé... eſtoit rigoreuſement à vn chaſcun defendu plus par an *deſpendre* que portoit ſon annuel reuenu. » 24. « ... l'vn ſoubhaytoit auoir... autant que a eſté en Paris *deſpendu*... iuſques à l'heure preſente. » 267. « Il *dependoit* pour ſon paſſetemps argent... » 327. « ... n'en ay rien *deſpendu* en meſchanceté ny pour ma bouche. » III, 361.

Deperdre *(Deperdere).* « ... le Pantagruelion... ne *deperdera* vn ſeul atome des cendres dedans encloſes... » II, 241.

Deperir. « Ie preſuppoſe que c'eſtoit quelque eſpece monſtrueuſe de animaulx Barbares... maintenant eſt *deperie* en nature... » III, 189-190. Voir *Acquis.*

Deperissant. « ... quoy que herbe ſoit par chaſcun an *deperiſſante*... » II, 228.

Depesche. Débarras, débit, expédition. « ... le quintal de ſes quinqualleries ne vault que vn bouſlins de pain, encores y en a il mauluaiſe *depeſche.* » I, 369. « ... le paillard penſe auoir ſa *depeſche* le premier... & de mon ris cuyde que ſoit argent content. » II, 26-27.

Depescher, Depecher. Tirer d'embarras, expédier, envoyer. « ... Monſieur noſtre maiſtre Rondibilis, *depeſchez* moy. Me doibz ie marier ou non ? » II, 150. « ... le Pape les viſita en intention ce leurs ſembloit de leurs *depeſcher* l'indult. » 166. « ... vous ſeriez bien empeſchez. Ie vous en *deſpeſche.* » 241. « I'ay pour de telle anxieté vuider mon entendement, expreſſement *depeſché* Malicorne. » 279. « ... ſi ieuſner faut... expediant aultre n'y eſt, fors nous en *deſpecher* comme d'vn mauuais chemin. » III, 13. « ... quiconques... aura à ſe pendre s'en *depeſche* promptement. » 198.

Depestrer. « ... vne ſouriz empegée : tant plus elle s'efforce ſoy *depeſtrer* de la poix, tant plus elle s'en embrene. » II, 177.

DEPOPULER *(Depopulari.* Dépeupler). « ... Barbares de Spagnola, qui auoient pillé, *depopulé,* & saccaigé les fins maritimes... » I, 182.

DEPORTER, DESPORTER (SE). Se transporter, aller, se rendre. « ... *se desportoient* en Bracque ou es prez... » I, 86.

— Se remettre à, se confier à. « Puis doncques que de vostre mariage sus moy *vous deportez,* i'en suis d'opinion. » II, 225. « Reste doncques que... *nous deportons* de cette curieuse inquisition au decret inuariable de Dieu tout puissant... » III, 259.

— Cesser, s'abstenir de. « ... ne vous faschera, si pour le present *ie m'en deporte.* » I, 9. « Aulcuns lui tindrent compaignie, les aultres *s'en deporterent.* » 154. « ... l'on m'a dict que Thaumaste en feist vn grand liure... par ce *ie m'en deporte* pour le present. » 320. « Vous parlez de baiser damoizelles... voluntiers *ie m'en deporte...* » II, 305. « ... *ie me deporteray* pour le present de vous en narrer ce que i'en trouuois. » III, 255.

DEPOSANT. « ... plus n'en dict le *deposant.* » I, 72 et IV, 116.

DEPOSER. « ... elles... *deposent* leur hypocrisie... » II, 157.

DEPOSCHER. « ... pensant que Marquet luy deust *deposcher* de ses fouaces... » I, 98.

DEPOSSEDER, DESPOSSEDER. « Ie ne dis... qu'on ne puisse... *desposseder...* ceux qui de l'eaue beniste beuuroyent... » I, 277. « Iuppiter ne s'estimant debiteur à Saturne, le *depossedera* de sa sphære. » II, 27.

DEPRAVÉ. « ... seroit iceluy appetit ou frustratoire ou *depravé...* » III, 258.

DEPRESSION. « ... profonde *depression* de la sourcile & paulpiere. » I, 313. « ... Dieu... veult souuent sa gloire apparoistre... en la *depression* des puissans & en l'erection des simples & humbles... » II, 205.

DEPRIMER. « ... l'oiseau... incontinent par les longes seroit plus bas *deprimé.* » II, 69. « ... *deprimer* la rebellion de la chair. » 155.

DEPRISEMENT, DESPRISEMENT. « ... *deprisement* incroyable de tout ce pourquoy les humains tant veiglent... » I, 4.

DEPUCELLÉ. « Rien du blanc sacrosainct barbouillé ne feut, *depucellé,* ne entommé. » II, 452.

DEPUIS. Après, ensuite. « ... *depuis* qu'vne fois l'ont mis entre leurs serres. » III, 45. « *Depuis* descendismes vn degré marbrin sous terre. » 137.

DERECHEF. Voir *De,* p. 181, col. 1.

DERISION. « ... l'ensigne exteriore (c'est le tiltre...) est communement receu à *derision* & geurdisserie. » I, 4.

DESANGONIER. « Là ton esprit ton mal *desangonie.* » III, 276.

DESARROY. « ... coururent ensemble vers la porte de l'orient, ou estoit le *desarroy.* » I, 179. « Tous seront en *desarroy...* » II, 27. « ... voyant le *desarroy,* ie debarquay du lieu. » 135. « ... voyant frere Ian le *desarroy* & tumulte... » 414. « ... en tel *desarroy* perirent... » III, 357.

DESARSONNER. « ... ne peuuent le nerf cauerneux... dresser, s'ilz ne sont tresbien fouettez... qui ainsi me fouetteroit me feroit bien au rebours *desarsonner...* » II, 310-311.

DESBANDER. « ... approchant d'elles (l'Amour, des Muses) il *desbandoit* son arc, fermoit sa trousse. » II, 154.

DESBAPTISER. « Chose pour laquelle les Sophiſtes de Paris pluſtoſt ſe feroient *desbaptiſer,* que la confeſſer. » III, 82.

DESBONDER. Voir *Boyau.*

DESBRAGUETTER. Substantivement. « ... ſi d'icelles en trouuez que vaillent le *desbraguetter...* me les amenez. » I, 18.

DESBRIDER. « ... dormoit ſans *desbrider,* iuſques au lendemain... » I, 84.

DESBRIDEUR. « ... beau *desbrideur* de meſſes. » I, 104.

DESCENDANT, DESCENDU. « *Deſcendans* ces degrez... nous feirent bien beſoin... nos iambes... *Deſcendus* enuiron ſeptante & huit degrez, s'eſcria Panurge... » III, 138.

DESCERTE. Dessert. « Pour *deſcerte* apporterent vng plain plat de merde... » III, 220.

DESCHALANDÉ. « ... c(ouillon) *deſchalandé.* » II, 140.

DESCHARGEMENT. « Les Bombardiers... au premier *deſchargement* du Baſilic... mirent pareillement feu chaſcun en vne de leurs groſſes pieces... » II, 505.

DESCHET. « ... le *deſchet* des greniers... » II, 23.

DESCHEVELÉE. « ... lourdement *deſcheuelee.* » II, 325.

DESCHIQUETER, DESCHICQUETER, DESCHICQUETTER, DESCHISQUETER. « ... *deſchiſquetez* en forme de colomnes ſtriees... » I, 32. « ... ſes ſouliers... furent *deſchicquettez* mignonement... » 33. « ... tant luy *deſchicqueterois* ſes habillemens à baſtons rompuz, que le grand Diole en attendroit l'ame... » II, 51. « Ses varletz... la *deſchiquetoient* (vne pæle) par le fond. » 452. « ... ils *deſchiquetoient* leur peau, pour y faire bouffer la graiſſe. » III, 63.

Deschicqueté à barbe, en barbe d'escrevisse. Voir *Barbe.*

DESCHICQUETURE. « ... ſlocquoit par dedans la *deſchicqueture* de damas bleu... » I, 32.

DESCŒUVRIR. « ... l'office *deſcœuure* l'home... » II, 91.

DESCONFIRE. Vaincre, détruire. « ... par ſa proueſſe furent *deſconfiz* tous ceulx de l'armee qui eſtoient entrez dedans le *clous.* » I, 108. « Par icelle (armée) ſera facilement *deſconfi.* » 124. « ... il auoit prou affaire de ſauuer l'eaue benoiſte par les egliſes, à ce que ne feuſt *deſconfite...* » 227. « ... tout ſeul les *deſconfiray.* » 337. « Les taureaux *deſconfitz...* ſuruint le Moret archibouffon d'Italie... » III, 399.

DESCONFITE. Déconfiture, défaite. « Ceſte *deſconfite* gigantale paracheuee... » I, 362.

DESCONFORT. « ... ſupplians à dieu omnipotent les vouloir regarder de ſon œil de clemence en tel *deſconfort...* » I, 228. « Ne croyez que plus pitoyable feuſt le *deſconfort* des Lacedæmoniens, quand... veirent... enleuée Hélene... » II, 224. « ... ce fut en pareil *deſconfort,* comme ſi euitans Charybde, feuſſions tombez en Scylle. » III, 65.

DESCONVENUE. « Diane luy ayant expoſé la *deſconuenue...* requiſt... vengeance. » III, 402.

DESCOUVRIR. « ... c'eſtoient lanternes des guets : leſquelles au tour de la banlieuë *deſcouuroient* le païs. » III, 128.

DESCRIPRE. « A la veue... d'iceulx le bon homme feut tant ioyeux, que poſſible ne feroit le *deſcripre.* » I, 188.

DESCROTEUR. « ... beau *deſcroteur* de vigiles. » I, 104.

DESCROULLER. « ... *deſcrouoilloyt* les omoplates... » I, 106.

DESEMPARER, DESAMPARER. « ...ont eſtimé auſſi facile demollir le firmament... que *desemparer* voftre alliance. » I, 117. « Il te conuient... craindre Dieu... en forte que iamais n'en foys *desamparé* par peché. » 257. « ... iufques à en eftre fouuent l'ame *desemparee* du corps... » II, 281. « Voyez comment en plufieurs ecclifes lon a *desemparé* les antiques beuuettes des benoifts saincts OO, de Noel. » 323.

DESERVIR. « Vous me faictes du bien plus que n'ay *deferuy* enuers vous. » I, 378. « Vous me faictes des biens beaucoup... plus que n'ay enuers vous *deferuy*... » II, 36.

DESGONDER. « ... es aultres... *desgondoit* les ifchies... » I, 106.

DESGOURDISSEMENT. « ...il fentoit vn doulx prurit des ongles & *desgourdiffement* de bras... » II, 441.

DESGUYSEUR. « ... les pillars Chiquanous, *desguyfeurs* de proces, notaires faulferes, aduocatz preuaricateurs... » II, 431.

DESHINHUANDER. Voir *Debinguander*.

DESICCATIF. « ... mangeoient... viandes plus *deficatiues* & extenuantes. » I, 95.

DESINCORNIFISTIBULER. « ...vn des Records luy auoit *desincornififtibulé* toute l'aultre efpaule... » II, 324.

DESINENT. Finiffant. Voir *Amphicyrce*.

DESISTER. Ceffer, se retirer. «...ont foubdain *defifté* de leurs entreprinfes. » I, 117. « ... Panurge luy voulut faire raire les cheueulx... mais... il *defifta*. » 333. « ... la terre *defiftoit* leurs prefter nourriffement par vapeurs & exhalations... » II, 28. «... *defifta* porter le hault de fes chauffes. » 41. « *Defiftez* doncques vous esbahir de ce nouueau mien acouftrement. » 48. « ... à l'exemple de Caton le Cenforin : lequel voyant par fa præfence les feftes Floralies en defordre, *defifta* eftre fpectateur. » 135. « ... Coqüage... *defifta* de fa follicitation... » 162. « O Extrauaguantes Angelicques... quand fera ce don de grace particuliere faict es humains qu'ilz *defiftent* de toutes aultres eftudes & neguoces pour vous lire...? » 449. « Là nous dift noftre noble Lanterne qu'euffions fon excufe pour legitime, fi elle *defiftoit* plus auant nous conduire. » III, 141. « ... à fin que les hoftes... *defiftaffent* manger des viandes appofées. » 190. Voir *Alaicter*.

DESJEUNER (SE). Voir *Baisler*.

DESJEUNER. Substantif. Voir *Chambriere*.

DESJUCHER. « La premiere foys fera vne faulte, & vauldra quinze : au *defiucher* vous l'amenderez : par ce moyen feront feze. » II, 59.

DESLOCHER. « ... es aultres *deflochoyt* les fpondyles du coul... » I, 106. « ... noz efpritz... Sont de leurs lieux efquelz fouloient gefir Tant *deflochez* & haultement rauiz Que nous cuidons... Qu'heures font iours... » III, 299.

DESLOGEMENT. « ... aulcunes telles ames tant font nobles... que de leur *deflogement* & trefpas nous eft certains iours dauant donnee fignification... » II, 364. « ... retournant en fa maifon pour foy aprefter au *deflogement*. » 403.

DESMARCHE. « ... diuerfité de pas, de *defmarches*, de faux, furfaux. » III, 88. « ... en vn temps de la mufique ils faifoient quatre *defmarches*, auec les reuerences de tours competans... » 96. « ... à *desmarche* graue & lente se presenterent en veüe des tenans. » III, 407.

DESMONTÉ. « Ne sommes point des Eques *desmontez*. » III, 277.

DESOLÉ. « ... l'isle *desolee* des Papefigues... » II, 436.

DESOPPILER. « ... laquelle (saulce) vous... *desoppile* la ratelle. » II, 23.

DESPANSIER. Économe. Voir *Celerier*.

DESPECHEUR. « ... beau *despescheur* d'heures. » I, 104.

DESPERANT, DESESPERANT. «...*desperans* la victoire. » III, 277.

DESPIT. « ... monstres difformes & contrefaicts en *despit* de Nature. » II, 385.

DESPIT. Dépité. « ... s'il aduenoit qu'il feust *despit*. » I, 30. Voir *Conchier*.

DESPITER. « *Despiter aucun, id est, dire qu'en despit de luy on fera quelque chose.* » Nicot. « Ie *despite* la diablerie de Saulmur... » II, 318.

— Être dépité contre. « ... Oudard renioit & *despitoit* les nopces... » 324.

DESPLAIRE. « Ne vous *desplaise*... » II, 40. « ... ne vous en *desplaise*... » 266. « ... n'en *desplaise* aux aultres... » 287. « ... mais qu'il ne vous *desplaise*... » 293. Voir *Dont*.

DESPLAISIR. Voir *Faire*.

DESPOUILLER. « ... *despouillez* vous de toute affection humaine. » II, 68. « ... dist & protesta, que point ne se *despouilleroit* deuant soy coucher. » III, 64.

DESPRIS. Mépris. « En cestuy *despris* Bacchus tousiours gagnoit païs. » III, 147.

DESPRISER. Mépriser. « Ne *deprisez* l'opinion de Thales... » III, 101. « ... tant fut des Indians *desprisé* qu'ils ne daignerent luy aller encontre. » III, 146.

DESPROUVEU. Dépourvu. « ... de sens *desprouueuz*... » I, 164.

DESPUMER (*Despumare*. Écumer). « ... nous *despumons* la verbocination Latiale. » I, 241.

DESRACHER. Arracher. « ... s'escurante les dens auecques vn brin de paille qu'elle auroit *desraché* du fond de la paillasse. » II, 92-93.

DESRAISONNABLE. Voir *Alogique*.

DESRAISONNÉ. « ... calumnie... atroce & *desraisonnee*... » II, 250.

DESRAYÉ. Dévoyé. « ... chascun estoyt *desrayé*. » I, 106. « ... monde *desrayé*... » II, 29.

DESROBER, DESROBBER. « ... ce que d'iceulx Politian a *desrobé*? » I, 6. « ... seras de ta femme battu, & d'elle seras *desrobbé*. » II, 123. « Le Laboureur... estoit triste. Sa femme tel le voyant cuydoit qu'on l'eust au marché *desrobbé*. » 433.

DESROCHER. « ... trouuerent vne montioye d'ordure : lors les pionniers frapperent sus pour la *desrocher*. » I, 381.

DESROTÉ. Mot poitevin. Délié. « ... la chosette faicte... sus vn fagot *desroté*... » II, 92.

DESROUILLER. « As-tu ton bragmart... Tu ne le *desrouille* pas à demy. » II, 464. Voir *Bracquemar*.

DESSEMELER. « ... auecques ses... dards... il... *dessemeloit* les bottes sans les endommaiger... » II, 391.

DESSERT. « Au *dessert* du premier metz... » II, 448.

DESSICATIF. « ... viandes... *dessicatiues* & extenuantes. » I, 95.

DESSIRER. Déchirer. « ... robbes *dessirees*... » I, 100. « ... il n'est poinct bigot, il n'est poinct *dessiré*, il est honeste... » 150. « C(ouillon) *dessiré*. » II, 140. « L'entendement, comme vn breuiaire *dessiré*. » 376. « ... auecques ses... dards... tournoit les feuilletz du breuiaire de frere Ian... ſans rien *deſſirer.* » 391.

DESSOUBZ. « Les iartieres... comprenoient le genoul au deſſus & *deſſoubz.* » I, 201.

DESSUS. « ... ſçauant *deſſus* la capacité du temps de maintenant. » I, 267. « Frere Ian hanniſſoit... comme preſt à... monter *deſſus,* comme Herbaut ſus paouures gens. » II, 452-453.

Venir au deſſus. « ... *venir au deſſus* de noz ennemys. » I, 342. « Panurge... entreprint *venir au deſſus* d'vne des grandes dames de la ville. » I, 321. Voir *Deſſoubs.*

DESTINÉ. « ... quelque malheur y eſt *deſtiné* & preparé. » II, 75. « Tout ce que ſommes... conſiſte en trois choſes, En l'ame, on corps, es biens. A la conſeruation de chaſcun... ſont *deſtinées* troys manieres de gens. » 143. « ... iceluy iour *deſtiné...* » 332. « ... le propre monſtre marin qui feut iadis *deſtiné* pour deuorer Andromeda. » 387.

DESTITUÉ. « ... *deſtitué* de gens, d'argent, de conſeil. » I, 119. « Pantagruel ainſi *deſtitué* de baſton, reprint le bout de ſon maſt. » I, 360. « ... *deſtituez* de ſa præſence. » II, 163.

DESTORSE. Détour. « ... les voyes & *deſtorſes.* » I, 130.

DESTOUPPER. « ... *deſtouppoit* (Diogène, ſon tonneau). » II, 8.

DESTRAMPIT. « ... il feiſt vne tartre borbonnoiſe... & la *deſtrampit* en ſanie de boſſes chancreuſes... » I, 296.

DESTROICT, DESTROIT. « ... le Roy le pourſuiuant en vn *deſtroict* le happa. » II, 402. « ... tous *deſtroits* reiterez... » III, 97.

DESTROUSSER, DETROUSSER. « ... propoſerent leur complainte, monſtrans... leurs fouaces *deſtrouſſees.* » I, 100. « ... *detrouſſerent* hommes & femmes. » 103. « Les fouaces *deſtrouſſees,* comparurent dauant Picrochole les ducs de Menuail, comte de Spadaſſin & capitaine Merdaille... » 124. « ... le *deſtrouſſerent* de ſes habillemens... » 180.

DESTRUCTIF. Voir *Helepolide.*

DESULTOYRE *(Deſultorius).* « ... eſtoit aprins à ſaulter haſtiuement d'vn cheual ſus l'aultre ſans prendre terre, & nommoit on ces cheuaulx *deſultoyres...* » I, 89.

DETENTEUR. Qui retient, arrête. « ... rien de moy n'a eſté *detenteur* De retourner voir le tien hermitage Fors ſeulement le petit tripotage De plaiɛtz, proces... » (Bouchet à Rabelais). III, 306.

DETENU. « ... malfaiɛteurs *detenuz* en priſon. » II, 365.

DETERMINATION. « I'ay bien en imagination quelques diſcours moiennans les quelz nous aurions *determination* ſus voſtre perplexité. » II, 120.

DETERMINÉ. Voir *Certain.*

DETESTABLE. « Sans elle (l'herbe de Pantagruelion) ſeroient... les tables *deteſtables...* » II, 237. « ... *deteſtable* parole... » 363.

DETESTABLEMENT. Voir *Calomniateur.*

DETRACTION. « ... faiɛtes tord au bon Poëte par *detraɛtion.* » II, 111.

DETRAQUER. « ... *detraquoit* (Diogène, son tonneau). » II, 8.

DETRAVÉ. « ... maintenant le monde eſt tout *detraué...* » I, 275. « ... ſi on temps iadis le monde euſt eſté ainſi peruers, playdoiart, *detraué...* » II, 196. « ... peuple... *detraué...* » 458.

DETRICHOUERE. Devidoir. Voir *Defiller.*

DEU COLAS, FAILLON. II, 289.

« *Deu Colas, faillon.* Sont motz Lorrains, de par ſainct Nicolas compaignon. » III, 198.

Deuement. « Ainſi qu'eſt l'vſance des aultres Dieux, enuers ceulx qui *deuement* ne les honorent... » II, 163. « Vous eſtez *deuement* aduerty. » 247. « Soubhaitez doncques mediocrité elle vous aduiendra... *deument* ce pendant labourans... » 268.

Deus det (*nobis pacem*). Formule finale des grâces. « ... en moins de deux iours... il ſceut toutes les rues... de Paris comme ſon *Deus det.* » I, 296.

Devaler, Devaller. « ... montoit encontre la montaigne, & *deualloit* auſſi franchement. » I, 90. « ... auecques deux mains montoit puis *deualoit* ſy roidement... que plus ne pourriez parmy vn pré... » 91. « *Deuallez* ce vin blanc d'Aniou de la hune, & beuuons icy à la Breteſque. » 353. « ... le *deualloit* (Diogène, son tonneau) de mont à val. » II, 8.

Se devaler. « ... de là *me deualle* en terre. » I, 377.

Devallée. *A la devallée,* à la descente, en descendant. «...trouuay vne petite bourgade *à la deuallee.* » I, 377.

Devant. En avant. « Ne yrez vous pas auec voz compaignons aux nopces? *Deuant, deuant,* de par le diable, *deuant.* » I, 328. Voir *Cochonnet.*

— Avant. « ... partir ſon oſt *deuant* la victoire. » III, 344.

Devant que. « ... *deuant que* partir... » I, 244. « ... *deuant que* mourir... » 257. « ... ie les ſeray ſaccader encores vne fois *deuant qu*'elles meurent. » I, 303. « ... *deuant que*l es cieux fuſſent formez... » III, 256.

— Auparavant. « ... peu *deuant* il auoit deſcouuert le larcin de Mars & de Venus. » III, 225. « ... ou *deuant* ou apres. » 251. « ... pourrois alleguer... nouuelles inſignes... auoir eſté ſemees au propre & meſme iour voire *deuant*... » 393.

Ami, Cholere, comme devant. Voir ces mots.

Devenir. « Par ce moyen eſt impoſſible qu'en fin riche ne *deuieigne*... » II, 22.

Devers. « Comment Vlrich Gallet fut enuoyé *deuers* Picrochole. » I, 114. « ... vous tranſportez *deuers* elle. » 82. « l'Empereur ... a enuoyé *deuers* le Pape vn Ambaſſadeur exprez... » III, 341.

Devestir. « ... le tige d'icelle (de l'herbe nommée Pantagruelion) *deueſtir* de feuilles & ſemence. » II, 230. Voir *Aube.*

Devidouere. « ... La vieille... print ſes *deuidoueres*... conſydera ſans plus toucher le mouuement des *deuidoueres*... » II, 87.

Devis. Avis, propos. « ... oultroyez moy de fonder vne abbaye à mon *deuis.* » I, 89. « ... tous les debatz, procés & differens, eſtoient par ſon *deuis* vuidez. » II, 194. « ... menuz *deuis*... » 309. « ... communs *deuis*... » III, 259.

Devise, Divise. « ... Sa beſterie : qui a exiſtimé que... le monde reigleroit ſes *deuiſes* par ſes impoſitions badaudes... voulens en leurs *diuiſes* ſignifier eſpoir, font protraire vne ſphere... » I, 37. « ... il fiſt le blaſon & *diuiſe* des licentiez... » 240. « La tierce (nauf) pour *diuiſe* auoit vn beau & profond hanat... » II, 270. « Voyez vous combien nous auons encores d'Aigles? C'eſtoit lors la *deuiſe* des Romains. » 407. « ... armoiries & *diuiſes*...»

458. « ... leurs cloches eſtoient... faictes, ſelon la *diuiſe* Pontiale... » III, 104, « ... auez veu la *diuiſe* de mon ſeigneur l'Admiral en vne ancre... » 201.

Deviser, Diviser. « ... commenceoient à *diuiſer* ioyeuſement enſemble... Apres *deuiſoient* des leçons leues au matin. » I. 87. « ... les grands eaulx dont oyez *deuiſer*... » 209. « ... *deuiſant* & philoſophant auecques ſes gens & aulcuns eſcholiers... » 259. « ... auoir quelque temps *diuiſé*... » II, 302. « En *diuiſant* ils arriuerent en l'iſle des Apedeftes. » III, 211.

Devot « ... *deuot* baiſemain... » II, 284. « ... ce *deuot* aſne. » 333.
— Substantivement. « ... il emmenoit vne des dames, celle laquelle l'auroit prins pour ſon *deuot*, & eſtoient enſemble mariez. » I, 206.

Devotement. « ... le tranſſumpt voluntiers vous donneray, ſi *deuotement* le requerez. » II, 285. « ... Panurge *deuotement* le prioyt luy vouloir de grace vendre vn de ſes moutons. » 289.

Devotion. « ... ſi bien auoient veſcu à Theleme en *deuotion* & amytié, encores mieulx la continuoient ilz en mariaige... » I, 206. « Les grezillons de *deuotion*. » 249. « Ie ne en fays doubte... ia beſoing n'eſtoit en faire ſi horrificque *deuotion*. » II, 59. « ... font continuelles *deuotions* de leurs parens & amis, qui en oiſeaux les transformerent... » III, 21.

Dévoyer. « Non pas qu'au vray nous croyons que les aſtres ayent *deuoyé* de leur vray mouuement... » III, 299.

Dexterité. « Vous faictez... narré des Parthes, qui par derriere tiroient... ingenieuſement... Auſſi celebrez vous les Scythes en ceſte *dexterité*. » II, 390.

Dextre *(Dexter)*. Droit. Adjectif. « ... du couſté *dextre*... » I, 99. « ... temple *dextre*... » 136. « ... main *dextre*. » II, 100 et 328. « ... talon *dextre*... œil *dextre*... » 401.
— Adroit, prudent. « Iamais ne feurent veuz cheualiers... tant *dextres* à pied, & à cheual... » I, 206. « ... *dextre*, ſaige... & abſolu Onirocrites... » II, 67.
Substantif. *Dextre*, main droite. « Au doigt médical de la *dextre* eut vn aneau... » I, 35.
— Côté droit. « ... de *dextre* en feneſtre... » II, 102.
A dextre. Voir p. 6, col. 1.

Dextrement. « ... manier *dextrement* vn cheual. » I, 56. « ... fournir *dextrement* eſpritz ſuffiſans... » II, 153. « ... Commodus, tant *dextrement* tiroit de l'arc. » 389.

Dextrier. « ... piquans furieuſement leurs *dextriers*. » III, 405.

Dez. Jeu. « A trois *dez*. » I, 81.
— Au figuré. « ... Puis... qu'vne foys en auez iecté le *dez*, & ainſi l'auez decreté... » II, 49.
— Hasard, aléa. « ... l'amour que de voſtre grace me portez, eſt hors le *dez d'eſtimation*. » II, 36. « Ie ne diz ſeulement touchant les perfections d'vn chaſcun en ſon eſtat, les quelles ſont hors tout *dez de iugement*. » 145. « Bridoye... ſententioit les procés au ſort des *dez*... Quelz *dez*... mon amy, entendez-vous? Les *dez* (reſpondit Bridoye) *des iugemens*, Alea iudiciorum. » 187 et IV, 256. « ... le ſort du *dez* iudiciaire... » II, 189. Voir *Ject*.

Dia (Διά, à travers, parmi, entre de). « ... au climat *dia*rhomes... » I, 280. (Climat de Rome.)

« ... ſoubs le climat *Dia* Cyenes... » II, 241.

DIA (MA). Voir *Ma Dia.*

DIABLE. « Ie meurs... de paour Soy trouuer entre *Diables* affamez ? entre *Diables* de ſaction ? » I, 113. « ... deuine, Epiſtemon, que c'eſt ? Ce ſont... noms de *Diables* errans, *diables* paſſans, *diables* rampans. » II, 220. « *Diable* Satanas, Leuiatan. » II, 388. « ... tous les *Diables* ſont au iourd'hui de nopces. » II, 506.

Diable bur. Voir *Bur.*

Ce mot entre dans un grand nombre de formules, d'imprécations, de serments, etc. « Puis commanda... qu'il allaſt à tous les *diables*. » I, 61. « ... le *diable* m'emport ſi... » I, 139; II, 113, 163, 169. « ... qui fera la cane de vous aultres, ie me donne au *diable* ſi ie ne le ſays moyne en mon lieu... » I, 155. « ... au nom des *diables*. » 291. « A trente *Diables* ſoit... » II, 127. « Au *diable* l'vn à qui demoura coingnee. » 266. « ... à tous les millions de *Diables*... » 341. « ... que le *diable* me ſouffle au cul... » 496.

Comme diables, comme un diable. « ... puant *comme* cent *diables*. » I, 293. « ... crient *comme Diables* à ce ſentement de ſolution, laquelle leur eſt doloreuſe en Diable. » II, 116. « ... grand dogue... griffé *comme vn diable* de Lamballe... » III, 215.

De ieune hermite vieil diable. Voir *De*, p. 177, col. 2.

De par le diable, etc. Voir *De*, p. 180.

En diable (battre en). Voir *Battre. Daubber en diable.* Voir *Ange. Chiquaner en Diable de Vauverd.* Voir *Chiquaner.*

Faire diables. « ... ſi vouloys te raiſlier auecques moy, nous *ferions diables*. » I, 305. « ... mon baſton de croix *fera diables*. » I, 155.

Faire diables de. « ... ie *faiſois diables de* arguer. » I, 71. « ... *firent diables de* humer... » 276.

Faire d'un diable deux. « ... accident oppoſite au conſeil de Charles Maigne, lequel *feiſt d'vn diable deux*, quand il tranſporta les Saxons en Flandre, & les Flamens en Saxe. » II, 19.

Que diable? Que tous les diables? « *Que diable*... ferons nous doncques? » I, 127, 159. « ... *que tous les diables* luy ont faict les paouures Diables de Capuſſins, & Minimes? » II, 109.

— Méchant, mauvais. « ... nous ne ſommes tant *diables*, or bien, que ſommes noirs. » III, 53.

— Calomniateur, conformément à l'étymologie (Διάβολος). Voir *Caffar, Calomniateur.*

Petit diable, grand diable, aux dés. Voir *Ambezas*. — Voir *Diole.*

DIABLERIE. Représentation dramatique dont les diables étaient les principaux personnages. « ... feiſt la monſtre de la *diablerie* parmy la ville & le marché. » II, 316. « Les tripes furent copieuſes... Mais la grande *diablerie* à quatre perſonnaiges eſtoit bien en ce que poſſible n'eſtoit longuement les referuer. » I, 19. « O que vous iourrez bien. Ie deſpite la *diablerie* de Saulmur, de Doué, de Mommorillon, de Langés, de Eſpain, de Angiers : voire, par Dieu, de Poictiers auecques leur parlouoire, en cas qu'ils puiſſent eſtre à vous paragonnez. » II, 318 et IV, 275.

DIABLETEAU. *Diableteaux de cœur.* Voir *Cœur.* « ... vn eſquadron de *Diableteaux* de chambre. » 430. « ... plus hideux & villains que les *Diableteaux* de la paſſion de Doué. » 454. *Diableteau à poil follet.* Voir p. 4, col. 1. « ... du grand chat Rodilardus penſoit que feuſt vn *Diableteau.* » II, 506.

Diabliculer. « ... *diabliculant* c'eſt à dire callumniant. » Voir *Articuler.*

Diabole. Voir *Calumnie.*

Diabologicque. « ... faculté *diabologicque.* » II, 115.

Diabologie. « ... parlant en vraye *diabologie* de Tolete, ie confeſſe que les Diables vrayement ne peuuent par coups d'eſpée mourir. » II, 116.

Diæte, Diete, Diette. « Ponocrates luy remonſtroit, que c'eſtoit mauuaiſe *diete,* ainſi boyre apres dormir. » I, 84. « ... la vraye *diete* preſcripte par l'art de bonne & ſeure medicine. » 92. Ce n'eſt veſcu en *diete* de medicine. » 153. « ... extreme & riguoreuſe *diæte.* » II, 68. « ... tenens longue *diete.* » 271. « ... viuent de meſmes *diete.* » 421. « Leur *diette* eſtoit telle : Au dimanche ils mangeoient boudins, andouilles, ſauciſſons... » III, 106. « Telle eſtoit leur *diette* quand ils reſidoient en couuent. » 107.

Diagonal. « ... ligne *diagonale...* » III, 88 et 144.

Dialecticien. « Les voix (comme diſent les *Dialecticiens)* ne ſignifient naturellement, mais à plaiſir. » II, 96.

Dialoge. Dialogue. « ... *dialoge* de Platon, intitulé Le bancquet... » I, 3.

Diamant. « ... vn beau petit entrelardement à poinctes de *diamans...* » I, 290. Voir *Anachite.*

Diamerdis. « ... pouldre de *diamerdis.* » I, 363 et IV, 213.

Diametre. « ... le *diametre* excedoit deux coudees... » III, 153. « ... à iuſte & exquiſe dimention d'vn *diametre...* ſept demis *diametres* font en proportion geometrique amplitude & diſtance, peu moins telle qu'eſt la circonferance... » 158.

Par diametre entier, en plein diametre. Diamétralement, au figuré. « ... negoces contraires *par Diametre entier* à leurs eſtatz. » II, 222. « ... acte du tout, & *par entier diametre* contraire au premier... » III, 134. « ... *en plein Diametre* contraire aux Romicoles. » I, 310. Voir *Compasser.*

Diantre. Diable, par euphémisme. « ... grand villain *diantre* d'enfer... » II, 26. « Le *diantre...* m'emporte doncques. » 174. « Le *diantre...* l'emport, ſi ie le veulx. » 325.

— *Que diantre.* I, 49, II, 307 et IV, 328.

Diapason. « ... f(ol) en *diapaſon.* » II, 184.

Diaphane. « C(ouillon) *diaphane.* » II, 138. « ... les pieds blans, *diaphanes* & tranſparens... » 415. « ... eſtant... l'ouurage tant *diaphane* & ſubtil... » III, 154. « ... porte adiacente à la chappelle *diaphane...* » 228.

Diaphané. « Criſtal tant emundé, tant *diaphané* & tant poly. » III, 160.

Diaphaneité. « ... par ſa reſplendeur & *diaphaneité* apparoiſſent toutes eſpeces... » II, 71.

Diaphragme. « ... l'enfant grauant par le *diaphragme...* » I, 26. « ... le coup... luy penetra le *diaphragme...* » 285. Voir *Compartiment.* « Toutes mes phrenes, metaphrenes, et *diaphragmes* ſont ſuſpenduz. » II, 174. « Le *diaphragme,* comme vn bonnet à la Coquarde. » 375. Voir *Allieger.*

Diapré. « A ces parolles Toucquedillon... tyra ſon eſpee, & en transſperça Haſtiueau... Picrochole... voyant l'eſpee & fourreau tant *diapré* diſt. » I, 175. « ... c(ouillon) *diapré.* » II, 128.

DIARHOME. Voir *Dia*.

DIASPERMATISAN. « C(ouillon) *diaſpermatiſan.* » II, 130.

DIASTOLICQUE. « ... mouuemens *diaſtolicques* & ſyſtolicques... » II, 33.

DIATYPOSE (Διατυπωσις, formation, représentation, dessin). «...belles graphides & *diatypoſes...* » II, 35.

DIAVOL *(Diavolo,* italien, diable). « Si le *diauol* ne veult qu'elles engroiſſent... » I, 18. « *Diauol,* il n'y a plus de mouſt. » 146.

DICASTE (Δικαστής, juge). « ... leurs *Dicaſtes* & iuges... » III, 48.

DICOU. Je dis, en gascon. « Vee *dicou,* gentilaſtre... » I, 243.

DICT. Participe passé. « C'eſt bien *dict.* » II, 317.

— Substantif. « Comme vous auez le *dict* d'vne vieille qui n'auoit dens en gueulle, encores diſoit elle Bona lux. » I, 40-41. « ... faicts & *dicts...* » II, 1 et 5. « ... le *dict* de Heſiode. » 279.

DICTAME. « ... les Cerfs & Biſches naurez... s'ilz rencontrent l'herbe nommee *Dictame...* & en mangent... ſoubdain les fleches ſortent hors... » II, 489.

DICTATEUR. « ... *dictateur* de Mouſtardois... » II, 371.

DICTÉ. Parole, prescription, proverbe, devise. « ... ſelon iceulx (eſcripts) ont taillé leurs apophthegmes & *dictez...* » I, 37. « ... ſoy gouuerner au ſon d'vne cloche, & non au *dicté* de bon ſens... » 190. « ... luy monſtrerent le *dicté* de Raminagrobis. » II, 143.

DICTION. Voir *Coignie, Declaration.*

DIECULE *(Diecula,* le court délai d'un jour). « ... certaines *diecules* nous inuiſons les lupanares... » I, 241.

DIESBLE. Diable. « Ie doncq au *diesble,* diſt il... » I, 283.

DIEU. « ... Celluy hault *Dieu* qui domine par les Cieulx. » I, 437.

Le nom de Dieu, entre naturellement dans un grand nombre d'invocations et de protestations sérieuses ou plaisantes. « *Dieu* vous face bien touſiours proſperer. » I, 127. « *Dieu* ſoit auecques nous. » II, 292.

Dieu gard. Dieu garde, garantisse, protège. « ... Dieu vous *guard* de mal... » I, 71. « ... *dieu gard* Hieruſalem. » 126. « *Dieu guard* de mal la compaignie. » 145. « ... *dieu gard* le demourant... » 232. « *Dieu gard* de mal à qui la longue braguette a ſaulué la vie. » 294. « *Dieu guard* de mal les pelotons. » II, 42. « *Dieu... guard* de mal qui void bien n'oyt goutte. » 78. « *Dieu* vous ſaulue & *guard...* » 253. « *Dieu* nous ſaulue & *guard.* » 293. « *Dieu guard* mon ſabbot, ma trombe, ma touppie. Elle luy reſpondit fierement. *Guard* pour *guard,* mon fouet. » 301.

Dieu plaise, ne plaise. « Ha (diſt elle) ia *dieu ne plaiſe, Dieu* me le pardoint, ie ne le dis de bon cueur. » I, 26. « ... ſi *Dieu plaiſt* » II, 461.

Se donner à Dieu. « Ie me *donne à Dieu,* ſi i'en mens d'vn ſeul mot. » II, 370.

Dieu mercy. II, 151.

Par Dieu. « ... ces reſponds que chantez ycy ne ſont *par Dieu* poinct de ſaiſon. » I, 105. « ... *par* le mien Dieu. » II, 456.

De par Dieu. Voir p. 180, col. 1.

Vertus Dieu. I, 104, 147; II, 298, 306. « Digne *vertus de Dieu...* » II, 141. « ... Allons en la *vertus de Dieu.* » II, 112.

« ... *par la vertu, les vertus de Dieu.* » I, 333; II, 88, 111, 318, 325, 341, 510. « *Par la vertus Dieu.* Ce n'eſt iurement : c'eſt aſſertion : moyennante *la vertus de Dieu*... Comme à Tholoſe preſchoit frere Quambouis. Par le ſang Dieu nous feuſmes rachetez. *Par la vertus Dieu* nous ferons ſauluez. » III, 206-207.

Vray dieu. I, 376.

Maximes et locutions proverbiales. « ... faiſoyt gerbe de feurre aux *Dieux.* » I, 45. « *Dieu* modere tout à ſon plaiſir. » I, 271. « ... plus pour elle (la lune) ne priez que *Dieu* la garde des loups, car ilz n'y toucheront de ceſt an... » III, 248. « ... le bled y prouient comme ſi *Dieu* y euſt piſſé. » II, 292. « ... maniere de parler vulgaire en Paris, & par toute France entre les simples gens, qui eſtiment tous les lieux auoir en particuliere benediction, eſquelz noſtre ſeigneur auoit faict excretion de vrine, ou autre excrement naturel... » III, 198.

Cuisine de Dieu. « ... pourquoy... ne tranſportons nous nos humanitez en belle *cuiſine de Dieu.* » II, 306.

Decretales de Dieu, Vague de Dieu. Voir *De,* p. 177-178. *Jambe de Dieu.* Voir *Jambe.*

Dieu en terre. « Nous parlons du *Dieu en terre*... Ilz entendent... du Pape... » II, 137 et IV, 295. Voir *Advouer, Aist, Apres, Ayder, Centre.*

Diffamatoire. « ... Boyers d'etrons, Bergiers de merde, & aultres telz epithetes *diffamatoires*... » I, 98.

Diffame. « ... rapt, *diffame* & deſhonneur... » II, 225.

Diffamé. « ... celluy lieu eſt en ce nom *diffamé,* qu'il abonde en ſorcieres... » II, 82. « Coqu ſcandalé & *diffamé.* » 123.

Diffamer. « Poſé... le cas que ma femme... vouluſt & entreprint me faire vn mauluais tour, me *diffamer*... » II, 93.

Difference. Differend. « ... ceſte noſtre *difference,* n'eſt point guerre proprement. » I, 170.

Difficulté (A). Voir p. 3-4.

Diffinitif. « .., arreſt *diffinitif.* » I, 281.

Diffinition. Fin, terminaison. « ... toutes choſes ſublunaires ont leur fin & periode, & ne ſçauons quelle en ſoit la *diffinition.* » III, 190.

Digestion. « ... nous ne cherchons les gros larrons & tyrans, orça, ils ſont de trop dure *digeſtion*... » III, 50.

Dilaceré. « Oncques, piece n'y feut frappee qui vint à proffict. Toutes feurent *dilacerees* & eſtrippees. » II, 451.

Dilapider. Dépenser follement. Jeu de mots sur le sens étymologique *(lapis,* pierre). « ... il *dilapida* le reuenu... de ſa chaſtellenie... Non proprement *dilapida,* comme vous pourriez dire en fondations de monaſteres, erections de temples, baſtimens de collieges & hoſpitaulx... » II, 20.

Dilection *(Dilectio, dilectionis.* Affection). « Entre les humains Paix, Amour, *Dilection*... » II, 31. « ... *dilection* mutuelle... » 35.

Diligentement. « ... tournez le tour fus le tillac *diligentement*... » I, 338. « Sus, ſus, ſus, enfans, *diligentement.* » II, 349. « I'y conſideray *diligentement* la mode & accouſtrement de la lanterne Polymixe de Martial. » III, 130. « ... i'ay faict *diligentement* chercher ez Regiſtres du Palais... » 359.

DILIGER *(Diligere,* chérir). « Ie *dilige* & reclame mes proximes. » I, 242.

DILLE. Fausset d'un tonneau. « Alors (diſt Gargantua) qu'on feiſt de voſtre nez vne *dille,* pour tirer vn muy de merde. » I, 49. Voir *Bondon.*

DILUCULE *(Diluculum,* point du jour). Voir *Crepuscule.*

DIMENSION. « ... en *dimenſion* perpendiculaire... » II, 11.

DIMINUTIF. « ... C(ouillon) *diminutif.* » II, 139.

DIMINUTION. Voir *Contemplation.*

DIMION. Apparence. Voir *Abstraction.*

DIMITTER *(Dimittere,* envoyer de côté, abandonner). Voir *Codices.*

DIOLE. Diable. « ... le grand *diole* y eut enuie... » I, 276. Voir *Ame.*

DIOURE. D'or, doré. « ... nous iuroit Figues *dioures* (ſon grand ſerment). » II, 452 et IV, 297.

DIOUS. Dieu. « Au nom de *dious.* » I, 243.

DIPHTHÈRE (Διφθέρα, peau apprêtée). « On dict que Iupiter en la peau *diphthere* de la cheure, qui l'allaicta... eſcrit tout, ce que lon fait au monde. » III, 74.

DIPNER. « Quand i'ay bien... deſieuné... me paſſeroys ie de *dipner.* » II, 78. « On temps iadis peu de gens *dipnoient.* » 79.

Se dipner. « De aduocats peruertiſſeurs de droict... il *ſe dipne* ordinairement... » II, 431.

— Substantivement. « Menuz deuis durant le *dipner...* » I, 447. Voir *Comparoir.*

DIPSADES. Reptiles. II, 499.

DIRE. *Dire la patenoſtre du cinge.* « ... *diſoit la patenoſtre du cinge,* retournoit à ſes moutons... » I, 45.

—*l'evangile,* la verité. « Vous... ne dictes *l'euangile.* » I, 49.

Sans mot dire. « ... ſe reguardoient les vns les aultres en ſilence *ſans mot dire* de bouche... » II, 366.

Eſtre à dire, Valoir autant à dire comme. Signifier. « ... trouuerent eſcript par dedans en Hebreu, Lamah hazabthani, dont appellerent Epiſtemon, luy demandant que *c'eſtoit à dire.* » I, 334. « ... roy des Dipſodes, qui *vault autant à dire comme* gens alterez. » 342. « Cela que ſignifie? *Qu'eſt ce à dire?* » II, 218. « ... ce *ſeroit à dire* que pardeuant nous icy ſerois iniuſtement conuenu... » III, 52. Voir *Dal baroth.*

Dire d'orgues. « Vous *dictez d'orgues.* » II, 172. « Voicy (diſt Panurge) qui *dict d'orgues.* Mais i'en croy le moins que ie peuz. » 450.

Die, dise, troisième personne du présent du subjonctif. « ... prendray... à gloire qu'on *die* de moy, que... » I, 6. « Plus de mil aultres qu'on vous *die...* » II, 334. « Aſſoyez vous là... & que plus on ne vous le *die.* » III, 48.

DIRECT. « Saturne ſera retrograde. Venus *directe.* » III, 236.

DIRECTOIRE. « ... tout leur *directoire* en iudicature vſuale a eſté baillé par vn Tribunian... » II, 209.

DIREPTION *(Direptio, direptionis,* pillage). « ... leurs corps iecter en *direption* des beſtes brutes. » II, 225.

DISANTE. « L'abbeſſe replicante & *diſante,* meſchante... » II, 98.

DISCEDER *(Discedere,* s'éloigner). « ... n'en *diſcede* le late vnguicule. » I, 242.

DISCEPTER *(Disceptare,* décider). « ... *diſcepter* ne fault de ſuperiorité & præference... » II, 471.

DISCESSION *(Discessio, discessionis,* départ). « Comment le bon Macrobe raconte à Pantagruel le manoir & *discession* des Heroes. » II, 361. « Comment Pantagruel raisonne sus la *discession* des ames Heroicques. » 362.

DISCIPLINE. « L'estude de Gargantua, selon la *discipline* de ses precepteurs Sophistes. » I, 77. « ... par ouye perpetuellement aprendre : car c'est le sens sus tous aultres plus apte es *disciplines*. » II, 84. « Ie ne comprens pas bien leur *discipline*... » 120. Voir *Convenente*.

DISCIPLINER. « ... leurs... filles, les quelles... auoient *disciplinées* en toute honesteté. » II, 223.

DISCONTINUATION. « ... par *discontinuation* de officier, & par faulte de operer, il (ton bragmard) est par ma foy plus rouillé, que la claueure d'vn vieil charnier. » II, 117.

DISCORD. « ... tant de meslees, Tant de *discordz*... » I, 208.

DISCORDANCE. La discorde personnifiée. « Vous me reduisez en memoire la forme & contenence de Amodunt & *Discordance*. » II, 383.

DISCRASIÉ, DYSCRASIÉ (De Δυσκρασία). Qui a un mauvais tempérament. « L'ame d'vn home endebté est toute hectique & *discrasiée*. » II, 115. « C(ouillon) *dyscrasié*. » Voir *Biscarié*.

DISCRETION. Discernement. « ... il a eage & *discretion*. » I, 170. « ... par *discretion* connoistre la verité des apparitions angelicques... » II, 76. « ... nous voyons en icelluy *discretion* des odeurs manifeste... aultres... trauaillent a demonstrer que ne soit en luy *discretion* sensitiue des odeurs... » II, 158-159. « ... sans *discretion* de bien & de mal... » III, 45.

A discretion, à la discretion de. « ... voulut de tout son sens estudier *à la discretion* de Ponocrates. » I, 77. « L'Empereur... n'entend point que ses gens viuent *à discretion* c'est à dire sans payer, mais *à discretion* du Pape... » III, 342.

DISERT. « ... *disers* & cheualereux personnaiges... » II, 9. « ... harangue *diserte*... » 321. « ... voyant la suauité melliflue de vos *disertes* reuerences. » III, 73.

DISEUR. « ... *diseur* d'heures. » I, 79. « ... *diseur* de bons iours. » II, 27.

DISGRATIÉ. « C(ouillon) *disgratié*. » II, 138.

DISGREGER (*Disgregare*, disjoindre). « ... le blanc exteriorement *disgrege* & espart la veue... » I, 42.

DISJONCTIVE, DISJUNCTIVE. « Il ne respond que par *disionctiues*. » II, 110. « ... parlons sans *disiunctiues*. Ces membres mal ioinctz vous faschent à ce que ie voy. » 172.

DISME. *Veaulx de disme*. « ... gros *veaulx de disme*, ignorans de tout ce qu'est necessaire à l'intelligence des loix... » I, 268. « ... baislent aux mousches comme *Veaulx de disme*... » II, 10.

DISPAROIR. Disparaître. « ... yceulx (diables) feissent *disparoir* & esuanouyr. » I, 158. « ... comme aduenente la lumiere du clair Soleil *disparent* tous Lutins... » II, 120.

Se disparoistre. « ... la dame inuisiblement *se disparut*... » III, 97.

DISPARTI. Réparti. « ... grandes librairies... *disparties* par les diuers estaiges... » I, 193.

DISPENSATEUR. Voir *Administrateur*.

DISPENSER. Répartir, distribuer. « Il *dispensoit* doncques son temps en telle façon... » I, 77. « ... selon les occaſions & oportunitez ſeroient toutes les œuures *diſpenſees.* » II, 205.

Disperser (se). « ... la chaleur naturelle... *ſe diſpert* par la circonference des membres, comme la ſeſue faict es arbres... » III, 116.

Dispositer (se). Se disposer, se préparer. Voir *Decent*.

Disputation. « ... ces maraulx Sophiſtes, leſquelz en leurs *diſputations* ne cherchent verité mais contradiction & debat. » I, 311. « Panurge commença eſtre en reputation... par ceſte *diſputation* que il obtint contre l'Angloys... » 321.

Dissimulation. « ... nous vous en dirons la verité ſans *diſſimulation.* » II, 437.

Dissolu. Résolu, au propre. « ... des vapeurs eſtoient formees groſſes nuees : les quelles *diſſolues* en pluye toute la region eſtoit à plaiſir arrouſee. » II, 485.

— Au figuré. « Au quel triſte mouuement feroyt le repos *diſſolu...* » I, 75. « ... tu m'as... *diſſolu* toute crainte... » II, 133-134. « Si par vous n'eſt mon doubte *diſſolu,* ie le tiens pour inſoluble... » 146. « ... vous ſçauez quants princes, roys, & republicques ont eſté conſeruez... quantes perplexitez *diſſolues.* » 177.

— Relaché, lascif. « ... facilité trop eneruee & *diſſolue* de pardonner es malfaiſans leur eſt occaſion de plus legierement de rechief mal faire... » I, 185. « ... ieuz *diſſoluz...* » II, 316. « ... habiz pompeux, *diſſoluz,* & laſcifz. » 248. « ... femmes diuerſes forcenees & *diſſolues.* » III, 146.

Dissolution. « ... *diſſolution* du corps... » II, 151. Voir *Compaction*.

Dissoudre. « ... par luy Apollo voſtre doubte *diſſouldra.* » II, 107.

Distilation. « ... d'icelle ſacree *diſtilation* abbreuuoit les Roys & grans Princes... » III, 81.

Distinction. « Ta barbe par les *diſtinctions* du gris, du blanc, du tanné, & du noir, me ſemble vne Mappemonde. » II, 136.

Distraire. Détourner. « ... ſans par ſes affections charnelles eſtre *diſtraict* ny diuerty. » I, 210. « Tant s'en fault qu'il les voulſiſt aſſaillir ou de leurs eſtudes *diſtraire.* » II, 154. « De l'homme la vie eſt trop brieue... l'entendement trop *diſtrait.* » III, 259.

Distributif. « A eſté auſſi acte... De Iuſtice... *Diſtributiue :* donnant à repaiſtre aux bons... compaignons. » II, 22.

Diteulx. « ... les oultragerent grandement, les appelans Trop *diteulx...* » I, 97.

Dithyrambe. « ... toute la brigade marchoit... en ioyeux Epinicies, & petites chanſons villaticques & *dithyrambes* reſonnans. » III, 152. Voir *Cræpalocomes*.

Diureticque. « ... drogues lenitiues & *diureticques.* » I, 379. Voir *Cantharidisé*.

Diurne. « ... prieres *diurnes,* nocturnes, continuelles. » II, 458.

Dive *(Divus,* divin). « Par la *diue* Oye guenet. » II, 46. « ... la *Diue* Sibylle... » 93. « ... la *diue* Bacbuc... » 269. « ... *diues* Decretales... » 441 et 458. « ... le mot de la *diue* Bouteille. » III, 165. Voir *Bouzine*.

Divers. « ... ſe leua vn furieux turbillon de vens *diuers...* » III, 65. « ... fortune la *diuerſe...* » 103.

Divertir. Détourner. « ... affin de

ne *diuertir* ledit ſieur de Montrotier du bien qu'il faict audit hoſpital (Election de Pierre du Caſtel). » III, 327. Voir *Distraire.*

DIVICES *(diuitiæ,* richesses). « Les vnes, pour tes *diuices,* pretendent T'accipier pour coniuge. » III, 275.

DIVIDER. Dévider. « ... *diuidant* gironiquement le fil du creſpe merueilleux... » III, 283.

DIVIN. *Service divin,* donnant occasion à un jeu de mots : « Troubler ainſi le *ſeruice diuin?* Mais (diſt le moyne) le *ſeruice du vin* faiſons tant qu'il ne ſoit troublé. » I, 105.

DIVINATEUR, DIVINATRICE. Devin, Devineresse. « ... *diuinateurs,* vaticineurs, & prophetes... » II, 121. « ... Nicander la nomme *diuinatrice...* » 124. « ... la *diuinatrice* Pythie... » 212. « ... pour eſtre reputé *diuinateur...* » 213. « C'eſtoient *diuinateurs,* enchanteurs, & abuſeurs du ſimple peuple... » 473. « ... Œdipus le *diuinateur...* » III, 203.

Il s'employait aussi adjectivement, surtout au féminin. « ... l'Aſtrologie *diuinatrice...* » I, 256. « ... les Mænades... forcenées, *diuinatrices.* » II, 213.

DIVINATION. « ... prenons aultre voye de *diuination.* » II, 66. « ... *diuination* ſomnialle. » 75. « Ciceron en diſt ie ne ſcay quoy on ſecond liure de *diuination.* » 102. « Ainſi proteſtoit Tireſias... au commencement de toutes ſes *diuinations...* » 110.

DIVINER. « ... *diuinez* combien y a de poincts, d'agueille en la chemiſe de ma mere. » I, 49. « ... I'ay... ouy dire, que tout home... pres de ſa fin facilement *diuine* des cas aduenir. » II, 105. « C'eſtoit à *diuiner* qui là tranſporté l'auoit. » 469.

DIVINITÉ. « Ce que ie vous ay dict eſt grand & admirable. Mais ſi vouliez vous hazarder de croire quelque aultre *diuinité* de ce ſacre Pantagruelion, ie la vous dirois. » II, 240.

DIVISE. Voir *Devise.*

DIVISER. Voir *Deviser.*

DIVIZ. Devis, langage. « ... le liure D'vng orateur, ou ſon plaiſant *diuiz* Mieulx aymerois... » (Epiſtre de Bouchet). III, 303.

DIVULGUER. « Ce conſeil & deliberation fut *diuulgué* par la ville. » I, 371. « Ceſte nouuelle... feut bien touſt *diuulgee* en Rome. » II, 369.

DIZAIN. « I'en feys nagueres vn *dizain* iolliet. » II, 422.

DOCTEUR. « ... le bon *docteur* euangelicque... » I, 149.

DOCTORAL. Voir *Bonnet.*

DODELINER. « ... *dodelinant* de la teſte. » I, 30, 84 et II, 177. « S'il *dodelinoit* de la teſte, c'eſtoient charrettes ferrees. » II, 382.

Se dodeliner. « ... pour plus honneſtement *ſe dodeliner...* » I, 274.

DODINE. « Canars à la *dodine.* » II, 381 et 478.

DODRENTAL. « ... auecques ceſtuy ferment (cela diſoit exhibent ſon coingnouoir *dodrental)* ilz leurs coingnent... leurs emmanchouoirs... » II, 262. « *Dodrental* long d'vne demye coubtee, ou de neuf poulſees Romaines. » III, 197.

DOIGT. « ... ie n'en vouldroys mettre mon *doigt* au feu. » I, 294. « ... il iouoyt fort artificiellement (de petitz goubeletz) : car il auoit les *doigtz* faictz à la main comme Minerue ou Arachne... » 300. « ... tenez vous aſſeuré de nous, comme de voz *doigtz* propres. » 335. « De quante espesseur sont les ais de ceste nauf ? Elles sont (respondit le pilot) de deux bons *doigtz* espesses, n'ayez paour. Vertus Dieu, (dist Panurge) nous sommes doncques continuellement à deux *doigtz* pres de la mort. » II, 354 et IV, 284.

— *auriculaire.* Voir *Auriculaire.*

— *indice.* « ... il eut au *doigt indice*... vne escarboucle.. Au doigt medical... vn aneau faict des quatre metaulx... » I, 34-35. « ... les troys maistres doigtz serroyt on poing, & passoit entre le *doigtz indice* & moien... » 315. « ... Panurge mist le *doigt indice* de la dextre dedans la bouche... » 317. « ... excepté le poulce & le *doigt indice*... » II, 100-101. « ... appuyant icelle main sus les doigtz Petit & *Indice*... » 103. « ... passant le pouce entre les doigtz Maistre & *Indice.* » 104. « ... auecques le *doigt indice* de la dextre monstroit... la chemise de Panurge. » 509.

— *Maistre, Maistre doigt.* « ...les troys *maistres doigtz*... » I, 315. « ... mist le poulce... entre la tierce ioincture du *maistre doigt* & du doigt medical... » II, 103. « Le diable... luy mist vn aneau on *maistre doigt*... » 142. Voir *Doigt indice.*

— *Medical.* « Au *doigt medical* de la dextre eut vn aneau faict en forme spirale... » I, 35. « ... luy mist on *doigt medical* vne verge d'or... » II, 87. Voir *Doigt indice.*

— *Petit.* Voir *Doigt indice.*

Doigts de Mercure. Plante. « ... encores par plus haulte resemblance est dict le nombril de Venus... les *doigtz de Mercure*... » II, 233.

Doléance. « ... songea qu'il parloit au diable & qu'il luy comptoit ses *doleances.* » II, 142.

Dolent. « ... les *dolens* peres & meres. » II, 223. « Les deux Roys sembloient *dolens* d'auoir perdu leurs dames Roynes... » III 94.

Doleur. « ... volupté & *doleur*... » I, 39. Voir *Argent.*

Dolouoire, Dolouere. « Le fiel comme vne *dolouoire.* » II, 375. Voir *Coignie.*

Domeses. Reptiles. II, 499.

Domestic, Domesticque. Qui appartient à la maison, commensal, familier. « Esprit abstrait... Qui... As delaissé ton hoste & *domestic*, Ton corps concords... » II, 2. « Alexandre le grand, quoy qu'il eust Aristoteles pour præcepteur & *domestic.* » 6. « Pantagruel acompaigné de ses *domesticques* Panurge, Epistemon... & aultres print le chemin de Myrelingues. » 185. « Salue Panurge, frere Ian, Epistemon... & aultres tes *domesticques* mes bons amis... » 280. « ... tant d'aultres amis, *domestiques*, & seruiteurs du deffunct. » 366. « Comment Pantagruel haulse le temps auecques ses *domesticques.* » 500. « ... faire les suruenens & *domesticques* boyre auant qu'ils ayent soif. » 502.

Adjectivement. « ... la diuinatrice Pythie... auant respondre par l'oracle escroulloit son laurier *domesticque.* » II, 213. « Icelluy sans doubte (le Suzeau sauluaige) doibt pour flustes & aultres instrumens de Musicque estre esleu, & preferé au *domesticque*, lequel prouient au tour des chesaulx & masures. » 490.

Domesticquer, Domestiquer. « ... Esparuiers Esmerillons Et aultres : tant bien faictz & *domestiquez* que... prenoient tout ce que rencontroient. » I, 200. « Les Aigles, Gerfaulx... il *domeſticque* & appriuoiſe... » II, 471.

Domicile. « Autre ſoing, autre ſoucy, ne ſoit receup ou ſacroſainct *domicile* de voſtre celeſte cerueau. » II, 21. « ... par les feneſtres de vos ſens rien n'eſt on *domicile* de voſtre eſprit entré fors liberal ſçauoir. » 222.

Dominateur. « Ie enguaige mon honneur, choſe plus grande ne ſçaurois, fuſſe ie *dominateur* vnicque & pacificque en Europe, Africque & Aſie. » II, 215. « Pantagruel s'enquerant qui en eſtoit *dominateur* (de Medamothi). » 273. « ... le Roy Ohabé *dominateur* d'icelle terre. » 287. « ... vne des iſles Sporades... ſubiecte au *dominateur* de Bretaigne. » 361. « ... eſt equitablement le ſoubterrain *dominateur* preſques en toutes langues nommé par epithete de richeſſes. » III, 179.

Domination. « ... animant né à *domination* pacificque ſus toutes beſtes. » II, 46.

Dominé de. « ... ſembleroit eſtre comme maiſtriſee & *dominee* du vin... » III, 134.

Domino. « ... ton froc et ton *domino* de grobis... » II, 115.

Dominotier. « Geoffroy à la grand dent eſtoit allumetier. Goddefroy de Billon *dominotier*. » I, 365. « ... Clercz de greffe, *Dominotiers*... » III, 242.

Dommaige. « ... à leur grand *dommaige* & malheur. » I, 175.

Dommaigeable. « ... calamité bien grande & *dommaigeable*. » II, 423.

Don. Présent. « Tel *don* en faſcherie & indignation ne peut eſtre terminé. Aultrement feroit *don* non *don*. » II, 76.

Don, don, Dondaine. Refrain. « Ils s'en repentiront *dondaine* : ils s'en repentiront *don don*. » III, 27.

Donateur. « Tous choiſiſſoient celle (la coingnee) qui eſtoit d'Or, & l'amaſſoient remercians le grand *donateur* Iuppiter. » II, 267.

Doncques. « ... chier *doncques* nous fault dauant que le cul torcher. » I, 54.

Donner. *Doint*, donne. « ... dieu vous *doint* ce que voſtre noble cueur deſire. » I, 299. « ... priez dieu qu'il me *doint* ce que voſtre noble cueur deſire... » 323. « ... gens de bien Dieu vous *doint* de leans bien toſt en ſanté ſortir. » III, 45.

Donner à travers, donner par terre. « Guardez de *donner à trauers*. » II, 350. « Guardez que ne *donnons par terre*. » 351.

— *Advis*. Voir *Advis*. — *l'aſſault*. « Ie ſuis d'aduis que faciez *donner l'aſſault*. » I, 177. — *audience*, — *la bénédiction avec les pieds*. Voir ces mots. — *le bon iour*. « Dieu luy *doint le bon iour*. » II, 93. — *dronos*. Voir ce mot. — *parolles*. « Pantagruel luy reſpondit que *donner parolles* eſtoit acte des amoureux. » II, 467.

— *patience*. « ... priez dieu qu'il me *doint* en mon mal *patience*. » I, 327.

— *des sentences*. « Ceſte vnique faulte doibt eſtre abolie, en la mer immenſe de tant d'equitables *ſentences* qu'il a *donné* par le paſſé. » II, 205.

— *sur*. « ... *donnerent* fierement *ſur* nos gens... » I, 178.

— *sus l'os Acromion*. Voir *Acromion*.

Donner entendre. « Par laquelle blancheur lumineuſe (noſtre ſeigneur) *donnoit entendre* à ses troys apostres l'idee & figure des ioyes eternelles. » I, 40. «... i'ay *donné entendre* à ce prisonnier que nous auons armee sur mer. » I, 351.

Se donner à Dieu, au Diable. Se donner garde. Voir ces mots.

Donner ieu. Donnerai-je, en gascon. II, 201 et IV, 260.

Donneur. « Le hault seigneur, qui du lieu fut *donneur* Et guerdonneur, pour vous l'a ordonné. » I, 197.

Dont. D'où, au propre et au figuré. « ... la genealogie & antiquité *dont* nous est venu Gargantua... » I, 9. « *Dont* vient cela. » 103. « Grandgousier interrogeoit les pelerins, de quel pays ils estoient, *dont* ilz venoient, & ou ils alloient. » I, 166. « Pantagruel se pourmenoit... par la porte *dont* l'on va à Paris... *dont* viens-tu à ceste heure ? » 241. « ... *dont* es tu ? » 243. « ... *dont* venez vous ?... » 260 et IV, 187. « ... racontez nous quel est vostre nom, & *dont* vous venez. » 263. « Elle me valut (la croysade) plus de six mille fleurins. Et on diable sont ilz allez ?... *Dont* ils estoyent venuz... » 303. « ... ilz beurent à ventre deboutonné... iusques à dire, *dont* venez vous ? » 320. « ... il me demanda *Dont* viens tu Alcofrybas ?... » 377. « Frere Ian... demandoit *dont* luy venoit telle fascherie... » 335. « *Dont* es tu ? Responds si tu es de Dieu. » II, 287. « Voyez *dont* nous vient ce fortunal... » 338. « ... *dont* procedoit la folie antecedente, *dont* procede la sagesse subsequente ? » III, 4.

— De quoi, duquel. « ... la decision du procés *dont* estoit question... » II, 186. « Ie, dist frere Iean, ne suis point clerc *dont* me desplaist. » III, 134.

— A propos de quoi, relativement à quoi. « ... c'estoit le fondement qui luy escappoit... *Dont* vne horde vieille... luy feist vn restrinctif... » I, 26. « ... *dont* il dist, que grand tu as, supple le gousier. » 29. « ... rendons presentement les fouaces, *dont* est la controuerse. » 122. « *Dont* luy dist le moyne. » 152. « *Dont* tout le monde commença à bruyre... *dont* ilz estoyent si despitz qu'ilz se conchioyent... » 266. « *Dont* partit de Paris sans dire à dieu à nulluy. » 330. « ... *dont* luy dist Pantagruel. » 351. « ... *dont* Panurge, forcené de paour s'escrioit... » III, 208.

Dorade. Poisson. II, 482.

Dorcade. « *Dorcades* de Lybie. » II, 293. « ... Pantheres, *Dorcades*... » III, 121.

D'oré. « ... couppes d'argent *d'oré*. » II, 318. « ... vn gros liure *d'oré*... » 440. « Nous y veismes des motz de gueule, des motz de sinople, des motz de azur, des motz de sable, des motz *d'orez*. » 466-467. « La (Royne) *d'oree* sus le carreau iaulne... » III, 87-88.

Dorer. « ... quelques fines gens, ie dy fins à *dorer*, fins comme vne dague de plomb. » III, 105. Voir *Dague*.

Dorelot. « ... laquelle me traictoit & entretenoit mignonnement, comme vn petit *dorelot*. » II, 72. « En second seruice furent seruies :... Des *dorelotz* de liepure. » III, 219. Jeu. « Au *dorelot* du lieure. » I, 81.

Doresnavant. « ... s'il vouloit les femmes auroient *doresnauant* ainsi leurs enfans par l'aureille. » I, 27.

Doreure. « Voulez vous chaisnes, *doreures*... » I, 325.

DORIPHAGE. Qui vit de guerre, de dispute. De δόρυ, lance, guerre, combat. Les commentateurs traduisent : « Qui vit de présents. » Cette interprétation semble préférable, mais il faudrait pour la justifier, lire *Dorophage* (Δωροφάγος). Voir *Avalleur*.

DORMARS. Voir *Bailler le moine*, p. 68, col. 2.

DORMIR. « ... ceulx de Regnauld belin, qui *dorment* quand les aultres paiſſent. » II, 297. « ... les comparions au mouuement d'vne Rhombe girante... elle ſemble quiete, non ſoy mouuoir, ains *dormir*, comme ils le nomment. » III, 97.

Dormir en chien. Voir *Chien*.

— *ſallé*. « ... de ma nature ie *dors ſallé* : & le dormir m'a valu autant de iambon. » I, 84.

— Substantivement. « Boyre ſi toſt apres le *dormir?* » I, 153. « ... fleuretant le *dormir* d'apres diſner... » 276. « ... me apportant bonne & iuridicque atteſtation de ſon *dormir*... » II, 101. Voir ci-dessus : *Dormir ſallé*.

Dormie iou. Je dormais. Gascon. II, 202 et IV, 260.

DORTOUOIR. « ... c'eſtoit on *dortouoir*, pourquoy ne crioys tu?... » II, 98.

DOS, DOZ, DOUZ, DOUR. « ... ne me fault plus dorenauant, que bon vin, bon liƈt, le *dos* au feu, le ventre à table, & eſcuelle bien profonde. » I, 71. « ... l'areſte du *douz*... » 106. « Frere Couſcoil... charge à ſon *dours*... lediƈt ſuppliant Dodin. » II, 114. « ... il maintient grande portion de la geniture ſourdre... de l'eſpine du *dours*. » 154. « Le Medicin luy ieƈta on *dours* ne ſçay quelle pouldre... » 167. « Au lendemain... charge ſus ſon *dours* les deux precieuſes coingnees... » 265. « ... froiſſé teſte, nucque, *dours*, poiƈtrine, braz, & tout. » 321. « Le *dours* comme vne arbaleſte de paſſe. » 379. « ... le Phyſetere ſe renuersa ventre ſus *dours*... » 392.

A dos d'aſne. Voir p. 2, col. 1.

Beſte à deux doz. Voir *Beſte*.

DOUBLE. *Ieuſne double*, double jeûne, employé dans une phrase où cette expression forme un jeu de mots : « ... ceſte brenaſſerie de reuerence me faſche plus qu'vn ieune diable. Ie voulois dire vn ieuſne *double*. » II, 305. « Andouilles ſont Andouilles, tous iours *doubles* & traiſtreſſes. » 396.

A doubles pedales. « La poultre tout effrayee ſe miſt au trot, à petz, à bonds, & au gualot : à ruades, freſſurades, *doubles pedales*, & petarrades. » II, 317.

Doubles, en termes de monnaies. « ... d'vne main ie prins douze deniers, voyre bien douze liards ou *doubles* pour le moins... » I, 302 et IV, 203.

— *ducatz*. « ... ces vieulx *doubles ducatz*... retourneront en vlance... » III, 245.

— *eſcuz*. « ... feiſt emplir le tronc... tout de *doubles eſcuz* au ſabot... » II, 462.

A double. Voir p. 6, col. I.

DOUBLEDEUX. « ... les autres moyens (dez, il nommoit) Quine, Quaderne, Terne, *Doubledeux*... » III, 41.

DOUBLER. « Haye, haye (diſt le pilot) *double* le cap, & les baſſes. *Doublé* eſt, reſpondoient les matelotz. » II, 350.

DOUBLET. Terme de trictrac employé figurément. « ... de *doublet* en caſe... » I, 276.

DOUBTANCE. « ... frayeur & *doubtance*... » II, 394.

DOUBTE. « ... Adrian... eſtant en

doubte & poine de sçauoir quelle opinion de luy auoit Traian... » II, 55. « Pour... vostre *doubte* esclarcir... » 105. « ... tous *doubtes* proposez doibuent estre certains, clairs & intelligibles. » 493. Voir *Dissouldre*.

DOUBTER, DOUTER. Craindre, redouter. « ... eulx *doubtant* la grande venue de gens... » I, 351. « ... accidens en ceste vie transitoire non *doubtez* ne soubsonnez... » II, 281. « ... le Roy argenté change place, *doutant* la furie de la Royne auree... » III, 92.

Doubter que. Dans le sens de craindre, croire, penser. « Gargantua, *doubtant que* on ne trouuast à l'heure chausses commodes pour ses iambes. » I, 74. « ... ie sens mes sens tout hebetez. Et *doubte* grandement *que* ie soye charmé. » II, 172. « Nous *doubtions que* feust Dodone, auecques ses chauderons. » III, 11. « *Doutans* toutesfois *que* fust quelque prognostic de tempeste... » 128. « Ie *doubte* fort *que* soit icy Tenare... » 138. « ... *doutant que* nostre amiable Lanterne eust à la conclusion d'icelles apposé l'herbe dite Ethiopis... » 142.

Se douter de. Redouter, prévoir. « ... ils pourront semer les melons... en Mars & les armer de iong... quand ils *se douteroient* de gelée. » III, 360.

DOUBTEUX. « ... il n'y a qu'vn poinct que tienne mon esperit suspend & *doubteux*... » I, 335.

DOUCETTEMENT, DOULCETTEMENT. « ... *doulcettement* luy remonstra, que... impossible seroit... le faire iamais riche. » II, 21. « ... affin que... le sort par apres aduenent soit plus *doulcettement* porté... » 192. « ... print Panurge souz le bras *doucettement*... » III, 170.

DOUCINE. « ... sacqueboutes, flutes d'Allemans, *doucines*, musettes, & autres... » III, 406.

DOUILLET. « ... bons & beatz peres Concilipetes... tant deuotz, tant gras, tant ioyeulx, tant *douilletz*... » II, 340. « ... *douillets* & en bon poinct. » III, 27.

DOULCETTE. « ... les filles mariables du lieu, belles... saffrettes, blondelettes, *doulcettes*... » II, 448.

DOULOIR. « Ce n'est là que me *deult*. » II, 36. « Ce n'est là où me *deult*. » 137.

DOULOREUSE, DOULOUREUSE, DOULOUROUZE, DOLOREUSE. « ... crient comme Diables à ce sentement de solution, laquelle leurs est *doloreuse* en Diable. » II, 116. « (la semence de Pantagruelion)... remplit la teste de fascheuses & *douloreuses* vapeurs. » II, 229. « ... dansarent... La *doulourouze*... La *doulourouse*... » III, 221-223.

DOULX, DOULCE. « Moyse, le plus *doulx* homme qui de son temps feust sus la terre... » I, 185. « ... mon ami *doulx*... » II, 342. « ... eaue *doulce*... » 472.

DOURS, DOUZ. Voir *Dos*.

DOUZAIN. « ... d'vne main ie prins douze deniers... & de l'aultre troys ou quatre *douzains*. » I, 302 et IV, 203. « ... pour le lict la vieille ne luy auoit demandé, que cinq *douzains*, lequel en Chinonnois ne vaudroit moins de douze frans. » III, 62.

DOUZIL. Fausset d'un tonneau. « Si le diauol ne veult qu'elles en groissent il faudra tortre le *douzil*. » I, 18.

DOYE. Baquet. « ... faisoit putrefier grande *doye* d'vrine humaine en fiant de cheual. » III, 81.

DRACHONIQUE. Draconien. « ... loy tant rigoureuse & *drachonique*... » III, 46.

Dracon. Dragon. « ... gros Iaspes verds, engrauez & taillez en *Dracons*... » I, 34. « ... Proteus... transformé en feu, en eau, en tigre, en *dracon*... » II, 68. « ... manger du cœur & du foye de quelque *Dracon*... » 127. « ... plus curieusement... defendu... que ne feurent les pommes d'or des Hesperides par les *dracons*. » 486.

Draconneau. « Par aduenture patist il... es bras ou iambes quelques poincture de *Draconneaulx* griuolez, que les Arabes appellent Meden. » II, 111.

Dragée. « ... vingt & quatre grains de *dragee* de fer... » II, 488. Voir *Chambre*.

Drageouoir, Drageouir. « ... nacelles, violiers, *drageouoirs*, & aultre telle vaisselle toute d'or massif... » I, 188. « ... prenez toutes ces cueilleres d'argent, & ce *drageouir*. » II, 318.

Drap. « Au bout de l'aulne fault le *drap*. » I, 375.

— *d'or frizé*. « ... robbe de *drap d'or frizé*... » II, 219. « ... les trois Vnicornes capparassonnees de *drap d'Or frizé*. » 284. « ... neuf pieces de *drap d'or frizé* sus frize... » 462.

Drapeau. Chiffon. « ... au plus pres du lieu ou l'on vent les vieux *drapeaulx*. » I, 272. « Priam vendoit les vieulx *drapeaulx*. » I, 365.

Drappé. « ... le gentil vin blanc... il est... bien *drappé*, & de bonne laine. » I, 24 et IV, 81.

Drapper. « ... il fault avoir dequoy *drapper*, & dequoy mettre au moulin. » III, 13.

— maltraiter. « ... & de *drapper* Chiquanous... » II, 321.

Dresser. « Et ie... qui ne *dressay* oncques puis que bougeasme de Rouen... » I, 343. « ... *dresserent* vn grand boys, auquel y pendirent vne selle d'armes, vn chanfrain de cheual... » 345. « ... belle saulce verde... Laquelle... vous faict *dresser* le virolet... » II, 23-24. « ... tables *dressees*... » 393. « ... pour lequel Chemin *dresser* & equaller on a desmoly & abattu plus de deux cents maisons... » III, 354-355. « ... *dresser* & applaner le chemin. » 367. Voir *Collation*.

Dressouoir. « L'vne la nommoit... mon *dressouoir*, ma petite andoille vermeille... » I, 46.

Drogue. « ... *drogues*, gnogues, & fenogues. » II, 451. Voir *Diureticque*.

Drogueur. Droguiste. « ... *drogueurs* qui font l'huille de Maguelet. » I, 384. Voir *Apothecaire*.

Droict. « ... ilz s'en vont en Paradis aussy *droict* comme vne faucille. » I, 108. « ... de *droict* & par raison. » II, 207. « ... la cause du meurtre luy sembloit... comme fondée en *droict* des peuples... » 208. Voir *A droict*, *A bon droict*, p. 6, col. 1, *Æquité*.

Au droict de. En face de. « ... ainsi qu'il fut *au droict* d'entre eulx... » I, 259.

Droictement. « ... la flamme du lin abestin estoit *droictement* au centre de la grande lampe. » III, 154.

Dromadaire, Dromodaire. « ... les Chameaulx & *Dromodaires*... » II, 502. « ... ne sera si cruelle mortalité entre les Cinges, & *Dromadaires*. » III, 238.

Dronos. Coup, horion. « ... soubdain luy donnoit *dronos*. » I, 106 et IV, 125. « ... ie luy baillys si vert *dronos* sur les doigts à tout mon iauelot qu'il n'y retourna pas deux foys. » I, 286-287.

Dropace (Δρῶπαξ, onguent épilatoire). « Vn autre guariſſoit toutes les trois manieres d'hetiques... ſans *dropace,* pication... » III, 78.

Dru. « ... herbe *drue...* » I, 20. « ... ſainctz plus *druz...* que ne ſont tous ceulx des neuf eueſchez de Bretaigne. » II, 32. « ... eſtant ſain & *dru,* ſubitement mourut en payant vne vieille debte... » 334. « Le remuement des feſſes? — *dru.* » III, 112.

— Adverbialement. «... eſpluchans & inuentorizans vos pechez tant *dru,* qu'en terre ne tombaſt vne ſeule circonſtance... » II, 441.

Druide, Druyde. « ... comme iadis croyoient nos antiques *Druides...* » II, 470. « *Druydes,* eſtoient les pontifes & docteurs des anciens François... » III, 205.

Dryade. « Nymphes des bois, *Dryades,* & Nageades. » III, 276.

Dryinades. Reptiles. II, 499.

Duc. « ... Pericles *duc* des Atheniens... » I, 41.

Duc. Oiseau de proie. « Ne fuſt Iuno, que deſſoubz l'arc celeſte Auec ſon *duc* tendoit à la pipee. » I, 14.

Ducat. « ... cent ſoixante mille *ducatz...* » I, 171 et IV, 145. Voir *Double.*

Ducate. Danse. « La *Ducate...* » III, 222.

Duché. « ... auſſi bien comme ſi elle (la coingnee de Couillatris) valuſt la *duché* de Milan. » II, 261.

Dueil. « Si ainſi doncques eſt que noir ſignifie *dueil...* I, 40. « Du *dueil* que mena Gargantua de la mort de ſa femme Badebec. » 230.

Duire, Duyre. Convenir. « ... Gargantua, doubtant que on ne trouuaſt à l'heure chauſſes commodes pour ſes iambes : doubtant auſſy de quelle façon mieulx *duyroient* audict orateur... luy feiſt liurer ſept aulnes de drap noir... » I, 74. « Il luy voulut donner l'abbaye de Bourgueil, ou de ſainct Florent, laquelle mieulx luy *duiroit...* » 189. « Par ce bien leur *duict* Honneur, los, deduict... » 196.

Duisant. « C(ouillon) *duiſant.* » II, 129.

Duisible. « ... ce que mieux ie verray *duiſible,* tant à vous que à madicte Dame d'Eſtiſſac. » III, 361.

Dumet (*Dumetum,* buisson). Duvet. « ... il n'y a tel torchecul que d'vn oyzon bien dumeté... car vous ſentez... vne volupté mirificque... par la douceur d'icelluy *dumet...* » I, 55. « Combien que tout ce que a dit partie aduerſe ſoit de *dumet* bien vray. » 274. « ... ie leurs erigeray (à Morpheus, etc.) vn aultel ioyeulx tout compoſé de fin *dumet.* » II, 70. Voir *Batail.*

Dumeté. Garni de duvet. Voir *Dumet.*

Duplicité (*Duplicitas.* État de ce qui eſt double). Au propre. Voir *Bragatin.*

Dupliques. « ... repliques, *dupliques,* tripliques... » II, 188.

Duppe. Huppe, oiseau. Au propre. « ... ce pendent venoit ſon diſeur d'heures en place, empaletocqué comme vne *duppe...* » I, 79. « ... auſſi huppez que *duppes* de marays... » I, 277. « Panurge curieuſement conſidera ſa forme (de Papegaut)... Puis s'eſcria à haute voix diſant, en mal-an ſoit la beſte, il ſemble vne *duppe...* » III, 35.

Au figuré. « ... penſent ilz auoir affaire à vne *duppe,* de vous paiſtre de ces fouaces? » I, 122.

DUPPLE. Double droit. « ... nous veifmes vn grand dogue... qui eftoit nourry de laict d'amendes... ils l'appelloyent en langue d'ignorance, *Dupple.* » III, 215.

DURABLE. « ... beftes plus *durables* au labeur que les aultres... » II, 485.

DURANTE. « ... leur vie *durante...* » I, 191. « ... leur premiere vie *durante...* » III, 56.

DURER. « ... le diable n'y euft pas *duré.* » I, 269. « Qui fçayt fi le monde *durera* encores troys ans? » II, 22.

DURETTE. Adjectif féminin. « L'herbe Pantagruelion a racine petite, *durette,* rondelette... Les feuilles a... afprettes... *durettes...* » II, 228. « La femence... eft... fphærique... *durette...* » 229.

DURHABIT. Voir *Alcret.*

DYAS (Δυάς, nombre binaire, paire). « ... le nombre quinaire... eft compofé de Trias, qui eft nompremier impar & fuperflu : & de *Dyas,* qui eft nombre premier par... » II, 101.

E

EAGE. Voir *Aage. Bas d'eage.* Voir *Bas.*

EALE. « ... des *Eales,* lefquels font grands comme hippopotames, la queuë comme Elephans, les mandibules comme fangliers, les cornes mobiles, comme font les aureilles d'Afne. » III, 122.

EAU, EAUE. « Aues vous bien le tout entendu? Beuuez donc vn bon coup fans *eaue.* » I, 225. « Par la vertus defquelles parolles il luy faifoit venir l'*eau* à la bouche. » I, 325.

Eau ardente. Voir *Ardent.*

— *beniste de cave.* Vin. « ... bien antidoté l'eftomac de coudignac de four, & *eau benifte de caue...* » I, 68 et IV, 110.

— *doulce.* Voir *Doulx.* Figurément : « ... medicin d'*eau doulce...* » III, 190.

— *Gringorienne.* « ... afpergez d'eau benifte... par vertus... de cefte *eau Gringorienne...* » I, 158.

— *mercurialle.* « ... *eau mercurialle,* defcrite par Ouide en fes Faftes... » III, 105.

— *ftagnante.* « ... *Eaue ftagnante* non courante... » II, 230.

— *d'ange, de naphe, rose.* Voir *Ange* et *Chapelle.*

— *de plomb.* « ... vn petit d'*eau de plomb.* » I, 297.

— En parlant des fruits. « ... Elles (ces poires) me femblent tresbonnes, & de bonne *eau.* » II, 460.

EBULITION, EBULLITION. « ... cefte ferueur naturelle... laquelle par fon *ebullition* facilement euapore es parties animales... » II, 70. « ... fut l'*ebulition* de l'eau reftaincte... » III, 171.

EBUSCHETER. « ... vne vieille fempiterneufe *ebufchetoit* & amaffoit du boys par ladicte foreft... » I, 291.

ECCLISE, ECLISE. « ... bons & vaillans piliers d'*eclife.* » II, 109. « Voyez comment en plufieurs *ecclifes* l'on a defemparé les antiques beuuettes des benoifts faincts OO, de Noel. » II, 323. « ... honefte home en court d'*ecclife...* » 328. « ... allons à l'*Ecclife,* apres irons bancqueter. » 440. « Entrons... doncques en l'*Ecclife...* » 442. « Voulez vous... entretenir l'*Ecclife...* en richeffes... » II, 457.

ECENTRICQUE. « ... f(ol) *ecentricque.* » II, 181.

ECERVELÉ. « Ceruelat *ecervelé.* » II, 414. « ... ma femme fera preude... non mie armee... ne *ecerulee* & extraicte de ceruelle, comme Pallas... » II, 62 et IV, 232.

ECHENEIS, ECHINEIS. « ... *Echineis* poiſſon tant imbecille arreſte... & retient en plein fortunal les plus fortes nauires qui ſoient ſus mer... » II, 489. « I'y vy vne Remore, poiſſon petit, nommé *Echeneis* des Grecs, auprès d'vne grande nauf, laquelle quelle ne ſe nommoit... » III, 121.

ECHINE. Enveloppe épineuse. « ... eſcorſes, *echines* poignans... » I, 45.

ECLIPSE. « Depuis certaines *eclipſes* s'en eſt reuolé vne grande mouee par vertus des conſtellations celeſtes. » III, 22.

ECLYPTIQUE. « ... la ligne *eclyptique...* » III, 160.

ECLYPTIQUER. Éclipser. « ... ce bon vin *eclyptique* ainſi ſes sens, & le faict cantiqueur. » III, 174.

ECOURER (s'). Se curer. « ... *s'ecouroit* les dens auecque vn trou de Lentiſce... » I, 87.

ECROUE. « La viz du preſſouër s'appelloit recepte... *lecroue* eſtat... » III, 214.

ECSTASE. « ... au ſeul ſon des pinthes & flaccons, il entroit en *ecſtaſe.* » I, 30. « ... *ecſtaſe* Venereique... » 241. Au regard des Conſeillers... ilz demeurerent en *ecſtaſe* eſuanoys bien troys heures... » 281. « *Ecſtaſe,* rauiſſement d'eſprit. » III, 204. Voir *Abstraict.*

ECSTATICQUE, ECSTATIQUE. « ... ſ(ol) *ecſtatique.* » III, 183. « ... *ecſtaticques* & comme maniaques. » 224. « ... *ecſtatique* eleuation... » 449. « ... gens *ecſtatiques...* » III, 73 et 95. Voir *Abstraict.*

EDENTÉE. Voir *Chassieuse.*

EDICT. « ... *edictz* des Præteurs... » II, 470.

EDIFIER. « Ainſi fonda, baſtit & *edifia* Amphion... la... cité de Thebes. » II, 11. « ... depuys que pour l'*edifier* (Paris) on y iecta les premiers fondements... » 267. « ... ie vous *edifieray* vne belle grande petite chappelle... » 341.

EDONIDES. « ... *Edonides...* femmes forcenees. » III, 148.

EFFECT. « ... quelque malheur... lequel de brief ſortira en ſon *effect.* » II, 75.

EFFERÉ (*Efferatus,* rendu furieux). « ... prince ny ligue tant *efferee* ou ſuperbe... » I, 117.

EFFIANCÉ. « ... *effiancé,* eſpouſé & marié... » II, 101.

EFFICACE. « ... ſignes (qui en amour ſont incomparablement plus attractifz, *efficaces,* & valables que parolles)... » II, 97.

— Substantivement. Efficacité, effet. « ... vertus, proprieté, *efficace,* & nature, de tout ce qui leur eſtoit ſeruy à table. » I, 87. « ... ie me courrouce contre la renommee... car elle n'en raporte la milliesme partie de ce que en eſt par *efficace.* » 319. « ... *efficace* diuerſe procedente diuerſité des ſubſtances colorees. » II, 159. « ... n'aura Saturne, ne Mars... vertus, *efficace,* ne influence aucunes, ſi Dieu... ne leur donne. » III, 234.

EFFIGIE. « ... portoit vne ſtatue de boys... C'eſtoit vne *effigie* monſtrueuſe... » II, 476.

EFFILÉ. « ... tous *effilez,* tous euirez, tous eneruez, & flatriz. » II, 39.

EFFONDRER. « ... ne pouuant le perytoine... retenir ſes trippes, qu'elles ne *effondraſſent* par dehors. » III, 64.

EFFRAY, EFFROY. Cri, clameur.

« ... ne feift oncques *effroy,* iufques à ce que tous les fiens euffent guaigné la muraille... Puis s'efcria horriblement. » I, 179. « ... quoy que fois hors d'*effroy* ne fuis toutesfoys hors d'efmoy... » II, 8-9. « ... tous fortirent on chemin au dauant de luy en grand *effroy*... hurlans en Diable... » II, 317. « ... furent entenduz grands foufpirs, grandes lamentations, & *effroys* en terre... » 369. « ... les guodiueaulx, qui eftoient en embufcade, fortirent tous en grand *effroy* fus Pantagruel. » II, 414. « A fa venue fufmes derechef en nos fens efpouuentez, & esblouys en noftre veuë. Incontinent noftre *effroy* apperceut... » III, 82.

EFFRAYÉ, EFFROYÉ. « A la production du Chameau tous feurent *effroyez* & indignez... » II, 12. « ... difoyt Epitherfes tous les nauchiers & voyaigiers s'eftre esbahiz & grandement *effrayez*... » 369.

EFFRENÉ, EFRENÉ. « ... ledict cheual eftoit fi terrible & *efrené* que nul aufoit monter deffus. » I, 56. « C(ouillon) *effrené.* » II, 129.

EFFRUCTÉ *(Effructicare,* pousser, produire). « C(ouillon) *effructé.* » II, 139.

EFFUNDRE *(Effundere,* répandre). « Ie ne veulx point tant de verbes *effundre.* » III, 277.

EFFUSION. « ... *effufion* de fang. » I, 113, II, 458. « Vtrùm, le noir Scorpion pourroit... par l'*effufion* de fon fang obfcurfir... la voye lactee... » III, 284-285.

EGENE *(Egenus,* dépourvu). Substantivement. « ... ces *egenes* queritans leur ftipe... » I, 342.

EGIPANES. Egipans. « ... ne fuffiroit la vie... des *Egipanes,* de tous les diables... » III, 126.

EGNATINS. « ... neuf Orques chargees de moines... Théatins, *Egnatins.* » II, 335.

EGOUSSER, EGOUSSEUR. « ... non feulement les *egouffez* mais deuorez... lors cognoiftrez quel bien eft d'iceux preparé à tous gentils *egouffeurs* de febues. » III, 99.

EGRAPHINER. « Eufthenes lequel vn des Geans auoit *egraphiné* quelque peu au vifaige... » I, 362.

EGUALLÉ. Nivelé. « ... vn pré bien *egualle.* » I, 91.

EHASH. Éternuement. « Hen, hafch, *ehafch,* grenhenhafch. » I, 72.

EHEN. « ... hen, hen, *ehen,* hafch. » I, 71.

EI. « ... feut veue EI auffi diuinement efcripte... » II, 441. « *Ei,* tu es... » III, 204.

EJACULATION. Voir *Æthéré.*

ELA. Nom du plus haut ton dans l'ancienne musique. « ... au deffus de *Ela,* hors toute la gamme. » II, 339.

ELABOURÉ. « ... aliment *elabouré* à perfection de nature... » I, 5.

ELAIODE. « ... riens ne beurent fors *Elaiodes* breuuaige affez mal plaifant en mon gouft. » III, 220.

ELECTION. « ... graces particulieres en toy par *election* diuine pofees... » II, 279. « ... encores qu'ilz n'euffent *election* ne deliberation d'y aller. » 308. « ... fans choys ne *election* des membres... » 325.

ELECTRE. Ambre. « Argent, *Electre,* Iuoyre... » II, 237.

ELEEMOSYNE ('Ελεημοσύνη, Aumône). « ... fupereroger les *eleemofynes* à ces egenes... » I, 242.

ELEGANT, ELEGUANT. « ... autheur docte & *eleguant*... » II, 96. « ... celle femme n'eft la plus à eftimer, laquelle feroit riche, belle, *elegante*... » 149.

ELEGANTEMENT. « ... parloient de

prou de choſes prodigieuſes *elegantement...* » III, 126. « ... ie veis... *elegantement* inſculpé ceſte ſentence. » 143.

Elegie. « ... contaſmes nos aduentures à Pantagruel, qui... en fiſt quelques *elegies...* » III, 63.

Eleichie. « Sus le ſommet... eſtoient trois vnions *eleichies.* » III, 161.

On a expliqué cette expression par « pierres taillées en forme de poire », en se référant probablement au terme technique *élégi,* allégi, évidé; mais il ne faut pas oublier qu'au lieu d'*eleichies,* le manuscrit porte *elleuees,* qui donne un sens préférable (IV, 343).

Elementaire. « ... tant par leurs vertus *elementaires,* que par leurs proprietez ſpecificques... » II, 151.

Elevation. « Touchez vn peu mon pouls... A ſa frequence & *eleuation* vous diriez qu'on me pelaude en tentatiue de Sorbone. » II, 59. « Almanach... calculé... à l'*eleuation* du Pole par xlv. degrez... » III, 257.

Elician. « ... plomb *Elician...* » III, 159.

Elicie. « ... *elicies,* & aultres eiaculations etherees... » II, 336.

Elire. « Aultre argument ne peut mon cueur *elire.* » I, 2.

Elixo. Élixir. « ... ceſtuy bonnet doctoral eſt noſtre vnique *Elixo.* » III, 67.

Ellebore. « ... frottoient le fer de leurs fleches auecques *Ellebore...* » II, 390.

Elopes. II, 499. Reptiles.

Eloquentement. « ... recitoient clerement & *eloquentement* quelques ſentences retenues de la leçon. » I, 87. « ... les preſchoit *eloquentement...* » II, 297.

Eluer *(Eluere,* laver). « ... *elue* & abſterge mon anime de ſes inquinamens nocturnes. » I, 242.

Emacié. Voir *Atrophe.*

Emanciper (s'). « ... rien n'eſt ny ſainct, ny ſacré à ceulx qui ſe ſont *emancipez* de dieu & raiſon. » I, 118. « ... *me emancipant* des appetitz ſenſuelz... » II, 23. « ... preſque tous animaulx... *ſe emanciperent* de luy (de l'home). » 46. « ... *s'*eſt ſanté de vos ſeigneuries *emancipee...* » 255. « Ie voys tenter les eſcholiers de Trebizonde... *ſoy emanciper* des edictz de leur Roy... » 432. « ... *nous emancipans* de ieuſne... » 502. « ... *emancipez* de l'antique folie. » III, 6. « ... vous peu à peu *emancipans* du ſeruage d'ignorance. » 83.

Emballer. « Qui deſrobbe ne fugce, mais gruppe : ne aualle, mais *emballe...* » II, 93.

Embastonné. Armé de bâton. « ... gens *embaſtonnez...* » III, 399.

Embavieré. « ... Il s'adressa au Records *embauieré* des machoueres... » II, 324.

Embesongné. Entêté, engoué. « Ie vous enuoye vn liure de prognosticqs duquel toute cette ville eſt *embeſonguée.* » III, 346.

Embeu, Embu. Imbu, imbibé, au propre. « ... la terre *embue* du du ſang du iuſte... » I, 219. « ... ledit champ eſtoit de ſang tout *embeu* & couuert. » III, 147.

Embiz (a belz). II, 201 et IV, 260. Gascon. A l'envi.

Emblée. *A l'emblee.* Voir p. 6, col. 2. *D'emblee.* Voir p. 179, col. 1.

Emblematique. « ... figure *Emblematique...* » III, 151.

Emblemature (De Ἔμβλημα, ornement en relief, mosaïque).

« ... *emblemature* à petites pierres rapportees. » II, 145. « Comment le paué du temple eſtoit faiƈt par *emblemature* admirable. » III, 144. « ... mirifique *emblemature...* » 145. « ... eſtoit en en la ſuſdite *emblemature,* figuré, comment Bacchus marchoit en bataille... » 147. « ... en l'*Emblemature* eſtoit figuré le Hourt... » 150.

EMBLIC. « ... vn pot de Myrobolans *emblicz* confiƈtz à leur mode... » I, 287.

EMBOIRE, au figuré. « ... les Flamens habitans en Saxe, *embeurent* les meurs & contradiƈtions des Saxons. » II, 19.

EMB'OLIF. « Caules *emb'olif.* » Choux à l'huile. Voir *Caule.*

EMBOUCHEMENT. « ... l'*emboucbement* des chaſſetrapes guitturales... » I, 281.

EMBOUCLÉ. « Au deſſouz d'icelle lampe... les trois cheſnes... eſtoient *embouclees* en trois anſes. » III, 154.

EMBOURRER. « Ie ne me vante d'en auoir *embourré* quatre cent dix & ſept... » I, 293. « ... i'en *embourreray* quelque vne... » 343. « ... ie voiray bas culs... bien *embourez,* De ma petite humanité. » III, 173.

EMBOUREUR. « *Emboureurs* de baſtz. » III, 243.

EMBOURSER. « Noſtre feal, ne bougez. N'*embourſez* rien. Muons de chanſe. » II, 172. « ... ſi en tout le territoire n'eſtoient que trente coups de baſton à guaingner, il en *embourſoit* tous iours vingt huiƈt & demy. » II, 328, et IV, 277. « Ie vouldroys... auoir payé chopine de trippes à *embourſer,* & que euſſions à l'original collationné les terrificques chapitres Execrabilis. De multa... » 456.

EMBOUSÉ. Plein de bouse. « ... ſa barbe eſt preſque toute *embouſee...* » I, 12.

EMBRASSER. « ... trop *embraſſoyt* & peu eſtraignoyt. » I, 45. « ... qui trop *embraſſe* peu eſtrainƈt. » 169.

EMBRENER. « ... quel parfun... pour *embrener* touretz de nez à ieunes galoyſes. » I, 381. « ... ſa chemiſe eſtoit toute ſoyreuſe & *embrenee* de frays. » 507. « ... *embrené* en paillardiſe... » III, 115. Voir *Depestrer.*

EMBRUNCHÉ. Couvert, garni. « Le reſte eſtoit *embrunché* de guy de Flandres... » I, 193 et IV, 149. « ... ſolier qui eſtoit *embrunché* de ſapin, faiƈt à quehues de lampes. » 284.

EMBRUNIR. « ... obſcurcir & *embrunir* la voye laƈtee... » III, 285.

EMBURELUCOQUÉ. Embarrassé. « ... chaſſetrapes guitturales *emburelucocquees* de guilverdons... » I, 281. « ... l'Antonomatic matagraboliſme de l'ecliſe Romaine, ſoy ſentente *emburelucoquée* d'aulcun baragouïnage d'erreur... » II, 109. Ce mot factice figure, dès 1529, dans l'avis *Aux leƈteurs* du *Champ fleury* de Geoffroy Tory reproduit par Aug. Bernard, dans son *Geoffroy Tory peintre et graveur,* 2e éd., p. 125. En parlant des « innouateurs & forgeurs de mots nouueaux » Geoffroy Tory s'exprime ainsi : « Pencez quilz ont vne grande grace quant ilz diſent apres boyre quiz ont le cerueau tout encornimatibule et *emburelicoque* dvng tas de mirilifiques et triquedondaines, dung tas de gringuenauldes et guylleroches qui les fatrouillent inceſſamment. »

EMBUSCADE. « Comment par les Andouilles farouches eſt dreſſee *embuſcade* contre Pantagruel. »

II, 396. « ... ſe trouuerent enueloppez entre quelque eſquadron des forains caché comme en *embuſcade...»* III, 406. Voir *Effray.*

Embut. Entonnoir. « ... lauoient le vin en plain baſſin d'eau, puis le retiroient auec vn *embut.* » I, 96. « ... on ne faiſoit que luy entonner vin en gorge auec vn *embut.* » 352. « ... quant ils auoient bien à poinct maſché les viandes, ils les luy coulloient par vn *embut* d'or fin iuſques dedens l'eſtomach. » III, 86.

Eminent *(Eminens,* qui fait saillie). Au propre. « ... entra... vne compagnie de... Dames... Deſquelles la principale plus *eminente* & haulte de toutes autres... portoit vn croiſſant... » III, 401.

Eminin. Voir *Abstraction.*

Emmaigrir. « ... craignans le Ventre offenſer & *emmaigrir.* » II, 474.

Emmailloter. Voir *Demailloter.*

Emmancher. « ... Panurge *emmancha* en vn grand pal les cornes du cheureul... » I, 346. « Vn aultre ſalua vne ſienne alliee diſant. Bon di ma coignee. Elle reſpondit. Et à vous, mon manche. Ventre beuf, s'eſcria Carpalim, comment ceſte coingnee eſt *emmanchee.* » II, 300-301,

Emmanchouir. Voir *Coingner.*

Emmelie (Ἐμμέλεια, danse grave). III, 76.

Emmortaisé. « ... degrez mal *emmortaiſez* & pourriz... » II, 255. « ... le corps du Phyſetere ſembloit à la quille d'vn guallion à troys gabies *emmortaiſce* par competente dimenſion de ſes poultres... » 391. « ... preceptions deificques *emmortaiſees* par les diuins chapitres de ces éternes Decretales. » 449.

Emmurailler. « ... qui la vouldroit (la ville de Paris) *emmurailler* comme Strasbourg... il ne ſeroit poſſible... » I, 290.

Emolument. « ... toute ſa vie en eut l'*emolument* tel que ſcauent les medecins Gregoys. » I, 34. « ... le monde a bien congneu... le grand *emolument* & vtilité qui venoit de ladicte chronique Gargantuine... » 217. « ... le monde n'auoit encores congneu l'*emolument* & vtilité qui eſt de porter grande braguette. » 294.

Empaler, Empaller. « ... icelluy de ſon baſton *empaloyt* par le fondement. » I, 106. « Bruſlez... *empallez...* ces meſchans Hæreticques... » II, 456-457.

Empaletocqué. Enveloppé, enfermé dans son paletot. Voir *Duppe.*

Empan. « ... il rompit le bout de ſon berceau qui toutesfoys eſtoit d'vne groſſe poſte de ſept *empans* en quarré... » I, 235. « ... la playe... meſure quatre, mais bien cinq *empans* & demy... » 292. « Voyez comment elle me ſemble de quatre *empans* plus grande, que n'eſtoit... » II, 88.

Empantophlé. Chaussé de pantoufles, enveloppé comme dans une pantoufle. « ... vn gros breuiaire *empantophlé.* » I, 79. « ... caffars *empantouflez...* » 195.

Empas. Liens, chaînes. « Iuſques à tant que Mars ayt les *empas.* » I, 15.

Empeigé. Poissé. « ... demouroit empeſtré comme la ſouriz *empeigee,* ou vn Milan prins au laſſet. » I, 230. Voir *Depestrer.*

Empené. Garni de plumes. « ... glaterons *empenez* de petites plumes de oyſons ou de chappons... » I, 297. Par extension : « ... quarreaux *empenez* d'acier. » II, 409.

Empennacher. « ... *empennachoit* (Diogène, son tonneau). II, 8.

EMPEREUR. « ... *Empereur,* c'eſt à dire chef de l'armee. » II, 403.
— Poiſſon. « *Empereurs.* » II, 481.

EMPESCHE. « ... on ne mettoit en religion... les hommes ſinon catarrez... niays & *empeſche* de maiſon. » I, 190.

EMPESCHEMENT. « Là feurent en penſement comment ilz pourroient paſſer, veu l'*empeſchement* de ces cadaures. » I, 137. « ... ilz auoient pluſieurs foys veu les batailles perdues par l'*empeſchement* des femmes qui eſtoient parmy les armees... » II, 62. « ... tant à cauſe de l'enorme diſtance des lieux, que de l'interpoſition des grands fleuues, *empeſchement* des deſers... » 83. « ... par *empeſchement* legitime ou autrement... » III, 113.

EMPESCHÉ. « ... ie croy bien qu'au iour de mes nopces vous ſerez d'ailleurs *empeſché* à vos pratiques... » II, 168. « ... tout le monde eſt *empeſché,* tout le monde labeure... » 471. Voir *Depescher.*

EMPESCHER. Embarrasser. « ... fauldra il que ie vous *empeſche* à me y ayder ? » I, 111. « ... diſt, qu'il compoſeroit ceſte guerre par tel engin que beſoing ne ſeroit tant *empeſcher* de gens de bien. » 174. « ... ſi ie... te... ſatisfays en tout... ce ſeroit choſe indigne d'en *empeſcher* mondiƈt maiſtre... » 311.
S'empeſcher de. Voir *Chere lie,* p. 129, col. 1.

EMPESÉ. « ... collerettes... bien blanches & *empeſees.* » II, 454.

EMPESTRÉ. « ... le cheual enfoncea le pied droiƈt... dedans la pance d'vn gros & gras villain... & ne le pouuoit tirer hors : ainſi demouroit *empeſtré...* » I, 137. « ... les deux chordes *ſe empeſtrerent* entre les cheuaux. » 339. Voir *Empeigé.*

EMPETÉ. « ... mourray tout conſiƈt en pedz... Si... pour reſtaurant à faire peter les bonnes femmes... les medicamens ordinaires ne ſatisfont aux medicins, la momie de mon... *empeté* corps leurs ſera remede præſent. » II, 37.

EMPIÉTÉ. « ... ſ(ol) mal *empieté.* » II, 183.

EMPIRÉ. Empyrée. « Ciel *empiré...* » II, 441.

EMPLOICTE. « ... Fauchez le pré... l'herbe y reuiendra... de meilleure *emploiƈte.* » III, 30.

EMPLOICTER, EMPLOITER. « ... peu de gloire me ſemble accroiſtre à ceulx qui ſeulement y *emploictent* leurs œilz. » II, 9-10. « ... voyant l'occupation... des bons Theologiens, eſtre *emploictee...* à extirper les erreurs... » 144. « ... le fault *emploiter* (le vent) quand il aduient... » 304-305. « ... preſt à en faire autant pour luy... la part qu'il luy plairoit l'*emploiƈter...* » 321. « François Cornu apothecaire auoit en Cornetz *emploiƈté* vne Extrauaguantes frippees... » 451.

EMPLOYER (s'). « ... ſi voyez que... puiſſions fin à ceſte guerre mettre... Ie m'y *employray* de bien bon cœur. » II, 394.

EMPORTER. Voir *Diable, Diantre.*

EMPOSTEUR. Imposteur. « ... reputés les abuſeurs, predeſtinateurs, *empoſteurs...* » I, 217.

EMPRUNTER. Voir *Debvoir.*

EMPUANTY. Voir *Du tout,* p. 181, col. 1.

EMULATEUR. « ... les zoiles *emulateurs* & enuieux... » III, 8.

EMULGENT (D'*emulgere,* traire). « ... venes *emulgentes...* » II, 33 et 375.

EMUNDER. Émonder, nettoyer.

« ... iettoit les maiſons par les feneſtres : ainſi reſtoient *emundees* d'air peſtilent. » III, 78. « Vne d'icelles (vnicornes) ie vy... auec ſa corne *emunder* vne fontaine. » 120. Voir *Diaphané*.

EMY. Ami. Voir *Agua*.

EN. Pronom. « Par ſainct Iean (dirent ilz) nous *en* ſommes bien. » I, 48. « Nous *en* ſommes bien vrayement... » II, 212. « Vrayement (diſt Iuppiter) nous *en* ſommes bien. » 261.

— *S'en aller*. Voir *Aller*. « *En ay-ie?... Il y en a*. Voir *Avoir*, pp. 64, col. 2 et 65, col. 1. « I'*en* demande aux ioueurs. » Voir *Demander*. « ... n'*en* deſplaiſe... » Voir *Desplaire*.

EN, préposition. A souvent devant les noms de ville le sens de *dans* qu'il n'a conservé que devant les noms de contrées ou de provinces : « ... *en* Aurelians... » I, 244. « ... *en* Smyrne... » II, 207. « ... *en* Athenes... » 208. « ... *en* Amiens... » 448.

En entre dans un très grand nombre de locutions où nous l'avons quelquefois remplacé par les prépositions, *à*, *dans*, *sur*, etc. « ... *en* vouſtre aduis... » I, 4. *En apres*. I, 238. Voir *Apres*. *En arbitraire*. II, 222. *En barbe*. Voir *Barbe*. *En bon heur*, *en bonne heure*, *en peu d'heure*. Voir *Heur*, *Heure*. *En ça*, *en chef*. Voir ces mots. « ... *en Diable*... » Voir *Doloreuse*. *En plein diamètre*, *en direption*, *en mon*, *en ſon endroit*. Voir ces mots. « ... *en face* plus ioyeuſe que de couſtume... » II, 221. *En façon*. « Comment Gargantua naſquit *en façon* bien eſtrange. » I, 25. « ... *en la façon* des tyrans... » II, 41. *En faſcherie*. « ... encores que la douleur luy feuſt quelque peu *en faſcherie*... » I, 25. « ... vous voyez *en quelle faſcherie* me iectent... ces... Chiquanous. » II, 312. « *En faulte de* moulins à vent... » II, 331. *En la fin*. II, 77. *En guayeté de cœur*. Voir *Cœur*. *N'auoir dens en gueulle*. Voir *Dict*. *Cognoiſtre mouſches en laict*. Voir *Mousche*. « ... *en lieu* de ceinctures. » III, 148. *En main*, *en la main* : « *En la main* vne raquette. » I, 240. « ... print la veſſie *en main*... » II, 211. *En pieds*. « ... ſi par cas conuenoit deſcendre *en pieds*... » III, 148.

En rue. « ... iamais n'auoit eſté ouy que dedans Paris on euſt vendu fumée de rouſt *en rue*. » II, 179.

En sec. « *En ſec* iamais l'ame ne habite. » I, 22. *En tapinois*. I, 74 et IV, 117; II, 92. *En terre*. A terre, sur terre. « ... faictes ſeulement que ie ſois mis *en terre*... » III, 66. « ... tombaſme *en terre*... » 73. Voir *Dieu*. *En mon tour*. « ... ie t'inſinue ma nomination *en mon tour*. » I, 23. *En val*. Voir *Amont*.

ENASÉ. Sans nez. « ... vn grand vieillard *enaſé*. » II, 300.

ENCAPITONNER. Coiffer. Voir *Beguin*.

ENCARRÉ. Échoué. « Noſtre nauf eſt elle *encaree?* » II, 347. « Comment noſtre nauf fut *encarree*. » III, 65. « ... feurent nos naufs *encarrees* par-my les arenes. » 66.

ENCEINT. *Avoir enceinct*, porter avec soi, contenir, renfermer : « Chaſcun en ſoit ceinct (de la parole ſaincte), Chaſcun ay *enceincte* La parolle ſaincte. » I, 197.

ENCENT. Encens. « ... *encent*, poyure, gyrofle... » II, 451. « En Sabee prouient le bon *encent*. » 460.

ENCHASSÉ. « ... vne Crapaudine de Beuſſe magnificquement *enchaſſée.* » II, 87. « ... lors qu'ilz (les procès) ſont bien entaſſez, *enchaſſez,* & enſachez, on les peut vrayement dire membruz & formez. » 199.

ENCHERIE. *Faire de l'enchèrie.* Surfaire. « La vieille... luy monſtra le liɛt, &... diſt qu'elle ne faiſoit de l'*encherie,* ſi en demandoit cinq ſols. » III, 61.

ENCHEVESTRER. « ... pinthes d'argent de canetille, *encheueſtrees* de verges d'or... » I, 33. « ... en ont *encheueſtré* leurs muletz. » 37. « ... ie me donne au diable ſi ie ne le fays moyne en mon lieu & l'*encheueſtre* de mon froc. » 155.

ENCICLOPEDIQUE. « ... queſtions *enciclopediques...* » III, 283. Voir *Encyclopedie.*

ENCLAVER. « De ſa lance... *enclauoyt* vn aneau... » I, 89. Voir *Barbacane.*

ENCLIN. Au propre. « ... ſus l'inſtant qu'ilz la leuoient de terre (la coingnee) courbez & *enclins...* » II, 267.

ENCLINÉ. Au propre. « ... *encliné* en vn petit coin de ſon cabinet. » I, 120. — Au figuré. « A leur requeſte ne feurent aulcunement *enclinez* les fouaciers. » I, 97. « ... voluntiers *encliné* à l'humble requeſte des citoyens & habitans... » 244.

ENCLINER. « I'en ſuys en grande perplexité. Et n'ay encores reſolu quelle part ie doibue *encliner.* » II, 258.

Se encliner. « ... en grande peine *ſe enclinoit* pour prendre à tout la langue quelque lippee. » I, 236. « ... *ſe enclinant* parfondement... » 323. « ... *ſe enclina* flechiſſant le genoil guauſche... » II, 100.

ENCLOER. « ... ſeroit ce bon que ie *encloaſſe* toute leur artillerie ? » I, 353.

ENCLOUS. « ... ie n'y penſe aultre ſens *enclous* qu'vne deſcription du Ieu de Paulme... » I, 210. « ... ledict corps ayant bien a poinct *enclous* dedans... iectez le on feu... » II, 241. « ... la Truye & les preux cuiſiniers dedans *enclous.* » 409.

ENCLUME. « Quid iuris, ſi nous trouuions enuelopez entre Andouilles & Quareſmeprenant ? Entre l'*enclume* & les marteaulx. » II, 373.

ENCOCHER. Amarrer. « ... auant que euſſions *encoché* nos gumenes... » II, 436.

ENCOINGNÉ. Voir *Coignie.*

ENCONTRE. Préposition. « ... montant deſſus le feiſt courir *encontre* le Soleil. » I, 56. « ... montoit ſix pas *encontre* vne muraille... montoit *encontre* la montaigne... » 90. « ... ſi par conſeil precipité ont *encontre* eulx attempté quelque cas de nouuelleté. » 117.

Adverbialement. Voir *Despriser.*

ENCONTRE. Substantif. Rencontre. « ... ſon pere diſoit que ces bonnetz à la Marrabeize... porteroient quelque iour mal *encontre* à leurs tonduz. » I, 34. « ... ces beaulx fouaciers glorieux, qui auoient trouué male *encontre...* » I, 99. « ... ſi de mal *encontre* n'eſtoient tous les trous fermez... » II, 49. Voir *Mal.*

ENCORES. « ... *encores* que ie m'y gouuerne tant chichement qu'il m'eſt poſſible. » III, 361.

ENCOURIR. « ... quel intereſt *encourrez* vous ?... » II, 83.

ENCYCLOPEDIE. « ... il m'a ouuert le vrays puys & abiſme de *Encyclopedie.* » I, 319.

ENCYLIGLOTTE. « Elle parla par l'art du Medicin & du Chirurgien, qui luy coupperent vn *encyliglotte* qu'elle auoit ſoubs la langue. » II, 167.

ENDAMOYSELLÉ. « Icelles... deſguiſerent les paiges de l'aſſemblee, & les habillerent en damoyſelles... Les paiges *endamoyſellez* à luy entrant... ſe preſenterent. » II, 306.

ENDEBTÉ. Voir *Crediteur.*

ENDELECHIE. Voir *Entelechie.*

ENDENTELÉ. « ... maſchoueres bien *endentelees*... » II, 476.

ENDESVER. « C(ouillon) *endeſué.* » II, 129. Voir *Degainer.*

ENDOCTRINER. « ... ſon pere... le feiſt (Gargantua) tresbien *endoctriner* par Ariſtoteles... » I, 56. « ... l'aultre par louables exemples te peut *endoctriner.* » 256.

ENDOMMAIGÉ. « Quelle furie... te eſmeut... enuahir... ſes terres, ſans... auoir eſté par luy ny les ſiens *endommaigé,* irrité, ny prouocqué? » I, 117. Voir *Dessemeler.*

ENDOUAYRER. Voir *Aorner.*

ENDOUSSEURE. Endossure, dos du toit. « ... le deſſus couuert d'Ardoize fine : auec l'*endouſſeure* de plomb. » I, 193.

ENDROICT. « ... en mon *endroict*... » II, 279 et III, 191, 393. « ... en ſon *endroict.* » III, 192. A mon, à son égard.

ENDUIRE. « Les autres... *enduiſoient* courtines... » II, 7. — Digérer, dans le langage de la fauconnerie. « ... ilz les laiſſent *enduire* ſus la perche... » II, 79. « Les oiſeaux eſtoient grands... eſmoutiſſoient comme hommes, *enduiſoyent* comme hommes... » III, 15. (Par suite d'une erreur typographique ce dernier membre de phrase a été omis dans notre texte.)

ENDURCI. « ... *endurcis* au travail. » III, 56.

ENEOREME ('Εναιώρημα, ce qui flotte à la surface). « Comme diſoient congnoiſtre aux hypoſtaſes & *eneoremes* de quatre buſſards de vrine... » II, 331.

ENERGIE. « ... herbe de ſemblable *energie*... » II, 239. « ... c'eſtoit ouuraige tel que les faiſoit Dædalus. Encores qu'elle feuſt contrefaicte, & mal traicte, y eſtoit toutesfoys latente & occulte quelque diuine *energie* en matiere de pardons. » 445. Voir *Auriflu.*

ÉNERVÉ. Voir *Effilé.*

ENFANT. « Vous font elles des *enfans?* — nuls. » III, 113. Voir *Aureille.*

Jeune enfant. « Voyez vous ce *ieune enfant?* Il n'a encore douze ans... » I, 60.

ENFANTELET. « Ce ſera d'vn beau petit *enfantelet* qu'elle ſera groſſe. » II, 91.

ENFANTEMENT. « Antiphyſie... incontinent eut enuie ſus ceſtuy tant beau & honorable *enfantement.* » II, 383.

ENFANTER. « L'occaſion & maniere comment Gargamelle *enfanta* fut telle. » I, 19.

ENFERMIER. Infirmier. « ... l'*enfermier* de noſtre abbaye... » I, 145.

ENFERRER. « Auecques telz dards... il *enferra* le Phyſetere... » II, 391. « ... Antonius attira Artauaſdes... puys le feiſt lier & *enferrer* de groſſes chaiſnes... » 398.

ENFIANSAILLES. « ... *enfianſailles,* eſpouſailles... » III, 64.

ENFLAMBÉ. « ... Pantagruel... feut *enflambé* à proffiter plus que iamais... » I, 258. « Le viſage auoit rouge (Pan) & *enflambé.* » II, 149.

ENFLAMBER. « ... eſt tranſporté (le

ſang) en vne autre officine... c'eſt le Cœur. Lequel... le ſubtilie & *enflambe...* » II, 33. Voir *Categide.*

ENFLAMBOYÉ. « ... ſembloit donc tout le corps ſpherique d'icelle (lampe) ardre, & *enflamboyé.* » III, 154.

ENFONDRER. « Gargantua du bout de ſon baſton *enfondra* le reſte des tripes du villain en l'eau. » I, 137. « ... ma nourrice auoit les tetins moletz, en la laictant mon nez y *enfondroit* comme en beurre. » 150. « ... ceſte vague... *enfondrera* noſtre nauf... » II, 340. Voir *Brechet.*

ENFOURNER. « L'appetit... admoneſte de *enfourner* viande... » II, 33. « ... ne differeroient ſeulement attendans la venue de l'Abbé, pour ſoy *enfourner* à table... » 79. « ... luy *enfournoient* en gueule. Eſclanches à l'aillade... » 478. Voir *Cornu.*

ENFRAINDRE. « ... depoſer & *enfraindre* ce ioug de ſeruitude... » I, 205.

ENFROCQUÉ. « ... cerueaulx *enfrocquez...* » II, 141. « ... moine *enfrocqué,* crotté, botté... » 436.

ENFUMÉ. « ... caſe chaumine, mal baſtie, mal meublée, toute *enfumée.* » II, 86. « ... feray-ie pareillement chanter ceux qui ont le plumage à couleur de haran ſoret? Pareillement... ſoudain accoururent ces oiſeaux *enfumez...* » III, 18.

ENGAINER (s'). « ... tombans en terre rencontroient vne eſpece d'herbe, laquelle on nommoit fourreau, & *s'engainoient* là dedans... ils tomboient de poincte, c'eſtoit pour droit *engainer...* » III, 38.

ENGARDER, ENGUARDER. Empêcher. « ... ſon pere fut tant courrouſſé, qu'il voulut occire maiſtre Iobelin. Mais ledict des Marays l'*enguarda* par belle remonſtrance qu'il luy feiſt. » I, 61. « ... i'euſſe bien *engardé* que les iuifz ne l'euſſent prins. » 146. « ... les chaſtaignes qu'on faict cuire au feu, ſi elles ſont entieres elles petent que c'eſt raige : & pour les *engarder* de peter l'on les entame. » 372. « Panurge... tenent vn auiron en main, non pour ayder aux moutonniers, mais pour les *enguarder* de grimper ſus la nauf... les preſchoit eloquentement... » II, 297.

S'engarder. « ... pour dieu *nous engardons...* » I, 12.

ENGARIE. « ... dangers & *engaries...* » III, 58. Voir *Angarie.*

ENGARIÉ. « ... feray le chois, D'eſtre deſgradé ras, ainçois Qu'eſtre iamais *engarié* Iuſques là, que ſois marié. » III, 176. Voir *Angarier.*

ENGASTRIMYTHE. « Gaſtromantie, de la quelle en Ferrare longuement vſa la dame Iacoba Rhodogine *Engaſtrimythe.* » II, 125. « Comment... Pantagruel deteſta les *Engaſtrimythes...* Les *Engaſtrimythes* ſoy diſoient eſtre deſcendus de l'antique race de Eurycles... » 473. « *Engaſtrimythes* parlans du ventre. » III, 205.

ENGENDRER. « ... nous ne *engendrerons* melancholie. » II, 219.

ENGIN. « ... *engins* plus expediens... » I, 113. « *Engin* mieulx vault que force. » 346 et IV, 210. « Rien ne profitoient ſes *engins* & molitions. » II, 402. « ... il (Gaster) faict ce bien au monde, qu'il luy inuente toutes ars, toutes machines, tous meſtiers, tous *engins,* & ſubtilitez. » 471. Voir *Automate, Chorde, Empeſcher.*

ENGIPONNÉ. Enjuponné. « ...veaulx *engiponnez...* » I, 266. « ... diable *engiponné...* » II, 127 et III, 50. « ... nouueaux Diables *engiponnez...* » III, 191.

ENGOULLER. « ... auoit ia *engoullé* cinq des pelerins... » I, 142.

ENGUOULEVEZINEMASSÉ. « I'en ay, par la vertus Dieu tous les braz *enguouleuezinemassez.* » II, 325.

ENGOURDELY. « C(ouillon) *engourdely.* » II, 140.

ENGRAVÉ. « ... ce pendent feist l'epitaphe pour estre *engraué...* » I, 232. « ... la male tache y demouroit perpetuellement, si enormement *engrauee* en l'ame, en corps, & renommee, que le diable ne l'eust poinct ostee. » 299. « ... la doulce recordation de vostre auguste maiesté, escripte, voyre certes insculpee & *engrauee* on posterieur ventricule de mon cerueau. » II, 282. Voir *Dracon.*

ENGRESSÉ. Gressé. « ... bien oingtz & *engressez* à poinct... » I, 216.

ENGRESSER. « ... de fort bon matin *engressa* & oignit tout le paué. » I, 296. « ... quand il trouuoit ou femme ou homme qui eust quelque belle robbe il leurs *engressoit* & guastoit tous les plus beaux endroictz. » 299.

ENGROIN. Humeur. « Par mal *engroin* de la Parce felonne Ie feuz occis. » II, 54.

ENGROISSÉE. « Que i'aye la verolle, en cas que ne les trouuiez *engroissees* à vostre retour. » I, 167. « ... quand... feur Fessue feut... *engroissee,* & la groisse congneue... » II, 98.

ENGROISSER. Rendre grosse. « ... l'enfant duquel Neptune *engroissa* la nymphe naquit l'an reuolu. » I, 16-17.

— Devenir grosse. « ... elle *engroissa* d'vn beau filz... » I, 16. « ... si au troisiesme moys elles *engroissent,* leur fruict sera heritier du deffunct. » 18. « ... *engroissera* de toy non. » II, 89.

ENGROSSISSEMENT. Voir *Copieux.*

ENGROUÉ. « ... c(ouillon) *engroué.* » II, 138.

ENGUANTELÉ, ENGUENTELER. « ... sus le poing mignonnement *enguantelé* portoient chascune, ou vn Esparuier ou vn Laneret... » I, 206. « ... le vestit (Panurge) d'vne galleuerdine... l'*enguentela* de deux braguettes antiques. » III, 165.

ENHARNACHER. « ... *enharnachoit* (Diogène, son tonneau). » II, 8. « Les gens de cheual faisans nombre de cinquante cheuaux & plus, tous en harnois dorez, richement vestuz, & *enharnachez...* » III, 403.

ENHYDRIDES. Reptiles. II, 499.

ENIG, EVIG. « Les isles... de *Enig & Euig :* des quelles par auant estoit aduenue l'estafillade au Langrauff d'Esse. » II, 334. « *Enig* & *Euig.* Motz Allemans sans, auecques. En la composition & appoinctement du Langraff d'Esse auecques l'empereur Charles cinquiesme, on lieu de *Enig :* sans detention de sa personne feut mis *Euig,* auecques detention. » III, 200.

ENIGME. « *Enigme* en prophetie. » I, 207. « Ie n'entens point, dit Panurge, cest *enigme.* » III, 12. « Comment par Grippeminaud nous fut proposé vn *enigme.* » 49.

ENILINS. Officiers de Quintessence. III, 73.

ENITER (s') *(Eniti,* s'efforcer). « ... ie gnaue opere &... ie me *enite* de le locupleter (nostre vernacule Gallicque) de la redundance latinicome. » I, 243.

ENJAMBÉE. « ... nous marchions

haut à grandes *eniambees...* » III, 145.

ENLEVÉ. « Les aureilles auoient haut *enleuees...* » II, 383. « Pantagruel apperceut vn grand & monſtrueux Phyſetere... *enleué* plus hault que les hunes des naufs... » 386. « Les deux parties (d'un portal) eſtoient d'arain... faites à petites vinettes, *enleuees,* & eſmaillees mignonnement. » III, 141. Voir *Bosse.*

ENLUMINEUR. « ... Beuueurs, *Enlumineurs* de muſeaulx... » III, 243.

ENLUMINEURE. « ... Bacchanalia viuunt. Vous le pouuez lire en groſſe lettre & *enlumineure* de leurs rouges muzeaulx... » I, 383.

ENNEMY. Le diable. « ... par l'inſtigation de l'*ennemy* d'enfer... » II, 93.

ENNICROCHÉ. Accroché ensemble, emmêlé. Voir *Brancar.*

ENNUI. Peine, souffrance. « ... encores que la douleur luy feuſt quelque peu en faſcherie,... la ioye qui touſt ſuccederoit, luy tolliroit tout ceſt *ennuy...* » I, 25.

ENQUESTER (s'). « ... s'*enqueſtant* quelz genz ſcauans eſtoient pour lors en la ville. » I, 64. « ... s'*enqueſta...* que queroit ceſte mommerie. » 68. « ... s'*enqueſta* combien on auoit prins de fouaces. » 121. « Ie m'en *enqueſteray* plus à plein... » 238. « ... la reſolution eſt ayſee & n'en fault *enqueſter* d'auantaige... » 380.

ENQUESTEUR. « ... aduocatz, *enqueſteurs,* tabellions... » II, 200.

ENRAGÉ, ENRAIGÉ. « Sa femme... deuint *enraigée...* le fol mary & la femme *enragée* ſe raſlierent enſemble... » II, 167.

ENRAGER. « ... ie feroys plus que tiercelet de Iob, ſi ie n'*enrageois* tout vif. » II, 50. « ... faiſoient de tous pourſuyuans... pourrir les corps, & *enraiger* les ames. » III, 121.

ENRIMER (s'), s'enrhumer. Forme employée pour amener un jeu de mots. « ... ie rime tant & plus : & en rimant ſouuent m'*enrime.* » I, 53 et IV, 99.

ENROIDDY. Voir *Bracquemar.*

ENROUER (s'). « ... lorſque les Cigalles commencent *s'enrouer...* » II, 229.

ENSACHÉ. Mis en sac. Voir *Enchassé.*

ENSAGIR. Devenir sage. Voir *Febve.*

ENSEIGNE. Insigne. « ... pour leur ſymbole & *enſeigne* ont la fleur plus que nulle autre blanche, c'eſt le lys. » I, 42.

— Enseigne d'auberge. « Faictes dreſſer la collation en ceſte prochaine hoſtellerie en laquelle pend pour *enſeigne* l'image d'vn Satyre à cheual. » II, 281.

— Drapeau de l'infanterie et celui qui le porte. « ... les porteguydons & *enſeignes* auoient mis leurs guidons & *enſeignes* l'oree des murs... » I, 106.

— *Enseigne* est souvent opposé à *estanterol,* étendard de la cavalerie. « ... entra... vne *enſeigne* de gens de pied... Iceux furent ſuiuis par quatre trompettes, & vn eſtanterol de gens de cheual... » III, 399. « ... entrerent vn eſtanterol de gens de cheual, & vne *enſeigne* de gens de pied... » 403.

A bonnes enseignes. Voir p. 2, col. 1. — Voir *Ensigne.*

ENSEIGNER. « J'ay ſouuent ouy en prouerbe vulguaire, Qu'vn fol *enſeigne* bien vn ſaige. » II, 177. « Pourceau Minerue *enſeignant.* » 415.

ENSEMBLE. En même temps, en outre. « ... i'ay donné à entendre à ce priſonnier que nous auons armee ſur mer, *enſemble* que nous ne leur donnerons l'assault que iusques à demain... » I, 351. « ... là soudain courut demander nouuelles. *Ensemble* de quelle marchandise estoient les vaisseaux chargez... » III, 55.

— Avec un nom ou un pronom pour complément. « ... *ensemble* eulx Eudemon le ieune paige. » I, 63. « *Ensemble* eulx, commença rire maistre Ianotus. » 73. « ... à ce assisterent la plus part des seigneurs de la court... *ensemble* les escheuins de ladicte ville, auecques les medicins & canonistes. » 265. « Pantagruel retournant au port & ne voyant frere Ian, demandoit quelle part il estoit, & pourquoy n'estoit *ensemble* la compaignie. » II, 305. « ... vous autres qui ne croyez mie en Dieu, qui persecutez sa saincte & diuine parolle, *ensemble* ceulx qui la maintiennent. » III, 248. « ... manda querir son boulangier... *ensemble* le curé de sa paroece... » 311-312. « Monseigneur le Cardinal du Bellay *ensemble* Monseigneur de Mascon m'ont asseuré que la composition me sera faicte *gratis*. » 341.

Ensemblement. « ... coublez *ensemblement*. » II, 101. « ... me doibz ie marier ou non?... Tous les deux *ensemblement*... » 170. « ... feut controuerse meue entre Neptune & Pallas de qui prendroit nom la terre par eulx deux *ensemblement* trouuée... » 231. « ... le emportoit (un mouton) cryant & bellant, oyant tous les aultres & *ensemblement* bellans, & reguardans quelle part on menoit leur compaignon. » « ... ces oiseaux... chantoient *ensemblement*. » III, 18.

Enserrer (s'). S'enfermer. « ... luy feist responce que ses gens... s'estoient *enserrez* en la roche Clermaud... » I, 114.

Ensigne. Insigne, marque. « ... lisans les ioyeulx tiltres d'aulcuns liures de nostre inuention... iugez trop facillement ne estre au dedans traicté que mocqueries... veu que l'*ensigne* exteriore (c'est le tiltre)... est communement receu à derision... » I, 4. Voir *Enseigne*.

Ensuyvant. « ... la nuyct *ensuyuant*. » I, 245.

Ensuyvre, Ensuivir. « ... ne sçauant *ensuyure* la line ecliptique... » I, 227. « ... coniecturant l'issue & catastrophe de son mal *ensuiuir*... » II, 249. « Craingnans que la bataille *ensuiuist*, se retirent au trot. » III, 406.

S'ensuyvre. « ... comme *s'ensuyt*... » II, 281. « ... en la maniere, que *s'ensuyt*. » III, 145.

Entaché. « ... voyant l'occupation principale... des bons Theologiens... estre emploictée... à extirper les erreurs & hæresies, (tant s'en fault qu'ilz en soient *entachez*.) » II, 144.

Entaillé. « ... grosses pierres *entaillees* à la rustique... » III, 397. « ... botines dorees, *entaillees*. » 401.

Entalenté. Disposé. « Maniere de vriner la personne n'en estant *entalentee*? » II, 493.

Entamé. « Ceste nouuelle mariee est bien *entamee* par le bas, ainsi elle ne petera poinct. » I, 372.

Entan. Antan. « Ie suis aussi sage que *entan*. » III, 170. Voir *Antan*.

Entelechie, Endelechie. « Comment nous arriuasmes au Royaume de la Quinte Essence, nommee *entelechie*... Que dites-vous interroguent ils dites-vous *Entelechie* ou *Endelechie*? » III, 69 et IV, 327. Voir *Langue de la Pléiade*, t, I, p. 78.

Entendant. « ... ie ordonne & veux que Ponocrates soit sus tous ses gouuerneurs *entendant.* » I, 185.

Entendement. « ... elles grisloient en leurs *entendemens.* » II, 166. « Toutes mes phrenes... & diaphragmes sont suspenduz... pour incornisistibuler en la gibbesiere de mon *entendement* ce que dictes... » II, 174 et IV, 255. « ... preuoyans en leurs *entendemens...* » 366. « ... selon mon petit *entendement...* » III, 252. Voir *Distraire.*

Entendeur. « A bon *entendeur* ne fault qu'vne parolle. » III, 33.

Entendouoire. « I'ay assez belle *entendouoire.* » II, 366.

Entendre. « ... Bacbuc nous commanda *entendre* à l'exciture de l'eau, lors *entendismes* vn son à merueille harmonieux... » III, 162.

— Comprendre. « ... elles sont femmes : bien *entendentes* les beaulx & ioyeulx menuz droictz de superfetation... » I, 18. « I'*entends* bien que lisans ces motz, vous mocquez du vieil buueur... » 36. « Bien autrement faisoient... les saiges de Egypte, quand ilz escriuoient par lettres qu'ilz appelloient hieroglyphiques. Lesquelles nul n'*entendoit* qui n'*entendist,* & vn chascun *entendoit* qui *entendist* la vertu, proprieté, & nature des choses par icelles figurees. » 38. « ... il n'y *entendoit* que le hault Alemant. » 88. « ... i'ay failly à *entendre.* » 261. « Vous *entendez* autant... en exposition de ces recentes propheties, comme faict Truye en espices. » II, 90. « Ie ne vous *entends* poinct... » 111. « ... estoit presque tous les iours de banquet... pour faire quelque appoinctement, *entendez.* » 195. « Vous n'*entendez* ce languaige. » 292. « Epistemon qui *entendoit* toutes langues, commença à monstrer à Pantagruel les deuises... » III, 214. « ... bien sçauant & *entendant* telles matieres... » 341. « ... Pour laquelle (Sciomachie) mieux *entendre* est à noter, que pour icelle... fut esleue la place de San Apostolo... » 396.

Il est quelquefois opposé à *ouïr.* « Nous l'auons veritablement ouy, mais nous n'y auons *entendu* au diable la cause. » I, 279. « ... les oyons realement. Mais ne les *entendions.* » II, 467. « Vous l'auez oy, l'auez vous *entendu?* » III, 5. Voir *Enigme.*

Donner entendre. Voir *Donner.*

Entendre à. Acquiescer, consentir. « Nul n'y voulut *entendre.* » II, 329.

S'entendre à. « Il *se* y *entend* le paillard. » II, 295.

Ententivement. « ... *ententiuement* escoutant... » III, 105.

Enthusiasme. « C'est mon vnicque *Enthusiasme.* » II, 10. « ... *enthusiasme* Bacchique. » III, 173.

Entommer, Entonmer. Entamer. « ... veistes vous onques chien rencontrant quelque os medulare?... vous auez peu noter... de quelle prudence il l'*entomme...* » I, 5. « ... elle (la foudre) consumera les os du corps sans *entommer* la chair qui les couure... » II, 164. « ... vn son tel que font les chastaignes iectees en la braze sans estre *entonmees.* » 467. Voir *Depucellé.*

Entommeure. Entamure. « Va... à tous les millions de Diables, qui te puissent anatomizer la ceruelle, & en faire des *entommeures.* » II, 504.

ENTONNER. Verser dans un tonneau, commencer un chant. « Chantons, beuuons, vng motet. *Entonnons.* Ou eſt mon entonnoir ? » I, 22, et IV, 77. Voir *Bondon.*

ENTONNOIR, ENTONNOUER. « ... comment en housteriez vous l'eau entierement ?... vous me parlez d'vn *entonnoir* de Lierre. » II, 241. « L'*entonnoir* comme vn oiseau de maſſon. » 374. « ... Bacbuc demanda... qui veut auoir le mot de la Bouteille ? Ie, diſt Panurge, voſtre humble & petit *entonnouer.* » III, 165. « ... l'*entonnoir* (du preſſouër s'appelloit) le quittus. » 214. Voir *Entonner.*

ENTORTILLÉ. « ... ſon ſoulier feneſtré eſtoit ſi fort *entortillé* qu'il ne le peut oncques tirer. » II, 317.

ENTOUILLÉ. « C(ouillon) *entouillé.* » II, 138.

ENTOUR. *D'entour, de l'entour.* « ... Alloient veoir les garſes d'*entour*... » I, 84. « ... les riuieres de l'*entour.* » 130.

A l'entour. « Voyant tant de gens, à l'*entour* de ſoy... » I, 65. Voir p. 6, col. 2.

ENTOURNOIÉ. « Au mylieu de la place pendoient les armoiries de mon dit Seigneur d'Orléans... *entournoiees* d'vn ioyeulx feston de Myrtes... » III, 398.

ENTRAICT. Onguent. « ... vn magdalon d'*entraict.* » I, 46.

ENTRANT (CARESME). Voir *Caresme.*

ENTRAVER. « ... *entrauoit* (Diogène, son tonneau). » II, 8.

ENTRE. « ... vne iſle admirable *entre* toutes aultres... » II, 469.

ENTREBOTTER (s'). « ... s'*entrebottoient,* & eſperonnoient l'vn l'autre... » III, 104.

ENTRECHATOUILLER (s'). « ... ils s'exerçoient à œuure de charité... Au lundy, s'entrenazardans. Au mardy, s'entre eſgratignans. Au mecredy, s'entremouchans. Au ieudy, s'entretirans les vers du nez. Au vendredy *s'entrechatouillans.* Au ſamedy s'entrefouettans. » III, 107.

ENTREDUCHZ. « En ſecond ſeruice furent ſeruies... Des *entreduchz.* » III, 219.

ENTREE. « ... l'*entree* de dipner. » II, 333. « S'il eſt enroué, c'eſtoient *entrees* de Moreſques. » 382. « ... monſieur Lucifer ſe paiſt à tous ſes repas de Farfadetz pour *entree* de table. » 431. « ... exceptez touſiours le fourmage d'*entree,* & mouſtarde pour l'iſſue. » III, 106.

D'entree de table. Voir *De,* p. 179, col. 2.

ENTRE (s') ESGRATIGNER. Voir *Entrechatouiller (s').*

ENTREFAICTES. « ... en ces *entrefaictes.* » III, 94.

ENTREFOUETTER (s'). Voir *Entrechatouiller (s').*

ENTREILLIZÉ. « ... auoit poil d'alezan touſtade *entreillizé* de grizes pommelettes. » I, 62.

ENTRELARDÉ. Au figuré, mêlé, partagé. « ... force patenoſtres *entrelardees* de longs Aue Mariaz. » I, 149. « ... iours maigres *entrelardez.* » II, 480, et V, 303. Voir *Chicquenaude.*

ENTRELARDEMENT. *Entrelardement à poinctes de diamans.* Voir *Diamant.*

ENTRELATZ. « ... plaiſans *entrelatz* d'orfeuerie... » I, 32.

ENTREMETTRE (s'). « Il eut vn filz... lequel ſemblablement voulut *s'entremettre* d'appoincter les plaidoians... » II, 195.

ENTREMOUCHER (s'), S'ENTRENAZARDER. Voir *Entrechatouiller (s').*

ENTREPAS. « ... aller le pas, le trot, l'*entrepas*... » I, 47.

ENTREPLAUDER. « ... tous ces oiſeaux icy ſe pillerent les vns les autres, & s'*entreplauderent.* » III, 18.

ENTREPRENDRE. « Quand Philippe... *entreprint* aſſieger & ruiner Corinthe... » II, 6. « ... notez que Fabius pictor dict rien par luy (Æneas) n'auoir eſte faict ne *entreprins*... que preallablement il n'euſt congneu & præuu... » 76. « ... la priant... luy dire ſon aduis... de ſon mariage *entreprins.* » 87. « ... vous reduiſez à memoire la force des Geants antiques, les quelz *entreprindrent* le hault mons Pelion impoſer ſus Oſſe... » 404. « ... il auoit vne corne au mufle... de laquelle il oſoit *entreprendre* vn Elephant en combat. » III, 119.

ENTREPRINSE. « ... de iour en iour pourſuit ſa furieuſe *entreprinſe*... » I, 112.

ENTRER. Activement. « ... conſideroient l'eſtat du ciel... & quelz ſignes *entroit* le ſoleil, auſſi la lune... » I, 86. « Ce pendent que le moine s'eſcarmouchoyt... contre ceulx qui eſtoient *entrez* le clous... » 109. « ... pourront les humains... enuahir les regions de la Lune, *entrer* le territoire des ſignes celeſtes... » II, 239.

— *en bette.* Voir *Bette.* — *en desespoir.* « ... ne fault *entrer en deſeſoir*... » II, 148. — *en ecstase.* Voir *Ecstase.* — *en fascherie.* II, 141. — *en la haulte game.* « Pantagruel *entra en la haulte game*... » I, 309. — *en propous.* Voir, ci-après, *en vin.* — *en soubson.* « ... *entra en ſoubſon,* qu'elle ſe faiſoit tabourer les feſſes d'ailleurs. » II, 141. — *en vin.* « ... au commencement des repaſtz faire commemoration de ſaleures & mieux *entrer en vin.* » I, 19. « ... vous veulx preſentement vne hiſtoire narrer, pour *entrer en vin* (beuuez doncques) & *propous* (eſcoutez doncques). » II, 6.

ENTREREGARDER (s'). « ... nous aduiſames... vingt ou vingt cinq gros pendars... qui *s'entreregardoyent*... » III, 212.

ENTRESALUER (s'). « ... *s'entreſaluant* diſent. Sanita & guadain, meſſer. » II, 268.

ENTRESURPRENDRE (s'). « ... taſchant de *s'entreſurprendre.* » III, 94.

ENTRETENEMENT. « Pour la fondation & *entretenement* d'icelle (de l'abbaye des Thelemites)... » I, 192. « ... vn *entretenement* vnicque de l'humain lignaige... » II, 27. « ... l'*entretenement* des pupilles. » 364. « ... *entretenement* d'habillemens... » III, 361.

ENTRETENIR. « ... vne dame de Paris (laquelle il *auoit entretenue* bonne eſpace de temps)... » I, 331. « De ma part i'*entretiens* touſiours ledict Parmentier par petits dons... » III, 353. « ... *entretint* le Pape vne Dame Romaine de la caſe Ruffine de laquelle il euſt vne fille. » III, 365.

ENTRETIRER (s'). Voir *Entrechatouiller (s').*

ENTR'OUVRIR (s'). « Comment les portes du temple par ſoy-meſme admirablement *s'entr'ouuirent.* » III, 141.

ENVERS (A L'). Voir p. 6, col. 2.

ENVERS. Préposition. « ... argument plus perſuaſif *enuers* les dames. » II, 165. « ... ce que ont faict *enuers* mes liures ilz feront (ſi on les laiſſe faire) *enuers* tous autres. » III, 190.

ENVIE. Action d'une personne envieuse. « Quelle *enuie* est ce, tollir es langoreux & malades, le plaisir & passetemps ioyeux. » III, 192.

ENVIEILLIR. « ... tous bons beuueurs iamais n'*enuieillissent*... »

ENUIRON. « Se esueilloit doncques Gargantua *enuiron* quatre heures du matin. » I, 86.

ENVI. Terme de jeu. *A tous enviz* en enchérissant, en augmentant. « ... les femmes vefues peuuent franchement iouer du serrecropiere *à tous enuiz* & toutes restes, deux moys apres le trespas de leurs mariz. » I, 17-18. « Voy cy trippes de ieu & guodebillaux d'*enuy*, de ce sauueau à la raye noire. » 23.

ENVOYÉ. « ... le saint *Ennoyé*... » II, 35 et 170, 353, 475.

ENVOYER. « ... feut conclud... que l'on *ennoyroit* le plus vieux & suffisant de la faculté vers Gargantua... » I, 67. « ... fut conclud qu'on *enuoiroit* quelque homme prudent deuers Picrochole... » 111. « ... vne belle petite commission laquelle vous *enuoirez* es Moscouites... » 128. « ... feut de opinion que il *ennoyroit* quelqu'vn de ses gens pour descouurir le pays... » 130. « ... ie vous l'*ennoyray*... » III, 240.

EONEM. « Ne me comparez icy celle arbre que Alexander Cornelius nommoit *Eonem*, & la disoit estre semblable au Chesne qui porte le Guy... » II, 242.

EPÆNON. Voir *Cræpalocomes*.

EPAGON. « ... feist mettre voiles bas, meiane, contremeiane, Triou, Maistrale, *Epagon*, Ciuadiere... » II, 336. « Dans cette nomenclature, faite au hasard par le bon et spirituel curé de Meudon, nous reconnaissons aisément l'artimon, le tréou, la grande voile ou *maestra*, la civadière; mais nous ne savons quelle voile l'auteur voulut désigner par le mot Epagon. En grec, Ἐπάγων était le nom d'une poulie, d'un moufle; est-ce une poulie que prétendit désigner Rabelais? Nous ne le croyons pas. » (Jal, *Glossaire nautique.)*

EPATICQUE. « ... f(ol) *epaticque.* » II, 183.

EPHECTIQUE. (Ἐφεκτικός, qui suspend son jugement.) « ... Trouillogan philosophe *Ephectique* & Pyrrhonien. » II, 172. Voir *Aporrhetique*.

EPHEMERE. « ... bien tost tomberiez en quelque fieuure *ephemere* par cest exces de pensement... » I, 310. « ... fiebures *Ephemeres* de peu de duree... » III, 254. « *Ephemeres fiebures*, lesquelles ne durent plus d'vn iour naturel : sçauoir est 24. heures. » III, 195.

EPHEMERIDES. « Ie ne fauldray à reduire en commentaires & *ephemerides* tout le discours de nostre nauiguaige. » II, 283. « ... *Ephemerides* eternelles, lesquelles n'est licite à homme mortel traiter ou cognoistre... » III, 256. « ... Almanach & *Ephemerides*... » 271.

EPHEMERUM (Ἐφήμερον). Iris des bois. « Aultres (plantes) sont nommees par leurs vertus & operations... comme... *Ephemerum*... » II, 232.

EPIBOCHES. « En second seruice ... Des *epiboches*... » 219.

EPICENAIRE. D'après dîner. « ... leurs tirer du creu de nos passetemps *epicenaires* vn guallant tiercin, & consecutiuement vn ioyeulx quart de sentences Pantagruelicques. » II, 11.

EPIDÉMIAL, EPIDIMIAL. « ... paour

epidemiale... » II, 262. « ... (la maladie) la plus *epidemiale* eſt la colicque venteuſe. » 420. « ... regnera... vne maladie bien horrible... elle ſera *epidimiale*... » III, 239.

EPIDERMIS. L'épiderme. Voir *Beluteau.*

EPIGLOTIDE ('Επιγλωττίς, 'Επιγλωττίδος, Epiglotte). « Leur male angine, qui leur ſuffocaſt le gorgeron auec l'*epiglotide.* » III, 70.

EPIGRAMME. « ... deſcripuoient quelques plaiſans *epigrammes* en latin. » I, 96.

EPILENIE ('Επιλήνιος, qui se chante autour du pressoir). « ... luy ſoufflant en l'aureille gauſche, le fiſt chanter vne *Epilenie*... » III, 168.

EPILEPSIE. « ... eſt tollu à la femme tout aultre ſens & mouuement, comme ſi feuſt Lipothymie, Syncope, *Epilepſie,* Apoplexie, & vraye reſſemblance de mort. » II, 158.

EPINICIES ('Επινίκια, chants en l'honneur d'une victoire). Voir *Dithyrambe.*

EPISEMASIE ('Επισημασία, marque d'approbation). « Là nous n'oyons que frappemens de mains, & *epiſemaſies*... » III, 97.

EPISTOLE *(Epistola,* épître). « ... ceſte *epiſtole,* Qui de tranſir indague en ton eſchole... » III, 279.

EPITAPHE. « Ie croy qu'il eſt pres de ſa fin. Allons faire ſon *epitaphe.* » II, 110. Voir *Engravé.*

EPITHETE. Voir *Diffamatoire.*

EPODE. « Au deſſert du premier metz feut... melodieuſement chanté vn *Epode*... » II, 448. « *Epode* vne eſpece de vers comme en a eſcript Horace. » III, 204.

EQUAL. Égal. « ... portions *equales*... » II, 126. Voir *Bac.*

EQUALLER. Égaliser. Voir *Dresser.*

EQUE *(Equa,* cavale). Voir *Desmonté.*

EQUIF, ESQUIF. « ... plus oultre ne fera voile mon *equiſ* entre ces gouffres & guez mal plaiſans. » I, 38. « ... vindrent vers nous en vn *eſquif* quatre perſonnes... » II, 436. « Pantagruel fut d'opinion que deſcendiſſions auecq' noſtre *equif* en vn petit roc... » III, 12.

EQUIPPAGE. « ... eſtoit ladicte Thalamege en *equippage* de vertueuſement *combatre.* » II, 386.

EQUIPOLLENT (A L'). Autant, également. « ... ilz l'auoient gros *à l'equipollent*... » I, 299.

EQUITABLE. « Non doncques ſans iuſte & *equitable* cauſe ie rends graces à Dieu... » I, 253. « ... en vouloir *equitable* de ſoy marier... » II, 155. « ... cauſe bien *equitable*... » 330. « ... il n'y a procez tant *equitable* qui ne ſe perde... » III, 344. Voir *Debonnaire.*

Donner d'équitables sentences. Voir *Donner.*

EQUIVOCQUE. Adjectif. Voir *Coignie.* — Substantif. Voir *Amphibologie.*

EQUIVOCQUER. « ... *equiuocquez* ſur A beaumont le viconte. » I, 323.

ERAIGE. Plus habituellement *Hérage.*. Race, lignée. « ... dict on que en Bourbonnoys encores dure l'*eraige*... » I, 222. « ... en eſt-il encores de l'*eraige?* » II, 110.

ERECTION. Voir *Anse, Depression.*

ERECTIF. Voir *Confortatif.*

ERGO GLUC. « Pariſius habet clochas. *Ergo gluc,* ha, ha, ha. » I, 71 et IV, 113.

ERGOT. « ... nonobſtant leurs *ergotz* & fallaces. » I, 266.

ERGOTÉ. Voir *Argut.*

ERGOTER. « Apres auoir bien *er-*

goté pro & contra, feut conclud en Baralipton. » I, 67.

ERIGER. « ... ont eſtimé auſſi facile demollir le firmament, & les abyſmes *eriger* au deſſus des nues. » I, 117. « ... nous voyons les Phares & haultes tours ſus les haures de mer eſtre *erigées,* pour de loing eſtre veue la lanterne. » II, 43. « ... ie leurs *erigeray* vn aultel. » 70. « En Germanie lon demoliſt monaſteres... icy on les *erige* à rebours... » III, 108. Voir *Cénotaphe.*

ERRATICQUE. « ... f(ol) *erratique.* » II, 181.

ERRE. Train, allure. *A grand erre.* Voir p. 2, col. 2.

Bel erre. « Ie m'en voys *bel erre.* » II, 434.

— Traces. « Ia n'en pourras ton doigt ſouiller de *erres.* » II, 450. « ... reprenant les *erres* du pays des chats-fourrez. » III, 208.

ERRER. « ... ne croyez (ſi ne voulez *errer* à voſtre eſcient) que i'en parle comme les iuifz de la loy. » I, 217. « ... ſuys d'opinion que ne *erroient* les Perſes, eſtimans le ſecond vice eſtre mentir : le premier eſtre debuoir. » II, 35. « ... les cuiſiniers des Diables refuent quelque foys, & *errent* en leur office. » 357.

ERREUR. « ... icy condemnez vous vous meſmes, pour les *erreurs* qu'auez commis... » II, 93. « Maintes foys y ont faict *erreur* ceulx voyre qui eſtoient eſtimez fins & ingenieux... » 95. « ... tout ceſt *erreur,* ne procede que par deffault de vraye foy catholicque. » III, 241.

ERRONÉ. « ... opinion *erronée...* » II, 16.

ERUCE. « ... herbes veneriques : comme *eruce,* naſitord... haubeon... » II, 115.

ERUDITION. « ... ineſtimable *erudition...* » II, 449.

ERUYTÉ. « ... c(ouillon) *eruyté.* » II, 139.

ERYNGE, ERYNGION (de ἤρυγγος, barbe de chèvre). Chardon roulant. « Les aultres (plantes ſont nommees) par les admirables qualitez qu'on a veu en elles... Hieracia, *Eryngion,* & aultres. » II, 232-233. « Si vn trouppeau de cheures s'en fuyoit... mettez vn brin de *Erynge* en la gueule d'vne derniere cheminante... » 487.

ES, EZ. En les, dans les. « Silenes eſtoient iadis petites boites telles que voyons de preſent *es* bouticques des apothecaires... » I, 3. « ... conſidera les groſſes cloches que eſtoient *eſdictes* tours... » 66. « ... ſe deſportoient en Bracque ou *se* prez... » 86. « ... mangeoient plus ſobrement que *es* aultres iours. » 95. « ... les eſtudians dudict lieu... le menoyent aulcunesfois *es* iſles... » 240. « ... *es* Bacchanales de Rome, les homes & femmes ſembloient vaticiner. » II, 113. « ... ilz ne tomberoient tant deteſtablement *es* lacs de l'eſprit Calumniateur... » 250. « Force eſt que paſture elles (les vnicornes) prenent *es* arbres fruictiers, ou en rattelliers idoines... » 283. « ... duquel Dieu entendez vous ? Il n'en eſt qu'vn, reſpondit Rhizotome. Ouy bien, diſt Homenaz, *es* cieulx. » 454. « ... nous ſembloit... que fuſſent cloches... enſemble ſonnantes comme lon faict... *es* iours des grandes feſtes. » III, 11. « ... deſcendons nous icy *es* limbes des petits enfans ? » 139. « ... i'ay faict diligentement chercher *ez* Regiſtres du Palais... » 359.

Dans le passage suivant où *es* est répété, il répond bien la première fois à *dans les,* mais la seconde il correspond plus exactement à *aux.* « ... vne belle corne d'abondance, telle que voyez *es* antiquailles, & telle que donna Rhea *es* deux nymphes Adraſtea & Ida... » I, 32.

C'est également par *aux* que s'interprètent le mieux dans la langue actuelle les exemples qui suivent. « Croiez vous... qu'oncques Homere... penſaſt *es* allegories leſquelles de luy ont calfreté Plutarche, Heraclides Ponticq... » I, 6. « Attendu l'admirable tranſport des regnes & empires : Des Aſſyriens *es* Medes, Des Medes *es* Perſes, Des Perſes *es* Macedones, Des Macedones *es* Romains, Des Romains *es* Grecz, Des Grecz *es* Francoyz. » 10. « ... vne couleur innommee, telle que voyez *es* coulz des tourterelles... » 33. « *Es* quelles remonſtrances rien plus ne respondoient. » 102. « *Es* vns *eſcarbouilloyt* la ceruelle, *es* aultres rompoyt bras & iambes, *es* aultres deſlochoyt les ſpondyles du coul, *es* aultres demoulloyt les reins... » 106. « ... tuerent les gardes d'icelle porte, & la ouurirent *es* hommes d'armes... Le moyne leurs feiſt rendre les baſtons & armes... commettant gens *es* portes pour les garder de yſſir. » 179. « Entendez vous rien là ? diſt Pantagruel *es* aſſiſtans. » 260. « ... affin que ne ſemblons *es* Atheniens... » 335. « ... attendez icy & vous offrez *es* ennemys franchement. » 338. « Ma deliberation eſt ſeruir & *es* vns & *es* autres. » II, 10. « ... les quelz ont dict loix *ez* gens mariez ſus le faict de mariage. » 222. « ... donner ce peu de ſoulaigement que pouois *es* affligez & malades abſens... » 247. « ... comme la torche... tout le temps qu'elle eſt... ardente luiſt *es* aſſiſtans... ſus l'inſtant qu'elle eſt extaincte, par ſa fumee... nuiſt *es* aſſiſtans & à vn chaſcun deſplaiſt... » 362. « Sus l'inſtant que ſeray treſpaſſé, faictez par les archiers de ma guarde, *es* quelz i'en ay expreſſe commiſſion donné, tuer tous ces nobles... toute Iudee... en dueil... ſera, & ſemblera *es* eſtrangiers, que ce ſoyt à cauſe de mon treſpas... » 363. « ... encores me friſonne... le cœur... quand ie penſe *es* prodiges... les quelz veiſmes... Pindarus apertement dict *es* deeſſes Hamadryades plus de fil, c'eſt à dire plus de vie, n'eſtre fillé... que *es* arbres par elles conſeruees. » 366. « ... Callimachus &... Pauſanias... *Es* quelz conſent Martianus Capella... » 366-367. « ... *es* nopces de Ian Delif. » 453. « Frere Iean... emporta la couuerture, le mathelats... & les donna *és* matelots. » III, 61-62. « Ils (les elephans) ont ioinctures & articulations *es* iambes. » 119. « ... nous, diſt noſtre noble Lanterne... qu'euſſions à obtemperer *és* Inſtructions de la Pontife Bacbuc... » 141. « ... rendez graces *es* cieux... » 170. « Ilz les ont tolluz (mes eſcriptz) *es* malades, *es* goutteux, *es* infortunez, pour leſquelz... les auois faictz... » 191. « ... quelle enuie eſt ce, tollir *es* langoreux & malades, le plaiſir & paſſetemps ioyeux. » 192.

Esquelz, tantôt en un mot, tantôt en deux. Auxquels. « ... voulut celle part de ſes genſdarmes *eſquelz* par ſort eſtoient aduenues les febues blanches, paſſer toute la iournee en ioye... » I, 41. « Fuis les compaignies de gens *esquelz* tu ne veulx point ressembler... » II, 8. « ... *es quelz* à la venue de Panurge dist Pantagruel... » 72. « *Es quelz* ie suis coustumier de respondre que... ne pretendois louange aulcune... » 247. « ... estoient les iours dictz malheureux & nefastes, *esquelz* le Preteur n'vsoit de ces trois motz, fastes & heureux, *esquelz* d'iceulx vser souloit... » III, 185. Voir *Cingesse, Clandestinement, Clerc.*

Esbahi. « Nous serions bien *esbahiz* si c'estoient les teste & lyre de Orpheus. » II, 465.

Jeu. « A l'*esbahy*. » I, 82.

Esbahir (s'). « Desistez doncques vous *esbahir* de ce nouueau mien acoustrement. » II, 48. « Ie me *esbahys* de vous, que ne retournez à vous mesmes... » 119. « Pour vn ou deux iugemens ainsi donnez à l'aduenture ie ne me *esbahirois*... » 206. « ... plus *esbahir* ne vous fault de la mort de Æschylus. » 332. « ... chose de la quelle se sont les Elemens *esbahiz*. » 485.

Esbahyssement. « ... le regardoyent en grand *esbahyssement*... » I, 245.

Esbanoyer. « Laquelle (saulce verde) vous *esbanoist* le cerueau... » II, 23.

Esbat. « ... mon rude *esbat* roidde & bas. » I, 46. « ... pour l'*esbat* des petitz enfans enfler les vessies de porc. » II, 230. « ... icelles par *esbat* composant ne pretendois gloire ne louange aulcune... » 247. « ... quelque fille de Roy allant à l'*esbat* sus le serain le rencontrera (un testament)... » 347. « ... rencontrasmes troys gros esuentez les quelz alloient à l'*esbat* veoir les pluuiers... » 420.

Esbatement. « Deuant ledict logis des dames, affin qu'elles eussent l'*esbatement*... estoient les lices, l'hippodrome, le theatre... » I, 199. « ... plus estoient impotens que Eunuches, à l'*esbatement* venerien... » II, 152. « ... l'industrie de Nature appert merueilleuse en l'*esbatement* qu'elle semble auoir prins formant les Coquilles de mer... » 474. « Petitz bancquetz, petitz *esbatemens*... » III, 245.

Esbatre. « ... pour temporiser & *esbatre* l'assemblee... furent laschez quatre taureaux. » III, 399.

Esbaudir. Réjouir. « ... paillardoit parmy le lict quelque temps pour mieulx *esbaudir* ses esperitz animaulx... » I, 77. « ... ie entre en grande resuerie considerant l'honnesteté de ce moyne. Car il nous *esbaudist* icy tous. » 148. « ... doubtant que... en lieu de les *esbaudir*, ie les offense... » II, 12. « Laquelle (saulce verde)... *esbaudist* les espritz animaulx... » 23.

S'esbaudir. « Or *esbaudissez vous*, mes amours, & guayement lisez le reste... » I, 7. « ... *se esbaudissoient* à chanter musicalement... » 88. « ... ie n'aurois iamais aultrement filz ne filles legitimes... auecques les quelz ie *me* puisse *esbaudir*, quand d'ailleurs serois meshaigné... » II, 52. « La nuyct vient : il conuient cesser du labeur... puys soy quelque peu *esbaudir*... » 79.

Esbaudy. « Il est tout ioyeulx & *esbaudy*... » II, 295. « ... Homenaz tout ioyeulx & *esbaudy* adressa sa parole à vn des maistres Sommeliers... » 448.

Esblouir. « ... la faim estoit on corps : pour à laquelle remedier, abaye l'estomach, la veue *esblouit*... » II, 69.

Esbranler. « ... *esbranloit* (Diogene, son tonneau)... » II, 8. « ... il eſt ſus mon honneur, en la roue de Ixion, fouettant le chien courtault qui l'*esbranle...* » 348.

ESCABEAU. « Les genoilz comme vn *eſcabeau.* » II, 378.

ESCABELLE. « Cza, cza, diſt Gargantua, vne *eſcabelle* icy aupres de moy... » I, 145. « ... les *eſcabelles* monteront ſur les bancs... » III, 236.

ESCADRE. « Les Satyres Capitaines, Sergens de bande, Caps d'*Eſcadre,* Corporals... » III, 150.

ESCADRON, ESQUADRON. Voir *Atome, Cœur.*

ESCAFIGNADE. « Pour le dernier ſeruice... De la galimaffree à l'*eſtafignade.* » III, 220.

ESCAFIGNON. Chausson. « ... ie veids vn ieune *eſcafignon* eſpouſer vne vieille pantophle. » II, 303.

ESCALLE, Ecaille. « ... de la bouche tiroit l'air comme quand on mange des huytres en *eſcalle,* ou quand on hume ſa ſouppe... » I, 316. Voir II, 93, 301, 359, 381, 391; II, 463, 480.

ESCAMPER. Décamper. « Ainſi commençoit *eſcamper* de la chambre... » II, 88. « ... remede n'y a que d'*eſcamper* de hait. » 32. Voir *A grand erre,* p. 2, col. 2; *Debinch.*

ESCANTOULA. « Mouſſe, ho de par tous les Diables, guarde l'*eſcantoula.* » II, 341. « Nous avions pensé que, par ce mot : Escantoula, l'auteur de *Pantagruel* avait voulu désigner la chambre nommée Escandola (Voir t. II, p. 516 de notre *Archéol. nav.);* nous supposons aujourd'hui, et avec une plus grande apparence de raison, que c'est la pompe ou Escandole que frere Jean engage le mousse à garder. « Garde l'Escantoula » signifie probablement « N'abandonne pas la pompe; pompe toujours! » (Jal. *Glossaire nautique.)*

ESCAPPER. « L'occaſion & maniere comment Gargamelle enfanta fut telle. Et ſi ne le croyez, le fondement vous *eſcappe.* Le fondement luy *eſcappoit...* par trop auoir mangé de gaudebillaux. » I, 19. « ... penſoient que ce feuſt l'enfant, mais c'eſtoit le fondement qui luy *eſcappoit,* à la mollification du droict inteſtine, lequel vous appelez le boyau cullier, par trop auoir mangé de tripes... » 26. « Dont *eſcapperent* moyennant l'induſtrie dudict Fournillier... » 143.

ESCARBOUILLER. « Es vns *eſcarbouilloyt* la ceruelle... » I, 106. Voir *Bouillir.*

ESCARCELLE, ESCARSELLE, ESQUARCELLE. « Ce diſoit monſtrant ſon *eſquarcelle* pleine de nouueaulx Henricus. » II, 291. « ... miſt la main à ſon *eſcarſelle,* & en tira vingt eſcuz au Soleil. » 328. « Les liguamens, comme vne *eſcarcelle.* » 376.

ESCARGOT. « ... Sarrabouites, Cagotz, *Eſcargotz...* » I, 383. Voir *Canibale.*

ESCARLATTE. Voir *Chausses.*

ESCARMOUCHE, ESCHARMOUCHE. « Comment l'*eſcharmouche* de Picrochole feut rencontré par Gargantua. » I, 158. « ... comment l'*eſcarmouche* de Picrochole feut deffaicte. » 162. Voir *Attaquer.*

ESCARMOUCHER (s'). « ... ſi bien *s'eſcarmouchant* (la jument) les eſmoucha (les freſlons), qu'elle en abatit tout le boys... » I, 63. « Ce pendent que le moine *s'eſcarmouchoit...* contre ceulx qui eſtoient entrez le clous... » 109. « ... voyant ſon entreprinſe deſcouuerte *s'eſcarmoucha* parmy la trouppe. » III, 96. Voir *Demarcher.*

ESCARPE. « ... tomba toute l'*escarpe* de la muraille... » III, 409.

ESCARPIN. « ... souliers, *escarpins,* pantofles... » II, 237.

ESCARQUE. « Frere Ian associé des maistres d'hostel, *escarques,* panetiers, eschansons... apporta quatre horrificques pastez de iambons... » II, 498.

ESCARTELER. Terme de blason. « ... selon iceulx (escriptz) ont taillé leurs apophtegmes & dictez : en ont... *escartelé* leurs chausses... » I, 37.

ESCELLE. Aisselle. « ... luy getta vn gros tribard qu'il portoit soubz son *escelle...* » I, 99. « ... se recoursa robbe, cotte, & chemise iusques aux *escelles...* » II, 89.

ESCHALLEUR. Écalleur. « ... Pertinax (estoit) *eschalleur* de noys. » I, 365.

ESCHALLON. Échelon. « ... montons seulement ces *eschallons.* » I, 48.

ESCHALLOTÉ. « ... c(ouillon) *eschalloté.* » II, 131.

ESCHALOTE. « ... les basteurs, qui ne laissent ail, oignon ne *eschalote* es iardins... » II, 23.

ESCHANCRÉ. « ... Bragars, Napleux, *Eschancrez,* Ribleurs... » III, 243.

ESCHANGE. « ... par negligence & faulte de commun traictement feirent de Vie à Mort *eschange.* » II, 12. « ... sans maladie aulcune precedente feist de vie à mort *eschange...* » 255.

ESCHANSON. Voir *Escarque.*

ESCHANTILLON. « ... leurs a (Tribunian) taillé leurs morseaulx par ces petitz boutz & *eschantillons* des loix qu'ilz ont en vsaige. » II, 209.

ESCHAPPER. « ... nous allegues tu innocence, orça, comme chose digne d'*eschapper* nos tortures...» III, 50. « ... destiné à choses si grandes... si vne fois il *eschappe* quelque triste aspect en l'angle Occidental de la septieme maison. » III, 394.

ESCHARBOT. Jeu. « A *escharbot* le brun. » I, 82.

ESCHARBOTTÉ. « ... c(ouillon) *escharbotté.* » II, 138.

ESCHARBOTTER. « ... baston bruslé d'un bout, dont on *escharbotte* le feu. » I, 110. « ... coquins de village qui fougent & *escharbottent* la merde des petitz enfans... pour trouuer les noyaulx.» 383.

ESCHARMOUCHE. Voir *Escarmouche.*

ESCHARPE. « Le maistre d'hostel tenoit son braz guausche en *escharpe.* » II, 325.

ESCHAUBOUILLÉ. « ... c(ouillon) *eschaubouillé.* » II, 138.

ESCHAUFFAUT. « ... non les palais, maisons, loges, galeries & *eschauffautz* seulement estoient pleins de gens... mais aussi les toitz... » III. 398. « ... les compagnies des musiciens, lesquelz on auoit posé en diuers *eschauffautz* sus la place. » 406.

ESCHAUFFER. « Iamais ne puissiez vous... *eschauffer,* que à coups de baston. » II, 14. « Benoist monsieur... vous *eschauffez* en vostre harnois... » 294.

ESCHELETTE. Jeu. « A monte monte l'*eschelette.* » I, 83.

ESCHENEAU. « ... les goutieres... finissoient en grands *escheneaulx* qui tous conduisoient en la riuiere par dessoubz le logis. » I, 193.

ESCHEOIR. « ... quant *escheoit* le propos... » III, 301.

ESCHERVIZ. Racines du *chervis (siser)* désignées et décrites dans le *Trésor de santé,* p. 432. Voir le *Ménagier de Paris,* T. II,

p. 228, note 4. « Sus la fin offroient... *Efcheruiz*... » II, 482.

ESCHETZ. Jeu. « Aux *efchetz*. » I, 81.

ESCHEVELÉE. Voir *Bergerottes*.

ESCHEVIN. « ... leur maiftre *efcheuin*... » II, 358.

ESCHINE. « Il m'a donné vn coup de poing fus ma bonne femme d'*efchine*... » II, 216-217. Voir *Dauber*.

ESCHINÉE. « *Efchinees* aux pays. » II, 477.

ESCIENT, ESSIANT, ESSYANT. Voir p. 6, col. 1.

ESCLAFFER (s'). « ... *s'efclaffoient* de rire quand elle leuoit les aureilles... » I, 46. « Ponocrates & Eudemon *s'efclafferent* de rire. » 73.

ESCLAIRE. Voir l'article suivant.

ESCLAIRER. « ... la mer commença s'enfler... Le ciel tonner du hault, fouldroyer, *efclairer*... » II, 336. — Verser à boire. « Homenaz... adreffa fa parolle à vn des maiftres Sommeliers, difant. Clerice, *efclaire* icy. A ces motz vne des filles... luy prefenta vn grand hanat... » II, 448.

ESCLANCHE, ESCLANGE. « L'Efpaule, les *efclanges*, les gigotz... » II, 294. Voir *Aillade*.

ESCLANDRE. « ... voyans que là n'eftoit que le moyne, qui faifoit ceft *efclandre*, le chargerent de coups... » I, 160. « Pantagruel entendant l'*efclandre* que faifoit Panurge... » II, 464. « ... peu dura ceftuy *efclandre*... » III, 96. Voir *Aspect*.

ESCLANGE. Voir *Esclanche*.

ESCLARCI. « ... le iour *efclarci* & purgé des fumees & perfums de la canonnerie... » III, 408.

ESCLARCIR. Voir *Doubte*.

ESCLATER, ESCLATTER (s'). « ... les venerables Dieux & Deeffes *s'efclaterent* de rire... » II, 63. « ... les dames qui l'attendoient en la guallerie, *s'efclatterent* de rire... » 306. « ... *s'efclata* de rire tant enormement... que... fubitement mourut. » 333-334. « ... fon tel que font les chaftaignes iectees en la braze fans eftre entonmees lors que *s'efclattent*... » 467.

ESCLOPÉ. « ... c(ouillon) *efclopé*. » II, 139.

ESCLOT. « ... elle defchauffa vn de fes *efclos*, (nous les nommons Sabotz)... » II, 87.

A belz efclotz. Voir p. 4, col. 1.

ESCLOURRE. Éclore, faire éclore. « ... œuf pont & *efclous* par Leda. » I, 27. « Le feu de fainct Antoine te ard : Sy tous Tes trous *Efclous* Tu ne torche auant ton depart. » 53. « ... l'arcanciel fraifchement efmoulu à Milan pour *efclourre* les alouettes... » 272. « ... vn pigeon... *efclouant* fes petitz... » II, 278. « Alcyones... qui... ponnent & *efclouent* leurs petits lez le riuage. » III, 26.

ESCLUSE, EXCLUSE *(Exclusa aqua)*. Écluse. « ... icelluy bafteau tournoit... le retenoit en pleine *efclufe*. » I, 90. « ... il entroit trop auant les *exclufes* de Vienne. » I, 11.

ESCONDUIRE. « ... l'empereur... luy feift option de choifir ce que... luy plairoit, auecques promeffe iuree de non l'*efconduire* quoy qu'il demandaft. » II, 96. « Ie vous fupply ne me *efconduire*... » 218. « ... les prieres n'ont iamais efté *efconduites*. » 256. « ... iamais perfonne n'*efconduifons* nous inuitant courtoifement à boire. » III, 162.

ESCORCHECUL (A). Voir p. 2, col. 1-2.

ESCORCHER. « ... il ne faict que *efcorcher* le latin. » I, 242.

Escorcher le renard, vomir, particulièrement du vin. « ... faisoyt le succré, *escorchoyt le renard*... Tous les matins *escorchoyt le renard*... » I, 45. « Tu *escorche* le latin, par sainct Ian ie te feray *escorcher le renard,* car ie te *escorcheray* tout vif. » 243. « ... tous ces bonnes gens rendoyent là leurs gorges... comme s'ils eussent *escorché le regnard*... » 296. « ... à l'heure du paroxisme il *escorchoit vn Renard* pour antidote & contrepoison. » II, 424.

— Jeu. « A *escorcher le renard.* » 81. — Voir *Batterie.*

ESCORCHEUR. « ... *Escorcheurs* de latin, Faiseurs de rebus... » III, 243.

ESCORIER. Écorcher. Voir *Cuticule.*

ESCORNÉ (*Scornare,* Italien. Escorner, faire honte). « ... ie trouuay Panurge quelque peu *escorné* & taciturne... » I, 301. « ... tes couillons pendent au cul d'vn veau coquart, cornart, *escorné.* » II, 348.

ESCORNIFLÉ. « ... frapars *escorniflez*... » I, 195.

ESCORNIFLER. Voir *Boutefeu,* dans : *Bouter.*

ESCORS (*Scorto,* Italien, accort, prudent). « ... auecques espoir certain d'estre faictz *escors* & preux à ladicte lecture. » I, 5. « ... s'exerçoient à la vollerie, & à la chasse pour plus estre en temps de guerre *escorts* & ia endurcis au trauail. » III, 55-56.

ESCORTIQUER. Voir *Excortiquer.*

ESCOT. « Et croy que telle estoit la case... en laquelle officialement pour l'*escot* forgerent Orion. » II, 86. « Parlons vn peu par *escot*... » III, 60 et IV, 325.

ESCOUBLETTES. Jeu. « Aux *escoublettes* enraigees. » I, 83.

ESCOUILLÉ. « ... vous voyez painct Bacchus... comme eunuche & *escouillé.* » II, 151. « ... les Gals *escouillez* prebstres de Cybele... » 213.

ESCOUILLER. Voir *Beur.*

ESCOULPETIER. Soldat armé d'une escopette. « .... tant picquiers qu'*escoulpetiers*... » III, 399.

ESCOULPETTE, ESCOUPETTE. « ... tonnoire des *escoupettes*... » II, 116. « ... vne bande de harquebousiers forains chargerent à coups d'*escoulpettes* les tenans... » III, 406.

ESCOURS. « ... icelle terre... retient l'humidité, & n'en est facilement faict *escours* ne exhalation. » II, 36.

ESCOUTE. « Pare les *escoutes.* » II, 349. Voir *Casser.*

ESCOUTILLES. « ... transpontin au bout des *Escoutilles*... » II, 492.

ESCOUTILLON. « Mercure reguarde par la trappe des Cieulx, par laquelle ce que lon dict ça bas en terre ilz escoutent : & semble proprement à vn *escoutillon* de nauire... » II, 261.

ESCREVISSE, ESCRIVICE. « ... I'y vy des *escreuisses* laictees... » III, 123. Voir *Babine, Barbe, Cardinalizer, Decumane.*

ESCRIME. *A la vieille escrime.* Voir p. 3, col. 2 et *Escrimer (s').*

ESCRIMER (s'). « ... quand il tient vne espaule de mouton... & auecques vn cousteau bien trenchant, Dieu sçait comment il *s'en escrime.* » II, 295. « Là eussiez veu Silenus... *s'escrimer* de son baston à la vieille escrime... » III, 151.

ESCRIPTURE. « ... la Saincte *escripture*... » II, 53. « ... l'*Escriture* Sacree... » III, 136. Voir l'article suivant.

ESCRIRE. « Aussi est ce la iuste heure d'*escrire* ces haulte matieres... » I, 5.

Escrivent. Écrivant. « ... Homere, *efcriuent* l'Iliade & Odyffee... » 5-6.

Escript. « ... l'expofition d'vn mot *efcript* en vn anneau d'or... ouurit les lettres & rien ne trouua dedans *efcript*... Panurge luy dift, que la fueille de papier eftoit *efcripte*... mais c'eftoit par telle fubtilité que l'on n'y veoit poinct d'efcripture... la mift aupres du feu pour veoir fi l'efcripture eftoit faicte auec du fel Ammoniac... la mift dedans l'eau pour fçauoir fi la lettre eftoit *efcripte* du fuc de Tithymalle. Puis la monftra à la chandelle, fi elle eftoit poinct *efcripte* de lexif de figuier. Puis en frotta vne part de laict... pour veoir fi elle eftoit poinct *efcripte* de fang de Rubettes. Puis en frotta vn coing de cendres d'vn nic de Arondelles, pour veoir fi elle eftoit *efcripte* de roufee... Puis les greffa d'axunge... pour veoir fi elle eftoit *efcripte* auec fperme de baleine... Puis la mift... dedans vn baffin d'eau frefche... pour veoir fi elle eftoit *efcripte* auecques alum de plumes. » I, 332-333.

— Substantivement. « Bien ont aucuns ftudieux reduit par *efcrit* quelques obferuations... » III, 258.

ESCRIVISSE. Voir *Escrevice.*

ESCROUELLES. « Venus les menaffe aigrement des *efcrouelles* gorgerines... » III, 246.

ESCROULLER. Ébranler, secouer. « Là eftoit vn Sycomore antique : elle l'*efcroufla* par trois foys. » II, 88. « ... la diuinatrice Pythie... *efcroulloit* fon laurier domefticque. » 212-213.

ESCU. « ... luy donna... dix mille *efcuz* par prefent honorable. » I, 171 et IV, 145. « Ne prioient ilz continuellement... Mercure, auecques Dis le pere aux *efcuz*.... » II, 25. « ... les Geneuoys... foubhaytent guaing, voir les *efcuz* de Guadaigne. » 268.

Efcu à l'eftoille pouffiniere. « ... feze cent foixante & neuf mille *efcuz* au foleil & autant à *l'eftoille pouffiniere.* » I, 192 et IV, 149.

— *à la lanterne.* « ... foixante & dixhuict mille, beaulx, petitz demys *efcuz à la lanterne.* » II, 497.

— *au fabot.* « ... feift emplir le tronc de la reparation & fabricque tout de doubles *efcuz au fabot...* » II, 462 et IV, 298.

— *au foleil.* I, 325, 367; II, 284, 328; III, 53, 245. Voir, ci-dessus, *A l'eftoille pouffiniere. Efcu foleil.* II, 322.

— *bourdeloys.* « ... cinquante mille *efcuz Bourdeloys...* » II, 242.

— *d'or.* II, 312.

— *du palais.* « ... bourfe pleine d'*efcuz du palais* & de gettons. » I, 324.

— *fol.* « ... quelque *Efcu fol,* ou quelque aultre piece de vieil or... » III, 359. — Voir *Double.*

L'Efcu de Bafle. Enseigne. « Vofdictes lettres & pacquet furent baillées à *l'Efcu de Bafle...* Et pour entretenir à Lyon... la diligence que faict le libraire dudict *Efcu de Bafle...* ie fuis d'aduis... que... luy *efcriuiez...* » III, 358.

ESCUELLE. *Aller par efcuelles.* Voir *Aller,* p. 28, col. 2.

ESCULEE. Ecuellée. « ... vne *efculee* de laict. » II, 333.

ESCULLER. « ... confentit que la bonne femme *efcullaft* les ifiatiques. » I, 272.

ESCUMEUR DE MER. Voir *Bagatin.*

ESCURER. « Les autres... *efcuroient* contremines... » II, 6-7. « ... La

Rue & aultres herbes carminatiues ilz en *efcurent* (de leurs jardins) foingneufement. » 419. « ... confeffions nos eftomachs eftre tresbien *efcurez* de foif... » III, 163.

S'escurer. Voir *Dent, Desracher*.

ESCURIEUX. Écureuil. « ... grauoit aux arbres... faultoit de l'vne en l'aultre comme vn *efcurieux*... » I, 90. « ... demanda... Quelles beftes font celà? penfant que feuffent *Efcurieux*... » II, 394.

ESCURYE. « L'*efcurye* (eftoit) au delà des offices. » I, 200.

ESCUSSON. Voir *Anté*.

ESCUTZ ELLES. Jeu de mots sur *efcuelles*. « ... fricaffer les *efcutz elles* de boys? » I, 275.

ESGARD, ESGUARD. *Auoir efguard à*. « ... elle a eu *efguard* (nature) *à* la fociale delectation de l'home... » II, 157. « ... le hault feruateur auoit eu *efguard à* la fimplicité & fyncere affection de fes gens. » 359. « ... aye en premier *efgard à* t'appriuer... » III, 302.

Auoir efguard de... « ... ayez *efguard* & confyderation *de* tous iours bien lier & continuer tes coups. » II, 133. « ... ayez *efguard de* le changer (le Pantagruelion) ainfi que le voirez defeichant fus le mal. » 236.

Auoir efquard, sans préposition. « ... feulement *auois efguard* & intention par efcript donner ce peu de foulaigement que pouois es affligez... » II, 347.

ESGORGETER, ESGUOURGETER. « A quoy refpondit, qu'ilz *efguorgetaffent* ceulx qui eftoient portez par terre. » I, 107. « ... commencerent *efgourgeter*, & acheuer ceulx qu'il auoit defia meurtriz. » 108. « ... *efgorgetoyent* ceulx qui eftoyent portez par terre. » 361. « ... Eufthenes lequel vn des Geans avoit egrafigné... ainfi qu'il l'*efgorgetoit*. » 362.

ESGOUS. Qui égoutte. « Hordous, Merdous, *Efgous*... » I, 53.

ESGOUSSER. Écosser, tirer de sa gousse. « T'*efgouffera* de renom. » II, 11. « ... la febue n'eft veue fe elle ne eft *efgouffee*... » 91. « ... le doux fruict de l'herbe *efgouffera*, Dont tant craignoit la fleur en prime vere. » III, 5.

ESGOUSSEUR. « ... *efgouffeur* de febues: » I, 364.

ESGOUT. « ... *efgoutz* des eaues tombantes des montaignes à la fonte des neiges... » III, 396.

ESGOUTTÉ. « ... ilz auroient... tant *efgoutté* leurs vafes fpermaticques, qu'ilz en reftoient tous effilez... » II, 39. « ... c(ouillon). *efgoutté*... » 138.

ESGRATIGNÉ. « ... *efgratigné* des gryphes du celebre chat Rodilardus... » II, 509.

ESGRATINEUR. « ... l'*efgratineur* de Diables... » II, 434.

ESGRENÉ. « ... c(ouillon). *efgrené*... » II, 138.

ESGUARD. Égaré, farouche. Voir *Appriver (s')*.

ESGUAREMENT. « ... Democritus fe aueugla, moins eftimant la perte de fa veue, que diminution de fes contemplations... interrompues par l'*efguarement* des œilz. » II, 153. « Ne croyez leur dueil & lamentation eftre moindres, que... de Hercules, à l'*efguarement* de Hylas... » 224.

ESGUASSÉ. Agacé. « Poinct *efguaffez* n'eftes quand cabaffez Et entaffez... » I, 196. Voir *Dent*.

ESGUE. « ... *efgue* orbe (ainfi nommoit il fa iument borgne.) » II, 316 et IV, 275.

ESGUILLON. « ... l'*efguillon* de ieuneffe. » I, 208.

ESJOUIR. « ... La clarté n'*esiouit* elle toute nature?... par la clarté sont tous humains *esiouiz*. » I, 40. « ... si... du medecin la face ioyeuse... *esiouyst* le malade? » III, 192. « ... pour *esiouir* les spectateurs... » 406. Voir *Alaicter*.

S'esiouir. « Ainsi croissoit Pantagruel... dont son pere *s'esiouyssoit*... » I, 237. « ... de ma mort les Iuifz *se esiouiront*... » II, 363.

ESJOUISSEMENT. « ... contristations & *esiouissemens*... » II, 249 et III, 192.

ESLARGIR. « Il m'est aduis que le boyau m'*eslargit*. » II, 181. « ... vne Lampe, moyennant laquelle estoit *eslargie* lumiere par tout le temple. » III, 153. « ... nous establissons le bien souuerain... en *eslargir* & donner. » 178. « ... leur *eslargissant* cognoissance & de soy & de ses creatures... » 179.

ESLE. « ... voyant la proye gaigner à tire d'*esle*... » I, 216. Voir *Aele*.

ESLECTION. « ... chois & *eslection*... » III, 7.

ESLEU. « ... façon *esleue* & religieuse. » II, 490. — *Esleu, esleue*, substantivement. « Monsr. *lesleu* Pailleron trouuera ici mes humbles recommandations à sa bonne grace, aussi à Madame *lesleue*. » III, 381.

ESLOURDY. « ... il resta tout *eslourdy* & meurtry... » II, 314. « ... *eslourdy*, aueigle, & prochain de mort. » 391.

ESMAILLER. « ... là *esmailloient* & affilloient leurs rasouers. » III, 107.

ESMERAUGDE. « ... fines Turquoyses, fines *esmeraugdes*... » I, 32.

ESMERILLON. « ... *Esparuiers*, Esmerillons... » I, 200. « ... vn *Esparuier*, ou vn Laneret, ou vn Esmerillon... » 206. « ... *Esparuiers*, Emerillon, oizeaux aguars... » II, 471. « ... iectz d'*Esmerillon*... » 493. « ... ioyeulx comme vn *Esmerillon*... » 501.

ESMEU. « Toute la ville feut *esmeue* en sedition... » I, 66.

ESMEUT. « Appelez vous cecy... matiere fecale, excrement, repaire, laisse, *esmeut*, fumee... » II, 510.

ESMEUTE. « ... commettant gens... pour... soy defendre contre les soubdaines *esmeutes*. » I, 187. « En tel cris & *esmeute* chocquerent les Guodiueaulx... » II, 414.

ESMEUTIR, ESMOUTIR. « ... vous failloit au cul fourrer... vn clystere, aultrement ne pouyez vous *esmeutir*... » II, 508. « ... pissoient qui vouloit, & *esmoutissoient*, qui vouloit... » III, 104 et IV, 333. Voir *Enduire*.

ESMONDER, ESMUNDER. « Vne d'icelles (vnicornes) ie vy... auec sa corne *emunder* vne fontaine : là, me dist Panurge, que son courtaut ressembloit à ceste vnicorne... car si mal aucun estoit au trou mephitique, il *esmondoit* tout... » III, 120.

ESMORCHE. Amorce. « Tousiours laisse aux couillons *esmorche*... » I, 53. « ... vn fouzil garny d'*esmorche*... » 297. « ... c(ouillon) d'*esmorche*... » II, 129.

ESMOTION. « ... nulle histoyre... A faict recit d'*esmotions* pareilles. » I, 208.

ESMOUCHAIL. Chasse-mouche. « ... *esmouchail* de soye cramoisine... » II, 92.

ESMOUCHER. « ... il *esmouchoit* vne bougie sans l'extaindre... » II, 39. Voir *Demarcher, Escarmoucher, Esmoucheter*.

ESMOUCHETÉ. « ... vne ieune Corinthiace... regardoit mon pauure haire *esmouchelé...* » I, 287. « ... ne sçay quels autres tels ieunes haires *esmouchetez.* » III, 70.

Esmoucheter. Émoucher. « ... *esmoucheter* auecques belles quehues de renards... » I, 291. « ... vn bon esmoucheteur qui en *esmouchetant* continuellement esmouche de son mouchet par mousches iamais esmouché ne sera. » 292.

— Moucheter. « ... la feist (sa braguette) au dessus *esmoucheter* de broderie à la Romanicque. » I, 321.

Esmoucheteur. « ... ie te feray estre à gaiges *esmoucheteur* de don Pietro de Castille. » I, 292. Voir *Esmoucheter*.

Esmouler. « ... vn rasouer tranchant lequel ils *esmouloient* deux fois de iour... » III, 103.

Esmoulu. « ... cizeaulx de frays *esmouluz...* » II, 387.

A fer esmoulu. Voir *A bastons rompus,* p. 2, col. 1.

Esmoutir. Voir *Esmeutir*.

Esmoy. « Icelles (notes) publiquement exposees houstoient d'*esmoy* & pensement les parens... curieulx d'entendre quelle seroit l'issue... » II, 365. Voir *Effroy*.

Espace. « ... attendant quelque *espace...* » I, 178. « ... vint à Angers... & y eust demeuré quelque *espace,* n'eust esté que la peste les en chassa. » 239. « ... receut d'vne dame de Paris (laquelle il auoit entretenue bonne *espace* de temps) vnes lettres... » 331. « ... ie vouldrois quelque *espace* de temps, vn an pour le moins, respirer de l'art militaire... » II, 43.

Espade (*Spada*. Italien, épée). « Aduise que mon verdun ne soit poinct plus long que ton *espade.* » II, 202.

Espandre. « ... leur conuiendra *espandre* le vin en terre... » III, 232.

Espardre. Disperser. Espars, Espart. Participe et adjectif. « ... comme le blanc exteriorement disgrege & *espart* la veuë... tout ainsi le cueur par ioye excellente est interiorement *espart...* » I, 42. « ... quelque lieu que feussent *espars* & transportez. » II, 16. « ... le sang qui est par icelluy (corps) *espars...* » 151. « ... humions l'air... pour entendre si voix ou son aulcun y seroit *espart...* » 463.

S'espardre. « Ton lard Chappart *S'espart* Sus nous. » I, 53. « ... ne peurent gaigner le hault, qu'ilz ne rencontrassent... Picrochole & ceulx qui auecques luy *s'estoient espars.* » 178.

Esparer (s'). S'embellir, s'éclaircir. « Ie voy le Ciel... qui commence *s'esparer.* » II, 349.

Espargne. « ... l'*espargne,* qui est le meilleur plan de tout ce pays... » III, 213.

Espargner. « ... n'y *espargneray* du mien... » II, 394.

S'espargner. « ... ce gros paillard Eusthenes... ne *s'*y *espargnera...* » I, 356. « *Ie* ne *me suys espargné* au secours... » II, 353. « Frere Ian ne *se* y *espargnoit...* » 389. « ... ses soubdars ne *se* y *espargnoient* mie. » 414. Voir *Faindre (se)*.

Esparvier. « ... la leua de terre auecques le petit doigt aussi facillement que feriez vne sonnette *d'espparuier.* » I, 244.

Esparviers de Montaigu. Poux. « Grandgousier son pere, pensoit que feussent pous, & luy dist. Dea, mon bon filz, nous as tu aporté iusques icy des *esparuiers de Montagu?* » I, 138.

Espaule. « ... dieu sçait comme ie

ſentoys mon *eſpaule* de mouton... » I, 286. « ... d'vne *eſpaule* de mouton il ne feroit que deux morceaux... » III, 114.

ESPAULÉ. « ... en linſtant mourut le cheual... celuy dudit S. Maligni reſta *eſpaulé.* » III, 406.

ESPAULTRÉ, ESPEAULTRER. « ... courbatu, *eſpaultré,* & froiſſé... » III, 321. « Bruſlez, tenaillez... *eſpeaultrez*... ces meſchans Hæreticques... » 456-457.

ESPAVE. Adjectivement. « ... il faut euiter les motz *eſpaues* en pareille diligence que les patrons des nauires euitent les rochiers de mer. » I, 243.

ESPECE. « ... fallaces *eſpeces,* & phantaſmes ludificatoires... » I, 118. « ... celle *eſpece* de terre qu'on nomme Ceramite... » II, 36. « ... plus neceſſaire à la conſeruation de ſon indiuidu, qu'à la multiplication de l'*eſpece.* » 152. « ... ſoubs *eſpece* d'amitié. » 398.

Especes diuretiques. Voir *Cantharidisé.*

ESPECIAL. « ... grace diuine *eſpeciale*... » I, 310.

ESPÉE. « ... à fil d'*eſpee* chemin faire par le mylieu des ennemis. » II, 353.

— *à deux mains, bastarde, espagnolle.* « ... ſacquoit de l'*eſpee* à deux mains, de l'*eſpee* baſtarde, de l'eſpagnole... » I, 89.

— *de Vienne.* « ... luy donna vne belle *eſpee de Vienne,* auecques le fourreau d'or... » 171.

— *lansquenette.* « ... Tripet... luy voulut fendre la teſte de ſon *eſpee lanſquenette*... » I, 134. Voir *A bastons rompus,* p. 2, col. 1. *Baston, Degainer.*

ESPELAN. Éperlan. « ... Languouſtes. *Eſpelans.* Courneaulx... » II, 481.

ESPERDU. « ... puis qu'il eſt *eſperdu,* & ne ſcayt on ou, ny comment eſt eſuanouy, ie veulx que ſon royaulme demeure entier à ſon filz. » I, 185.

ESPERIT, ESPRIT. « Comment Grandgouſier congneut l'*eſperit* merueilleux de Gargantua... » I, 51. « ... à l'emulation deſquelz luy creuſt l'*eſperit*... » 85. « ... ſans que ſon *eſperit* feuſt de ailleurs diſtraict... » 215. « ... dict vne d'elles (des ſaiges femmes) en *eſperit* propheticque... s'il vit il aura de l'eage. » 229. « ... entra en ſi exceſſiue guayeté d'*eſprit* que... ſubitement mourut. » 333-334. « ... il n'y a q'vn poinct que tienne mon *eſperit* ſuſpend & doubteux... » 335. « ... choſes foraines, externes... ne ſortent de nos cœurs & penſees, qui eſt l'officine de tout bien & tout mal : bien ſi bonne eſt, & par le *eſprit* munde reiglée l'affection : mal, ſi hors æquité par l'*eſprit* maling eſt l'affection deprauée. » II, 42. « ... l'*eſprit* immonde... » 474. Voir *Domicile.*

L'esperit. Le Saint-Esprit. « Tous vrays Chriſtians... prient dieu, & l'*eſperit* prie & interpelle pour iceulx... » I, 149.

— Au pluriel. « ... vehemente intention des *eſperitz*... » I, 196. « ... certaines drogues... mortifient le germe prolifique... ou diſſipent les *eſpritz,* qui le doibuent conduire... » II, 151. « ... nous ſuons... recherchans... ſi telles contriſtations & eſiouiſſemens prouiennent... par tranſfuſion des *eſperitz* ſerains ou tenebreux : aërez ou terreſtres, ioyeulx ou melancholicques du medicin en la perſone du malade. » II, 249.

Espritz animaulx. Voir *Animal, Esbaudir.*

— *visifz.* « ... le blanc exteriorement disgrege & espart la veue, dissoluent manifestement les *espritz visifz*... » II, 42.

— *vitaulx.* « Les *espritz vitaulx,* comme longues chiquenauldes. » II, 376. Voir *Ambage.*

Esperon, Espron. « ... l'*esperon* de fromaige... » I, 246 et IV, 177. « ... nous disons que par *esprons* on commence soy armer. » II, 45.

Esperruquancluzelubelouzerirelu. « ... tout *esperruquancluzelubelouzerirelu* du talon. » II, 324.

Esperrucquet. « ... prelinguans, *esperrucquetz,* Clercz de greffe... » III, 242.

Espes, Espois, Espoys. « Si quelqu'vn se vouloyt cascher entre les sepes plus *espes*... » I, 106. « ... boucliers *espoys*... » II, 390. « ... deux tables d'Aimant Indique, amples & *espoisses* de demye paume... d'icelles toute l'espoisseur estoit dedans le mur du temple engrauee... » III, 143.

Espic. Épi. Voir *Brancar.*

Espicé. Voir l'article suivant.

Espices, Espisses. « Panurge... ietta... vne grosse bource... tous les Chats-fourrez... s'escrierent... Ce sont les *espices :* le proces fut bien bon, bien friant, & bien espicé. » III, 53. « ... selon la taxation des *espisses*... » 60. Voir *Entendre.*

Espie. Espion. « ... si nous parlons il nous tuera comme *espies.* » I, 141. « Lesquelz liez & baffouez emmenerent, comme s'ilz feussent *espies.* » 159.

— Espionnage. « ... soubson, defiance, malengroin, guet, recherche, & *espies* des mariz sus leurs femmes. » II, 162.

Espieu. Voir *Corsecque.*

Espinay. Jeu. « A l'*espinay.* » I, 80.

Espine. « Ie vous iure l'*espine* de sainct Fiacre en Brye, que nostre Morosophe... Triboullet me remect à la bouteille. » II, 218. Voir *Dos, Espiner.*

Espiner. « ... il est vn peu chatouilleux... & à peine y toucheriez vous sans vous *espiner.* » II, 309. « ... Si... Aduient que dame Proserpine Fust *espinee* de l'espine, Qui est en ta brague cachee... » III, 177.

Espinette. « Les orteilz auoit, comme vne *espinette* orguanisee. » II, 378.

Espingarderie. L'ensemble des grandes arbalètes et mousquets de rempart. « ... troys mille six cens doubles canons, & d'*espingarderie* sans nombre... » I, 342.

Espionnitiquement. « ... *espionnitiquement* descouurir les visions morphiques... » III, 282.

Espisseries. « ... exploictz & aultres telles dragées & *espisseries*... » II, 188.

Esplanade. « ... feit hors la ville... vne belle *esplanade*... » II, 8.

Esplucher. « ... ioyeulx Tirouoir, en auant, que ie vous *esplucbe* à contrepoil. » II, 348. « ... *espluchans* & inuentorizans vos pechez... » 441.

Esplucheur. « ... quel *esplucheur* de sacs. » III, 112.

Espoincté. « ... aiguilles... creuees ou *espoinctees*... » II, 267-268.

Espoir. « Quel est l'*espoir* de son estude? » I, 5. « Voulens en leurs diuises signifier *espoir,* sont protraire vne sphere. » I, 37 et IV, 89.

Espoirer. « Doncques a cheuanche & honneur Cil qui par foy en luy *espoire.* » I, 346. « ... si ie rencontre bien, comme i'*espoire,* feray ie heureux ? » II, 173.

ESPOIS, ESPOISSEUR. Voir *Espes*.
ESPOUILLERESSE. Voir *Belistre*.
ESPOUSAILLES. Voir *Enfiansailles*.
ESPOUSÉ. Voir *Effiancé*.
ESPOUSER. « ... tes fortes fiebures quartaines, orça, qui te puiffent *efpoufer*. » III, 51. « Garde... que n'*efpoufe* la fiebure quartaine. » 139.
ESPOUSSETÉ. « ... vn fien ieune paige... tant bien teftonné, tant bien tiré, tant bien *efpouffeté*... » I, 60. « ... apres luy n'y a que *efpouffeter*. » 322. Voir *Decrotter*.
ESPOUVENTABLE. « ... Pantagruel eftant encores au berfeau feift cas bien *efpouuentables*. » I, 233.
ESPOUVENTABLEMENT, ESPOVANTABLEMENT. « ... s'efcria *efpouuentablement*... » II, 88. « ... hurlans & crians tous enfemble *efpouantablement*. » 414.
ESPOUVENTEMENT, ESPOUVANTEMENT. « ... en *efpouuantement* s'efueiglant... » II, 75. « ... en grand *efpouuentement* du peuple affiftant... » III, 408.
ESPOVENTER. « ... ce que *efpouenta* bien lefdictes faiges femmes... » I, 229. « ... tous feurent non à tort *efpouentez*... » II, 6.
ESPOYS. Voir *Espes*.
ESPREUVE, ESPROUVE. « ... f(ol) à *efpreuue* de hacquebutte. » II, 184. « ... fi ces cheualiers vouloient faire *efprouue* de leurs vertus... » III, 404.
ESPRINS, ESPRISE. « ... *efprins* de temerité... » I, 106. « L'afpre chaleur d'vne grand flamme *efprife*... » 210.
ESPRON. Voir *Esperon*.
ESPROUVER. « ... print en fes mains troys vieulx fufeaulx... puys *efprouua* leurs poinctes... » II, 87.
ESPURGE. « Lathyris uulgò Cataputia minor, *Efpurge*. » *De latinis et græcis hominibus arborum, fruticum, herbarum*... — Lutetiæ. R. Stephan. 1545. 8°. « ... les trempa en vinaigre, pour veoir fi elle eftoit efcripte de laict de *efpurge*. » I, 333.
ESQUADRON. « ... fe trouuerent enueloppez entre quelque *efquadron* des forains... » III, 406.
ESQUAME (*Squama*, écaille). « C'eft vn poiffon... fans *efquames*... » II, 277.
ESQUARQUILLÉ. « ... les doigts des mains *efquarquillez*... » II, 257.
ESQUARRER. « ... *efquarroient* rauelins... » II, 7.
ESQUELZ. Voir *Es*, p. 235, col. 2.
ESQUIF. Voir *Equif*.
ESQUINANCE, ESQUINANCHE. « Ne ayez paour de l'*Efquinance*... » II, 159. « Vinaige fuyuoit à la queue de paour des *Efquinanches*. » 479. Voir *Argentangine*.
ESQUINERIE. « ... iou te *efquinerie*... » Je t'échinerais (gascon). II, 402 et IV, 260.
ESRAFFLADE, ESRAFLADE. « Pour le pis... ie n'en auray qu'vne *efrafflade*... » II, 433. « ... *efraflades* de picques & efpees. » III, 407.
ESRENÉ. Éreinté. « ... auparauant eftoit *efrené*... » I, 156. « C(ouillon) *efrené*. » II, 138.
ESRENER. Casser les reins. « ... l'*efrenoit* comme vn chien. » I, 106. « ... chaffer & *efrener* ces larues buftuaires... » II, 14. « Le pallefrenier l'apperceut (l'Afne) & commenda... le taicter à la fourche, & l'*efrener* à coups de baftons. » III, 31.
ESSAY. « ... il feut paffé cheualier d'armes en campaigne, & en tous *effays*. » I, 89. « ... beuuez en hardiment, i'en ay faict l'*effay*, c'eft le vin de la Faye moniau. » 131.
ESSAYER. Voir *Baston*.

Esse. Ais. « ... de ſortes tables & *eſſes...* » III, 397. Voir *Aisse.*

Esselle. Aisselle. « ... couſſons en ſorte de carreaulx, leſquelz on miſt ſoubz les *eſſelles.* » I, 31.

Essence. *Seconde essence.* « ... lequel (vin) on garde ici à voſtre venue, comme... vne *ſeconde* voire quinte *eſſence.* » III, 380-381.

Quinte essence. « Comment nous arriuaſmes au Royaume de la *Quinte Eſſence,* nommee entelechie. » III, 69. Voir la *Table des noms propres.* « ... faire vne compaction, ou bien vne diſſolution d'vne *quinte eſſence.* » III, 283. Voir *Abstracteur.*

Sexte essence. « Parmy eux regne la *Sexte eſſence...* » III, 45 et IV, 323.

Essential. Qui est relatif à l'essence, à la nature intime des choses. « ... *eſſentiale* definition. » II, 421.

Essor. « ... oizeaux aguars, peregrins, *eſſors...* il domeſtique & appriuoiſe... » II, 471.

Essué. « ... eſtoient tresbien *eſſuez,* & frottez... » I, 87.

Essueil. Seuil. « ... l'*eſſueil* de chaſcune porte... » III, 142.

Essuer. « ... ſaignans ce pendent de s'*eſſuer* les œilz, comme s'ilz euſſent ploré. » II, 460.

Essyant. Voir p. 6, col. 1.

Estaché. Attaché. « ... fut la forme d'icelle... bien *eſtachee* ioyeuſement à deux belles boucles d'or... » I, 32.

Estaffier *(Staffiere,* Italien. Valet tenant l'étrier. Voir *Estaphe).* « ... pages & *eſtaffiers...* » III, 400.

L'estaffier de saint Martin. Le diable. « Que ſçauons nous ſi l'*eſtaffier* de ſainct Martin nous braſſe encore quelque nouuelle oraige? » II, 352.

Estafillade *(Staffilata,* Italien. Coup d'étrivière). « ... des quelles par auant eſtoit aduenue l'*eſtafillade* au Langrauff d'Eſſe. » II, 334. « En ſecond ſeruice furent ſeruies... Des *eſtafillades.* » III, 219-220.

Estaige. « Les offices hors la tour Heſperie, à ſimple *eſtaige.* » I, 200. Voir *Disparti.*

Estail. Étai. « Voyez la roiddeur des *eſtailz,* des vtacques, & des ſcoutes. » II, 501.

Estain. « ... *eſtain* Iouetian... » III, 159.

Estamé. « C(ouillon) *eſtamé.* » II, 128.

Estamet. Étoffe de laine. « Pour ſes chauſſes feurent leuez vnze cens... aulnes... d'*eſtamet* blanc... » I, 32.

Estamine. « ... fines gens... paſſez par *eſtamine* ſine. » III, 105.

Estandart. « ... il n'eſt vmbre que d'*eſtandartz...* » I, 347.

Estant. « ... matines *eſtantes* ourlées d'vne, ou trois leçons ſeulement... » II, 80.

Estanterol *(Stentarolo,* Italien. De *stendale,* étendart). L'endroit de la poupe où était arboré l'étendard. « Gymnaſte, icy ſus l'*eſtanterol.* » II, 340.

Estaphe *(Staffa.* Italien. Étrier). « I'y vy la my-careſme à cheual : la my-aouſt, & la my-mars luy tenoient l'*eſtaphe.* » III, 121.

Estappe. « ... porter viures & munitions es *eſtappes* dreſſées ſus la voie militaire... » III, 243.

Estat. « ... ſi à aulcun... eſtoit decreté qu'il entraſt à Rome en *eſtat* triumphant, il y entroit ſur vn char... » I, 41. « On temps... que Iuppiter feiſt l'*eſtat* de ſa maiſon Olympicque... » II, 61. « C'eſtoit l'*eſtat* du procés... » 207. « ... le medicin... reueſtu de... robbe à quatre manches, comme iadis eſtoit l'*eſtat...* »

248. « ... c'estoient les quatre *estatz* de l'isle. » 438. Voir *Bas, Bénéfice, Catalogue.*

ESTAU. « L'anguille y est, & en cest *estau* musse. » I, 12.

ESTERNER. Eternuer. « ... toussoyt, sangloutoyt, *esternoit,* & se moruoyt en archidiacre... » I, 78.

ESTEUF. Balle de jeu de paume. « On croyt le premier qui dict si l'*esteuf* est sus ou soubz la chorde... » I, 210. « La machine ronde est la pelote ou l'*esteuf.* » 211. « Vn *esteuf* en la braguette... » 240.

ESTIMATEUR. « ... Dieu sera iuste *estimateur* de nostre different. » I, 170. « ... entre iustes *estimateurs...* » III, 161.

ESTIMATION. « ... Alexandre le grand... l'auoit (Aristoteles) en telle *estimation...* » II, 6. « ... sa coingnee luy est en tel pris & *estimation,* que seroit à vn Roy son Royaulme. » 262. « ... en poix, en valleur, en *estimation* il vous emportera hault & court... » 290. « ... à l'*estimation* de cent fois Sexterces... » III, 161. Voir *Dez.*

ESTINCELE. Voir *Bubelette.*

ESTIOMENÉ ('Εσθιόμενος, rongé). « C(ouillon) *estiomené.* » II, 139.

ESTIVAL. « ... solstice *estiual.* » I, 280.

ESTIVALLET. Voir. *Botine.*

ESTOC. Pointe. « ... lancea vn *estoc* volant audict Tripet... » I, 134. « ... vn *estoc* d'armes... » 345. « ... d'*estoc* & de taille... » 356. « ... espées, verduns, *estocs...* » II, 7. « ... simeterres, *estocs,* raillons... » III, 38.

ESTOFFE. « ... fontaine fantastique, d'*estoffe* & ouurage plus precieux... qu'onques n'en songea... Pluto. » III, 157.

ESTOFFÉ. « ... croissans *estoffez* en riche broderie... » III, 401.

ESTOILE, ESTOILLE. « ... l'*estoile* Matute... » II, 222. « ... vous iure par l'*estoille* Poussiniere... » 419. Voir *Coruscant, Escu.*

ESTOMACH. Voir *Abboy, Abboyer, Aduocat, Affamé.*

ESTOMMI. Abattu, étourdi. « Lors les haratz qui estoient *estommis* Triumpheront en royal palefroy. » I, 15. « ... ny a meilleur remede de salut à gens *estommiz* & recreuz que de ne esperer salut aulcun. » 160.

ESTONNÉ. « ... vne maladie bien horrible... laquelle rendra le monde bien *estonné...* » III, 238.

— *comme canes.* « ... *estonnez* comme canes... » I, 311.

— *comme fondeurs de cloches.* « ... tous *estonnez* comme fondeurs de cloches... » I, 104. Voir *Cloche.*

ESTONNEMENT. Voir *Concussion.*

ESTONNER. « ... le moyne... luy donna... sus l'os Acromion si rudement qu'il l'*estonna...* » I, 159. « ... l'*estonnent* (la terre) & espouantent par prodiges... » II, 365. « ... comme si le chant des Coqs hebetast, amolist & *estonnast* la matiere & le boys du Suzeau... » 490.

ESTORCE. Entorse. « Le poursuiuoyent, dont en eurent l'*estorce.* » I, 347.

ESTOUPER, ESTOUPPER. Boucher. « Les assistans commencerent se *estouper* les nez... » I, 316. « ... *estouppoit* (Diogène son tonneau)... » II, 8. « ... est à sçauoir, si ce trou par ceste cheuille peult entierement estre *estouppé.* » 303. « ... quand l'on *estouppe* le trou de leurs nidz... » 489. « ... *estouppant* son nez... » 509. « ... n'y a homme... qui... ne m'eust auec vne charrete de foin *estouppé* le trou du cul... » III, 71.

Estourneau. « Les penſees, comme vn vol d'*eſtourneaulx.* » II, 376. « ... les *eſtourneaux* & autres petis oiſelets... » III, 145.

Estrac. « ... danſarent diuerſement comme vous pourrez dire... L'*eſtrac.* » III, 223.

Estradiot. « ... genſdarmes, *eſtradiotz,* ſoubdars... » II, 407. « ... *Eſtradiotz,* Riuerans, Matelotz... » III, 244.

Estraindre. Voir *Embrasser.*

Estrange, Extrange (*Extraneus.* Du dehors). Étranger. « *Nations eſtranges.* » I, 67; III, 245. « *Pays eſtranges.* » I, 93; III, 232. « ... homme d'*eſtrange pays...* » I, 324. « *Regions eſtranges.* » II, 19. « ... maſques *eſtranges...* » 68. « ... la deciſion de ceſte matiere tant nouuelle, tant paradoxe & *extrange* de Bridoye... » 204.

— Singulier, bizarre. « Comment Gargantua naſquit en en façon bien *eſtrange.* » I, 25. « ... *eſtrange* natiuité. » 27. « ... propheties aulcunement abhorrentes & *eſtranges...* » II, 100. « ... nous monſtra les orgues... Icelles eſtoient de façon bien *eſtrange.* » III, 72.

Estrapade (*Strappata.* Vn trait de corde. Vne ſecouſſe pour arracher quelque choſe. Oudin, *Recherches italiennes & francoiſes*). « ... bailler l'*eſtrapade* à ces vins blancs d'Aniou. » I, 278. « Iamais ne puiſſiez vous... piſſer, que à l'*eſtrapade...* » II, 14.

Estre. « *Eſtez* vous là, ou n'y *eſtez* pas? Si vous y *eſtez,* n'y *ſoyez* plus : ſi n'y *eſtez,* ie n'ay que dire. » I, 136. « Il n'*eſtoit* l'Aſne de Silenus qui n'en fuſt capparaçonné. » 152. « ... tous les officiers de ſa court *eſtoyent* tant occupés au ſeruice du feſtin... » 235. « ... bouciers legers... bruyans quant on y touchoit, tant peu *feuſt...* » III, 148.

Estre. Exister, se trouver. « Ma tant bonne femme eſt morte, qui eſtoit la plus cecy la plus cela qui *feuſt* au monde. » I, 230.

Eſtre à. « Comment Andouilles ne *ſont à* meſpriser. » II, 404. « ... *n'eſt à* obmettre que... » III, 401.

Jeu. « Au i'en *ſuis.* » I, 82.

Rabelais emploie souvent l'auxiliaire *être* dans des cas où nous nous servirions d'*avoir.* « ... c'eſtoient ceulx qui *eſtoient* peritz au deluge. » I, 136. « ... exiſtimerent que Gargantua *eſtoit* fuy avec ſa bande. » 160. « Sa vertu *eſt* apparue en la victoire & conqueſte. » II, 18. « L'acqueſt luy *eſt* entre les mains expiré. » 19. « Le vieil Macrobe... demandoit à Pantagruel comment *eſtoit* abourdé à leur port... » 359. Dans ces constructions l'attention est éveillée sur le fait accompli, plutôt que sur l'action qui l'a produit.

Soit, troisième personne du présent du subjonctif du verbe *être,* qui est devenu une conjonction invariable, se mettait au pluriel et au passé lorsque la construction l'exigeait. « En ceſtuy dipner... viande ne feuſt apportee, quelle que feuſt, *feuſſent* cheureaulx, *feuſſent* chappons, *feuſſent* cochons, *feuſſent...* pigeons ou aultres, en laquelle il n'y euſt abondance de farce magiſtrale. » II, 447.

Esse. Est-ce. « Qu'*eſſe* cela... » III, 46.

Estre est quelquefois employé au pluriel après un nom collectif. « Le peuple *sont* tous voleurs, et larrons. » II, 503.

Le bon feut que. Estre en ses bonnes. Voir *Bon.*

Il n'eſt cellui qui. Voir *Celluy.* Voir *Advis, Année, Ayde, Basme, Besoing, But, Desarroy, Dont, Equippage.*

Eſtre. Substantivement. « ...Depuys luy Ariſtoteles a déclairé *l'eſtre* des femmes eſtre de ſoy inſatiable. » II, 134.

ESTRÉ. « ... il ayme gens lettrez En Grec, Latin, & François bien *eſtrez...* » *Epiſtre de Bouchet.* III, 305.

ESTREME, ESTRENE. « ... emportez de noſtre herbe la grene. Puys ſi chez vous peut croiſtre, en bonne *eſtrene,* Graces rendez es cieulx vn million. » II, 244. Voir *Estrille.*

ESTRIF. Combat, débat, danger. « Là où n'eſt femme... le malade eſt en grand *eſtrif.* » II, 51. « En ceſtuy *eſtrif* & ſoigneux penſement qui n'eſtoit petit... » 83. « ... en ceſtuy *eſtrif* auez vous de Dieu le don... de continence? » 146. « En ceſtuy *eſtrif* commença crier... » 257. « ... en ceſtuy *eſtrif* d'eſpoir incertain... » 397. « ... *eſtrif* & faſcherie... » 402. « ... Ce m'eſt pareil *eſtrif* comme ſi le loup tenois par les aureilles. » III, 4.

ESTRILLE. « L'vn appelloit vne gorgiaſe bachelette...mon *eſtrille.* Elle le reſalua diſant. Bon eſtreine, mon Fauueau... N'eſt ce *Eſtrille* fauueau? » II, 300 et IV, 273.

Manches d'eſtrilles. Voir *Bout.*

ESTRILLER. « Voy cy tripes... de ce fauueau... *eſtrillons* le à profict de meſnaige. » I, 23. « Ce fauueau à la raye noire doibt bien ſouuent eſtre *eſtrillé.* » II, 300.

ESTRINDORE. « ... danſer l'*eſtrindore* au diapaſon vn pied au feu & la teſte au mylieu comme diſoit le bon Ragot. » I, 271.

ESTRIPÉ, ESTRIPPÉ, ETRIPÉ. « ... lors que Tripet fut *eſtripé...* » I, 158. « Couillon » *étrippé.* » II, 139. Voir *Dilaceré.*

ESTRIVIER, ESTRIVIERE. « ... eſtoit aprins à ... monter ſans *eſtriuiers...* » I, 89. « ... quand feut pendent du couſté du montouer, feiſt ſoupplement le tour de l'*eſtriuiere...* » 132.

ESTROIT. Voir *Conseil.*

— Substantivement, Détroit. « ... l'*eſtroict* de Sibyle. » I, 125. « ... l'*eſtroict* de Gilbathar... » II, 360.

ESTRONC, ESTRONG, ESTRONT. « ... vn *eſtront* de chien, c'eſt vn tronc de ceaus, ou giſt l'amour de m'amye. » I, 38. « ... vng plain plat de merde couuert d'*eſtrongs* fleuris. » III, 220. Voir *Aubeliere.*

ESTRONSPICINE. « ... (par *Eſtronſpicine,* reſpondit Panurge). » II, 126.

ESTROPIAT. « ... les eſtropiatz & ſouffreteux... » II, 23.

ESTUDE. « L'*eſtude* de Gargantua... » I, 77. « ... train d'*eſtude...* » 86. « ... ſon *eſtude* principal... » 88. « ... ſeruente *eſtude...* » II, 152. Voir *Adonner, Associer, Espoir.*

ESTUVÉ. « Œufz fritz... *eſtuuez...* » II, 482.

ESTUVER, ESTUVER (s'). « ... auec gros raiſins chenins *eſtuuerent* les iambes de Frogier... ſi bien qu'il feut tantoſt guery. » I, 99. « ... allez, de par Dieu, vous *eſtuuer...* » II, 510.

ESURIAL (*Esurialis. Esuriales feriæ.* Jours où le ventre chôme). « Ieuſnons... puis qu'entrez ſommes es feries *eſuriales.* » III, 13.

ESVANTOIR. « ... *eſuantoirs* de plumes, de papier, de toille... » II, 419.

ESVANOUIR, ESVANOUYR. Disparaître. « ... ſi Panurge n'euſt faict *eſuanouyr* à chaſcune foys cinq ou ſix grans blancs. » I, 300. « ... aduenent le Soleil *eſuanouiſſent* les tenebres. » II, 219. Voir *Esperdu*. « Panurge *eſuanouyt* de la compaignie... » 504. Voir *Disparoir*.

ESVEIGLER, ESVEIGLER (s'). « ... vous *eſueiglaſtez* en ſurſault faſché... les dict Ennius s'eſtre *eſueiglées* en ſurſault & eſpouuantées... Æneas ſongeant qu'il parloit à Hector defunct : ſoubdain en ſurſault *s'eſueiglant...* » II, 75. « Hans Carüel tout ioyeulx *s'eſueigla...* » 142. « ... *eſueiglez* vos endormiz Cyclopes... » 261. « Sus ce poinct ſe *eſueigla*. » 402. Voir *Camarine, Espouventement*.

ESVEILLÉ. « ... c'eſt vn petit homme tout *eſueillé...* » III, 366.

ESVENTÉ. « ... ce bon bauart icy eſt quelque *eſuenté...* » I, 324. Voir *Esbat*.

ESVENTER. « ... l'autre ſang des venes eſchauffer & *eſuenter*. » II, 34.

ESVERTUER (s'), S'ÉVERTUER. « ... ay imputé à honte... ne *me eſuertuer* de moy meſme... » II, 9. « ... chaſcun membre ſe præpare & *s'eſuertue* de nouueau à purifier & affiner ceſtuy theſaur. » 33. « ... pourueu que au reſte il ſe feuſt *euertué...* » 351. « ... en veiglant, trauaillant, ſoy *euertuant...* » 353. Voir *Convenir*.

ET. Avec, aussi, en outre. « ... il entra *&* toute ſa compagnie dans l'eſquif... » III, 210.

Et feust, et feussent ilz, quand ce serait, quand ils seraient. « ... leur rompray bras & iambes, *& feuſſent ilz* auſſi fors que le diable. » I, 335. « ... ne crains... cheual tant ſoit legier, *& feuſt* c Pegaſe de Perſeus. » 336. « ... i vous les tueray icy comme beſte *& feuſſent ilz* dix ſois autant... » 337.

Et s'employait dans des nom de nombres composés où on l supprime aujourd'hui. « A quel lieu eſtoit vne ample foreſ de la longueur de trente c cinq lieues, & de largeur di *&* ſept... » I, 63. « ... il en noy deux cens ſoixante mille quatr cens dix *&* huict. » 65.

ETANGOURRE. « ... furent ſeruies.. Des *etangourres*. » III, 217-218

ETERNE (*Æternus, Eternel.*) « ... l defunct roy François d'*etern* memoire... » II, 250. « ... *etern* punition... » 426. « ... *etern* predeſtination... » 457. Voi *Decretale*.

ETERNEL. « ... potages de ſep ſortes, & mouſtarde *eternell* parmy... » III, 106.

ETHERÉ. « ... foudre & fe *Etheré*. » III, 179. Voir *Æthere*

ETHIOPIS. « ... l'herbe dite *Ethiopis*, moyennant laquelle on ouur toutes choses fermees... » III 142.

ETYMOLOGIE. « ... La vraye *etymologie* de Procés eſt en ce qu'i doibt auoir en ſes prochatz prou ſacs. » II, 200.

ETYMOLOGIZER. « ... ces petites fi neſſes qu'on faict à *etymologize* les pattins... » I, 273.

EUHYADE. « ... toutes ſes force (de Bacchus) eſtoient de Baſſa rides, Euantes, *Euhyades*, Edo nides, Trietherides, Ogygies Mimallones, Menades, Thyade & Bacchides, femmes forcenees. » III, 148.

EUMETRIDES. « ... la pierre de Bactrians nommée *Eumetrides...* » II, 71.

EUNUCHE. Voir *Escouillé*.

EUPATOIRE. « ... tant ſemblable à *Eupatoire,* que pluſieurs herbiers l'ayant dicte domeſticque, ont dict *Eupatoire* eſtre Pantagruelion ſauluaginé. » II, 228. « *Eupatoire,* du roy Eupator. » 631.

EUPHORBE, EUPHORBIUM. « ... il auoit tout plein de *Euphorbe* pulueriſé... » I, 299. « ... *Euphorbium,* de Euphorbus Medicin du roy Iuba... » II, 231.

EVADER. « Quelque nombre d'iceulx *euada* ce piſſefort à legiereté des pieds. » I. 66. « ... à la relation de ceulx qui auoient *euadé* à la roupte... » 158. « ... il (le regnard) ne ſçauoit de quel couſté ſe virer pour *euader* le parfun des veſſes de la vieille... » 293. « ... *euader* le naufraige... » II, 297. « ... comment Pantagruel *euada* vne forte tempeſte... » 335. « ... ou nous *euaderons* ce dangier, ou nous ſerons nayez. Si *euadons* il (un testament) ne vous ſeruira de rien. » 346. « Par force & vertus il nous conuient *euader.* » 353. « ... aſceuré de ne *euader* que bien touſt ne perdiſt la vie. » 402. « ... la mort *euader...* » 426. « ... aſſieger & clorre le Roy en maniere qu'*euader* ne peuſt... » III, 89.

EVANGELICQUE. « ... vn bon preſcheur *euanelicque...* » I, 65. Voir *Docteur.*

EVANGELISTE. « ... auez veu le Pape *euangeliſte* d'icelles (des Decretales)... » III, 441.

EVANGILE. « Ceſtuy *euangile* depuys m'auez... reiteré... » II, 251. « ... bonnes nouuelles, c'eſt l'*Euangile...* » 254. « *Euangile* bonne nouuelle. » III, 195.

— Proverbialement. « Ainſi choiſiſſiez vous le pire. C'eſt pourquoy eſtez mauldict en l'*Euangile.* » II, 430.

— *Evangiles de bois.* « Apres ſouper venoient en place les beaux *euangiles* de boys, c'est à dire force tabliers... » I, 84.

EVANTE. Voir *Euhyade.*

EVAPORATION. « ... par ſa fumee & *euaporation* elle (la torche) infectionne l'air... » II, 362.

EVAPORER. « ... la fumee dont eſtoit queſtion *euaporoit* par dehors. » II, 179. Voir *Ebullition.*

EVERSEUR. *(Eversor,* celui qui renverse, destructeur.) Voir *Architecte.*

EVERSION. Renversement, destruction. « ... *euerſions* des Republicques... » II, 362.

EVESGAUX, EVESGESSES. Voir *Cardingaux.*

EVESQUE. *Evesque des champs.* Voir *Bénédiction.*

— *potatif.* « Les potingues de *eueſques potatifz.* » I, 249, et IV, 185.

EVIDENCE. « ... l'office deſcœuure l'home & mect en *euidence* ce qu'il auoit dedans le iabot. » II, 91. » « Par temps toutes choſes viennent en *euidence.* » II, 192. « ... ſi elle (la meſchanceté des chats-fourrés) eſt quelque iour miſe en *euidence,* & manifeſtee au peuple... » III, 46.

EVIDENT. « ... afin qu'à vn chaſcun fuſt *euident* qu'en iouyſſans de l'obiet, ne iouyſſoient de la puiſſance & concupiſcence... » III, 107.

EVIDENTEMENT. « ... me ſemblez *euidentement* errer... » II, 74. Voir aussi II, 162, 254, 351, 502 et III, 104.

EVINCER. « ... *euincer* la triſteſſe deſpite... » III, 276.

EVIG. Voir *Euig.*

EVIRÉ *(Eviratus.* Privé de la virilité). « C(ouillon) *euiré.* » II, 139. « ... ſi en neceſſité & dangier eſt l'home negligent *euiré* & pareſſeux, ſans propous il implore les Dieux. » 353. Voir *Effilé.*

Eviter. « ... comme ſi *euitans* Charybde, feuſſions tombez en Scylle... » III, 65.

Evocation. « ... elle vient par *euocation* des ſoubzterrennes regions, comme par *euocation* des corps ſuperieurs elle de bas en hault eſtoit imperceptiblement tiree. » III, 227.

Evocquer, Evoquer. « ... peſtilentes beſtes... les quelles... me *euocquoient* du doulx penſement on quel ie acquieſçois. » II, 108. « ... ia... (Gaſter) auoit inuenté art & moyen de *euocquer* la pluye des Cieulx... » 485. « ... à leur ſecours *euoquerent* Empereurs, Rois, Ducs... » III, 18. « ... venant l'heure du hourt, qu'ils feront *euoquez* hors leur camp. » 91. « ... la Royne auree... fut par l'intonation de la muſique *euoquee...* » III, 95-96. « Qu'eſt deuenu l'art d'*euoquer* des cieux la foudre... » 179.

Exaction. « ... oppreſſions, *exactions,* & tyrannies... » II, 18. « ... quelques aultres *exactions* qu'il (le Roy de Portugal) faiſoit ſus eulx (les Iuifs)... » III, 356.

Exagone. « ... en figure *exagone...* » I, 198 et III, 141.

Exaltation. « ... ſerez en gloire, honneur, *exaltation...* » II, 457.

Excedent. « Debtes, diz ie, *excedentes* le nombre des ſyllabes... » II, 26.

Exceder. « Aulcunes ſoys *excede* (le Pantagruelion) la haulteur d'vne lance.» II, 228. « ... ce propos *excederoit* la iuſte quantité d'vne epiſtre... » III, 394.

Excelse (*Excelsus.* Elevé). Voir *Aménité.*

Excentriquer. « Le deſſein mien eſt... encores que nature ſe vouluſt de moy abſtraire, vous *excentriquer* mes penſees. » III, 74.

Excepvant (*Excipere, exceptum.* Recevoir). « ... nous dictans, vne de ſes myſtagogues *excepuant...* » III, 78.

Excessif. « ... *exceſſiue* deſpenſe... » II, 24. « ... dons grands, & *exceſſifz...* » 96. « Certaines annees la pluye a eſté *exceſſiue.* » 485.

Excitant. « ... n'eſtre viandes mangees plus *excitantes* la perſonne à lubricité... » III, 115.

Exciture, Exiture. (*Exitus.* Sortie, issue.) « *L'exiture* de la barguette eſtoit à la longueur d'vne canne... » I, 32. « ... l'*exciture* de l'eau... » III, 162.

Exclamant. « ... *exclamante* en voix furieuſe & eſpouantable... » II, 94. « ... Grippe-minaud ouuroit ſa gibbeciere... *exclamant :* orça, orça, orça. » III, 60.

Excluse. Voir *Escluse.*

Exclusivement. « ... iuſques au feu *excluſiuement...* » II, 26, 44; III. 189 et IV, 348.

Excoler (*Excolare.* Filtrer, tirer au clair). « ... Par la ſeule figure Limaciale que voyez biparciente eſt ceſte ſacree fontaine *excolee.* » III, 162.

Excoriateur, Ecorcheur. « ... grand *excoriateur* de la lingue latiale. » III, 275.

Excorticquer, Escorticans. Ecorcher, Ecorce. « L'enſeignement premier de Pantagruel feut... à l'vmbre le *excorticquer* (le Pantagruelion)... » II, 230. « ... les locutions, Et eloquentes verbocinations *Eſcorticans* la lingue Latiale. III, 279.

Excrement. Voir *Esmeut.*

Excrescence (*Excrescentia,* Excroissance). « L'*excrescence* vermiforme, comme vn pillemaille). II, 374.

Excretion. « Faire *excretion* des digeftions naturelles. » I, 86.
Execques. Voir *Exeques.*
Excuser (s'). « Cherchez qui le croye. Ie *m'*en *excufe.* » II, 242.
Executer. « ... quand on voul- dra par iuftice *executer* quelque malfaicteur... » II, 132.
Executeur. « Si fommes nayez, ne nayera il pas comme nous (un testament)? Qui le portera aux *executeurs?* » II, 345.
Exemplaire. Adjectif. « ... vie *exemplaire...* » II, 458.
— Substantivement. « ... on me fera bruſler... pour en auoir les cendres en memoire & *exemplaire* du meſnaiger perfaict. » II, 43. « Ainfi ferez vous à voſtre femme en patron & *exemplaire* de vertus & honeſteté. » 149. « ... comme Pantagruel a eſté l'Idée & *exemplaire* de toute ioyeufe perfection... » 236. « Les Idees, les *Exemplaires* & protraictz de toutes chofes paffees, & futures... » 465.
Exempt. « ... les nouueaulx mariez feroient *exemptz* d'aller en guerre... » II, 38.
Exempter (s'). « Non que ie me vueille impudentement *exempter* du territoire de follie... » II, 216.
Exemptile *(Exemptilis.* Mobile, qu'on peut enlever). « ... œilz *exemptiles* comme lunettes. » II, 124.
Exemption. « ... que diriez vous fi cefte *exemption* leurs eſtoit oultroyée... » II, 39.
Exenterer *(Exenterare.* Éventrer). « ... Bruſlez... *exenterez,* decouppez... ces meſchans Hæreticques, Decretalifuges... » II, 456.
Exeques, Execques. *(exequiæ,* funérailles). « ... en Gaulle... les ferfz... eſtoient tous vifz bruſlez aux funerailles & *exeques* de leurs maiſtres... » II, 25. « ... la natiuité d'Achilles... fa mort & *exeques...* » 274. « ... mes *exeques* feront honorables... » 363. « Le Prince de Piedmont... eſt mort... L'Empereur luy a faict faire *execques* fort honnorables... » III, 355. « Pour affiſter es *exeques...* Monfieur le Cardinal a enuoyé... Monfieur de Rambouillet... » 366.
Exercer. « Nature a faict le tour pour foy *exercer.* » II, 78.
Exercitation *(Exercitatio, exercitationis.* Exercice). « ... en lieu des *exercitations,* ilz demouroient en la maifon... » I, 94. « ... *exercitations* athletiques. » 109. « ... paffetemps & *exercitations* honeſtes... » II, 487. « ... pourmenement & *exercitation* falubre... » III, 106. Voir *Corporel.*
Exercite *(Exercitus,* armée). « ... contre eulx (les Corinthiens) il (Philippe) venoit en grand arroy & *exercite* numereux... » II, 6.
Exerciter, S'exerciter. « ... affin que l'intemperie humide de l'air... ne leurs feuſt incommode par ne foy eſtre *exercitez...* » I, 95. « L'vn *s'exercite* à vener la Ferine... » III, 276.
Exhalation *(Exhalatio, exhalationis,* exhalaison.) « ... puante & infecte *exhalation* qui eſt fortie des abyfmes... » I, 376. Voir *Desister, Escours.*
Exhauste *(Exhaustus.* Vidé). « ... marfupies... *exhauſtes* de metal ferruginé... » I, 242.
Exhiber. « Si le papier de mes fchedules beuuoyt auffi bien que ie foys, mes crediteurs auroient bien leur vin quand on viendroyt à la formule de *exhiber.* » I, 22. « ... n'en pouoient toutes fois vne feule (hæreſie) *exhiber...* » II, 250. « Entendez vous, hault,

maiour dome? Produiſez *exhibez.* » 344. « ... ce que la terre vous *exhibe*... n'eſt comparable à ce qui eſt en terre caché. » III, 179.

Exhilarer (s'). (*Exhilarare,* Egayer.) « *S'exhilarant* de telle ſymphonie... » III, 276,

Eximé. « ... il eſtoit *eximé* comme vn haran ſoret. » I, 283.

Exinaniz (*Exinanitus.* Vidé). « ... corps *exinaniz* par long ieuſne... » II, 69.

Existimation (*Existimatio, Existimationis.* Opinion, réputation). « ... elle (la Sibylle de Panzouſt) eſt en *exiſtimation* de plus ſçauoir... que ne porte l'vſance du pays. » II, 83.

Existimer, Exstimer (*Existimare,* estimer. penser). « ... qui a *exiſtimé* que... le monde reigleroit ſes deuiſes par ſes impoſitions badaudes. » I, 37. « *exſtimerent* que Gargantua eſtoit ſuy... » 160.

Exiture. Voir *Exciture.*

Exotique. « ... marchandises *exotiques* & peregrines... » II, 273.

Expectation (*Expectatio, Expectationis,* Attente.) « A ſon cris & lamentation accourut tout le voiſinaige en *expectation* de veoir quelque admirable & monſtrueux enfantement... » II, 119. « Les galleſretiers attendoient en *expectation* de quelque ſomme de deniers... » III, 60. « ... en *expectation* d'entendre choſes d'importance. » 193.

Expecter. « *Expect* vng poc ou paux. » III, 222. Attends un peu. Danse.

Expedié. « ... gens... tant *expediez* à courir... » I, 174.

Expedient. Adjectivement. « I'ay... inuenté vn moyen de me torcher le cul... le plus *expedient* que iamais feut veu. » I, 51. « ... remede plus *expedient.* » 216. Voir *Engin.*

Expedier, s'expedier. Se débarrasser, se hâter. « ... le pere Hippothadée et maiſtre Rondibilis eſtoient *expediez* de leurs reſponſes. » II, 170. « ... de certains poincts nous fault *expedier*... » 219. « Patience, reſpondit Panurge. Mais *expedions.* » III, 293.

Expediteur. « ... quel *expediteur* de cauſes... » III, 112.

Expedition. « Monſieur de Baſilac... a eu *expedition* bien toſt à ſon proffit. » III, 345.

Expiration. Voir *Default.*

Expiré. « ... ceſte ferueur naturelle... eſt long temps a, *expirée* & reſolüe. « II, 70. Voir *Estre.*

Exploict. « Adoncques ſeirent guanteletz leur *exploict.* » II, 323.

Explorer. « ... *explorerons* par les vers... le ſort futur de voſtre mariage... » II, 54. « Non... que ie me defie de sa vertus & pudicité, laquelle par le paſſé m'a eſté *explorée* & congnue... » 157. « ... par ce ſort *exploreroit* ſon decret et bon plaiſir... » 209.

Expoly (*Expolitus.* Nettoyé, net, poli). « ... ne ſe ſauldra plus doreſnauant trouuer... en compaignie qui ne ſera bien *expoly* en l'officine de Minerue. » I, 255.

Exponible. « ... comme amplement a declaré Olkam ſus les *exponibles* de M. Haultechauſſade. » I, 31.

Exposer, Expouser. « ... vous ſeriez bien d'aduantaige esbahys & eſtonnez ſi ie vous *expouſoys* preſentement tout le chapitre de Pline... » I, 27. « ... ie vous en *expoſeray* bien d'aduantaige au liure que i'ay faict De la dignité des braguettes. » 32. « ... Poly-

EXTERIOREMENT. « ... voulens *exteriorement* demonstrer leur tristesse... » I, 40. Voir *Disgreger*.

EXTERMINER (*Exterminare*. Chasser, bannir, exterminer.) « Les abus d'vn tas de papelards... seront d'entour moy *exterminez*. » I, 358. « ... lors que feurent... les tyrans *exterminez*. » II, 18. « Vous sçauez comment... mon pere... l'a defendu (le passetemps des dez)... & du tout *exterminé*, supprimé & aboly... » 58. « ... ce grand Lanternier Quaresmeprenant les eust ia pieça *exterminees* de leur manoir ? » 378. « ... la generation Andouillicque eust... esté *exterminee*... » 414. « ... n'osent, ne veulent, ne peuuent les *exterminer*. » III, 46.

EXTERNE. « ... choses foraines, *externes*, & indifferentes... » II, 42. « Anatomie de Quaresmeprenant quant aux parties *externes*. » 378.

EXTIRPER. « Les loix sont *extirpees* du mylieu de philosophie moralle & naturelle. » I, 268. « ... *extirper* les erreurs & hæresies. » II, 144.

EXTISPICINE (*Extispicium*. Inspection des entrailles). « Voulez vous en sçauoir par l'art de Aruspicine? par *Extispicine?* » II, 126.

EXTOLLER (*Extollere*. Elever, vanter). Voir *Aptement*.

EXTRAICT. « ... gens de bien, tous *extraictz* de bons Peres et bonnes meres. » III, 189.

EXTRANEIZER (d'*Extraneus*. Etranger). « ... *extraneizer* les halotz & les turbines... » I, 70.

EXTRANGE. Voir *Estrange*.

EXTRAORDINAIRE. « ... vne grosse grappe... du plant de l'*extraordinaire*... » III, 212.

EXTRAVAGUANTES. Constitutions qui vaguent en dehors (*extra*) du *Corpus juris canonici*. « Vertus de *Extrauaguantes*. » II, 438. « *Extrauaguantes* Angelicques... » II, 449. Par suite : *Vin extrauaguant*. » Vne des filles promptement luy præsenta vn grand hanat plein de vin *Extrauagant*. » II, 448.

EXULCERER. « ... ses gryphes me *exulcerent* tout le perinee. » I, 52.

EXULER (*Exulare*, être banni, proscrit). « ... ou faim regne, force *exule*. » I, 123.

EZ. Voir *Es*.

EZAMINER. « Deburoit-on pas mettre gens... qui ne seruiroient d'autre chose sinon d'*ezaminer* les nouuelles qu'on apporte... » III, 232.

F

FABRICQUE. « Pantagruel donna au tronc de la *fabricque* de l'Eclise dixhuyt mille Royaulx d'or... » II, 435.

FABRILE (*Fabrilis*. De forge, de forgeron). « ... art *fabrile*... » II, 484.

FABRIQUER. *Fabriquer sa maison du ciel*. Voir *Aspect*.

FABULEUX. « ... fable trop *fabuleuse*... » II, 121. « ... les *fabuleux* ribaulx Hercules, Proculus Cæsar... » 134.

FACE. *Chiche face*. Voir *Chiche*.

A face. « ... ils (les Cheualiers) ne prenent iamais *à face* ouuerte. Les Custodes marchent & prenent *à face*... » III, 89. — *De prime face*. Voir *De*, p. 180, col. 2.

FACIENDE (*Facienda*, choses devant être faites, à faire). « Nous à ceste heure n'auons aultre *faciende*, que rendre coingnees perdues ?... » II, 261.

FAÇON, FACZON. « ... leua la main

dextre la clouant en telle *faczon*, qu'il assembloit les boutz de tous les doigts... » I, 316. « En ceste *faczon* feust Epistemon guery... » 363. Voir *En*, p. 222, col. 1.

FACOND, FACON. « ... *facons* orateurs... » III, 7. « ... bon & *facond* orateur. » 185. « ... *faconde* & eloquente bouche... » 301.

FACQUIN, FAQUIN (*Facchino*. Italien. Porte-faix). «... Distribuent vn tatin du potage A ses *faquins* qui firent le breuet. » I, 14. « ... vn *Faquin* mangeoit son pain à la fumée du roust... » II, 178.

FACTEUR. Faiseur, créateur. « ... estoys *facteur* & createur. Auois créé. Quoy? Tant de beaulx & bons crediteurs. » II, 26. — Historien. « Le tout fut faict par Gabriel Chappuys, & Alcofribas son bon *facteur*. » I, 35.

FACULTATULE (*Facultatula*. Faible ressource). « ... selon la *facultatule* de mes vires... » I, 242.

FADAS. « L'an Iubilé que tout le monde raire *Fadas* se feist... » III, 5.

FADE. « ... les escriptz de ces hermites ieusneurs autant estre *fades*, ieiunes, & de mauluaise saliue comme estoient leurs corps... » II, 68-69. « Pourquoy est-ce qu'on dit maintenant en commun prouerbe, le monde n'est plus fat. Fat est vn vocable de Languedoc : et signifie non sallé, sans sel, insipide, *fade*, par metaphore, signifie fol, niais, despourueu de sens, esuenté de cerueau. » III, 3.

FADEMENT. « ... opinion... *fadement* inuentee... » III, 191-192.

FADRIN. « Jeune matelot, Novice, Mousse. » (Jal. *Glossaire nautique*). « L'assemblee de tous officiers, truchemens, pilotz, capitaines, nauchiers, *fadrins*, hespailliers, & matelotz feut en la Thalamege. » II, 270. « ... le pilot... commenda tous estre à l'herte tant nauchiers, *fadrins*, & mousses, que nous aultres voyagiers... » 336. « Icy, *Fadrin*, mon mignon : tiens bien, que ie y face vn nou Gregeoys. O le gentil mousse. » 343.

FAGOT. « ... vn aultre appelloit vne sienne ma trippe, elle l'appelloit son *fagot*... On nous dist qu'elle estoit trippe de ce *fagot*. » II, 301. « ... ie refraischirois vn cent de *fagots* pour vostre retour. » III, 66.

FAGOTEUR. « ... *fagoteurs* de tabus... » I, 195.

FAGOTTÉ. « ... quantité d'ail, oignons, eschalottes... par grande industrie *fagottees* auecque des seps. » III, 133.

FAGUENAT. Odeur de gousset. «Le *faguenat* des Hespaignols...» I, 248.

FAICT. Substantif. « Ce n'est *faict* de bons voisins... » I, 98. — *De faict*. Voir *De*, p. 179. — *Le faict et le deffaict*. Voir *Acte*. — *Faicts et dicts*. Voir *Dict*.

FAICTNEANT. « ... les oultragerent grandement, les appellans... *Faictneans*, Friandeaulx, Bustarins... » I, 98. « Frere Ian ne faict rien là. Il se appelle frere Ian *faictneant*. » II, 354.

FAILLANCE. C(ouillon) de *faillance*. » II, 138.

FAILLIR, FALLOIR (*Fallere*, tromper). Ces deux verbes, de même origine, et dont le sens se confond encore souvent aujourd'hui, avaient au XVIe siècle des formes presque identiques.

Présent. *Je faulx*. « ... vng Taponnus, ie *faulx*, c'estoit Pontanus. » I, 72. « ... vne grande plume de chappon. Ie *faulx*, car il m'eſt aduis qu'il y en auoit deux... » 371.

Fault. « ... vous eſtes maulуais cheuaulcheurs : voſtre courtault vous *fault* au beſoing. » I, 49. « Tant s'en *fault* qu'il (Cupido) les vouſiſt aſſaillir (les muses)... » II, 154. « ... ce portraict *fault* en nos derniers Papes. » 445. « ... choſe eſt en nature intolerable, quand beauté *faut* à cul de bonne volonté. » III, 78.

— Dans le sens de *falloir.* « ... *fault* ouurir le liure... » I, 4. « ... pas demourer là ne *fault*... » 5. « Il n'y *fault* aultre marne ne fumier. » II, 292. « ... dauant nos œilz *fault* la craincte de Dieu continuellement auoir. » 327. « Qui contredit eſt heretique & ne luy *fault* rien que le feu. » III, 13.

Faillez. « ... ſi *faillez* à bien refoudre. » III, 48.

— Imparfait. *Failloit.* « ... il s'en *failloit* par aduenture l'eſpeſſeur d'vn ongle... » I, 357. « ... iamais ne *failloit* de leur faire quelque mal... » 296. « ... ſi Mars ne *failloit* à Quareſme... » II, 11. « ... tant s'en *failloit* que feuſt ſoye cramoiſie... » 381. — Dans le sens de *falloit.* « ... *failloit* il que ce feuſt en incommodant à mon Roy... Si ta maiſon debuoit ruiner, *failloit* il qu'en ſa ruine elle tombaſt ſuz en atres de celluy qui l'auoit aornee? » I, 118. « ... il n'en *failloit* plus que aultant. » 234. « Voicy ce qu'il me *failloit.* » 135. « ... il le *failloit* lyer de chaiſnes de fer. » 235. « ... penſant qu'il *failloit* à vn chaſcun faire droict. » 280. « ... d'aultant qu'elles eſtoyent plus horribles... d'autant il leur *failloyt* donner d'aduantaige... » 303. « Là *failloit,* le repas laiſſé, accourir... » II, 76. « ... il *failloit* iouer des couſteaux... » III, 403.

— Parfait. « ... peu s'en *faillit* qu'il ne le defonçeaſt. » II, 8. « ... peu s'en *faillit* que perdiſſions la veue. » III, 161.

— Futur. *Faudray.* « ... demain ie ne *fauldraye* me trouuer au lieu... » I, 309. « Ie n'y *fauldray* me y trouuer. » 428. — *faudra.* « ... la hart ne vous *faudra* mie. » III, 8. — *fauldrons.* « ... de noſtre couſté nous ne vous *fauldrons.* » I, 356. — *fauldront.* « ... ou baſtons *fauldront* on monde. » II, 140.

— Subjonctif. « ... paour ne ayez, que le vin *faille.* » II, 13.

— Participe. « ... ſans vous m'eſtoit le cueur *failly*... » II, 252. — Voir *Entendre.*

Faillon. Compagnon. Voir *Deu Colas.*

Faim. « Mon ſtomach abboye de male *faim* comme vn Chien. » II, 79. « ... ilz mourroient de male *faim*... » 310.

Faindre (se). « ... frappoit ſus ces fuyars à grand tour de bras ſans *ſe faindre* ny eſpargner. » I, 164.

Faire. *Je fays, je ſois, je ſoys.* « Ie *ſoys* bien d'aduantaige. » I, 150. « Ie *fois* ſçauoir... » 207. Voir aussi 225, 300, 384. « A leur conſeil ie *foys* tous iours vne ſelle ou deux extraordinaires. » II, 84. « ... ce peu de ſoulaigement... lequel voluntiers... *ie fays* es preſens... » 247.

Faire avec un substantif pour complément. *Faire aiguade, — alchimie, — l'amour, — anatomie, — apoinctement, — l'arbre forchu, — la babou, — besoing, — la beste à deux doz, — la cane, — un cerne, — bonne chere, chere et demie, chere lye,* — *le chesne fourcheu,* — *ses chous gras de...* — *la combreselle.* Voir ces mots. — *desplaisir, dommaige, pillerie.* « ... ſy iamais à luy *deſplaiſir,* ne à ſes gens *dommaige,* ne en ſes terres ie *feis pillerie...* » I, 110. — *diables.* Voir ce mot. — *un enfant, des enfans.* « ... deſpeſchez vous de ceſtuy cy, & bien touſt en *faiſons* vn aultre. » I, 25. Voir *Enfant.* — *eschange,* — *esprouve,* — *essay,* — *exeques,* — *leur exploict.* Voir ces mots. — *le faict et le deſfaict.* Voir *Acte.* — *faulte.* « ... N'y *faictes* vous onques *faute...* » III, 113. « ... & luy obeyſſent comme vaſſaulx & ſubiects, & qu'ils ne y fiſſent *faulte.* » III, 354. « ... n'y feray *faulte.* » 361. — *la figue.* « L'vn d'eulx voyant le protraict Papal... luy *feiſt la figue.* Qui eſt en icelluy pays ſigne de contempnement & deriſion manifeſte. » II, 425. — *feu, flambe.* « ... ce boys... de ſoy ne *faict feu, flambe* ne charbon... » II, 244. — *fin.* « ... *feray fin* ſi vous adiouſte que... » II, 159. — *fleche.* Voir ce mot. — *la follie aux guarsons.* « ... vous leurs *feriez la follie aux guarſons :* ie vous congnoys à voſtre nez... » II, 461. — *une fricaſſée.* « ... ſembloit indecent que en ſa cuiſine le poete *faiſoit* telle *fricaſſee.* » II, 309. — *gerbe de feurre* aux Dieux. Voir *Dieu,* p. 203. — *la guambade.* « ... *faiſt* ſur vn pied *la guambade...* » I, 132. — *honte.* « *faiſons honte* au diable d'enfer, confeſſons verité. » II, 174. — *incursion.* « Les Menades premieres *faiſoient incurſion* ſur les Indians. » III, 150. — *intermission.* « Si tu y *fais intermiſſion,* tu es perdu... » II, 133. — *la jambette.* « ... *font la iambette* collet à collet à la mode de Bretaigne. » I, 278. — *lignade.* Voir *Aiguade.* — *bon minois.* « ... en recongnu aucuns parmy la trouppe *faiſans bon minois...* » III, 126. — *la monstre de la diablerie.* Voir *Diablerie.* — *la moue.* « S'il *faiſoit la moue,* c'eſtoient battons rompus... » II, 382. — *narré.* « ... leur en *faiſans* beaulx & longs *narrez...* » I, 215. « ... luy feiſt *narré* ſommaire de leurs aduentures... » II, 221. « Vous *faictes* pareillement *narré* des Parthes... » 390. — *naufrage.* « ... auoit eſté *fait naufrage* d'vne des gondoles... » III, 396. — *un pelerin.* Voir *Boursiller.* — *response.* « Il luy *feiſt reſponſe,* que c'eſtoient les quatre eſtatz de l'iſle. » II, 438. — *ſcalle.* « ... *firent ſcalle* es iſles de Canarre. » I, 334. — *un mauvais tour.* Voir *Diffamer.*

Faire, avec un pronom pour complément. — *ce que...* « Seulement vous ramente *faire, ce que faictes.* » III, 84.

Le faire. Dans un sens libre. « ... *le faiſoit* en vn iour ſoixante & dix fois & plus... » II, 135. « ... quantes fois de bon compte ordinairement *le faictes* vous pas iour? ſix. » III, 113.

Faire, suivi d'un verbe à l'infinitif.

— *chanter.* « ... *faiſoyt chanter* magnificat à matines, & le trouuoyt bien à propous... » I, 325.

— *chevaucher.* « ... ie vous *feray cheuaucher* aux chiens... » I, 325.

— *clicquer, clicquetter, diſparoir, donner l'aſſault, dreſſer le virolet, eſvanouir.* Voir ces verbes.

— *perdre*. « ... *faisoyt perdre* les pieds aux mousches... » I, 45.

— *trembler le lard au charnier*. Voir *Charnier*.

— *venir l'eau à la bouche*. Voir *Eau*.

Faire remplace souvent un verbe exprimé précédemment. « Et prendray autant à gloire qu'on die de moy, que plus en vin aye despendu que en huyle, que *fist* Demosthenes quand de luy on disoit que plus en huyle que en vin despendoit. » I, 6. « ... l'emporta en tapinois, comme *feist* Patelin son drap. » I, 20. « ... luy faisoit changer de poil (à son cheual) comme *font* les moines de Courtibaux... » I, 47. « ... abatoit boys comme vn fauscheur *faict* d'herbes. » I, 64. Voir *Abattre*. « ... vn vielleuz au mylieu d'vn carresour assemblera plus de gens, que ne *feroit* vn bon prescheur euangelicque. » 65. « Le chargerent de coups, comme on *faict* vn asne de boys. » 160. « La leua de terre... aussi facillement que *feriez* vne sonnette d'esparuier. » 244. « Ie croy que l'ombre de monseigneur Pantagruel engendre les alterez, comme la lune *faict* les catharrhes. » 283. « Les Geans... emporterent leur Roy Anarche à leur col... comme *fist* Eneas son pere Anchise. » 356. « Pantagruel tira sa langue... & les en couurit comme vne geline *faict* ses poulletz. » 375. « ... ils tireroyent de l'huyle d'vn mur. Aussi *font*-ils... car souuent ils mettent au pressouër des chasteaux... » II, 213.

— Il s'emploie en un sens analogue dans des phrases négatives. « Aués vous bien le tout entendu ? Beuuez donc vn bon coup sans eaue. Car si ne le croiez, *non foys* ie... » I, 225. « ... me rendez mes patenostres... *Non feray*, par mon sergent... » 324. « ... vous petez, Panurge ? Non *foys*... » 300. « ... aduenir encores pourroit. *Non fera*, Hercules. » II, 12. « ... ne vous desplaise... *Non faict* il... » 146. « Vraybis... *non ferons*... » 461. « ... vous n'estes deliberez de respondre. *Non feray* ie par ma barbe... » III, 4. « ... ne mange qu'à ses heures. *Non fay-ie*... mais toutes les heures sont miennes. » III, 36. « ie toutesfois ne respondis, *non fist* Pantagruel... » 74.

Faire. Absolument. Agir. « Tant *feirent* & tracasserent pillant & larronnant, qu'ilz arriuerent à Seuillé... » I, 103.

Laisser faire. « ... n'en parlez plus & m'en *laissez faire*... » I, 310. « *Laissez faire aux quatre bœufz de deuant*. » Voir *Beuf*.

En faire autant. Voir *Autant*, p. 61, col. 2.

Faire. Rendre. « Comment Panurge *feit* quinaud l'Angloys... » II, 312. Voir *Cantiqueur*.

Etre fait, Devenir. « Lors *sont faictz* debteurs qui parauant estoient presteurs. » II, 34.

Ce qu'est de faire. Voir *De*, p. 178, col. 1.

Je ne sçaurois que vous en faire. « Vous... ne croyez que ainsi soit... *Ie ne sçaurois que vous en faire*. Croyez le si voulez... » II, 404.

Faire le. Affecter, simuler, contrefaire. « songeoyt creux, *faisoyt le* succré... » I, 45.

Faire de, dans un sens analogue. — *de l'asne*... Voir *Asne*. *des bons compaignons*. Voir *Com-*

paignon. — *de l'encherie.* Voir *Encherie.* — *du grobis.* « Ie veiz maiſtre Iean le maire qui contrefaiſoit du pape... & en *faiſant du grobis* leur donnoit ſa benediction. » I, 368.

Faire de, suivi d'un substantif, dans le sens de *faire à l'aide de, avec. Faire de necessité vertu,* etc. Voir *De,* p. 178, col. 2.

Faire d'un ange deux... Voir *Ange.*

Faire comme de cire. Voir *Cire.*

Faire le fault. « ... au mandement de meſſere Gaſter tout le Ciel tremble... Son mandement eſt nommé *faire le fault,* ſans delay, ou mourir. » II, 471.

Faire pour... Prouver en faveur de quelqu'un. « ... le reſte de ſes dictz & geſtes *faict* pour moy... » II, 216. Jeu. « A qui *faict* l'vng *faict* l'aultre. » I, 80.

— impersonnellement. *Il faict mauuais aduis de.* Voir *Advis. Beau fera.* Voir *Beau. Il fait bon* « ... I'y vy des eſcreuiſſes laictees... & les *fayſoit* mout *bon* veoir. » III, 123. Voir *Bon.*

Faisant. Ce faisant. Voir *Ce,* p. 115-116.

Faict. Faict à la main. Bien fait, exercé, agile. Voir *Doigt.*

Ce participe reste souvent invariable dans des cas où nous l'accorderions. « ... ie ne les ay *faict* mie (des vers). » I, 54. « ... la breche qu'auoient *faict* les ennemys. » 108. « Coqüage entendit la forbe qu'on luy auoit *faict*... comparut dauant... Iuppiter, alleguant les... ſeruices que aultres foys luy auoit *faict.* » II, 162.

Parfois le contraire arrive. « Pantagruel prealablement auoir imploré l'ayde du grand Dieu Seruateur & *faicte* oraiſon publicque... » II, 339.

C'est faict de... « Bou, bou, bous bous. *C'eſt faict de* moy. » II, 338. « *C'eſt faict de* moy, mon pere ſpirituel, mon amy, *c'en eſt faict.* » 339.

Fais, Faiz, Fays. Fardeau. « ... il ne porte pas le *faiz,* comme le cheual. » I, 149. « ... le *fais* de quatre gros aſnes couillars... » 267. « ... vn *fais* de paille... » 338. « ... la peſanteur & violente impetuoſité du *fays* porté. » II, 212.

Faisandeau. « Faiſans, *Faiſandeaux.* » II, 478.

Faiseur. « ... *faiſeurs* de friſcades... » II, 162. Voir *Brochette.*

Fallace *(Fallax, Fallacis,* faux, trompeur.) « ... ſonges doubteux, *fallaces,* ou ſuſpects... » II, 70. « ... les ſonges confus, *fallaces,* & incertains... » 71. « ... ny a... art de diuination moins *fallace.* » III, 172. Voir *Auspice, Espece.*

— Substantivement. Voir *Ergot.*

Fallacieux. « ... *fallacieux* ſonges... » II, 70.

Fallot. Lanterne. « Ie vous iure par le manche de ce *fallot,* que c'eſtoit vne paincture gualante... » II, 274. « La nucque, comme vn *fallot.* » 374.

— Les *falots* officiers des dames lanternes. » « ... les veiz ie danſer aux chanſons de Poictou dictes par vng *fallot* de Sainctmeſſant... Et ſe faiſoient bien valoir les gentilz *fallotz* auecques leurs iambes de boys. » III, 224. — Charles IX, à peine âgé de quatorze ans, écrivant le 15 mai 1561 à l'occasion de son sacre, à Mme de Crussol, depuis duchesse d'Uzès, l'appelle ma vieille lanterne et signe voſtre ieune *fallot* Charles. Voir *Une Duchesse d'Uzès* du XVIe siècle, par Hector de la Ferriere. *Nouvelle Revue*, 1er sept. 1894.

FALLOT, FALOT. Plaisant, folâtre. « ... le gentil *falot* Galen... » II, 43.

FALOTEMENT. Voir *Caiche.*

FALOURDE. « ... acheta cinq ou ſix maiſons... les ſeit emplir de ſagotz, *falourdes*, & tonneaux... » III, 395.

FAMÉ. « ... gens honorables & bien *famez*. » II, 157.

FAMILE. « ... viſita ſa maiſon, & beniſt ſa *famile*. » II, 256. « Le Portier... reſiouyt toute la *famile*, entendens que Chiquanous eſtoit là. » 322. *Mere familes, Perefamiles*. Voir ces mots.

FAMILIAIREMENT. « ... *familiairement* auecques luy confera de ſon affaire. » II, 122.

FAMILIARITÉ. « ... ny a en France ſuppos A qui pluſgrant *familiarité* veullent auoir... » III, 301.

FAMINE. Faim. « ... de male *famine*... » II, 471. « ... ſi par cas *famine* n'euſt donné treſues... » III, 85.

FAMOSISSIME. « ... l'inclite & *famoſiſſime* vrbe de Lugdune... » III, 275.

FAN. « Les *fans* de la cerfue biſche Egerye... » III, 217.

FANFARE. « Les *fanfares* de Rome. » I, 246. « Ie reſteray icy attendant l'iſſue de ces *fanfares*. » II, 407.

FANFARER. « Au reguard de *fanfarer* & faire petitz popiſmes ſus vn cheual, nul ne le feiſt mieulx que luy. » I, 89. Voir *Bouffonner*.

FANFRELUCHE. « En ſecond ſeruice furent ſeruies... Des *fanfreluches*. Voir *Antidoté*.

FANFRELUCHER. « ... ilz *fanfreluchoient* à chaſque bout de champ... » I, 331 et IV, 208. « C(ouillon) *fanfreluché*. » II, 139.

FANTASTIQUE. « ... fontaine *fantaſtique*. » III, 156.

FANTESQUE (*Fantesca*, Italien. Servante). « ... vne *fanteſque* de Sparte... » II, 170.

FANUISES. Reptiles. II, 499.

FAQUIN. Voir *Facquin*.

FAR. Phare. « ... on *far* de Mal'encontre... » II, 10. « ... le *far* de Meſſine... » 360.

FARAT. Tas, amas. « ... vn *faratz* de patenoſtres. » I, 79. « ... vn gros *faratz* de clefz. » II, 444.

FARCE. Hachis. « ... abondance de *farce* magiſtrale... » II, 448.

— pièce de théâtre. « ... la practique de Medicine... eſt... comparée a vn combat, & *farce* iouee à trois perſonnages : le malade, le medicin, la maladie. » II, 248.

— Figurément. « ... eſtoient tous les perſonnaiges de la *farce* en ordre, & bien deliberez. » II, 321.

FARCINEUX. « C(ouillon) *farcineux*. » II, 138.

FARDEAU. « ... par le *fardeau* de ſainct Chriſtofle... » II, 174.

FARDÉ. « ... geſtes & ſignes... non *fainctz*, *fardez*, ne affectez. » II, 97.

FARFADET. Eſprit follet. « L'hiſtoire des farfadetz. » I, 249. « ... quand il explora pour ſcauoir s'il eſchapperoit de l'embuſche des Farfadetz... » II, 56. « ... affin qu'apres ſon treſpas ne le declairent hæreticque & damné : comme les *farfadetz* feirent de la præuoſte d'Orleans... » 112. « ... aduenente la lumiere du clair Soleil diſparent tous Lutins, Lamies, Lemures, Guaroux, *Farfadets*, & Tenebrions. » 120. « Vous dictes qu'il n'eſt deſieuner que de eſcholiers... Et tous repas que de *Farſadetz*. Il eſt vray de faict monsieur Lucifer se paist à tous ses repas de *Farfadetz* pour entree de table. » 431. « ... soy tous rendre *Farfadetz* gentilz. » 432. « Lemures, Lares, *Farfadetz* & Lutins. » III, 149.

FARFELU. Gras, rebondi. « C(ouillon) *farfelu*. » II, 139. « ... les Andouilles *farfelues* ses ennemies mortelles... » 372. « ... vne embuscade d'Andouilles *farfelues*... » 396. « ... vn gros Ceruelat sauluaige & *farfelu*... » 413.

FARFOUILLANT. « C(ouillon) *farfouillant*. » II, 181.

FARFOUILLÉ. « ... depuy la denonciation du concile national de Chesil, par laquelle elles (les Andouilles) feurent *farfouillees*. guodelurees, & intimees. » II, 395.

FARIBOLE. « ... ce ne sont *fariboles*... » I, 216. « Les *fariboles* de droict. » 246.

FARINE. « ... aultres de semblable *farine*... » I, 58. « ... de pareille *farine*. » II, 122 et III, 190.

FAROUCHE. « ... gens insulaires, Bandouilliers, & *Farouches*. » II, 397. « Ie ne suis tant *farouche* ne implacable que vous penseriez... » III, 189.

FASCHER. « ... en cas que viure encores entre les humains ne leurs *faschast*. » II, 297. « Deux motz : mais que ie ne vous *fasche*. » 354.

— *Se fascher de*... « Aussi bien *se fasche* Lucifer *de* leurs ames. Et les renuoye ordinairement aux Diables fouillars de cuisine... » II, 431.

FASCHERIE. « ... meshaing ou *fascherie*... » II, 279. « Pantagruel restoit tout pensif & melancholicque. Frere Ian l'apperceut, & demandoit dont luy venoit telle *fascherie* non acoustumee. » 335. Voir *En, Entrer, Estrif*.

FASCHEUX. Fatigant, ennuyeux. « ... tant long, curieux, & *fascheux* compte. » II, 119.

FASCICULE (*Fasciculus*, diminutif de *fascis*, faisceau). Fagot. Voir *Collisier*.

FASEOL (*Phaseolus*, Faséole, petite fève) « ... Pois, Febues, *Faseolz*, Noix... » II, 45.

FASQUE. « ... poudre de diamerdis qu'il portoit tousiours en vne de ses *fasques*... » I, 363. Voir *Bougette*.

FASTE. « ... estoient les iours dictz malheureux & nefastes, esquels le Preteur n'vsoit de ces trois motz, *fastes* et heureux... » III, 185.

FASTIDIEUX. « ... l'ennuy tedieux Nous a renduz si *tresfastidieux* En noz espritz... » III, 300.

FAT. « ... *fat*, niays, & ignorant. » I, 77. « ... qui cautement sçayt obuier es inconueniens de paoureté, vous appelez Saige mondain, quoy que *fat* soit il en l'estimation des Intelligences cœlestes... » II, 178. « Ie ne fuys poinct *fat* iusques là. » 298. « ... le monde est deuenu mauuais garson, & n'est plus gueres *fat*. » 242. « ... *fat* plus ne gloux sera. » III, 5. Voir *Fade*.

FATAL (*Fatalis*, marqué par le destin). « ... tout le reste est fortuit, & dependent des *fatales* dispositions du Ciel. » II, 53. « ... le sort *fatal* de vostre mariage y est escript. » II, 88. « Comme porte mon sort *fatal*... » 174. « ... sœurs *fatales*... » 239. « ... son destin *fatal*... » 259. « ... tes destinees *fatales*... » 356. « ... si telle est... vostre destinee *fatale*... » 387. « ... telle estoit l'inſtitution premiere, & *fatale* deſtinee des eſtoilles... » III, 17. « Le treteau *fatal*, le voicy : Qui preſagiſt de toutes choſes. » 176.

Fatales. Substantivement. « Si tu ne veux veoir tes aures vitales Bien toſt voller aux Parques & *Fatales*. » III, 278.

FATIDICQUE, FATIDIQUE (*Fatidicus*. Prophétique). « Leur ſon (des cloches de Varenes) eſt... plus *fatidicque* que des chauldrons de Iupiter... » II, 134. « ... l'eſprit *fatidicque*... » 212. « ... ceſt Oracle eſt infallible : Il eſt ſeur, il eſt *fatidique*. » III, 173.

FATIDICQUEMENT. « ... auſſi *fatidicquement*... » II, 176.

FATRASSERIE. « ... *fatraſſeries* de papiers... » I, 267.

FATROUILLE. Voir *Emburelucoquer*.

FATROUILLER. « ... ſeurement on pouuoit apres luy *fatrouiller* ſans danger de chancre... » III, 120.

FATUEL (*Fatuus*. Fou). « ... ainſi faut-il... mettre tout en non chaloir. Ce que vulgairement eſt imputé à follie. En ceſte maniere feut du vulgue imperit appelé *Fatuel* le grand vaticinateur Faunus... » II, 178. « S'il eſtoit Dieu *Fatuel*... mary de la diue Fatue... » 185.

FAUCILE. Focile. Os du bras ou de la jambe. « Les *fauciles* comme faucilles. » II, 379. « ... ſommes dictz Paradolains, au long *faucile*... » III, 191.

FAUCILLE. « ... fourreau de *faucille*... » III, 47 et IV, 324. Voir *Coignie, Droict, Faucile*.

FAULCHERON. Danse. « Le *faulcheron*. » III, 223.

FAULCON. Oiseau de proie. « Sacres, Laniers, *Faulcons*... » I, 200.

— Petit canon. « ... couleurines, bombardes, *faulcons*... » I, 101. « ... vn coup de *faulcon*... » II, 467.

FAULCONNEAU, FAUCONNEAU. Canon plus petit que le faucon. « ... feurent ouiz du mole dix coups de verſes & *Faulconneaulx*... » II, 277. « Dedans vn *faulconneau* de bronze il mettoit ſur la pouldre de canon... vne ballote de fer... » II, 488. Voir *Arquebouse, Chambre*.

FAULCONNERIE. Voir *Asturcier*.

FAULCONNIER. « ... en *faulconnier* auecques vn leurre & guand de oizeau. » II, 436.

FAULSERE. «... notaires *faulſeres*...» II, 431.

FAULTE. Défaut, endroit où une chose vient à manquer. « ... ſuz la *fauſte* des couſtes... » I, 106. « ... en la *faulte* d'vne dent creuze... » 142. « ... ſouz la *faute* du harnois... » III, 408.

— *d'argent*. Voir *Argent*.

En faulte de. Voir *En*, p. 222, col. 2.

Sans faulte. II, 316; III, 57.

Sans poinct de faulte. II, 147, 149, 501.

Avoir faulte. « ... ce dont on n'a iamais *faulte*... » II, 468.

Il y a de la faute. « *Il n'y aura* poinct de *faulte*. » II, 134. « ... en toutes choſes *il y a de la faute*, & rien n'eſt en tous endroits heureux... » III, 99.

Faire faulte. Voir *Faire*.

FAULTIER. Fautif. « Entre iceulx (les archiers) vn eſtoit tant *faultier*, imperit, & mal adroict, que lors qu'il eſtoit en ranc de tirer, tout le peuple ſpectateur s'eſcartoit. » 453. Voir *Confrarie*.

FAULX, FAULCE, FAULSE. Diſſimulé, menſonger. « Ha *faulce* mort, tant tu me es maliuole... » I, 231. « ... la *faulſe* vieille veſnoit & veſſoit... 293. « ... Panurge tourna ſon *faulx* viſaige... » 325. « ... officines de *faulx* monnoieur... » II, 23.

FAUNE. « ... Syluains, *Faunes*... » III, 149.

FAUSTE (*Faustus*. Heureux, fortuné). « ... *fauſte* & heureuſe iournee... » III, 394.

FAUVE. « ... peſtilentes beſtes, noires, guarres, *fauues*... » II, 108.

FAUVEAU. Nom donné au bœuf à cause de sa couleur ordinairement fauve. Voir *Envi, Estrille, Estriller*.

FAUX. Voir *Coignie*.

FAVEROLLES. Voir *Midy* et la *Table des noms propres*.

FAVORER (*Favorare*, faire silence). « ... là eſtoit le lieu auquel conuenoit *fauorer* & par ſuppreſſion de parolles & taciturnité de langues... » III, 139, et IV, 339.

FAVORISER A. « ... vous leurs *fauoriſez*. » II, 260. « ... le ciel & l'air ſemblerent *fauoriſer à* la feſte. » III, 398.

FAVORIT. « ... ſ(ol) *fauorit*. « II, 182. « ... ſon mignon & *fauorit*. » III, 402.

FAYE. Foie. « Page, de l'eau... elle me refraiſchira le *faye*. » I, 145. « ... le *faye*, la ratelle, les trippes... » II, 294. « ... *fayes* d'oyſons... » 424.

FAYS. Voir *Fais*.

FEABLEMENT. Loyalement. « ... *feablement* à gens de bien ſoy aſſeruir. » III, 22.

FEAL. Adjectivement et substantivement. « ... mes *feaulx*... » I, 15. « ... *feaulx* ſeruiteurs... » 175. « ... noſtre *feal* le Philoſophe Trouillogan. » II, 144. « Noſtre *feal*... » 169.

FEAUTÉ, FEAULTÉ. Fidélité. « ... *feaulté* & obeiſſance... » II, 16. « ... non doubtant de leur *feaulté*... » 19. « ... en recognoiſſance de ceſte *feaulté*... » 417. « ... trahiſon a nom de *feauté*... » III, 45.

FEBRE (*Febris*. Fièvre). « ... habile ſeroit celuy qui pourroit eſchapper, Que *febre* à coup ne le vint atrapper. » III, 278.

FEBRICITANT. « C(ouillon) *febricitant*. » II, 140.

FEBVE. « ... eſtant l'home en ſon priué, on ne ſçait pour certain quel il eſt, non plus que d'vne *febue* en gouſſe. » II, 91. « Par reciprocque denomination ſont dictz les Fabies, des *Febues*... » 233. « Le monde donques enſagiſſant plus ne craindra la fleur des *febues* en la prime vere... Vn tas de liures... obſcurs comme les nombres de Pythagoras... qui fut roy de la *febue* teſmoin Horace... periront... Au lieu d'iceux ont ſuccedé les *febues* en gouſſe. Ce ſont ces ioyeux & fructueux liures de pantagrueliſme. » III, 5-6. « ... lon ne pourra trouuer la *febue* au gaſteau des Roys... » 236. Voir *Esgousseur*.

FECAL. « matiere *fecale*... » I, 20 et II, 483. « ... l'operation *fecale*. » II, 111. « ... le guiſchet du ſerrail on quel eſt à temps la matiere *fecale* retenue. » 507. « ... baſſin *fecal*... » 509. Voir *Abſterſion, Eſmeut*.

FEÉ, PHEÉ. Participe du verbe *féer*, enchanté, charmé, fixé par le destin. « ... ſi ainſi eſtoit *pheé*, & deuſt ores ton heur & repos prendre fin, failloit il que ce feuſt en incommodant à mon Roy?... » I, 118. « ... eſtoit *pheée* (la masse de Loupgarou) en maniere que iamais ne pouuoit rompre. » 358, et IV, 211. « ... la maſſe de Loupgarou qui eſtoit *pheée* (comme auons dict deuant). I, 360. « ... Bacchus... auoit... vn Renard *fee*, de mode que... de beste du monde ne seroit prins... Ce noble Vulcan auoit faict vn chien... Il estoit pareillement *fee*... » II, 259.

FEE, PHEE. Personnage imaginaire. « ... suis à ce predestiné des *phees*... » I, 323. « Telle estoit l'ordonnance des *Fees*. » III, 13.

FELLÉ. Fêlé. « C(ouillon) *fellé*. » II, 139.

FELON, FELONNE. « ... Atropos la *felonne*... » II, 387. « ... c'est (l'unicorne) vne beste *felonne* à merueilles. » III, 119.

FELONNEMENT. Méchamment, cruellement. « ... les ont... occis *felonnement*... » II, 224. « Frere Ian... eust *felonnement* occis le marchant... » 288. « ... sortit hort la nauire, en deliberation de *felonnement* les occire... » III, 61. « ... les Pies perdirent la bataille, & sus le camp furent *felonnement* occises. » 187. « ... combatirent à l'espee... assez *felonnement*. » 406. « ... fut combatu plus *felonnement* que n'auoit encores esté... » 410.

FELONNIE. « ... force forcee leurs est respirer & leurs *felonnies* moderer... » II, 198.

FEMININ. « Y a il du *feminin* genre? » II, 496, et IV, 305.

FEMME. « ... à grand peine veit on iamais *femme* belle, qui aussi ne feust rebelle... » I, 322. « Sont toutes *femmes femmes*. » II, 157, et IV, 252. « ... la male *femme*. » II, 500.

— *de bien*. Voir *Bien*.

— *folle à la messe*. Voir *Antistrophe*.

Ma bonne femme d'eschine. Voir *Dauber*, *Eschine*.

FEMMELETTE. « ... les Diables sortirent d'enfer, et y emportoient toutes ces pauures *femmelettes*... » II, 135.

FEMORES (*Femur, Femora*, cuisses). Voir *Callisier*.

FENABREGUE. Alisier. « La fille aisnée eut nom Vigne, le filz puysné eut nom Figuier... l'autre *Fenabregue*... » II, 236.

FENAISON. « Vn fisre allans en *fenaisons* Est plus fort que deux qui en viennent. » II, 40.

FENDEUR. « ... comme à vn *fendeur* de boys faict grand soulaigement celluy qui... crie han... » II, 342. Voir *Abateur*.

FENDU. « ... bien *fendu* de gueule... » I, 104.

FENÉ. Fané. C(ouillon) *fené*. » II, 138.

FENESTRE. « ... les *fenestres* de vos sens. » II, 222. « ... *les fenestres* de nos yeux... » III, 162. « ... nous les verrions bien par ce petit goulet de *fenestre*... » 212.

FENESTRÉ. A jour, tailladé. « ... du cousté hors le montouoir son soulier *fenestré* estoit si fort entortillé qu'il ne le peut oncques tirer. » II, 317.

FEODE. « ... tenir & posseder toutes ses terres en *feode* du siege apostolique. » III, 363.

FER. « ... Les aguillettes de soye de mesmes couleurs, les *fers* d'or bien esmaillez. » I, 203. « Ce pendent que le *fer* est chault il le fault batre. » I, 370. Voir *Chaud*. *A fer esmoulu*. Voir *A bastons rompus*, p. 2, col. 1.

— Jeu. « ... tirer les *fers* du four. » I, 82.

FERCULE (*Ferculum, Fercula*, brancard pour porter les dépouilles dans les triomphes.) « Portant infinis trophees *fercules* & despouilles des ennemis. » III, 152.

FERIAUS (*Ferialis*, qui doit être fêté.) « ... le iour est *feriau*... » II, 350.

FERIES (*Færiæ,* Fêtes). « .., les *Feries* des pefcheurs... » II, 228. « ... *feries* de ce bon Vulcan en May... » 262. Voir *Esurial.*

FERINE. Gibier, venaison. « L'vn s'exercite à vener la *Ferine.* » III, 276.

FERIR. Frapper. « ... fans nul *ferir...* » I, 178. « ... Loupgarou... la paroit (sa masse) pour en *ferir* Pantagruel. » 360. « ... pour mieulx veoir ce que i'en vouldroys *ferir.* » II, 72. « ... *ferir* les Grues volans par l'aër... » 152. « Triboullet tira fon efpée de boys, & l'en voulut *ferir.* » II, 212. « ... il paffoit les fleches entre les doigts des ieunes enfans... fans aulcunement les *ferir.* » 389. « Les ballote & dragees... fembloient bien debuoir *ferir* le paige... » 488. « ... print vne groffe pierre le voulant *ferir* par la moitié. » II, 37.

— Présent « ... par fon exceffiue chaleur *ferift* le cerueau... » II, 229. « ... eft la fouldre detournee & iamais ne les *ferit...* » 489. « ... iamais ne *feriffent* les ennemis, que en ligne diagonale... » III, 88.

— Imparfait. « ... iamais n'en *feriroit* perfonne (Cupido, de son arc). » II, 152.

— Parfait. « ... *ferut* le nerf de la mandibule... » I, 142. « ... en *ferut* à toute oultrance le moyne au milieu de la poictrine... » 159. « ... tyra fon dict braquemart, & en *ferut* l'archier... » 163.

— Imperatif. « ... homme de bien frappe, *feris,* tue & meurtris tous Roys... » III, 37.

— Participe. « ... le pauure haire qui l'auoit *feru* du bourdon... » I, 142. « ... de la venaifon ainfi *ferue* la chair plus tendre... eftoit... » II, 390. « ... tout le peuple fpectateur s'efcartoit de paour d'eftre par luy *feruz.* » 453.

FERMAIL. Fermoir. « Quel breuiaire fuft, certes ne penfoys, voyant les reigletz, la rofe, les *fermailz,* la relieure & la couuerture. » III, 186.

FERME. *Terre ferme.* « Pluft à Dieu... que... ie feuffe en *terre ferme...* » II, 337.

FERME. Adverbialement. « ... tenoit l'arbre fort & *ferme.* » II, 339.

FERMENTER. Activement. « ... leuain pour *fermenter* la pafte. » II, 484.

FERMER (*Firmare,* affermir, fixer). « Auiez vous là *fermé* voftre penfée. » II, 21.

FERNEL. Pièce de bois sur la proue d'un vaisseau. « Pour dieu, fauluons la brague : du *fernel* ne vous fouciez. » II, 337.

FERRAILLE. « ... repetasseurs de vieilles *ferrailles* Latines... » II, 9; III, 8. « ... mefchante *ferraille* de moines... » III, 114. Il y a ici un jeu de mots sur *ferraille* et *freraille.*

FERRAROISE (A LA). Voir p. 3, col. 1.

FERRAT (*Ferratus,* garni de fer). ... auoient barbe rafe & pieds *ferrats.* » III, 103.

FERREMENT « ... commencerent... acheuer ceulx qu'il auoit defia meurtriz. Scauez vous de quelz *ferremens?* A beaufx gouuetz qui font petitz demy coufteaux dont les petitz enfans de noftre pays cernent les noix. » I, 108. Voir *Aguiser.*

— Dans un sens libre. « ... i'ay le *ferrement* infatiguable... » II, 134.

— *Ferremens de la messe.* « Interrogees fus les caufes de ceftuy pendaige, respondirent qu'ils auoient desrobé les *ferremens* de la messe... » II, 330. « *Les ferremens de la messe,* disent les poicteuins villageoys ce que nous disons ornemens... » III, 199. — Henri Estienne les énumère ainsi dans son *Apologie pour Herodote* (éd. Lizeux, t. II, p. 353) : « ... si on vient aux *ferremens* d'vne seule messe, l'Aube, l'Estole, la Zone, le Manipule, l'Amict, la Chappe, ou Chasuble, &c. Platine ou Patene, Corporalier, Encensoir. Ie ne parle point de l'hostie, comm' estant hors du nombre des *ferremens* missatiques... »

— *L'isle des ferrements.* Voir la *Table des noms propres.*

Ferrementiporte. Qui porte des ferrements. « ... arbres *fermentiportes...* » III, 39.

Ferrer. Voir *Cigalles.*

Ferriere. Bouteille de cuir. « Lors descouurit sa *ferriere,* &... beuuoit assez honnestement. « I, 130. « ... il n'y demeura vne seulle goutte, excepté vne *ferriere* de cuir bouilly de Tours...» 353. « ... portez flaccons, *ferrieres,* & bouteilles... » II, 421.

— « ... pierre Siderite, c'est à dire *Ferriere,* aultrement appellee Herculiane... » II, 488.

Ferruginé (*Ferrugo, ferruginis,* rouille du fer.) « ... metal *ferruginé...* » I, 242.

Ferulacée (*Ferulaceus.* Semblable à la férule). « ... vn tige vnicque, rond, *ferulacée...* » II, 228.

Ferule. Voir *Boulas.*

Fervent (*Fervens,* échauffé, bouillonnant). « ... peuple tant *feruent* & occupé... » II, 8. « ... de fer *feruent...* » 27. « *feruente* & inueteree affection... » 282. « ... *feruente* deuotion... » 339. « ... *feruent* de fer... » III, 258. « Peu de chose oblige... les gens de bien & les rend plus *feruens...* » 353. » Voir *Estude.*

Ferveur. « ... veistes vous onques chien rencontrant quelque os medulare?... vous auez peu noter... de quel *ferueur* il le tient... » I, 5. « Diogenes les voyant en telle *ferueur* mesnaige remuer... » II, 7. « ... ne sçay quelle *ferueur* naturelle... » 16. « ... la chaleur des corps supperieurs & *ferueur* de la mer sallee... » III, 227.

Fessart. Jeu. « A *fessart.* » I, 82.

Fessé. Jeu de mot pour fascé. « ... lardouoire de Sinople *fessee* d'vn chevron argenté... » II, 410.

Fessepinthe. Voir *Denoter.*

Fessier. « ... le *fessier* de sa femme. » II, 422.

Fessu. « ... seur *fessue...* » II, 98.

Feste. « ... ie l'ay trouué (Quaresmeprenant) dedans mon breuiaire : & s'en fuyt apres les *festes* mobiles. » II, 372. « Nous nous passerions bien de tant de *festes* du palais. » III, 12. Voir *Baston, Chommer.*

Feste Dieu Bayard. Voir *Bayard.*

Festival. « ... f(ol) *festiual.* » II, 184.

Feston. « ... ioyeux *feston* de Myrtes, Lierres, Lauriers... » III, 398.

Feston diene. II. 329. Exclamation.

Festoyer. « ... ilz le *festoyerent* à tour de bras... » I, 138. « Comment le moyne feut *festoyé* par Gargantua. » 144. « ... là feut receu & *festoyé* à grandz coups de canon. » 178. « ... que ie me mette en pourpoint pour mieux *festoyer* les commeres. » I, 231. « ... telle estoit la case de la tant celebrée Hecale, lors qu'elle y *festoya* le ieune Theseus... » II, 86. « ... ie vous *festoiray* d'vn banquet de Nazardes... » 103. « ... Malicorne feut de tous *festoyé*, salué, & accollé. » 284. « ... ilz le *festoierent* à grands coups de guanteletz... » 314. « Tabourins à nopces sont ordinairement battuz : tabourineurs bien *festoyez*, battuz iamais. » 324. *festoyee* à grands coups de poing... » 325. « ... qu'ilz eussent à bien le *festoyer*... » 439. « ... nous *festoya* d'vne estrange façon. Il nous fist quatre iours consequens ieusner. » III, 12. Voir *Deliberer (se)*.

FESTU. « ... se glorifiant veoir vn *festu* en l'œil d'aultruy ne void vne grosse souche laquelle luy poche les deux œilz. » II, 124.

FEU. « Si croyez que le *feu* soit le grand maistre des ars... vous errez... » II, 470. Voir *Couper*.

— *artificiel*. Voir *Artificiel*.

Feuz, feuz de joye. « ... preuoyant que à sa mort les Iuifz feroient *feuz de ioye*... » II, 363. « voyant... estre faits *feuz* parmy les rues de Rome... » III, 395. Voir *Alosis*.

— *de ricqueracque*. « ... le mau *fin feu de ricqueracque*... vous puisse entrer au fondement... » I, 218.

— *sainct Antoine*. « ... pensans que le *feu sainct Antoine* les tint aux iambes. » I, 296. « ... ce beau pere nous veust il icy faire l'offrande & baiser son cul? Le *feu sainct Antoine* le baise. » 298. Voir *Ardre, Boyau cullier*.

Gens de feu. « ... esueiglez vos endormiz Cyclopes... & les faictes boire d'autant. A *gens de feu* ne fault vin espargner... » II, 261.

Jusques au feu exclusivement. Voir *Exclusivement*.

Lance à feu, migraine de feu, trombe de feu, nue à feu, etc. « ... auec vne *migraine de feu* se tint aupres. » I, 338. « Les autres apprestoient... *micraines, potz, cercles, & lances à feu*... » II, 7. « ... fut tant... ietté de mattons, *micraines, potz, & lances à feu*... » III, 405. « ... sciopes, fusees en canon, *palles & lances à feu*... » 408. « ... furent iettees dix *trombes de feu*, canons de fusees, palles, mattons. » 409. « ... *nues à feu* pleines d'estoiles coruscantes... » 413.

Mettre à feu et à sang, à feu. « ... doibt *à feu* incontinent Empereurs... & *à sang* mettre, qu'ilz transgresseront vn iota de ses mandemens. » II, 446. « Là nous estoit signifié comme Bacchus... *mettoit* tout *à feu & à sang*. » III, 146. « Bacchus... *mettoit* tout *à feu*... » 147. « ... *mettre* eux & la forteresse *à feu & à sang*... » 403.

Mettre le feu. « ... descendez, prenant vne torche allumee, auecques laquelle vous *mettrez le feu* dedans toutes les tentes & pauillons... *mettez le feu* en leurs pouldres... alors que il eut *mis le feu* par les tentes & pauillons... Il *mit le feu* en leurs munitions... le *feu* feut si soubdain que il cuida embrazer le pauure Carpalim. » I, 353.

En mettre son doigt au feu. Voir *Doigt*.

FEUEILLADE, FEUILLADE, FUEILADE, FUEILLADE, Feuillée. « ... soubz belle *feuillade*... » II, 263. « ... ronfloient sous vne *fueillade*. » III, 36. « ... banquetans souz vne *fueillade*. » 81. « Prestes à faire en *fueilade* gambades... » 276. Voir *Agenseur*.

FEUEILLE, FEUIELLE, FEUILLE,

Fueille. « ... il n'eſtoit arbre ſus terre qui euſt ny *fueille* ny fleur... » I, 226. « ... il ſe arma d'vne... braguette, faicte... de *feueilles* de figuier... » II, 46. « Les *feueilles* (de la Sibylle) recuillies, retournerent Epiſtemon & Panurge en la court de Pantagruel... luy præſenterent les *feueilles* de Sycomore... » 90. « Voulez vous ſcauoir... la Verité... Par Sycomantie. O art diuine en *feuille* de figuier! » 124-126. « Nous luy baiſerions le cul ſans *feuille*. » 437. Voir *Bardane*.

Feueillet. « ... vn *feueillet* d'vnes meſchantes Clementines... » II, 450.

Feueilleter, Fueilleté. «...*feueilleter* papier, quotter cayers... » II, 192. « Les vaſes ſpermatiques, comme vn guaſteau *fueilleté*. » II, 375. « ... accouſtrement de velours incarnat *fueilleté* de toille d'argent. » III, 408. Voir *Fueilleteur,* à son rang alphabétique.

Feurre. Foin, paille, fourrage. « ... il n'y a nulle apparence de dire que à Paris ſur petit pont geline de *feurre*... » I, 276-277, et IV, 196. « Ie vouloys quelques motz de gueule mettre en reſerue dedans de l'huille, comme l'on guarde la neige & la glace, & entre du *feurre* bien neƈt. » II, 468.

Faire gerbe de feurre aux Dieux. Voir *Dieu,* p. 203, col. 1.

Rue du feurre. Rue du fouarre. « ... en la *rue du feurre* tint contre tous les regens... » I, 265. « Vn iour que l'on auoit aſſigné à *yceulx* (maiſtre es ars) ſe trouuer en la *rue du feurre.* » 296. «... es eſcholes du *Feurre*...» 304. Voir *Table des noms propres.* Paris.

Feussent, répété. Voir *Estre,* p. 250, col. 2.

Feutré. Feustré. Garni de feutre ou de matière analogue. « C(ouillon) *feutré*. » II, 128. « ... chemin bien licé tout blanc & quelque peu *feuſtré* de paille... » III, 101. « ... ſouliers *feuſtrez* de pampre... » 139.

Fiance. Confiance. « ... toute ma *fiance* eſt en dieu mon protecteur... » I, 351, « ... paſſa mons & vaux en *fiance.* » III, 49. « ... homme auquel il auoit ſa *fiance* totalle... » 148.

Fiancée. « ... ſa baſtarde & *fiancée* audiƈt Duc de Florence. » III, 362.

Fiansailles. « ... les antiques couſtumes des *fianſailles.* » II, 323. « Appellez vous cecy *fianſailles?* Ie les appelle fiantailles de merde. » II, 325.

Fiant. Voir *Deieƈtion.*

— *de cheval.* Voir *Doye.*

Fiantailles. Voir *Fiansailles.*

Fianter. « Puis *fiantoit,* piſſoyt, rendoyt ſa gorge... » I, 78. « ... belle ſaulce verde... Vous faiƈt... bien rotter, veſſir, peder, *fianter*... II, 23-24. « *Fiantoient* aux fiantouoirs... » 80. « Tonnez, Diables, petez, rottez, *fiantez*.... » 343. « S'il *fiantoit,* c'eſtoient potiron & Morilles. » II, 382. « ... ie ne *fiantay* qu'vne petite crotte... » 450. « C'eſt vn voyage de foirards, nous ne faiſons que veſſir, que peder, que *fianter,* que rauaſſer... » III, 58. « Se retirera il là à l'eſcart? *fiantera* il plus loin?... » 174. Voir *Bonases.*

Fianteur. « Eſcoutez que diƈt notre retraiƈt aux *fianteurs*... » I, 53. « La martingalle des *fianteurs.* » II, 250.

Fiantouoir. Voir *Fianter.*

Fiat. Soit fait. Expression latine.

« ... l'Empereur ſans qu'il deburſe rien luy demandera celuy (l'argent) du Duc de Ferrare lequel ne tient que à vn *Fiat.* » III, 364.

Fic. « Tachor, vn *fic* au fondement. » III, 203.

Fictil *(Fictilis.* De terre cuite). « ... tonneau *fictil...* » II, 8.

Fiction *(Fictio, fictionis.* Façon, travail). « ... ainſi s'eſtoient mis en armes pour plus honorablement le recuillir ſans aultre *fiction* ne mauuaiſe affection... » II, 398. « ... *fiction* & fraude occulte... » 474.

Fiebvre, Fievre. « Treues de ſoif. Ha faulſe *fiebure,* ne t'en iras tu pas ? » I, 21.

— *de veau.* « C'eſt... le paoure Diable de Panurge, qui a la *fiebure de veau.* Il tremble de paour quand il eſt saoul. » II, 350.

— *Ephemere.* Voir ce mot.

— *quartaine.* « ... ie vous metroys en chien courtault les fuyars de Pauye. Leur *fiebure quartaine.* » I, 146. « Combien la denree de mouſtarde ? Vn denier... Tes *fieures quartaines...* » 368. « Les preſcheurs de Varenes... deteſtent les ſecondes nopces... Elles ſont... leurs fortes *fiebures quartaines.* » II, 39. « Ie feray (reſpondit Panurge) tes fortes *fiebures quartaines...* » 123. « Tes *fiebures quartaines,* Couillu. » 140. « Tes fortes *fiebures quartaines...* lourdault ſot que tu es. » 294. Voir *Espouser.*

— *quarte.* « ... mal ſacré, *fiebures quartes...* » III, 72.

Fieffé. « Goutteux *fieffez...* » II, 1.

Fiel. « ... en Andouilles plus touſt l'on trouuoit merde que *fiel.* » II, 416. Voir *Dolouoire.*

Fier. « ... leur *fier* marcher... » II, 397. « ... *fiers* comme Eſcoſſois. » III, 70. — *Fourche fiere.* « Eſguiſoient vouges, picques.. *fourches fieres...* » II, 7. « Le pylore, comme vne *fourche fiere.* » 375.

Fier. Sorte de raisin. Voir *Bicane.*

Fierement. « ... tant *fierement* frappoyt. » I, 107. « ... toutes aultres abbayes ſont *fierement* murees. » 189. Voir *Donner sur.*

Fiereté. « ... en toute *fiereté* coururent enſemble vers la porte de l'orient. » I, 179.

Fieulx. « Par ſoy, nos *fieulx,* i'aymerois mieulx veoir vn... oyzon en broche. » II, 308.

Fifre. Voir *Fenaison.*

Figue. « *Ecco lo fico.* Voila la *figue.* » III, 203. Jeux. « A *figues* de Marſeille. » I, 81. « A la figue. » 83. *Appeler figues figues.* Voir *Appeler.*

Figues dioures. Voir *Dioure.*

Faire la figue. Voir *Faire,* p. 261, col. 1.

— *Par ma figue.* Exclamation ordinairement employée pour *par ma foi.* « *Par ma figue,* vous ſeriez bien empeſchez... » II, 241. Dans le passage suivant c'est bien une *figue* qui est plaisamment invoquée. « *Par la figue,* reſpondit l'aſne, laquelle vn de nos anceſtres mangeant, mourut Philemon à force de rire, voicy baſme monſieur le rouſſin. » III, 33. Jeux : « Aux *Figues* de Marſeille. » I, 81. « A la *Figue.* » 83.

Figure. « ... tout le monde en *figure* cryoit Euohe. » III, 150.

— en logique. Voir *Contradictoire.*

— en géométrie. « ... en *figure* intercalaire. » III, 92. « ... *figure* heptagonne... » 157, 160, 166. Voir *Æquilateral, Exagone, Excoler, Intercalaire.*

I, 274. « Cefte *fineffe*, dit frere Iehan, eft extraicte d'occulte Philofophie, & n'y entends au diable, le rien. D'autant refpondit Pantagruel, eft-elle plus redoutable... Car *fineffe* entendue, *fineffe* defcouuerte perd de *fineffe* & l'effence & le nom : nous la nommons lourderie. » III, 106. Voir *Clerc*.

FINISANT. « ... feueilles... *finifantes* en poinctes de Sariffe Macedonicque... » II, 228.

FISCHER. « ... me les *fifchoyt* (des cornes) encore plus auant... » II, 73.

FISTICQUES. « Sur la fin offroient... *Fifticques*. » II, 482.

FISTULEUX. « C(ouillon) *fiftuleux*. »

FIXEMENT. « ... quatre boucles ou pertuys : en chafcune desquelles eftoient *fixement* retenue vne boule vuyde. » III, 153.

FLACCON, FLASCON. « ... vuider les *flafcons*. » I, 122. « ... *flafcon* plein de vin Phalerne. » III, 172. Voir *Bouteille, Degainer, Flasque*.

FLACCONNER. « ... tous *flacconnerent* fi bien que... » I, 352.

FLACQUE. Flasque. « C(ouillon) *flacque*. » II, 138.

FLAGITIOSE (*Flagitiosus*. Impur, débauché). « ... *flagitiofe* nebulon... » I, 243.

FLAGRANT. « ... la *flagrante* fureur des deux bons champions. » II, 203.

FLAIR. « ... le *flair* du Figuier (contraire), aux Taureaux indignez... » II, 234. « ... duquel eft le *flair* & l'odeur plus delicieux, de la fiebure ou du vin? » 250. « ... *flair* iffant des Lauriers... » 489. « ... pais... *flairant* ferain... » III, 228.

FLAMANT, FLAMMANT. « ... *Flammans*, (qui font phœnicopteres)... » I, 140. « ... euffiez dict que c'eftoyent grues, ou *flammans*... » 221. « ... Phœnicoptere : qui en Languegoth eft appellé *Flammant*. » II, 415. « ... *Flamans*, Cignes. » 478.

FLAMBANT. « ... efpée *flambante*... » II, 116. — *Flambantes nuees*. Voir *Esclairer*.

FLAMBE. « ... vne *flambe* de feu ardent... » II, 116. « ... *flambe* lumineufe... » 230. « ... la *flambe*... couurit tout le chafteau. » 243. « ... comme eft la forme d'vne *flambe* de feu... » III, 201. « ... ne voioyt on autour que feu, *flambe*, & fumee... » 405. Voir *Faire feu*, p. 261, col. 1.

FLAMBOYANT. « Les œilz auoit rouges & *flamboyans*... » II, 415.

FLAMMEAU. « Agathe à onde de petis *flammeaux*... » III, 144.

FLAMMIVOME (*Flammivomus*. Qui vomit des flammes). « ... cheuaulx du Soleil *flammivomes*... » II, 387.

FLAN, FLANC. « ... cheuaulx coliqueux, & qui tirent des *flancs*. II, 236. « ... les fortes vagues batre le *flan* de nos vaiffeaulx... » 336.

FLANCQUEGÉ. (*Fiancheggiato*, Italien. Flanqué). « ... fus les aefles eftoient *flancquegees* d'vn grand nombre de Boudins fylvaticques... » II, 397.

FLASQUE. Flacon. « ... vn *flafque* de fang vreal. » III, 42. « ... fortit le grand *flafque* (noftre Lanterne l'appelloit Phlofque) gouuerneur de la diue Bouteille... » III, 136. Voir *Flaccon*.

FLATRY. « C(ouillon) flatry. » II, 137. Voir *Effilé*.

FLECHIR. « ... *flechiffant* le genoil gaufche... » II, 100.

FLECTION. (*Flexio, flexionis*. Déviation). « ... la *flection* des diuerfes couleurs, qui font naturelles és pierres precieufes... » III, 154.

Fleiche, Fleche. « ... la *fleiche* de Paris... » II, 401. Voir *Bois*.

Fleur. « ... à *fleur* de leur Orizon... » II, 238. *Fleur des febves*. Voir *Febve*.

Fleurer. « ... *fleurer*, ſentir & eſtimer ces beaulx liures de haulte greſſe... » I, 5.

Fleureter. « ... en taſtonnant & *fleuretant* aprocherent de la matiere fecale... » 381. Voir *Dormir (le)*.

Fleurin. Florin. « ... à l'vne donnois cent *fleurins*, à l'aultre ſix vingtz... » I, 303.

Flexuosité. Voir *Ambage*.

Floc (*Floccus*. Flocon). « ... Panurge auoit mis au bout de ſa longue braguette vn beau *Floc* de ſoye rouge, blanche, verte, & bleue, & dedans auoit mis vne belle pomme d'orange. » I, 312. « ... l'affeubla d'vne chauſſe d'hypocras, au bout de laquelle, en lieu de *floc*, miſt trois obeliſques... III, 165. Voir *Cramoiſin*.

Flocquar. « ... de beaulx rubans, de belles fleurs, de beaulx *flocquars*... » I, 46.

Flocquer. Voir *Deschiquetture*.

Flocquet. « ... les oultragerent grandement, les appelans... Trainneguainnes, gentilz *Flocquetz*... I, 98.

Flori. « Vn tas de liures qui ſembloient florides, florulens, *floris* comme beaux papillons, mais au vray eſtoient ennuyeux... » III, 5.

Floride (*Foridus*. Couvert de fleurs). « La quinte (colonne) d'Emeraude... plus *floride* & plusluyſante que n'eſtoient celles qu'en lieu des yeux on auoit oppoſé au Lion marbrin... » III, 159. Voir *Flori*.

Florule. « ... *Florule* Pyrricque, & mille autres danſes. » III. 77.

Florulent (*Florulentus*, émaillé de fleurs.) Voir *Flori*.

Flots. Voir *Aeré*.

Flottant. « Les ballote & dragees... reſtoient en l'air *flottantes* & tournoyantes à tour de la pierre... » II, 488.

Flouin. « (Orth. auriculaire du mot angl. *Flowing* [*Fly*, voler].) Nom d'un petit navire ponté qui pouvait naviguer à la voile ou à l'aviron. » (Jal, *Glossaire nautique*). « Voyez cy pres noſtre nauf deux Lutz, troys *Flouins*, cinq Chippes... » II, 350.

Flus, Flux, Fluz. « ... vous auez vn *fluz* de bourſe. » I, 301. « ... *fluz* de ventre. » III, 238. — Jeu. « Au *flux*. » I, 80. « ... force tabliers, ou le beau *flux*, vn, deux, troys... » 84. « Paſſe sans *fluz*... » II, 169; III, 32. Voir *As*.

Flutte. « ... il aprint à iouer... de la *flutte* de Alemant & à neuf trouz... » I, 88.

Fœlice (*Felix*, *felicis* heureux). « ... *tresfœlice* la vite... » III, 276.

Fœnu. « Santonicque, *fœnu* Grec... » II, 232.

Foilluze, Fouillouse. Poche. « ... il arrapoit l'vn par les iambes... l'autre par la *foilluze*, l'autre par l'eſcharpe... » I, 142. Voir *Auber*.

Foin. « ... tournoyt les truies au *foin*... » I, 45. « Ceſte truie volontiers ſe tournoit à ce *foin*. . » II, 302. « Ce ſera icy vne belle bataille de *foin*... » II, 406. Voir *Bailler*, *Boteleur*.

Foirard, Foyrad, Foyrar, Foyrard. « ... comme dict le prouerbe, à cul de *foyrad* touſiours abunde merde... » I, 37. Voir *Breneux*, *Fianter*.

— « ... raisins... des *foyrars* pour ceulx qui ſont conſtipez de ventre. » I, 97.

FOIRE, FOYRE. Grand marché public qui se tient à des époques déterminées. « ... plus estoit troublé que s'il feust à la *foyre* de Fontenay ou de Niort... » II, 69. « ... dist... que le mystere pourroit estre prest à l'issue des *foires* de Niort... » 315. « On ne s'en va pas des *foyres* comme du marché! » III, 47.

FOIRE. Flux de ventre. Voir *Attendre*.

FOIREUX. Voir *Bran*.

FOIS. *A une fois*. Voir p. 6, col. 1. *Aultre fois*. Voir *Aultre*, p. 59, col. 2.

FOISON, FOYSON, FOIZON. » ... il feist charger grande *foison* de son herbe Pantagruelion... » II, 227. « Vous en trouuerez *foison*... » 241. « ... cochons (des quelz y a *foizon* en Papimanie)... 447. A *foison*. A *foizon*. II, 279, 337.

FOISONNANT, FOIZONNANT. « ... Pape *foizonnant* en Cardinaulx... » II, 32. « ... vieillesse feminine est tousiours *foisonnante* en qualité soubeline... » 85. « ... *foisonnant* en pardons, indulgences, & stations... » 372.

FOL « ... en toutes compaignies il y a plus de *folz* que de saiges... » I, 269. « Triboulet (dist Pantagruel) me semble completement *fol*. Panurge respond. Proprement & totalement *fol*. Pantagruel f. fatal... » etc. Voir les nombreuses épithètes dont ce mot est accompagné, t. II, pp. 180-184. « ... faisant ce que les *folz* medicins ordonnent à ceulx qui montent sur mer. » 271. Voir *Enseigner*.

FOLASTRANT. « ... f(ol), ioyeulx & *folastrant*. » II, 181.

FOLASTRE, FOLLASTRE. « ... les matieres icy traictees ne sont tant *folastres*, comme le tiltre au dessus pretendoit. » I, 4.

— Substantivement. La *follastre*. Voir *Fischer*.

FOLASTRIE, FOLATERIE, FOLLASTRIE. « ... mocqueries, *folateries*, & menteries ioyeuses... » I, 4. « Ce seront petites *follastries* entre ma femme & moy... » II, 217. « ... de *folastries* ioyeuses hors l'offence de Dieu, & du Roy, prou... » 250.

FOLIE, FOLLIE. « ... imputé à *follie*... » II, 178. « Non que ie me vueille impudentement exempter du territoire de *follie*... » 216.

Faire la follie aux garsons. Voir *Faire*, p. 260, col. 2.

— Maison de plaisance. « Pantagruel... se pourmenoit vers les faulxbours Sainct Marceau, voulant veoir la *follie* Goubelin. » I, 289.

FOLFRÉ. Affolé. « ... auquel conuint le peuple tout *folfré* & habaliné... » I, 67.

FOLLET. « ... Satyres, Syluains, *Folletz*... » II, 367.

FOLLIANT. « Ie luy remonstroys en *folliant* qu'elle me les debuoit mettre (des cornes) au dessoubz des œilz... » II, 72. « ... f(ol) iolly & *folliant*. » 181.

FONCÉ. Ayant un fond. « ... ilz ne portent point de chausses *foncees*, & leur pauure membre s'estend en liberté. » I, 298.

FONDAMENTAL. Voir *Basique*.

FONDATEUR, FONDATRICE. « ... Melusine leur premiere *fondatrice*... » II, 405. « ... premier *fondateur*... » 417. « ... *fondateurs* & instaurateurs de villes... » III, 136.

FONDE (*Funda*, fronde). « Les autres apprestoient arcs, *fondes*, arbalestes, glands... » II, 7. « ... sont... les arbelestes bandées, les *fondes* faictes... » 237. Voir *Baliste, Brassier.*

Fondé. *Fondé en droict.* Voir *Droict.*

Fondement. « ... les damoyselles formerent syndicat, monstrerent leurs *fondemens*... » I, 304. « ... en cette annee seront seulement les machinations, menées, *fondemens,* & semences du malheur suiuant... » III, 259. Voir *Escapper.*

Fondeur. *Fondeur de cloches.* Voir *Cloche, Estonné.*

Fondrilles. « Puys furent seruies... Des *fondrilles.* » 217-219.

Fondu. Voir *Chevau.*

Fons. Fond. « ... le pauure Lymosin conchioit toutes ses chausses qui estoient faictes à queheue de merluz, & non à plein *fons*... » I, 243. Voir *Foncé.* « ... finoit ses iours en creuant, plus ne pouuant le perytoine... clorre & retenir ses trippes... quoy, dist Panurge... ne luy sauriez vous... le ventre relier... ne ietteroit si aisement ses *fons* hors... » III, 64.

Fons (*fons, fontis,* fontaine). « ... auoir... du *fons* Cabalin beu à plein godet... » III, 7.

Fonte. Pantagruel interroguoit, si par *fonte* pareillement faisoit les hommes vieux reieunir. » III, 79.

— *des neiges.* Voir *Esgout.*

Forain. Du dehors. « ... au plus haut de la tour quarree en veue de la part *foraine.* » III, 403. «... les gens de pied *forains*... » 405. Voir *Affection, Alibitz, Esquadron, Externe.*

— Substantivement. « ... furent contraint les *forains* soy retirer... » III, 405. « ... se retirerent les *forains*... » 407. « ... pour empescher l'assaut des *forains*... » 409.

Forbe. Substantif. Fourberie. « ... coqüage entendit la *forbe* qu'on luy auoit faict... » II, 162.

Forbeu. Fourbu. « C(ouillon) forbeu. » II, 138.

Force. *Appeler, crier à la force.* « ... *appeler* les voisins *à la force*... » I, 323. Voir *Crier.*

De force. « ... mourut *de force* de rire... » I, 73. — Voir *Engin.*

Nécessité. « ... *force* leurs estoit mourir... » II, 25. « ... *force* est que le confesse. » 36. « ... *force* m'est... » 282, III, 5. — *Force forcee.* « *Force forcee* vous y retiendra... » 26. Voir *Felonnie.*

Quantité. « ... *force* langues de beuf... » I, 16. « ... *force* perles... » 33. « ... *force* chartes, *force* dez... » 80. « ... *force* letanies... » 228. « ... *force* bribes, *force* messes... » II, 112. « ... *force* cocqs & *force* poulles... » 423. « ... *force* galleres... » III, 356. « ... *force* arcs triumphaux... » 366. Voir *Anathematisation.*

Ciseau. Voir *Coignie.*

Forcené. « ... furieux & *forcenez.* » II, 490. « ... *forcené* de paour... » III, 208. Voir *Dissolu, Divinatrice.*

Forcé. Participe. « *Force forcee.* » Voir *Force.*

Substantivement. Forcat. « ... Trop mieulx sont traictez les *forcez* entre les Maures & Tartares. » I, 139. Jeu. « Au *forcé.* » I, 81.

Forcer. « Cela non *force.* » I, 24.

Forcettes. Cisailles. Voir *Coscinomantie.*

Forche. Fourche. « ... oudain l'asne tourna visage, disant, auoine bien aduenant, non la *forche*... » III, 32.

Forchu. Voir *Arbre, Chesne.*

Forclos, Forclus. Exclus. « Vin tant diuin loin de toy est *for-*

clofe Toute menfonge... » III, 169. « ... Coqüage... defifta de fa follicitation par nouuelle follicitude de n'eftre *forclus* de l'eftat. » II, 162. « ... Priapus, lequel icy habite en liberté, fubiection *forclufe* de braguettes attachees... » 287.

FORE. Jeu. « A pille, nade, iocque, *fore.* » I, 80. « ... à tant pille, nade, iocque, *fore...* » 272.

FORESTIER *(Forestiere,* Italien. Étranger)... les *foreftiers* & bannis de Florence... » III, 362. « ... il a bien chaftié les *forestiers* & bannis... » 363.

FORFAN, FORFANT. *(Furfante,* Italien. Méchant, pendart.) « ...n'eft ruffien, *forfant,* fcelerat... » II, 223. « ... ifles des *forfans.* » 503. Voir *Assassineur.*

FORGE. « ... vn feul labeur poine ce monde, c'eft forger fang continuellement. En cefte *forge* font tous membres en office propre... » II, 32. « Là trouuerrez tefmoings vieulx de renom & de la bonne *forge.* » 405.

FORGER. « ... en moins de temps n'euft il peu *forger* Hercules... » I, 17. « La Bulle qu'on *forgeoit* contre le Roy d'Angleterre... n'a efté paffée par le Confiftoire... » III, 368. Voir *Forge.*

FORISSIR. Sortir, faire sortir. « ... affoyoient fentinelles, *foriffoient* patrouilles... » II, 7.

FORISSU. Banni. Chassé. Exclus. « ... *foriffu* d'intelligence, & de fens logical. » II, 5. « ... bien *foriffu* de Dieficque manoir de raifon. » II, 21.

FORMAGE, FOURMAGE, FROMAIGE, FROUMAIGE. « ... fa iument, laquelle il vouloit renuoier toute chargee de *froumaiges* de Brye. ... » I, 66. « L'efperon de *fromaige.* » 246. « ... feut faict vn ioyeulx mariage, d'vne poyre femme bien gaillarde... auecques vn ieune *fromaige...* Encores dict on en noftre pays de vache, qu'il ne feut oncques tel mariage, qu'eft de la poyre & du *fromaige.* » II, 303. « Le pot pourry eftoit plain de potages d'efpeces diuerfes... *formages,* ioncades, gelees... » III, 85. « ... ils commencoient leur repas, par *fourmage...* » 106. *formages* vieux... » 133. Voir *Entrée, Esperon.*

FORMALITÉ. Terme de philosophie. « ... les *formalitez* deftruifent les materialitez & fubftances. » II, 190.

Droit canonique. « ... n'ay rien par icelles (bulles) impétré qui ne foit ciuile & iuridicque. Mais il y a fallu bien vfer de bon confeil, pour la *formalité.* » III, 361.

FORME... « à la *forme* que la nauire ne reçoit fon pilot que premierement ne foit callafatee & chargee. » I, 18. « ... en pareille *forme* que les moutons de Polyphemus le borgne Cyclope emporterent... » II, 297. « ... faulx en plate *forme...* » II, 263.

FORMÉ. Voir *Enchaffé.*

FORMULAIRE. « Quel eft le *formulaire?* — Gros. — A l'entree? — Frais... » III, 112.

FORMULE. Voir *Exhiber.*

FORNIER. Voir *Chauffer.*

FORRURE. « ... pellices & *forrures...* » III, 252.

FORS. Excepté. « De tous poiffons, *fors* que la tanche... » I, 145. Voir *Custode.*

FORT. « ... le mal feut plus *fort* que les remedes... » II, 331. *Autant fort.* Voir *Autant.*

Hasardeux. *Par forte fortune.*

« ... si *par forte fortune* y a rarité ou penurie de pecune en nos marsupies... » I, 242. « ... feroit à philosopher & rechercher si *forte fortune* icy seroit l'endroict, on quel telles parolles degelent. » II, 465.

— Adverbialement. Voir *Ferme*.

FORTERESSE. Force. « Conte nous... le nombre, & la *forteresse* de l'armee. » I, 342.

FORTIFICATEUR. « ... obstant la maligne subtilité... des *fortificateurs*... » II, 486.

FORTIFICATION. « ... consyderant... vn chascun auiourdhuy soy... trauailler : part à la *fortification* de sa patrie & la defendre : part au repoulsement des ennemis, & les offendre... » II, 9.

FORTUIT. « ... mespris des choses *fortuites*... » II, 254. Voir *Contemnement, Fatal*.

FORTUNAL (*Fortunale*, Italien. Tempête). « ... preuoiant vn tyrannicque grain & *fortunal* nouueau... » II, 336. « ... espouantable *fortunal*... » 360. « ... en mer tempeste & *fortunal*. » 362. Voir *Astrophile, Cole, Echeneis*.

FORTUNE. « ... par male *fortune*... » I, 170. « ... racontant ses males *fortunes*... » 180. « ... de male *fortune*... » 360. « ... la priant... luy dire son aduis & bonne *fortune* de son mariage... » II, 87. « ... fuyuans leur *fortune* se trouuerent enueloppez entre quelque esquadron des forains... » III, 406. Voir *Advers, De*, p. 179, col. 2, *Fort*.

FORTUNÉ. Voir *Defortuné*.

FOSSE. « ... *fosse* de Trophonius... » III, 138.

FOUACE. « ... mangeoyt sa *fouace* sans pain. » I, 44. « ... les fouaciers de Lerné passoient le grand quarroy menans dix ou douze charges de *fouaces* à la ville. » 97. « ... les gleneurs es quelz fault de la *fouace*... » II, 23.

FOUACIER. Voir *Encontre, Fouace*.

FOUCQUET, FOUQUET. Ecureuil. Jeu. « A *foucquet*. » I, 82. « ... les petitz oysons de mue qui s'esbatent au ieu de *foucquet*... » I, 276. « ... extaindre auecques le nez, comme au ieu de *fouquet*, les chandelles... » II, 260.

FOUDROYANTE. « ... vne autre Panthasilee Amazone *foudroyante* par le camp des Gregeois. » III, 96.

FOUET. « ... vn aultre.... rencontrant vne... guarse luy dist. Dieu guard... ma touppie. Elle luy respondit... Guard pour guard, mon *fouet*. Sang, sainct Gris, dist Xenomanes, est il *fouet* competent, pour mener ceste touppie?... » II, 301-302.

FOUETTEMENT. Voir *Anathematisation*.

FOUETTER. « ... *fouette* moy ce verre gualentement. » I, 21. « Il n'y a raboulliere en tout mon corps ou cestuy vin ne furette la soif. Cestuy cy me la *fouette* bien. Cestuy cy me la bannira du tout. » 23. « ... ilz font *fouetter* monsieur du paige comme seigle vert... » 305.

FOUETTEUR. « Tempeste feut vn grand *fouetteur* d'escholiers... » II, 348. « ... *fouetteur* de petitz enfans... » 371.

FOUGER. Fouiller. Voir *Esbarbotter*.

FOUGON (*Fogone*, Italien. Foyer, cuisine). « ... pouppes, prores, *fougons*, tillacs... » II, 244. « Panurge à cousté du *fougon* tenent un auiron en main.... » 297.

FOUILLOUSE. Voir *Foilluze*.

Fouir. Fuir. « ... s'en *fouit* le grand pas de peur des coups... » I, 325.

Foul. Voir *Foulteur*.

Fouldroiante. « ... Minerue... Déeſſe puiſſante, *foudroiante...* » II, 61.

Fouldroyer. « ... la mer commença s'enfler... Le ciel tonner du hault, *fouldroyer...* » II, 336.

Foulle (a la). Voir p. 5, col. 1.

Fouller. Presser, écraser. « ... faut que l'aſſier froiſſaſt l'or, sans que l'argent *foullaſt* le cuiure. » I, 35.

Foullouaire. « ... les *foullouaires* (s'appelloient) acquits... » III, 214.

Foulque. « ... Hegronneau, *Foulques*. Aigrettes... » I, 140. « *Foulques* aux pourreaux. » II, 478.

Foulteur. « ... il ſeruiroit à ma femme de *foul*. Voire *teur*, diſt Epiſtemon, par la figure de Tmeſis. » III, 117. Voir *Futeur*.

Foupi, chiffonné, froissé. « ... bonnetz *foupiz...* » I, 100.

Four. « ... ſcelon le prouerbe des Limoſins, à faire la gueule d'vn *four* ſont trois pierres neceſſaires... » II, 260. « Ceſte ſurie durera ſon temps, comme les *fours* dès Limoſins... » 261.
 — *à ban*. Four banal. « S'il bauoit, c'eſtoient *fours à ban*. » II, 382. Voir *Fer*.

Fourbir. « ... bragmard bien à poinct *fourby* & defrouillé... » II, 115. — Figurément, dans un sens libre. « Femme n'eſtoit... qui ne feiſt *fourbir* ſon harnoys... » II, 7.
 — Substantivement. Jeu. « Au *fourby*. « I, 80.

Fourche. *Traiter à la fourche*. « ... entroit un grand Eſclot, ayant vne fourche en main, & là les *traitoit à la fourche...* » III, 106. Voir *Esrener*. — *Fourche fiere*. Voir *Fier*.

Fourcher. « Vous eſtes ce croy ie, le ioyeulx du Roy. Voire. — *Fourchez* là... » II, 290.

Fourcheu. Voir *Chesne*.

Fourgon, Fourguon. « L'vn vne aultre appelloit ſa palle, elle l'appelloit ſon *fourgon*. » II, 301. « ... griſles, *fourguons*, tenailles... » 414.

Fourmage. Voir *Formage*.

Fournaise. « ... la *fournaiſe* d'amour diuin. » II, 449.

Fournée. « ... il refondoit les vieilles... la bande des vieilles attendoit l'autre *fournee* en grande deuotion. » III, 8.

Fourner. Enfourner. « ... en eut vn aultre (precepteur)... qui luy leugt Hugutio... Et quelques aultres de ſemblable farine, à la lecture deſquelz il deuint auſſi ſaige qu'onques puis ne *fourneaſmes* nous. » I, 58. « Par la reſponſe qu'il nous donne ie ſuys auſſi ſaige que oncques puys ne *fourneaſmes* nous. » II, 110. Cette locution proverbiale assez obscure et fort rarement employée se trouve en ces mêmes termes dans la *Farce de tout meſnage*. « A ceſte heure ſuis auſſi ſage Qu'oncques puis ne *fourniaſmes* nous. » (*Ancien théâtre francois*. T. II, p. 412.)

Fourreau. Voir *Engainer (s')*.

Fourvoyant, Fourvoyante. « ... eſtoit trainné... par la poultre touſiours multipliante en ruades contre luy, & *fouruoyante* de paour par les hayes... » II, 317. « ... chancelant & *fouruoyant*, comme eſtourdy... » 391.

Fourvoyer. « ... ſi croyez que Mercure ſoit premier inuenteur des ars... vous *fouruoyez* grandement. » II, 470.

Fousse. *Basse fousse.* « ... penſoient qu'on les euſt mys en quelque *baſſe fouſſe* des priſons. » I, 142.

Foussé. « ... d'vn ſault perſoit vn *fouſſé...* » I, 90.

Foussette. Jeu. « A la *fouſſette.* » I, 82.

Foussoier. « ... ſi premierement ilz n'auoient en leurs propres paſtifs *fouſſoié* & beché. » II, 36.

Fouteau. Hêtre. « ... vn rameau de *Fouteau.* » II, 490.

Foutÿs. « *Foutys* vous d'Escoss... » I, 261. Probablement : enfuyez-vous d'Écosse.

Fouyr. Fuir. « ... paſſant temps à veoir *fouyr* les ennemys. » I, 164. « ... vn qui eſtoit monté ſur vn cheual turcq... le gaigna à *fouyr.* » 339.

Fouzil, Fuzil. Briquet. « Les nerfs optiques, comme vn *fuzil.* » II, 380. Voir *Esmorche.*

Foy. *Adjouster foy.* « De ma part n'y *adiouſte foy* aucune... » III, 346. Voir *Adjouster.*

Avoir foy à. Voir p. 5, col. 1.

Default de foy. Voir *Default.*

Dans des formules de serment :

Foy de christian. Voir *Christian.*

— *de gentil homme.* I, 231.

— *d'homme de bien.* I, 286.

— *de pieton.* II, 292 et III, 189.

En vostre foy. I, 5.

Par foy, par ma foy. « Et *par ma foy...* » I, 301. « *Par foy,* nos ſieulx... » II, 308. « *Par ma foy...* » III, 74.

Sur ma foy. I, 384.

Foye. « ... la tierce lobe du *foye.* » I, 285. Voir *Bon, Clerc.*

Foyer. « ... il y a tout plein *foyer* d'enfans. » III, 365.

Foyne. Fouine. « ... belettes, *foynes,* blereaux... » I, 227.

Foyrard, Foyrar. Voir *Foirard.*

Foyre. Voir *Foire.*

Foyreux, Foyreuse. Voir *Embrener, Foireux.*

Foys. *Aulcunes foys* quelque fois. I, 86. Voir p. 58, col. 1.

Une foys, un jour. « ... comme ſi ie n'euſſe aultre theſor en ce monde, que de te veoir *vne foys* en ma vie abſolu & parfaict... » I, 254. « ... tu ſeras *vne foys* pendu Et toy tu ſeras *vne foys* enterré. » 305.

Troys et quatre foys heureux. Formule imitée du latin : *Terque quaterque beatus.* « O que *troys & quatre foys heureulx* ſont ceulx qui plantent chous. » II, 337. « ... diſoit ceulx eſtre *troys & quatre foys heureux* qui eſtoient mortz en la conflagration de Troie. » 351.

Fragile, Fragil. « ... ſerpens... bien petitz & *fragiles...* » I, 233. « ... nature... crea l'home nud, tendre, *fragile...* » II, 46. « ... ſexe tant *fragil...* & imperſaict... » 157. « ... robbe *fragile...* » 229. « Holoſteon, c'eſt tout de os : au contraire, car herbe n'eſt en nature plus *fragile* & plus tendre... » 232. « De l'homme la vie eſt trop brieue, le ſens trop *fragile...* » III, 259.

Fragilité. « ... la petite *fragilité* de leur humanité... » I, 383. « O grande *fragilité* du ſexe feminin... » II, 93. Voir *Corporel.*

Frai, Fray (*Fra, Frate.* Italien. Frère, moine). « La faguenat des Heſpaignols... par *frai* Inigo. » I, 248. « ... *Fray* Scyllino prieur de ſainct Victor lez Marſeille... » II, 154. Voir *Aux aultres,* p. 59, col. 1.

Frain. Voir *Dent.*

Fraire, Frayre. Fraise. « ... pot de laict... couuert de belles *frayres...* » II, 264. « Les intelligences, comme limaz ſortans des *fraires.* » 377.

FRAIS, FRAYS. « ... *frays,* ie vous diz froyd comme la glace... » II, 477. Voir *Baire, Bouche, Formulaire.* — *De frays,* locution adverbiale, fraichement, nouvellement. « ... collerettes sauonnees *de frays...* » II, 454. Voir *Esmoulu.*

FRAISCHEMENT. « ... gens *fraischement* arriuez... » III, 232.

FRAIZÉ. Portant une fraise. « ... affeublant en teste son chapperon... *fraizé* à poincts d'orgues... » II, 180.

FRAN. Monnaie. Voir *Douzain.*

FRAN, FRANC. Adjectif. « ... rose *franche...* « III, 73. *Franc & delivre.* Voir *Delivre. Franc* forme avec le substantif qui le suit une sorte d'expression composée qui s'écrit parfois en un seul mot.

— *alleu.* Bien possédé sans payer de redevance. « Goutteux de *franc alleu...* » II, 13.

— *alloy.* « ... la mestayrie de la Pomardiere, à perpetuité pour luy & les siens pessedable en franc *alloy...* » I, 122.

— *archier.* « ... le *franc archier* de Baignolet... » I, 368. Voir *Archer.*

— *aubier.* Voir *Aubier.*

— *gontier.* « Les *francs gontiers* & Iacques bons homs du voysinage... » II, 265.

— *taulpin, topin.* « ... Don Ioan, capitaine des *franctopins...* » I, 132. « ... quant on enuoyra le *franc taulpin* en guerre... » II, 47. « Ramonneurs de cheminees, *Franctaupins,* Charbonniers... » III, 242. — Jeu. « Au *franc* du carreau. » I, 81.

FRANCHISE. Liberté. « ... se mirent en *franchise...* » I, 142. « ... parfaicte seureté, indemnité & *franchise...* » III, 22.

FRANCISCANE. Danse. « ... c'est la belle *franciscane.* » III, 221.

FRANCOLYS, FRANCOURLIS. «...Pluuier, *Francolys...* » I, 140. « *Francourlis,* Tourterelles... » II, 478..

FRANGER. « ... en ont... brodé leurs guandz... *frangé* leurs lictz... » I, 37.

FRAPAR, FRAPPAR. « Le trictrac des freres *frapars.* » 249. « *Estes* vous des Frappins, des frappeurs ou des *Frappars?* » II, 324. « Il tient ie ne sçay quoy du frere *frappart.* » 325. Voir *Botineur, Escornifle.*

FRAPEMENT. « ... ces *frapemens* de mains, que font ces badaulx sophistes quand on argue... » I, 309.

FRAPPERIE. « ... toute la faulte venoit d'eulx, qui auoient commencé la *frapperie.* » II, 326.

FRARIE. Partie de bonne chère et de divertissement. « ... landiers de *frarie...* » II, 379.

FRATER, FRATRES. Frère, Frères. Mot purement latin. « ... le pauure *frater...* » I, 298. « ... *fratres* Mendians... » II, 109 et 111. « *Frater* fredon... » Voir *Fredon.*

FRAUDULENT *(Fraudulentus,* Fourbe, trompeur.) « ... *fraudulentes* poinctures... » II, 108. « ... sanxions... suspectes comme iniques & *fraudulentes.* » II, 222. « ... occasion *fraudulente...* » 363.

FRAYER. Fournir à la dépense, aux frais. « Le hault seigneur... pour vous l'a ordonné Et pour *frayer* à tout prou or donné. » I, 197-198.

FREDON. « ... Benius... nous mena voir vn monastere noueau fait... pour les freres *Fredons,* ainsi nommoit il ses religieux. » III, 102 et IV, 332. « Frater *fredon, fredon,* fredondille, où eſt la garſe ? » III, 109.

Fredondille. Voir *Fredon.*

Fredonnement. « ... les *fredonnemens* des lucz, rebecz, & violons auliques... » II, 216.

Fredonner. « ... couillon cultant & *fredonnant,* que vous ſemble de ceſtuy-cy?... » III, 117. Voir *Antiphone, Démembrer.*

Fredonnique. « Des garſes ſusdites... comment les nourriſſez vous?... comment ces maſtines icy *fredonniques* deuroient eſtre groſſes... veu qu'elles repaiſſent ſi bien... » III, 110-111.

Fredonnizé. « ... trioriz *fredonnizez...* » II, 405.

Fregade, Freguate. « Voyez cypres noſtre nauf... quatre guondoles & ſix *freguates...* » II, 350. Voir *Arrivante.*

Freleginingue. « ... furent ſeruies... Des *frelegininguès...* » III, 218.

Frelore. Voir *Bigoth.*

Fremir. Voir *Aigueuillot.*

Fremoir. Fermoir. « ... breuiaire.. peſant tant en greſſe que en *fremoirs* & parchemin... vnze quintaulx ſix liures. » I, 79.

Frequence. « La *frequence* du peuple eſtoit incroyable... » III, 398. Voir *Elevation.*

Freslon. Voir *Camarine.*

Freslonnicque. « ... importunitez *freſlonnicques.* » I, 108.

Fressurade. Voir *Accolade, Double.*

Fressure. « La *freſſure,* comme vn guantelet. » II, 375. « *Freſſures.* » 77.

Freté. Voir *Fin.*

Fretinfretailler. « ... *fretinfretailler* vn bon coup. » I, 303.

Freusser. Froisser. « ... à icelluy *freuſſoit* toute l'areſte du douz... » I, 106. Voir *Couste.*

Freze. « S'il ronfloit, c'eſtoient jadaulx de ſebues *frezes.* » II, 381.

Friable. « ... vn tige... ligneux, droict, *friable...* » II, 228.

Friand. Adj. et subst. « D'elle (la partie ligneuse du Pantagruelion) vſent aulcunefoys les *frians...* comme de Syphons... » II, 230. « ... paiges *frians,* & mauuais... » 458. « ... vin precieux, *friand,* riant... » III, 8. « ... bon vin & *friand...* » 186. « ... on n'y veit oncques tant de vins, ny plus *frians...* » 245.

Friandeau. Voir *Bustarin.*

Friandise. « ... beuignetz, les quelz ilz mangeoient apres ſouper par *friandiſe* & pour trouuer le vin meilleur... » II, 229.

Fricandeau. « Fricandeaux. » II, 477. « Au dimanche ils mangeoient boudins... *fricandeaux,* haſtereaux... » III, 106.

Fricassée. *Faire une fricassée.* Voir *Faire,* p. 260. « ... ſembloit indecent que en ſa cuiſine le poete faiſoit telle *fricaſſee...* » II, 309.

Fricasser. « ... n'euſt eſté ſa merueilleuſe haſtiueté, il eſtoit *fricaſſé* commo vn cochon. » I, 354. « Bruſlez, tenaillez, cizaillez... *fricaſſez,* griſlez... ces meſchans Hæreticques... » II, 456-457. Voir p. 5, col. 1, 5°. Voir *Congre.*

Fricquenelle, Friquenelle. « L'ordre qu'elles tenoient... nous faiſoient croire, que ce n'eſtoient *Friquenelles :* mais vieilles Andouilles de guerre. » II, 397. « Pour le dernier ſeruice furent preſentees... De *fricquenelles.* » III, 220.

Frigore (la) *(Frigus, Frigoris,* Froid, Froidure). Voir *Appropinquer.*

Frimars, Frimatz. Voir *Avalleur, Bruine.*

Fringuer. « ... mettez la dame

au coing du lict, *fringuez* la toureloura la la... » I, 276.

FRIPESAULCE. « Hector estoit *fripesaulce...* » I, 365.

FRIPPÉ. « ... de tous poincts elle eust été *frippee.* » I, 14. « ... François Cornu, apothecaire, auoit en cornetz emploicté vnes Extrauagantes *frippees...* » II, 451.

FRIPPERIE, FRYPERIE, Friponnerie. « ... luy vouloit tirer ses patenostres... mais Panurge promptement tira vn de ses cousteaux, & les couppa tresbien, & les emporta à la *fryperie...* » I, 323. « Il y a... de la pipperie, *fripperie,* & ripperie... en ce manoir. » III, 36.

FRIPPIERE. Voir *Buandiere.*

FRIRE. « ... ne trouuasmes que *frire...* » II, 331.

FRISCADE. Voir *Faiseur.*

FRISESOMORUM. Forme de syllogisme. « ... conclurent en *frisesomorum...* » I, 275.

FRISQUE. « ... frere Iean des entommeures, ieune gallant, *frisque,* de hayt, bien à dextre... » I, 104. « *Frisques,* gualliers, ioyeux, plaisans mignons... » 197. « ... la fille du baillif Concordat, ieune, belle, *frisque,* guallante, aduenente... » II, 141. Danse : « La *frisque.* » III, 221.

FRISSONNER. « ... encores me *frissonne* & tremble le cœur... » II, 366.

FRIZE. Etoffe. « ... robbe de grosse *frize* fourree de renards. » I, 78. Voir *Drap.* « ... on l'appelloit l'Isle de *Frize* : car les chemins estoient de *Frize...* » III, 118. En architecture. Voir *Coronice.*

FRIZÉ. *Drap d'or frizé.* Voir *Drap.*

FRIZON. « ... apporterent tanquars, *frizons,* flaccons, tasses, hanatz, bassins, hydries... » II, 498. « Apporte les *frizons...* & ce grand matin de pasté Iambique : ou Iambonique... » II, 350.

FRIZURE. « ... toile d'or à *frizure* d'argent... » I, 202. « ... feueilles de figuier : les quelles sont... commodes en dureté, incisure, *frizure...* » II, 46-47.

FROBISSEUR. Fourbisseur. « ... Ogier le Dannoys estoit *frobisseur* de harnoys... » I, 366.

FROC. « ... par le... *froc* que ie porte... » II, 305, 356 et 399. « Huppe de *froc* (dist frere Ian)... » 366. « Vertus de *froc...* » III, 58. « ... induction & inclination naturelle aux *frocs* & cagoulles adherente... » II, 308. « Vertus de *froc...* » III, 58.

FROID. Voir *Battre, Darriere, Frais.*

FROIDURE. « ... le hobelon de Picardie craindra quelque peu la *froidure...* » III, 240.

FROISSÉ. Voir *Dos.*

FROISSER. Voir *Fouller.*

FROISSIS. Voir *Chaplis.*

FROMAIGE,. Voir *Formage.*

FROMENTEE. « Sus la fin offroient... *Fromentee...* » II, 482.

FRONC, FRONT. « ... six hommes d'armes... pouoient de *fronc* ensemble monter... » I, 194. « ... l'occasion a tous ses cheueulx au *front...* » I, 139.

FRONCLE. Furoncle. « L'vn y auoit la picote... l'aultre gros *froncles.* » 454. Voir *Cropion.*

FRONDRILLON. « ... condempner les *frondrillons,* defiller les pelotons des Parces... » II, 140.

FRONSURE. « ... *fronsure* des chemises. » I, 31.

FRONTAUX. « ... Tyades & Bacchides... auecques *frontaux* de vignes... » III, 148.

FROTER, FROTTER. « ... ie vous *froteray* bien monsieur le quelqu'vn. » II, 174. *Frotter son lard,* dans un sens analogue. « Allons nous battre guaillard, & bien à poinct *frotter nostre lard.* » II, 202. Dans un sens libre. « ... saisoient... la beste à deux doz, ioyeusement se *frotans leur lard...* » I, 16. « Ceux là deuroient bien sentir leur maree, quand ensemble se sont *frottez* leur lard. » II, 300 et IV, 173. « O dieux... que heureux sera celluy à qui ferez ceste grace de ceste cy accoller... & de *frotter son lart* auecques elle. » 323.

Frotte couille. « ... le premier son de matines, qu'on appelle en Lussonnoys *frotte couille.* » I, 354.

Froumaige. Voir *Formage.*

Fructaige, Fruitage. « De bleds de vins, de *fruitages*, de legumages, on n'en veit oncques tant... » III, 240. « Planté de bledz, legumaiges, *fruitages...* » 245. Voir *Copieusement.*

Fructice. Voir *Arbuste.*

Fructifiante. « ... la braguette... tousiours fleurissante, tousiours *fructifiante...* » I, 32.

Fructueux. « ... voz petz sont ils tant *fructueux?* » I, 348. « ... leur donneray tout le pays, qui est beau, salubre, *fructueux...* » 371. « les isles de Teleniabin & Geneliabin, bien belles & *fructueuses* en matiere de clysteres. » II, 334. « ... ioyeux & *fructueux* liures de pantagruelisme. » III, 6.

Frugallement. « Il n'est possible de viure plus *frugallement* que ie fays. » III, 390.

Fruict. « Au *fruict*, pucelles. » II, 459. Voir *Engroisser.*

— Dessert. « Sus le *fruict* Pantagruel demanda... » II, 498.

Fruictier, Fructier. Voir *Arbre.*

— marchand de fruits. « Ainsi qu'est l'vsance de Pomona, enuers les *fruictiers...* » II, 163.

Fruir (*Fruor, Frui.* Jouir de). « ... les placites extremes. Dont à present *fruis...* » III, 275.

Fruitage. Voir *Fructaige.*

Fruition Jouissance. « ... la terre & gens terriens n'estre dignes de la presence, compaignie, & *fruition* de telles insignes ames... » II, 365. « ... gouteurs iceux en veullent auoir *fruition* totale... » III, 9, et IV, 316.

Frument (*Frumentum,* froment). « ... nostre beau *frument*, duquel vous faictes vos gasteaux & fouaces... » I, 98.

Frustration (*Frustratio, Frustrationis,* Tromperie, Déception). « ... la *frustration* annuelle de leurs promesses... » III, 255.

Frustratoire (*Frustratorius,* vain, trompeur). Voir *Depravé.*

Frustré. « ... ne feut aulcunement *frustré* en sa deliberation. » II, 16. « Les gryphons... seront *frustrez* de ceste saison (le printemps) & n'en auront point... » III, 249. « ... *frustrez* du desir pretendu du Nous sommes veuz... » 300.

Fueilleté. Voir *Feneilleter.*

Fueilleteur. « ... quel *fueilleteur* de papiers... ce seroit? » III, 112.

Fuir. « Mon ame s'en *fuyra* en quelque grenoillere. » I, 22. « ... lesquelz estoient *fuyz* six heures dauant la bataille. » I, 187. « *Fuyons.* Ie ne diz de piedz & de mains, comme disoit Brutus en la bataille Pharsalicque, ie diz à voiles & à rames. » II, 464. Voir *Existimer.*

Fuyantes. « .... formes *fuyantes* la matiere... » II, 308.

FULCI (*Fulcitus*, appuyé). « ... s'ilz n'eſtoient (le ciel et la terre) deuement *fulciz* & appuyez ſus les colunnes de Atlas... » II, 332-333. « ... tes dicts d'excelſe amenité : Tant bien *fulcis*... » III, 275.

FUMEE. Voir *Esmeut*.

FUMIER. « ... ilz ſont ſus leurs *fumiers*, nous ne congnoiſſons le pays... » II, 464.

FUNAMBULE. « Là... en auoit veu Pline (des elephans), danſans aux ſonnettes ſus cordes, & *funambules*... » III, 119.

FUNERAL. « ... buſt & feu *funeral*... » II, 241.

FUNGE (*Fungus* champignon). Voir *Aureilles de Iudas*.

FUNGER (*Fungor, Fungi*, Accomplir). « ... l'office auquel *funge* Eſtant icy... » III, 279.

FURETER. Voir *Fouetter*.

FUREUR. « Meſdire de ces bons & vaillans piliers d'ecliſe? Appelez vous cela *fureur* poëtique? » II, 109.

FURIE. « Quelle *furie* doncques te eſmeut maintenant?... » I, 117.

FURIEUSEMENT. « ... vn ribault canonnier... le attainct par la temple dextre *furieuſement*. » I, 136. « Andouilles... *furieuſement* en bataille marchantes vers nous... » II, 396. Voir *Dextrier*.

FURIEUX. « Si par cas il eſtoit deuenu *furieux*, & que, pour luy rehabilliter ſon cerueau tu ne l'euſſe icy enuoyé... » I, 110.

FURON. Jeu. « Au *furon*. » I, 82.

FURT (*Furtum*. Vol, Larcin). « ... le interpretez à larrecin & *furt*... » II, 92. Voir *Amourette*.

FURTIVEMENT. « ... vn petit Turq... qui *furtivement* me crocquoit mes lardons... » I, 286. « ... larrecin *furtiuement* faict... » 295. « ... le doulx fruict de amourettes : lequel veult Venus eſtre ſecretement & *furtiuement* cuilly. » II, 92. « ... veirent par l'adultere Troian *furtiuement* enleuee Helene Grecque. » 224.

FUSÉE. Voir *Canon*.

FUST. « ... Panurge... print le *fuſt* d'vne iaueline... & le miſt deſſus les deux verres, en ſorte que les deux boutz du *fuſtz* touchoient iuſtement les bors des verres. » I, 348. « La viz du preſſouër s'appelloit recepte... les *fuſts*, ſouffrance... » III, 214.

FUSTAIE, FUSTAYE. Au propre : « ... le reſte eſtoy boys de haulte *fuſtaye*... » II, 359.

Au figuré. « ... liures dignes de haulte *fuſtaye*... » I, 217 et IV, 161. « ... f(ol) de haulte *fuſtaie*. » II, 184. « ... moutons de haulte *fuſtaye*. » 290. « ... ſoupper... Des genabins de haulte *fuſtaye*. » III, 217-218.

FUSTE. « ... gualeres, gualions, brigantins, *fuſtes*... » II, 244. « ... menuz vaiſſeaux, comme *Fuſtes*, Galiotes, Gondoles & Fregates armees... » III, 395.

FUSTÉ. « C(ouillon) *fuſté*. » II, 139.

FUSTIGUER. Fustiger. « ... leur intention eſtoit *fuſtiguer* fortune. » III, 105.

FUTEUR. « ... monſieur l'abbé *futeur*... » I, 163. Voir *Foulteur*.

FUYANT. Substantivement. « ... craignant que fuyuant les *fuyans* perdiſſent leurs rancz... » I, 178.

FUYTE. « ... puis voulut gaigner à la *fuyte*... » I, 98.

FUZIL. Voir *Fouzil*.

FY. Fi. « ... ſy, i'en diz *fy*. » II, 445. « ... dis *fy* de ta litiere, *fy* de ton foin, & *fy* de ton auoine. » III, 33.

Fy. Foi. « Par ma *fy*... » I, 21. Dans les éditions de Lyon de François Juste (1535) et de Dolet (1545) on lit ici *foy* au lieu de *fy*. « ... iurant ſa *fy*... » I, 30.

G

Gabeler, Guabeler (se). Se moquer. « ... touſiours riant... touſiours *ſe guabelant*... » I, 4. « ... ce gautier icy *ſe guabele* de nous. » 131. « ... ie regardoys... ce beau feu, *me gabelant*, & diſant. Ha pauures puſſes... » 287.

Gabelle, Guabelle. « ... pauure Diable paſſe par tout ſans peage ni *gabelle*... » I, 131. « ... ſenty *La guabelle* que à mon cul doibs... » I, 53.

Gabie. Espèce de cage établie au sommet des mâts d'une galère, pour y mettre des vigies ou des combattants. « ... f(ol) de *gabie*. » II, 183. « ... trinquet de *gabie*... » 336 et 349. (Grand hunier, Jal au mot *Guabie*.) « ... guallion à trop *gabies*. » (A trois mats. Jal).

Gabionner. « ... *gabionnoient* deſenſes... » II, 7. « ... feut d'aduis qu'il le muniſt tresbien (le baſton commun de leur mariage) & *gabionnaſt* d'vn gros armet de iouſtes... » 48.

Gafelage. « Puys furent ſeruies... Des *gafelages*. » III, 219.

Gagate. (Γαγάτης λίθος, jais). Voir *Axinomantie*.

Gagner, Gaigner, Gaingner, Guaingner.

— au jeu. « ... ieu des tales, auquel l'Empereur Octauian Auguſte vn ſoir *guingna* plus de 50000 eſcuz. » II, 293.

— *les pardons*. « Aulcuns diſoient que leicher ſa pantoufle Eſtoit meilleur que *guaigner les pardons*. » I, 12. « Comment Panurge *guaingnoyt les pardons*... Voulés vous venir *gaigner* les *pardons*?... » I, 301.

— *sa vie*. « En ceſte façon ceulx qui auoient eſté gros Seigneurs... *guaingnoient leur* pauure meſchante & paillarde *vie* là bas. » I, 367.

— Absolument. « Ainſi eſt ce grande vergouigne... d'vn chaſcun emprunter, plus touſt que trauailler & *guaingner*. » II, 36.

Prendre une direction, tendre à un but. « ... *guaingna* la breche... » I, 108. « ... ils *gaignerent* le grand gallot. » III, 61. *Gagner païs*. Voir *Despris*.

— *à fouyr*. Voir *Fouyr*.

— *à la fuyte*. Voir *Fuyte*.

— *au pied*. « ... *guaignoyt au pied*... » I, 45. « ... *guaigner au pied*. » 164.

— *à tire d'eſle*. Voir *Esle*.

Gai. « ... docteur en *gaie* ſcience... » I, 54. Voir *Gay*.

Gaige. « Si ie ne le guery ie veulx perdre la teſte (qui eſt le *gaige* d'vn fol)... » I, 363.

Gaignedenier, Gaingnedenier. « Le boys feut porté par les *guaingnedeniers*. » I, 74. « ... il eſt de preſent pauure *gaignedenier* à Lyon. » 180. « Tous les cheualiers de la table ronde eſtoyent pauures *gaingnedeniers*. » 365. « ... Gueux de lhoſtiare, *Gaignedeniers*... » III, 243. Voir *Cholere*.

Gaillard, Guaillard. « ... *guaillard* comme vn pere... » II, 356 et IV, 284.

Chasteau gaillard. Voir *Chasteau*.

Paradis gaillard. « ... ie ſeray, comme vne herpe Sauue en *paradis gaillard*. » III, 177.

Danse. « La *gaillarde.* » III, 221.

— Adverbialement. « ... le deſrouille bien à poinƈt & *guaillard...* » II, 117. « ... Allons nous battre *guaillard...* » 202. « Le marchant le pleigea *guaillard.* » 289.

Gaillardement. « ... Panurge... fiſt ſur vn pied la gambade en l'air *gaillardement.* » III, 132.

Gaillarder (se). « *Se gaillardans* es prez verds & humides. » III, 304. (Epiſtre de Bouchet à Rabelais).

Gaing, Guain, Guaing. « Lors ſeulement deburoit on... preſter, quand la perſonne trauaillant n'a peu par ſon labeur, faire *guain...* » II, 36. « ... *gaing* mirifique... » III, 258.

Galentement, Gualantement, Gualentement. « ... comme vrays fideles les auez creues (les Chronicques de Gargantua) *gualantement.* » I, 215. « ... le ſeiſt veſtir *galentement...* » 294. « ... Pantagruel *gualentement* ſes bras deſplie... » 359. « C'eſt parlé cela... *gualantement.* » II, 147. « ... *gallentement* combatre... » III, 148. Voir *Fouetter.*

Galeotes. (Γαλεώτης, stellion, espèce de lézard moucheté.) II, 499.

Galerne, Gualerne. « Le vent de *Galerne...* auoit doncques lanterné leur mere. » II, 302. « L'vn loue le Siroch... l'aultre *Gualerne.* » 419.

Galimaffrée, Gualimaffree. « La *gualimaffree* des Bigotz. » I, 249. Voir *Escafignade.*

Galion, Gallion, Gualion, Guallion. « ... les amples Thalameges, les fors *Guaillions...* » II, 238. « ... en conſerue de Triremes, Ramberges, *Gallions...* » 270. « Les entreprinſes, comme la ſabourre d'vn *guallion.* » 376. « ... toutes les naufz, *Guallions,* Ramberges... » 386. « ... Ramberges, *Guallions,* & Gualleaces... » 505. « ... vn grand & monſtrueux *Galion,* compoſé de deux les plus grans vaiſſeaux, qui fuſſent en ceſte marine... » III, 396. Voir *Brigantin, Fuste, Gabie.*

Galiote, Galliotte. Voir *Fuste.* Danse. « La *galliotte.* » III, 221.

Gall *(Gallus,* coq). « ... *galls* pleins de ſalacité & laſciuie... » II, 222.

Galland, Gallant, Gualant, Guallant. « Iamais ne feurent veuz cheualiers tant preux, tant *gualans)...* » I, 206. « ... procés perfaiƈt *gualant* & bien formé. » II, 200. « ... painƈture *gualante* & mirificque. » 274. « ... entrant en la maiſon *guallant* & bien deliberé... » 434. « Qui de tous le plus *galland?* — Moy. » III, 113. « ... c'eſt vin de Grece, *gallant* & voltigeant. » 164. « ... vne Pie priuée bien *gallante...* » 187. « ... tous hommes *galans,* & ſuperbement armez... » 403. Voir *Frisque.*

— Substantivement. « Voyla le *guallant...* C'eſt mon home. C'eſt celuy que ie cherche. » II, 383. Voir *Demi.*

Gallefreté. « ... la reſponce, vous contentera ou i'ay le ſens mal *gallefreté.* » I, 224.

Gallefretier. Calfat. « Ancus Martius (eſtoit) *gallefretier.* » I, 364. « ... Mahumet, qui ſe vente en ſon Alchoran auoir en ſes genitoires la force de ſoixante *guallefretiers.* » II, 134-135. « Feſton diene, *Guallefretiers,* venez vous ſus mon marché? » 329. « ... quels trinquenailles, quels *gallefretiers...* » III, 9.

« ... *gallefretiers* mes amis... » 48 et 61. Voir *Expectation*.

Galler, Gualler. « ... ie te *gualleray* en loup marin. » II, 341. « Je le vous *gualleray* bien tantoust. » 434. « ... ie les vous *galleray* bien à ceste heure... » III, 139. Voir *Guallé*.

Galleverdine, Galle verdine, Gualvardine. Cape. « La peau, comme vne *gualvardine*. » II, 380. « ... le vestit d'vne galleuerdine... » III, 165. « ... *gualle verdine*, & accoustrement mistique... » 177.

Gallier, Guallier. Qui se régale, se réjouit, débauché. « ... les oultragerent grandement, les appellans... *Galliers*... » I, 97-98. « ... vous aultres *gualliers* de plat pays... » II, 267. Voir *Frisque*.

Galline. Voir *Corpe*.

Gallique. *Langue Gallique*. « ... maintenant nous lisons en nostre *langue Gallique*... plusieurs excellens escripts... » III, 7.

Gallochier. Faiseur de galoches. « Camillus (estoit) *gallochier*. » I, 364.

Gallot, Gualot, Guallot. «... se mirent en fuyte le grand *guallot*... » II, 414. « ... au *gualot*, à ruades... » II, 317. « Et l'Asne au trot... à ruades, au *gallot*... » III, 32. Voir *Gaguer*.

Gama ut. La note la plus basse de la gamme. « ... au dessoubs de *Gama vt*. » II, 339.

Gambade. « ... *gambades* Guasconicques. » II, 202. Voir *Faire, Feuillade*.

Game, Gamme. « ... pour sçauoir la *game* ilz n'en craignoyent courmaran ny quanard de Sauoye. » I, 276. « ... Pantaguel entra en la haulte *game* & toute la nuict ne faisoit que rauasser... » 309. « ... f(ol) de haulte *game*. » II, 182. Voir *Ela*.

Gammare *(Cammarus, Gammarus*, Écrevisse de mer). Voir *Cardinalizer*.

Gand, Guand. « Pour ses *guands* furent mises en œuvre seize peaulx de lutins... » I, 34. « L'vn vne aultre nommoit sa mitaine, elle le nommoit mon *guand*. » II, 301.

En Fauconnerie *Guand d'oyzeau*. « Les tendons comme vn *guand d'oyseau*. » II, 376. « ... oiseaux de proye terribles, non toutesfois venans au leurre, ne recognoissans le *gand*... » III, 24. Voir *Faulconnier*.

Gangreneux. « ... C(ouillon) *gangreneux*. » II, 139.

Ganivet, Canivet, petit canif. « ... plumes & *ganiuet* de Lyon... » I, 275. Voir *Bracquemar*, p. 94, col. 2.

Ganyvetiere. Marchande de canifs, coutelière. « ... bonnes femmes lauandieres, courratieres, roustissieres, *ganyuetieres*... » I, 266.

Garanier. De garenne. « ... Chats *garaniers*... » III, 47.

Garavane. Caravane. « ... la *Garauane* de la Mecha. » I, 126.

Garbin, Guarbin *(Garbino*, Italien, vent de sud-ouest). « Zephyre nous continuoit en participation d'vn peu du *Garbin*...» II, 299. « Le *Garbin* nous souffloit en pouppe... » 304. « L'vn loue le Siroch... l'aultre le *Guarbin*... » 419. « ... il reprochoit aux varletz luy auoir esté robbé à demy vne oyre de vent *Guarbin*... » 420.

Garde, Guarde. *Se donner guarde* : « ... il *s'en donnera* bien *guarde*.» II, 11. « ... sans qu'ils *se donnassent guarde*. » III, 344.

— *(male)* « ... tombant par

male guarde du haut de certains degrez... » II, 255. « ... par male *guarde.* » 258.

— en parlant des personnes. « ... voyant celluy cousté... denué de gens & *guardes...* » I, 179.

— *corps.* « Panurge... ayant... le flacon soubz sa robbe, & quelque morceau de iambon... disant que c'estoit son *garde corps,* aultre espee ne portoit il. » I, 289.

GARDER, GUARDER. Protéger, défendre. « Le cinge ne *guarde* poinct la maison... Semblablement vn moyne... ne *garde* le pays... » I, 149.

Garder de. Protéger contre. « ... *gardoyt* la lune *des* loups. » I, 45. « ... nous fut dit, qu'ils *gardoient* la Lune *des* loups. » III, 82. « ... plus pour elle (la lune) ne priez que Dieu la *garde des* loups, car ils n'y toucheront de cest an... » 248.

— empêcher de. « ... commettant gens es portes pour les *garder de* yssir. » I, 179. « ... Athlas, qui auecques ses espaulles *garda* le ciel *de* tumber... » 222. « La foulle (des moutons) estoit à qui premier y saulteroit apres leur compaignon. Possible n'estoit les *en guarder.* » II, 296. Voir *Dieu.*

Se garder de. Gardez vous auffy *des* arestes, quand vous mangerez du poisson, & de poison Dieu vous en *gard.* ». III, 251. « Faulte de chiffre m'*en guarde* vous en escrire dauantage... » 344.

GARDON. « ... vn affecté marrousle Sorti du creux où l'on pesche aux *gardons...* » I, 12.

GARGAMELLE. « ... luy passay ma broche à trauers la *gargamelle...* » I, 286.

GARGANTUISTE. « Comment les victeurs *gargantuistes* furent recompensez... » I, 187.

GARON. Garum. Assaisonnement. « ... harans, saleures, *garon...* » III, 115.

GARSE, GUARSE. « ... il print dedans Paris cent... gallans compaignons... & cent belles *garses* Picardes... & a vn chascun bailla sa *garse...* » I, 331. « ... lors que font les *garses?* — bruit. » III, 113. « ... ainsi ne parle il mie auec ses *garses...* » 114. Voir *Fouet, Fredonnique.*

GARSON. *Mauvais garson.* Voir *Fat. Faire la follie aux guarsons.* Voir *Faire,* p. 261, col. 1.

GARSONNET, GUARSONNET. «... s'adresserent à Gargantua ieune *garsonnet...* » I, 48. « O... que tu as bon sens, petit *guarsonnet.* » 54.

GASOUILLER, GAZOUILLER. Toute leur occupation est à gaudir, *gazouiller* & chanter. » III, 27. Voir *Cycne.*

GASTEAU, GUASTEAU. Voir *Febue, Feueilleter.*

GASTER, GUASTER. « Ceste main vous *guaste* le nez. » I, 22. « ... rompirent les murailles du cloz affin de *guaster* toute la vendange. » 104. « ... il auoit pillé, *gasté,* saccagé tout le pays... » 110. « ... auions les faces *guastees* aux lieux touchez par les dictz feueilletz. » II, 454.

Se gaster. Se blesser. « ... craignant Gargantua qu'il se *gastast,* fist faire quatre grosses chaines de fer pour le lyer... » I, 234.

GASTER (MESSER). Voir la *Table des noms propres.*

GASTROLATRE. « Comment... Pantagruel detesta... les *Gastrolatres.* » II, 473. « Les *Gastrolatres...* craignans... le ventre offenser... »

474. « ... quelles choses sacrifient les *Gastrolatres* à leur Dieu Ventripotent. » 476. « *Gastrolatres* adorateurs du ventre. » III, 205.

GASTROMANTIE. Voir *Engastrimythe*.

GAUBREGEUX. Qui se gobergent. « ... les appellans... *Gaubregeux*, Goguelus... » I, 98.

GAUCHE, GUAUSCHE. « ... flechissant le genoil *guausche*... leva la main guausche. » II, 100. Voir *Debitoribus*.

GAUCHER, GAUSCHIER. « ... vne raquette *gauschiere*... » II, 295. « I'y vy des hallebardes *gaucheres*... » III, 122.

GAUDEBILLAUX, GUODEBILLAUX. Voir *Coiraux, Envi*.

GAUDEPISÉ. « ... caillebote assimentees prelorelitantes & *gaudepisees* comme est la coustume du pays... » I, 281.

GAUDEZ. Voir *Audinos*.

GAUDIR. Voir *Gasouiller*.

GAUDISSANT, GAUDISSANT (SE). « ... raillans, *gaudissans*... » I, 96. « ... riant, *se gaudissant*... » III, 151.

GAUDISSERIE. « ... le tiltre... est communement receu à derision & *gaudisserie*. » I, 4.

GAULE. « ... les mestaiers, qui là aupres challoient les noiz, accoururent auec leurs grandes *gaules*... » I, 99.

GAULTIER, GAUTIER. « ... dict & reputé bon *gaultier* & bon compaignon... » I, 6. Voir *Gabeler*.

GAVION. Gosier. « ... le catarrhe au *gauion*... » II, 268.

GAY. Geai. « Des contrées de leuant aduola grand nombre de *Gays*... » III, 186.

GAY, GUAY. Gai. « Ie suys *guay* comme vn Papeguay... » II, 501. — Jeu. « Au *gay*. » I, 80. — Danse. « La *gaye*. » III, 221. — Sorte de refrain. « Mais *guay, guay*... » I, 151. — Voir *Azes guayes, Gai*.

GAYET. Jais. « ... grosses patenostres de *gayet*... » II, 194.

GAYETIER. Fabricant d'objets en jais. « Commode (estoit) *gayetier*... » I, 365.

GAZE (*Gaza*. Trésor, richesse). « Etant à Lugdune ès *gazes* palladines. » III, 275.

GEAND. « ... comment les *Geands* nasquirent en ce monde... » I, 9.

GECT. Voir *Ject*.

GEHAIGNER. Geindre. Voir *Asne*.

GEHAINER. Mettre à la gehenne, contrarier. « ... il conuient à tous cheualiers reuerentement traicter leur bonne fortune, sans la molester ny *gehainer*. » I, 134.

GEHENNE. « ... tortures, questions, & *gehennes* sur les valets... » III, 66.

GELER. « ... parolles... lesquelles... *gelent* & glassent à la froydeur de l'air... » II, 465.

GELEUR. « ... saincts gresleurs, *geleurs*, & guasteurs du bourgeon. » II. 160.

GELINE. « ... ne luy auoient laissé ny coq ny *geline*... » I, 114. « ... tous les Renards du pays luy entroient en gueule poursuyuans les *gelines*... » II, 424. Voir *Feurre*.

GELINOTE. « *Gelinotes* de boys. » II, 478.

GEMEAU. « C(ouillon) *gemeau*. » II, 129.

GENABIN. Voir *Fustaie*.

GENDARMENOYRE. « ... soupper... de la *gendarmenoyre*. » III, 217-219.

GENEALOGIE. Race, postérité. « Aussi eut-il successeurs en longues *genealogies*. » II, 56.

GENERAL. « ... ayant quelque affaire bursal en la chambre de

mantiens, Alchimiſtes, Horlogiers, tous tiennent de la Quinte. » III, 67.

Geometricque. « ... corps *Geometricques*... » II, 154.

Gerbe. *Faire gerbe de feurre*. Voir *Dieu*, p. 203, col. 1.

Gerer. « ... les cruelz aſſaulx, qu'en Burgondie auons faits & *gerez*. » III, 277.

Gerfaulx. « Aigles, *Gerfaulx*, Autours... » I, 200. « Les Aigles, *Gerfaulx*, Faulcons... il domeſticque & appriuoiſe... » II, 471,

Gergon. Jargon. « N'entendans ce *gergon*... » III, 64.

Gerondif. C(ouillon) *gerondif*. » II, 129.

Gersé. « C(ouillon) *gerſé*. » II, 139.

Gesine. « Les truyes en leur *geſine*... ne ſont nourriez que de fleurs d'orangiers. » II, 292.

Gesir. « ... c'eſt vn tronc de ceans, ou *giſt* l'amour de m'amye. » I, 38. « N'eſtes vous aſceuré de voſtre vouloir? Le poinct principal y *giſt*. » II, 53. « ... diſans les vains & fallacieux ſonges *geſir* & eſtre cachez ſoubs les fueilles cheutes en terre. » 70. « Ce n'eſt là que *giſt* le Lieure. » 196. « ... la victoire Comme eſt notoire, Ne *giſt* que en heur... » I, 346. « ... lieux eſquelz ſouloient *geſir*. » III, 299. Voir *Gisant*.

Geste. « ... la vie & *geſtes* de Achilles... » II, 274. » ... iouer la paſſion en *geſtes* & languaige Poicteuin. » 315. Voir *Fardé*.

Gesticulation. « ... ſignes & *geſticulations*... » II, 97.

Getter. Voir *Jecter*.

Getton. Voir *Escu*.

Geule. Voir *Gueule*.

Gibbeciere, Gibbesiere, Gibbessiere. « Auez vous icy dez en bourſe? Pleine *gibbeſſiere*... » II, 59. « ... on ſac & *gibbeſſiere* du maigre Chiquanous n'auoit eſté troué ſon exploict. » 322. « Les Chats-fourrez... portent pour leur ſymbole & deuiſe... vne *gibbeciere* ouuerte... » III, 44. « ... les couilles pendront à pluſieurs par faulte de *gibbeſſieres*... » 236. Voir *Advocat*.

Au figuré : *La gibbeſiere de ma memoire*. « ... les ay retenu (des vers) en la *gibbeſiere de ma memoire*. » I, 54 et IV, 99.

— *de mon entendement*. Voir *Entendement*.

Gibbier. Figurément. « Ce n'eſt icy leur *gibbier*. » II, 14.

Gibet. Voir *Aller*, p. 28, col. 1.

Giborins. Officiers de Quinteessence. III, 73, 82.

Giboullée. « ... furent ſeruies... Des *giboullees* de mars. » III, 219.

Gigantal. Relatif aux géants. Gigantesque. « ... deſconfite *gigantale*... » I, 362. « C(ouillon) *gigantal*. » II, 129. « ... puiſſantes & *Gigantales* Andouilles... » 396.

Gimbretiletolletee. « Ceſte diction Coingnee... ſignifie (au moins iadis ſignifioit) la femelle bien à poinct & ſouuent *gimbretiletolletee*. » II, 262.

Gippon. Jupon. *Le moulle du gippon*. Le ventre, les entrailles. « I'eſperoys bien y cotonner... *le moulle de mon gippon*. » II, 305.

Girant. Qui tourne. *Rhombe girante*. Voir *Dormir*.

Girardine. « Foulques au pourreaux. *Girardines*. » II, 478.

Girlande. « ... *girlande* de laurier toute inſtrophiee de roſes... » III, 401.

Girofflee. Danse : « La *giroſflee*. » III, 223.

GIRONIQUEMENT. Voir *Divider*.

GISANT. « ... lion marbrin *gisant* pres le tombeau du Roy Hermias. » III, 159. Voir *Gesir*.

GISTE. « Ne trouue lon plus de lieures au *giste*. » II, 323.

GIZARMER. Manier comme une gizarme, comme une hallebarde. « ... armoit, *gizarmoit* (Diogene, son tonneau)... » II, 8.

GLADIATEUR. Voir *Bestiaire*.

GLAND. Voir *Fonde*.

GLASSER. Voir *Geler*.

GLASSON. Défaut du cristal. Voir *Capilamant*.

GLATERON. Petites pelotes de la bardane, analogues à celles des chardons. Voir *Empené*.

GLAZ. Glace. « ... ferré à *glaz*... » II, 454.

GLENER. Glaner. « ... il sera aussi mal *glener* ceste annee... » I, 275.

GLENEUR. Glaneur. Voir *Fouace*.

GLIC. Jeu. « Au *glic*. » I, 81.

GLIMPE. Voir *Agiots*.

GLIRON (*Glis, gliris*. loir). « ... gras comme *glirons*... » III, 22.

GLORIEUX. « En pareilles tenebres sont comprins ces *glorieux* de court... » I, 37. « ... ces beaux fouaciers *glorieux*... » 99. « ... estoit bien venu en toutes compaignies des dames & damoiselles, en sorte qu'il deuint *glorieux*... » 321.

GLOSE, GLOSSE. « ... mirificque *glosse*... » II, 447. Voir *Autenticque*.

GLOSSATEUR. « ... aduocatz, proculteurs & autres *glossateurs*... » II, 74. Voir *Degresseur*.

GLOUX, GLOUTTE, Glouton, Gloutonne. « ... matrices.. amples, *gloutes*, tenaces... » II, 15. « ... *gloutte* du plaisir venerien... » 134.

GLUBER (*glubere*, écorcer) : « Elles commencerent escorcher l'home, ou *gluber*, comme le nomme Catulle... » II, 93-94.

GLUC. Voir *Ergo gluc*.

GLYPHOUOIRE. « Les venes emulgentes, comme deux *glyphouoires*. » II, 375.

GNAVER (*Gnavare*. Agir avec empressement). Voir *Eniter (s')*.

GNOGUES. Voir *Drogue*.

GOCOURTE. *Gocourt* est expliqué par *court* dans le Dictionnaire de Cotgrave. Une robe *gaulcourte* est mentionnée dans un compte de 1487. (Douet-d'Arcq. *Comptes de l'argenterie*, p. XXVIII). « Le premier à qui il s'adressa estoit vestu d'vne robbe *gocourte*, de couleur de roy. » III, 210 et IV, 349.

GODALE, GODALLE. Sorte de bière. « C(ouillon) de *godalle*. » II, 139. Voir *Bavard*.

GODEMARRE. « Le *godemarre* des cinq ordres des mendians. » I, 250. « ... en temps de *godemarre*... » 277.

GODET, GUODET. « Le mediastin, comme vn *guodet*. » II, 375. — *A plein guodet*. « Enfans, beuuez à *pleins guodetz*. » II, 13. « ... boire *plain godet* du fleuue Lethe... » III, 59. Voir *Fons*.

GODIVEAU, GUODIVEAU. « ... mangeans ensemble vn boisseau de *guodiueaulx*... » II, 93. « Des *godiueaulx* de leurier bien bons. » III, 218.

Guodiveaulx personnifiés. « ... *Guodiueaux* massifz, & Saulcissons à cheual... » II, 397. « En tels cris & esmeute chocquerent les *Guodiueaulx*... » 414.

GOGUELU, GUOGUELU. Joyeux, badin, drôle. « C(ouillon) *guoguelu*. » II, 139. « ... & toy *guoguelu* n'y veux tu rien dire ? » III, 52. Voir *Gaubregeux*.

GOILDRONNER, GOUILDRONNER,

Goudronner. « ... *goildronnoit* (Diogène, son tonneau), II, 8. « 'C(ouillon) goildronné. » I, 29. « Œufz fritz, perduz... barbouillez, *gouildronnez*... » II, 482.

GOILDRONNEUR, GUOIDRONNEUR. Goudronneur. « ... *goildronneur* de mommye. » I, 280. « ... *guoildronneurs* de nauires. » 365.

GOITROU, GUOYTROUZ. Goitre, Goitreux. « Le nou, comme vn baril : auquel pendoient deux *guoytroux* de bronze bien beaulx & harmonieux, en forme d'vne horologe de ſable. » II, 379. « Il auoit vn Gay en delice... & le nommoit ſon *Goitrou*... le *Goitrou* trois iours apres retourna tout hallebrené... Les Gorgias... accouroient voir *Goitrou* le borgne ainſi acouſtré. *Goitrou* les inuitoit à boire... » III, 187.

GOND. « Finablement celluy qui ſut de cire Sera logé au *gond* du Iacquemart. » I, 15.

— Figurément. « ... treſpaſſer hors les *gonds* de patience... » II, 50.

GONDOLE. Voir *Fuste*.

GONDOLIER. Voir *Basteliere*.

GONNELLE. Robe. « ... iuppes, cazaquins, colletz, pourpoinctz, cottes, *gonnelles* verdugualles. » II, 452.

GONTIERS. Paysans. Voir *Frau*.

GORGE, GUORGE. « Chante plus hault... tu as bonne *gorge*. » I, 372. « ... quand ilz (les Faulconniers) ont peu leurs oyſeaulx, ilz ne les ſont voler ſus leurs *guorges*... » II, 79.

— *(rendre sa)*. Vomir. « ... perſonne de l'aſſemblee oncques par la marine ne *rendit ſa guorge*... » II, 271. « Peu s'en fault que ne *rende ma guorge*.. » 445. « Panurge *rendit* vilainement *ſa gorge*... » III, 81. Voir *Eſcorcher le renard, Fianter*.

— *Chaulde*. « ... vous en ſiſt vne bonne *gorge chaulde* pour ce repas. » I, 234. « Monſieur Lucifer a ſa cholicque, ce luy ſera vne *guorge chaulde*. » II, 430.

Couppe guorgée pour *guorge couppee*. Voir *Coupe testée*.

GORGERIN, GORGERINE. De la gorge. Voir *Escrouelles*.

GORGERON. Voir *Epiglotide*.

GORGERY, GUORGERI. Sorte de hausse-col. « ... des gouſſetz, des greues, vn *gorgery*, & ainſi de tout appareil requis à vn... Trophee. » I, 345. « ... gouſſetz, *guorgeriz*, hoguines... » II, 7.

GORGIAS, GUORGIAS, GORGIASE. Brantome signale ce terme comme particulièrement employé par les troupes piémontaises : « Auſſi ne voyoit-on rien ſi braue, ſi bien en poinct, ny ſi *gorgias* (ilz vſoient de ce mot lors parmy les ſoldatz du Piedmont...) » T. VI, p. 106, éd. Lalanne. « ... pour plus *guorgias* eſtre... » II, 47. « ... les *gorgias* champions... » 261. « Ce *guorgias* Euripides... tous iours a meſdict des femmes. » 500. « ... i'en aduiſay vne (lanterne) de terre... en rang des plus *gorgiaſes*. » III, 130. « ... tous ſeruiteurs de Sa Maieſté. « ... les plus *gorgias*, qu'on pourrait ſouhaiter. » III, 399.

— Substantivement. « Les *Gorgias*, Peuple & Eſcolliers d'Angiers... » III, 187. Voir *Bachelette, Eſtrille*.

GORGIASEMENT, GUORGIASEMENT. « ... Breton eſtoit *guorgiaſement* armé... » II, 309. « ... veſtue *gorgiaſement*... » III, 72. Voir *Accouſtrer*.

GOSIER, GOUSIER, GOUZIER. « ... que grand tu as, ſupple le *gouſier.* » I, 29. « ... il leur en remplit (de ſel) tout le *gouzier...* » 354. « ... auez vous les *goſiers* enduits, pauez & eſmaillez?... » III, 163.

GOSSAMPINE *(Gossympinus,* Gossampin, arbre dont le fruit renferme une sorte de coton). « Toutes les arbres lanificques des Seres, les *Goſſampines* de Tyle en la mer Perſicque... » II, 237.

GOT, GOTH. « ... ouyſmes... *goth,* magoth & ne ſçay quelz aultres mots barbares... » II, 467. « ... vne magnifique eſpece de *gots,* oiſeaux de proye terribles, non toutesfois venans au leurre... » III, 24. Voir la *Table des noms propres.*

GOTTICQUEMENT. « ... eſcripre *Gotticquement...* » I, 57.

GOTTIS. Gothique. « ... peu de reliques reſtent de capharderie & ſiecle *Gottis...* » III, 7.

GOUBELET. « Icelluy (tombeau)... ouurans en certain lieu, ſigné au deſſus d'vn *goubelet...* » I, 11. « Lors... *goubeletz* de voler... » 21. « Tous feurent d'aduis que on les menaſt au retraict du *goubelet,* & là on les feiſt boyre ruſtrement... » 69. « ... il fera auſſi mal glener ceſte annee, qu'il feiſt ou bien ſera des *goubeletz.* » 275.

GOUD. *Goud fallot.* En anglais, *good fellow,* bon compagnon. » I, 219 et IV, 262. Voir *Fallot.*

GOUDEBILLAUX. Voir *Coiraux.*

GOUET, GOUUET. Petit couteau. « L'aſpre altere comme vn *gouet.* » II, 375. Voir *Ferrement.*

GOUGE. Fille. « ... belle *gouge* & de bonne troigne. » I, 16.

GOUGEON. Poisson. « *Gougeons.* Barbues. » II, 481.

GOUILDRONNÉ. Voir *Goildronner.*

GOUIMPHE. « La voulte, comme vn *gouimphe.* » II, 374.

GOULET. Voir *Fenestre.*

GOULPHRE. « Quand furent en l'eſtomach... cheurent en vn *goulphre* horrible... » I, 381. « ... tomber es *goulphres* & dangiers de Coqüage? » II, 141.

GOURGIASER, GUORGIASER (SE). Se montrer, se mettre en évidence. « ... pour me *guorgiaſer* & pomper... » II, 248. « ... certains... Ianſpill'hommes... qui auoient... le petit moulin vendu pour ſoy *gourgiaſer* à la monſtre... » 166.

GOURMANDER. « ... iamais homme ne ſceut mieulx prendre, larder... voyre... demembrer, & *gourmander* poulle que moy... » I, 130.

GOURMANDERIE. « Ils ſont... metifs, nous les appelons gourmandeurs & ont grand nombre de *gourmanderies* en voſtre monde. » III, 28 et IV, 328.

GOURMANDEUR. « Comment les oiſeaux *gourmandeurs* ſont muets en l'Iſle ſonnante. » III, 23. Voir *Gourmanderie.*

GOURRET, GUORET, Goret. « ... porcs, truyes, *guoretz...* » I, 101. « ... *gourretz* de laict... » 139.

GOURRIER. « ... les dames montees ſus belles hacquenees auecques leurs palefroy *gourrier...* » I, 206.

GOUSSE. « ... *gouſſes,* vagines... qui leurs ſont comme... braguettes naturelles. » II, 45. « ... poys en *gouſſe...* 301. Voir *Febve.*

GOUSSET. « ... vne maſſe, des *gouſſetz,* des greues... » I, 345. « ... nettoioient *gouſſetz,* guorgeris... » II, 7.

GOUTELLETTE. « ... vous en euſſiez veu... de pauures alterez qui venoyent... la gueulle ouuerte pour en auoir quelque *goutellette...* » I, 227.

Gouteur, Goutteur, Goutteux. Expressions employées les unes pour les autres, pour jouer sur les mots. « Beuueurs treſilluſtres, & vous *goutteurs* tres precieux... » III, 185. Voir *Bien, Fruition.*

Goute, Goutte, Guoutte. Petite quantité de liquide. « ... f(ol) de mere *goutte.* » II, 182. « Silenus ſuoit à groſſes *gouttes.* » III, 150. « Danse. La *goutte.* » 221. — Complément de la négation *ne.* « ... n'en humoyt *goutte* ſans cauſe. » I, 30. « ... de humeur il n'y auoit *goute* en l'air. » 228. « ... à cauſe que Mammone ne ſupergurgite *goutte* en mes locules... » 242. « ... ne pleurez *goutte...* » 363. « ... l'eſtomach affamé n'a poinct d'aureilles, il n'oyt *guoutte.* » 494. « Dieu... guard de mal qui void bien n'oyt *goutte.* » II, 78. « Ie ne voy *goutte...* » 172. « ... des chandelles qu'on luy portera, il ne verra *goutte* plus clair. » III, 246.

Goutte. Maladie. « ... *gouttes* nouées. » II, 236. « ... toute eſpece de *goutte,* fuſt chaude, fuſt froide, fuſt pareillement naturelle, fuſt accidentalle. » III, 77. Voir *Dent.*

Gouttiere. Voir *Bonnet.*

Gouvernail, Gouvernal. « ... *gouuernail* d'vne nauire... » I, 225. Danse. « Le *gouuernal.* » III, 222. Voir *Bender.*

Gouverneur. « ... la Nef demeura ſans *Gouuerneur.* » III, 357.

Gozal. « Auez vous icy le *Gozal* celeſte meſſaigier?... C'eſtoit vn pigeon prins on colombier de Gargantua. » II, 278. « *Gozat,* En Hebrieu, pigeon, colombe. » III, 198.

G22. Ces 2 sont ici pour des r. C'est un cri pour chasser, pour effrayer. « *G2, G222, g222222.* Dauant, dauant. » II, 14.

Grabeau. Examen. Voir *Belutement.*

Grabeler. Examiner. « ... la court n'a encores bien *grabelé* toutes les pieces. » I, 75. « ... guiluerdons bien *grabelez* à rouelle... » 281. « ... procés bien ventilé, *grabelé,* & debatu... » II, 192. « ... *grabeler* les articles de la foy... » 335. Voir *Boteleur, Canabasser.*

Grabeleur. Examinateur. « ... *grabeleurs* de corrections. » II, 14.

Grace. « ... pour *grace...* » I, 27. «... ſi ſa ſaincte *grace* n'eſt ſus nous infuſe? » II, 148. « Panurge... le prioyt bien vouloir de *grace* vendre vn de ſes moutons. » 289. Voir *Especial.* — *Graces.* « ... tout lordement grignotant d'vn tranſon de graces, ſe lauoit les mains de vin frais... » I, 80.

Gracieux seigneur. Poisson. « Gracieux *ſeigneurs.* Empereurs. Anges de mer. » II, 481.

Gracule (*Graculus,* Geai). Voir *Cantilene.*

Grain. Complément de la négation *ne.* « ... ceſte cy n'eſt mie la mienne. Ie n'en veulx *grain.* » II, 264. « Les rachepterez vous?... *grain.* » III, 117. — Tempête. Voir *Fortunal.*

Graine, Grane, Grene. « Touchant les *granes* que vous ay enuoyées... ce ſont des meilleures de Naples. » III, 360.

Graine de Paradis. Semence de l'*amomum granum Paradisi,* ou poivre de Guinée. « Voulez vous encores vn traict de Hippocras blanc? Ne ayez paour de l'Esquinance, non. Il n'y a dedans ne Squinanthi, ne Zinzembre, ne *graine de Paradis.* » II, 160. — *Tainct en grene.* « ... velours bleu *tainct en grene.* » I, 33. « ... vn courtault d'Alemaigne... d'assez bonne laine & *tainct en grene...* » 275. « ... vne piece de veloux violet cramoysi *tainct en grene...* » 325. « ... s(ol) tainct en *graine.* » II, 183.

GRAISLER. Griller, rôtir. Voir *Chastaigne.*

GRAMMAIRE. « ... *grammaire* historique & metheorique... » Voir *Anteriorité.*

GRAMPE. Contracté. « ... les Taureaux furieux... approchans des figuiers sauluaiges... restent comme *grampes* & immobiles... » II, 490.

GRAND. « ... seroit ce point la *grande* manche que demandent les courtisanes Romaines? Ou vn cordelier à la *grande* manche. » 301 et IV, 273. « ... frere Ian aperceut vingt & cinq ou trente ieunes Andouilles... soy retirantes le *grand* pas vers leur ville... » II, 396. « Cagots tiennent leurs *grands* iours... » III, 147. « ... la porte *grande* du palais... » 397. — *Grand* est souvent invariable au féminin, comme dans l'ancien français. « ... ma mere *grand.* » I, 38. « ... la *grand* place. » 100. « ... neuf mille quatorze *grands* naufz chargees des meilleurs vins du monde. » 126. « ... les *grands* eaulx. » 209. « ... vne *grand* flamme. » 210. « ... la *grand* nauf Francoyse... » 234. « ... la *grand* arbaleste... » 237. « ... six arpens de pré à la *grand* laize... » 277. Geoffroy à la *grand* dent... » 238. « Adieu, ma Dame, *grand* merci de vos biens. » II, 88. « ... homme de grans lettres Grecques & Latines. » III, 299. *A grand erre.* Voir p. 2, col. 2. *A grand peine,* p. 6, col. 1. — Voir *Année, Blanc, Boyre (la grande), Cheval, Clerc, Dame.*

GRANDEMENT. « ... *grandement* pensif... » II, 95. « Ie en suys *grandement* scandalizé... » 110. « ... me scandalisez vous mesmes *grandement.* » 111. « ... est de Cl. Galen... *grandement* vituperé Quintus... » 250. « ... *grandement* craignoit que la Lune tombast en terre... » 333. Voir *Contrister (se), Fourvoyer.*

GRANE. Voir *Graine.*

GRANGIER. Métayer, fermier. Voir *Cloisier.*

GRAPHIDE (Γραφίς. Γραφίδος, dessin). Voir *Diatypose.*

GRAPHINER. Egratigner. « ... ilz luy *graphinoient* le nez... » I, 45.

GRAPPER. Grapiller. « ... ces poures ignorans icy, qui *grappent* au moins mal qu'ils peuuent. » III, 216.

GRATELLE. « ... l'asceura de ceste *gratelle* mal aulcun ne luy aduiendroit. » II, 433.

GRATIEUSETÉ. « ... Osiris... toute la terre conquesta... par... *gratieuseté* & biensfaicts. » II, 17.

GRATIS. « ... de *gratis* & de sa liberalité. » I, 75. « ... la composition me sera faicte *gratis.* » III, 341.

GRATTER (SE). Voir *Demanger.*

GRATUITÉ. Don, présent, reconnaissance. « C'est la nature de *gratuité...* le temps... accroist les bienfaictz... » I, 184. « ... force me fera... estre ingrat reputé par impotence de *gratuité.* » II, 282.

GRATULATION *(Gratulatio, gratulationis.* Félicitation, compliment.*)* « Tout ce ciel a esté remply des louanges & *gratulations* que vous... feiſtes... » I, 182.

Grave. Grève. « ... ſur la *graue.* » I, 238.

Graver. Gravir. « *grauoit...* es arbres comme vn chat... » I, 90. « Si quelq'vn *grauoit* en vne arbre... » 106. « Allez en la ville *grauant* comme vn rat contre la muraille... » 353. Voir *Diaphragme.*

Gré (a). « Ce que Gargantua print bien *à gré.* » I, 77. « Il luy voulut donner l'abbaye de Bourgueil, ou de Sainct Florent... ou toutes deux, s'il les prenoit *à gré.* » 189. Voir *Boire,* p. 86, col. 2.

Grecisme. Langue grecque, traité sur la langue grecque. « Maiſtre Iobelin bridé... luy leugt... Hebrard *Greciſme...* » I, 58 et IV, 103. « ... ſont dictz Parrheſiens en *Greciſme,* c'eſt à dire fiers en parler. » I, 66.

Greffe. « Clerc de *greffe...* » III, 242. Voir *Arrest.*

Grefvement, Griefvement. « Il a *grefuement* peché. » II, 110. « ... ſoy *griefuement* complaignans... » 235.

Grefve, Griefve. Greve. Jambe. Armure des jambes. « ... notez qu'il auoit tres belles *griefues.* » I, 32. « ... ſphaceloyt les *greues...* » 106. « ... vne maſſe, des gouſſetz, des *greues,* vn gorgery... » 345. « ... caliges, *greues,* ſoleretz, eſprons... » II, 7. « ... Michel Doris qui porta le trançon de *greue* en ſa jambe. » 119. « ... Breton eſtoit guorgiaſement armé, meſmement de *grefues,* & ſolleretz aſſerez... » II, 309. « ... *grefues* à belles poinctes de houzeaulx. » II, 325.

Grehenhasch. Voir *Ebash.*

Greigneur. Plus grand. Comparatif de l'ancien français. « ... la victoire... vient... non au plus fort ou *greigneur...* » I, 346.

Grenade. « ... tenoit vne pomme de *grenade* en ſa main, et la donnoit à qui lui pourroit ouſter. » I, 92. Voir *Aigredoux.*

Grene. Voir *Graine.*

Grené, Grenet. Grenu. « Il (maiſtre Iean Ieudy) eſt galland & vous ſçait tant bien trouuer les alibitz forains & petitz poullains *grenez* en la ratouere, que apres luy n'y a que eſpouſſeter. » I, 322. « ... ſans danger de chancre, verole, piſſe chaude, poullains *grenés* & tels autres menus ſuffrages... » III, 120. Notre texte conforme à l'édition originale, porte « poullains, *greues,* mais le manuscrit donne *grené,* et l'ensemble des passages réunis ici prouve que c'est la bonne leçon. « ... ſe doibuent garder de verolle, de chancre, de piſſes chauldes, poullains *grenetz,* &c. » II, 243.

Grenoille. « ... peſchans aux *grenoilles...* » I, 96. « ... getta le corps de Loupgarou tant qu'il peut contre la ville, & tomba comme vne *grenoille,* ſus ventre en la place mage de ladicte ville... » I, 361. « ... vn Ambaſſadeur enuoyé à Darius... luy offrit vn oyſeau, vne *grenoille...* » II, 390. « Les *Grenoilles* en leur premiere generation ſont dictes Gyrins... » III, 198-199.

Grenoillere. « Mon ame s'en fuyra en quelque *grenoillere.* » I, 22.

Grephier. « ... tabellions, notaires, *grephiers...* » II, 200.

Gresamine. « Des *greſamines* fruict delicieulx. » III, 220.

Gresle. « ... vne *greſle* de coups de poing, ſus le mourre. » II, 103.

GRESLER. « ... vn petit Diable (lequel encores ne ſçauoit ne tonner ne *greſler,* fors ſeulement le Perſil & les choux... » II, 427.

GRESLEUR. Voir *Geleur.*

GRESSE, GREYSSE. « ... pettoyt de greyſſe... » I, 44-45. « ... gros breuiaire... peſant tant en *greſſe* que en fremoirs & parchemin... vnze quintaulx ſix liures. » 79.

De baulte gresse, de basse gresse. « ... ces beaulx liures *de haulte greſſe...* » I, 5 et IV, 62. « ... breuiaires *de haulte greſſe...* » 250. « Ce ſont... moutons de haulte futaye, moutons *de haulte greſſe...* de grace vendez m'en vn .. vous payant en monnoye de Ponant de taillis & de *baſſe greſſe.* » II, 290.

GRESSEUR. « Ian de Paris eſtoit *greſſeur* de bottes... Le pape Sixte *greſſeur* de verolle. » I, 366.

GREVE. Voir *Grefve.*

GREVER, GRIEFVER. Chagriner, tourmenter. « ... de la cheute n'eſtoit aulcunement *greué.* » I, 91. « ... plus toſt eſtoit le beuf au feu... moins *greuoit* le ſtomach. » II, 80. « ... qui eſt ce que plus *griefue* le Pape... » III, 342. Voir *Comparoir.*

GREZILLER. Griller. Voir *Degainer.*

GREZILLON. Voir *Devotion.*

GRIAYS. « ... f(ol) *griays.* » II, 183.

GRIEF. Adjectif. « Ce que luy eſt tant *grief* de ſoy par la cordiale affection de laquelle touſiours a chery ſes ſubiectz. » I, 116. « ... ne te foit de les venir veoir *grief.* » III, 301. Voir *Abhorrent.*

Substantif. « ... plus grief luy eſt, en tant que par toy, & les tiens ont eſté ces *griefz,* & tords faictz. » I, 116.

GRIESCHE. Jeu. « A la *grieſche.* » I, 82.

GRIFFÉ. Pourvu de griffes. « ... vn grand dogue... *griffé* comme vn diable de Lamballe... » III, 215.

GRIGNOTER. « ... *grignotte* d'vn tranſon de quelque miſſicque precation... » I, 242. « *Grignotoit* par ſoubſon : beuuoit par imagination. » II, 383. « ... plus à bas n'en *grignoterons.* » 431. « ... nous banquetans, *grignotans,* & faiſans beaulx & cours diſcours... » 463. « ... ce mot acheué nous laiſſa au lieu *grignotans.* » III, 35. Voir *Grace.*

GRIGNOTEUR. « ... l'hoſte en ſon temps auoit eſté... grand *grignoteur,* beau mangeur de ſouppes Lionnoiſes... » III, 64.

GRILLOTIER. « ... Luculle (eſtoit) *grillotier...* » I, 365. Voir *Chaircuitier.*

GRIMAULT. « Aultres croyſſoient par les iambes... Et les petits *grimaulx* les appellent en grammaire Iambus. » I, 221. » à difficulté feroys ie receu en la première claſſe des petitz *grimaulx.* » 254. « ... f(ol) *grimault.* » II, 183. « ... y accourut le maiſtre d'eſcholle auecques tous ſes pedaguogues, *grimaulx,* & eſcholiers. » II, 438.

GRIMOYRE. « Au tour de luy eſtoient troys presbtres bien ras & tonſurez, liſants le *Grimoire,* & coniurans les Diables. » II, 427.

GRINGALET. « Pour le dernier ſeruice... Des *gringaletz.* » III, 220.

GRINGORIENNE. Voir *Eau.*

GRINGOTER. « Vous ne viſtes onques Roſſignols mieux *gringoter...* » III, 27.

GRINGUENAUDE, GRINGUENAULDE. « ... eſt declairé innocent du cas priuilegié des *gringuenaudes...* » I, 280. « Pour le dernier ſeruice... Des *gringue-*

nauldes à la ioncade. » III, 220.

GRINGUENAUDIER. « ... ſommes dictz Parabolains, par l'opinion de deux *Gringuenaudiers*... » III, 191.

GRIPHE, GRYPHE. Griffe, griffons. « ... les *gryphes* d'vne Aigle... » II, 333. « ... meilleur te ſeroit eſtre tombé entre les pattes de Lucifer... qu'entre nos *griphes*... » III, 50. « ... iouer des *griphes*... » 53. « ... Stryges, *Gryphes*. » 121.

GRIPHON, GRYPHON. Guide de montagnes qui se sert de griffes, de crampons de fer. « ... fuſmes conduits iuſques au port par certains *griphons* de montagnes. » III, 53 et IV, 325. « Les *gryphons* & marrons des montaignes de Sauoie... » III, 249 et IV, 357.

GRIPPEMINAUDIER. « ... arboutans de iuſtice *Grippeminaudiere*. » III, 45. « ... pourtraict de iuſtice *Grippeminaudiere*... » 47.

GRIPPEMINAULX. « *Grippeminaulx*, aualleurs de frimars... » I, 196.

GRIPPER. « ... ſi iamais elle y eſtoit *grippee*... » I, 14. « ... ils *grippent* tout, deuorent tout, & conchient tout... » III, 45.

GRIS. *Ambre gris*. Voir *Basme*. *Gris pommelé*. Voir *Alezan*. *Porter gris*. Voir *Darriere*. *Poys gris*. Voir *Avalleur*.

GRISLE. Gril. Voir *Fourgon*.

GRISLEMENT. « ... bruſlant ne faiſoit *griſlement* ne bruyt aulcun. » II, 88. « ... bruſloit ſans bruyt ne *griſlement* aulcun. » 94.

GRISLER. Griller. « Bruſlez... *griſlez*... ces meſchans Hæreticques Decretaliſuges... » 457. Voir *Entendement*.

GRISON. « ... quatre bons vieillards tous *griſons*. » III, 55.

GRISONNER. « Deſia voy ie ton poil *griſonner* en teſte. » II, 136.

GRIVOLÉ. Grivelé. « ... peſtilentes beſtes. cendrées, *griuolees*... » II, 108. Voir *Draconneau*.

GRIZELLES. Voir *Antennes*.

GROBIS. Voir *Domino, Faire*, p. 263, col. 1.

GROISSE. Grossesse. « ... la *groiſſe* congneue pouſſent hardiment oultre... Et ſi perſonne les blaſme de ſoy faire rataconniculer ainſi ſuz leur *groiſſe*... » I, 18. Voir *Engroissée*.

GROLLE. Corneille. Geai. — Jeu. « A la *grolle*. » I, 83. — Centre du but. « ... la *grolle* on mylieu du blanc... » II, 452.

GROLLIER, GROSLIER. De grolle, de corneille. « ... ſortant vers le noyer *grollier*. » I, 142. « ... en la plante du grand Cormier, au deſſus du Noyer *groſlier*. » II, 160. « ... d'vne coquille de noix *groſliere* faiſoit vn... moulinet à aeſle... » 493.

GROS. « ... Roys, Papes, & *gros* ſeigneurs... » III, 241. — *Gros horteil*. « ... Saigner droict entre les deux gros *horteilz*. » II, 461.

GROSSE. Douze douzaines. « ... i'en emportay vne groſſe (de lardoueres & brechettes)... » II, 372.

GROSSET. « ... vn aſſez *groſſet*... » II, 497.

GROU. Complément de négation. « Ne me touquas *grou*... » I, 243.

GRUE. « ... prenoit les *grues* au premier ſault... » I, 45. Jeu. « A la *grue*. » 83. « ... mains longues comme iambe de *gruë*. » III, 212.

GRUEL. « ... Panta en Grec vault autant à dire comme tout, & *Gruel* en langue Hagarene vault autant comme alteré... » I, 228.

GRUPPADE (*Grupada*. Espagnol. Bourrasque, grain). « Soubdain la mer commença s'enfler... le Maiſtral acompaigné... de noires *Gruppades*... ſiffler à trauers nos antennes. » II, 336.

GRUPPEMENT. « ... *gruppemens* harpyiacques... » II, 108.

GRUPPER. Accrocher. « ... en lieu de Raminagrobis *grupperoient* le paouure Panurge quitte? » II, 113. Voir *Cruc, Emballer.*

GRYSON. Grès. « ... pierres de *gryſon*... » I, 361.

GUABAN. Caban. « ... voulez vous vn bon *guaban* contre la pluie? » II, 356.

GUABARRIER. Portefaix qui travaille sur les gabaris. « ... *guabarriers* iouans aux luettes... » I, 238.

GUABELLEUR. Percepteur d'impôt. « ... les *guabelleurs* & commiſſaires... » II, 504 et IV, 306.

GUABET. Girouette. « Voyez le *guabet* de la hune. » II, 501.

GUADAIGNE, GUADAIN (*Guadagno*, Italien. Gain). « ... les Geneuoys... s'entreſaluant diſent... Sanita & *guadain*, meſſer... » II, 268. Voir *Escu.*

GUAIAC. « ... peu ioueront des cymbales, & manequins, ſi le *Guaiac* n'eſt de requeſte. » III, 246-247.

GUAIGER. « ... ie *guaige* vn cent de huytres... » II, 290.

GUAILLARDET. « Papefigues. Leſquelz iadis eſtoient riches & libres, & les nommoit on *Guaillardetz*. » II, 425.

GUAIN. Voir *Gaing.*

GUAINGNER. Voir *Gagner.*

GUALANT. Voir *Galland.*

GUALEE, GUALERE. « ... vogue la *gualee*, puis que la panſe eſt pleine. » I, 18 et IV, 75. « Vogue la *gualere* (diſt Panurge) tout va bien. » II, 354. Voir *Brigantin.*

GUALENTIR. Exercer, fortifier. « ... pour *gualentir* les nerfz, on luy auoit faict deux groſſes ſaulmonees de plomb... » I, 91.

GUALERIE. « ... belles *gualeries* longues & amples... » I, 199.

GUALIMART, GUALLIMART (*Calamaria theca.* Étui pour les roseaux à écrire). « ... vn gros eſcriptoire... duquel le *gualimart* eſtoit auſſi gros... que les gros pilliers de Enay... » I, 57. « Eſcriuoit auecques ſon gros *guallimart* Prognoſtications & Almanachz... » II, 383.

GUALINOTTE. Gélinotte. « ... ſix cens *gualinottes*... » I, 139.

GUALLEACE (*Galeazza*. Italien, Grande galère). Voir *Galion.*

GUALLÉ. « Dieu ſçayt comment il y eut beu & *guallé*. » II, 358. « Vray Dieu, comment il y feut beu & *gallé*. » 498. Voir *Galler.*

GUALLE VERDINE. Voir *Galleverdine.*

GUALLIER. Voir *Gallier.*

GUALLION. Voir *Galion.*

GUALOISE, GUALOYSE. « ... le quaquet de deux *gualoiſes*... » I, 26. « ... quel vaporament, pour embrener touretz de nez à ieunes *gualoyſes*.. » I, 381 et IV, 217. « ... ieunes fillettes, & mignonnes *gualoiſes*. » II, 20-21. « ... vn auerlant cauſant auecques vne ieune *gualoyſe*... » 302. Voir *De hait*, p. 179, col. 2.

GUALOUS. Galeux. « ... *gualous* verollez... » I, 196.

GUAMBAYER (SE). « Puis *ſe guambayoit*, penadoit, & paillardoit parmy le lict quelque temps... » I, 77.

GUANTELET. « ... feurent les *guanteletz* muſſez ſans eſtre aulcunement apperceuz... » II, 324. Voir *Chevrotin, Exploict, Festoyer.*

GUARANCÉ. « C(ouillon) *guarancé.* » II, 128.

GUARANT. « Ie feray *guarant* pour tous. » II, 312. « Tiens fort à *guarant.* » 349. « Il est difficile de deviner, dit Jal dans son *Glossaire nautique,* s'il fait allusion au Garant d'un palan, ou s'il veut dire : « Tiens fort pour te garantir d'une chute. » Cette dernière explication paraît peu vraisemblable, car l'ensemble du passage indique qu'il s'agit d'un commandement maritime.

GUARDIAN, GARDIAN. « ... ie ne boy que en mon breuiaire, comme vn beau pere *guardian.* » I, 21. « ... *guardian* des iardins... » II, 262. « ... *guardian* du Croullay. » 343. « Promeconde, defpanfier, celerier *guardian...* » III, 204. Voir *Ange.*

GUARE. « ... fans dyre *guare.* » I, 106 et II, 425. « *Guare* Diables qui vouldra... » II, 59. « ... *guare* moine... » 212, 215, 216. « ... feurent fonnees les trompettes de la Thalamege en intonation de *Guare* Serre. » 386 et IV, 288.

GUARGARISER, GUARGARIZER. « Baille icy que ie *guargarize.* » I, 145. « ... me *guargarifer* le palat. » 309.

GUARGUAREON (Γαργαρεών, luette). « ... luy coupant... les arteres fpagitides du col, auecques le *guarguareon...* » I, 162.

GUARGOULLE. « Panurge auecques la langue parmy vn tuyau de Pantagruelion faifoit des bulles & *guargoulles.* » II, 492.

GUARIGUE. Garigue, lande. « ... claires *guarigues* & belles bruieres... » II, 23. « ... tortue de *guarigues...* » 376.

GUARIR. « ... la dame Royne... *guariffoit* les incurables... fes officiers... *guariffoient* le refte. » III, 77.

GUARNISON. « ... les renuoya hyuerner en leurs ftations & *guarnifons.* » I, 188.

GUAROT, GUARROT. « ... ie fois des chordes d'arbalefte, ie polys des matraz & *guarrotz...* » I, 150. « Cerfz & Bifches naurez... par traictz de dards, fleches, ou *guarrotz...* » II, 489. « ... vn *guarot* desbandant l'arbalefte. » III, 170.

GUAROUX. « Les homes feront loups es homes Loups *guaroux* & lutins... » II, 29. Voir *Farfadet.*

GUARRE. Bigarré, de diverses couleurs. Voir *Fauve.*

GUAST. Dégât. « ... faire le *guaft* parmy cefte leur ifle... » II, 394.

GUASTEUR. Voir *Geleur.*

GUATTE. « ... l'arbre du hault de la *guatte* plonge en mer : la carine eft au foleil. » II, 337. « L'arbre du haut de la Gatte, c'est le mât qui surmontait la gabie, celui qu'aujourd'hui l'on nomme : mât de hune. Pour montrer combien grand était le danger couru par la nef de Pantagruel, Rabelais imagina de la montrer donnant tellement à la bande, ou, en d'autres termes, pliant tellement sous l'effort du vent, que le mât dressé au-dessus de la hune plongeait dans la mer, et que la quille était au soleil. » (Jal, *Glossaire nautique*).

GUAUFFRÉ. « S'il guygnoit des œilz, c'eftoient *guauffres* & Obelies. » II, 382.

GUAVASCHE. « C(ouillon) *guauafche...* » II, 138.

GUAVIET. Gosier. « Le *guauiet* comme vn peloton d'eftouppes. » II, 375.

GUAYEMENT, GUAYMENT. «...*guayement* lisez le reste... » I, 7. « ... le portoit *guayment*... » II, 114.

GUAYETÉ. « ... frere Ian... s'escria en grande *guayeté* de cœur... » II, 305.

Guayeté d'esprit. Voir *Esperit*.

GUÉ. « ... plus oultre ne fera voile mon equif entre ces gouffres & *guez* mal plaisans. » I, 38. Voir *Boire*.

GUEDOFLE, GUEDOUFLE. « ... il auoit vne petite *guedoufle* pleine de vieille huyle. » I, 299. « ... vne *guedoufle* de vinaigre... » 346. « Les couilles, comme vne *guedoufle*. » II, 378.

— Figurément. Sot, imbécile. « Que nuist... tous iours aprendre, feust ce d'vn sot, d'vn pot, d'vne *guedoufle*, d'vne moufle, d'vne pantoufle. » II, 83.

GUEMENTER (SE). S'enquérir, se tourmenter, se plaindre. « Tousiours se *guemente* à tous estrangiers de la venue des Cocquecigrues. » I, 180. « ... Claude... se *guementant* de sa posterité... » II, 56. « Si commencerent courir, s'enquerir, *guementer*, informer... » 265. « ... se *guementant* es gens doctes... qui estoit cestuy Pan... » 369. « Pensant qu'ilz se *guementassent* de quelque larron, meurtrier, ou sacrilege. » 436.

GUENAUX, GUENAULX. Gueux. « ... ne pensez que ie l'aye mis au colliege de pouillerie qu'on nomme Montagu, mieulx le eusse voulu mettre entre les *guenaux* de sainct Innocent... » I, 139. « ... les *guenaulx* de sainct Innocent se chauffoyent le cul des ossemens des mors. » 245. « ... poux, qu'il empruntoit des *guenaulx* de sainct Innocent... » 297.

GUENET. « Par la diue Oye *Guenet*. » Voir la *Table des noms propres*.

GUERDONNER. Récompenser. « ... tresbien *guerdonne* Tout mortel preud'hom... » I, 198.

GUERDONNEUR. Voir *Donneur*.

GUERES. Voir *N'a gueres*.

GUEREST, GUERET. « En ce *gueret*... » I, 13. « Le pallefrenier d'vn gentilhomme... pourmenoit... ses grands cheuaux parmy les *guerests*... » III, 30.

GUERRE. « ... il me desplaist par trop de leuer *guerre*. » I, 121. « C'est vn tour de vieille *guerre*. » II, 297 et IV, 272. « ... de bonne *guerre*... » III, 300. Voir *Guerroyere*.

GUERRE. Voir *Bizart*.

GUERROYANT. « Enuers les *guerroyans* ie voys de nouueau percer mon tonneau. » II, 11.

GUERROYERE. « ... grandes & longues guerres feurent iadis meues entre certains Roys... pour ce seul different, du nom des quelz seroit vne herbe nommée : laquelle pour tel debat feut dicte Polemonia, comme *Guerroyere*. » II, 232.

GUESPIN. « C(ouillon). *Guespin*. » II, 130.

GUESTRE. « L'aultre en vigneron d'Orleans, auecques belles *guestres* de toille... » II, 436.

GUET. « ... commettant gens & *guet* pour à l'aduenir mieulx soy defendre... » I, 187. « Chascun estoit au *guet*... » II, 7. « Gens de *guet*... » III, 242. *De guet à pens*. « ... cestuy mary & son filz occultement, en trahison, *de guet à pens*, tuerent Abecé. » II, 207. Voir *Iniquement*.

Mot du guet. » C'est Apollo, qui feut pour *mot du guet* le iour d'icelle bataille. » II, 55. « ... leurs bailla Mardigras pur *mot du guet.* » 403. « Nabuzardan vous sera pour *mot du guet.* » 408.

GUETTER. « ... vous auez peu noter de quelle deuotion il le *guette* (un chien, un os). I, 5.

GUETTEUR. « ... *guetteurs* de chemins... » III, 100.

GUEULE, GUEULLE. Ouverture, entrée. « ... la *gueule* horrificque d'Enfer. » II, 459.

— *Harnoys de gueulle.* Munitions, provisions. « ... charger force munitions, tant de *harnoys* d'armes que *de gueulles.* » I, 101. « Nous sommes... pourueuz maigrement des *harnoys de gueule.* « 123.

— En blason, rouge. « ... le nez... tout esmaillé, tout boutonné & brodé de *gueules.* » I, 221. « ... ces nobles Cuisiniers portoient en leurs armoisies en champ de *gueulle* lardouoire de Sinople... » II, 410.

— *Motz de gueule.* Mots vifs, libres, hardis. « Comment entre les parolles gelées Pantagruel trouua des *motz de gueule.* » II, 466 et IV, 30. Dans tout ce chapitre Rabelais joue sur le sens du mot *gueule* en blason. Voir *Azur.* « Ie vouloys quelques *motz de gueule* mettre en reserue dedans de l'huille... Mais Pantagruel ne le voulut : disant estre follie faire reserue de ce dont iamais l'on n'a faulte... comme sont *motz de gueule* entre tous bons & ioyeulx Pantagruelistes. » 468.

Jeu. « A pet en *gueulle.* » I, 82. Voir *Baye, Bée, Cheval, Dent, Enfourner, Fendu, Four.*

GUEUX. *Gueux de l'hostiaire.* Gueux d'hôpital. « ... plusieurs sont *gueux de l'hostiaire...* lesquelz sont descenduz... de grandz roys... » I, 10. « ... nous dist vn *gueux de l'hostiere...* » III, 45.

— *Gueux de bien.* Voir *Bien, Gaignedenier.*

GUENON. Voir *Genette.*

GUIDON. Voir *Enseigne.*

GUILDIN. En anglais, cheval hongre. Voir *Genet.*

GUILLARDET (*Gayliardetto.* Italien. Flamme ou girouette). « ... feist deffoncer 7532810 gros tabourins d'vn costé, cestuy costé dressa vers le *guillardet...* » III, 67.

GUILLEROCHE. Voir *Emburelucoquer.*

GUILVERDON. Voir *Grabelé.*

GUIMAUX (PREZ). « Prez *guimaulx :* sont qui portent herbe deux fois l'an. » I, 19.

GUIMPLE. « ... *guimples,* manchons & collerettes façonnees de frays... » II, 454. « ... plat plein de miel blanc couuert d'vne *guimple* de soye cramoisine. » III, 220. Voir *Bauerette.*

GUINDER (SE). « ... se *guinda* entre les deux aureilles du cheual. » I, 133. « ... se *guindans* au chemin oportun... se trouuoient au lieu destiné. » III, 99.

GUINGUENAUDE. Voir *Emburelucoquer.*

GUINGUOYS. « ... s(ol) *guingoys.* » II, 184.

GUINTERNE. Guitarre. « Les pieds, comme vne *guinterne.* » II, 378.

GUISARME. Pertuisane. Voir *Capeline.*

GUISCHET. Voir *Fecal.*

GUISE. « ... ce n'est la *guise* des amoureux... » II, 42. « Sus le patron d'vn pourpoinct tailloit la *guise* d'vne paele. » 452.

GUITTURAL, guttural, de la gorge. Voir *Chassetrape.*

GUMENE (*Gumena.* Italien. Câble). Quelquefois hauban. « Nos *Gumenes* sont presque tous rouptz. » II, 337. « Ne tenoys ie l'arbre

Ha. Exclamation. « ... *ha, ha, ha, ha, ha.* Ie naye... » II, 340. *Ha,* da, da... » 503.

Haan. Voir *Hahan.*

Habaliné. « ... le lieu auquel conuint le peuple tout folfré & *habaliné...* » I, 67.

Habiliter. Rendre habile, capable, propre. « ... nous en auons (des drogues) qui eſchauffent, excitent & *habilitent* l'home à l'acte Venerien. » II, 151.

Habille. Habile. « ... Pantagruel feut *habille* & eut touſiours bon pied & bon œil. » I, 359.

Habillement. « Ses habillemens ſont *ioyeulx,* tant en façon comme en couleur. » II, 372.

Habiller, Habiler. « Ie laueroys voluntiers les tripes de ce veau que i'ay ce matin *habillé.* » I, 22 et IV, 78. *Habiler (se).* « ... ſe *habiloit* ſelon la ſaiſon. » I, 77. *Habiller (se).* « ... modeſtement ſe *habilla...* » II, 248.

Habit. « ... l'*habit* ne faict poinct le moine : & tel eſt veſtu d'*habit* monachal, qui au dedans n'eſt rien moins que moyne... » I, 4. « ... elle s'eſtoit... preſentee en *habiz* pompeux, diſſoluz, & laſcifz... *habitz* impudicques... » II, 248.

Habiter. Voir *En sec,* p. 222, col. 2. Dans un sens libre : « ... quant voulez *habiter* comment les proiettez vous ? (les genitoires) — ius. » III, 112.

Hacher. Voir *Chair.*

Hacquebutant. C(ouillon) *hacquebutant.* » II, 131.

Hacquebute, Hacquebutte. Arquebuse. « ... picques, eſpees, lances & *hacquebutes.* » I, 164. Voir *Espreuve.*

Hacquebutier. Arquebusier. « ... ſeize mille quatorze *hacquebutiers...* » I, 101. Voir *Harquebousier.*

Hacquenee, Haquenee. « ... dame montees ſus belles *hacquenees...* » I, 206. « ... *haquenees...* a vſance d'hommes & femmes... » III 85.

Hæmorrute (Αἱμόῤῥυτος, qui jette du sang) hémorroïdes. « ... rhagadies & *hæmorrutes...* » II, 451

Hæreditaire. « ... royaulme *hæreditaire...* » II, 83.

Hæreditant *(Hæreditare,* hériter) « ... lignaige raportant & *hæreditant...* à leurs biens meubles & *hæritaiges.* » II, 223-224.

Hæreticque. Voir *Bruslable.*

Hahan, Haan. « Ie ſue icy de *haan...* » I, 272. « Thaumaſte de grand *hahan* ſe leua... » I, 316. « Ie treſſue de grand *hahan.* » II, 337.

Hailz. Aulx. « ... tartre bourbonnoiſe composee de force *hailz...* » I, 296.

Haim *(Hamus,* crochet). Voir *Acoupler.*

Haire. « ... le pauure *haire* qui l'auoit feru du bourdon... » I, 142. « Ces pauures *haires* touſſiſſoient comme regnards. » 354. « ... paouures *haires* extraictz de Ichthyophagie... » II, 109. — Dans un sens libre. Voir *Esmoucheté.*

Halaine. « ... comme le mirouoir ne peut repræſenter les ſimulachres des choſes obiectées & à luy expoſées, ſi ſa poliſſure eſt par *halaines* ou temps nubileux obfuſquée... » II, 70.

Halas. Exclamation. « *Halas halas...* comment vous ſçauez bien trupher des paouures gens. » II, 289. « *Halas.* Voy le cy. » 387. *Halas, halas,* que vous eſtes bon filz. » 461.

Hale. Cri pour appeler, pour héler. « Il ne luy fault que laſcher les longes... & dire *hale,* compaignon. » II, 134.

HALEINER. « ... haleiner, infpirer, refpirer... » II, 24.
HALLEBARDE. Voir *Gaucher*.
HALLÉ. C(ouillon) *hallé*. II, 140.
HALLEBOTER. Voir *Allebouter*.
HALLEBRAN. Halbran. « ... Hallebrans. Canars à la dodine... » II, 478.
HALLEBRENÉ. Faible, fatigué. « ... C(ouillon *hallebrené*. » II, 138. « ... feut Quarefmeprenant declairé breneux *hallebrené* & ftocfifé... » 395. « Tu es tout heriffonné, tout *hallebrené*, tout lanterné. » III, 31. « Voyez comment il eft *hallebrené*. » 114. Voir *Goitrou*.
HALOT. Voir *Extraneizer*.
HAMADRYADE. « ... deeffes *Hamadryades*... » II, 366.
HAMESSON. Hameçon. Figurément. « ... *hameffons* par les quelz le calumniateur tire les... ames à perdition... » II, 58.
HAN. *Han, han*. Exclamation. « *Han, han*, qui ne vous congnoiftroyt, vous feriez bien des voftres. » II, 289. — Cri du fendeur de bois. Voir *Fendeur*.
HANAP, HANAT. « Attendez que ie vous donne à boyre dedans ceftuy *hanat* Neftorien. » II, 159. « ... *hanat* plein de vin... » 212. « ... *hanat* de Porcelaine...» 270. « ... plein *hanat* de bon vin Lanternoys. » 289. « Beu qu'il eut & rendu le *hanat*... » 448. « ... cuueaux, retombes, *hanaps*, iadaux... » III, 133. Voir *Devise, Frizon*.
HANDON. Reptile. II, 499.
HANEBANE. *Henbane*. (Anglais, de *hen*, poule, et *bane*, poison.) Jusquiame. « Les *hanebanes* des euefques. » I, 245. « Aultres (plantes) font nommées par leurs vertus & operations... comme *hanebanes*, & aultres. » II, 232.
HANICROCHE. « Efguifoient... hallebardes, *hanicroches*... » II, 7.
HANICROCHEMENT. « Les *hanicrochemens* des confeffeurs. » I, 246. Voir *Finesse*.
HANNETONNIERE. Voir *Cacquerolière*.
HANNIR. « Frere Ian *hanniffoit* du bout du nez... » II, 452-453. Voir *Barrier*.
HANNISSEMENT. « ... *hanniffement* des cheuaulx? » II, 116. Voir *Chocquer*.
HANTER. Enter. Voir *Affier, Christian*.
HANTER. Visiter. « ... à caufe de la marine qu'ils *hantent* quelque fois. » III, 24.
HAPELOPIN. Gourmand, qui happe les morceaux friands. Voir *Chalant*.
HAPPELOURDE. Attrape, fourberie, pierre fausse. « Les *happelourdes* des officiaulx. » I, 249. « ... les noms Rhiphees auoyent eu celle annee grande fterilité de *happelourdes*... » 270. « En fecond feruice... Des *happelourdes*. » III, 218.
HAPPER. « ... le Roy le pourfuiuant en vn deftroict le *happa*. » II, 402. Voir *Cappietement*.
HAPPESOUPPE. Cuiller. « ... aux portiers ie donne ces deux affietes : aux muletiers, ces dix *happefouppes*. » II, 318.
HARAN. « ... vous flamboys mon milourt comme on faict les *harans* foretz... » I, 286. Voir *Aran, Enfumé, Eximé*.
HARANIER. « ... les freres minimes *haraniers*, enfumez... » III, 102.
HARAT. Haras. Voir *Estommi*.
HARBELESTIER. Arbalétrier. « ... iamais *harbeleftier* du pays.. tira traict dedans. » II, 452.
HARDEAU. « Il eut vn filz... grand *hardeau*, & gualant home... » II, 195.

HARDES. « ... gens de guerre, viures, artillerie, munitions, robbes, deniers, & aultres *hardes* print & chargea... » II, 227.

HARHORIN. Voir *Caradoth*.

HARMENES. Reptiles, II, 499.

HARMONIE. « ... les atomes tournoyans au son de l'*harmonie* Hermagorique... » III, 283. « ... sonnerent en autre et plus ioyeuse *harmonie* les compagnies des musiciens... » 406. Voir *Contrebastier*.

HARMONIEUX. « ... instrumens *harmonieux*... » I, 206. « ... dez bien beaulx & *harmonieux*... » II, 189. « O la belle voix (de Robin). — Bien belle & *harmonieuse*. » 290.

HARNOYS. Armure. « De sa lance... ensonçoit vn *harnoys*... » I, 89. « ... incontinent que vn *harnoys* sent les aulx, la rouille luy mangeue le foye... » 276. « ... *harnoys* pierreux (des Geans armez de pierres de taille). » 361. « ... couuert d'vn *harnoys* resplendissant... » II, 115. « ... hurtis des *harnois*... » 116 & 466.

— arme en général. « ... desguainnoit son espee. Mais elle tenoit au fourreau. Comme vous sçauez que sus mer tous *harnoys* facilement chargent rouille... » II, 288.

— munitions, provisions. *Harnoys d'armes, de gueules*. Voir *Gueule*. Voir *Eschauffer, Faulte, Fourbir, Frobisseur*.

HARPAILLEUR. Voleur, pillard. « Nestor (estoit) *harpailleur*. » I, 364. » ... Crocheteurs, *Harpailleurs*... » III, 243.

HARPIACQUE. Voir *Gruppement*.

HARPIE, HARPYE. « ... griphes & ventre de *harpies*. » III, 16. « I'y vy... des Stymphalides *harpies*... » 121.

HARQUEBOUSIER, HARQUEBOUZIER. « ... quatre vingtz neuf mille *harquebousiers*... » I, 174. « ... tant picquiers que *harquebousiers*... » III, 403. « ... vne bande de *harquebousiers* forains chargerent... les tenans... » 406. « ... les *harquebousiers* en flanc. » 407. Voir *Crope*.

HARRY. Voir *Arry*.

HART. « ... sur peine de la *hart*... » I, 100, et III, 56. « ... Pantagruelion, faisant office de *hart*, & leurs seruant de cornette. » II, 235. Voir *Faillir*.

HASCH. Onomatopée d'éternuement. « ... hen, hen, *hasch!* » I, 70. Voir *Ehasch*.

HASCHER. Fendre l'air. « Le pigeon soubdain s'en vole *haschant* en incroyable hastiueté... » II, 278.

HASTE. I, 22. Exclamation. Vite, allons.

HASTELLIER. Atelier. « Comment seroit sans elle porté le plastre à l'*hastellier*. » II, 237.

HASTER (SE). « ... au reste *nous hastons* de remparer icy... » I, 122.

HASTEREAU. Voir *Fricandeau*.

HASTILLE. « fist les nopces à belles testes de mouton, bonnes *hastilles* à la moustarde... » I, 372. « Il n'estoit tué pourceau... dont il n'eust de la *hastille* & des boudins. » II, 195.

HASTIVEMENT. « ... commenda qu'vn chascun marchast soubz son enseigne *hastiuement*. » I, 101. « ... feist *hastiuement* certain nombre de poinctz diuers. » II, 123.

HASTIVETÉ. « Picrochole à grande *hastiueté* passa le gué de Vede. » I, 109. « ... brusque *hastiueté*... » 359. Voir *Alaigresse, Fricasser, Hascher*.

HAU. Exclamation d'appel. « ... s'eicria en grand effroy difant. Maigor dome *bau*, mon amy... » II, 336. « Ayde nous icy, *bau* Tigre. » 343.

HAUBELON. Houblon. Voir *Eruce*.

HAUBERGEON. Voir *Aubergeon*.

HAULSEMENT. *Haulsement de temps*. Action de boire. « ... comme les Chameaulx... boyuent pour la foif paffee, pour la foif præfente, & pour la foif future, ainfi feift Hercules. De mode que par ceftuy exceffif *haulfement* de temps aduint au Ciel nouueau mouement de titubation... » II, 502. Voir l'article suivant.

HAULSER. *Haulser le temps*. « Maniere de *baulfer le temps* en calme? » II, 493 et IV, 304. « Comment Pantagruel *baulfe le temps*. » 500. « Maniere de *baulfer le temps?* Ne l'auons nous à foubhayt *baulfé?* Voyez le guabet de la hune... Nous *baulfans* & vuidans les taffes s'eft pareillement *le temps baulfé* par occulte fympathie de Nature. » II, 501. » ... repaiffans & beuuans *auons le temps haulfé...* » 502. « ... nous en veifmes douze autres... beuuans... & nous fut dit, qu'ils *baulfoient le temps* felon la maniere du lieu : & qu'en cefte maniere Hercules iadis *baulfa le temps* auec Atlas. » III, 81 et IV, 330.

HAULT. Grand, élevé, au propre et au figuré. « ... à plus *hault* fens interpreter. » I, 5. « ... il n'y entendoit que le *hault* Alemant. » 88. « ... dames de *hault* paraige... » 197. « ... depuys l'an de fon aage vingt & huictieme iufques en fa *haulte* vieilleffe... » II. 254. « ... *hault* & maigre Chiquanous... » 320. « ... celluy *hault* Dieu qui domine par les Cieulx... » 437. « ... *hault* Soleil... » 493.

Haulte mer. « ... en *haulte mer* feift lire par Epiftemon les liures apportez par l'efcuyer. » II, 284. « ... prindrent la *haulte mer*. » I, 334.

Haulte messe. Voir *Messe*.

Haulte lisse. « ... c(ouillon) de *haulte liffe*. » II, 130. « ... tapifferie à *haultes liffes...* » 274.

Voir *Apparcil*, *Bois*, *Bonnet*, *Caresme*, *Ciel*, *Dame*, *Damoiselle*, *Dieu*, *Eminent*, *Fouldroyer*, *Fustaye*, *Game*, *Gresse*.

Substantivement. « ... defifta porter le *hault* de fes chauffes... » II, 41. « ... fi ce n'eft la guife des amoureux... laiffer pendre fa chemife... fans *hault* de chauffes... » 42. « ... fus le *hault* du iour. » 371 et 386. « ... le *hault* du iour. » III, 246. « Chauffes pour le bas d'eftamet... Les *baut* de velours... » I, 202 et IV, 154.

Adverbialement. « ... feut *hault* & clair faicte priere à Dieu... » II, 271. « ... nous marchions *haut* à grandes eniambees... » III, 145. *Haut et court*. Voir *Court*.

HAULTAIN. « ... le manoir des braguettes haultaines... » II, 47. « ... contemplation *haultaine* des merueilles de Nature... » 93.

HAULTELISSIER. Qui fait des tapisseries de haulte lisse. « ... les *haultelissiers*, les tiffotiers, les velotiers... » I, 94.

HAULTEMENT. « ... quelqu'vn qui *haultement* appelloit Thamoun... » II, 368. « Aultres l'ont entendu plus *haultement* non fcelon la letre... » 490.

HAULTEUR. « Sçaichons la *haulteur* du profond. » II, 344.

HAVET. Croc, crochet. « ... *hauetz* de cuifine... » II, 316.

HAVRE. Port... « ... les deux grof-

HEN, HEN. Exclamation. « *Hen, hen,* il eſt à vne aureille... » I, 24. « *Hen, hen,* dirent ilz... » II, 266.

HEN. Voir *Ehash, Ehen.*

HENILLE. « Les *henilles* de Gaietan. » I, 250.

HENRICUS. Monnaie. « ... noueaulx *Henricus...* » II, 291 et IV, 272.

HEOUSE. « ... ce que voyons es Lauriers... *Heouſes,* Aſphodele... » II, 229.

HEPTAGONE, HEPTAGONNE. «...forme *heptagonne.* » 161. Voir *Figure.*

HEPTAPHONE (Ἑπτάφωνος, qui rend ſept ſons). « ... le porticque dit *Heptaphone...* » III, 11.

HER. Monsieur, maître « ... *hers* par grace peſchez le... » I, 12. « ... *Her* Pracontal, proconſul de Libye. » 33.

Her der tyflet. Monsieur le diable. « ... faictes confeſſion à *Her der tyflet.* » III, 4.

HERACLITIZER. Voir *Democritizant.*

HERBAULT. Sorte de corvée, appelée d'ordinaire *Arban,* mais qui, comme le remarque Ducange (au mot *Herebannum)* était à tort désignée en Poitou, sous les formes, *Arban* ou *Herbaux,* que Rabelais était d'autant plus porté à préférer qu'elles lui fournissaient une allusion plaisante au nom de Gabriel de Puits-Herbaut, l'un de ses adversaires. « ... monter deſſus, comme *Herbault* ſus paouures gens. » II, 453.

HERBE. Voir *Avaller. Bled, Charpentier.*

HERBER (s'). » ... luy diſant qu'elle s'eſtoit là *herbée* ſous la ſaulſaye... » I, 25.

HERBERGER. « ... pour celle nuict *herbergea* auecques le meuſnier. » I, 114. « ... pour ſoy *herberger* celle nuict... s'eſtoient muſſez au iardin... » 141.

HERBIER. Herboriste, botaniste. « ... pluſieurs *herbiers...* » II, 228. Voir *Apothecaire.*

HERBU. « ... lieux *herbuz.* » I, 92. « ... raiſins... barbus, cabus, *herbus.* » III, 133.

HERCULES. Juron. Par Hercule. « Non fera, Hercules. » II, 12.

HERCULIANE. Voir *Ferriere.*

HERGNEUX. Qui a une hergne, une hernie. « C(ouillon) *hergneux.* » II, 139.

HERISSONNÉ. Hérissé. Voir *Hallebrené.*

HERITIER. « ... lors que tout le monde ſera content, & que ſerez *heritier* de vous meſmes. » II, 25.

HERMAPHRODITE. « ... ſembloit *hermaphrodite...* » III, 40.

HERMICRAINE. Voir *Hemicraine.*

HERMINE. « ... Belettes, Martres, ou *Hermines...* » II, 394. « ... les queues des Pies ſont en forme de leurs *hermines,* (des Bretons)... » III, 187.

HERMITE. « De ieune *Hermite* vieil Diable. » Voir *De,* p. 177, col. 2. « Ces Hypocrites, *Hermites,* Marmiteux icy ſont ilz vierges ou mariez? » II, 496.

HERMITESSE, HERMITILLON. « Là ſont... *hermiteſſes...* Et y a copie de petitz... *hermitillons...* » II, 497.

HERMODACTYLE. « ... par plus haulte reſemblance eſt dict... les doigtz de Mercure : *Hermodactyles...* » II, 233.

HEROES *(Heroes,* les héros). « ... la beatitude des *Heroes* & semi-dieux... » I, 55. « ... le manoir & diſceſſion des *Heroes...* » II, 361. « ... ces *Heroes* icy & Semi-dieux... » 366. Voir *Dæmon.*

HERONNEAU. « ... Herons, *He-*

ronneaux. » II, 478. Voir *Denigement.*

HERONNIER. De héron. *Cuisse heronniere.* « Até, la cuisse *heronniere*...» I, 14 et IV, 72.

HERPE. Harpe. « ... prendre logis, les vns à l'Aigle d'or... les aultres à la *Herpe*... » II, 239. «Aussi seras tu... Damné, comme vne malle serpe. Et ie seray, comme vne *herpe* Sauué... » III, 177.

HERPER. Ramper. « Serpoullet, qui *herpe* contre terre... » II, 233.

HERSE. « ... *herses* Sarrazinesques. » II, 7.

HERSELÉ. Harcelé. « ... badaulx medicins *herselez*... » I, 92. « ... mocqué & *herselé*... » 148.

HERSER. « ... *hersoit* (Diogène, son tonneau). » II, 8.

HERSOIR. Hier au soir. « Tu mengeas *hersoir* trop de mil. » I, 98.

HERTHE (A L'). Voir p. 1, col. 2.

HESPAILLIER, HESPALLIER, HESPALIER. « Espalier, Rameur qui maniait la poignée de la première rame de la galère... » (Jal. *Glossaire nautique*). «... nauchiers, fadrins, *hespailliers*...» II, 270. « *Hespallier*, ho gentil compaignon... » 341. « *Hespalliers* hau, iectez le pontal... » 355. « Les *Hespailliers* de la nauf Lanterniere... » 393. Voir *Fadrin.*

HESPANOL. Épagneul. « ... demye douzaine d'*hespanolz* & deux leuriers... » I, 48.

HETEROCLITE. « ... f(ol) *heteroclite.* » II, 183.

HETIQUE. Voir *Hectique.*

HEUR. Bonheur. « ... la victoire... ne gist que en *heur*...» I, 346. « ... plus en *heur* ne peut le conquerant regner... que faisant Iustice à Vertus succeder. » II, 18. « ... l'*heur* ou malheur... » 66. « ... c'est l'*heur* de mon bien... » 74. « C'est mon *heur*... » 197. « ... entendez icy l'*heur* de l'augure... » III, 186.

Bon heur. « Pauures humains qui *bon heur* attendez... » I, 207.

En bon heur. Heureusement. « .. Entrez y en *bon heur.* » I, 197 « ... nauigasmes par trois iours, au quatriesme, *en bon heur,* approchasmes de Lanternois. » III, 128.

HEURE. « ... les *heures* sont faictez pour l'homme, & non l'homme pour les *heures.* » I, 153. «... peu d'*heures* apres qu'il eut repeu... il se remist en bon *sens.* » III, 187.

En la male heure. I, 264 et II, 51.

En peu d'heure. En peu de temps. « ... *en peu d'heure* guarist neuf bons gentilshommes du mal sainct François... » III, 77-78 et IV, 329. « ... blanchissoient les Ethiopiens *en peu d'heure*... » III, 80. « ... deuenoient clercs & sçauans *en peu d'heure.* » 126.

Moment favorable ou défavorable, occasion. « ... *heure* n'est de parler à elle... » III, 72. « ... en voyla plus de mille qui n'attendent que l'*heure* de estre pressurez. » 213.

Heure oportune. « Vous ne pouiez à *heure* venir plus oportune. » II, 313. « L'*heure* estoit... opportune pour soupper. » III, 410.

A ses heures. « Apologie d'icelluy contre ceulx qui disent que la mule du pape ne mange qu'*à ses heures.* » I, 248. « Il ne chante... qu'*à ses heures,* ne mange qu'*à ses heures.* » III, 36. Voir *Boire.*

A l'heure que, A ceste heure. « ... *à l'heure qu*'elles se vouloyent departir... » I, 297. « ... maintenant, ie diz tout *à ceste heure...* » II, 337.

A bonne heure. De bonne heure. Voir p. 4, col. 2.

En bonne heure. « Frere Ian *en bon heure* soyez venu. » I, 179. « *En bonne heure* soit... » II, 42. « *En bonne heure* de vous rencontree... » II, 255.

Danse. « *En la bonne heure.* » III, 224.

Heure italienne. « ... sur les vingt trois *heures...* » III, 343 et IV, 390.

HEURES. Prières. « ... à trois pseaulmes. Voir p. 3, col. 2. Voir *Despescheur, Diseur.*

HEUREUX. *Troys et quatre foys heureux.* Voir *Foys.*

HEURT. « ... craindre en tout *heurt* est indice de gros & lasche cœur... » II, 351.

HEURTE. « ... il se conchie à toutes *heurtes...* » II, 504.

HIBERNAL. « ... la rigueur *hibernale.* » III, 5.

HIBERNE (*Hibernus*, d'hiver). L'hiver. « Tant que l'*hiberne* aura son curse integre... » III, 278.

HIDEUX. Voir *Ideux.*

HIDRE. « ... trois *Hidres* telles qu'en auois ailleurs autrefois veu... » III, 121.

HIER. Voir *Aultre.*

HIERACIA. Voir *Eryngion.*

HIERARCHIE. « ... Hesiode en sa *Hierarchie* colloque les bons Dæmons... comme moyens & mediateurs des Dieux et homes... » II, 17. « ... est leur *hierarchie* telle (des membres)... » 32. « ... *Hierarchie...* de telz animaux veneneux... » 500.

HIEROGLYPHIQUE, HIEROGLYPHICQUE, HIEROGLIPHIQUE. « ... Ilz escripuoient par lettres qu'ilz appelloient *hieroglyphiques.* » I, 38. « .. s(ol) *hieroglyphicque.* » II, 184. « ... lettres *hierogliphiques.* » III, 42, 186, 359. « *Hieroglyphicques.* sacres sculptures: Ainsi estoient dictes les lettres des antiques saiges Ægyptiens... » III, 201.

Substantivement. « ... toutes les *hieroglyphiques* d'Egypte n'approcherent iamais de ce iargon.... » III, 214.

HILIQUE ('Ιλάσκομαι, rendre favorable). « ... plus diuine, plus *hilique...* » III, 224.

HILLOT. Fillot, compagnon. En gascon : « Et sabez quey, *hillotz.* » I, 46. « Pao cap de bious, *hillotz...* » II, 201. « Sus ho, *Hillot* de tous les Diables... » 202. « ... mes bons *hillotz...* » III, 247.

HIPOPOTAME. « ... le Nil et ses Crocodiles... *Hipopotames...* » III, 152.

HIPPIATRIE ('Ιππιατρία, médecine vétérinaire). « ... chose merueilleuse en *Hippiatrie.* » I, 137.

HIPPOCRAS, HYPOCRAS. Voir *Chausse, Clairet.*

HIPPODROME. « ... l'*hippodrome* (qui estoit le lieu ou l'on pourmenoit & voultigeoit les cheuaulx)... » I, 56. « ... l'*hippodrome* du Serrail... » II, 363.

HIPPURIS. « *Hippuris* (c'est Prelle). » II, 233.

HIRONDELLE, HYRONDELLE. « ... à la nouuelle venue des *Hyrondelles...* » II, 239.

Hirondelle de mer. « ... vne *Hirondelle de mer...* C'est vn poisson grand comme vn dard de Loyre... à Marseille on le nomme Lendole... » II, 277.

HISTORIOGRAPHE. « ... il taille de l'*historiographe...* » II, 289. « ... doctes & sçauans *Historiographes...* » 367.

HO. Exclamation. « Qui l'a ainsi conseillé? *Ho, ho, ho, ho, ho.* »

I, 110. « *Ho, ho,* hie. » II, 510. « ... *ho,* hu, *ho,* hou, ie te prens pour heretique. » III, 51.

Hobelon. Houblon. Voir *Froidure.*

Hobin. Allure du cheval d'Écosse. « ... aller le pas... les ambles, le *hobin*... » I, 47.

Hochant. « C(ouillon) *hochant.* » II, 130.

Hocqueton. Casaque. « Ie suis las de guerre : las des sages & *hocquetons.* » II, 43.

Hoguine. Jambard. Voir *Chanfrain, Gorgery.*

Hoir. « ... s'iz mouroient sans *hoirs*... » I, 188. *Le tiers hoir.* Voir *Acquis.*

Hoire, Oyre. Vase, bouteille. « ... vne *oyre* de vent Guarbin... » II, 420. « De ces troys *hoires* vous en prendrés iugement... Des troys *oyres,* les deux sont plaines de l'eaue susdicte... » III, 227. Voir *Aire, Capacité.*

Holos. Interjection. « *Holos, holos,* dist Grandgousier, qu'est cecy, bonnes gens? » I, 110. « *Holos, holos, holos,* Zalas, Zalas... » II, 340. « ... *holos,* ie naye. » 345.

Holosteon. Voir *Fragile.*

Home, Homme. « Autant vault l'*homme* comme il s'estime. » I, 357. « ... honeste *home* en court d'ecclise... » II, 328. « Adam c'est l'*home,* nasquit pour labourer & trauailler... » 355. c'est mon *home.* » 383. « ... *homme* de grans lettres. » Voir *Grand.* « ... de long temps n'aura telles experiences en faicts d'armes... comme auoit le feu bon *homme.* » III, 366. *Home exprès.* Voir *Exprès.* *Foy d'homme de bien.* Voir *Foy.*

Homelaicte. « ... l'vn appelloit vne sienne mon *homelaicte,* elle le nommoit mon œuf. Et estoient alliez comme vne *homelaicte* d'œufz. » II, 301.

Homet, Hommet. *Bon homet.* « ... occire le pauure *bon hommet.* » I, 357. « ... c'estoit le meilleur petit & grand *bon homet.* » II, 21. « Dict il pas vray, le petit *bon hommet?* » III, 235.

Homicide. « ... *homicide* en la persone de sa fille... » II, 225.

Homocentricalement. Voir *Circumbilivagination.*

Homonymie. « ... *homonymies* tant ineptes... » I, 37.

Honesteté. Voir *Discipliner.*

Honneur. « ... saulue l'*honneur* de toute la compaignie... » II, 292.

Jeu. « Aux *honneurs.* » I, 81.

Honnir. « ... lesquels auoient *honny* & conchié toute l'Isle... » III, 15.

Honnorable. « ... musique *honnorable*... » III, 412.

Honnorence. « ... credits, faueurs, & *honnorences*... » III, 279.

Honoraire. « ... sepulchre *honoraire*... » II, 297.

Honorificque. Voir *Brusler.*

Honorifiquement. « ... *honorifiquement* repceuz... » II, 287.

Honte. « ... imputé à *honte*... » II, 9. « ... courte *honte.* » 261. Voir *Faire.*

Honteux. « ... membres *honteux*... » II, 426. « I'entends... ce que... voudriez dire & inferer, mais vous estes *honteux.* » III, 34.

Hoppelat. » En second seruice... Des *hoppelatz.* » III, 219.

Horaire. « ... submirmillant mes precules *horaires*... » I, 242.

Horche. « ... *à Horche,* à orza. *Orza,* orse, ourse, terme de marine. » Oudin. *Recherches italiennes et francoises.* « ... vne nauire marchande faisant voile à *horche* vers nous. » II, 286.

Hord, Ord. Sale. « ... vn *ord* &

Hoschepot. « Le *hoschepot* des perpetuons. » I, 250. « *Hoschepotz*. Salmiguondins. » II, 477.

Hoseau, Houseau, Houzeau. « Les *hoseaulx*, alias les bottes de patience. » I, 246. « ... à belles poinctes de *houzeaulx*. » II, 325. « S'il pleuvoit, c'estoient *houzeaulx* de vache brune. » 382. Voir *Botasse, Botine*.

Hospitaliere. « Lucresse (estoit) *hospitaliere*. » I, 367.

Hostarde. Outarde. « ... troys cens & troys *hostardes*... » I, 139.

Hoste, Houste. Hôte. « ... pour le iourd'huy ne coustera il gueres à son *houste*... » I, 61. « ... eternellement disnant comme l'*hoste* de Rouillac... » III, 64. Voir *Compter, Domesticq*.

Hostel. « ... soy retirer en son *hostel*... » I, 328.

Maistre d'hostel. « Gargantua... appella... Philotomie son *maistre d'hostel*. » I, 68.

Hostellerie. « ... ceste prochaine *hostellerie*... » II, 281.

Hostiaire, Hostiere. Hospice. Voir *Gueux*.

Hostiatement (*Ostiatim*, de porte en porte). « ... egenes queritans leur stipe *hostiatement*. » I, 242.

Hostile. « ... *hostile* venue... » II, 6.

Hottee. « Il s'en va... à trente mille *hottees* de Diables. » II, 109. Voir *Cinge*.

Houay. Exclamation. Ouais. « Ha, ha, ha? *Houay?* Que Diable est cecy? » II, 510.

Houlle. Voir *Cap*.

Houltaige. Otage. « ... nous delaissant... pour *houltaige* les ducs de Tournemoule... » I, 119.

Hourd, Hourt. Choc. « ... on lieu onquel... est meu le *hourd*... » II, 39. « ... le *hourt* de deux armees... » 116. « Pantagruel leurs feist vne briefue remonstrance... auecques defense de commencer le *hourt*... » 403. « ... l'heure du *hourt*... » III, 91. « ... en l'Emblemature estoit figure le *Hourt*, & l'assaut que donnoit le bon Bacchus contre les Indians. » 150. Voir *Chocquer*.

Housé, Houzé. Botté. « ... *houzé* & bardé... » I, 275. Voir *Chanfrain*.

Housee. Une averse. « A shower of Raine », dit le Dictionnaire de Cotgrave. « ... tombant par vne *housee*... » I, 12. « ... vne grosse *housee* de pluye... » 374.

Housse. « ... le Tarande couuert d'vne *housse* de satin... » II, 284. « La bouche comme vne *housse*. » 380.

Houssepailleur, Houssepaillier. « ... les *houssepailleurs*... » I, 280. « Nerua (estoit) *houssepaillier*. » 366.

Houst. Houx. « De quels arbres le prenez (le bois)? — d'If. — Le menu & les fagots? — d'*houst*. » III, 110.

Houstage, Houstaiger. Otage. « ... pour *houstage* bailler. » I, 13. « ... eussions peu... retenir pour *houstaigers* ses enfants aisnez... » 184.

Houste. Voir *Hoste*.

Houster. Oter. « Sept mois apres, *houstez* en vingt & deux... » I, 14. « *Houstez* vous de là. » II, 113. « ... qui *housteroit* Oysiueté du monde, bien toust periroient les ars de Cupido... » 152. « ... *houstoit* le bandeau de ses œilz... » 154. « ... les *houstoit* de pensement... » 279. « ... *houstans* nos faulx visaiges... » 454. « ... pour *houster* tout doubte... » 474. Voir *Chalan, Esmoy*.

Houstil. Outil. « De ciuilité Cy sont les *houstilz*... » I, 197. « ... coingnee sans manche ne

entrez on phrontiſtere... des Pyrrhoniens... » 175. « *Huy* me ſuis ie veſtue pour les œilz de mon pere... » 248. « ... l'enorme concuſſion que voyons *huy*... » 327. « ... ie veulx *huy* vous tous veoir en honneur & triumphe. » 407. « ... il fait certes *huy* beau boire... » III, 27.

Iourd'huy. « Pour ce *iourd'huy*... » I, 49. « ... pour tout le *iourd'huy*... » 335. « I'ay ce *iourd'huy*... hors ma maiſon... chaſſé vn tas de villaines... beſtes... » II, 108. Voir *Hoste*.

HUYLE. « ... ils tireroyent de l'*huyle* d'vn mur... » III, 213. Voir *Dependre*.

HUYS. « ... rompoit vn *huys*... » I, 89. « ... entre deux *huys*... » II, 92. « ... Pantagruel... d'icelluy voulut eſtre faictz tous les *huys*, portes... » 244. Voir *Courrail*.

HUYTRE. Voir *Escalle*.

HYBOU. Jeu. « Au *hybou*. » I, 81.

HYDRARGYRE (Ὑδράργυρος, vif-argent). « Mercure en *hydrargyre*, fixe, maleable et immobile. » III, 160.

HYDRIE (Hydria, aiguière). Voir *Frizon*.

HYDROGRAPHIE. « ... grande & vniuerſelle Hydrographie... » II, 270. « *Hydrographie*, charte marine. » III, 197.

HYDROMANTIE (Ὑδρομαντεία, divination par le moyen de l'eau). « Voulez vous... en ſçauoir plus amplement la verité... par *Hydromantie*... » II, 124.

HYDROPICQUE, HYDROPIQUE. « Ils meurent tous *Hydropicques* tympanites. » II, 420.

HYENE, HYENNE. « ... que ne me conſeillez tu... tenir... la pierre de *Hyene* ſoubs la langue?... » II, 127. « *Hyennes*, Cameleopardales, Origes. » III, 121.

HYMANTOPODE. « ... ne ſuffiroit la vie de l'homme... des *Hymantopodes*... » III, 126.

HYMNYDES. Nymphes. « ... les Nayades... auecques les *Hymnydes*... » III, 304.

HYOSCYAME (Ὑοσκύαμος, ſève de pourceau, jusquiame). « Aultres ſont nommées par leurs vertus & operations, comme... *Hyoſcyame*... » II, 232.

HYPERBOLIQUE. « ... f(ol) *hyperbolicque*. » II, 183.

HYPERDULIE. Voir *Adoration*.

HYPERNEPHELISTE (Ὑπερνέφελος, élevé au dessus des nuages). Voir *Anemophylace*.

HYPOCHONDRE, HYPOCONDRE. Hypocondre, hypocondriaque. « *Hypochondres* de tous les diables... que me dictez vous? » II, 156. « ... elles m'eſchauffent les *hypocondres*. » III, 57. « ... ſe curer les *hypochondres*. » 174.

HYPOCRAS. « ... force hypocras & vin delicieux... » III, 29. Voir *Bardocucullé*. *Chauſſe*, *Floc*.

HYPOCRATIQUE d'hypocras. Voir *Chausse*.

HYPOCRISIE. Voir *Deposer*.

HYPOCRITE, HYPOCRITESSE, HYPOCRITILLON. « Ces *Hypocrites*... icy ſont ilz vierges ou mariez?... En tireroyt on hypocriticquement le petit traict Hypocriticque? Ouy dea... Là ſont belles & ioyeuſes *hypocriteſſes*... Et y a copie de petitz *hypocritillons*... » II, 496-497.

HYPOCRITICQUE, HYPOCRITIQUE. « ... les hypocriticques braguettes... » I, 33. « En ceſte *hypocritique* façon par Galien... ſeurent les gens de guerre deſfaicts... » II, 398. « *Hypocriticque*, ſaincte, deſguiſee. » III, 202. Voir *Hypocrite*.

HYPOCRITICQUEMENT. Voir *Hypocrite*.

HYPOGEE. « ... ie puiſſe donc ſauf & ſain retourner de ceſtuy *Hypogee.* » III, 139.

HYPOPHETE. « ... vn de leurs *hypophetes...* » II, 439. « *Hypophetes,* qui parlent des choſes paſſees : comme Prophetes parlent des choſes futures. » III, 204.

HYPOSARGUE (Ὑποσαρκίδιος, qui est sous la peau). Vn autre ie vy hydropiques parfaitement guarir, tympaniſtes, aſcites, & *hypoſargues...* » III, 77.

HYPOSTASE (Ὑπόστασις, écoulement goutte à goutte). Voir *Eneoreme.*

HYPOTHEQUER. « Ie les prendrois ſus l'inſtant... qu'ilz auroient... hypothequé leurs terres... » II, 197.

HYRONDELLE. Voir *Hirondelle.*

HYVERNER. Voir *Guarnison.*

HYVROGNE. « Que fera ceſt *hyurogne* icy ? » I, 105. « Cent diables me ſaultent au corps s'il n'y a plus de vieulx *hyurognes* qu'il n'y a de vieulx medicins. » 153.

I

IAMBICQUE, IAMBIQUE. Qui est relatif à l'iambe, espèce de pied des vers grecs et latins. « Apporte... ce grand matin de paſté *Iambique :* ou Iambonique ce m'eſt tout vn. » II, 350 et IV, 282. Il y a ici un jeu de mots entre *iambe* et *iambon* ou *jambon* alors écrits tous deux par *i.* « ... vers *Iambique* ſenaire... » III, 143. Voir *Iambus.*

Sorte de danse. « ... ils iouerent... aux... *Iambicques...* & mille autres danſes. » III, 76.

IAMBUS. Iambe. « Aultres croyſſoient par les iambes... Et les petits grimaulx les appellent en grammaire *Iambus.* » I, 221. Voir l'article précédent.

IBICE. « Chaſſoit on profond de la mer, & y trouuoit *Ibices,* Stambouceqs & Chamoys. » II, 383.

IBIDE (*Ibis, Ibidis.* Ibis). « ... le Nil & ſes Crocodiles, Cercopitheces, *Ibides,* Singes, Trochiles, Ichneumones... » III, 152.

ICELLUY, ICELUY, ICELLE, ICEULX. Pronom et adjectif pronominal.

1° Pronom. Celui-ci, celle-ci. « ... a l'exemple d'*icelluy...* » « ... en *icelle* bien aultre gouſt trouuerez... » I, 5. « ... *icelles* auſſi peu auoir eſté ſongees d'Homere... » 6. « En *icelle* vous entendrez.... comment les Geands naſquirent... & comment d'*iceulx...* yſſit Gargantua... » 9. « ... ſi d'*icelles* en trouuez que vaillent le desbraguetter... » 18. « ... *ycelle* ſeroit briefue... » 25. « ... laiɛt requis pour *icelluy* alimenter. » 29. « ... feut la forme d'*icelluy* large & ronde... » 33. « ... par *icelles* vouloit ſon pere qu'on entendiſt que ce luy eſtoit vne ioye celeſte... » 36. « ... les oultrages en *icelle* perpetrees... » 63. « *Icelluy* entendent le bruyt... » 104. « Les graces que Dieu te a donnees, *icelles* ne recoipz en vain. » 257. « *Iceulx* fuyez. » 384. « ... à la lecture d'*icelles...* » II, 247. « *Icelluy...* auoit à Gargantua laiſſé... la routte qu'ilz tiendroient... » 269-270. « *Icelles* attendentes ſa venue... » 306. « *Icelle* paſſee, en vain vous les regretterez... » 365. « *Icelle* nous commanda tous bien eſperer... » III, 132. « La fin d'*icelle* eſtoit cloſe de trois antiques lierres... » 133. « ... par *iceluy* non par autre... » 190.

2° Adjectif pronominal. Ce, cet. « ... *icelluy* meſmes drap... » I, 32. « ... *icelluy* temps. » 61. « ... *icelluy* chemin... » 241. « ... *icelle* Court centumuirale... »

II, 186. « ... *iceulx* liures miens... » 250. « ... *icelluy* fleuue... » 256. « ... *icelle* annee... » III, 31.

ICHNEUMONES. Ichneumons. « ... Ilicines, *Ichneumones.* » II, 499. Voir *Ibide.*

ICHTYOMANTIE ('Ιχθυομαντεία, Divination par l'inspection des poissons). « Par *Ichtyomantie...* » II, 126.

ICHTHYOPHAGE. « ... confalonnier des *Ichthyophages..* » II, 371. « *Ichthyophages,* gens viuans de poisson... » III, 202.

ICHTHYOPHAGIE. Régime de ceux qui vivent de poisson. Voir *Haire.*

ICLES. Reptiles. II, 499.

ICOSIMIXE. Sorte de lanterne. « ... l'*Icosimixe,* iadis consacree par Canope... » III, 130 et IV, 338.

ICTE (*Ictus,* coup). « ... tu veux tes grans *ictes* ruer. » III, 275.

ICTIDE (*Ictis, ictidis.* Furet, belette). » Belettes *ictides.* » II, 498.

ICY, YCY. Ci, qui est ici. « ... ces vieilles *ycy...* » I, 55. « ... comme ie rompray ce fust *icy...* » 348.

IDÉE ('Ιδέα, archétype, modèle primitif des choses). « ... en leur mariage semble reluire quelque *Idée* & repræsentation des ioyes de paradis. » II, 53. « ... les *Idees* de Platon... » 274. « ... c'estoit l'*Idee* de Mardigras leur dieu tutellaire. » 417. « C'est l'*idee* de celluy Dieu de bien en terre. » 444. « ... entrasmes en l'Isle de Cassade, vraye *Idee* de Fontainebleau. » III, 41. « *Idees,* especes & formes inuisibles, imaginees par Platon. » 198. Voir *Exemplaire.*

IDES. « ... *Ides* (c'est le quinzieme iour) de May. » II, 264. Voir III, 197.

IDEUX. Hideux. « ... tu es *ideux* & detestable... » II, 388.

IDIOT ('Ιδιώτης, ignorant). « ... sommes gens simples & *idiots...* » III, 69.

IDOINE, YDOINE (*Idonæus*). Propre à, capable. « ... *idoine* de pouoir par soy regir & regner. » I, 185. « ... le temps n'estoit tant *idoine* ne commode es lettres... » 254. « gens dignes & *ydoines* de recepuoir ceste celeste manne de honeste sçauoir. » 308. « Les venes mesaraïcques en sugcent (de la viande) ce qu'est bon & *idoine.* » II, 33. « ... lieux *idoines.* » 34. « Nazdecabre me semble *idoine.* Il est mut & sourd de naissance. » 99. « ... rattelliers *idoines.* » 283. « ... trop plus sont sans comparaison cuisiniers *idoines* & suffisans que tous gensdarmes. » 407. « ... *idoines* à tout faire. » 457. « ... *idoines* alimens. » III, 84. « ... nous sembla plus... *ydoine* que autre qui fut en la compaignye pour nostre conduicte. » 224.

IDOLATRE. « Ainsi dictes vous *Idolatre* pour Idololatre. » II, 410. « ... *Idolatre* pour Idololatre. » III, 199.

IDOLE. « ... son grand *Idole...* » II, 213.

IERANGOYS. « ... furent seruies :... Des *ierangoys...* » III, 219.

IF. Voir *Houst.*

IGNAVE (*Ignavus.* Lâche). « ... tant *ignaue* & stupide... » I, 119.

IGNOMINIEUSEMENT. « ... à mort *ignominieusement* mise. » II, 121. « ... le disoit Achilles en ses reproches *ignominieusement* auoir œilz de chien... » 351. « ... *ignominieusement* occis... » 369.

IGNORANCE (LANGUE D'). Voir *Dupple.*

IL, *Ils,* pronom personnel de la troisième personne, séparé du verbe, ou bien placé après le verbe, cas où il serait actuellement remplacé par *lui* ou *eux*. « ... *il* en cefte façon fon tonneau tempeftoit. » II, 8. « *Il* qui eftoit victeur... » 18. « ... *Ilz* toutesfoys en vn iour mangent leur euefque... » 22. « ... *il* feul à tous fuffiroit... » 97. « *Il* de fon coufté paouure plus que ne feut Irus... » 124. « ... *il* qui par tout le passé a vefcu tant fainctement en fon eftat... » 176. « ... *il* fon pere... » 196. « *Ilz* toutesfois tant font de craincte du Dæmon & fuperftifiofité efpris... » 224. « *Il* qui le iour precedent n'auoit... declaré le defplaifir qu'il auoit eu... » 248. « Qui feut bien fafché & marry ce fut *il*. » 257. « *Il* retournant de certaine longue guerre... » 311. « *Il* pour vn vieil paifant habiller... » 315. « *Il* feul ne ayde à la chorme... » 343. « ... *il* interrogé quelle nauire luy fembloit la plus fceure... » 355. « *Il* entier demourera au vaincueur. » 431. « *Il* voyant que... » 508. « ... *il* trefbien, & proprement la nomma Entelechie. » III, 70. « *Il* toutesfois nous refpondit... » 81. » ... *il* de fon nom nomma Cainon. » 136.

Il se place souvent après le verbe *être*, sans que la phrase soit interrogative. « Bien vray eft *il*, que l'on trouue en aulcuns liures... certaines proprietés occultes... » I, 217. « Bien vray eft *il*... que fi l'imaige de fcience & fapience eftoit corporelle... » 306. « Bien fol eft *il*... » II, 212.

Il ne figure point dans certaines locutions où on l'emploierait aujourd'hui : « Le mauldict liure du paffetemps des dez feut longtemps a inuenté... » II, 58. « Ia long temps a que n'en auions veu. » 440. « I'ay receu les lettres que vous a pleu m'efcrire... » III, 352.

ILICINES. Reptiles. Voir *Ichneumones*.

ILLECQUES. Là. « Orpheus en Trace eut Mufé : *illecques* auffi Aglaophemus eut Pytagore... » III, 226.

ILLICITE. « La chofe eft *illicite* & defendue... » III, 82. Voir *Abusif*.

ILLUCESCER. (*Illucescere*, commencer à luire). « ... des ce qu'il *illucefce* quelque minutule lefche du iour... » I, 242.

ILLUSTRE. « Beuueurs *trefilluftres*... » I, 3 et IV, 59.

ILLUSTRÉ. « ... ces belles religions des quelles en tous endroictz voyez la Chriftianté ornee, decoree, *illuftree*... » II, 458.

ILLUSTREMENT. « Qui eft ceftuy qui... porte rameaulx d'oliue, *illuftrement*? » II, 55.

ILLUSTRISSIME. « ... noftre *illuftriffime* lanterne... » III, 133.

IMAGE. « Pour fon *image* auoit en vne platine d'or... vne figure d'efmail competent... » I, 34. « ... multiplier en *images* à foy femblables, ce font enfans. » II, 34.

IMAGINATION, YMAGINATION. « ... beuuoit par *imagination*. » II, 383. « Comment l'eau de la fontaine rendoit gouft de vin, felon l'*imagination* des beuuans. » III, 157. « *Ymaginations* qu'on peut auoir attendant la chofe defirée. » 299.

IMBECILLE (*Imbecillis*, faible). « Par doncques n'eftre... en ranc mis des noftres en partie offenfiue, qui me ont eftimé trop *imbecille*

& impotent... » II, 9. Voir *Echeneis*.

IMBECILLITÉ. Faiblesse. « ... disent les Medicins tremblement aduenir... pour l'*imbecillité* de la vertus & organe portant. » II, 212.

IMITABLE. « ... formes non *imitables* par art. » II, 475.

IMMERSE (*Immersa*, plongée). Voir *Calligine*.

IMMINENT. « ... soif *imminente...* » II, 235. « ... deces *imminent.* » 364.

IMMOBILE. Voir *Hydrargyre*.

IMMONDE. « ... rien *immonde* ne porter au seruice diuin. » II, 80. Voir *Esperit*.

IMMUTATION (*Immutatio*, changement). Voir *Alteration*.

IMPAR. Impair. « Trias, qui est nombre premier *impar* & superflu... » II, 101. « ... nombre par ou *impar...* » 401. « ... figure angulaire *impare...* » III, 158. Voir *Dyas*.

IMPASSIBLE. « Les Stoiciens les disoient (les Heroes) tous estre mortelz, vn excepté, qui seul est immortel, *impassible*, inuisible. » II, 366.

IMPATIENT. Qui ne peut supporter. « ... ieunesse est *impatiente* de faim. » II, 22. « ... ma femme *impatiente* de ma langueur. » 51. « ... *impatiens* de telle indignité. » 224.

IMPENDENT. Imminent. « ... à la suppression d'iceluy, (du quaresme) laquelle me semble estre *impendente*, s'opposeront tous les medecins. » III, 116.

IMPERFAICT. Imparfait. « ... chose aulcune *imperfaicte* & digne de correction... » II, 72. « ... procés... informe & *imperfaict*. » 199. Voir *Fragile*.

IMPERIALE. « ... les officiers iouoient à l'*imperiale*. » II, 320.

IMPERIT (*Imperitus*). Inhabile. « ... vulgue *imperit*. » II, 178. « Vn homme niais, *imperit* & ignorant. » III, 13. « ... vulgaire *imperit...* » 73. Voir *Architecte*, *Fatuel*, *Faultier*.

IMPERMEABLE (*Impermeabilis*. Qui ne peut être traversé.) « ... les nations, que Nature sembloit tenir absconses, *impermeables*, & incongneues... » II, 238.

IMPERTINANT, IMPERTINENT (*Impertinens*, déplacé). « ... il sembloit *impertinent* à tous Les veoir ainsi à chascun vent baisler. » I, 13. « De Bonne mine... à Mauuais ieu n'est alliance *impertinente*. » II, 302. « ... argumens non *impertinans* & raisons non refusables. » III, 8.

IMPERTINENCE. « ... par l'intemperance du vin aduient au corps humain refroidissement de sang, resolution des nerfs... Qui sont toutes *impertinences* à l'acte de generation. » II, 150.

IMPETRER. « Chose que tous desirent, & peu de gens l'*impetrent* des cieulx. » II, 74. « ...l'ayde... des Dieux n'est *impetré* par veuz ocieux... » II, 353. « ... auoit de Lucifer *impetré* venir en ceste isle... » 427. « ... *impetrer* de la Royne de Lanternois vne lanterne... » III, 129. « ... vn Capitaine Iuif... *impetra* des cieux la manne... » 163. « ... les benefices de feu Dom Philippes *impetrez* ou nom de ceux que couchiez par vostre memoire. » 340. « ... *impetra* du Pape de porter armes... » 342. « ... n'ay rien... *impetré* qui ne soit ciuile & iuridicque. » 361. Voir *Formalité*.

IMPETUOSITÉ. Voir *Fais*.

IMPLACABLE. Voir *Farouche*.

IMPLORATION. « ... *imploration* de Dieu... » III, 179.

IMPORTANCE. « ... cas d'importance... » III, 358.

IMPORTER. Nécessiter, comporter. « ... quand le cas *importeroit* vrgente depesche. » III, 353.

IMPORTUN. Inopportun. « ... acte... *importun* & mal à propous... » II, 346.

IMPORTUNITÉ. Voir *Freslonnicque*.

IMPOSER. Poser sur. « ... le hault mons Pelion *imposer* sus Osse... » II, 404. Voir *Chef*.

IMPOSITION. « ... *imposition* du nom. » I, 66. Voir *Existimer*.

IMPOSSIBLE. Substantivement. « ... la dame Royne faisoit tout *impossible* & guarissoit les incurables. » III, 77.

IMPOTENCE. Impuissance. « ... ne pensez aussi la pluye venir par *impotence* des vertus retentiues des cieulx... » III, 227. Voir *Gratuité*.

IMPOTENT. « ... *impotent* au debuoir de mariage. » II, 51. « ... *impotentes* perturbations. » 281. « ... opprimé d'obligations infinies... & *impotent* à la minime partie de recompense... » 283. Voir *Generation, Imbecille*.

IMPRECIABLE. Inappréciable. « ... celeste & *impreciable* drogue... » I, 4. « ... vtilité *impreciable*... » II, 238.

IMPRESSION. « ... l'art d'*impression* n'estoit encores en vsaige. » I, 57. « ... les *impressions* tant elegantes & correctes... » 255.

IMPRIMERIE. « ... le noble art d'*imprimerie*? » II, 237.

IMPROPERE (*Improperium*, opprobre). « ... l'*impropere* De se bender contre son propre pere... » I, 207.

IMPROPREMENT. « Ie diz *improprement* parlant... » II, 172. « ... ne parlent *improprement*... » 502.

IMPROVISTE (A L'). « ... recoiuent coups d'espée *à l'improuiste*... » II, 116. « ... on le print *à l'improuiste*... » III, 75. « ... soudars fortiz du chasteau *à l'improuiste*. » 402.

IMPUDENTEMENT. « ... *impudentement* respondit... » II, 249. « ... ne parlez aussi *impudentement*... » 267. « ... le iniurira *impudentement*,... » 311. « ... de nostre dame Royne parler, disputer & *impudentement* escrire? » III, 70. Voir *Exempter (s')*.

IMPUDICQUE. Voir *Habit*.

IMPUGNER (*Impugnare*, attaquer). « Calumnie c'est quand on *impugne* le bien faict... » III, 190.

IMPULSION. « ... à l'*impulsion* des vents... » II, 465.

IMPUTATION. « ... par *imputation* de tel meshain... » II, 111.

IMPUTÉ. Voir *Crime. Folie, Honte*.

INACCESSIBLE. « ... peu moins *inaccessible* que le mons du Daulphiné... » II, 469.

INANITION. « ... corps en *inanition*... » II, 69. « ... noz bourses en patiront *inanition*. » III, 236.

INAPOINCTABLE. Qu'on ne peut appointer, concilier. « ... playdoiart, detraué, & *inapoinctable*... » II, 196.

INCAGUER. Embrener, narguer. « ... *incaguant* ces sacres liures... » II, 451.

INCARNAT. « ... velours *incarnat*... » III, 400. « ... soye blanche & *incarnate*... » 401.

INCARNATIF. « C(ouillon) *incarnatif*. » II, 130.

INCAUTEMENT (*Incaute*, imprudemment). « ... soy venger, assez *incautement*... » III, 93.

INCENTRICQUER. Placer au centre. « ... incorporer, sanguifier & *incentricquer* es profonds ventricules de leurs cerueaulx... » II, 449.

INCERTAIN. Voir *Certain*.

INCESSAMMENT. « ... icelluy fault *incessamment* implorer... » II, 353.
INCESTE. Voir *Arguer*.
INCESTÉ. Voir *Contaminé*.
INCISER. « Loupgarou pensa qu'il luy eust *incisé* la vessie. » I, 359. « ... feueilles... *incisées* au tour... » II, 228. « ... comme les iardiniers *incisent* la peau des ieunes arbres... » III, 63.
INCISURE. Voir *Frizure*.
INCITER. « ... lesquels le auroient *incité*... » I, 186. « ... estant *incité* par vision phantasticque... » II, 76.
INCLINATION. Voir *Froc*.
INCLITE, INCLYTE. *(Inclytus*, illustre). Voir *Alme, Famosissime*.
INCOMBER, INCUMBER. *(Incumbere*, s'appliquer à.) Voir *Chorée, Genius*.
INCOMMODER A. « ... en *incommodant à* mon Roy... » I, 118. Voir *Faillir*.
INCOMPARABLEMENT. Voir *Efficace*.
INCOMSOMPTIBLE. Qui ne peut être consumé. « ... *incomsomptible* comme l'huille que iadis mist Callimachus en la lampe d'or de Pallas... » III, 154.
INCONGRU. « C(ouillon) *incongru*. » II, 138. « ... mal à propous, & *incongru*. » 423. « ... me sembloit le cas grandement *incongru*... » 509.
INCONSTANT. « ... estoit la resplandeur en tous points *inconstante* & vacillante par le temple. » III, 154.
INCONSUMPTIBLE. « ... *inconsumptible* par feu. » II, 243.
INCONTINENT. « Ce que feut *incontinent* faict. » II, 358. « *Incontinent* qu'ilz feurent ioinctz à nostre nauf... » 436. Voir *Enfantement*.
INCORNIFISTIBULER. « ... la bote fauue *incornifistibulee* en la somme angelicque. » I, 250. Voir *Entendement*.
INCORPORER. « ... les *incorporez* en vous mesmes... » III, 9. « ... icy nous realement *incorporons* nos preceptions par la bouche. » 171. Voir *Incentricquer*.
INCORRECT. « ... ainsi sommes en nostre langage *incorrects* & mal apprins... » III, 31.
INCREABLE. Incroyable. « ... chose *increable*. » I, 281.
INCREDIBLE *(Incredibilis*, incroyable). « ... *incredible* resolution des espritz... » II, 153. Voir *Compacture*.
INCREDULITÉ. « Si ces discours ne satisfont à l'*incredulité* de vos seigneuries... » II, 405.
INCROYABLE. Voir *Frequence, Hascher*.
INCRUSTER. « ... parois... *incrustez* de marbre... » III, 145. Voir *Arceau, Balane*.
INCULQUER *(Inculcare*, faire entrer de force). « ... *inculcons* nos veretres es penitissimes recesses des pudendes... » I, 241.
INCURABLE. « Vieillesse sera *incurable* ceste année à cause des années passées. » III, 238. Voir *Guarir*.
INCURSION. Voir *Faire*, p. 261, col. 1.
INDAGUE *(Indagus*, qui recherche). « C(ouillon) *indague*. » II, 139. Voir *Abhorrent*.
INDAGUER *(Indagari*, poursuivre, rechercher). « ... *indaguer*... La purité de la lingue Gallique. » III, 279. Voir *Epistole*.
INDALGOS. « ... *Indalgos* Bourrachous... » I, 33.
INDE. « Cocqs, poulles & poulletz d'*Inde*. » II, 478.
INDECENT. « ... possible n'estoit longuement les reseruer (les tripes). Car elles feussent pourries. Ce que sembloit *indecent*. » I, 19. Voir *Fricassée*.
INDEMNÉ. Racheté. Voir *Amorti*.

INDEMNITÉ. État de ce qui est indemne. Voir *Franchise*.
INDETERMINÉ. Voir *Certain*.
INDICATIF. « ... ſigne *indicatif* de vieilleſſe. » II, 137.
INDICATION. Voir *Curatif*.
INDICE. « ... ſignification & *indice*. » II, 67. « ... mouuement propre eſt *indice* certain de choſe animée... » 158. Voir *Heurt*.
Doigt indice. Voir *Doigt, Extendre*.
INDICIBLE. « ... perfection *indicible*... » II, 9. « ... ruine *indicible*... » III, 46 et IV, 323. « ... lieſſe *indicible*... » III, 152.
INDIFERENTEMENT. « ... la ſtatue de Mercure ne doibt eſtre faicte de tous boys *indiferentement*... » II, 490.
INDIGENE. « ... *indigene* des regions Lemouicques... » I, 243. Passage tiré du discours de l'écolier limousin qui permet de penser que ce mot était alors inusité. Il n'a point d'*historique* dans Littré.
INDIGENT. « ... noſtre langue vulgaire n'eſt tant vile, tant inepte, tant *indigente* & à meſpriſer qu'ils l'eſtiment. » III, 8.
INDISSOLUBLE. « ... Compaignie *indiſſoluble*... » III, 59.
INDITION. Indiction. III, 262.
INDIVIDU. Voir *Espece*.
INDIVIDUAL. « ... proprieté *indiuiduale*. » II, 12. « ... l'*indiuiduale* muliebrité. » 157. « ... il y a en ceſte eſpece vnité *indiuiduale*. » III, 17.
INDUCTION. « Par le blanc, à meſmes *induction* de nature, tout le monde a entendu ioye... » I, 40. « Ie le croy, en pareille *induction*, que... Galen... dict la teſte eſtre faicte pour les œilz. » II, 43. Voir *Froc*.
INDUIRE. « Qui le *induict* à ce faire? » I, 5. « ... par couleur blanche nature nous *induict* entendre ioye & lieſſe... » 42. « Ie ſuis *induict* à croire... » II, 6. « Ce que me *induict* en ceſte opinion... » 40. « Nous le *induirons* à contrition... » 112. « Encores ſuys ie facilement *induict* à croyre ce qu'il nous a dict. » 364. « ... cela m'*induit* facilement à croire ce que dites... » III, 134.
INDULGENCE. Voir *Foisonnant*.
INDULT. « ... lan. XXII... ſeut requis par l'Abbeſſe, & meres diſcretes, leurs conceder vn *indult*... » II, 165. Voir *Depescher*.
INDUSTRIE. « Ceſte deſſaicte paracheuee Pantagruel... loua merueilleuſement l'*induſtrie* de ſes compaignons. » I, 339. « ... ie n'eſpere en ma force, ny en mon *induſtrie*... » 351. « ... l'*induſtrie* des anciens Francois, les quelz à tous eſtoient en l'art ſagittaire preferez... » II, 390.
INDUSTRIEUSEMENT. « ... vne lanterne antiquaire faicte *induſtrieuſement* de pierre ſphengitide & ſpeculaire... » II, 270.
INDUSTRIEUX. Voir *Brochette*.
INEPTE. Inapte, impropre, sot. « ... *inepte* à tous offices de la republique... » I, 4. « ... defraiſonnables raiſons & *ineptes* opinions... » 267. Voir *Homonymie, Indigent*.
INERTE. « Maiſtres *inertes*. » I, 68 et IV, 110.
INESPUISABLE, INEXPUYSABLES. « ... puis *ineſpuiſable*... » I, 308. « Doubtes *inexpuyſables*... » Variante. IV, 207.
INESTIMABLE. « ... *ineſtimable* erudition... » II, 449. « Les grandes & *ineſtimables* Cronicques... » IV, 23. Nodier (*Des Matériaux dont Rabelais s'est servi...*, p. 6) attribue ce mot à Rabelais, mais

on le trouve bien avant lui. Voir Littré à l'*Historique*.

INEXPUISIBLE. « Ainsi demeurera le tonneau *inexpuisible.* » II, 13.

INEXTINGUIBLE. « ... alteration *inextinguible...* » II, 14. Voir *Asbeston*.

INFALLIBLE. « ... experience *infallible...* » I, 217. « ... signe *infallible...* » 296. « Ie ne veulx toutesfoys inferer, que ce sort vniuersellement soit *infallible...* » II, 57. « ... affirmans autant estre vrays & *infallibles* les songes de ceulx qui la portent... les songes certains, vrays, & *infallibles...* » 71. « ... remede *infallible...* » 142. « ... promesse... *infallible...* » 163. « ... cest Oracle est *infallible...* » III, 173. « Pantagrueline prognosticaton certaine, veritable, & *infallible...* » 229.

INFALLIBLEMENT, INFALIBLEMENT. « ... elles seront leurs mariz coquz *infalliblement* par Dieu... » II, 165. « ... vous serez *infalliblement* sauluez... » 459. « *Infaliblement...* trouueront tout le sauoir & d'eulx & de leurs predecesseurs à peine estre la minime partie de ce qui est & ne le scauent. » III, 227.

INFAME. « ... selon qu'elles estoient bien *infames...* » I, 303. « ... cuisines *infames...* » II, 237.

INFANT. « ... la ieune Niphleseth *Infante* de l'isle. » II, 417. « *Infans* de Matabrune... » Variante. IV, 317.

INFANTICIDE. « ... femmes adulteres, venefiques, *infanticides...* » III, 46.

INFATIGABLE, INFATIGUABLE. « ... laudateur, ie diz *infatiguable,* de leurs prouesses... » II, 11. « Ainsi auroys ie eternellement le virolet en poinct & *infatiguable...* » II, 73. « ... m'auront... pour auditeur, ie dis *infatigable* de leurs tresceleftes escripts. » III, 8. « ... chant *infatigable* des hommes là residens... » 12. Voir *Ferrement*.

INFATIGABLEMENT, INFATIGUABLEMENT. « ... cent mains fault à vn sommelier... pour *infatigablement* verser... » I, 24. « ... à haulte voix *infatiguablament.* » II, 257. « ... les harquebousiers... tiroient *infatigablement.* » III, 407.

INFAUSTE (*Infaustus,* malheureux). « ... *infauste* & malheureux. » II, 102.

INFAUSTISSIME. « *Infaustissime* est cil... » III, 276.

INFECT. « ... vn goulphre horrible... & *infect...* » I, 381. « ... d'ulceres tout *infect.* » II, 254. Voir *Exhalation*.

INFECTION. « Il (ce liure) ne contien mal ne *infection.* » I, 2. « ... les curez... medicins... estoient tous mors de l'*infection...* » I, 103.

INFECTIONNER. Voir *Evaporation*.

INFELICITÉ (*Infelicitas,* malheur.) « ... l'*infelicité* & calamité des Gothz... » I, 254. « Tel don en fascherie & indignation ne peut estre terminé, sans grande *infelicité* prætendue. » II, 76.

INFERER. « ... vous *inferez* que gens de peu d'esprit ne sçauroient beaucoup en brief temps despendre. » II, 24. « Ie ne veulx pourtant *inferer,* que iamais ne faille debuoir... » 35. « ... ie vous menerois à logicalement *inferer* vne proposition bien abhorrente... » 96. « ... comme voulent *inferer...* » 164. « ... comme de faict on peult logicalement *inferer...* » III, 3. « Comment donc, *infera* Panurge, sont-ilz ainsi crouteleuez?... » 24. « ... ie ne veulx par ce *in-*

17. « ... Parces *iniques...* » 366.

INIQUEMENT. « ... *iniquement* & de guet à pens... » II, 225.

INITIANT. Voir *Amphicyrce.*

INIONCTION. « ... ainsi ay-ie de feu mon pere *inionction* icy hors demeurer... » III, 46. « ... par leur *inionction* il nous conuient outre passer. » 60.

INIVRE. « ... les *iniures* du ciel... » II, 8.

INIVRIER. Voir *Impudentement.*

INNOCENT. « Nous aultres *innocens* ne beuuons que trop sans soif. » I, 21 et IV, 77. Voir l'article suivant.

INNOCENTÉ. « ... orça, vous autres gentils innocens, orça, y serez bien *innocentez...* » III, 50 et IV, 325.

INNOMBRABLE. « ... tout espece de folie cessera, laquelle est pareillement *innombrable...* » III, 5.

INNOMMÉ. « ... vne couleur *innommee,* telle que voyez es coulz des tourterelles. » I, 33.

INNUMERABLE (*Innumerabilis,* innombrable.) « ... dangiers *innumerables...* » II, 272, « ... nombre *innumerable* d'hommes & de femmes... » III, 126.

INOPINÉ. « ... perte inopinée de ses biens. » II, 36. « ... richesses tant grandes & *inopinees.* » 265.

INOPINÉMENT. « ... c'est vn des plusi nconstans fleuues du monde, & croit *inopinément...* » III, 396.

INPERCEPTIBLEMENT. Voir *Evocation.*

INQUINAMENT. (*Inquinamentum,* souillure). « ... elue & absterge mon anime de ses *inquinamens* nocturnes. » I, 242.

INQUISITEUR. « ... veneurs & *inquisiteurs* de verité? » III, 50.

INSAIL. Drisse. « La main à l'*insail.* » II, 344 et 349.

INSATIABILITÉ (*Insatiabilitas*). « ... ne sçay quelle *insatiabilité...* » II, 108.

INSATIABLE. « ... manducation *insatiable...* » II, 14. « ... Aristoteles a declairé l'estre des femmes estre de soy *insatiable.* » 134.

INSCROPHIÉ. Voir *Chef.*

INSCULPÉ (*Insculpatus,* gravé). « ... trophee d'vn buueur bien mignonnement *insculpé...* » III, 133. « ... estoient... artificiellement *insculpez* les douze signes du zodiaque... » 160. Voir *Eleganternent, Engraué, Exquisitement.*

INSE. Hisse. « *Inse.* C'est bien dict. *Inse, inse, inse.* » II, 343. « *Inse, inse.* C'est bien dict. *Inse,* de par Dieu, *inse, inse.* » 350.

INSIGNE. « ... *insigne* fable... » II, 9. « ... choses *insignes...* » 55. « ... *insigne* vehemence... » 101. « ... *insigne* mutation des Royaulmes... » 119. « ... f(ol) *insigne.* » 182. « Chinon ville *insigne...* » 265. « ... ce que estoit spectable & *insigne* en l'isle. » 359. « ... ames nobles & *insignes.* » 362. « ... perte *insigne* de sa reputation. » 402. «... passages *insignes...* » 403. « ... peu ple en Æthiopie bien *insigne...* » 405. « ... auoient faict *insigne* perte de leurs gens... » 407. « ... vn ample, beau, & *insigne* figuier... » III, 193. Voir *Devant, Fruition, Insoliature.*

INSINUATION. « Il n'est telle syncerité En l'art de diuination Comme est l'*insinuation* Du mot sortant de la bouteille. » III, 176.

INSINUER. « Icy... nous *insinue* par signification du nombre quinaire, que serez marié. » II, 101. — *Insinuer sa nomination.* Terme de pratique béneficiale. «... ie t'*insinue ma nomination...*» I, 23. « ... *insinuant sa nomina-*

Insulter. Voir *Augmenter.*

Insuperable (*Insuperabilis,* insurmontable, impraticable). « C(ouillon) *insuperable.* « II, 130.

Integre (*Integer,* complet, entier). *Curse integre.* Voir *Hiberne.*

Integrité. « ... en santé & *integrité...* » III, 8.

Intellectif (*Intellectivus*). « ... ames *intellectiues...* » II, 367.

Intellectual. Voir *Centre.*

Intellectuel. « ... l'*intellectuel* œil... » III, 306. (Epistre de Bouchet).

Intelligence. « ... *Intelligences* motrices. » II, 208. « ... les *Intelligences* celestes... » 238. Voir *Forissu, Insoluble.*

Intelligible. « La painćture estoit bien aultre, & plus *intelligible...* » II, 274. « ... marmonnant quelques motz non *intelligibles...* » 474. Voir *Doubte.*

Intemperamment. Avec intempérance. « ... vin prins *intemperamment...* » II, 150. Voir *Impertinence.*

Intemperé. « S'il aduenoit que l'air feust pluuieux & *intemperé...* il faisoit allumer vn beau & clair feu, pour corriger l'intemperie de l'air. » I, 94.

Intemperie. Voir *Exerciter, Intemperé.*

Intendict. Voir *Allegation.*

Intentement (*Intente,* avec attention). « ... regardant *intentement* Thaumaste... » I, 315.

Intention. « Il pourroit... se transformer... en secondes *intentions...* » II, 63. « ... f(ol) de seconde *intention...* » 183. Voir *Esperit.*

Interbasté. « ... legumaiges *interbastez* du Loyrre... » I, 280.

Intercalaire, Intercalare. « Neuf Olympiades, & vn an *intercalare* apres... » II, 263. Voir *Bissexte, Figure.*

Intercalant. « ... vn angle... est au milieu des deux autres trouué *intercalant.* » III, 158.

Interdire. « ... il vous *interdisoit* l'vsage & mangaille des febues... » III, 6.

Interest. « ... aduisa es dommaiges saićtz en la ville & habitants : & les feist rembourcer de tous leurs *interestz...* » I, 187. « ... au grand *interest* & dommage des lifrelofres Iacobipetes. » III, 285. Voir *Conferer.*

Interiné (*Interinatus,* rendu entier, complet, garanti). « ...toutes affećtions *interinées...* » II, 158.

Interiorement. Voir *Espardre.*

Interlineare. Interlinéaire. « ... glose *interlineare...* » III, 106.

Interlocutoire. Voir *Decrotoire.*

Interminable. « ... *interminable* parlement de femme. » II, 167.

Intermination (*Interminatio,* menace). « Sus peine & *intermination...* » II, 163.

Interminer (*Interminari,* menacer). « Poine par nature est au refusant *interminée.* » II, 34. « ... n'a esté trouué... tiltre, par lequel fut poine ou torture à tel faićt *interminée...* » 225. « ... à cette temerité est la peine *interminée* par le Sage Salomon... » III, 256.

Intermission. Voir *Faire,* p. 261, col. 1.

Interne. « ... les membres *internes...* » II, 294. « ... *internes* mouelles... » 449.

Internition (*Internecio,* destruction, carnage.) Voir *Attempter.*

Interpeller. « Icy voulut *interpeller* & dire quelque chose le seigneur de Humeuesne... » I, 272.

Interpollation. « ... n'eſt par moy telle *interpollation* ſans raiſon faicte & experience notable. » II, 201.

Interposition. « ... *interpoſition* des grands fleuues... » II, 83.

Interpretation. « ... Alexandre... par l'*interpretation* d'vn ſeul nom paruint à ſon entreprinſe. » II, 401. Voir *Abhorrent*.

Interpreter. Voir *Batterie, Furt*.

Interroguer. « Gymnaſte *interrogua* ſus l'heure Gargantua s'ilz les debuoient pourſuyure... » I, 159. « ... *interrogua* les voyagiers... » III, 55. « ... roguement nous *interroguerent*... » 69. « Pantagruel *interroguoit*, ſi par fonte pareillement faiſoit les hommes vieux reieunir... » 79. « ... Panurge *interroguant* vn frere Fredon... » 109.

Se interroguer. Se demander. « ... ſans plus oultre *ſe interroguer* quoy ne comment... » I, 100. Voir *Entelechie*.

Intervalle. *A longs intervalles*. Voir p. 2, col. 2.

Intestin, Intestine. Substantif. « ... mollification du droict *inteſtine*... » I, 26. « ... la chaleur temperee de l'oizon, laquelle facilement eſt communicquee au boyau culier & aultres *inteſtines*... » 55. « L'*inteſtin* ieun, comme vn dauiet. L'*inteſtin* borgne, comme vn plaſtron. » II, 375. « ... tel ſi fort les *inteſtines* cure... » III, 280. Voir *Boyau*.

Intestin. Adjectif. « ... lieu ſecret & *inteſtin*... » II, 158.

Intimé. Voir *Farfouillé*.

Intimidation. « ... hors toute *intimidation*... » II, 251.

Intimider. « ... tu m'as apertement diffolu toute craincte qui me pouoit *intimider*. » II, 133-134.

Intolerable. « ... glorieux, oultrecuydé, *intolerable* plus que dix ſept diables... » II, 124. « ... labeur *intolerable*. » 238. Voir *Faillir*.

Intonation. « ... les autres moutons crians & bellans en pareille *intonation*... » II, 296. « Au ſon du tabourin changeant ſon *intonation*... » 323. « ... les muſiciens commencent enſemble ſonner, en *intonation* martiale... » III, 91. « ... l'*intonation* de la muſique... *intonation* Phrygienne & bellique... » 96. Voir *Guare*.

Intrade. Entrée, revenu, rente. « ... gualliers de plat pays, qui dictez que pour dix mille francs d'*intrade* ne quitteriez vos ſoubhaitz. » II, 267. « Ie donne dixhuict cent mille eſcuz de *intrade* à qui me mettra en terre. » 340.

Intrant. Voir *Artien*.

Intrinqué (*Intricare*, Italien, intriguer). Voir *Ambigu*.

Introduire. « Au ſoir en ſoupant, ledict des Marays *introduict* vn ſien ieune paige... » I, 59. « Le portier l'ayant *introduict* courtoiſement... Le portier luy feut courtoys, le *introduict* honeſtement, ioyeuſement... » II, 313. « ... s'offrit à nous la venerable pontife Bacbuc... &... ſans difficulté nous *introduit* au lieu moyen du temple... » III, 156.

Intronificqué. « ... la ſubſtantificque qualité de la complexion elementaire, que eſt *intronificquee* en la terreſterité de leur nature... » I, 70.

Invenier (*Invenire*, trouver). « ... Ludes, & tranſitemps En l'omni-forme *inueniez* es camps... » III, 276.

Inventé. Trouvé. « ... par temps ont eſté & par temps ſeront toutes choſes latentes *inuentees...* » III, 226.

Inventeur, Inventrice. « Neceſſité feut *inuentrice* d'Eloquence. » II, 257. Voir *Alpheste, Fourvoyer.*

Invention. Découverte, trouvaille. « ... la ville de Albe... feut & conſtruicte & appellee à l'*inuention* d'vne truye blanche. » I, 41. « L'*inuention* saincte croix à ſix perſonaiges iouee par les clercs de fineſſe. » I, 247 et IV, 179. « ... ilz s'eſtudiront à l'*inuention* saincte croix... » III, 242 et IV, 356. « *Inuention* s. Eſtienne. » 266.

Inventoire. Inventaire. Voir *Defensoire.*

Inventorizer. Voir *Dru.*

Investiger (*Investigare,* rechercher avec soin). « ... ſongneuſement rechercher & *inueſtiger...* » III, 226.

Investiture. « ... l'*inueſtiture* & recognoiſſance de ſes terres... » III, 345.

Inveteré. « L'amour que ie vous porte *inueteré* par ſucceſſion de longs temps... » II, 82. Voir *Fervent.*

Invincible. « ... peuple iadis *inuincible...* » II, 258.

Inviser (*Invisere,* visiter). Voir *Diecule.*

Invisible. « Icelle herbe moyenante les ſubſtances *inuiſibles* viſiblement ſont arreſtées... » II, 237-238. Voir *Impassible.*

Invisiblement. « Ilz (ce Ped & ceſte Veſſe) ſortirent *inuiſiblement* tous deux enſemble d'vn trou en vn inſtant. » II, 302. « ... la dame *inuiſiblement* ſe diſparut... » III, 97.

Invitatoire (*Invitatorius,* qui invite). « ... adiouſtant à la fin d'vn chaſcun *inuitatoire,* Crocquez pie. » III, 188.

Invocateur. « ... peu de ioueurs ſont par le monde qui ne ſoient *inuocateurs* des diables. » III, 41.

Invocation. « ... ne plus ne moins que à l'*inuocation* de Erictho, vn deffunct prædiſt à Pompée tout le progres & iſſue de la bataille Pharſalicque. » II, 126-127.

Invocquer, Invoquer. « ... *inuocqueroit* à ſon ayde la grace celeſte... » II, 209. « ... ils *inuoquent* les diables par leurs noms... » III, 42. « ... l'abiſme *inuocque* l'abiſme. » 227.

Io. Je, moi. « Qui veult guaingner vingt eſcuz d'or, pour eſtre battu en Diable? *Io, io, io,* reſpondirent tous. » II, 328 et IV, 277.

Iota. « ... plus n'eſtois deliberé en eſcrire vn *Iota.* » II, 250.

« *Iota.* Vn poinct. C'eſt la plus petite lettre des Grecs... » III, 195. Voir *Feu.*

Ire. « ... fut ſon *ire* moderee. » I, 61.

Iris. « *Iris* (qui semble) à l'arc en ciel, en ſes fleurs. » II, 233.

Irrefragable. « ... Apoincteur... irrefragable. » II, 196. « Reſponſe *irrefragable.* » 254. « ... ſouveraine & *irrefragable* authorité. » III, 45. « ... elle (la Cour des Contredicts) eſt *irrefragable* en France... » 341.

Irrigu (*Irriguus,* arrosé). « ... pais *irrigu* & verdoyant plus que Termiſchrie... » III, 228.

Irrision (*Irrisio,* moquerie). « ... en *irriſion...* » I, 289.

Irriter. Voir *Camarine.*

Irrorant (*Irrorare,* arroser). « ... me *irrorant* de belle eaue luſtrale... » I, 242.

Ischiatique, Isciaticque (*Ischiadicus,* qui a la sciatique). Sciatique substantivement et adjectivement. « ... ceſtuy roſtiſſement me guerist d'vne *Isciatique* entierement... » I, 287. « ... iambes *ischiatiques.* » III, 39. Voir *Esculler.*

ISCHIE ('Ισχίον, hanche). Hanche. Voir *Desgonder.*

— Maladie de la hanche. « Encores pourrions nous particularizer des *Ischies,* Hernies... » II, 401. « *Ischies.* vous les appellez Sciaticques... » III, 202.

ISIACE, ISIAQUE. « D'elle (de l'herbe Pantagruelion) sont les *Isiacques* ornez... » II, 237. « ... vestu à la mode des *Isiaces* de Anubis... » 276.

ISSIR, YSSIR. Sortir. « ... d'iceulx par lignes directes *yssit* Gargantua... » I, 9. « ... inuentions nouuelles. Lesquelles toutes *yssoient* de Arithmetique... » 88. « *Issant* de l'eau... » 90. « De là *issus...* » 143. « ... de ceste race *yssit* Esopet... » 221. « ... *yssirent* premier de son ventre soixante & huyt tregeniers... » 229. « ... attendant l'heure qu'il plaira à dieu mon createur me appeller & commander *yssir* de ceste terre. » 255. « ... il te fauldra *yssir* de ceste tranquillité... » 257. « *Issant* de la Chambre de Raminagrobis... » II, 109. « *Issu* Gargantua de la salle... » 175. « ... Gargantua *issant* du conseil... » 221. « Chiquanous *issu* du chasteau... » 315. « ... *issant* de son palais... » 327. « ... les Parisiens... estoient hors la ville *issuz...* » 398. « *A issir* restoit la difficulté... » III, 47. « En ceste vostre taciturnité congnoy-ie, que... estes *issus* de l'eschole Pythagorique... » 74. « Ils se sont bien gardez d'entrer par où ils sont *yssus.* » 105. « ... Iuifs *issans* d'Égypte... » 124. « ... de la sacree Bouteille *issit* vn bruit... » 170. Voir *Flair, Garder, Hors.*

ISSUE, YSSUE. Sortie, fin, au propre et au figuré : « ... sommes icy mal pourueuz de viures, & ia beaucoup diminuez en nombre, par deux ou troys *yssues.* » I, 176. « ... à l'*issue* du berland... » II, 201. « ... à l'*issue* du baing. » 334. « ... les parens, amis & aultres curieulx d'entendre quelle seroit l'*issue* & iugement des malfaicteurs detenuz en prison. » 365. « Elle auoit ia pourpensé bonne *yssue.* » 433. « Sus l'*issue* de table... » III, 85. « ... l'*issue* du repas. » 111. Voir *Entree, Fanfare, Inuocation.*

ISTHME. « Le *isthme,* comme vne portouoire. » II, 375.

ITA. Ainsi. « *Ita,* sont choux... vere, ce sont pourreaux. » II, 292.

ITHYMBON (Ἴθυμβος. Danse bachique). « ... le fist leuer, & autour danser trois *Ithymbons.* » III, 168.

ITHYPHALLE ('Ιθύφαλλος, phallus en érection). « ... sacre *Ithyphalle...* » II, 97. « ... mon naturel le sacre *Ithyphalle...* » 135. « ... l'andouille nommee *Ithyphalle...* » 404.

ITINERE (*Itiner,* trajet, voyage). Voir *Aspere.*

IYNGE (*Iynx, Iyngis,* hochequeue, oiseau employé dans les enchantements). « ... les philtres, *Iynges,* & attraictz d'amour... » II, 18.

J

JA. Déjà. « ... auoit *ia* engoullé cinq des pelerins... » I, 142. « ... ie vous l'ai *ia* dict... » II, 37. Voir aussi II, 71, 261, 356, 387, 433, 500, III, 363.

Ja Dieu ne plaise. I, 26, 239, II, 234.

Ja pieça. Il y a déjà longtemps. « ... ce grand Lanternier Quaresmeprenant les eust *ia pieça* exterminees de leur manoir. » II, 372. « Les quatre mareschaux de ses logis sont *ia pieca* en cette ville. » III, 366.

JABOT. Poche des oiseaux. Figurément : ce qu'il a dans le jabot, dans le ventre, comme on dit populairement aujourd'hui. Voir *Evidence.*

JAC. Danse. « Iac bourdaing. » III, 223.

JACOBIN. « Il mesdit des bons peres mendians Cordeliers, & *Iacobins...* » II, 109. « ... à son enterrement n'assistera *Iacobin...* » 113.

JACOBIPETE. Qui va faire le pèlerinage de saint Jacques. « ... lifrelofres *Iacobipetes...* » III, 285.

JACQUEMART. Marteau d'horloge. « ... celluy qui fut de cire Sera logé au gond du *Iacquemart.* » I, 15.

JACTANCE. « ... *iactance* vaine... » I, 255.

JACTURE (*Jactura,* perte). « Caffarderie fera grande *iacture* de son antique bruit... » III, 242.

JADAU, JADEAU. Ecuelle, Jatte. « ... il a les yeulx rouges comme vn *iadeau* de vergne. » I, 146. « S'il ronfloit, c'estoient *iadaulx* de febues frezes. » II, 381. Voir *Hanap.*

JADIS. « ... vos resueurs mateologiens du temps *iadis...* » I, 60. « ... contes du temps *iadis...* » 110.

JALLET. Caillou. *Arc à iallet.* Arbalète à lancer des cailloux. Voir *Arc.*

JALOUS. « ... il en deuint *ialous* comme vn Tigre. » II, 141.

JALOUSIE. « Guardez vous de la *ialousie...* » II, 343.

JAMAIS. « Respondit que non *iamais...* » II, 170. Voir *Fin,* adjectif.

JAMBE. « ... puis me torchay de Saulge... Le tout me feist grand bien à ma *iambe...* » I, 52. « ... à cheual *iambe* desà *iambe* delà... » 225. « Le villain *iambe* torte... » II, 62. *A iambes rebindaines.* Voir p. 2, col. 2.

Jambe de Dieu. « Aussy (luy respondirent ses compaignons), tu as vne *iambe de Dieu.* Comme si quelque diuinité feust absconse en vne *iambe* toute sphacelee & pourrye. » II, 445. Voir *Dieu, Grue, Ischiatique, Œdipodicque.*

JAMBETTE. Voir *Faire.*

JAMBON. Voir *Antiquaille.*

JAMBONIQUE. De jambon. Voir *Iambicque.*

JAMBONNIER. « ... vint vn commandeur *iambonnier* de sainct Antoine, pour faire sa queste suille. » I, 66.

JAN. Cocu. « ... le *Ian* en vault deux... Ie suys *Ian?* dist Panurge... » II, 64 et IV, 233.

JANGLEUR. « *Parasite.* bouffon, causeur, *iangleur...* » III, 206.

JANSPILL' HOMMES. « ... certains petitz *Ianspill' hommes...* » II, 266. Les expressions satiriques *Gens-pille-hommes, Gens-tue-hommes* sont anciennes dans notre langue. (Cf. Claude Haton. *Introduction,* p. LXII.

JARBE. Gerbe. « ... vne *iarbe* de bled liée alentour de laquelle estoit escrit *vnitas.* » III, 367.

JARD, JAR. Jars, oie mâle. « ... oysons, *iards,* oyes... » I, 101. « ... empenez de *iardz...* » 271. « ... oyes, *iars,* canes... » II, 265. « Et quoy plus? — Oys.

— Quoy d'abondant? — *Iars.* » III, 111.

JARDINAIGE. Productions des jardins. « ... fruitages, *iardinaiges,* beurres, laictaiges... » III, 245.

JARDINET. « ... vn hermitage & quelque petit *iardinet.* » III, 12.

JARGON. Voir *Hieroglyphique.*

JARGONNER, JARGONNOYS. « ... le voyant & le oyant *iargonner* en son *iargonnoys* pueril. » II, 91.

JARRARIES. II, 499.

JARRETADE. Coup sur les jarrets. « ... coups d'espee sus la teste, ou la belle *iarretade...* » II, 311.

JARTIERS, JARTIERES. « ... emporterent les enseignes & guydons... pour en faire des *iartiers.*» I, 108. « Les *iartieres* estoient de la couleur de leurs bracelletz... » 201.

JASEUR. « Monsieur le *iaseur...* » I, 49. « .... grands *iaseurs...* » 95.

JASPE. « ... *Iaspe* verd, auec certaines veines rouges & Iaunes... » III, 144.

JAU. Coq. Voir *Bille.*

JAULNE. « ... on luy atacha à la manche de son pourpoinct belle liuree de *iaulne* & verd... » II, 322.

JAUTRU. Jeu. « A la *iautru...* » I, 81.

JAVART. Tumeur au pied du cheval ou du bœuf. « ... selon la proportion du *iauart* & des malandres... » I, 273.

JAVELOT. « Esguisoient vouges... *iauelotz...* » II, 7.

JAZER. « N'est il pas bien le temps de *iazer?* » I, 156.

JAZERAN. « Les patenostres, anneaulx, *iazerans,* carcans, estoient de fines pierreries... » I, 202 et IV, 153. « ... mailles, *iazerans,* brassalz... » II, 7.

JE. Plusieurs des jeux de Gargantua ont pour titre une phrase commençant par le pronom *je :* « ... *ie* te pinse sans rire... *ie* m'assis... » I, 81. « ... *i'* en suis... *ie* vous prens sans verd... » 82.

On trouve souvent, au XVIe siècle, *je* isolé, ou du moins séparé de son verbe, dans des phrases où, la plupart du temps, nous nous servirions de *moi.* « *Ie* (combien que indigne) y feuz appellé... » I, 11. « ... & *ie* tanquam sponsus, & moy sicut terra sine aqua. » 22. « ... *ie* vostre humble esclaue... » 217. « ... si *ie* qui suis petit disciple de mon maistre monsieur Pantagruel, te contente & satisfays... » 311. Et *ie,* dist Eusthenes, quoy? » 343. « ... *ie* qui vous fais ces tant veritables contes... » 375. « *Ie* pareillement... » II, 8. « ... *ie* tresfol, qui luy ay communicqué mes pensées. » 212. « ... *ie* dominante par le passé à toute affection priuee... » III, 73. « *Ie,* dist frere Iean, escoute vos propos, & y prens plaisir non petit. » 116. « *Ie,* dist Panurge, vostre humble & petit entonnouer... » 165. Voir *Diesble.*

Dans certains cas, *je* se place après son verbe : *non foys ie.* Voir *Faire.*

L'ellipse du pronom *je* est assez fréquente. « Le medicin luy iecta... ne sçay quelle pouldre... » II, 167. « Bacbuc iettans ne sçay quoy dedans le timbre... » III, 171. « ... par le dernier pacquet que vous auois enuoyé... » 356.

Quelquefois l'*e* du pronom *je* ne s'élide pas, particulièrement devant *y :* « *Ie* y estois... » I, 52. « *Ie* y ay... pourueu... » II, 87.

JECABOT. Voir *Abstraction.*

JECT, GECT. Jet. « ... le fortuné *ieƈt* des tales... » II, 58. « ... les manubies (ainſi appelloient ilz les *ieƈtz* des fouldres Vulcanicques)... » II, 61. « ... *ieƈt* des dez... » II, 190 et 209. « ... perirent à vn *geƈt* de pierre pres ledict Port. » III, 357.

Bandelette. « Si fortune aduerſe feuſt à Pantagruel aduenue, il y euſt des *ieƈtz* noirs attaché es pieds (un pigeon). » II, 278. « ... *ieƈts* aux iambes... auec inſcription aux veruelles. » III, 24.

Voir *Esmerillon*.

JECTER, JETTER, GETTER. « ... Ethna ne feuſt tant agitee, Quand ſur vn filz de Titan fut *ieƈtee*... » I, 209. « ... ieƈtant ſon lard aux chiens. » II, 20. « ... *ieƈta* vn grand ſouſpir... » 123. « Le Medicin luy ieƈta on dours ne ſçay quelle pouldre... » 167. « ... depuis le temps que vous aultres Condieux... en *ieƈtiez* ſans eſpargne (des fouldres)... » 261. « Œuſz... *ieƈtez* par la cheminee... » II, 482. « ... *iettay* mes yeux à la contemplation du manifique temple... » III, 144. « ... ne *getteront* leur lart aux chiens... » 242. Voir *Après*, *Darder*, *Direption*, *Fons*.

Se jetter. « Pluſieurs *ſe gettoyent* dedans les puys... » I, 227.

JECTIGATION. Action de jeter, de remuer. « Que pretend ceſte *ieƈtigation* des eſpaulles? » II, 88. « ... branſlement & *ieƈtigation* du corps... » 213.

JEJUNE (*Jejunus*, à jeun). Voir *Fade*.

JERANGOYS. Voir *Ierangoys*.

JESUS. Comme exclamation. « *Ieſus* (dis ie) il y a icy vn nouueau monde. » I, 375.

JEU. « Les *Ieux* de Gargantua. » I, 80-83. « ... reuocquoient en vſage l'antique *ieu* des tables... » 94. « ... ceulx qui ne voulent reſigner, ſinon à beau *ieu* bel argent. » 277. « ... *ieūz* de Doué. » II, 28. « ... le *ieu* luy plaiſoit. » 98. « ... *ieu* ſans villenie. » 155. « Grand mercy, Bonne mine. Mais, diſt elle, treſgrand à vous, Mauuais *ieu*. » II, 302. « Appellez vous cela *ieu* de ieuneſſe? Par Dieu, *ieu* n'eſt ce. » 325. « Là ne veiſmes autres choſes memorables fors bonne mine femme de mauuais *ieu*... » III, 42 et IV, 322. Voir *Bazoche*, *Chorde*, *Dissolu*, *Foucquet*, *Impertinent*.

JEUDI. « ... fut la ſepmaine tant renommee par les annales, qu'on nomme la ſepmaine des troys *Ieudis* : car il y en eut troys... » I, 220.

JEUN. Substantivement et adjectivement. « ... encores eſt mon eſtomach *ieun*. » II, 443. « Pourquoy en plus grand dangier de mort eſt l'home mords, à *ieun* d'vn Serpent *ieun*, que apres auoir repeu...? Pourquoy eſt la ſalliue de l'home *ieun* veneneuſe...? » 494. « ... eſt l'home *ieun* plus terreſtre & poiſant, que quand il a beu & repeu. » 502. Voir *Intestin*.

JEUNE. « ... ſa face eſtoit comme d'vn *ieune* enfant... » III, 147. Voir *Aage*, *Enfant*.

JEUNESSE. Voir *Esguillon*, *Jeu*.

JEUSNE. Voir *Double*.

JEUSNER. Voir *A bastons rompus*, p. 2, col. 1.

JEUSNEUR. Voir *Fade*.

JOCQUE. Voir *Forc*.

JOCQUETER. Voir *Mystère*.

JOINCT. Voir *Disjonctive*.

JOINDRE. Substantivement. « Au *ioindre* ſera le combat. » II, 428.

JOLLIET. « ... vn eſcholier tout *iolliet*... » I, 241. Voir *Dizain*.

JOLY. Voir *Cas*.

— Joyeux, enjoué. « ... ſ(ol) *Iouial.* » II, 181. « ... courtoyſie & *Iouiale* honeſteté... » 262.

JOYE. « Eſt ce cy vne des neuf *ioyes* de mariage? » II, 354. Voir *Feu.*

JOYEULX. Voir *Habillement.* — Substantivement *Le ioyeulx du Roy,* le fou du roi. Voir *Fourcher.*

JOYEUSETÉ. « ... vous verrez... comment Panurge... viſita les regions de la lune... Et mille aultres petites *ioyeuſetez*... » I, 382-383. « O lors *ioyeuſeté,* alaigreſſe... en toute nature humaine. » II, 449. « ... mille *ioyeuſetez* ſe y feront... » III, 245.

JUBE (*Juba,* crinière). « ... prendre les Lions par les *Iubes*... » II, 175.

JUBILATION. « ... en grande *iubilation* de tous... » II, 391. « Mesdits Seigneurs... ſoy retirerent en grande *iubilation* & contentement. » III, 412.

JUBILÉ. « ... n'aduiendra de treze *Iubilez* que deux parties... ſoient egualement contentez d'vn arreſt... » I, 281. « ... de trente ſept *Iubilez* nous n'aurons le iugement final... » 282.

L'an Iubilé. III, 5.

JUCUND (*Jucundus,* agréable). Voir *Genius.*

JUCUNDITÉ (*Jucunditas,* agrément). « *Iucundité* ſe fait, non ſimulée. » III, 276.

JUDAIQUE. *A la Judaique.* Voir p. 3, col. 1.

JUDAS. Voir *Aureille.*

JUDICATURE. «...comme eſt l'vſance de *iudicature*...» II, 187. «... *iudicature* vſuale... » 209.

JUDICIAIRE. « ... ſoubhaitoit Caton... que la court *iudiciaire*... feuſt de chauſſes trappes pauée. » II, 210. « ... la Prognoſtique & *iudiciaire* partie de Aſtrologie... » III, 255. Voir *Dez.*

JUGE. Jeu. « Au *iuge* vif, & *iuge* mort. » I, 82.

JUGEMENT. Voir *Dez, Jubilé.*

JUGER. « Comment Pantagruel... *iugea* d'vne controuerſe... » I, 265,

JUGULAIRE. «... venes *iugulaires*...» I, 162.

JUGULER (SE). « ... qui pour biens *ſe iugule,* eſt vray beſte. » III, 279.

JUMELLES d'un pressoir. « ... les *iumelles* (s'appelloient) recupere tur... » III, 214.

JUREMENT. Voir *Marmes.*

JURER. Invoquer, prendre à témoin. « ... les aſſiſtans *iurerent* chaſcun les ſaincts de ſa paroiſſe... » I, 66. « ... nous ſiſt... *iurer* par Iupiter pierre, que noſtre retour ſeroit par ſon territoire. » III, 37. Voir *Dioure, Espine, Fy, Hurluberlu.*

JURICHAULX. « En ſecond ſeruice furent ſeruies... des *iurichaulx.* » III, 219.

JURIDICQUE. Voir *Dormir, Formalité, Impetrer.*

JURIDICQUEMENT. « ... ilz font doubte en cas que la matiere euſt eſté... entre les Areopagites decidée, ſi plus *iuridicquement* euſt eſté par eulx ſententié. » II, 180.

JURISCONSULTE. « ... ſtille de ramonneur de cheminee, ou de cuyſinier & marmiteux: non de *iuriſconſulte.* » I, 268. « Les Theologiens (sont destinés) à l'ame, les Medicins au corps, les *Iuriſconſultes* aux biens. » II, 143.

JUS (du bas latin *Jusum,* en bas, à bas). « Craignit qu'on miſt ras, *ius,* bas, mat, l'empire. » I, 13. « O que pour l'occire præſentement feuſt icy quelque vaillant Perſeus. Perſé *ius* par moy ſera, reſpondit Pantagruel.» II, 387. Voir *Habiter.*

JUSQUES. *Jusques au feu.* Voir *Exclusivement, Ores. Jusques* s'emploie quelquefois même devant une consonne. « ... *iuſques* là. » I, 220.

JUST. Jus. « ... la poure grappe fut ramportee ſi ſeiche & eſpluchee qu'il n'y auoit plus *iuſt* ne liqueur du monde. » III, 213.

JUSTE. « ... ie me contenteray de la moitié de *iuſte* pris... » II, 329. « ... ce propos excederoit la *iuſte* quantité d'vne epiſtre. » III, 394. Voir *Horloge, Journee.*

JUSTICE. Voir *Apprehendé.*

JUVENCE. Variante pour *Jeunesse.* IV, 329, note sur la p. 79, ligne 10.

JUVENILE. « ... modeſtie *iuuenile*...» I, 60.

K

KALENDES. « ... les *kalendes* feurent trouuees par les breuiaires des Grecz... » I, 219-220. Voir *Calendes.*

KARAT. Carat. Voir *Affiner.*

KARESME. « Le moys de Mars faillit en *kareſme*... » I, 220. Voir *Amoureux, Oui.*

KATIM. Voir *Al Katim.*

KESUDURES. II, 499. Reptiles.

KYRIELLE. « Auecques icelluy marmonnoit toutes ſes *kyrielles*... » I, 79.

L

L euphonique, placé après le verbe devant *on,* comme l'est actuellement le *t : l'on,* et, plus ordinairement, en un seul mot : *lon.* « ... change *l'on* de chemiſe. » I, 211. « ... nous compte *lon*... » II, 206. « ... ne trouue *lon* plus de lieures au giſte... » 323. « ... & baille *lon* nouueaux accouſtremens...» III, 94. « ... ſe paſſe *lon* de boire... » 172. « ... & a *lon* faict... vn Chemin nouueau... » 354.

Lorsque *lon* est avant le verbe, *l* doit plutôt être considéré comme un article précédant le mot *on, homme,* employé dans un sens indéfini que comme une simple lettre euphonique : « ... *lon* pourroit... » II, 76. « ... ce que *lon* dict... » 261. « En Autonne *lon* vendengera... » III, 251.

LA. Article féminin. Voir *Le, La, Les.*

LA. Voir *Aupres.*

LABEUR. « ... non ſans grand labeur. » II, 89. « Ce nous ſeroit grande abbreuiation de *labeur,* ſi nous le oyons vn peu... » 121. Voir *Alaigre, Durable.*

LABOURAIGE. Dans un sens libre : «... maintien tout ce bas & menu populaire Troglodyte, en eſtat de *labouraige* ſempiternel. » II, 133.

LABOURER. Travailler. « Il trauaille, il *labeure,* il defent les opprimez... » I, 150. « ... diſputent & *labourent* les bons Theologiens. » II, 470. « ... trouſſe precieuſement recamee & *labouree* de Perles... » III, 401. Voir *Deuement, Empesché.* — Dans un sens libre. « ... Ma femme viendra au combat Venerien... Ie *laboureray* Tant & plus... » III, 173. Voir *Bur.*

LABOUREUR, LES LABOUREUX. « Ainſi qu'eſt l'vſance... de Ceres, enuers les *laboureux.* » II, 163.

Jeu. « Au *laboureur.* » I, 83. — Bœuf. « ... me plaiſent les ſouppes de Leurier, aſſociees de quelque piece de *laboureur* ſallé à neuf leçons... Le *laboureur* c'eſt le beuf qui laboure ou a labouré : à neuf leçons c'eſt à dire cuyct à perfection. » II, 79.

— Dans un ſens libre : « ... le membre, qu'on nomme le *laboureur* de nature... » I, 221.

LABYRINTE. « ... es perples *labyrintes* de leurs arteres ? » II, 449.

LACHEMENT. Voir *Lancement*.

LACHRYMA CHRISTI. « O *lachryma Chriſti :* C'eſt de la Deuiniere, c'eſt vin pineau. » I, 24 et IV, 81.

LACHRYMAL, LACHRIMAL, LACHRYMÉ. « ... grains de dragee de fer... en forme *lachrymale.* » II, 488. « ... figure turbinee en totale perfection *lachrimale...* » III, 161. Une variante porte : « ... de figures turbines, *lachrymées...* » IV, 343.

LACONIQUE. « ... paroles... *Laconiques...* » III, 5.

LACS. « ... *lacz* & cordages. » I, 143.

— Figurément : « ... faiſoit... maintes ſimples ames errer, & en ſes *lacz* tomber. » II, 58. « ... les faire en vos *lacz* tresbucher. » 430.

Lacs de l'esprit calumniateur. Voir *Calomniateur.*

Lacs de perplexité. II, 177.

LACTEE (VOYE). Voir *Embrunir.*

LACTUE, LECTUE (*Lactuca,* laitue). « Puis me torchay... de *Lactues...* » I, 52. « ... ſix pelerins... s'eſtoient muſſez... entre les choulx & *lectues.* Gargantua... demanda ſi l'on pourroit trouuer de *lectues...* » 141.

LADRE. « ... que ie ſoye *ladre* s'il ne vous faict tous viſz bruſler... » I, 75. « ... quatorze en feurent *ladres...* » 296. « ... puant, punais, *ladre,* briguant... » II, 223. « Patience diſent les *ladres.* » III, 12 et IV, 317. Voir *Clicquettes, Ladrye.*

— *Ladre verd.* « Va, *ladre verd,* reſpondit frere Ian, à tous les millions de Diables... » II, 504. « ... le paillard ne daigneroit paſſer ſeize... — Voire le ferois tu bien autant frere Iehan ? Il eſt par dieu *ladre verd.* » III, 113.

LADRYE. Ladrerie. « Les theologiens... penſerent que par ce ſigne il inferoyt, l'Angloys eſtre ladre. Les conſeilliers... penſoient que ce faiſant il vouloyt conclurre, quelque eſpece de felicité humaine conſiſter en eſtat de *ladrye...* » I, 314.

LAGONA EDATERA. Compagnon, à boire ! I, 23 et IV, 81.

LAICT. « Si continuellement ne exercez ta mentule, elle perdra ſon laict... » II, 133. « Cognoiſtre mouſches en *laict.* » Voir *Cognoiſtre.* Voir *Esculee.*

— *d'amendes.* « ... nourri de *laict d'amendes...* » III, 215.

— *Tabian.* « Un aultre guariſſoit... les... hetiques... ſans *laict Tabian...* » II, 78.

LAICTAIGE. Voir *Jardinaige.*

LAICTÉ. De lait. « ... de couleur *laictee...* « III, 144.

LAICTÉ. Qui a de la laite. « I'y vy des eſcreuiſſes *laictees...* leſquelles marchoient en mout belle ordonnance. » III, 123.

LAICTER. Téter. Voir *Enfondrer.*

LAIDURE. Laideur. « ... toute eſpece de mal & *laidure.* » II, 9.

LAINE. « ... le gentil vin blanc... il eſt à vne aureille, bien drappé, & de bonne *laine.* » I, 24. « ... la tierce (propoſition eſtoit) du poil de cheure, ſcauoir ſi c'eſtoit *laine.* » III, 82. — Danse. « La *laine.* » III, 224.

Mouton à la grande laine.

Monnaie d'or marquée d'un *agnus dei.* « ... les eſtimoit (des pierreries) à la valeur de ſoixante neuf millions huyt cens nonante & quatre mille dix & huyt *moutons à la grand laine.* » I, 35 et IV, 87. « ... vingt & ſept cent mille huyt cent trente & vn *mouton à la grand laine...* » 192. « ... montant bon an mal an de. 2435768. à. 2435769. *moutons à la grande laine.* » II, 20. « ... il change... ſa coingnee d'Or en beaulx Salutz, beaulx *moutons à la grande laine...* » 265. « ... aigrefins, royaulx, & *moutons à la grand laine...* » III, 245. C'eſt par allusion à cette monnaie que Dindenault, faisant l'éloge de ses bêtes, dit : « Ce ſont *moutons à la grande laine.* » II, 290.

Laise, Laize. Largeur... « ... ſ(ol) à la grande *laiſe...* » II, 184. Voir *Grand.*

Laissas. Limousin. « ... *Laiſſas* à quau... » Laissez moi. I, 243 et IV, 172.

Laisse. Voir *Esmeut.*

Laisser. « Le clair Soleil, ains que eſtre en occident, *Lairra* eſpandre obſcurité ſur elle... ceulx qui tenue l'auront Aux ſuruenans occuper la *lairront.* » I, 209. « ... trouuerent eſcript... Lamah hazabthani... c'eſtoyent motz Hebraicques ſignifians pourquoy me as tu *laiſſé?* » I, 333-334. « Qui au ſoir ne *laiſſe* leuain, ia ne fera au matin leuer paſte. » II, 25. « ... encores n'aduint... que perſonne eſchappaſt de ceans, ſans y *laiſſer* du poil... ou de la peau... » III, 52. « Nous pria le Pilot que *laiſſiſſions* d'orenauent la mer nous guider... » 68. Voir *Faire, Paix.*

Laixive. Voir *Asne.*

Lamah hazabthani. Voir *Laisser.*

Lambdoide. Qui ressemble à un lambda. Voir *Commissure.*

Lame. « ... *lame* de bronze. » I, 206.

Lamentablement. « ... il veid *lamentablement* le bourgeon perdu... » II, 161.

Lamentation. « A ſon cris & *lamentation* accourut tout le voiſinaige... » II, 119. « ... *lamentations* muliebres... » 353. « ... ordinairement oyons nous par la foreſt grandes & pitoyables *lamentations...* » 361.

Lamenter. « ... elle commença à ſouſpirer, *lamenter* & crier. » I, 26. « ... mon dict pere commença *lamenter* de pitié... » 184. « ... elles *lamentent* continuellement, qu'il n'en eſt plus de ces gros, &c. » 221. « ... *lamentent* les tourterelles... » II, 69. « ... la montaigne d'Horace, laquelle crioyt & *lamentoyt* enormement, comme femme en trauail d'enfant. » 119. « ... & de... *lamenter...* » 266. « ... enſemble miſerablement pleuroient & *lamentoient.* » 329. « Panurge reſtoit... pleurant & *lamentant.* » 339. « ... *lamentant* la mort de Orpheus. » 465. « ... touſiours vous plaignez... touſiours *lamentez...* » III, 29-30.

Lamibaudichon. « ... ſelon la proportion du iauart & des malandres *lamibaudichon.* » I, 273 et IV, 194.

Lamie. Voir *Farfadet.*

Lamine (*Lamina*, lame). « ... nettoioient,.. plaſtrons, *lamines,* aubers... » II, 7.

Lampe. — *Cul de lampe.* Voir *Cul.* — *Quehue de lampe.* Voir *Embrunché.*

Lampreons. Petites lamproies. «... Anges de mer. *Lambreons...*» II, 481.

Lamproye. « ... conſummatum

est, ainsi que depuys dist sainct Thomas Dacquin, quand il eut la *Lamproye* toute mangée. » II, 24.

Lampyride. Voir *Cicindele.*

Lance. « ... rompirent *lances* en tourbe... combattirent à l'espee en tourbe les vns parmy les autres. » III, 406. Voir *Jouster.*

— *à feu.* Voir *Feu.*

— *pesade.* « ... me semble acte autant importun... comme celluy des *Lances pesades* & mignons de Cæsar... » II, 346.

Lancement. « ... ne beuyons nous que lachement non en *lancement...* » I, 229 et IV, 167.

Lancer. Voir *Estoc.*

Lanceron. Poisson. « ... *Lancerons.* Brochetons... » II, 481. « *Lancerons* marinez. » 482.

Lanci, Lancy. « ... le *lancy,* le maulubec vous trousse... » I, 218. « Quand la neige est sus les montaignes : la fouldre, l'esclair, les *lanciz,* le maulubec... sont par les vallées. » II, 136-137.

Lancinant. Voir *Humeur.*

Landemain. « Au *landemain* il salua le Pape... » III, 367.

Landier. « ... ie tumbé à terre pres des *landiers...* » I, 285. « ... les concassez... auecques vn pilon... ou auecques vn *landier...* » II, 293. « ... les aultres tenens *landiers...* » 414. « ... les broches (monteront) sur les *landiers...* » III, 236. Voir *Frarie.*

Landores, Landorez. Fainéants. « ... se grattent la teste auec vn doigt, comme *landorez* desgoustez... » II, 10. Voir *Dendins.*

Landrivel (Pour *l'andrivelle,* de l'italien *Andrivello).* Cartahu, cordage passant par une poulie et servant à monter ou à descendre un objet. « ... vostre *Landriuel* est tombé. » II, 337.

Laneret. Voir *Esmerillon.*

Langage, Langaige, Languaige. « ... vous iurez, frere Iean? — Ce n'est... que pour orner mon *langaige.* » I, 147. « ... estoient les belles grandes librairies en Grec, Latin... disparties... selon iceulx *langaiges.* » 193-194. « ... peuples de diuers *languaiges...* » II, 97.

— *lanternois.* « ... c'est *langaige lanternoys...* » I, 261 et IV, 190. « ... en *langage Lanternois...* » III, 130.

— *patelinoys.* « Parlez vous christian... ou *langaige patelinoys?* » I, 261 et IV, 190.

Langoreux, Langoureux, Languoureux. « La vieille estoit mal en poinct... roupieuse, *languoureuse...* » II, 86-87. « C(ouillon) *languoureux.* » 139. « Gens *languoureux,* malades... » 247. « ... quelle enuie est ce, tollir es *langoreux* & malades, le plaisir & passetemps ioyeux. » III, 192.

Langrauff. Landgrave. « ... *Langrauff* d'Esse.. » II, 334 et III, 200.

Langue. *Langue d'ignorance.* Voir *Dupple.*

— *Gallique.* Voir *Gallique.*

— *maternelle.* « ... ne sçauez vous parler Francoys?... c'est ma *langue* naturelle & *maternelle...* » I, 263.

— *vulgaire.* Voir *Indigent.*

Langueur. Voir *Impatient.*

Languouste. Voir *Espelan.*

Lanier. « Monsieur de la Bellonniere m'auoit promis vn *Lanier,* mais il m'escriuit n'a gueres qu'il estoit deuenu patays. » I, 147. Voir *Faulcon.*

Lanificque (*Lanificus,* qui produit de la laine). Voir *Arbre.*

Lans. Compatriote. « *Lans,* tringue : à toy, compaing... » I, 24 et IV, 81. « Ie ne suys de ces importuns Lifrelofres, qui... contraignent les *Lans* & compaignons trinquer... » II, 13.

LANSBREGOT. « Puys furent feruies... Des *lansbregotz*. » III, 217-218.

LANSQUENET, LANSQUENETTE. « ... ilz ont paffé le Rhein par fus le ventre des Suices & *Lanfquenetz*... » I, 127. « ... comme les *Lanfquenettes* portent leurs petitz panerotz. » 352. Voir *Espee*. — Jeu. « Au *lanfquenet*. » I, 80.

LANTEMENT, LENTEMENT. « ... tout au *lantement* nauiger. » III, 227. Voir p. 56, col. 2.

LANTERNE. « ... croioyt que... veffies feuffent *lanternes*... » I, 45. Voir *Debitoribus, Escu*.

LANTERNER. « ... te faiz *lanterner* à quelque Albanoys, fi auras vn chapeau poinćtu. » II, 127. « ... fus la fin de Iuillet fubfequent eftoit l'affignation du chapitre general des Lanternes... &... l'on y faifoit grands apprestz, comme fi l'on y deuft profondement *lanterner*. » 286 et IV, 271. « ... Decretales auons prou veu en papier, en parchemin *lanterné*... » 442. « Xenomanes comme tout *lanterné* à l'accouftrement de fa lanterne, demanda... » 494. « Pres le port, eft vn petit village, habité par les Lychnobiens: qui font peuples viuans de lanternes... Demofthenes y auoit iadis *lanterné*. » III, 129. Voir *Galerne, Hallebrené*.

LANTERNIER, LANTERNIERE. « Afdrubal eftoit *lanternier*. » I, 364. « Panurge le maria auec vne vieille *lanterniere*... » 372. « ... vn demy geant... extraićt de Lanternoys, bien grand *Lanternier*... » II, 371. « ... la nauf *Lanterniere*... » 393. « ... Bimbelotiers, Manilliers, *Lanterniers*, Maignins... » III, 242.

LANTERNOYS. « ... me deplaift que ne parle bon *Lanternoys*. » II, 219. Voir *Langage, Lanternier*.

LAPATHIUM. Patience, plante, sorte d'oseille. « ... *Lapathium* acutum de Dieu. » II, 11. Jeu de mots sur *la passion*.

LAPIDAIRE. « ... Hans Carüel grand *lapidaire* du Roy de Melinde. » II, 141. Voir *Alchymiste*.

LAPS (*Lapsus*, action de couler). Au propre. « Le coulement & *laps* de la fontaine... » III, 161. — Au figuré. « ... par *laps* de temps... » II, 361.

LAQUE (*Laqueus*, lacet). « Eftans incluz es *laques*... » III, 278.

LARD. « ... dośteur fubtil en *lard*... » II, 115. « ... à propous, comme *lard* en poys. » 197. Voir *Charnier, Froter, Jecter*.

LARDER. « ... les maiftres Queux fouuent *lardent* Perdris... en intention... de les mettre rouftir. » II, 357.

LARDON. « ... fauluant toufiours les *lardons*. » I, 276.

LARDOUERE, LARDOUOIRE. Voir *Brochette, Fessé, Grosse, Gueule*.

LAREGE. « Vous la nommez (une espece d'arbre) Larrix en Grec & Latin : les Alpinois la nomment Melze : les Antenorides & Venetians, *Larege*. » II, 243.

LARES. « ... penates & *lares* patriotiques. » I, 242. Voir *Farfadet*.

LARGE. « ... de long, de *large*... » I, 63-64.

LARMIER. « ... feneftres, gouftieres, *larmiers*... » II, 244.

LARRECIN. Voir *Furt, Furtivement*.

LARRIX. Voir *Larege*.

LARRONNANT. « ... pillant & *larronnant*... » I, 103.

Larrys. « ... vne horde vieille... luy feist vn restrinctif si horrible que tous ses *larrys* tant feurent oppilez & reserrez, que à grande poine, auesque les dentz, vous les eussiez eslargiz... » I, 26.

Larve. Lémure, génie malfaisant. Voir *Bustuaire*.

Las. Hélas. « *Las*, ma vieillesse ne requerroit dorenauant que repous... » I, 111.

Lasanon. (Λάσανον, chaise percée.) « *Lasanon* estoit vne terrine & vaisseau approprié à recepuoir les excremens du ventre. » II, 483. « ... le fond de vos chausses feroit office de *Lazanon*, pital, bassin fecal & de scelle persee. » 509.

Lasanophore (Λασανοφόρος, qui porte la chaise percée). « ... comme le roy Antigonus... respondit à... Hermodotus (lequel en ses poesies l'appelloit Dieu...) disant. Mon *Lasanophore* le nie. » II, 483 et IV, 303.

Lasche. « ... quelle est la saison de l'annee quant plus *lasches* le saictes? » III, 114.

Lascher. « ... sa iument pissa pour se *lascher* le ventre. » I, 135.

Lascif. « C(ouillon) *lascif*. » II, 129.

Lascivie (*Lascivia*, licence). Voir *Gall*.

Lassé. « ... resta tenent ses deux braz sus la poictrine *lassez* l'vn sus l'aultre. » II, 100.

Lasset. Lacet. « ... vn Milan prins au *lasset*. » I, 230.

Lassus. Là sus. « Tenez bien *lassus*. » II, 341.

Late (*Latus*, large). Voir *Disceder*.

Latent. « ... maladie... oculte, & *latente* dedans le centre du corps... » II, 75. « Est ce... quelque vertus *latente*... absconse dedans les marmites... » 308. « ... vertu *latente* au ventre de vos esprits. » III, 73. « ... choses *latentes*... » III, 226. Voir *Energie*, *Inventé*.

Latial. *Lingue latiale*. Voir *Degluber*, *Excoriateur*, *Excortiquer*.

Verbocination latiale. Voir *Despumer*.

Latin. « Quant tu auras... esté, comme i'ay esté, rousty, tu parleras autre *latin*. » III, 60. Voir *Clerc*, *Escorcher*, *Escorcheur*.

Latinicome. Littéralement, qui a une chevelure latine. « ... la redundance *latinicome*. » I, 243.

Latinisateur. « Vn quidam *latinisateur*... » I, 72.

Latitude. « ... haulteur, profondité, longitude & *latitude*. » II, 21. Voir *Compartiment*.

Latrialement. « Ie venere *latrialement* le supernel astripotent. » I, 242.

Latrie. Voir *Adoration*.

Latte. *Clou à latte*. Voir *Geniture*.

Laudateur (*Laudator*, panégyriste.) Voir *Insatigable*.

Laurier. Voir *Domesticque*, *Soupe*.

Lavaille. Eau de vaisselle. « ... ont... enduré des iniures, plus que dix truyes ne boyroient de *lauailles*. » III, 59.

Lavandiere. Voir *Buee*.

Lavaret. Poisson. Voir *Guodepie*.

Lavedan. Cheval de Lavedan, en Bigorre. « ... mon *Lauedan*... » I, 48.

Laver. « ... *lauoient* le vin en plain bassin d'eau... » I, 96. Voir *Asne*.

Lay. Frere lai. Voir *Briffault*.

Le, La, Les. Article.

L'article, exprimé devant un premier substantif, est souvent sous-entendu devant un second. « ... Homere escriuent L'Iliade & Odyssee... » I, 5-6.

La. *A la maniere, à la mode*. Voir p. 3, col. 1.

Les précède souvent deux substantifs ou deux adjectifs au singulier. « *Les* premier et fecond... » III, 399.

Les aulcuns. Voir p. 58, col. 1.

LE, LA, LES. Pronom. La voyelle ne s'élide pas toujours. « Qui *le* induict à ce faire? » I, 5. « ... tuerent les gardes d'icelle porte, & la ouurirent... » 179. « ... ilz *le* auoyent merueilleufement long... » 221.

Le s'emploie neutralement dans le sens de *cela*. « Ie n'y mourray ia pourtant, car c'eft moy qui *le* foys es aultres. » I, 105. « ... *le* faifoit en vn iour foixante & dix fois & plus. » II, 135. Voir *Ladre verd.*

On trouve quelquefois *le* où nous mettrions *lui*. « ... le curé de fa parœce... qui *le* feruoit de fommellier... » II, 311-312.

Le pronom personnel complément direct se place quelquefois entre le pronom sujet et le pronom complément indirect. « Il *le* vous donna... » II, 259. « Ie *la* vous quitte. » 264. « Ie *la* vous nomme. » 404. « Ie *le* vous diray... » 480. « ... il *les* vous interdifoit... » III, 6. « ... il *les* nous affeura eftre d'offelets. » 41. « Noz peres *le* nous ont expofé... » 186. « Ie *le* vous pardonne... » 189. Voir *Galler.*

LEANS. Là en dedans. « ... *leans* y a de petits, grands, fecrets, moyens... » III, 211. Voir *Adviser que, Donner.*

LECANOMANTIE (λεκανομαντεία, divination à l'aide d'un bassin de métal.) « ... par *Lecanomantie,* tant iadis celebrée entre les Affyriens... » II, 124.

LEÇON. « Alloient ouir les *leçons* publicques... » I, 95.

Partie de l'office de la nuit. « ... fainctz... plus miraclificques, à plus de *leçons*... » II, 32. « ... matines eftantes ourlées d'vne, ou trois *leçons* feulement. » 80. Voir *Laboureur.*

LECROUË. L'écrou. « La viz du preffouër s'appelloit recepte... *lecrouë,* eftat... » III, 214.

LECTAIGE. Voir *Jardinaige.*

LECTEUR. Voir *Benevole.*

LECTIERE. Litière. « ... coches, Lectieres... » II, 405. « ... *lectieres* bien veloutees... » III, 85.

LECTUE. Voir *Lactue.*

LECTURE. Leçon. « ... repeter la *lecture* matutinale... » I, 88. « Mefmement que vn quidam des regens difoit fouuent en fes *lectures*... » 240.

LEGENDE. « ... luy lifoit fouuent la *legende* des preudes femmes... » II, 141.

LEGER, LEGIER. « ... liures... *legiers* au prochaz... » I, 5. « ... montoit... fus vn cheual barbe, cheval *legier*... » I, 89. « ... troy cens *cheuaulx legiers*... » 101. « ... ne crains... cheval tant foit *legier*... » 336. Voir *Cheval.* « ... belle faulce verde, de *legiere* concoction... » II, 23.

A la legiere. « ... armez *à la legiere*... » I, 361.

LEGIEREMENT. « ... pons *legierement* faictz... » I, 177. « Mercure... defcend *legierement* en terre... » II, 264. Voir *Dissolu.*

LEGIERETÉ. « ... par telle *legiereté* ne conuient eftimer les œuures des humains. » I, 4. « Chofe que ne feroient les oyfeaulx, quelque *legiereté* de pennaige qu'ilz ayent... » II, 238. Voir *Evader.*

LEGISTE. « Et mille autres folz : Le nombre defquelz a efté par les *legiftes* acreu... » I, 17. « ... felon les *Legiftes*... » 299. Voir *Assemblée.*

LEGITIME. « ... les anciens Pantagrueliſtes... ont declairé non ſeulement poſſible, mais auſſi *legitime,* l'enfant né de femme l'vnzieſme moys apres la mort de ſon mary. » I, 17. Voir *Empeschement, Messe.*

LEGUMAGE, LEGUMAIGE. Plant de légumes, légumes. « ... toutes eſpeces de fruictz & *legumaiges.* » II, 283. Voir *Fructaige, Interbasté.*

LEICHER. « Les tripes... tant friandes eſtoient que chaſcun en leichoit ſes doigtz. » I, 19.

LELAPE. Voir *Categide.*

LEMURE. « ... herbe ſacre, Verbenicque, & reuerée des Manes & *Lemures...* » II, 237. Voir *Farfadet.*

LENDEMAIN. « ... *lendemain* eſtoit la grande feſte du ſacre... » I, 326. « Au *lendemain...* » I, 114, 323, 352, 371. II, 22, 265, 304, 322.

LENDOLE. Voir *Hirondelle.*

LENITIF. Voir *Diuretique.*

LENTILE. « ... ſont dictz... les Lentules, des *Lentiles...* » II, 233.

LENTISCE. Lentisque. « ... s'ecouroit les dens auecques vn trou de *Lentiſce...* » I, 87. « ... curedens de *Lentiſce.* » II, 492.

LEON (*Leo, Leonis,* lion). « ... le *Leon,* qui de ſon ſeul cry & rugiſſement eſpouante tous animaulx... » I, 41. Voir *Lion.*

LEONINE. « ... en forme *Leonine* ont eſté diables ſouuent veuz... » I, 42.

LEQUEL. « Toucquedillon reſpondit, qu'il tiendroit le party *lequel* il luy conſeilleroit. » I, 171. « Comment Pantagruel trouua Panurge *lequel* il ayma toute ſa vie. » 259.

LES. Voir *Le.*

LESCHAR, LESCHART. « Briſſaulx, *leſchars,* qui touſiours amaſſez... » I, 196. Voir *Chichart.*

LESCHE. *Lesche du jour.* Rayon. Expression qui se trouve déjà dans Geoffroy Tory. « ... minutule *leſche* du iour... » I, 242 et IV, 172.

LESION. « ... ſans faire *leſion* ne bleſſure aulcune... » I, 300. « ... ſans *leſion* ne bleſſure aucune... » III, 21.

LETANIE. Litanie. « ... *letanies* contra hoſtium inſidias... » I, 104. « ... force *letanies...* » 228. « ... ouyt la *letanie* & les mementos des prebſtres qui portoyent ſa femme en terre... » 231.

LETRAIN. Lutrin. « ... chantant au *letrain...* » II, 194.

LETTRE. « ... apres la reſtitution des bonnes *lettres.* » I, 37. « homme de grans *lettres.* » Voir *Grand.* — « ... receut... vnes *lettres* inſcriptes au deſſus. Au plus aymé des belles... » I, 331. — *Lettres antiquaires.* Voir *Antiquaire.* — *Lettre de change.* « Sy voſtre plaiſir eſt me enuoyer quelque *lettre de change* i'eſpere n'en vſer que à voſtre ſeruice... » III, 361. — *Lettres royaulx.* « ... *letres royaulx,* compulſoires... » II, 188. « ... vnes belles, grandes, vieilles *letres Royaulx...* » 324. — *Lettres versalles.* « ... moret fraichement eſmoulu de *lettres verſalles* ou courſiues... » I, 277. — Voir *Advertissement, Haultement, Hieroglyphicque, Institué.*

LETTRÉ. « ... bons propous tous *lettrez* & vtiles. » I, 92. « ... gens *lettrez...* » 93.

LEU. Voir *Lire.*

LEUCE. (Λευκός, blanc). « ... luy faiſoit changer de poil... de pecile, de pye, de *leuce.* » I, 47.

LEUR. Pronom. Il est parfois écrit à quelques lignes de distance de deux manières différentes : « ... *leurs* feift vn feftin... Plus, *leur* feift compter de fes coffres à chafcun douze cens mille efcutz contens. » I, 188.

Rien n'est plus ordinaire que l'emploi de l'*s* et la parfaite identité du pronom et de l'adjectif pronominal. « Il *leurs* mordoit les aureilles... » I, 45. « ... veu qu'il *leurs* auoit donné de paffetemps... » 73. « ... ne trouuerent perfonne qui *leurs* refiftaft... » 102. « ... rien ne *leurs* feut ne trop chault ne trop pefant. » 103. « ... il *leurs* transperçoyt la poictrine... » 106. « ... il *leurs* cria... » 130. « ... il *leurs* feroit tres facile... » 135. « ... ferons contrainctz *leurs* inhiber de rien plus nous apporter. » 184. « ... de ce *leurs* paffa belles lettres. » 192. « ... quand on *leurs* leift la vie de faincte Marguerite. » 217. « ... le bien qu'il *leurs* faifoit. » 225. « ... *leurs* monftra vifiblement qu'ilz n'eftoient que veaulx engiponnez. » 266. « ... *leurs* optant ce neantmoins... » II, 297. « ... *leurs* dift... » 317. « Il ne *leurs* a fuffis... » 324. « ... *leurs* departoit de fon argent. » 328. « ... *leurs* convenoit... 346. « La reparation *leurs* eftoit facile... » 359. « La dame *leurs* dift... » III, 84.

Adjectif pronominal. *Ceste leur*. Voir *Guast*.

LEURRE. Au propre. « ... me torchay... d'vne coyphe, d'vn *leurre*. » I, 55. « Les iambes, comme vn *leurre*. » II, 378. Voir *Faulconnier*. *Gand*.

LEVAIN. Voir *Fermenter*. *Laisser*.

LEVANT. « ... *leuantes* hault leurs mains ioinctes... » II, 415.

LEVÉ. « ... i'ay faict vn *leué*... » I, 24. Terme de jeu, appliqué par allusion à l'action de lever le coude pour boire.

LEVER. « Pour fa chemife, furent *leuees* neuf cens aulnes de toille de Chafteleraud... » I, 31. « *Leuer* matin n'eft poinct bon heur, Boire matin eft le meilleur. » 78, et IV, 118. « ... il me defplaift par trop de *leuer* guerre. » I, 121. « ... *leua* les œilz au Ciel... » II, 100. « Allors feurent les tables *leuées*. » 176. « *Leuer* à cinq, dipner à neuf, Soupper à cinq, coucher à neuf. » 497. « ... *leuer* les bulles... » III, 341. « ... les nappes *leuees*... » 412. *Leuer de terre*. Voir *Faire*. — Voir *Laisser*.

Se lever. « ... auecques moy il (mon appetit) *fe lieue*... » I, 153.

LEVIER. « ... ne boiuent ne mangent, finon qu'on les rue à grands coups de *leuier*. » III, 162.

LEVIZ. « ... pres le pont *leuiz* fe prefenterent. » II, 306.

LEVRESQUE. « ... couillon trouffé à la *leurefque*... » II, 128.

LEVRIER. « ... fouppes de *Leurier*... » II, 79. Voir *Hespanol*, *Soupe*.

LEXIF. Lessive... « ... *lexif* de figuier... » I, 332.

LEZ. A côté, près de. « ... promontoire *lez* Corinthe... » II, 8. « ... fainct Victor *lez* Marfeille... » 154. « ... mourut *lez* Hierufalem. » 370. « ... petit port... fitué *lez* vne touche de boys... » 393. « ... moulins du bazacle *lez* Tolofe... » III, 125.

LHOSTIARE. L'hostiaire, hôpital. « Gueux de *lhoftiare*... » III, 243. Voir *Gueux*.

LI, LY. Le, les. Article masculin. « ... il craignoit *ly* boucon de Lombard... » I, 16. « ... *ly* caleil... » I, 331 et IV, 208. « ... de par *li* bon Dieu, & *li* bons homs. » II, 21.

Liard. Voir *Double*.

Liasse. « ... vne *liasse* d'oignons liee de troys cens naueaulx... » I, 276.

Libanomantie. « Par *Libanomantie*. Il ne fault qu'vn peu d'encent. » II, 125.

Libelle (*Libellus*, supplique, pétition). « ... maistre des *libelles* & requestes... » II, 221.

Libentissiment (*Libentissime*, de fort bon cœur). « ... *libentissiment*... ie demigre en quelcun de ces... monstiers... « I, 242.

Liberal. « ... par les fenestres de vos sens rien n'est on domicile de vostre esprit entré fors *liberal* sçauoir. » II, 222. « ... aucune sterilité de sauoir *liberal*, & hautain... » III, 73. Voir *Art*.

Libere. « ... personnes *liberes*. » I, 112. « ... francs & *liberes*... » 184. « ... gens *liberes*... » 205. « ... acte muliebre honneste & *libere*... » 206.

Librairie. Bibliothèque. « ... *la librairie* de sainct Victor... » I, 245. « ... *librairies* tresamples... » 255. Voir *Langage*.

Libre. Voir *Arbitre*.

Licé. Voir *Feutré*.

Licence. « Reste doncques... le vouloir du Roy mon pere entendre, & *licence* de luy auoir. » II, 220.

Licentié. « ... vn lict sans ciel, pour un *licentié*. » I, 37. « ... alors qu'on passa *licentié* maistre Antitus des Crossonniers en toute lourderie... » 271.

Licentier. « ... *licentiées* à faire ce que vouldront... » II, 66. « ... les *licentiant* en tout honneur & reuerence de gresler lors... » 161.

Lichecasse. Lécheur de casse. On nomme *casse*, en Poitou, d'après Poëy-d'Avant, le vase en terre qu'on met sous le rôti pour en recevoir le jus. « Agamemnon (estoit) *lichecasse*. » I, 364.

Lichefrete. Lèchefrite. « ... chauldrons, coquasses, lichefretes... » II, 331. « Les foucilles, comme vne *lichefrete*. » 379. « ... tenailles, lichefretes, ramons... » 414.

Lichen. « *Lichen* qui guerit les maladies de son nom. » II, 232.

Licite. « A aultres dieux Olympicques n'est *licite* fouldroier. » II, 62. « ... n'estoit *licite* d'en allumer plus... » 101. « Cela luy est non seulement permis & *licite*, mais commendé... » 446. « ... il n'estoit *licite* à l'homme d'y entrer... » III, 212. Voir *Ephemerides*.

Licol. « Ie les fourniray de *licolz*. » III, 193.

Licoptalmie. (Λυκόφθαλμος, qui a des yeux de loup). Sorte de pierre précieuse. « ... ouurage... de *Licoptalmie*, semé de scintiles... » III, 144.

Licorne. Voir *Vnicorne*.

Lict. « ... vn aultre ie gette... soubz vn *lict* de camp... » I, 284. Voir *Licentié*.

Lie, Lye. Adjectif féminin. Joyeuse. « ... faisant *chere lye* auecques ses gens... » I, 64. Voir *Chere lie*, p. 129, col. 1.

Lie, Lye. Lie de vin. « Scipion Africain cryoit la *lye*... » I, 364, et IV, 214. « ... ie ne diz pas que ie n'en tirasse quelque traict dessus la *lie*, à mon lourdois... » II, 305. Voir *Expuysé*.

— Bile. « ... la *lie*, que vous nommez melancholie. » II, 33.

Liegé. Garni de liege « c(ouillon) *liegé*. » II, 138.

Liepvre, Lievre. « *Lieures* marins. » II, 499. Voir *Dorelot, Gesir, Giste.*

Lierre. « ... trois antiques *lierres,* bien verdoyans, & tous chargez de bagues. » III, 133. Le manuscrit porte, au lieu de *bagues, bacques,* baies.

Liesse. « Le blanc doncques signifie ioye, soulas, & *liesse.* » I, 39. « ... festins, ioye, *liesse...* » II, 31. « ... auecques *liesse* nouuelle. » 324. « ... ioyeuseté, alaigresse, *liesse,* soulas... » 449. « ... menues & vulgaires significations de *liesse...* » III, 394. Voir *Delectation, Indicible, Induire.*

Lieu. *Donner lieu à, donner lieu de.* « ... les Gargantuistes se retirerent au val, pour mieulx *donner lieu* à l'artillerye. » I, 178. « ... les vents Austraux... ne luy *donnant lieu de* s'escouller... » III, 396.

En lieu de. Voir *Exercitation.*

— Point, passage, lieu commun. « Mille aultres exemples & *lieux* à ce propos vous pourrois ie exposer... » I, 41. » Vous exposez allegoricquement ce *lieu...* » II, 92. « ... *lieux* de Rhetoricque... » 297.

Lieve. Voir *Lever.*

Lievre. Voir *Liepvre.*

Lifrelofre. Grand buveur. « ... partie du ciel, que les philosophes appellent via lactea : & les *lifrelofres* nomment le chemin sainct *Iacques.* » I, 227. « ... grand *lifrelofre,* voyre diz ie Philosophe. » II, 46. « ... n'iront tant de *Lifrelofres* à sainct Hiaccho... » III, 244. Voir *Interest, Lans.*

Lignade. Voir *Aiguade.*

Lignage, Lignaige. « ... affin que... ilz vacassent à production de *lignage,* & feissent prouision de heritiers. » II, 38. « ... que d'eulx ils veissent naistre *lignaige...* » 223.

Humain lignage. « ... vn entretenement vnicque de l'*humain lignaige...* » II, 27. « ... le germe conseruatif de l'*humain lignage.* » 47. « ... la multiplication de l'*humain lignage...* » III, 116.

Lignagier. *Retraict lignagier.* Droit de retirer des mains d'un tiers acquéreur un ancien propre de famille. En plaisantant, retrait, lieux d'aisances. « ... aller au *retraict lignagier...* » II, 509 et IV, 308.

Ligne, Line. *Ligne diagonale.* Voir *Diagonal.*

— *ecliptique.* « ... ensuiure la *line ecliptique...* » I, 227. Voir *Eclyptique.*

— *perpendiculaire.* « ... en *ligne perpendiculaire...* » II, 391. « ... viue & centrique *ligne perpendiculaire...* » III, 159. « *Line perpendiculaire.* les architectes disent tombante à plomb, droictement pendente. » 202.

Lignée. « ... sang & *ligne* de grandz roys... » I, 10.

Ligneare. Linéaire. « ... forme *ligneare...* » III, 89.

Lignee. « ... le diable ne me affineroit pas, car ie suis de la *lignee* de Zopyre... i'eschapperay en leur faisant croire... ce que me plaira : car ie suis de la *lignee* de Sinon... leur rompray bras & iambes... car ie suis de la *lignee* de Hercules... I'entreprens de marcher sus les espiz de bled... car ie suis de la *lignee* de Camille Amazone. » I, 335-336.

Ligneux. « partie *ligneuse...* » II, 230. Voir *Friable.*

Liguament. « ... arteres, *liguamens,* nerfs... » III, 39.

Liguombeaulx. Poissons. II, 482.

LIGUSTICUM. « *Liguſticum,* c'eſt Liueſche... » II, 232.

LIMACIAL. En forme de limaçon. Voir *Biparcient.*

LIMANDE. Pièce de bois plate. « Les autres deux ſaces auecques leurs tourrions eſtoient toutes de tables & *limandes.* » III, 397. « ... tomba toute l'eſcarpe de la muraille : laquelle, comme ay dit, eſtoit faite de tables & *limandes.* » 409.

LIMASSON. « Le *limaſſon* des rimaſſeurs. » I, 249. « ... aucuns *limaſſons*... rampans ſus les raiſins... » III, 145. Voir *Barboire.*

LIMAZ. Voir *Fraire.*

LIMBE. Bord, bordure. « ... le *limbe* eſtoit quelque peu patent... » III, 167.

LIMESSOURDES. « ... les oultragerent grandement, les appellans... Auerlans, *Limeſſourdes*... » I, 97-98.

LIMESTRE. Serges drapées. « ... de la toiſon de ces moutons ſeront faiĉtz les fins draps de Rouen, les louſchets des balles de *Limeſtre,* au pris d'elles ne ſont que bourre. » II, 291.

LIMITROPHE. « ... penier *limitrophe*... » I, 280. « ... Angiers ville de France, *limitrophe* de Bretaigne... » III, 186. Voir *Fins.*

LIMONIER, LIMONNIER. « ... oyſons bridez... cerſz *limonniers*... » I, 3. « « ... vn *limonier* noueau... » 13.

LIMOUS, Variante ou faute typographique pour *Limons.* IV, 216.

LIMPIDE. « Tu as... l'eſprit moult *limpide*... » II, 131.

LIN. Voir *Asbeste.*

LINCEUX. Draps. « ... me torchay aux *linceux*... » I, 52. « Frere Iean... emporta la couuerture, le mathelats & les deux *linceux*... » III, 61-62.

LINE. Voir *Ligne.*

LINEAMENT. « ... *lineamens* du corps... » I, 259,

LINGERE, LINGIERE. « ... ſinon depuis que les *lingieres*... » I, 31. « ... la belle *lingere* du palays... » 299. Voir *Advocatiere.*

LINGERIE. « ... il leur mettoit ſus le propos de *lingerie*... » I, 300.

LINGUE. Langue. Voir *Degluber, Excoriateur, Excortiquer.*

LINOSTOLIE (Λινοστολία, vêtements de lin). « ... par certaines *linoſtolies* & raſures eſtoient creez les Iſiacques... » III, 21.

LINOTTE. Voir *Chardrier.*

LION, LYON. « ... *Lion* marbrin... » III, 159. « ... congnoiſſant comme diĉt le prouerbe aux oncles le *lyon.* » 227.

LIPOTHYMIE. « ... tomboit en *lipothymie*... » II, 423. « *Lipothymie,* deſaillance de cœur. » III, 203. Voir *Epilepsie.*

LIPPEE. « ... d'icelle *lippee*... » I, 14. Voir *Encliner.*

LIQUIDE. « ... quand la matiere eſt plus *liquide,* c'eſt à dire, quand moins y a de ſacs... » II, 189.

LIQUIDER. Voir *Ampliation.*

LIRE. « ... luy *leugt* le compoſt... en eut vn aultre... qui luy *leugt* Hugutio...» I, 57-58. «... quand on leurs *leiſt* la vie de ſainĉte Marguerite... » 217. « Quand Pantagruel eut *leue* l'Inſcription... » 332. « *Leues* ces inſcriptions... » III, 144.

LIRON. « Paſtez de Venaiſon. D'Allouettes. De *Lirons.* De Stamboucqs... » II, 479.

LISAR, LIZAR. « *Lizars* Chalcidiques. » II, 499. « ... petis *liſars* courans à trauers le Pampre... » III, 145. Voir *Chameleon.*

LISEUR. Voir *Benevole.*

LISSE. Voir *Hault.*

Literature. « ... Gothz, qui auoient mis à destruction toute bonne *literature.* » I, 254.

Lithontripon. Qui broie, qui dissout la pierre. « ... drogues composees de *lithontripon...* & aultres especes diureticques. » I, 353.

Litiger. « ... solicitude De *litiger* & de patrociner... » III, 300.

Livesche. Voir *Ligusticum.*

Livier. Levier. « ... vn gros *liuier.* « I, 48. « ... ceulx du dedans n'auoient aultres defenses que pierres & *liuiers...* » II, 243.

Livrée. « ... son pere ordonna qu'on luy feist habillemens à sa *liuree...* » I, 31. « Les couleurs & *liuree* de Gargantua. » 36. « ... ie vous enuoiray du rillé en vostre chambre, de la *liurée* nuptiale aussy. » II, 147. « ... belle *liuree* de iaulne & verd... *liuree* à tas, blanc & tanné... » 322. « ... belles *liurees* blanc & violet... » 454.

Livrer. « ... ie veulx que me *liurez* auant le departir : premierement ce beau Marquet... » I, 186.

Livret. « ... vn gros, gras, grand, gris, ioly, petit, moisy, liuret... » I, 11.

Liz. Lisse. « ... argent bien *liz* & polly... » II, 270. Voir *Dense.*

Lo. Lof. Côté du navire frappé par le vent. « Vien du *lo.* » II, 349.

Lobe. « ... *lobes* & soufflets... » II, 34. Voir *Foye.*

Locule *(Loculus,* cassette, bourse). Voir *Goute.*

Locupleter *(Locupletare,* enrichir). Voir *Eniter (s').*

Locuste *(Locusta,* sauterelle). « ... multipliez comme *locustes.* » II, 15.

Locution. Voir *Excortiquer.*

Lodier. « ... ie veids vn auerlant qui saluant son alliee, l'appella mon matraz, elle le appelloit mon *lodier.* De faict il auoit quelques traictz de *lodier* lourdault. » II, 301. Calembour. *Lodier,* matelas, couverture, et *Lodier,* vaurien.

Loge. « ... coucherent en vne *loge* pres le Couldray. » I, 143.

Logical. « ... reigle *logicale...* » I, 39. Voir *Forissu.*

Logicalement. Voir *Inferer.*

Loi, Loig, Loy. « Moyennantes les *loigs* dont ie vous parle... » II, 223. « ... guardez que telles *loigs* ne soient en cestuy Royaulme receues... » II, 225. Voir *Araigne, Cœnaire, Coquillon, Parler.*

Loing. Voir *Darriere.* Dans le passage suivant *loing* semble employé adjectivement *(longinquus).* « ... ilz sont bien *loings* s'ilz vont tousiours... » I, 286. Mais il n'y a peut-être là qu'une faute typographique.

Loisible. « Autre propos ne nous fut *loisible* auec eux tenir... » III, 68. « Ne leur est toutefois, n'à autres *loisible* prendre aucuns de leurs ennemis... » 88.

Loisir. « ... aussi de *loisir* comme fust... Aristarchus de Sole, lequel demeura cinquante huit ans à contempler l'estat des abeilles... » III, 125.

Long. Voir *Bois.*

Longe. « *Lesse de cuyr, dont loyseau est attaché par les gects.* » (Nicot.) « ... comme si l'oizeau... vouloit... son vol prendre, & incontinent par les *longes* seroit plus bas deprimé. » II, 69. Voir *Aiguillette.*

Longitude. Voir *Latitude.*

Longuet. « ... un baston *longuet...* » II, 444.

Lopinant. « ... en *lopinant* opiner... » II, 5 et IV, 221.

Lycaon. Animal de la famille du loup. « ... les *Lycaons* de Indie. » II, 275.

Lychnion. (Λυχνίον, lampe). Voir *Asbeste*.

Lycisque. (Λυκίς, petite louve). Chienne. «...*lyciſque* orgooſe... » I, 326 et IV, 207.

Lyer. Lier. « ... fiſt faire quatre groſſes chaines de fer pour le *lyer*... » I, 234.

Lyerre. Voir *Guobelet*.

Lyesse. Voir *Liesse*.

Lymbe. « ... lors qu'on les tenoit es *lymbes*... » I, 216.

Lyripipié. « c(ouillon) *lyripipié*. » II, 129.

Lyripipion. Chaperon, capuchon. « ... veſtu de ſon *lyripipion* à l'antique... » I, 68.

Lys. « Le taint quel? — *Lys*. » III, 109.

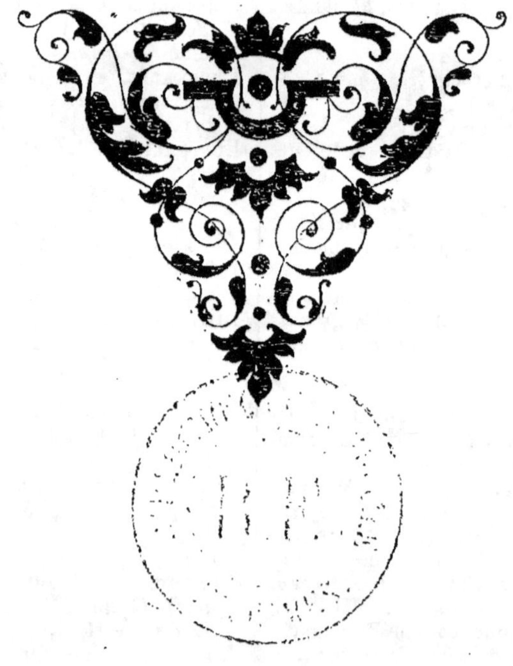

TABLE DES MATIÈRES

CONTENUES DANS CE VOLUME

Achevé d'imprimer

le cinq avril mil neuf cent deux

PAR

ALPHONSE LEMERRE

6, RUE DES BERGERS, 6

A PARIS

www.ingramcontent.com/pod-product-compliance
Lightning Source LLC
LaVergne TN
LVHW020558110826
845149LV00002B/299

* 9 7 8 2 0 1 3 6 7 9 9 2 3 *